ERHARD BUSEK
Ein Porträt

ERHARD BUSEK

Ein Porträt

Herausgegeben von
ELISABETH WELZIG

BÖHLAU VERLAG WIEN · KÖLN · WEIMAR

Die Deutsche Bibliothek – CIP-Einheitsaufnahme

Erhard Busek : Ein Porträt / hrsg. von Elisabeth Welzig. –
Wien ; Köln ; Weimar : Böhlau, 1992
ISBN 3-205-05544-6
NE: Welzig, Elisabeth [Hrsg.]

Umschlagfoto: Richard Kriesche, Graz

Druck: Berger & Söhne, 3580 Horn

Inhalt

Elisabeth Welzig

Vorwort

Nichts bleibt gleich: Das Motto, unter das Erhard Busek seine eigenen Ausführungen in diesem Buch gestellt hat, trifft auch auf die Rolle des Politikers zu. Die Wahl des Bundespräsidenten 1992 hat uns gezeigt, wie sehr die Österreicher/innen eine scheinbare Parteiunabhängigkeit und Eigenständigkeit schätzen. Was motiviert dann aber einen Mann, dem selbst seine Feinde ein hohes Maß an Intelligenz bescheinigen, dazu, das Steuer eines Schiffes namens ÖVP zu übernehmen? Verbohrter Ehrgeiz oder unverdrossener Gestaltungswille, oder gar beides?

Alfred Worm nennt ihn ein „kommunalpolitisches Phänomen", das sich allerdings nicht nur über die Stadterneuerung, sondern auch über Mitteleuropa den Kopf zerbrach. Und das lange, bevor die Symposien zu diesem Thema auf der Tagesordnung jeder honorigen Bildungseinrichtung standen.

Wie lassen sich die eigenwilligen gedanklichen Ausritte mit der Enge eines Parteiapparates und der mühsamen Bürokratie eines Ministeriums vereinen?

Als Oppositionsführer trieb er mit zielsicherem Instinkt die Wiener Bürgermeister vor sich her, gab die Themen vor.

Jetzt trägt er selbst administrative Verantwortung in Partei und Ressort. Wie reagiert er auf anstehende Probleme? Kann der bunte Vogel noch fliegen?

Von seinen eigenen „Parteifreunden" oft mehr gehaßt als von den Gegnern in den anderen Parteien, hat er politische Schlappen und Demütigungen eingesteckt und sich allen Unkenrufen zum Trotz an die Spitze vorgerobbt. Der oft unbequeme Kritiker seiner Vorgänger hat nun selbst zu handeln.

Dieses Buch ist der Versuch, den Werdegang und die Gedankenwelt eines Politikers zu skizzieren, dessen Intellektualität und Visionen meist im Widerspruch zur politischen Pragmatik des Alltags stehen. Ist es einem österreichischen Politiker im letzten Jahrzehnt dieses Jahrhunderts möglich, beides unter einen Hut zu bringen? Lassen ein ausgeprägter Machtinstinkt und kühle Rationalität der Phantasie, der Emotionalität und seinem angeborenen Schalk die Freiheit, sich auszutoben? Sind Utopien auf den Wurzeln einer konservativen Weltanschauung entwickelbar? Kann ein Parteiführer und Berufspolitiker seinen eigenen Idealen treu bleiben, auch wenn sie hochgesteckt waren? Sind unter einem permanenten Handlungs- und Entscheidungsdruck noch Überlegungen möglich, die über die Realpolitik hinausreichen? Kritische Beobachter, Begleiter und Freunde von Busek analysieren diese Spannungsverhältnisse am Beispiel seiner Person. Statements persönlicher Art über ihn, Beobachtungen aus der Nähe und Ferne, sowie journalistisch-politologische Betrachtungen zu dem Stück österreichischer Zeitgeschichte, das von Busek mitgeprägt wurde, sind in dem Band bewußt aneinandergereiht: Die Politik und der konkrete Mensch lassen sich voneinander nicht trennen.

Das gilt auch für die Verfasser/innen der Beiträge: Gerade ihr subjektiver und oft auch emotioneller Zugang zu den einzelnen Themenstellungen soll dem Porträt Farbe verleihen. Die unterschiedlichen Handschriften gewähren auch Einblick in die herrschende politische Kultur unseres Landes.

Ob journalistische Recherche oder persönliche Stellungnahme: Ich bin allen Autorinnen und Autoren dankbar für die Intensität und Ehrlichkeit, mit der sie sich mit den verschiedenen Fragestellungen auseinandergesetzt haben. Es ist ihnen gelungen, ein heterogenes, aber klares Bild des facettenreichen Menschen und schillernden Politikers Erhard Busek zu zeichnen, wobei Thomas Götz, Ute Sassadeck und Lutz Musner das Buch vom Anfang bis zum Schluß begleitet haben. Den originellen Umschlagentwurf hat der steirische Medienkünstler Richard Kriesche beigesteuert.

Zu danken habe ich aber auch Rainer Münz, Peter Mahringer, Maritta Sturminger, Peter Piffl-Perčević, Eva Dworkin, Angelica Bäumer, Gerti Tumpel-Gugerell und Manfred Prisching, die mir bei der Konzeption dieses Buches mit Rat und Tat zur Seite standen.

Einige politische Kritiker sowie Hochschullehrer, die eingeladen wurden, an dem Buch mitzuarbeiten, entzogen sich der Mühe und öffentlichen Konfrontation.

Graz, im August 1992 — Elisabeth Welzig

II.

György Konrád

Der Gast

Punkt fünf Uhr nachmittags, ganz wie von einer Mitarbeiterin der österreichischen Botschaft geplant, klingelt es, und an der rot gestrichenen Korridortür unserer im elften Stock gelegenen Wohnung taucht ein stattlicher Herr auf, stellt seine Begleiter vor und sieht sich wohlwollend neugierig um. Im Vorzimmer baumelnde Mäntel an einer gespannten Wäscheleine, wahllos gemischte Stühle und Kaffeetassen, in der Ferne der Schlot eines Kraftwerks und kleinere Wolkenkratzer, vermutlich Whisky, schließlich ist dies die angenehme Stunde des Tages, zu englisch die Teezeit, nach dem New Yorker Bürgermeister Koch verschnauft hier EB, und allem Anschein nach fühlt er sich in unserem Wohnzimmer wohl, obgleich es uns in die Lower East Side verschlagen hat, die sich beim besten Willen nicht als vornehme Gegend beschreiben läßt, und obgleich diese Wohnung mit ihrem bei Straßenhändlern für wenig Geld erstandenem Mobiliar nicht im entferntesten an seine Wiener Wohnung erinnert.

Von hier aus gesehen hat auch Mitteleuropa ein eigenes und interessantes Gesicht, von dort kommen wir, Nachbarn sind wir. In Wien und Budapest, dort sind wir zu Hause, in den zwei Hauptstädten Europas, die nur einen Katzensprung voneinander entfernt sind. Der Eiserne Vorhang zwischen uns – ein vergängliches Hindernis. Irgendwie wird es überwunden werden, im allgemeinen währen Hindernisse nicht ewig. Räumliche und historische Nähe aber, Nachbarschaft und ökologisches Aufeinanderangewiesensein sind gegeben. Wir befinden uns in einem Stadtviertel, dessen Menschen bunt zusammengewürfelt sind, sie müssen miteinander auskommen, auf Straßenbällen tanzen sie nach der Musik ihrer von der Geschichte registrierten Feinde. Wechselseitig haben wir begriffen, daß die Gemeinsamkeit unseres Denkens stärker ist als die Differenz. Glücklicherweise besitzt ein Berufspolitiker historische Phantasie! Noch dazu steckt er voller Humor und Emphase.

Von da an sehen wir uns des öfteren. Mit freundlichen und schmeichelhaften Worten stellt er mich vor, als ich im Palais Schwarzenberg meinen Vortrag *„Gibt es noch einen Traum von Mitteleuropa?“* halte. Meine Arbeiten hat er offensichtlich aufmerksam gelesen und darin gefunden, was ihm entsprach. Doch der geistige Freund gibt sich nicht nur auf dem Podium zu erkennen, sondern auch in unserer Bedrängnis: Zwei Manuskriptkoffer des graphomanischen Reisenden transportieren EB und seine Begleitung dank der Immunität des Diplomatenpasses bis in unsere Budapester Wohnung. Zu unserem Komplizen also hat er sich gemacht, bei dem, was für uns von größter Wichtigkeit war, beim Schmuggeln von Manuskripten, denn an der Grenze hätte man dem Autor alles weggenommen, und dann würde er es zurückbekommen haben oder auch nicht, dieses ja, das andere nicht, ganz nach Belieben der Herrschenden. Eine Bescheinigung kann er bekommen, daß ein Manuskript unter der und der Nummer eingezogen und dem Reißwolf überantwortet wird. Da die Koffer auch aufrührerisches Material enthalten, wollen sie den Autor davor bewahren, daß er die eigenen Ideen dazu benutzt, sich selbst zu verhetzen. Der Wiener Vizebürgermeister, der sich in seinen Augen ein jungenhaftes Leuchten zu erhalten vermochte, erwies sich auf so praktische Weise als gefällig und hilfsbereit.

Für EB ist Mitteleuropa kulturpolitische Metapher und

Reiseprogramm zugleich. Der Reihe nach sucht er in Begleitung seiner zahlreichen Mitarbeiter Krakau, Prag, Preßburg, Budapest, Belgrad, Zagreb und Ljubljana auf. Kennenlernen will er sowohl die Repräsentanten der Regierung als auch die Vertreter der intellektuellen Opposition. Denkwürdig bleibt jener Nachmittag in Budapest, als EB an der Spitze einer österreichischen Gesellschaft in der Pause zwischen zwei Hausdurchsuchungen plötzlich in der Rajk-Boutique auftauchte, in jener zu dem Zeitpunkt noch nicht beschlagnahmten Einzimmerwohnung, wo die verbotenen Publikationen der demokratischen Opposition zu kaufen waren, und mit meinen Freunden in Verhandlungen eintrat, als wären sie auch damals schon jene bekannten Politiker gewesen, die sie später geworden sind. Bestimmt war die Gesprächsatmosphäre von freundlicher Kollegialität, Neugier und Verständnis, bezeichnend für das Verhalten eines Staatsmannes, der lieber fragt und sich unterhält, als daß er belehrend sein und Erklärungen abgeben will. Symptome von Großspurigkeit, jenes Morbus politicus, waren bei dem Gast keine auszumachen.

Wir haben uns daran gewöhnt und es gern gesehen, daß er von Zeit zu Zeit zusammen mit seinen Kollegen auf einen Sprung zu uns herüberkam. Gemeinsam aßen wir zu Mittag, gelegentlich besprachen wir auch praktische Dinge, vor allem aber tauschten wir unsere Gedanken aus. Den gefüllten Krautrouladen oder dem Kellergulasch in Rotweintunke (weniger ein Rindergulasch als vielmehr ein Boeuf Bourguignon) schenkte er die gebührende Aufmerksamkeit. Charakteristisch für unseren Freund – so dürfen wir ihn nun schon nennen – ist die zweckdienliche Zeiteinteilung ebenso wie eine ausgeglichene, stille und aufmerksame Präsenz. Er versteht es aufzutauchen und alsbald wieder zu verschwinden. Doch stets ist sein Erscheinen konzentrierte Anwesenheit, niemals Abwesenheit. Obschon seine Partei dem konservativen Lager zuzurechnen ist, hatte ich immer den Eindruck, daß sich EBs Konservativismus manchmal auch als Utopismus begreifen läßt. Dauerhafte Zusammengehörigkeit ist imstande, zu neuem Leben zu erwachen, und aktive ökologische Rücksichten gegenüber den Nachbarländern, daran hat er geglaubt, haben etwas zu tun mit der Achtung vor der Donau.

Ach, die Donau! Die blaue, die grüne, die graue Donau, der große Strom, der unterirdische Trinkwasserseen speist, unser Lehrmeister, der in seinem Flußbett – bis hin zum Schwarzen Meer – die Territorien der vielen kleinen Völker durchquert! Die Donau, auf deren gemeinsame Naturveränderung und Verunstaltung sich die Regierungen Ungarns und der Tschechoslowakei sowie die große Koalition Österreichs eingelassen haben! Verschiedene kurzfristige Egoismen haben die Entscheidungsträger vergessen lassen, die gemeinsamen Naturschutzinteressen des Raumes zu berücksichtigen. 1986 wurde die politische Öffentlichkeit der Österreicher von der ungarischen Opposition und den Freunden der Donau aufgefordert, der Regierung in Budapest, die Geld brauchte, um die Zerstörung der Natur in Angriff nehmen zu können, einen Kredit zu verweigern. Ungarn bekam die finanziellen Mittel, das Projekt versprach, ein gutes Geschäft zu werden, und das wog schwerer als die mitteleuropäische Solidarität. Die Wärme des Zusammengehörigkeitsgefühls der Donauländer konnte durch die Kooperation der Regierungen nicht ersetzt werden. Daß EBs Herz für die Donau schlug, wußte ich, doch als loyaler Politiker mußte er die Verantwortung für die Entscheidung seiner Partei und Regierung mittragen.

Die kreative Zusammenarbeit zwischen den Völkern gestaltet sich ebenso kompliziert wie zwischen den Personen. Was du aussprichst und was du herunterschluckst, wird vom Instinkt diktiert, nicht anders als in der Familie. Auch unter Freunden ergeben sich gelegentlich divergierende

Lebensabschnitte, und dann plötzlich die Wiedererkennensfreude, ja, er hat sich nicht verändert, sein Lächeln, sein Händedruck sind wie eh und je. Ein zuverlässiger Kopf, in der Zwischenzeit, während wir uns nicht gesehen haben, ist er keineswegs untätig gewesen, hier und da sind neue Gedanken herangereift. Die übernommene Rolle hat EB nicht faul werden lassen. Auch heutzutage ist es nicht einfach, sich als österreichisch-wienerischer Staatsmann zu beweisen. Die Frage, für welche Funktion sich die einstige Reichshauptstadt entscheiden soll, ist nicht vom Tisch. Soll sie für Mitteleuropa ein initiatives Zentrum sein? Oder soll sie befremdliche Zurückhaltung als ihren natürlichen Zustand betrachten? Wird sie aber bei einer Entscheidung für letzteren Weg nicht Gefahr laufen, lediglich eine deutsche Stadt an der Südostgrenze Deutschlands zu werden?

Um Wien die erstgenannte Rolle zukommen zu lassen, die der mitteleuropäischen Initiative, muß die Idee der Sprachnation mit der Konfraternität des territorialen Vaterlands der Donauländer miteinander in Einklang gebracht werden. Ein bißchen vorsichtig ist der österreichische Bürger schon, wenn er seinen Blick über die anderen huschen läßt. Komisch, diese östlichen Nachbarn, in letzter Konsequenz kaum zu berechnen, selbst jetzt nicht, seit es mit dem Kommunismus vorbei ist. Sollten wir uns allein deshalb mögen müssen, weil wir Nachbarn sind? Angst vor dem Osten ist ohnehin nicht mehr angezeigt, auch Einschmeicheln ist nicht mehr erforderlich. Neutralität? Zwischen wem? Dazu bedarf es zweier Seiten, doch es gibt nur eine. Liebes Brüssel, mich sollst du als ersten aufnehmen, die da hinter unserem Rücken, die da weiter östlich, sollen warten. Die um Aufnahme in die Europäische Gemeinschaft nachsuchenden Mitteleuropäer – wir selbst inbegriffen – leiden alle unter den Symptomen einer Neurose der Zukurzgekommenen: Den Unterschieden, die bei einem Vergleich vielleicht sogar zu ihren Gunsten ausfallen, schreiben sie eine größere Bedeutung zu als der regionalen Interessengemeinschaft.

Realpolitisch liegt es auf der Hand, daß wir nicht anders können, als kleinmütig zu sein, daß wir voneinander durch und durch enttäuscht sind und wechselseitig auf Distanz gehen, daß wir immer mehr Gründe finden müssen, um die Stereotypien des Fremdwerdens zu pflegen. Das liegt zwar auf der Hand, ist aber schädlich, denn durch die wechselseitigen Verletzungen wird die Kooperation dauerhaft vertagt. Ein kleinmütiger Mensch ist EB nicht; wenn er nach einer alten neuen Berufung für seine Nation in der Bewußtmachung einer historischen und praktischen Zusammengehörigkeit der kleinen Länder ringsum sucht, vermag er Vorleistungen zu erbringen. Die Trennung der Völker der einstigen Monarchie läßt sich auch als Episode auffassen. Gründe, sich über die Hausordnung zu einigen, gibt es mehr als genug, selbst wenn die Menschen keine einfachen Mieter mehr sind, weil bereits Eigentümer der Wohnungen geworden und von keinerlei Hauswirt mehr abhängig. In der Konföderation von gleichberechtigten Partnern lassen sich die Autonomie der Nationen und die Weltwerdung auf einen gemeinsamen Nenner bringen. Ebenso wie zwischen vierschrötigen und winzigen Menschen, zwischen Klugen und Dummen eine Gleichberechtigung auf jüdisch-christlicher, naturrechtlicher, sittlicher und verfassungsmäßiger Basis, frei von Überheblichkeit möglich ist, so können auch die Völker ohne die primitive Stimmung von Suprematie und Unterordnung zusammenleben. Die Europäische Gemeinschaft erhält ihren Sinn dadurch, daß sie auch Irland und Luxemburg ernstnimmt. Der geopolitische Größenwahn und die Reichsambitionen der kleinen Völker sind im Museum unter den Exotika zu inventarisieren. Groß ist, wer seine Größe nicht einfach hinnimmt. Dies zu verstehen hat EB genügend Format.

Ein gutes Gefühl, das Bewußtsein, daß dieser schnelle

und arbeitsame Mensch, dem brillantes Denken und Improvisation nicht fremd sind, in der Nachbarschaft zuverlässig seinen Pflichten nachkommt. Mit Hilfe eines aufgeklärten Humors hält er die Methoden des Hasses fern von sich. In den noch bevorstehenden Parteien wünsche ich ihm ähnlich niveauvolle Partner, damit er sich nicht langweilt. Gern würde ich ihn eine Zeitlang als Gast im ungarischen Parlament sehen, auf seine Stellungnahmen wäre ich neugierig. Meinem lieben EB wünsche ich, daß er in den noch vor ihm liegenden Jahren seinen Mitbürgern mit vielen Überraschungen aufwarten möge. Mit über fünfzig kann sich der Mensch mehr Freiheiten erlauben.

(Aus dem Ungarischen von Hans-Henning Paetzke)

III.

Ute Sassadeck

Der Politiker

Die politische Krabbelstube

Erhard Buseks politischer Kindergarten ist die Katholische Mittelschuljugend (KMJ). Dorthin meldete er sich noch während der Schulzeit. Ende Mai 1959 teilt die Zentralführung Wiens mit, sie habe einen Zentralsekretär gefunden: Erhard Busek werde „am 15. Juni, nach voraussichtlich vorzüglich bestandener Matura, sein Amt antreten". Drei Jahre später, also 1962, stieg er zum KMJ-Zentralführer und Bundessekretär der „Männlichen Katholischen Jugend" auf (für die Mädchen war eine eigene Abteilung, die „Weibliche Katholische Jugend", zuständig). Nach weiteren vier Jahren (1966–1968) war er Vorsitzender des Österreichischen Bundesjugendringes, jener politischen Krabbelstube für den talentierten Nachwuchs männlichen und weiblichen Geschlechtes, die eine Großzahl der heute aktiven Politiker absolviert hat.

Aus dieser Zeit gibt es naturgemäß wenige schriftliche Festlegungen Buseks zu politischen Kernfragen. Einiges ließ sich dennoch entdecken und da erfährt man, was der heutige ÖVP-Obmann kurz nach seiner Matura etwa von Frauen in der Politik und von der Demokratie gehalten hat:

Frauen in der Politik

Heute gilt Busek zu Recht als einer der ganz wenigen männlichen Politiker, die systematisch und kontinuierlich darauf schauen, daß Frauen echte Chancen in der Politik geboten werden. Er hat immer wieder politische Talente unter den Frauen entdeckt; viele von ihnen rückten dann in Spitzenpositionen auf.

Erhard Busek hat schon sehr früh begonnen, sich Gedanken über die andere Hälfte der Menschheit zu machen, die bis dahin zwar mitarbeiten, aber nicht mitreden durfte. Er äußert sich dazu 1963 im „u-boot" und beginnt seine Bestandsaufnahme mit heftigen Vorwürfen an die Frauen, deren Lethargie und politische Teilnahmslosigkeit ihn ärgern. Es sei geradezu sträflich, wie wenig sie ihr aktives und passives Wahlrecht nutzten und auch sonst unpolitisch agierten: „Sie wählen wie ihre Männer und verdoppeln so die jeweilige männliche Stimmenzahl und damit auch die Kosten, und sie meiden den Nationalrat." Busek räsoniert: Eigentlich müßte man sie beim Höchstgericht wegen Nichtgebrauchs ihrer Rechte klagen. Im übrigen donnert er: „Die studierenden Mädchen müssen aufhören, apolitische Haltung als Tugend anzusehen."

Es bleibt nicht bei der Bestandsaufnahme, sondern Busek analysiert, warum die Situation ist, wie sie ist und findet die Schuld bei Männerbünden und Kirche: „Die österreichische Innenpolitik ist durch Männerbünde beherrscht. Etwa 40.000 Mitglieder zählen die politisch potenten Vereinigungen, die sich nur auf Männer beschränken. Der ÖCV – keinesfalls der geringste unter ihnen – mag hier als Beispiel genannt sein."

Und die Kirche?: „Die Kirche hat nichts dazu getan, um die Frau in der Öffentlichkeit zu stärken." Die Kirche habe die Entwicklung verschlafen und meine ja noch immer: „Die Aufgaben der Frauen sind grundsätzlich andere als die der Männer." Busek zu dieser Kirchenmeinung: „Jahrhunderte hat dieser Satz Geltung behalten, ja man müßte ihm heute noch zustimmen, wenn nicht . . ." Ja, wenn sich die Zeit nicht gründlich geändert hätte und Frauen nicht längst ein wesentlicher Faktor in der Volkswirtschaft wären. Busek: „Österreichs steigendes Sozialprodukt ist nicht zuletzt der Frauenarbeit in allen Sparten zu verdanken. Ein beachtlicher Teil des Steuereinkommens entsteht durch die Frau. Sie ist ein arbeitender Teil unserer Gesellschaft. Die Frau hat das Recht, an der Verteilung des Volkseinkommens mitzuwirken und mitzubestimmen, wo heute Investitionen zu geschehen haben. Sie tut es aber nicht und zwölf weibliche Abgeordnete machen hier noch keinen Sommer."

Buseks Engagement für die Frau in der Politik ist auch aus heutiger Frauensicht erfreulich. Aber natürlich hatte selbst er im Jahre 1963 noch traditionsverhaftete Vorstellungen davon, was Frauen in der Politik tun sollen. Der Gedanke an eine „Frau Bundespräsident" wäre ihm wohl sonderbar erschienen. Jedenfalls schreibt er: „Wir brauchen die Frau im politischen Leben, damit sie berufenerweise ihre genuinen Anliegen vertritt. Sie kann noch besser zur Familienpolitik sprechen und in Fragen der Erziehung Maßnahmen verlangen. All jene Aufgaben, die ihr die Kirche in der Familie zuspricht und zu deren Anwalt sie sie macht, diese Aufgaben hätte sie in der Familie des Staates."

Totalitätsanspruch der Parteien

1964, als er gerade von den Katholischen Mittelschülern in den ÖVP-Parlamentsklub übersiedelte, beschäftigten Busek Fragen, wie: „Ist unser demokratisches Leben soweit ausgebildet, daß alle Entscheidungen auch auf demokratische Weise zustande kommen? Haben die Parteien den Staat unter sich aufgeteilt?" Der Jungpolitiker hat da so seinen Verdacht und formuliert in einem Arbeitspapier: „Die Primitivität der politischen Formen und die totale Erfassung aller Bereiche des Lebens durch Partei und Staat hindern das Entstehen einer ‚politischen Kultur'." Und schon damals hatte er die Überzeugung: „Demokratie ist keine harmonische Ordnung, sondern ein stetes Spannungsfeld sich messender Kräfte, das in der Dynamik der Gesellschaft steht und dauernd sich an ihr orientieren muß." Diskussion ist für den Jung-Politiker das Salz der Demokratie, auf das in Österreich leichtfertig verzichtet wird. Schon damals formuliert er den Satz, den er heute noch zitiert: „Wir haben den Hang, den Kompromiß zu suchen, noch ehe wir den Konflikt kennen."

Von der Uni in die Politik

Daß Erhard Busek je einen Beruf außerhalb der Politik angestrebt hätte, ist nicht bekannt. Kurzfristig dachte er zwar daran, den Betrieb der Schwiegereltern zu führen, um nicht von der Politik abhängig zu sein, aber das war erst vor wenigen Jahren. Busek ist berufsmäßig voll auf die Politik eingestellt. Von der Universität ging er direkt in den ÖVP-Parlamentsklub. Felix Hurdes hat ihn 1964 geholt. Erst dort wurde er ÖVP-Mitglied. Schon zwei Jahre später kam unter Hermann Withalm Buseks große Chance, nachdem die ÖVP 1966 überraschend die absolute Mehrheit gewonnen hatte und eine Alleinregierung bildete. Dieser Alleinregierung stand mit der SPÖ eine kräftige Oppositionspartei gegenüber. Ein neuer Parlamentarismus war gefragt. Im SPÖ-Parlamentsklub saß Heinz Fischer, heute Nationalratspräsident, damals als erster Sekretär von SPÖ-Klubobmann Bruno Pittermann. Fischer kannte die Geschäftsordnung nicht nur in- und auswendig, sondern er wandte sie auch an.

Das Hohe Haus am Ring in Wien war ab 1966 nicht wiederzuerkennen. Wo es zuvor geordnet großkoalitionär zugegangen war, wo in Ausschüssen nachvollzogen wurde, was der Koalitionsausschuß vereinbart hatte und wo die Opposition bis dahin viel zu klein geraten war, um eine Diskussion in Gang zu bringen, da ging es plötzlich munter zu. Fischer wußte, wie man den Regierenden Beine macht und ihnen auf die Finger klopft. Plötzlich wurden Minister nicht mehr im Schongang gefordert, sondern beinhart und oft dringlich befragt. Nicht nur in der ruhegewohnten ÖVP, auch in den Medien fragten sich viele empört, ob das überhaupt erlaubt sei. Mancher war verwirrt und sprach von Demokratiegefährdung. Der Stilwechsel war zunächst schwer zu verkraften. Immerhin hatten Politiker und Medien 20 Jahre unter der großkoalitionären Tuchent ruhig vor sich hingelebt und den Kompromiß hochleben lassen.

Dieser Stilwechsel hin zur gelebten Demokratie ist in erster Linie Heinz Fischer zu verdanken. Der hatte bisher ungenutztes parlamentarisches Recht zum Leben erweckt. Das brachte Hermann Withalm, den Klubobmann der damals alleinregierenden ÖVP, in Zugzwang, und er suchte im eigenen Klub jemanden, der Fischer Paroli bieten konnte. Busek, damals zweiter Sekretär im Klub, fühlte sich angesprochen. Er hatte die Geschäftsordnung gelesen und auch er wußte sie anzuwenden. Folge: Erstmals nach dem Kriege entstand eine Streitkultur im Parlament. Regierungs- und Oppositionspartei waren gezwungen, sich in aller Öffentlichkeit auseinanderzusetzen. Dies war der erste Schritt, den Mauscheleien hinter Polstertüren den Garaus zu machen. Öffentlichkeit der Auseinandersetzung wurde als politisches Stilmittel entdeckt. Heute, ein Vierteljahrhundert später, gibt es zwar weiterhin die Mauscheleien, aber wer mauschelt, muß das vorsichtiger tun, denn es stört die Bürger inzwischen beträchtlich.

Lehren aus dem Parlament

Was Busek als Sekretär im – damals noch sehr großen – ÖVP-Parlamentsklub gelernt hat, hat er erst verarbeitet, als er schon Mitarbeiter im Wirtschaftsbund der ÖVP war. Da schrieb er 1969 seine Verbesserungsvorschläge unter dem Titel „Demokratie-Reform“ nieder.

Ausgangspunkt seiner Überlegungen zur Reform des vorhandenen politischen Systems ist für Busek schon vor 20 Jahren das noch unscharfe Gefühl, die politische Welt werde sich radikal verändern: „Man muß jedoch feststellen, daß eine zweite Ebene der politischen Auseinandersetzungen entsteht, wo Frontstellungen unter Umständen quer durch die politischen Lager gehen.“ Oder noch deutlicher: „Die politische Landschaft – nicht nur in Österreich – wird in Hinkunft nicht mehr nach Lagern einzuteilen sein. Sie werden von vielen Ebenen der Auseinandersetzung abgelöst werden, die quer durch klassische Bindungen gehen. Damit werden die traditionellen Parteien nicht überflüssig, sondern nur ergänzt.“ Und: „Klassische Institutionen, die lange außer Streit waren, wie Schule und Erziehung, religiöse Gemeinschaften und Familie, vor allem aber die Institutionen der Demokratie sind heute Gegenstand der Kritik und der Veränderung.“

Mangelnde Oppositionsrechte

Die parlamentarische Arbeit mißfällt dem Klubsekretär der alleinregierenden ÖVP, weil die Geschäftsordnung der Opposition zuwenig Rechte einräumt: Von Kontrollfunktion gegenüber der Regierung könne von der Konstruktion her keine Rede sein, allerdings gleiche die viel stärker gewordene Öffentlichkeit der Parlamentsarbeit einen Teil der mangelnden Kontrollfunktion wieder aus. Konsequent verlangt Busek die „Garantie der freien Berichterstattung in Rundfunk und Fernsehen“. Beide hatten bis zur Umsetzung des Rundfunk-Volksbegehrens aus den Nationalratssitzungen nur berichten dürfen, was die Parteisekretäre freigegeben hatten. Eine unzensurierte Parlamentsberichterstattung gab es zuvor ausschließlich in den Zeitungen.

Als Sekretär im ÖVP-Parlamentsklub sammelt Busek nicht nur Erfahrungen mit den politischen Gegenspielern. Noch markanter dürften die Eindrücke gewesen sein, die er mit dem Lager hatte, in dem er geistig gewachsen war: Mit dem Lager der Katholiken. Offenbar waren sie die ersten konsequenten Politik-Verweigerer nach dem Motto: politisch Spiel, ein garstig Spiel. Der Klubsekretär spürte es im eigenen Leben. 1965/66 schrieb er in „Aspekte" Erlebnisse und Gefühle nieder: In dem Moment, in dem er in den ÖVP-Klub eingetreten sei und sich also zur politischen Arbeit entschlossen gezeigt habe, hätten sich selbst Freunde von ihm abgewandt. Sie konnten nicht verstehen, daß jemand politisch tätig und trotzdem Katholik sein kann. Busek: „Scheinbar bin ich dadurch ein Unreiner geworden, von einer Kaste, mit der man nichts zu tun haben will, außer man braucht etwas: Ratschläge, Interventionen etc. Da wird man auch heute noch gefunden und freundlichst behandelt. Hat man geholfen, hört man beim nächsten Mal: ‚So etwas, ich habe dich im Fernsehen neben dem Kanzler gesehen und du bist in der KA tätig!'"

Diese frühen Erfahrungen haben Erhard Busek zwar nie dazu bewogen, in Distanz zum christlichen Glauben zu gehen, aber sie dürften seine Einstellung zur Institution Kirche beeinflußt haben.

Politik fernab der Trampelpfade

Im Juli 1968 holte der im März 1992 verstorbene Bundeskammer- und Wirtschaftsbund-Präsident Rudolf Sallinger Erhard Busek aus dem Parlament in den Wirtschaftsbund der ÖVP. Busek kam nach einer Enttäuschung: Er wäre im Jänner 1968 gerne mit Hermann Withalm mitgezogen, der von Josef Klaus als Vizekanzler in die Regierung gerufen worden war. Stichwort: Hofübergabe, die viel politische Unruhe gebracht hatte und für den Absturz der ÖVP bei den Wahlen 1970 mitverantwortlich gewesen war. Withalm also wechselte vom Sessel des Klubobmannes auf den des Vizekanzlers und er fand zum Bedauern Buseks, der Sekretär sei im Parlamentsklub wichtiger als im Mitarbeiterstab der Regierung. Der Klubsekretär wiederum befand, „Parlament" habe er nun genug gelernt; auch fehlten dort Aufstiegsmöglichkeiten. Also ab zum Sallinger.

Der hat es nicht zu bereuen brauchen, Busek geholt zu haben. Bei den Kammerwahlen 1975 stockte sein Wirtschaftsbund um 1,8 Prozentpunkte an Mandaten auf 86,3 Prozent auf. Außerdem gingen die Wirtschaftstreibenden wieder zur Wahlurne: 77,9 Prozent statt magerer 69,8 Prozent beim letzten Wahlgang.

Busek begann bei Sallinger als normaler Mitarbeiter, um kurz darauf stellvertretender Generalsekretär zu werden. Amtierender Generalsekretär war Fritz Eckert, der mehr seiner katholischen Aktivitäten denn seiner politischen Aktionen wegen in Erinnerung ist.

Erhard Busek, der Schöpfer der Aktion „Sie und wir – die Wirtschaft sind wir alle", wurde am 1. Jänner 1972 Nachfolger Fritz Eckerts als Wirtschaftsbund-Generalsekretär. Das bot ihm die Plattform, zu zeigen, was er sich unter neuer Politik vorstellt. Seine ersten Taten: Er gründete „Die junge Wirtschaft", die „Frau in der Wirtschaft" und den „Managementclub"; alles Institutionen, in denen Menschen mit ähnlichen Interessen zusammenkommen und in denen über Politik geredet wird, ohne daß das Parteibuch dabei eine Rolle spielt. Busek wollte über diese lockeren Verbindungen an Bevölkerungsgruppen herankommen, die von ihrem Grundverständnis her mehrheitlich „schwarz" sind, ohne sich der ÖVP oder einer anderen Partei anschließen zu wollen, und die in den traditionellen ÖVP-Bünden schon gar keinen Platz fanden. In der ÖVP blieb man diesen

Busek-Kindern gegenüber distanziert bis ablehnend. Motto der Apparatschiks: Wer keinem Bund angehört und kein Parteibuch hat, ist auch nicht lenkbar, hat also bei uns nichts zu suchen. Ein „ordentlicher" ÖVP-Funktionär dachte damals noch weit stärker als heute in der Oberkategorie der Bünde: Als Bauer gehörte man dem Bauernbund, als Selbständiger dem Wirtschaftsbund und als Beamter bzw. Angestellter dem Arbeiter- und Angestelltenbund an. Darüber schwebte, auch damals schon schwer faßbar, „die ÖVP".

Den Funktionären war völlig entgangen, daß die Zuordnungen längst nicht mehr stimmten. Sie hatten übersehen, daß es diverse Formen von Managern gab; Angestellte zwar, aber solche, die sich beim ÖAAB kaum heimisch fühlten und die auch im Wirtschaftsbund nicht willkommen waren. Ebenso war ihnen verborgen geblieben, daß ein Nebenerwerbsbauer andere Lebenssorgen hatte, als ein Vollerwerbsbauer. Und schon gar, daß junge Leute und Frauen Spezialprobleme wälzten, über die sie im vertrauten Kreise reden wollten. Busek war der erste, der all denen, die sich in den Bünden nicht wiederfanden und die überdies nicht gleich von einer Partei vereinnahmt werden wollten, eine Begegnungsstätte bot.

„Sie haben ihn ausgenutzt"

Präsident Rudolf Sallinger, der letztlich die Finanzen auftreiben mußte, damit sein Generalsekretär seine Spielwiesen erhalten konnte, hatte rückblickend keine ungeteilte Freude mit diesen Gründungen. Vier Monate vor seinem Tod sagte er rückblickend: „Sie haben ihn ausgenutzt." Gemeint ist: Es kamen viele speziell in den Managementclub, weil sie etwas werden wollten, ohne sich viel anzustrengen, und die haben dann nicht zu Busek gehalten, als harte Arbeit im politischen Alltag gefragt gewesen wäre.

Trotzdem sah auch Sallinger die Gründungen als wichtige Schritte in Richtung Öffnung der Partei, und daß sie für den Wirtschaftsbund von Vorteil waren: Kein anderer ÖPV-Bund konnte auf so viel geistige Potenz verweisen, die in seinem Einzugsbereich vorhanden war. Das machte den Wirtschaftsbund innerhalb der ÖVP zum geistigen Zentrum und Wortführer, der er aufgrund seiner Mitgliederstärke nicht hätte sein können.

Dabei, den Wirtschaftsbund zum Mittelpunkt der ÖVP zu machen, half Busek auch sein vollkommen neuer Arbeitsstil. Er ließ Mitarbeiter mitreden und zog damit begabte junge Leute an. Seine damalige Umgebung schwärmt noch heute, daß Busek sie in allem gefragt habe, daß er ihnen zugehört habe und nachweisbar in den meisten Fällen ohne vorgefaßte Meinung gekommen sei. Mitgestaltung sei wirklich möglich gewesen.

„Qualitative Marktwirtschaft"

Im Teamwork entwickelte Busek auch seine politischen Gedanken. Gemeinsam mit Inge Görner und Christian Festa, beides Spitzenkräfte der Bundeswirtschaftskammer, machte er den „Versuch einer Neuorientierung", so der Untertitel des Werkes „Auf dem Weg zur qualitativen Marktwirtschaft", das 1975, also kurz vor Buseks Sprung aus dem Wirtschaftsbund ins ÖVP-Generalsekretariat, erschienen ist.

Ausgangslage: Die Wiederaufbauphase nach dem Krieg war vorüber. Die Menschen hatten längst entdeckt, daß materielle Güter allein noch nicht seligmachend sind. Bruno Kreisky, der dies als erster erkannt und in sein Programm aufgenommen hatte, gewann deshalb nicht nur die Wahlen, sondern gilt bis heute zu Recht als jener Mann, der in Österreich neue geistige Wege einschlug, die in der Zeit des Wiederaufbaues unbeachtet geblieben waren, weil sich da alles ausschließlich ums Geld drehte.

In der ÖVP, die sich auch ein halbes Jahrzehnt nach dem Verlust ihrer absoluten Mehrheit an die SPÖ und Bruno Kreisky noch nicht erholt hatte, begannen Busek, Festa und Görner 1975 über die veränderte Welt nachzudenken: „Eine rein ökonomische Antwort auf die Herausforderungen unseres Jahrhunderts weist ein Defizit auf; dies wird deutlich an einem Satz aus einer Proklamation gezeigt, die die Pariser Studenten 1968 plakatierten, nachdem sie von der Sorbonne Besitz ergriffen hatten: ‚Wir lehnen eine Welt ab, in der die Gewißheit, nicht Hungers zu sterben, erkauft wird durch die Gewißheit, an Langeweile zugrunde zu gehen.'"

Auch Busek und seinen Mitstreitern war eine rein ökonomische Antwort auf die Fragen der Zeit zuwenig. Sie wollten das Österreich der Nachkriegszeit weiterentwickeln; dieses Nachkriegs-Österreich, das die Autoren so beschreiben: „Der Kompromiß zwischen den beiden Großparteien ÖVP und SPÖ wurde zum dominierenden Stilelement in der Politik der großen Koalition und begünstigte den pragmatischen Typ des Politikers . . . Mit der fortschreitenden politischen und wirtschaftlichen Konsolidierung Österreichs traten parteipolitische Ziele und Machtansprüche wieder in den Vordergrund. Junktimierungen und Proporz beherrschten die politische und auch die wirtschaftliche Szene. Dadurch kam es zu ständigen Durchbrechungen der marktwirtschaftlichen Ordnung, zur Institutionalisierung koalitionsähnlicher Einrichtungen." Als Beispiel für längst überflüssig Gewordenes wird die Paritätische Kommission für Preis- und Lohnfragen genannt, die in der Nachkriegszeit gegründet wurde. 1974 feierte der Preisunterausschuß seine tausendste Sitzung. Freie Marktwirtschaft hin oder her; es gibt den Preisunterausschuß heute noch. Womit der 1975 niedergeschriebene Satz weiterhin gilt: Man „hat also die freie Preisbildung durch eine freiwillige Preiskontrolle flankiert".

Es gibt auch andere, beengende Relikte der damaligen Zeit heute noch. Es hat bisher kaum genutzt, daß die Autoren 1975 analysierten: „Aus dieser ‚Proporzgründerzeit' stammen auch zahlreiche öffentlich-rechtliche Fonds, wie etwa der Getreideausgleichsfonds, der Viehverkehrsfonds und eine Unzahl von Beiräten in vielen wirtschaftlichen Bereichen, die heute immer noch eifrig agieren, reglementieren, beeinflussen. Die Zahl der Beiratsgremien ist inzwischen auf 235 angewachsen; in den meisten dieser Gremien sind nicht nur dieselben Organisationen vertreten, sondern es treffen sich bei den Sitzungen auch immer wieder dieselben Personen."

Wie geschrieben: Viel von dem, das damals schon überholt war, existiert bis heute; ein Beweis für die Widerstandsfähigkeit unserer politischen Institutionen und eine Erklärung, warum von den Grundsätzen einer qualitativen Marktwirtschaft mit dem Schwerpunkt Freiheit und freie Gestaltung, so wenig in die Tat umgesetzt ist.

Erhard Busek war damals etwa im selben Ausmaß davon überzeugt, daß die soziale zur qualitativen Marktwirtschaft mutieren müsse, wie sich die ÖVP jetzt sicher gibt, daß der Wechsel zur ökosozialen Marktwirtschaft notwendig sei. Busek 1975: „Die soziale Marktwirtschaft hat vor allem das Ziel verfolgt, Mängel und nachteilige Auswirkungen des Marktmechanismus im nachhinein zu korrigieren. So wird z. B. die primäre Einkommensverteilung durch Transferzahlungen, wie Subventionen, Familienbeihilfen, Ausgleichszulagen usw. nachträglich verändert bzw. ausgeglichen. Umweltschäden, die etwa durch Produkte und Produktionen entstehen, müssen nachträglich aufwendig beseitigt werden. Kleine Betriebe, die für die Nahversorgung der Bevölkerung wichtig sind, können oft dem Wettbewerb mit mächtigen Großfirmen nicht standhalten –

Mängel in der Nahversorgung müssen entweder als Verschlechterung der Lebensqualität hingenommen oder durch neue Stützungen und Subventionen ausgeglichen werden.

Es ist also typisch für die soziale Marktwirtschaft, Fehlentwicklungen erst dann entgegenzuwirken, wenn sie bereits eingetreten sind . . . In der qualitativen Marktwirtschaft soll getrachtet werden, im vorhinein Fehlentwicklungen in Wirtschaft und Gesellschaft zu verhindern, nicht nur – wie bisher – im nachhinein zu korrigieren. Dazu gehört es auch, vorauszudenken und mit Hilfe des wissenschaftlichen Instrumentariums vorauszuplanen, statt das Ergebnis zu beklagen."

Die Schnullerbrigade

Samstag, 15. August 1975: Vom tödlichen Autounfall des ÖVP-Obmannes und Spitzenkandidaten Karl Schleinzer eineinhalb Monate vor der Nationalratswahl, erfuhr Erhard Busek in Linz über das Autoradio. Er kehrte sofort nach Wien zurück. Dort wurde noch am selben Abend bei Präsident Rudolf Sallinger beraten, wie es weitergehen soll.

Schon bald stand mit Josef Taus (42 Jahre alt) der neue Obmann fest und wenige Tage später hatte Taus Erhard Busek (34 Jahre alt) als seinen Generalsekretär durchgesetzt und der taufte das neue Führungsgespann der ÖVP „Schnullerbrigade".

Herbert Kohlmaier hatte als Generalsekretär nicht bleiben können, nachdem es schon im Jahr zuvor politische Turbulenzen um die Effektivität der Arbeit Kohlmaiers gegeben hatte und Busek bereits als sein Nachfolger noch unter Karl Schleinzer genannt worden war. Seither ist das Verhältnis Kohlmaier – Busek nicht spannungsfrei, wie sich zuletzt 1991 beim Abschied des Volksanwaltes von ÖVP-Gnaden, Kohlmaier, aus der ÖVP zeigte.

Der neue Generalsekretär machte sich kurz darauf einen zweiten Intim-Feind: Leopold Helbich, der einen Journalisten mit 100.000 Schilling zu freundlicher Berichterstattung vor der Nationalratswahl bewegen wollte, mußte auf intensives Betreiben Buseks und Taus' sein Nationalratsmandat zurücklegen.

Die Ausgangslage für die Oktober-Wahlen war somit für die „Schnullerbrigade" extrem ungünstig: Obmann-Wechsel eineinhalb Monate vor dem Termin, Bruno Kreisky auf dem Höhepunkt seines politischen Schaffens und dann noch die Bestechungsaffäre, die Josef Taus entscheidende Punkte in der Fernsehkonfrontation mit Kreisky kostete. Das alles eingerechnet und aus heutiger Sicht beurteilt, hat sich das neue ÖVP-Team am 5. Oktober 1975 gut gehalten. Die ÖVP verlor Zehntel-Prozentpunkte an Stimmen, behielt aber ihre 80 Sitze im Nationalrat.

Nur leider: Taus und Busek, die „zwei kalten Knackwürst' mit Brillen" waren nie ein harmonisches Duo. Die beiden trennte nicht nur der CV, dem Taus angehört. Die beiden Intellektuellen waren einander in vielem zu ähnlich und konkurrierten eher miteinander, als mit dem politischen Gegenspieler.

Drei Säulen für die ÖVP

Als ÖVP-Generalsekretär hat Busek begonnen, was er später in Wien fortsetzte: Die Öffnung der Partei auch für jene, die mit allzuviel Christlichkeit oder mit traditioneller Parteiarbeit nichts im Sinn hatten. Er hat die Parteizentrale völlig umgebaut und auf drei (auch personelle) Säulen gestellt, die miteinander ein Team bilden sollten. Für die erste Säule (Öffentlichkeitsarbeit, Wahlkampfleitung und Organisation) gelang es ihm, Kurt Bergmann vom sicheren Posten des ORF-Landesintendanten von Studio Niederösterreich in die Parteizentrale zu locken. Kurt Bergmann, CVer und Kämpfernatur, signalisierte durch seine Rückkehr in die Kärntner Straße, daß es dort eine neue Arbeitsqualität geben muß. Hinzu kam, daß der Kämpfer Bergmann dem Generalsekretär die Wadelbeißerei des Gegners abnahm.

Die zweite Säule war Heribert Steinbauer: Ihm hatte Busek die Koordination der verschiedenen Parteisprecher, die politische Planung und die Geschäftsführung der Zukunftskommission reserviert. Peter Bochskanl, langjähriger Sprecher der Partei, war für die innerparteiliche Koordination und die technischen Einrichtungen eingeteilt.

Noch ehe die drei Säulen der Partei zeigen konnten, was in ihnen steckt, kam ihnen der Generalsekretär und damit die Führung abhanden: Am 1. August 1976 stürzte die Reichsbrücke ein. Wenig später übersiedelte Erhard Busek aus der Bundesparteizentrale in der Kärntner Straße in die Falkestraße, dem Sitz der Wiener ÖVP. Der Wechsel Buseks nach Wien wurde häufig als ein Abschieben des inzwischen ungeliebten Generalsekretärs durch Parteiobmann Taus dargestellt. Richtig ist aber, daß so kluge Köpfe wie die heutige Nationalbank-Präsidentin und damalige Wiener ÖVP-Stadträtin Maria Schaumayer in Wien schon lange vor dem Reichsbrückeneinsturz auf einen Wechsel an ihrer Parteispitze gedrängt hatten, weil man sich mit dem ÖVP-Landesparteiobmann Franz Bauer, einem geradezu klassischen Vertreter der alten Honoratioren-ÖVP, keine Zukunftschancen ausrechnete. Und die Wiener ÖVPler, die da auf einen Obmannwechsel zusteuerten, hatten Erhard Busek im Sinn.

Doch Taus wollte nicht auf ihn verzichten. Daraufhin wurde Taus von Wien aus mit Briefen, Telegrammen und dergleichen bombardiert, in denen immer nur eines stand: er solle seinen Generalsekretär ziehen lassen. Taus sprach nie von diesem Bombardement, gab aber schließlich sein Okay.

Irritationen in Wien

Busek stieg in Wien mit dem Anspruch in die politische Arena, in überschaubarer Zukunft den Bürgermeistersessel für die ÖVP zu erobern. Seine Ausgangslage: Die ÖVP hielt 29,3 Prozent der Stimmen und 31 Mandate; die SPÖ lag bei 60,1 Prozent der Stimmen und 66 Sitzen im Landtag (FPÖ 7,7 Prozent der Stimmen und drei Landtagssitze). Bürgermeister war Leopold Gratz, der wie Busek über die Arbeit im Parlament in die Bundespolitik gekommen war und als Helfer in größter Not nach Felix Slaviks Abgang nach Wien abkommandiert worden war. Gratz war ein außerordentlich beliebter Bürgermeister; eine schwierige Aufgabe also, ihm Konkurrenz zu machen.

Das versuchte Busek denn auch gar nicht, sondern setzte dort an, wo die Wiener Sozialisten ihre Schwachstelle hatten: bei der Unbeweglichkeit ihres Parteiapparates im Denken und Handeln. Seine politischen Botschaften transportierte Busek auf Plakatständern; seine Gedanken im „Club pro Wien"; zur Mitarbeit lud er alle ein, die zupacken wollten, und es kamen viele, die mit Parteien gar nichts im Sinn hatten.

Innerhalb kurzer Zeit nach Buseks Amtsantritt als Wiener ÖVP-Obmann war Wien mit Plakatständern übersät. Sie enthielten ungewohnte Botschaften wie „Menschen sind wichtiger als Autos". Die SPÖ reagierte mit Einsatz ihrer Macht: Mit ihrer Rathausmehrheit beschloß sie, Plakatständer dürften künftig ausschließlich in Wahlkampfzeiten aufgestellt werden. Damit war der ÖVP Wien das wichtigste Informationsinstrument per Gesetz weggenommen. Busek fand eine neue Bühne: eine, auf der für das interessierte Wien hochgeistige Nahrung geboten wurde: Der „Club pro Wien" wurde Begegnungs- und Bildungsstätte – auch für den Wiener ÖVP-Obmann selbst. Im „Club pro Wien" sprach die politische, geistige und künstlerische Elite des

In- und Auslandes. Rund 200 Abende hat er bestritten. Namen zu nennen, wäre ungerecht, weil man nicht alle nennen kann. Die Partei hat davon profitiert, aber nicht in Form eines Mitglieder-Booms, sondern durch die Faszination, die die Abende auf die Meinungsträger ausgeübt haben.

„Mein großer Fehler war"

Diese ganz ungewohnte Art, Politik zu machen, verwirrte nicht nur den politischen Gegner, den Koloß namens SPÖ Wien. Sie irritierte und erboste vielleicht noch mehr die Kernschichten der Wiener ÖVP. Die war damals mehrheitlich eine verkrustete Altherren-Partie, die ganz freiwillig in Koalition mit der SPÖ lebte und sich damit ihr Überleben sicherte. Bei der Gemeinderatswahl 1973 hatte sie mit dem Slogan „Diese Stadt ist krank" bescheidene Erfolge gehabt und sumperte nun weiter vor sich hin.

Busek stützte sich auf den aufgeschlossenen Teil der Wiener ÖVP und ignorierte die alte Truppe, statt sie rasch und zielsicher durch junge, neue Leute zu ersetzen, solange sein Ruf als Retter der Wiener ÖVP ihm dazu noch freie Hand gab. Warum hat er das getan? Busek im Rückblick: „Zunächst hab' ich die jugendliche Hybris gehabt: Ich bin so gut, daß ich die alle mitschleppen kann." Seine Überlegung: Die von ihm geprägte ÖVP werde stärker und stärker werden und dann kämen die Blockierer in die Minderheit. Ergänzung: „Mein großer Fehler war: Ich hab' überhaupt nicht bedacht, daß die ÖVP nicht immer gewinnt", und daß dann, wenn es Rückschläge gibt, die alte Garde zuschlägt. Denn die war nicht auf Ausgleich und gemeinsamen Erfolg ausgerichtet, sondern auf Rache an Busek. Der Rachefeldzug dauert übrigens bis heute an. In ihrem Sinn erfolgreich war die alte Garde erstmals bei den Landtagswahlen 1987, als es die Spatzen von den

Dächern pfiffen, daß altgediente Wiener ÖVP-Funktionäre mehr Kraft darauf verwendeten, gegen ihren Obmann zu arbeiten, als für einen Erfolg der Wiener ÖVP. Busek selbst hatte ihnen mitten im Hauptwahlkampf auch noch einen Vorwand dafür geliefert: Sein Interview kurz vor der Wahl, in dem er sich als ÖVP-Bundesparteiobmann ins Gespräch gebracht hatte. Die eigenen Leute bezeichneten ihn daraufhin als „Wiener ÖVP-Obmann auf Abruf“. Das wirkte. Das Wahlergebnis ist bekannt: Die ÖVP sackte von 34,8 auf 28,4 Prozent ab.

Das unerwartet katastrophale Wahlergebnis von 1987 hat Erhard Busek auch seelisch wie ein Keulenschlag getroffen. Im 46. Lebensjahr hatte er die erste Niederlage in seiner politischen Laufbahn hinnehmen müssen. Er hat zwei Jahre gebraucht, das zu verkraften; zwei wertvolle Jahre für die Wiener ÖVP, in denen nichts weitergegangen ist. Somit ist er an der noch katastrophaleren Wahlschlappe vom November 1991 nicht völlig unschuldig.

Das Vorspiel

Wie lange das Vorspiel zurückreicht, ehe der große Vorhang für Erhard Busek als Parteiobmann am 28. Juli 1991 gezogen wurde, kann mit Sicherheit nur er selbst sagen. Seine Auskunft: „Das ist öfter an mich herangetragen worden; interessiert hat es mich seit dem Wiener Wahlkampf 1987. Vorher habe ich immer das Gefühl gehabt, daß das alles zu früh kommt.“

Es kam tatsächlich sehr früh. Bereits im 33. Lebensjahr war er für eine Spitzenposition im Gespräch. Zwar nicht als Parteiobmann, wohl aber als Generalsekretär, nachdem die Steirer ÖVP 1974 einen frontalen Angriff auf den amtierenden Generalsekretär Herbert Kohlmaier gestartet hatte.

Einige behaupten, Busek habe jedenfalls ein Jahr später, also 1975, ernsthaft davon geträumt, als Nachfolger Karl

Schleinzers zum ÖVP-Obmann gekürt zu werden. Das stimmt sicher nicht für die Phase direkt nach dem Tode Schleinzers, als noch ein Stefan Koren als Nachfolger genannt wurde. Das könnte aber ab jenem Zeitpunkt stimmen, als Josef Taus genannt war. Taus ist acht Jahre älter als Busek und er hatte zwar ein Jahr Regierungserfahrung (als Verstaatlichten-Staatssekretär), im Gegensatz zu Busek aber nur bescheidene Parteierfahrung aufzuweisen.

Mit Sicherheit und nachweisbar hat sich Busek vier Jahre später Obmann-Gedanken gemacht. 1979 hatte Taus zum zweiten Mal Nationalratswahlen verloren und überfallsartig seine Obmann-Funktion zur Verfügung gestellt. Vordergründig diente Taus dazu das Partei-Nein zu seinem Parteireform-Papier. Bei dieser Obmann-Nachfolger-Suche galt der Wiener ÖVP-Obmann bereits offiziell als aussichtsreicher Obmann-Kandidat. Sein Pech: Er durfte nicht antreten, weil seine Wiener ÖVP ein Jahr zuvor bei den Landtagswahlen sehr gut abgeschnitten hatte und die Wiener ÖVP-Zukunftshoffnung auf ihm ruhte.

Diese Hoffnung erfüllte sich 1983 bei den Wahlen nicht ganz: Zwar legte die ÖVP kräftig zu, aber der Bürgermeister blieb weiterhin in unerreichbarer Ferne. Busek spürte das und veränderte sich. Er ließ immer weniger Zweifel daran, daß ihn die Wiener Kommunalpolitik nicht für alle Zeiten freut, kümmerte sich zunehmend mehr um die Nachbarstaaten – Stichwort: Mitteleuropa – und seine Gästeliste bei „pro Wien“ wurde immer internationaler. Das war unverkennbar die Vorbereitung auf einen Wechsel in die Bundespolitik. Als er dann 1984 mit Barbara Stiglmayr eine erfahrene innenpolitische Journalistin zu seiner Pressereferentin machte, sprach man schon ganz offen von höheren Plänen in Richtung Kärntner Straße. Busek selbst sprach erst drei Jahre später darüber. Zu einem Zeitpunkt, als Alois Mocks Obmann-Sessel nach neuerlich verlorener Nationalratswahl und vor allem nach Mocks tragischem Fernsehauftritt

ALLEIN GEGEN DIE ...

in der Wahlnacht wackelte. Da hatten sich dann zunächst die Steirer auf ihren Obmann eingeschossen; später nannte Kanzleramtsminister Heinrich Neisser den Namen Busek als Nachfolger Mocks. Das spielte sich im Frühjahr und Sommer 1987 ab.

Das verhängnisvolle Interview

Erhard Busek, der im November 1987 Wahlen in Wien zu schlagen hatte, war durch diese Nennungen in einer Doppelmühle: Ein vorzeitiges Aufzeigen hätten ihm die Wiener übelgenommen; ein zu spätes Aufzeigen hätte ihm die

ALLEIN GEGEN DIE ..., II. TEIL

Chance verpatzt, tatsächlich als Obmann antreten zu können.

Schließlich ist beides passiert.

Busek meldete kurz vor den Wiener Wahlen sein Obmann-Interesse an. Das war am 19. Oktober 1987 in einem Interview mit Kurt Vorhofer in der „Kleinen Zeitung". Typisch für die berufliche Beziehung zwischen Busek und Vorhofer, der stets den Eindruck erweckt, Busek mit ganzer Kraft nicht zu mögen, daß nie zweifelsfrei geklärt wurde, ob Busek die Obmann-Aussage tatsächlich zum Schreiben freigegeben hatte, wie Vorhofer sagt, oder ob Vorhofer eine reine Hintergrundinformation niedergeschrieben hatte, wie

Busek es sieht. Jedenfalls lautete die entscheidende Passage: „Noch einmal, Herr Doktor Busek: Sie stehen also prinzipiell für das höchste Amt in der ÖVP zur Verfügung? Busek: Ich glaube überhaupt, daß man Abschied nehmen muß davon, daß sich diese oder jene in unserer Partei zu gut sind für irgend etwas. Wenn es breite Zustimmung und Notwendigkeit gibt, dann hat man einfach die Aufgabe zu übernehmen. Punkt. Ende."

Absturz in Wien

Mit dem Absturz der Wiener ÖVP bei den Wahlen 1987 waren für Busek zwei Träume ausgeträumt: Der vom ÖVP-Bürgermeister in der Bundeshauptstadt und der vom Spitzenplatz in der Bundes-ÖVP. Busek verfiel in politische Apathie; dann kamen Fluchtgedanken auf: fort von Wien, ab in die Bundespolitik; es muß ja nicht der Obmann-Posten sein. Busek wollte Wissenschaftsminister werden. Auf dem Posten saß mit Hans Tuppy ein exzellenter Wissenschaftler, der als Politiker wenig durchschlagskräftig war. Trotzdem ging das nicht so einfach mit der Ablöse: Eine Regierungsumbildung war kurz nach Bildung einer großen Koalition nicht drinnen. Erstens, weil Mock nicht wollte, dann auch, weil die Partner, die zwischen 1970 und 1986 getrennt gelebt hatten, sich erst wieder aneinander gewöhnen mußten. Jede Unruhe wurde da zur Staatsaktion und deshalb vermieden.

Keine politische Leiche

Am 12. März 1989 änderte sich alles. Für diesen Tag waren Landtagswahlen in Kärnten, Tirol und Salzburg angesetzt und von der ÖVP überaus deutlich verloren worden. Alois Mock, der sich trotz der Enttäuschung seiner Partei bei den Nationalratswahlen 1986 als Vizekanzler und ÖVP-Obmann noch hatte halten können, mußte jetzt aus beiden Positionen gehen. Ein Nachfolger wurde gesucht, aber niemand nannte mehr Erhard Busek. Der hatte Sympathien verspielt: durch die Wahlniederlage in Wien, durch sein Aufzeigen im Oktober 1987, weil er mit seiner Kritik an Mock nicht zurückgehalten hatte und weil ihn manche für einen skrupellosen Machtmenschen hielten, der politisch über Leichen geht.

Auf die politischen Opfer auf seinem Karriereweg angesprochen, sagt Busek: „Es gibt keine politische Leiche des Herrn Busek. Ich bin ein Opfer meiner verbalen Radikalität." Und tatsächlich findet sich auch bei genauer Recherche kein Fall von politischem Mord, wohl aber von Liebesentzug, der bis zur Kränkung geht. Hätte Busek die politische Beiß- und Tötungshemmung nicht, wäre ihm speziell in Wien viel erspart geblieben.

Der „Fall Neisser", der aus dem Ministeramt scheiden mußte, als Busek kam, spricht nur scheinbar gegen die These, er sei kein politischer Mörder. Blenden wir zurück: Im April 1989 kam statt Mock der damalige Landwirtschaftsminister Josef Riegler an die Spitze der ÖVP. Riegler, den man genötigt hatte, das Amt zu übernehmen, stellte eine Bedingung: ein Ministerium, das leichter zu führen ist, als das Landwirtschaftsministerium, weil die drei Funktionen Parteiobmann, Vizekanzler und Minister ihn zu überfordern drohten. In Verkennung der Schwierigkeit, das Föderalismus- und Verwaltungsministerium zu leiten, entschied Riegler, er wolle dieses Ministerium übernehmen. Dort saß Heinrich Neisser, der liebend gerne ins Wissenschaftsministerium übersiedelt wäre – aber Busek beharrte auf der gegebenen Zusage, Wissenschaftsminister zu werden. Das kostete Neisser das Ministeramt.

Beginn der Aufführung

Am 24. April 1989 wurde Busek Wissenschaftsminister. Ein

gutes Jahr später, am 7. Oktober 1990 fanden Nationalratswahlen statt. Die ÖVP verlor beträchtlich und rutschte von 41,3 auf 32,1 Prozent Zustimmung ab. Katastrophenstimmung machte sich breit und jeder wußte, daß die ÖVP wieder einmal auf Obmann-Suche gehen wird. Ein halbes Jahr darauf, am 23. Mai 1991, teilte der amtierende Obmann Josef Riegler seiner Partei mit, er und sein Generalsekretär Raimund Solonar stünden nicht mehr zur Verfügung.

Daraufhin begann eine Wahlkommission die Suche nach Riegler-Ersatz. Man klopfte überall an; bei Landesobmännern, Ministern, Präsidenten und Präsidentinnen. Einer nach dem anderen sagte ab. Trotzdem traute sich die Kommission fast bis zum Schluß nicht, jenen Mann zu fragen, dem eine Mehrheit von ihnen zutraute, der Aufgabe gewachsen zu sein und den diese Kommissionsmehrheit für den einzig sinnvollen Kandidaten hielt: Erhard Busek.

Warum nicht, da doch Widerstand gegen ihn im wesentlichen nur aus Niederösterreich und Teilen der Wiener ÖVP kam? Kommissionsmitglieder zucken ratlos mit den Schultern und haben dafür nur eine Erklärung: ein grenzenloses innerparteiliches Harmoniebedürfnis. Da Busek nun einmal die Niederösterreicher und Teile Wiens verärgert hatte, schien es sinnlos, ihn zu nennen, obwohl viele ihn wollten. Es herrschte Angst vor einer Parteispaltung. Diese Angst verbot Busek, sich zu nennen oder nennen zu lassen. So schien es längere Zeit hindurch, als habe die ÖVP keinen Menschen, der sie zu führen bereit sei.

Dieses Vakuum und dieses sonderbare Harmoniebedürfnis nutzten die Niederösterreicher. Sie präsentierten Bernhard Görg als Obmann-Kandidaten. Der Manager mit politischer Erfahrung auf Bezirksebene hatte Vorteile gegenüber jenen, die von der Kommission gefragt worden waren: Er war bereit, öffentlich zu sagen, er wolle das Amt übernehmen. Daraufhin kam die Wahlkommission nicht darum herum, ihn zu nennen.

Seine Schutzherren Robert Lichal, Siegfried Ludwig und Alois Mock warben bei den Parteifreunden für den völlig unbekannten Kandidaten Görg mit Hinweisen darauf, auch ein Franz Vranitzky und ein Jörg Haider seien mit dem Effekt des Neulings erfolgreich gewesen.

Die Lage wurde grotesk. In dieser Situation meldete sich Michael Graff zu Wort und grübelte via Fernsehen, ob es nicht doch sinnvoll sei, den Delegierten zwei Kandidaten zu bieten und ob er sich angesichts fehlender anderer Bewerber selbst stellen solle.

Das war deutlich an die Adresse der Wahlkommission, sich endlich zu ermannen und die ÖVP nicht Görg allein auszuliefern.

Während der ganzen Zeit wiederholte Busek stereotyp: „Ich bin kein Kandidat", er traue sich die Aufgabe aber zu. Schließlich ermannte sich die Wahlkommission tatsächlich und sprach sich mit starker Mehrheit für Busek aus. Der war daraufhin bereit, gegen Bernhard Görg anzutreten. Dazu gehörte einiger Mut für jemanden, der ein Jahr zuvor in einer Kampfabstimmung einem politischen Leichtgewicht (Wolfgang Petrik) nicht die Zweidrittelmehrheit abtrotzen konnte: Busek hätte beim Wiener Parteitag die Zustimmung von zwei Dritteln der Delegierten gebraucht, um weiterhin ÖVP-Obmann in der Bundeshauptstadt zu bleiben. Er erhielt diese Mehrheit nicht, weil Wolfgang Petrik, den Busek in die Wiener Parteizentrale geholt und zum Vizepräsidenten des Stadtschulrates gemacht hatte, gegen ihn angetreten war.

Wohin will Erhard Busek?

Es war die ideologisch stark geprägte Sozialistin Johanna Dohnal, die im privaten Gespräch zur Person Busek ratlos fragte: Wohin will er? Für wen kämpft er?

Buseks eigene Antwort: „Mein Bezugspunkt ist nicht das

Ziel, sondern ist der Ausgangspunkt und wie man von dort weiterkommen kann."

Folgerichtig ziehen sich von früher Jugend an durch Buseks Schriften und veröffentlichte Interviews keine Utopien, sondern praktische Überlegungen, für die es zwei Eckpfeiler gibt: Seine Orientierung am Christentum und – fast noch stärker – seine Liebe zu Österreich. Sie ist ihm laut eigener Aussage „seelisches Unterfutter" und da hat er sogar den Ansatz einer Vision: „Zeigen, wie man als Kleiner groß sein kann in einer anderen Qualität." Denn das haben er und seine Generation, die den Zweiten Weltkrieg in der Wiege und als Kleinkind erlebt haben, verinnerlicht: Größe darf nie mehr über Krieg erreicht werden wollen. Größe sei anzustreben durch Geist, Kultur, spezielle Leistung und Qualität.

Seine übrige Politik leitet Busek aus der gesellschaftlichen Wirklichkeit ab, denn er ist überzeugt: „Es gibt keine idealen Zustände auf dieser Welt. Es ist nie etwas perfekt, sondern du kannst nur versuchen, aus dem Vorhandenen das Beste zu machen." Dazu dient ihm die Politik, die er früher instinktiv und jetzt bewußt nach dem Satz Sir Karl Poppers definiert: „Politik ist nicht dazu da, Glück zu bringen. Sie ist schon sehr gut, wenn sie Unglück verhindert." So betrachtet ist Busek zufrieden mit dem, was der Politik in Österreich seit '45 gelungen ist.

Kein Ideologe

Was er in seinem politischen Leben erreichen will, hat er im „Salzburger Programm" der ÖVP in den Kapiteln „Partei der fortschrittlichen Mitte" und „Gleichheit" mitformuliert: Auch dort wird kein Himmelreich auf Erden versprochen, es wird nicht einmal ein Nahziel formuliert. Im Gegenteil: Statt den Bürgern etwas anzubieten, verspricht die ÖVP in ihrem Programm, die Wünsche der Bürger umsetzen zu wollen.

Die Partei will den Bürgern folgen; sie will sie nicht führen oder gar verführen. Im ÖVP-Parteiprogramm liest sich das so: „Als demokratische Partei betrachtet sie es als ihre Aufgabe, die Meinungen und Interessen der Staatsbürger zum Ausdruck zu bringen, sie mit den Mitteln der Demokratie durchzusetzen und für die Institutionen der Demokratie qualifizierte und verantwortungsbewußte Politiker heranzubilden."

Diese Formulierung paßt zu einem Menschen, der von sich selbst sagt: „Ich bin kein ideologisierter Politiker." Busek ist tatsächlich in einer Kampfpartei unvorstellbar. Es ist bereits überraschend, daß es dieser differenziert denkende Individualist in der Gemeinschaft einer Partei aushält. Er sagt es auch frei heraus, daß er mit Parteien „nie viel anzufangen gewußt" hat. Was er an Parteiarbeit in seiner Jugend erlebt hat, assoziierte er eher mit Gschaftlhuberei. Daß er heute trotzdem in einer Partei lebt und ihr dient, hat einen simplen Grund: sie ist ihm Instrument, mit dem er etwas erreichen kann. Mit seinen eigenen Worten: „Ich habe kein Kirchenverhältnis zu dieser Partei. Sie ist eine notwendige Einrichtung; möglicherweise wird es irgendwann einmal etwas anderes geben."

Trotz seiner Distanz hält er fest zur ÖVP als „sozialer Integrationspartei", wie sie im Parteiprogramm definiert ist. Unzählige Aufforderungen aus seinem Freundeskreis und aus dem Kreise seiner Parteifreunde, eine eigene Partei zu gründen, hat Busek ausgeschlagen. Wohl deshalb, weil er nicht glaubt, daß eine Neugründung erfolgreicher wäre.

Ein Populist?

Diese Politik ohne den Anspruch, einen idealen Menschen oder einen idealen Staat erschaffen zu wollen und doch vieles für die Bürger weiterzubringen, hat Busek in Wien vom politischen Gegner den Ruf des „Populisten" eingetragen; eines Politikers also, der den Menschen nach dem Munde redet. Tatsächlich hat Busek in seinem politischen Leben stets versucht, die Sehnsüchte der Bürger zu erfassen und seine Politik nach diesen Sehnsüchten auszurichten. Aber er tat es immer nur in dem Rahmen, den ihm seine moralischen Grundüberzeugungen erlaubten:

– So hat er auch vor Jörg Haider seine Distanz zur FPÖ gehabt, weil er mit deren Liebe zu Deutschland nicht zurechtkommt; diesem Deutschland, das sein Österreich für einige Jahre ausgelöscht hatte.

– So hat er Antisemitismus und Ausländerfeindlichkeit nie akzeptiert und scheute sich nicht, mitten im Bundespräsidentschaftswahlkampf 1986 Klartext zum Thema Antisemitismus in Österreich, aber auch an die Adresse des Jüdischen Weltkongresses zu reden. Er machte seiner Partei Vorwürfe, unterschwellig mit Antisemitismus für ihren Kandidaten Kurt Waldheim zu werben: „Ich bin entsetzt und ich hätte nie geglaubt, daß es dieses Problem noch gibt. Daß wir nach 40 Jahren einen Antisemitismus ohne Juden haben", und weiter auf die Frage, ob Antisemitismus vor dem Zweiten Weltkrieg nicht auch eine Krankheit der Christen gewesen sei: „Selbstverständlich. Die katholische Kirche hat um ihre Verantwortung genau gewußt, als sie ihre Judenerklärung beim Zweiten Vatikanum abgegeben hat. Die Christlich-Soziale Partei, unsere Vorgängerpartei, hat ein gerüttelt Maß an Verantwortung. Ich habe das keine Sekunde bestritten und bin gerade deswegen in dieser Frage so sensibel." (profil vom 14. April 1986.) Und an die Adresse des Jüdischen Weltkongresses, eine kleine Vereinigung mit bekanntem Namen, die Kurt Waldheim taxfrei und ohne Beweis zum Nazi erklärt hatte: „Auch ich bin bestürzt über die Leichtigkeit, mit der solche Vorwürfe erhoben werden."

– Und er war gegen Atomkraft, als nicht nur seine eigene Partei, sondern eine satte Bevölkerungsmehrheit noch nach Zwentendorf rief und die Meinungsänderung zugunsten von Anti-Atom von kaum einem Politiker erkannt wurde.

Dieses Gespür für kommende Entwicklungen, gepaart mit Grundsätzen, an denen er nicht rütteln läßt, bescheinigt ihm auch der politische Gegner. Leopold Gratz, viele Jahr hindurch direkter politischer Konkurrent Buseks in Wien, sagt auf die Frage, warum Busek denn von der SPÖ stets als „Populist" verteufelt worden sei: Busek sei zu den Unmutsherden gegangen und habe Bürgerinitiativen zugehört. Gratz, der damals wohl auch noch der SPÖ-Meinung war, seine Partei sei „die größte Bürgerinitiative des Landes", ergänzt ein Jahrzehnt später: „Das ist eigentlich nicht negativ, echte Bedürfnisse zu artikulieren." Zumal man bei Busek immer sicher gewesen sei, daß er „Grundsätze hat, die er nicht der Taktik geopfert hat." Bei Themen wie Österreich, Antisemitismus oder Ausländerfeindlichkeit sei er absolut berechenbar gewesen, sagt Gratz, der seinen Gegenspieler ansonsten einen „schillernden Menschen" nennt, der den Vorteil habe, täglich zehn neue Ideen zu sprühen und den Nachteil, daß niemand da sei, der ihm neun dieser zehn Ideen wieder ausredet.

Ein praktizierender Katholik

Seine weltanschauliche und moralische Orientierung bezieht Erhard Busek aus dem Christentum. Die einst allzu enge Bindung seiner Partei an die Amtskirche und deren Wünsche an die Gesetzgebung ist seit dem Salzburger Programm der ÖVP urkundlich gelöst worden. Aus der ehemals uneingeschränkt „christlichen Partei", in der Andersgläubige kaum Platz hatten, ist eine Partei geworden, die sich den christlichen Grundwerten, aber nicht mehr der Amtskirche verpflichtet fühlt. Der Text im Parteiprogramm, den Busek maßgebend mitformuliert hat, lautet: „Die ÖVP sieht im Christentum die ständige Herausforderung zur Gestaltung der Welt nach den Grundsätzen der Gerechtigkeit, der Nächstenliebe, der Brüderlichkeit und des Friedens. Sie ist offen für Christen und für alle, die sich aus anderen Beweggründen zu einem humanistischen Menschenbild bekennen."

Verhältnis zur Amtskirche

Busek ist praktizierender Katholik. Wie ist also seine Einstellung zur Amtskirche? Wirkt sich sein Glauben auf seine politische Tätigkeit aus? Hat er z. B. für Wünsche der Amtskirche ein offenes Ohr und könnte er von ihr unter Druck gesetzt werden? Busek: „Nein, kein Bischof kann mein Gewissen ersetzen." Im übrigen sei die Amtskirche ein Partner, der Interessen zu vertreten habe, wie andere auch. Deshalb müsse man zwischen der Botschaft der Kirche und der Interessensvertretung durch die Amtskirche unterscheiden.

Busek sieht in den zehn Geboten „einen idealen Verhaltenskodex" für das Leben der Menschen miteinander, „aber ich würde bestreiten, daß sie ein konkretes Parteiprogramm sind." Seine persönliche Orientierung an der Bibel begründet er: „Ich glaube, daß in der Bibel bestimmte prinzipielle menschliche Werte verankert sind: Etwa die Aufgabe, die Voraussetzung für das Leben zu sichern. Die Aufgabe, den Menschen klarzumachen, daß wir in keiner perfekten Welt leben. Die Aufgabe – wie es Vaclav Havel formuliert hat – den Versuch zu unternehmen, in der Wahrheit zu leben. Das sind alles politische Botschaften, die für die Politik eine ungeheure Bedeutung haben. Ja, die von Christen und Nicht-Christen gesucht werden. Es gibt eine große Sehnsucht nach unveräußerlichen Wahrheiten, die das Zusammenleben sicherstellen."

Mangelnde Menschenkenntnis?

Erhard Busek bildet sich ein, einen guten Griff für Menschen zu haben und sie an den richtigen Platz stellen zu können. Gegen diese Selbsteinschätzung spricht nicht ein Gerhard Berger, der auf dubiose Weise zu Geld gekommen war und der Buseks Wiener ÖVP eine Zeit hindurch finanziell half. Gegen diese Selbsteinschätzung spricht aber zum Beispiel ein Wolfgang Petrik, der Mann, der Busek in Wien politisch ruinierte.

Für seinen Glauben, er habe einen guten Griff für Menschen, sprechen allerdings viele andere Namen; der bekannteste unter ihnen: Jörg Mauthe, der Schriftsteller und langjährige Weggefährte Buseks.

Wie ist der Mensch Erhard Busek?

Wen immer man nach Stärken und Schwächen des Erhard Busek fragt, der sagt in fast gleichlautenden Worten: Er ist blitzgescheit, phantasievoll, aus tiefem Herzen liberal, aber es fällt ihm schwer, seine Gescheitheit im Zaum zu halten und zu verbergen, daß er die anderen für dümmer hält. Buseks politischer Vater, Rudolf Sallinger, für den der politische Ziehsohn „der einzige ist, der es kann" – nämlich ÖVP-Obmann sein – formuliert seine Kritik deftig: „Er ist zu aufgeblasen, er müßte volkstümlicher sein."

Der so Charakterisierte hält sich zwar für ungeduldig, aber nicht für überheblich. Diese Selbsteinschätzung wird verständlich, wenn man Buseks Verhältnis zum Lernen kennt; es ist ein äußerst inniges. Die Zahl der Wissenschaftler, die er nicht nur zu „pro Wien", sondern zu sich nach Hause eingeladen hat, um ihnen wie ein Schüler zuzuhören und von ihnen zu lernen, ist Legion. Vor diesem Hintergrund ist seine Antwort auf die Frage zu verstehen, ob ihn der Vorwurf geistiger Überheblichkeit störe: „Nein. Mir macht zu schaffen, daß ich sehr oft die Geduld verliere, jemandem etwas zu erklären und daß ich statt dessen die Leute niederschmettere.“ Daß es ihm an Volkstümlichkeit mangelt, weiß er selbst: „Meine Stärke liegt im Gespräch im kleinen Kreis.“

Der Stolperpfad des Obmannes

Am 28. Juni 1991 gewann Erhard Busek die Kampfabstimmung gegen Bernhard Görg mit 56,4 Prozent.

Busek ist als Politiker in Österreich bekannt; trotzdem einige Stichwörter zum neuen Obmann:

Er ist Intellektueller und Politiker – eine eher seltene Mischung.

Er kommt aus dem Wirtschaftsbund, dessen Vizepräsident er nach wie vor ist. Trotzdem brachte er als erster in seiner Partei Grün-Ideen unter das Volk und das nicht nur im Sinne von Umweltgedanken, sondern auch im Sinne radikaler Strukturveränderungen in Institutionen und Politik.

Er ist ein Christ mit Distanz zur Institution Kirche.

Er ist konservativ und glaubt an Veränderungen. Er hat sich deshalb mit Oppositionellen im ehemaligen Ostblock verbündet, als andere sich mit den Kommunisten arrangiert haben.

Er ist überzeugter Österreicher und Weltbürger.

Er ist pragmatisch und phantasievoll.

Kurzum: Er birgt viele Gegensätze in sich und nicht alles, wofür er steht, ist in der Bevölkerung mehrheitsfähig.

Jubel zur Begrüßung

Mit Erhard Busek kamen Helga Rabl-Stadler und Erwin Pröll als Stellvertreter. Und Busek, der 1979 noch der Ansicht gewesen war, man könne das Generalsekretariat überhaupt zusperren, hat jetzt zwei Generalsekretäre: Ingrid Korosec und Ferdinand Maier.

Vom Parteitags-„Gegenteam“ (Görg und die von ihm vorgeschlagenen Stellvertreter Rosemarie Bauer und Ludwig Steiner) ist nur Ludwig Steiner vollkommen von der politischen Bühne verschwunden, nachdem er durch sein Görg-Engagement die Chance auf die Bundespräsidentschafts-Kandidatur verspielt hatte. Rosemarie Bauer ist weiterhin als Bundeschefin der ÖVP-Frauen aktiv und Bernhard Görg ist nun doch noch auf dem Weg, Politiker zu werden. Ihm gelang am 12. September 1992 der Sprung auf den Sessel des Wiener ÖVP-Obmannes, auf dem einst Erhard Busek saß.

Es gehört zu den Überraschungen, zu denen die ÖVP fähig ist, daß die Wunden, die die Auseinandersetzung zwischen Görg- und Busek-Anhängern geschlagen hatte, fast überall recht rasch verheilt sind. Nur in Wien bluten sie weiter, wie die Suche nach einem neuen Wiener ÖVP-Obmann belegt.

Die relativ kurzfristige Erholung von den Turbulenzen der Obmann-Suche hatte man am Parteitag nicht voraussagen können, denn: Wegen der Unruhen im benachbarten Slowenien war der Parteitag drastisch abgekürzt worden. Es hatte keine Zeit zur Diskussion oder zur Versöhnung zwischen den rivalisierenden Lagern gegeben, sondern nur Buseks Appell: „Wir haben keine andere Alternative als Zusammenstehen als Volkspartei und Zusammenstehen als Österreicher. Darum darf ich Euch bitten!“ Es dürfe „ein neuer Beginn nicht mit alten Rechnungen gemacht werden“.

Der Delegiertenapplaus, der Busek nach der Wahl sicher war, ist inzwischen verhallt. Jubel und Solidarität gibt es in der ÖVP ja für jeden neugewählten Obmann. Sie halten traditionell bis zum ersten Fehler des Neuen. Danach lehnt sich das Parteivolk zurück und murmelt: Der ist es also auch nicht – und in diesem Punkt hat der Neue in der Regel das Spiel bereits verloren.

Erste politische Fehler

So gesehen ist es fast schon ein ÖVP-Wunder, daß Erhard Busek politisch noch lebt, denn natürlich sind auch ihm gleich zu Beginn politische Fehler passiert:

– Der erste unterlief ihm noch im September mit einer mißverständlichen Formulierung, er könne eine Koalition mit der FPÖ nicht vollkommen ausschließen. Das irritierte seine Freunde und gefiel nur jenen, die eine bürgerliche Koalition selbst um den Preis der Auflösung der ÖVP anstrebten.

– Dann kam Buseks Versuch, rund um das Budget 1992 Regierungsprofil zu zeigen. Die staunende Öffentlichkeit erfuhr daraufhin täglich wechselnd: „Das Budget steht" und „das Budget droht zu scheitern".

– Dann stand die Anerkennung Sloweniens und Kroatiens im Raum. Busek forderte sie mit aller Vehemenz, sofort und notfalls auch im österreichischen Alleingang. Nicht einmal Außenminister Alois Mock konnte da mithalten und das stempelte Busek vorübergehend als Mann ab, der nicht in der Gruppe zu marschieren imstande ist.

– Danach kam der Sündenfall des Asylgesetzes: Obwohl das den Abschied Österreichs vom Status als Asylland bringt und somit im Widerspruch zu Liberalität und Weltoffenheit steht, ließ der Obmann das ÖVP-Ja dazu zu.

– Schließlich willigte er – wenngleich unter dem Damoklesschwert, sonst in einer absoluten ÖVP-Schwächephase vorzeitige Neuwahlen heraufzubeschwören – ein, daß die Regierung eines ihrer wichtigsten Versprechen brach und fehlende Budgetmilliarden über neue Steuerbelastungen hereinbrachte.

Trotzdem „lebt" er noch

Fehler dieser Art haben Murren in den Parteireihen ausgelöst; zu einer ernstzunehmenden Obmann-Debatte reichte es bisher noch nicht. Wohl deshalb, weil die ÖVP-Personalreserven erschöpft sind. Außerdem hat sich mit dem Erfolg Thomas Klestils die bis dahin totale Resignation – zumindest vorübergehend – gelegt. Aber Stimmungshochs dauern in der ÖVP selten an, schon weil die Grundüberzeugung in dieser Partei lautet, sie sei zum Regieren erfunden worden und brauche sich deshalb nicht weiter anzustrengen. Dieser unglaubliche Fehlglaube, den selbst kluge ÖVP-Spitzenpolitiker verinnerlicht haben, hat die Partei so abwirtschaften lassen, daß sie auch nach 16 Oppositionsjahren das politische Tageshandwerk nicht beherrscht hat. Dieser Fehlglaube, gepaart mit der Ansicht, zum Arbeiten sei eigentlich allein der Obmann zuständig, verhindert auch die Einsatzfreude der Parteifreunde. Josef Riegler kann aus seiner zweijährigen Obmannschaft ein Lied davon singen. (Der Erfolg Thomas Klestils ist kein Gegenbeweis gegen diese These: Klestil hat ganz allein wie ein Löwe gekämpft; die Parteifunktionäre halfen ihm erst, nachdem er im Alleingang erfolgreich war.)

Erhard Busek gehört zu den wenigen in der Volkspartei, die dem Irrglauben, seine Partei sei zum Regieren geschaffen, nie angehangen sind. Schon deshalb, weil er im Gegensatz zu vielen seiner Parteifreunde davon ausgeht, daß es für das Land gleich wichtig sei, ob eine Partei in der Regierung oder in Opposition ist. In beiden Rollen hat sie seiner Einschätzung nach eine staatstragende Aufgabe. Wiederum im Gegensatz zu vielen seiner Parteifreunde ist Busek deshalb ein strikter Gegner von Konzentrationsregierungen auf Bundesebene, sofern nicht ein Ausnahmezustand, wie er in der Nachkriegszeit gegeben war, diese Regierungsform notwendig macht.

Handicaps zum Auftakt

Zurück zur Chronologie: Seit 28. Juni 1991 soll Erhard Busek zeigen, was er kann. Im ersten halben Amtsjahr waren seine Möglichkeiten dazu stark eingeschränkt: drei Landtagswahlen ließen keine Zeit und begrenzten den Mut zum Risiko.

Die drei Landtagswahlen brachten eine fürchterliche Niederlagenserie für die ÖVP. Und während die Partei sich bemühte, die schweren Verluste zu begreifen, mußte der neue Obmann die wichtigste Personalentscheidung für die nächsten Jahre treffen und einen ÖVP-Bundespräsidentschaftskandidaten präsentieren. Er wollte gar nicht, aber Versuche, sich aus Kosten- und Koalitionsharmoniegründen auf einen gemeinsamen SPÖ-ÖVP-Bewerber (Thomas Klestil) zu einigen, waren gescheitert. Die SPÖ setzte voll darauf, mit Rudolf Streicher wieder in die Hofburg einziehen zu können.

Also entschied Busek im Alleingang und begleitet vom Kopfschütteln nicht nur seiner parteiinternen Gegner. Sein Kandidat hieß Thomas Klestil; das Ende der Geschichte ist bekannt.

Erste Konturen

Die Stimmung für die ÖVP ist weiterhin schlecht, aber sie hat sich auf niedrigem Niveau inzwischen einigermaßen stabilisiert. Zuerst ist es Busek wider Erwarten gelungen, den totalen Zerfall der Partei zu verhindern; die inzwischen gegründete Wirtschaftspartei bleibt allerdings ein Stachel, von dem man nicht abschätzen kann, wie tief er noch ins ÖVP-Fleisch gehen kann. Dann fand er einen vorzeigbaren Bundespräsidentschaftskandidaten. Parallel dazu hat er die wichtigste Botschaft (allerdings mit Hindernissen) transportieren können: Die Regierung muß arbeiten, Entscheidungen sind unerläßlich, sonst zerbricht nicht nur die Regierung, sondern sonst stehen beide Koalitionsparteien vor ihrer Auflösung. Was die SPÖ zunächst als Nörgelei Buseks abtat, ist inzwischen allgemeines Gedankengut – dem bisher vereinzelt Taten folgten.

Auch innerparteilich sind erste Konturen zu erkennen: Erhard Busek beginnt – wie er es in Wien erfolgreich vorgelebt hat – neue Parteistrukturen zu schaffen. Er setzt auf aktive Mitarbeit aller Bürger und auf Themen, statt auf Parteibuch und Ideologie. Nicht nur Busek sieht die politische Zukunft heutiger Parteien fernab der Parteizentralen; auch der Politikwissenschaftler Anton Pelinka analysierte Anfang des Jahres in den „Monatsheften" der ÖVP: „Parteien werden weniger als weltanschauliche, sekundärreligiöse Gemeinschaften mit einer umfassenden Organisationsstruktur aufgefaßt; sie werden immer stärker als politische Dienstleistungsbetriebe angesehen, denen man nicht ‚angehört', sondern die man – Konsumenten gleich – wählt oder auch nicht wählt."

IV.

Annäherungen

Ich

24 Fragen zur Person

- **Ihr Flugzeug wurde für unbestimmte Zeit in die Wüste entführt. Welches Buch sollte in so einem Fall in Ihrem Handgepäck und welcher Zeitgenosse Ihr Sitznachbar sein?**

  Bibel als Trostbuch
  György Konrád

- **Welches Buch hat in den letzten Jahren den nachhaltigsten Eindruck bei Ihnen hinterlassen?**

  Barbara Tuchman: „Von der Torheit der Regierenden"

- **Welche Frau hat Sie in Ihrem Leben am meisten beeindruckt?**

  Jeanne Hersch

- **Was fasziniert Sie an der Politik am meisten?**

  Gestaltung der Zukunft

- **Was stößt Sie an der Politik am meisten ab?**

  Personaldebatten

- **Gibt es einen Politiker, den Sie persönlich erlebt haben und der Ihnen eine Art Vorbild ist?**

  Heinrich Drimmel

- **Mit welcher Person könnten Sie sich am ehesten**

identifizieren: Mahatma Gandhi, John F. Kennedy, Winston Churchill oder Peter I. von Rußland?

Winston Churchill

- **Warum?**

Er hatte Konzept, Kraft und Ausdauer – insbesondere in Krisenzeiten

- **Sie haben den Friedensnobelpreis für das nächste Jahr zu verleihen. An wen würden Sie ihn vergeben?**

An jenen Politiker der GUS, der die Vernichtung der sowjetischen Atomwaffen durchsetzt

- **Was würden Sie tun, wenn Sie morgen arbeitslos wären?**

Ausschlafen, nachdenken und wieder Arbeit suchen

- **Sie bekommen einen Monat Urlaub und eine Million Schilling geschenkt. Was würden Sie damit anfangen?**

In die Toskana fahren und das restliche Geld für Flüchtlinge spenden

- **Angenommen Sie müssen auswandern. Welches wäre das erste Land Ihrer Wahl?**

Ich wandere nicht aus

- **Warum?**

Weil ich unter allen Umständen in Österreich bleiben will und nur hier leben kann

- **Was macht Ihnen Angst?**

Politiker, die mit der Angst ihr Geschäft machen, statt den Menschen die Angst zu nehmen

- **Wichtigste Eigenschaft eines Freundes?**

Offenheit

■ **Was ist ein Grund, die Freundschaft zu brechen?**

Treue mit Unterbrechungen

■ **In welchem Jahrhundert wären Sie gerne zur Welt gekommen?**

20. Jahrhundert

■ **Sie sind im Jahr 2000 noch immer Spitzenpolitiker. Worauf möchten Sie dann stolz sein können?**

Österreich im neuen Europa

■ **Sie sind noch einmal 18. Was und wo würden Sie studieren wollen?**

Geschichte in Wien und Stanford (USA)

■ **Im Jahr 2050 sind Sie eine historische Figur. Mit welchem Attribut möchten Sie in den Geschichtsbüchern verewigt werden?**

Zukunftsorientiert denkend

■ **Ein Zauberer verwandelt Sie in ein Tier. Welches würden Sie sein wollen?**

Bär

■ **Warum?**

Habituell nahe

■ **Was bedeutet Christ-Sein für Sie?**

Verständnis der Schöpfung als ein Geschenk

■ **Was macht für Sie das Leben lebenswert?**

Die Schönheit der Welt und die Freiheit, mein Leben zu gestalten

Du

Was Kinder von EB wissen wollen

Teilnehmer: Paul (11), Lisbeth (11), Thomas (11), Lucie (10) und Jakob (9).

■ **Was machen Sie den ganzen Tag? Sind Sie immer im Ministerium?**

Nein. Im Ministerium muß ich einmal sein, um mit den Beamten zu reden, was wir wie entscheiden. Da geht es um Personalbesetzungen, die Weiterentwicklung der Universität, welche Forschungsprojekte wir fördern oder wie wir ein Museum renovieren können. Die Beamten arbeiten Vorschläge aus und zum Schluß muß ich dann entscheiden. Sie sagen: „Herr Minister, es gibt die und die Möglichkeit, wir können das billiger bauen, aber es dauert länger, oder wir können das rascher bauen, aber es wird teurer." Oder wir können eine Studienrichtung einrichten für Ökologie in Wien und in Innsbruck, dann werden aber die Grazer böse sein. Wie erklären wir das den Grazern, daß es das dort nicht gibt? Wir versuchen dann, den besten Weg zu finden. Das ist ein Teil der Arbeit. Der zweite Teil besteht darin, das Ministerium zu vertreten in der Regierung. Wir Minister müssen uns untereinander abstimmen. Es kann nicht jeder in jede Richtung gehen, sondern es muß ein Gesamtbild ergeben. Da muß man auch beim Budget sagen können, jetzt kriegt einmal die Wirtschaft ein bißchen mehr und die anderen weniger und dann bekommt wieder die Sicherheit etwas mehr. Dann muß man sein Ministerium im Parlament vertreten, weil die Abgeordneten, denen man Vorschläge für Gesetze macht, wissen wollen, warum man diese Vorschläge macht. Dann gibt es furchtbar viele Veranstaltungen, z. B. eine Ausstellungseröffnung, einen Kongreß von internationalen Wissenschaftlern, eine Eröffnung an der Universität oder eine Neubesetzung eines Rektors, und der freut sich, wenn man hinkommt, und alle sagen dann, daß man nicht genug Zeit für sie hat, weil sich immer alle freuen wollen und man zu allen gehen soll – das ist oft sehr schwer. Dann muß man mit Journalisten reden, damit das Richtige in der Zeitung steht, und muß ihnen das erklären. Der andere Teil ist, daß ich ja der Obmann einer Partei bin und mit den Abgeordneten reden muß und mit den Bürgern, die ich überzeugen muß von unseren Vorschlägen, oder ich muß ihnen zuhören, denn es soll ja in einer Demokratie das passieren, was sich die Bürger wünschen. So schaut ein Tag aus.

■ **Welchen Aufstieg in Ihrer Karriere wollen Sie noch machen?**

Darüber habe ich mir noch nie den Kopf zerbrochen. Ich möchte einmal das, das ich jetzt mache, gut, anständig und erfolgreich machen. Ich möchte eigentlich schon etwas Politisches machen, aber nicht mehr mit einer Funktion, für die man gewählt wird und wo man kandidiert, sondern irgendeine politische Aufgabe, entweder im Wissenschaftsbereich oder im internationalen Bereich, aber genau weiß ich es selbst nicht. Ich lasse mich überraschen.

■ **Welche Bücher lesen Sie gern?**

Ich lese gern Romane und historische Lektüre, das hat mich immer interessiert. Nur komme ich viel zuwenig zum Lesen. Dann muß ich viele Bücher lesen, damit ich einfach weiß, was vorgeht – also über Wirtschaft und Außenpolitik und Informationen über die technische Entwicklung und den wissenschaftlichen Fortschritt. Ich lese nach wie vor gerne Literatur, aber ich gebe zu, daß ich oft am Abend zu müde bin. Ich habe im Bett das Buch in der Hand und bemerke, daß ich immer auf dieselbe Seite schaue, weil ich schon etwas schlafe.

■ **Was ist Ihre Lieblingsspeise?**

Eiernockerln. Die koche ich mir selber. Das habe ich extra gelernt, damit ich auf niemanden angewiesen bin.

■ **Was ist Ihre Lieblingsmusik?**

Schubert. Ich bin ein großer Anhänger von klassischer Musik, ich höre sehr gerne Kammermusik. Das heißt, wenn wenige Musiker sind, zwei Violinen, zwei Violas, zwei Violoncelli. Das ist sehr schön, eine sehr stille Situation, da kann man sich erholen und nachdenken. Ich muß zugeben, je älter ich werde, desto weniger vertrage ich Ö 3.

■ **Wie warst Du in der Schule?**

Ich war leider gut. Das traue ich mich gar nicht zu sagen, weil dann alle meinen, ich sei ein Streber gewesen. Wenn man in der Politik mit den Bürgern redet, so hören die lieber, daß man ein schlechter Schüler war. Ich habe dafür schlechte Betragensnoten gehabt. Ich habe immer Strafe schreiben müssen.

■ **Welche?**

Abschreiben oder ein Gedicht auswendig lernen, weil ich das ungern gemacht habe, oder ich wurde strafweise geprüft, das war damals noch möglich.

■ **Was war der Grund für die Strafen?**

Bei uns war es verboten, während der Schulzeit über die Straße zu gehen. Vis-à-vis gab es einen Bäcker, und wir wollten immer um 10 Uhr frische Semmeln haben, und ich ging dann für die ganze Klasse Semmeln holen und da wurde ich öfters erwischt. Dann organisierte ich eine Protestaktion. Wir hatten einen kleinen Lichthof in der Schule, und wir haben uns alle Leiberln angezogen und Streifen darauf gemacht, damit wir alle wie Sträflinge aussehen, und dann haben wir uns Hüte aufgesetzt und eine Sträflingsnummer aufgemalt. Ich mußte dann zwei Stunden nachsitzen, weil ich diese Aktion organisiert habe. Das war sehr lustig, an das kann man sich erinnern, an das Bravsein nicht.

■ **Waren Sie als Kind in der Jungschar?**

Ja. Das war ganz lustig. Damals hatten wir noch nicht die Möglichkeiten von heute, und wir fuhren auf Lager. Man fuhr damals nicht weg auf Urlaub, das war nach dem Krieg, da gab es kein Geld und die Möglichkeiten waren geringer. Ich kann mich noch erinnern, daß wir mit der Jungschar ins Stift Altenburg im Waldviertel gefahren sind. Da gab es große, leere Säle und wir gingen zuerst Strohsäcke stopfen, auf denen wir dann schliefen. Eine Decke und einen Polster hatten wir von zu Hause mit und wir waren im Saal zwischen 20 und 30 Buben. Das war sehr lustig, denn keiner wollte schlafen.

■ **Was spielten Sie?**

Wir spielten auf der Gasse, da es noch nicht so viele Autos gab. Wir hatten einen Fußball, der hin und wieder in einer Scheibe gelandet ist.

■ **Mögen Sie Tiere?**

Ich wurde als Sechs- oder Siebenjähriger von einem Hund gebissen und der Hund war unter Tollwutverdacht. Ich bekam dann eine Injektion mit einer langen Nadel, das war sehr unangenehm. Seitdem habe ich vor Hunden ein bißchen Angst. Das belastete mein Verhältnis zu Tieren. Am liebsten mag ich Teddybären.

■ **Können Sie Karten spielen?**

Ja. Schnapsen, Tarockieren und Preferencen. Ich komme kaum dazu. Ich habe Freunde, die mich einmal im Jahr einladen. Da muß ich kommen. Fürs Tarockieren braucht man vier, aber sie laden immer fünf ein, weil sie nie wissen, wann ich komme. Dann scheidet immer einer aus, damit ich auch spielen kann, und alle sagen, daß ich öfter spielen müßte, da ich keine Übung mehr hätte. Wir spielen um 10 Groschen. Ich habe einen Sack mit Groschenstücken, der, wenn ich nach Hause komme, entweder größer oder kleiner ist.

■ Warst Du Ministrant?

Ja. Ich war sogar Oberministrant. Damals gab es noch die lateinische Messe, die lernte ich auswendig, obwohl ich sie nicht verstand, und meine Mutter prüfte mich dann. Das Schwierigste war das ‚Suscipiat', es war sehr kompliziert. Da gab es noch einen Segen, es wurde nur das Allerheiligste ausgesetzt und man betete und nachher wurde mit dem Allerheiligsten gesegnet. Das lernte man als erstes als Ministrant. Erst später wurde man zur heiligen Messe zugelassen. Für die Messe haben sie mir nur den Text beigebracht, sie sagten mir aber nicht, was ich dort machen soll, und als die Messe begonnen hat, verhielt ich mich so wie beim Segen. Ich nahm einen Schemel und wollte aus dem Tabernakel das Allerheiligste herausnehmen. Daraufhin war der Priester furchtbar entsetzt und sagte, daß ich lieber weggehen soll, denn ich kann das nicht. Das kränkte mich sehr.

■ Was war mit 10 Jahren Ihr Traumberuf?

Der Beruf meines Vaters, Ingenieur und Baumeister, ich wollte auch unbedingt Ingenieur und Baumeister werden.

■ Was war da alles anders als Sie 10 Jahre alt waren?

Das war das Jahr 1951, das war vor 40 Jahren. Da gab es zu Weihnachten immer noch weißen Schnee und ganz wenig Autos und wenig Dreck in der Luft und der Schnee blieb liegen, und dann kamen die Schneeräumer und machten große Schneehaufen mitten auf der Straße.

■ Welche Vor- und Nachteile gab es?

Das ist eine gute Frage. Das klingt jetzt vielleicht komisch. Ich glaube, daß Du es schwerer hast als ich. Es hat bei uns nicht viel gegeben. Ich bekam zu Weihnachten mit 10 Jahren meinen zweiten Trittroller. Erst viel später bekam ich ein Fahrrad und ich hatte nie eine Eisenbahn und habe mich darüber ein wenig gekränkt. Dafür hatte ich ein Boot zum Aufziehen, mit dem konnte man auch in der Badewanne fahren, aber eine Eisenbahn wäre mir lieber gewesen. Wir sind bis in die Steiermark gefahren und ich war einer der wenigen, die bis in die Steiermark gekommen sind. Man blieb damals in Wien oder im nahen Niederösterreich.

■ Waren Sie damals schon im Ausland?

Nein. Das erste Mal waren wir im Jahr 1953 im Ausland, da war ich 12 Jahre alt und wir fuhren mit einem Autobus. Am ersten Tag fuhren wir bis Judenburg, am zweiten bis Treviso und dann nach Venedig und von da über Verona, Südtirol hinauf und über das Salzkammergut zurück. Das dauerte sieben Tage. Wir fuhren am Samstag, dem Schulschlußtag, weg. Damals wurden noch am letzten Samstag im Juni die Zeugnisse verteilt. Um 8 Uhr war Schulmesse, um 9 Uhr ging man noch in die Schule, machte eigentlich nichts und bekam um 11 Uhr die Zeugnisse. Aber der Autobus fuhr schon um 9 oder 10 Uhr weg, und da verhandelte mein Vater sehr lange mit dem Klassenvorstand, ob ich nicht das Zeugnis einen Tag früher kriegen kann. Das war sehr schwierig und ich habe das damals nicht verstanden. Ich sagte zum Klassenvorstand nur, daß das Zeugnis, wenn es am Samstag verteilt würde, doch schon am Freitag fertig sein müßte. Der sagte mir, daß mich das gar nichts anginge, alle kriegen es am Samstag. Ich habe mich sehr geärgert, denn ich wollte unbedingt fortfahren. Ich bin dann auch fortgefahren, mein Vater war sehr energisch mit dem Klassenvorstand und sagte, daß sie mir das Zeugnis mit der Post schicken sollen. Ich war sehr stolz auf meinen Vater, weil er so energisch war.

■ **Was war früher Ihr Lieblingsspiel?**

Völkerball.

■ **Was sagten Ihre Eltern zu Ihrer ersten Freundin?**

Mein Vater sagte gar nichts, das war ein kluger Mann, und meine Mutter regte sich furchtbar auf und wollte immer genau wissen, wer das ist, und mein Vater sagte immer vor ihr, daß das sicher nicht die letzte sei und es würde bald eine andere kommen. Darüber haben dann meine Eltern gestritten, wie das eben so ist, aber ich war schon sehr alt bei meiner ersten Freundin.

■ **Wer ist Ihre Traumfrau?**

Das ist jetzt sehr schwierig. Ich habe immer Jeanne Moreau sehr bewundert. Sie hat so traurige, gedankenvolle Augen.

■ **Wann hat eigentlich Ihre Karriere begonnen?**

Relativ früh. Ich war schon Generalsekretär vom Wirtschaftsbund knapp nach 30, und ich war schon Generalsekretär der ÖVP mit 34, und ich war schon Vizebürgermeister von Wien mit 36.

■ **Mit wieviel Jahren sind Sie in die Politik eingestiegen?**

Das kommt darauf an, was man als Einstieg bezeichnet. Ich war nach der Jungschar in einer Jugendorganisation, in der Katholischen Studierenden Jugend und in der Katholischen Jugend, da habe ich schon Funktionen gehabt. Da habe ich mit der ÖVP noch gar nichts zu tun gehabt, dann bin ich Sekretär im Parlament geworden und da habe ich Politik gemacht, dann bin ich 1964 der ÖVP beigetreten und bin dann in den Wirtschaftsbund gegangen, da war ich Generalsekretärstellvertreter, damals war ich 27 Jahre alt. Ab da kann man sagen, daß ich eigentlich Politiker bin.

■ **Sind Sie froh, daß Sie bei der ÖVP sind?**

Froh . . . Ich bin überzeugt, daß sie unter den vorhandenen Parteien die ist, die mir am nächsten steht und mit der ich mich am ehesten identifizieren kann.

■ **Haben Sie immer die ÖVP gewählt?**

Nein, einmal habe ich sie nicht gewählt.

■ **Und wen haben Sie da gewählt?**

Das ist mein Geheimnis. Es gibt ein Wahlgeheimnis.

■ **Wieso haben Sie da eigentlich nicht die ÖVP gewählt?**

Weil ich geglaubt habe, daß ich besonders gescheit bin, wenn ich mich anders verhalte, weil ich an das Ergebnis gedacht habe. In der Situation, die damals herrschte, war es besser, es gewinnt jemand anderer. Ich weiß nicht, ob ich das heute genauso beurteile.

■ **Wie waren eigentlich Ihre Eltern?**

Mein Vater fand immer das richtig, was ich machte. Er sagte, daß ich mit allem selber fertig werden müßte, er rede mir nichts drein, das sei mein Leben, er könne mir, wenn ich ihn frage, einen Rat geben. Meine Mutter wollte, daß ich Beamter werde. Sie sagte, da hast du wenig, aber das hast du sicher und man soll nicht auffallen. Das ist die Erfahrung der Generation meiner Eltern, dort wo meine Eltern gelebt haben. Sie haben selbst die Erfahrung gemacht. Es war eine gefährliche Zeit, wenn man einen bestimmten Standpunkt gehabt hat. Da hatte man Probleme, da wurde man von der Polizei geholt oder hat immer Angst gehabt, daß man eingesperrt wird. Das waren die Erfahrungen der Generation meiner Eltern und meine Mutter wollte, daß ich kein Risiko eingehe bzw. nicht auffalle. Sie sagt auch heute noch, daß ich viel vorsichtiger sein sollte.

■ **Mit Ihrem Vater haben Sie nie gestritten?**

Nein. Ich bekam nur ein einziges Mal eine Ohrfeige von meinem Vater.

■ **Warum?**

Es gab da ein Autorennen auf der Höhenstraße, das gibt es heute nicht mehr. Da sind wir hingegangen, wir waren 15 Jahre alt und danach sind wir noch irgendwohin gegangen. Ich kam sehr spät nach Hause, es war schon lange finster und mein Vater hatte furchtbare Angst, daß mir bei dem Rennen als Zuschauer etwas passiert sei, und ich machte die Türe auf und mein Vater hat mir wortlos eine geknallt, dann hat er sich umgedreht und ist gegangen.

■ **Wie haben Sie da reagiert?**

Ich habe begriffen, daß mein Vater Angst um mich hatte, und da ich nicht angerufen hatte, habe ich mich geniert. Am nächsten Tag wollte ich dazu etwas sagen und er meinte, daß wir nicht mehr darüber reden sollen.

■ **Wie kamen Sie auf die Idee, zur Politik zu gehen?**

Ich war, wie gesagt, in Kinder- und Jugendorganisationen und mich hat das immer sehr interessiert, wie Entscheidungen zustande kommen und was die Menschen bewegt, was sie interessiert und welche Einstellungen oder welche Ideen die Menschen bestimmen. Dann hat mich Österreich immer interessiert und da wollte ich einfach mittun können.

■ **Was wollten Sie verbessern?**

Die Qualität der Politik. Das klingt ein bißchen abstrakt. Mir sind die Politiker und die Politik immer so dumm vorgekommen und ich habe mir eingebildet, daß sie gescheiter wird, wenn ich dabei bin. Ich weiß nicht, ob das stimmt. Man muß sich mehr um die Bildung kümmern und man muß Österreich im Ausland besser präsentieren. Ich hatte immer den Eindruck, daß wir Österreicher uns zurückziehen und gar nichts von dem wissen wollen, was um uns herum passiert. Ich hatte immer aus der Geschichte heraus den Eindruck, daß Österreich so viele Beziehungen gehabt hat und ein großes Land war, und daß wir im Bereich der Kultur doch so viele Kontakte haben. Dann bewegte mich das Umweltthema sehr stark. Man muß herausstreichen, daß Natur wichtig ist und daß Leben wichtig ist, wir bringen uns eigentlich selber um. Das waren so die Motive für die Politik.

■ **Was machen Sie in der Freizeit?**

Ich versuche, zweimal im Jahr Schi fahren zu gehen – zu Weihnachten und in der Energiewoche. Ansonsten lese ich sehr gerne und wenn Zeit übrigbleibt, treffe ich gerne Freunde. Das ist leider schon sehr selten.

■ **Betreiben Sie Sport?**

Nein.

■ **Welches ist Ihr Lieblingsbuch?**

Da gibt es eigentlich sehr viele. Ich lese sehr gerne – von Hermann Hesse „Das Glasperlenspiel", Doderer und Herzmanovsky, sehr viel österreichische Literatur. Aber ich habe kein Lieblingsbuch. Das hängt von der Stimmung ab.

■ **Was ist Ihre Lieblingsfarbe?**

Grün.

■ **Welche Bücher haben Sie früher gelesen?**

Karl May, die ganzen Abenteuergeschichten. Ich hatte eine sehr gute Deutschprofessorin und habe dann relativ rasch moderne Literatur gelesen – Joseph Roth, Hermann Hesse, Jandl, Kafka usw. Wir wurden sehr bald dorthin geführt. Dafür bin ich dankbar.

■ **Gehen Sie auch nie ins Kino?**

Ja doch.

■ **Was schauen Sie sich da an?**

Da werdet Ihr mich jetzt auslachen. Ich schaue mir gerne Kostümschinken an oder Weltraumfilme.

■ **Was haben Sie zuletzt im Kino gesehen?**

Terminator II. Weil alle gesagt haben, daß er ein so großer Erfolg ist und der Schwarzenegger ein Österreicher ist. Aber er hat mir nicht gefallen, ich fand ihn schrecklich. Ich fürchte mich, wenn so etwas Schreckliches kommt, obwohl ich weiß, daß mir nichts passieren kann.

■ **Hast Du auch wahre Freunde, die Du bei der Arbeit triffst?**

Ich habe Freunde aus der Zeit, als ich noch nicht Politiker war, da habe ich sehr treue Freunde. Die rufen dann meine Sekretärin oder meine Frau an und sagen, daß wir uns wieder einmal treffen müssen und das funktioniert dann. Ich habe auch Freunde unter den Politikern, einige sind mit mir in der ÖVP und da trifft man sich etwas öfter. Dann habe ich Freunde gewonnen während meiner Zeit in der Politik und die sind auch sehr ausdauernd. Das ist sicher alles zu wenig, aber ich glaube, daß ich für einen Politiker relativ viele Freunde habe.

■ **Lernt man in der Politik viele Freunde kennen?**

Du bist sicherer, daß das ein Freund ist, wenn du keinen Einfluß hast. Wenn du eine Position hast, mußt du dich immer fragen, ob der jetzt freundlich ist zu dir, weil du diese Position innehast, und da wird man etwas skeptisch.

■ **Wie leicht findest Du heraus, ob jemand ein echter Freund ist?**

Ich habe mich auch schon geirrt, z. B. jemand verwendet meinen Namen, obwohl ich das nie gesagt habe, oder jemand sagt, daß man ihm das und das ermöglichen sollte, denn er sei ein Freund des Vizekanzlers, und da wird man schon ein bißchen distanziert. Die zweite

Schwierigkeit ist, daß man Zeit braucht, um jemanden kennenzulernen.

■ Was hast Du schon bewirkt?

Ich habe sehr früh über die Umwelt geredet. Ich habe sicher dazu beigetragen, daß es ein Thema geworden ist und daß so manches besser geworden ist. Ich habe bei der Stadterneuerung etwas bewirkt. Ich habe kein Haus gekauft oder hergerichtet, aber gesagt, daß man da etwas tun muß. Ich habe sicher etwas für unsere Nachbarn im Osten getan – ich habe darauf aufmerksam gemacht, daß die auch leben und ein Recht auf ein halbwegs gutes Leben haben. Man kann schon etwas bewirken.

■ Was haben Sie noch für Vorstellungen?

Ich träume von einem größeren Europa, in dem wir alle miteinander leben können, so unterschiedlich wir auch sind. Weil das wirklich Schöne, wenn ich irgendwohin fahre, ist doch das andere. Daß uns interessiert, wie die anderen leben, was sie denken und tun, warum sie das tun und was wir von ihnen lernen können. Die Europäer haben viel Gutes und viel Schlechtes erfunden. Sie haben in den früheren Kolonien den anderen viel angetan, und sie sollten jetzt vorleben, wie man es besser macht. Irgendwo habt Ihr eine große Zeit vor euch, die wird anstrengend, es wird eine Zeit sein, in der sich alles sehr rasch ändert, und man wird nicht immer das Gefühl haben, daß es gutgeht, man wird Angst haben, aber es wird sehr interessant werden. Ich habe immer das Gefühl gehabt, daß in Österreich alles gleich bleibt, aber Ihr erlebt eine spannende Zeit. Das ist wichtig, daß man den anderen in seiner Sprache versteht. Ich glaube, daß man heute viel mehr Sprachen können muß. Ich habe noch Latein gelernt und leider nur vier Jahre Englisch. Ich wäre froh, wenn ich Italienisch könnte, Französisch, oder Spanisch, das ist eine Weltsprache. Ich war gestern auf einer Konferenz über eine neue Ordnung in Europa. Ich hätte mit einem spanischen Kollegen so gerne mehr geredet, aber er konnte außer Spanisch nur Französisch und ich außer Deutsch nur Englisch. Wir haben irgendwie herumgestottert, und ich hatte das Gefühl, daß wir uns mehr zu sagen hätten, das habe ich bedauert.

■ **Warst Du schon einmal in Amerika?**

Ja oft. Ich fahre jedes Jahr hin.

■ **In welche Stadt?**

Ich fahre sehr gerne nach New York. Da ist eine große, gefährliche, schöne Stadt. Da ist die ganze Welt beisammen. Da gibt es die verschiedensten Restaurants und Menschen in den verschiedensten Hautfarben. Das ist unglaublich.

■ **Warum fährst Du dorthin, wenn Du weißt, daß es gefährlich ist?**

Ich fahre jedes Mal wieder zurück. Dortbleiben möchte ich nicht. Man muß sehr aufpassen, weil sie einem oft das Geldbörsel ziehen.

■ **In welchem Land würdest Du am liebsten leben?**

Das klingt sehr komisch – in Österreich. Ich komme immer wieder gerne zurück. Da kenne ich mich aus.

■ **In welcher Stadt?**

In Wien.

■ **Welches Jahr war Dir das liebste?**

Ich finde es immer spannend. Ich möchte keines der Jahre nicht gelebt haben.

■ **Bist Du jetzt mit deinem Alter zufrieden?**

Ja, eigentlich schon. Es soll nie schlechter werden. Ich bin gesund und munter. Man darf nicht unzufrieden sein, es gibt viele, die viel weniger haben.

Meinrad Peterlik

Der Freund

(Auszug aus einer Rede zum 50. Geburtstag Erhard Buseks)

Evaluation, so wissen wir, kann durch ein „Outside peer review“ oder durch ein „Inside peer review“ erfolgen – meines wird wohl zur letzteren Kategorie zu zählen sein – und deswegen sicher nicht den geforderten Kriterien der Objektivität entsprechen, bin ich doch in Freundschaft befangen und voreingenommen und auch weit davon entfernt, mich auf eine umfassende Kenntnis des zu evaluierenden Subjekts berufen zu können – wem sind denn schon die vielen Facetten seines Lebens, das heißt seiner Ideen und seiner Begegnungen mit den Menschen, gegenwärtig?

Nun – wie dem auch sei: Bei jeder Evaluation müssen der „Input“ und der „Output“ untersucht und miteinander verglichen werden; dazu gibt es „Input-Indikatoren“ und „Output-Indikatoren“. Während erstere den Aufwand an Ressourcen kennzeichnen, sollen letztere die Ergebnisse der Tätigkeit beschreiben. Und hier ergibt sich eine weitere, dieses Mal unüberwindliche Schwierigkeit der Evaluation des EB, die uns vielleicht noch mehr bewußt wird, wenn wir in die Lingua Franca der Scientific Community wechseln: Als Ergebnis einer Evaluation, das heißt einer Schätzung – und schätzen kann man nur durch Vergleichen – weiß man, daß das, was man schätzt, daher auch wertvoll, will sagen: „valuable“ ist; das, was aber „invaluable“ ist, ist daher nicht wertlos, sondern unschätzbar. Bei EB kann der „Input“ nicht gemessen werden und das für die Evaluation notwendige In-Beziehung-Setzen zum „Output“ muß daher unterbleiben, denn der Aufwand an Ressourcen kann nur als maßlose Verschwendung seiner selbst an seine und in seiner politischen Aufgabe gesehen werden, der gegenüber Erfolg wie Mißerfolg irrelevant werden muß.

Das Unschätzbare ist zugleich auch das Unverwechselbare am Menschen EB – und das entzieht sich eigentlich der rationalen Analyse und liegt daher jenseits der wissenschaftlichen Wahrnehmbarkeit. Und diese Aussage, die auf jeden beliebigen Menschen bezogen trivial zu sein scheint, ist hinsichtlich des Wissenschaftsministers zwar nicht paradox, aber doch in einem gewissen Maß ärgerniserregend für die Wissenschaft, wenn der für sie politisch Verantwortliche sich dem Instrumentarium ihrer Erkenntnis entzieht.

Bei dieser Gelegenheit sei daran erinnert, daß C. F. von Weizsäcker drei Bereiche der außerwissenschaftlichen Wahrnehmung und Erkenntnis definiert: Kunst, Religion und politische Moral. Und da es – wie einleitend festgestellt – keine Zufälle gibt, ist es auch nicht überraschend, daß EB gerade in diese drei Bereiche menschlicher Erkenntnis, Wissens und Handelns das Talent seiner Persönlichkeit eingebracht hat.

In allen drei Bereichen ist ihm die Gabe der Unterscheidung eigen. Nach meiner Interpretation hat sich EB Gott sei Dank nie bemüht, ein Kunst„verständnis" im Sinn von Kunstinterpretation zu entwickeln, sondern vielmehr Kunst – wie Otto Mauer und von ihm beeinflußt – als Lebensäußerung des mehr als Intellektualität und Rationalität umfassenden Menschengeistes zu „begreifen" und damit zu erkennen.

Was die Religion betrifft, so möchte ich meinen, daß EB als einer von vielen, die den Aufbruch der Kirche in Österreich zum Konzil mitgetragen haben, damit die Auflösung der Antithese Religion und Glaube versucht haben, in dem sie Religion zwar als Bindung – doch gegen alle Tradition des römischen Götterglaubens – nicht als Bindung des Glaubens an menschliche Lebensäußerungen und säkulare

Normen, sondern als Bindung des menschlichen Lebens an das Normative des Glaubens verstanden wissen wollten.

Daß politische Moral auf außerwissenschaftlicher Erkenntnis beruhen soll, ist wohl eine unerwartete Aussage, besonders in einer Zeit, deren öffentliches und veröffentlichtes Politikverständnis sich – nach dem freiwilligen Verzicht auf jede Wertorientierung und nach dem Wegfall der Ansprüche pseudowissenschaftlich untermauerter Ideologien – auf die Fähigkeit zur Durchsetzung von Gruppeninteressen beschränkt. EB ist einer von jenen wenigen Politikern in Österreich, deren „politisches G'spür" vor allem aus der andauernden Reflexion des Wesens der Politik als einer genuin menschlichen Gestaltungskraft resultiert. Für die Wissenschaft in Österreich ist es eine einmalige Chance, daß sie im Wissenschaftsminister EB einen politischen Partner hat, der aus eigener Erkenntnis der Politik und dadurch aus politischer Erfahrung um die Antinomie von Wissenschaft und Politik in der Methodik und um die Konvergenz von Politik und Wissenschaft in der Intention weiß.

Ich möchte für alle, die EB in Freundschaft, das heißt: nicht in Kumpanei, sondern – ich geniere mich nicht zu sagen – in Zuneigung verbunden sind, erhoffen, daß er auch in Zukunft vermag, in Erkennung der wahren Autonomie – und ich verwende das Wort mit Absicht in Anspielung an die öffentliche Diskussion um den Inhalt dieses Begriffes – in Erkennung der wahren Autonomie, das heißt der Eigengesetzlichkeit des Menschen, diese auch für sich selbst zu leben, so daß er auch weiterhin das vermag, weswegen wir als seine Freunde auf ihn stolz sein können: sich treu zu bleiben.

Dafür, daß er dem biblischen Auftrag, mit seinem Talente zu wuchern, nachgekommen ist, möchte ich für uns und ihn, die wir hoffen – wenn auch manchmal gegen alle Hoffnung –, daß wir am Ende in die Hände eines gütigen Gottes fallen, nichts anderes sagen und bitten als: Erhard, vergelt's Gott!

Richard Kruspel

Der Komödiant

Als ich EB vor ca. 40 Jahren zum ersten Mal begegnete, deutete nichts darauf hin, daß sich eines Tages jemand für seine Biographie interessieren würde. Damals, mit acht Jahren um eine Prognose gefragt, hätte ich keine außergewöhnliche Zukunft für ihn gesehen. Für mich und die meisten gleichaltrigen Knaben waren Sport und Sportidole das, was wirklich zählte. EB mangelte jeder Enthusiasmus, aber auch Talent auf sportlichem Gebiet. Wie sollte so jemand von anderen gleichaltrigen Knaben als herausragend angesehen werden? Ein kräftiger, großgewachsener Knabe mit ausgeprägtem Hang zur bürgerlichen Fülle, für den Sport nebensächlich war, spielte sicher keine führende Rolle. Vor allem im jugendbewegten Umfeld der Pfarre Lichtental in Wien IX, wo wir Anfang der fünfziger Jahre unsere ersten Schritte als Ministranten machten. Rückblickend betrachtet zeigt sich aber an seiner Art, mit dem Phänomen Sport umzugehen, ein wichtiges Grundmuster seines Verhaltens. Er tat einfach andere Dinge früher und besser als andere und behandelte das, was ihm nicht lag, so beiläufig, daß es in seiner Gegenwart an Stellenwert verlor. Wie die Älteren unter uns wissen, war das Herz der katholischen Jugendarbeit in den Fünfzigern und auch noch in den frühen Sechzigern der Tischtennistisch. Er war vielfach Mittelpunkt, seine Anziehungskraft brachte viele Kinder und Jugendliche in die Pfarren. Das Können in diesem Sport bestimmte in hohem Maße die Position in der informellen Rangordnung. Die seltenen Auftritte an der grünen Platte, die EB absolvierte, hätten ihn normalerweise im unteren Drittel der

Hierarchie plaziert. Die Kunst der Beiläufigkeit, die er durchaus mit Anmut beherrschte, vereitelte dies, ja ließ uns andere mit dem Gefühl, etwas Unwichtiges zu tun, zurück. Noch deutlicher zeigte sich seine Gelassenheit im Umgang mit Dingen, die nicht zu seinen Stärken zählten, am Beispiel Skisport. Seine Begeisterung für Skilager kam von der Begeisterung für das Gemeinschaftserlebnis, nicht für den Skisport. Er setzte auch äußere Zeichen seiner inneren Distanz zu jeder Form stilistischen Zwanges beim Skilauf. So rottete er sich auf KMJ-Weihnachtsskikursen in Wagrain Ende der fünfziger Jahre mit anderen Gleichgesinnten zur Gruppe „Wildsau" zusammen. Ohne Skilehrer, mit um so mehr Mut zum Risiko, wurden die Abfahrten bezwungen. Selbst steilste Hänge meisterte er breitspurig, aber mit schmetterlingshafter Eleganz. Er ist in diesem, in der Jugend sozial so bedeutsamen Bereich, weder der schweißtreibenden Verbissenheit des vergeblichen Übens noch der Attitüde des Fuchses, dem die Trauben zu hoch hängen, verfallen.

Der Oberministrant

Ein zweites Merkmal seiner Art und Weise, die Welt zu bewältigen, war die Fähigkeit, äußere Formen zu begreifen und mit Talent zu nutzen und zu verändern. Ich darf dazu wieder in die Ministrantenzeit in Lichtental zurückblenden. Herz und Seele der Ministranten- und Jugendarbeit war Kaplan Sedelmayr, ein Mann mit starkem Sinn für Ordnung und Gleichmaß. Ob es sich um militärisch strammes Marschieren auf Jungscharlagern oder um exaktes Hantieren mit Glocken, Kännchen oder Weihrauchfaß handelte, sein Auge war unbestechlich. Für ihn war gute äußere Form Ausdruck innerer Ordnung. Dem gegenüber ein Knabe, der ein merkwürdig differenziertes Verhalten an den Tag legte. An Auflehnung grenzendes Desinteresse und Beiläufigkeit bei „militärischen Übungen“ wie Gleichschrittmärschen, morgendlichen Fahnenappellen auf Lagern etc. Von begierigem Interesse getragene Zuwendung zu allen Verästelungen der Liturgie. Bald machte ihn, wohl auch zur eigenen Verblüffung, Kaplan Sedelmayr zum Oberministranten. Prunkvolle Hochämter waren für EB ein Vergnügen. Das Dirigieren einer 40köpfigen Ministrantenschar vom kleinen Fakulanten bis hinauf zum Turifer in der Rolle eines Zeremoniärs bereitete ihm offensichtlich Behagen. Aber auch bei der frühmorgendlichen Rorate im Advent, bei der es kein großes Publikum gab, zeichneten ihn Disziplin und Pünktlichkeit aus. Ein offenbar früh vorhandenes Gespür für das, was hinter den Formen steht, die den Menschen unterwerfen, ließ ihn militärische Verhaltensweisen meiden. Ich erinnere mich auch noch, daß er der erste war, der mir gegenüber kritische Bemerkungen zu manchen damals in der Pfarre üblichen Marschliedern machte. Er muß ca. 12 Jahre gewesen sein, als er meine Unbefangenheit gegenüber dem Lied „Schwarze Fahne halte stand“, das wir oft und gerne sangen, zerstörte. Die Textzeilen „. . . wer dich anspeit, ist ein Wurm. Gleich dem Wurm wird er zertreten, keine Zeit hat er zum Beten“ waren von da an nur noch als Persiflage brauchbar.

Der Linkskatholik

Seine intime Kenntnis liturgischer Abläufe machte ihn zu einem der initiativsten Betreiber der Liturgiereformen im Bereich der katholischen studierenden Jugend. Die Tatsache, daß sein Eintreten für das Aufbrechen alter Formen und damit alter Rollen so offensichtlich war, hat ihm unter anderem die Punze Linkskatholik eingebracht. Weit über die Liturgie hinaus war und ist ihm aber das Gestalten sozialer Anlässe ein großer Genuß. Ins Spiel brachte er viele, damals für die KMJ neue Formen intellektueller Auseinandersetzung. Sein Liebling war die Forumsdiskussion. Lange vor dem Club 2 im TV arrangierte er hochkarätige Wissenschaftler, Politiker, Kirchenfürsten etc. zu spannenden Diskussionsrunden. Die Moderation und Leitung dieser Veranstaltungen beherrschte er bereits als 18jähriger souverän. Die dabei offenbarte Perfektion und Eloquenz machte ihn zum Idol vieler Altersgenossen.

Daneben schätzte er auch immer den Glanz „höfischen Zeremoniells". Als er Zentralsekretär war, durfte bei einem Bundestreffen der KMJ Anfang der sechziger Jahre in Salzburg ein Empfang durch den Landeshauptmann in der Residenz nicht fehlen. Ebenso „besorgte er", wie er ironisch beifügte, „un telegramma di papà autentica", das im Festspielhaus verlesen wurde.

Er nutzte aber auch das ganze Formenangebot der damaligen Jugendbewegung, die die blaue Blume der Romantik oft und gerne am Lagerfeuer suchte. Seine offensichtliche Ambivalenz gegenüber romantischen Formen, die sich in Ironie äußerte, hinderten seine Hingabe an sie in keiner Weise. Ich erinnere mich an eine von ihm organisierte Sommerwerkwoche der Katholischen Mittelschuljugend (KMJ) in der Steiermark. Sie bot Romantik und romantische Ironie in Vollendung. Ein Abend versammelte alle ca. 16- bis 17jährigen Knaben, EB eingeschlossen, ums lodernde Feuer. Die Lieder wurden begeistert gesungen. Das „Flamme empor" klang geradezu wild. Der uns betreuende Seelsorger, Werner Nüchtern, ein wegen seiner Milde auch liebevoll Onkel Werni genannter gütiger Mann, setzte dieser ihn erschreckenden Wildheit ein Ende. Er stand endlich auf und sagte: „Nun singen wir zum Abschluß das sicher passende Lied ‚Meerstern, ich dich grüße'." EB hat dieses kleine Erlebnis zu einer oft erzählten Geschichte gemacht, da sie sowohl seinem Sinn für Ironie wie auch für Romantik so gut entsprach.

Der Imitator

Hier schließt sich nahtlos ein dritter Bereich des EB-Charakters an. Sein Hang zu Spott, Ironie und Selbstironie. Ein ausgeprägter Sinn für Komisches ließ ihn in jungen Jahren die Grenzen des Respektes öfter überschreiten. Seine gute Beobachtungsgabe und sein Talent für Imitation haben viele köstliche Abende beschert. Mir geht es wahrscheinlich wie den meisten Menschen; ich sehe und höre das Charakteristische an anderen erst richtig, wenn sie mir als Karikatur gegenübertreten. Die oben erwähnte Geschichte mit Werner Nüchtern war vor allem deshalb so einprägsam, weil EB den sauerländischen Dialekt des braven Mannes so gut nachahmte. Noch früher – EB war Gruppenführer der KMJ-Lichtental und etwa 16 Jahre alt – unterhielt er uns mit Reden von Julius Raab. Die Art und Weise, wie er sowohl Sprechweise wie auch Inhalt übersteigerte, war von umwerfender Komik. Ich habe es nur selten gestanden, meine Raab-Imitationen, mit denen ich auf vielen Schulskikursen rauschende Erfolge feierte, waren eigentlich Busek-Raab-Imitationen. Vor allem die Imitation der Rede, die Julius Raab nach seiner Rückkehr von einem Besuch in Japan hielt, gehörte zum Besten. Sie prägte mein Raabbild, ein großer Mann, der einfach geblieben ist. Ich erinnere mich noch an den einen bezeichnenden Satz, mit dem laut EB Julius Raab vom Empfang beim japanischen Ministerpräsidenten berichtete: „. . . und dann wurde ich von dem dortigen Ministerpräsidenten auf ein Essen eingeladen." Erstaunlich war, daß EB trotz seines komödiantischen Talentes meines Wissens keine großen Auftritte bei bunten Abenden oder Kabarettabenden hatte. Dies verwundert um so mehr, als er auf jeder der zahlreichen Jugendwochen solche Abende initiierte. Ein Grund dafür ist, daß seine Einfälle meist sehr spontan im informellen Zusammensein kommen. Vielleicht spielt dabei auch seine unerwiderte Liebe zur Musik eine Rolle. Er hat zwar viele Fähigkeiten, das Spielen eines Instrumentes gehört aber nicht dazu. So gerne er Musik hört, so begrenzt ist sein Talent beim Hervorbringen von Musik. Die meisten Laienkabaretts in der KJ brachten gesungene Nummern. Für jemanden, der wie EB nur eine kräftige Chorstimme sein eigen nennt, eine vielleicht zu große Herausforderung.

Nicht alle seine Imitationen waren liebevoll und manch solide Feindschaft ist auf diese Tatsache zurückzuführen.

Der Verzicht auf Pointen ist eine Form der Askese, die EB wohl schätzt, aber nicht immer realisiert.

Julius Raab als 16jähriger zu imitieren, setzt ein ungewöhnlich frühes und intensives Interesse für Politik voraus. Dieses Interesse und die Freude sich mitzuteilen, haben ihn als Gruppenführer der KMJ Lichtental zum bestaunten Mittelpunkt einer Gruppe von Gleichaltrigen gemacht. Jeder Versuch von seiten Erwachsener, unser Interesse an Politik zu wecken, schlug damals fehl. Ich erinnere mich noch des verläßlichen Schlafreflexes, der bei der Behandlung solcher Themen ablief. Anders bei EB, seine wöchentlichen politischen Berichte wurden als Höhepunkt der Gruppenstunde angesehen, auch vom erwachsenen Kaplan. Gewürzt wurden diese Beiträge sicher durch seine kabarettistische Kunst. Was uns aber am meisten faszinierte, war die Diskrepanz zwischen dem zarten Alter des Vortragenden und seinem profunden Wissen und erstaunlichen Analysen. Schon damals zeichnete ihn ein furchteinflößendes enzyklopädisches Wissen aus. Informationen, die ihn interessierten, sog er auf wie ein trockener Schwamm. Was aber fast noch auffälliger war, war seine Fähigkeit, Zusammenhänge zu sehen, bzw. neu herzustellen. Er konnte das, was ein im Durchschnitt jämmerlicher Geschichtsunterricht nicht vermochte, bereits als Jugendlicher: historische Wurzeln aufzeigen. Es war für uns erstaunlich zu sehen, daß Geschichte nicht vor ca. 100 Jahren in einem schwarzen Loch endete. Auch das irritierende Phänomen, daß die Geschichte Europas in den verschiedenen Ländern unverknüpft ablief, vermochte er zu beseitigen.

Der Unterrichtsminister

Spätestens zu diesem Zeitpunkt, als der Geist über den Sportsgeist zu siegen begann, hätte die Prognose über die Zukunft von EB allgemein ganz anders als eingangs erwähnt ausgesehen. Es klingt zwar wie der älteste Kalauer und wird sogar von ihm selbst heftig dementiert, ist aber trotzdem wahr, sein Fernziel war damals, Unterrichtsminister zu werden. Ich kann mich zwar an das konkrete Ereignis in der Pfarre nicht mehr erinnern, bei dem er diese Aussage gemacht hat, aber ich kann jede Menge Zeugen bringen. In einer Zukunft, die nach Leistung und Fähigkeiten zuteilt, schien uns das Ziel für ihn durchaus erreichbar.

Zusammenhänge zu erkennen vermochte er nicht nur in historischen Dimensionen, sondern auch in organisatorischen Strukturen. Während uns die Jugend der Pfarre genug war, war er längst auf höheren Ebenen tätig. Bald nach seiner Matura wurde er Zentralsekretär der KMJ Österreichs. Wie es dazu kam, wann und wo er die ersten Kontakte knüpfte, ist mir unbekannt. Es war aber typisch, daß er im Bereich der Jugendorganisation immer weitere Bereiche abdeckte als seine gleichaltrigen Freunde. Besser gesagt, er hatte immer früher und mehr Kontakte, die er dann auch den anderen erschloß. Einer der Gründe, warum dies so war, war die Tatsache, daß er bereits als 16- bis 17jähriger in der Welt der Erwachsenen akzeptiert wurde. Er verkehrte mit für uns sternfernen erwachsenen Autoritäten auf gleicher Ebene.

Es war nur natürlich, daß er auch internationale Kontakte knüpfte und via seiner Rolle im Österreichischen Bundesjugendring zum Teil herzliche Beziehungen zu Vertretern anderer Weltanschauungen und politischer Gruppierungen aufnahm. Seine Fähigkeit, Freundschaft zu schließen und Menschen für sich zu gewinnen, war und ist groß.

An dieser Stelle möchte ich vor allem auf eine Leistung, die heute für manche nur mehr schwer als Leistung begreifbar ist, hinweisen. EB hat bereits während seiner KMJ-Zeit freundschaftliche Bande zu vielen aktiven CVern unterhalten. Wegen der abnehmenden Bedeutung beider katholischen Studentenorganisationen können Jüngere das kaum würdigen. Ältere aber wissen, daß die damalige Beziehung zwischen KMJ und CV eine gute Illustration für die Tatsache war, daß Bruderzwist mit besonderer Erbitterung geführt wird. Es gab in beiden Lagern viele, die die anderen ausgrenzten, bis hin zur Feindschaft. Wenn man den Kommentaren älterer Journalisten folgt, geht diese Trennlinie noch heute durch das katholische Lager in der ÖVP. EB hat in diesem Bereich immer grenzüberschreitende Freundschaften gepflegt ohne Anbiederung und Ehrenband.

Er ist insoferne der geborene Politiker, als er neben der Freude an der Theorie einfach Spaß am Zusammensein mit Menschen hat. Darüber hinaus zeichnen ihn großes Stehvermögen und Ausdauer bei sozialen Anlässen aus. Veranstaltungen, selbst wenn sie spät endeten, haben sein Bedürfnis nach sozialen Kontakten nie stillen können. Auch wenn die Arbeit für die Vorbereitung und Durchführung ihn ganz gefordert hat, er braucht das Danach als Ausklang und Erholung. Ich erinnere mich noch an das bereits erwähnte Bundestreffen der KMJ in Salzburg, geradezu unheimlich war sein geringes Schlafbedürfnis. Trotz der gewaltigen Arbeit für ein dichtes Programm und die Unterbringung von Tausenden Jugendlichen kam der informelle Teil nie zu kurz. Wie selbstverständlich sammelte sich nach dem offiziellen Teil eine Schar von unterhaltungsbereiten Menschen um ihn. So unterschiedlich sie auch waren, Sinn für Humor und Witz verband sie. Mit EB Nachlese zu betreiben, bedeutete allerdings nicht abschalten, sondern umschalten. Die Dinge offenbaren bei solchen Gelegenheiten ihre verborgenen komischen Seiten, je später desto deutlicher.

Schwergetan hat er sich immer mit einfachen Menschen. Pfarrgruppen, die, wie es damals so schön hieß, ungegliedert waren, also AHS-Schüler und Lehrlinge zusammenfaßten, waren nicht sein Fall. Wie überhaupt seine Einschätzung anderer Menschen damals überwiegend von seiner Einschätzung ihrer geistigen Kapazität abhing. Dies schmeichelte allen, die er als Freund wählte, da seine Maßstäbe aber bekannt waren, kränkte es die Verschmähten. Freund oder nicht Freund von EB war damals in der KMJ Ehre oder Stigma.

Der Erneuerer

Auch an dem in den sechziger Jahren so hoffnungsvoll begonnenen ökumenischen Prozeß war er intensiv beteiligt. Dank des Beharrungsvermögens der kirchlichen Institutionen wurde im Grunde wenig bis nichts wirklich verändert. Auf menschlicher Ebene existieren aber nach wie vor vielfältige Beziehungen. Vielleicht spielt dabei eine Rolle, daß EBs Vater evangelischen Bekenntnisses war.

Was frühzeitig auffiel, war seine Reformfreude in allen sozialen Funktionen, die er bekleidete. Oft gepaart mit Lust an subversiven Formen. So gab er in der KMJ während seiner Zentralsekretärszeit neben offiziellen Druckwerken und Behelfen eine Untergrundzeitschrift, das „U-Boot", heraus. Hektographiert und in geringer Auflage, hatte es doch eine gesamtösterreichische Verbreitung. Viele damals wichtige weltanschauliche, religiöse und kirchliche Fragen wurden darin behandelt. Nicht wirklich geheim hatte das „U-Boot" den Hauch des Abenteuers und jeder wollte zum Kreis der Bezieher gehören. Keinesfalls zersetzend zeigte sich gerade daran seine Art zu führen. Es fehlte ihm jede Lust am Zerstören, er wollte immer auf Bestehendem weiterbauen. Der Raubtierinstinkt mancher Leitfiguren, die bereit sind, zu zerschlagen oder Gegner zu erledigen, fehlt ihm gänzlich. In diesem Sinn war er nie radikal, sondern evolutionär orientiert. Ebenso hinderten ihn sein Humor und sein Hang zu den guten Seiten des Lebens an jeder Art von Ausschließlichkeit und Fanatismus.

EBs große Bandbreite wird manchmal als Sprunghaftigkeit mißdeutet. In Wirklichkeit hat er es schon früh verstanden, einheitliche Linien durchzuhalten. Die Prägung durch die KJ hat Populismus bei ihm verhindert. Rasches Aufgreifen oder Verwerfen von Themen gehörte dort nicht zum Repertoire. Man hat sich mit dem beschäftigt, was berührte und wirklich wichtig war. So wurde er nicht sprunghaft, sondern vielfältig. Trotz seiner Originalität und seines Esprits ist er stetig. Kontinuität ergibt sich bei ihm aus der Fähigkeit, ein Thema unter vielen Aspekten wahrzunehmen.

Am meisten erinnert mich seine Entwicklung an die eines Baumes. Immer neue Äste und Zweige, eine große, aber unregelmäßige Krone. Ob die Zeit für Bäume heute gut ist? Jedenfalls ist sie für einen Rückblick sicher noch nicht gekommen. Bei der Art, für die ich ihn halte, ist weiteres Wachstum des Stammumfanges und der Krone zu erwarten.

Thomas Götz

Der Christ

Der Kreuz-Kanal

Der Gast war ÖVP-Kommunalpolitiker in Wien und Katholik. Mittelschüler hatten ihn eingeladen, über den Zusammenhang zwischen seiner Arbeit und seinem Glauben zu referieren. In der Debatte meldete sich ein Schüler und warf dem Referenten schroff vor, daß von christlichem Handeln in der Politik seiner Partei, aber auch bei ihm selbst wenig zu bemerken sei.

Die Antwort empfand der Frager zunächst als puren Zynismus: Er sei im Kanalausschuß als Leiter seiner Fraktion tätig und in dieser Funktion schon zufrieden, wenn Kanäle rechtzeitig gebaut würden. Der junge Mann werde von ihm doch nicht verlangen, Kanäle in Kreuzesform zu bauen. Das hielte er weder für zweckmäßig noch für den Inbegriff christlicher Politik.

Der junge Mann hieß EB und zog aus dieser Antwort zwei Schlüsse: Daß es – erstens – in der Politik weite Bereiche gibt, in denen das bloße Funktionieren des Miteinanderlebens das unspektakuläre Ziel der Arbeit ist; und daß – zweitens – die Christlichkeit von Politik sich nicht an verbalen Bekenntnissen mißt, sondern daran, ob ein Politiker seine Aufgabe als Dienst versteht.

Wurzeln

Daß EB damals überhaupt an den „Wilheringer Studentenwochen“ der Katholischen Mittelschuljugend teilgenommen hat, dankt er einer Abweichung von der Familientradition. „Ich bin der erste männliche Busek, der katholisch ist. Meine Mutter ist katholisch, mein Vater war Protestant und ich habe das bis zu meinem zwölften oder dreizehnten Lebensjahr nicht gewußt.“ Draufgekommen ist er nur durch einen Zufall. Der Vater, Mitbegründer der evangelischen Jugend in Wien, ist jeden Sonntag mit Frau und Sohn in den katholischen Gottesdienst mitgegangen, so daß der konfessionelle Unterschied nicht auffallen konnte. Geredet hat der Vater nie darüber. „Mir ist dann irgendwann einmal aufgefallen, als ich beim Glaubensbekenntnis neben meinem Vater stand, daß er immer gehustet hat, wo es heißt ‚heilige Katholische Kirche‘ – das ist die klassische Wiener Lösung.“

Der Vater war es auch, der wollte, daß sein Sohn Ministrant wird und daß das Einzelkind zusätzlich zum anspruchsvollen Religionsunterricht im Gymnasium St. Paul in Döbling in der Katholischen Jungschar Anregungen und Anschluß finde. Bald war Busek junior Oberministrant, 14 Tage nach der Matura Zentralsekretär der Mittelschuljugend (1959 bis 1961), dann ein Jahr Bundessekretär der Katholischen Jugend, seit 1962 Zentralführer (den Namen hat er dann auf Vorsitzender geändert), bis er mit 25 Jahren 1966 „hinausg'haut“ wurde – wegen Überalterung.

„Zum Trost und Abschied“ vertraute man ihm 1966 bis 1969 noch den Vorsitz des Bundesjugendringes an, aus dem ihn seine spätere Parteikollegin Maria Hampl-Fuchs mit dem Argument hinauskomplimentierte, er sei jetzt in der Politik, was sie für unvereinbar halte mit dem Vorsitz in diesem Gremium. „Dafür bin ich ihr heute noch dankbar, weil das dann mein Jugendleben beendet hat“, reflektiert EB heute nüchtern.

Für ein Studentenleben im Rahmen der Katholischen Hochschuljugend, der nächsten Altersstufe im Rahmen der Katholischen Aktion, blieb ihm als katholischer Funktionär nur wenig Zeit. Der Kontakt beschränkte sich auf die prägenden Leitfiguren der Wiener Gemeinde, die Prälaten Karl Strobl und Otto Mauer, auf Schikurse und Freunde. Auf einem dieser Schikurse der Hochschulgemeinde lernte EB übrigens auch seine Frau Helga kennen.

Das II. Vaticanum

Das „Jugendleben" war noch geprägt von den legendären Jugendkaplänen der Nachkriegszeit, von Aufmärschen in weißen Stutzen, lateinischer Liturgie und einer klaren Trennung zwischen Sakral- und Profanräumen. Doch die Umwälzungen bahnten sich schon an: Die Liturgiereform, der Kampf um die Volkssprache im Gottesdienst, die Samstag-Abend-Messe, neue Hochgebete, ein lebendiger Ritus mit variablen Gestaltungselementen, die Aufwertung der Laien in der Kirche, das waren die Themen, auf deren Verwirklichung zu warten Leuten wie EB nicht genügte. Sie begannen einfach mit dem Neuen, von dem sie überzeugt waren. Heftige Konflikte mit den Verfechtern der bisher unbestritten und allein gültigen Formen und Traditionen waren unausweichlich.

Es war beim Studententreffen der katholischen studierenden Jugend in Salzburg zu Pfingsten 1966: Der Festgottesdienst sollte im großen Festspielhaus stattfinden. Fünf Minuten vor der Messe aber hatte das Erzbistum Salzburg noch nicht die damals nötige Zustimmung erteilt. „Sie wollten uns zwingen, in den Dom zu gehen, obwohl der besetzt war wegen Firmungen", erinnert sich EB. Sein Konfliktpartner war der Ordinariatskanzler. Der hieß Karl Berg und war damals „erzkonservativ im Verhalten. Ich habe mit Genuß seine späte, wie ich glaube, sehr wichtige Rolle erlebt."

Ein kleiner Konflikt wie dieser machte schon damals eine Bruchlinie in der Kirche sichtbar, die auch mitten durch die

ÖVP geht. Salzburgs damaliger Landeshauptmann Lechner stellte sich auf die Seite der Jugend: Er erklärte kurzerhand den Festgottesdienst zur „eigentlichen Weihe des Festspielhauses“ und erwies sich damit – so interpretiert EB den symbolischen Akt heute rückblickend – als „Neuländer“. Die Katholische Jugendbewegung „Bund Neuland“ hat schon in der Zwischenkriegszeit intensiv nach neuen Formen des Gottesdienstes gesucht, die sogenannte Bet-Sing-Messe entwickelt und sich für die Verwendung der Muttersprache im Gottesdienst stark gemacht, lauter Themen also, die viel später noch die jungen Katholiken um EB beschäftigen sollten. Auch die Konflikte zwischen Politikern, die ihre Wurzeln in der Katholischen Aktion haben und jenen aus dem Cartellverband, Konflikte also, die der ÖVP schon manche Zerreißprobe beschert haben, sind grundgelegt in der Gegensätzlichkeit zwischen dem Bund Neuland und dem schon etablierten Cartellverband. Nach dem Zweiten Weltkrieg ging die Bewegung, die von Männern wie Otto Mauer, Karl Strobl und dem Theologen Romano Guardini geprägt worden war, mehr oder weniger in den Jugendgruppierungen der Katholischen Aktion auf.

So paßt es durchaus ins Gesamtbild dieser selbstbewußten Gruppe junger Katholiken, daß deren damaliger Kopf EB eine Grußbotschaft des Papstes an die pfingstliche Großveranstaltung selbst entwirft und den Vorschlag an die Nuntiatur weiterleitet. Von dort kam der Text, adressiert an die Festversammlung und versehen mit der Autorität des Papstes, wieder zurück.

Daß die damaligen Jugendfunktionäre nicht auf gesicherten Pfaden unterwegs waren, illustriert auch ein anderer Konflikt, der sich mancherorts durchaus auch heute wieder so abspielen könnte: Wegen der Veröffentlichung erotischer Gedichte – laut EB meilenweit entfernt von allem Obszönen – mußte er eine ganz Redaktion der Jugendzeitung der Katholischen Mittelschuljugend auswechseln – auf

Wunsch des Jugendbischofs. Unter den gefeuerten „Blinkfeuer“-Redakteuren war damals auch Heide Pils, die heute als Filmregisseurin „wahrscheinlich die letzte ist, die noch einen Film machen kann, der mit religiösen Themen zu tun hat“. Noch heute klingt Verärgerung mit, wenn EB von den damaligen engstirnigen Strafaktionen erzählt.

In einem anderen Punkt war EB erfolgreicher: Die ursprünglich selbstverständliche Trennung der Geschlechter innerhalb der Katholischen Aktion ging zumindest in seinem Wirkungsbereich schon Ende der fünfziger Jahre zu Ende. Er war der erste, der ein gemeinsames Bundestreffen für Burschen und Mädchen organisierte – allen damals noch ausgeprägten Ängstlichkeiten zum Trotz.

Abgesehen von den Erinnerungen an Konflikte blieb ein Zentralbegriff der Aufbruchszeit um das Zweite Vatikanum in EBs Denken und Schreiben bis heute bestimmend: Das Wort vom „Weltauftrag“ der Christen. 1961, gerade 20 Jahre alt geworden, legte er sich und den Schülern, für die er schreibt, nicht ohne jugendlichen und zeitbedingten Pathos im „Blinkfeuer“ die Latte sehr hoch: „Wir haben uns vorgenommen, Staat, Gesellschaft und Wirtschaft nach den Worten Gottes in Gerechtigkeit und Heiligkeit zu gestalten.“ Dreißig Jahre später, als Hausherr im ÖVP-Palais Todesco, benützt er im Gespräch dasselbe Wort zur Erklärung, warum er die unter Christen so verbreitete Abscheu vor Macht nicht teilt.

Politik oder das Provisorische

„Ich bin mehrere Male gefragt worden, warum eigentlich ÖVP.“ EBs Antwort ist so einfach wie symptomatisch für seine Einstellung zur Politik im allgemeinen und zu totalitären Ideologien im besonderen: „Weil sie nicht Ausdruck einer Perfektion sein will“.

Verzicht auf den utopischen Anspruch, mit den Mitteln

der Politik das Glück der Menschheit „machen" zu wollen, hält EB für genuin christlich. Schließlich war es das Christentum, das dem römischen Kaiser von Anfang an jedes Recht auf religiöse Verehrung absprach. „Gerade dadurch wird der antike Staat am tiefsten relativiert und degradiert. Genauso auch die religiös-politischen Erwartungen des damaligen Judentums", schrieb er vor 10 Jahren in der Zeitschrift der Katholischen Hochschulgemeinde in Graz „Denken und Glauben". Was man unter „Säkularisierung" versteht, also die Verweltlichung der Welt, begann „nicht mit der Aufklärung, sondern mit dem Neuen Testament. Das Christentum macht bewußt einen Unterschied zwischen Gott und dem Caesar und zwischen dem Reich Gottes und dieser Welt, zwischen jenseits und diesseits." Auch die Emanzipation von Philosophie, Recht, Staat und Wissenschaft von der Religion führt EB auf den Einfluß des Christentums zurück. Sie ist daher „kein Betriebsunfall des Christentums, sondern typisch und ganz wesentlich christlich: Keine Religion nahm die Weltlichkeit der Welt so ernst." Wenn diese klare Unterscheidung des Politischen vom Religiösen auch „vielleicht nicht immer die erklärten Ziele der Kirchenpolitik" waren, so handelt es sich doch „ganz unleugbar um Ergebnisse der Wirkungsgeschichte des Christentums, und sie sind in ihm selbst angelegt", schrieb er damals.

Daher habe sich die Kirche – wenn auch mit fragwürdigen Mitteln – stets gegen jene Häretiker am heftigsten gewehrt, „die das Moment der Weltverachtung besonders stark betonten (Waldenser, Katharer, Flagellanten), oder die aus der Religion direkt eine politische Ordnung aufbauen wollten (Wyclif, Hus etc.), oder diejenigen, die aus Welt und Natur wieder ein von göttlichen oder magischen Kräften durchwirktes Numinosum machten".

Daß diese radikale Trennung, also die Autonomie des Weltlichen, auch Gefahren mit sich bringt, verschweigt EB nicht. Er führt sie allerdings nicht auf die Säkularisierung an und für sich zurück, sondern auf deren „Totalität". Dieses Phänomen trete dann zutage, „wenn der Entsakralisierung und Verweltlichung der Welt . . . kein Gegenüber mehr entspricht"; wenn also die Kirche ausfällt als Gegengewicht, weil sie sich auf Nebengleisen verliert. Dann ist keine Rede mehr von Schöpfung und schon gar nicht von deren Erlösung zur „Neuen Erde". Dieser „metaphysische Kollaps" aber rufe politische Heilslehren auf den Plan, „die die Versöhnung des Menschen mit sich selbst, mit seiner Natur und Geschichte über die gesellschaftliche Praxis herstellen wollen".

Das Ergebnis solcher politischer Theorie kennt EB von seinen sommerlichen „Urlaubsreisen" durch die Länder hinter dem damals zwar schon rostigen aber durchaus noch haltbaren „Eisernen Vorhang", von unzähligen Gesprächen mit Menschen, die von den täglichen Schrecken in jenen Laboratorien erzählen konnten, die solche Glücksvisionen im Humanexperiment testeten. Auch vor dem Hintergrund dieser Erfahrungen ist EBs intensive Betonung des „Bruchstückhaften der Demokratie" zu verstehen.

Eine Partei kann in diesem seinem Weltbild natürlich nie mehr sein als „ein Näherungswert zur Erreichung bestimmter inhaltlicher Vorstellungen", räsoniert EB heute, zehn Jahre nach dieser theoretischen Grenzziehung zum Totalitarismus über seine Gesinnungsgemeinschaft. „Möglicherweise kann es sein, daß die irgendwann einmal wirklich erreicht sind, dann wird es etwas anderes geben." In einem zweiten Anlauf wird er noch deutlicher: „Ich würde sagen, daß die ÖVP einen Teil ihrer Aufgabenstellungen konsumiert hat und durchaus verschwinden kann."

Dasselbe gilt EB übrigens auch für jene kirchliche Gruppierung, aus der er selber gekommen ist: „Ich habe immer vertreten, daß der Zeitpunkt kommen wird – und wahrscheinlich ist er schon überschritten – daß Katholische

Aktion nicht mehr notwendig ist", warnt er vor vergangenheitsverhafteten Verkrustungen auch unter jenen, die sich stets als der mobilere Teil der katholischen Christen verstanden haben. „Ich glaube an den Ewigkeitswert bestimmter Wertvorstellungen, aber die Ausformungen, die können sich dramatisch ändern."

Die Eifersucht des braven Sohnes

Der mühsame Weg seiner Partei aus dem Schatten der Kirche zu einer wirklich selbständig denkenden und handelnden Gesinnungsgemeinschaft ist nicht widerspruchslos hingenommen worden von Teilen der Partei. „Seit ein paar Jahren gibt es wieder da und dort Versuche, eine Schicksals- und Kampfgemeinschaft zwischen Kirche und ÖVP zu schmieden, die besonders von kämpferischen Konservativen betrieben wird", wandte sich EB 1987 auf einer Pastoralleitertagung warnend an die Öffentlichkeit. „Das wird sich, fürchte ich, in der nächsten Zukunft noch verstärken." Es folgte eine Absage an solche Versuche, wie man sie sich klarer nicht wünschen kann. „Ich halte das für einen verzweifelten und hoffnungslosen Restaurationsversuch, der an den Gegebenheiten völlig vorbeigeht, und sowohl die Kirche als auch die ÖVP in eine tragische Sackgasse führen würde."

Doch EB beläßt es nicht bei der scharfen Abgrenzung zu den „Restauratoren" auf beiden Seiten, sondern sucht eine Erklärung, die er im biblischen Bild vom verlorenen Sohn und dessen „bravem" Bruder gefunden zu haben meint: Wie letzterer sagen sich manche Katholiken in der ÖVP, „wir waren brave Christen und haben auch politisch die Positionen der Kirche vertreten, auch dort, wo es nicht populär war und unserer Mehrheitsfähigkeit geschadet hat. Die Kirche aber läßt sich von der SPÖ alles gefallen und hofiert sie noch dazu, ohne daß dadurch die Kirchen voller werden."

Als Paradoxon beobachtet EB, daß diese Art von Mißstimmung meistens dann auftrat, wenn die ÖVP gerade eine Position eingenommen hat, die auch im kirchlichen Interesse war. Zum Beispiel im Streit um die Fristenlösung, das Volksbegehren der Aktion Leben und die Scheidungsreform. „Jedesmal hat die SPÖ keinen Zentimeter nachgegeben und ihre Vorstellungen durchgesetzt, aber die Mißstimmung war nachher nicht zwischen Kirche und SPÖ, sondern regelmäßig zwischen Kirche und ÖVP. Manchmal berechtigt, meistens unberechtigt." Der ÖVP-Vorschlag zum Schwangerschaftsabbruch wurde erst als viel zu liberal von der Kirche gegeißelt, dann, nach Einführung der viel weitergehenden Fristenlösung, forderte die Aktion Leben genau die gleichen Strafbarkeitsausnahmen, die zuerst schon die ÖVP gefordert hatte. „So entstand der Eindruck", schreibt EB, „daß sich die Kirche politisch nicht sehr klug, manchmal auch nicht sehr tapfer oder nicht ganz fair verhält." Historische Gründe – die Erfahrungen mit dem politischen Katholizismus in Österreich – sind in seinen Augen dafür verantwortlich, daß die Kirche solche Berührungsängste mit der ÖVP hat und zugleich „der SPÖ nicht böse sein kann".

Dem Wunsch des braven „Sohnes" nach mehr Liebe von seiten des „Vaters" setzt EB folgende Grenzziehung entgegen:

„Für die ÖVP ist das Christentum nicht nur irgendeine Sozialethik, sondern eben eine Religion. Als Religion und Frohbotschaft für alle muß das Christentum für alle da sein, und gerade deshalb darf keine Partei die Kirche für sich vereinnahmen oder die Kirche eine Partei für sich. Wenn die ÖVP sich also politisch für christliche Werte einsetzt, dann macht sie das aus eigener Überzeugung und aus ihrem autonomen Willen – mit der Kirche oder ohne die

Kirche, sie kann dafür keine Gegenleistung erwarten", zog EB damals eine klare Trennlinie zwischen seiner Partei und der Kirche.

Trotz der eindeutigen Aussagen des Salzburger Programms der ÖVP vom Beginn der siebziger Jahre war diese Haltung in der Partei nicht immer innerlich akzeptiert, bedauert er heute im Gespräch. „Ich kann mich noch erinnern, daß es etwa in der Frage Strafrecht keine ÖVP-Position gegeben hat, sondern der hiesige Generalsekretär hat Otto Mauer und führende Katholiken eingeladen und gefragt, wie ist das jetzt beim Strafrecht. Wir haben in der Bildungspolitik und der Rechtspolitik und dergleichen mehr unsere Standpunkte von außen bezogen."

Aus den Zeiten der ÖVP-Alleinregierung kennt EB noch weitergehende Verknüpfungen zwischen Partei und Kirche. Da sei es noch so gewesen, „daß ein Unterrichtsminister ohne Zustimmung des bischöflichen Ordinariats nicht möglich war. „Der erste, bei dem nicht gefragt wurde, war Theodor Piffl-Perčević".

Noch heute, wo solche Verknüpfungen „eigentlich kein Thema mehr" sind, gebe es Leute, „die haben diese Selbständigkeit noch nicht nachvollzogen und sind daher enttäuscht, daß von drüben nichts kommt. Die nehmen dann „dankbar zur Kenntnis, wenn jetzt wieder welche kommen und sagen, ihr sollt es so und so machen".

Der Kirche wiederum wirft EB heute vor, nach dem Verlust ihres „weltlichen Arms" den Qualitätssprung nicht geschafft zu haben, „eine solche moralische Autorität zu sein, daß sie von sich aus das Einhalten bestimmter Dinge aufgrund der moralischen Kategorie erreicht, daß sie nicht den Zwang einer politischen Partei, eines Gesetzes braucht". Ein „Rückfall gegen die Säkularisierung" ist das in EBs Augen, ein „Fundamentalismus", wenn auch nicht so geschichtsmächtig wie im Islam.

Doch solche Erörterungen sind mittlerweile schon Positionsfragen unter einer Minderheit, meint der Parteichef. Ein gestörtes Verhältnis vieler Christen zur Macht habe die Schicht derer ausdünnen lassen, die sich in der Politik zum Christentum bekennen. Lediglich „gegen die Parteispitze zu“ sei der Schwund an christlich motivierten Politikern noch nicht so zu merken. „Es wäre mir schon lieb, wenn mehr überzeugte Christen in die Politik gingen als das derzeit der Fall ist. Auch in anderen Parteien.“

Die richtigen Fragen

Um so mehr irritieren ihn „manche Ausformungen von Kirche heute“. Er plagt sich, einzusehen, daß Ministrantinnen wirklich ein Thema sein sollen und fragt sich, ob es nicht angesichts der gegebenen Lage dringlichere Fragen gibt. „Als Wiener Katholik hat man seit einiger Zeit den Eindruck, daß die Kirche keine frohe Botschaft zu verkünden hat, sondern nur zur Einhaltung des 6. Gebots gesendet ist. Die medialen Äußerungen der Kirchenführung sind von einer Sex-Besessenheit, die für einen normalen Menschen, der ja auch andere Sorgen und Gedanken hat, geradezu lächerlich, ja abstoßend und überdies höchst verdächtig ist“, sagte EB im bereits zitierten Referat vor der Pastoralleitertagung im Jahr 1987.

Gefragt, wo er fünf Jahre später die Aufgaben der Kirche sähe, kommt er auf das Prophetenamt zu sprechen, das die Kirche wahrzunehmen hätte. „Sie müßte permanent daran erinnern, wo Lebensgefährdungen sind, nicht nur in der Frage des ungeborenen Lebens. Sie hätte eine wesentliche Funktion, darüber nachzudenken, was Europa sich selber und den anderen schenken kann. Sie müßten den einzelnen daran erinnern, wie er mit seinem Leben umgeht, und sie müßte eine stärkere antimaterialistische Komponente haben.“ Wo die Leute sich um den Erhalt ihres Besitzstandes sorgen, müßte sie sagen: „Kinder, ihr hab eh schon sehr viel, in Wirklichkeit geht's uns glänzend." Demgegenüber sei das „sauertöpfische Herumtüfteln in Moralfragen niedrigsten Niveaus" eine „Abirrung", die „das Bedürfnis der Menschen nach Heilsantworten politischer oder auch rein spiritualistischer Art" steigern wird.

Ähnlich beurteilt EB die jüngsten Versuche von Kreisen um den St. Pöltner Bischof Kurt Krenn, der ÖVP mit der Gründung einer rechten, „christlichen" Partei zu schaden. „Das kostet uns drei Prozent. Da kränke ich mich, daß die katholische Kirche in sich nicht mehr Unterscheidungskräfte hat", ärgert sich EB, bevor er die Frage vom Tagespolitischen ins Endzeitliche verschiebt: „Wir werden alle einmal gefragt werden, ob wir uns mit den richtigen Fragen zur richtigen Zeit beschäftigt haben."

Wolfgang Mantl

Der Kommunikator

Bald nach dem Staatsvertragsjahr, ich war in der 7. oder 8. Gymnasialklasse, traf ich EB zum ersten Mal. Es war dies bei einer Wiener Schulungsveranstaltung der Katholischen Mittelschuljugend (KMJ) im Rahmen der Katholischen Aktion (KA), und zwar im Bildungshaus Schloß Neuwaldegg. Veranstaltungsleiter waren EB und Johannes Aiginger, nur wenige Jahre später einer meiner Vorgänger als Senior der Norica im Österreichischen Cartellverband (ÖCV) farbentragender katholischer Studenten. Es ging in Neuwaldegg auch um Rhetorik, ich erinnere mich deutlich an ein riesiges Magnetophon, in dessen Mikrophon wir sprechen sollten. Ich tat es – wie auch heute noch – viel zu rasch.

Diese Episode zeigt, wie sehr die verschiedenen katholischen Organisationen personell verknüpft waren, gar nicht antagonistisch entfremdet. Abgesehen vom gemeinsamen Jusstudium am Ende der fünfziger und am Beginn der sechziger Jahre gab es immer wieder Begegnungen und Aktionen, die uns Angehörige der KA und des CV zusammenführten, wobei EBs zupackende Auffassungs- und Sprachkraft, seine freudige Gesprächsbereitschaft, seine spritzige Gescheitheit stets Farbe und Attraktivität vermittelten. Katholische Hochschuljugend (KHJ) und CV veranstalteten gemeinsame Katholisch-Soziale Tagungen; 1962 betreuten Alfred Stirnemann und ich eine solche Konferenz mit Johannes Messner als beeindruckendem Referenten. 1964, ich war schon Assistent an der Hochschule für Welthandel, lud mich EB zu einer Tagung der KMJ ein, deren Bundesführer er damals war. Ich hielt ein Referat „75 Jahre

SPÖ". Diskussionen über Politik- und Parteireform vereinten uns immer wieder, ebenso wie später die Arbeit in der Österreichischen Forschungsgemeinschaft.

Für uns war diese Gymnasial- und Studienzeit keine „bleierne" Zeit, es herrschte ein optimistischer Grundton, der heute unter Katholiken immer seltener zu finden ist und oft einem dumpfen Piano der Resignation zu weichen droht. Es gab jene Hoffnung auf eine Beheimatung der Katholiken in der modernen Welt, wie sie schon in einem Brief angeklungen war, den Hugo v. Hofmannsthal am 31. August 1917, also im vorletzten Jahr des Ersten Weltkriegs, aus seinem Sommerdomizil Aussee an den liberalen Politiker und Wissenschafter Josef Redlich geschrieben hatte: „Es wäre bei uns, scheint mir, von einer Bedeutung, gegen die alle scheinbaren ‚Wichtigkeiten' zurückträten, wenn zwischen dem Geist und dem Katholicismus eine Vermittlung zustande käme: denn nur vom Geist aus ist hier eine wahre Politik zu machen und ich sehe nicht, daß bei dieser der Katholicismus notwendig zur Passivität oder gar zum Widerstande verurteilt wäre."

Generationsverbundenheit

Die Mitglieder der verschiedenen katholischen Gruppierungen der fünfziger Jahre wurden durch eine Gemeinsamkeit des Weltgefühls verbunden, die noch heute eine wirksame Lebensgrundierung vieler Politiker dieser Generation (EB, Josef Krainer, Alois Mock, Josef Riegler) ausmacht: Lebensentwürfe, um die viel weniger Aufhebens gemacht wird als um die der nachfolgenden „68er"-Generation. Für diese Generationsverbundenheit ist eine verantwortungsethische Beharrlichkeit kennzeichnend, die den Ansturm der Protestwelle der endsechziger Jahre und den Machtwechsel 1970 abfederte, „aushielt", jetzt aber an ihre Grenzen gelangt zu sein scheint. Was sind die „Essenzen“ dieser Generationsverbundenheit?

1. Katholizität: Der Nationalsozialismus zerschlug die katholischen Vereine, ihre Mitglieder wurden der Zurücksetzung, Drangsalierung und Verfolgung mannigfachen Grades ausgesetzt – der langjährige KZler und CVer Leopold Figl wurde zur zeitgeschichtlichen Symbolgestalt dieses Leidens. In der nationalsozialistischen Zeit gewannen die kleine Gemeinde, die informelle Runde, die Pfarre eine heute noch fortwirkende Bedeutung, nicht als rigorose Kerngemeinde, sondern in volkskirchlicher Weite. Die fünfziger Jahre waren so etwas wie ein Vorfrühling des Zweiten Vatikanischen Konzils, mit einer bewußten Katholizität, die sich als personaler Anruf und als Gemeinschaftsaufgabe realisierte. Kirche war damals für viele, wie EB in einem anderen Zusammenhang am 8. Dezember 1991 in Budapest formulierte, „Erfahrungs- und Lernraum . . . im Umgang mit den Widersprüchlichkeiten unserer Gegenwart“.

2. Österreichertum: Nicht wenige der heute Fünfzigjährigen legten sich damals – wie Manfried Welan gelegentlich bemerkte – eine „Austriaca“-Mappe zu, um darin Texte, Argumente, Aphorismen zur Illustration ihres Bekenntnisses zur Republik Österreich als Vaterland und Nation zu sammeln. Und es herrschte die Bereitschaft, in die ganz alltägliche Politik zu gehen. 1968 gaben EB und Meinrad Peterlik als Beitrag zu einem „Österreich ohne Phrase“ einen Sammelband „Die unvollendete Republik“ heraus, mit dem Ziel, Demokratie und Republik mit Inhalt zu erfüllen. In einer einleitenden Umfrage „Zur Situation der Republik“ sammelten sie Antworten von 22 jungen Intellektuellen, die fast alle in den dreißiger Jahren geboren waren und die fast alle heute noch als Journalisten, Wissenschafter, Politiker und Beamte in diesem Land und für dieses Land tätig sind. Die Liste beginnt mit Gerhart Bruckmann und endet mit Manfried Welan, dazwischen finden sich unter anderen Fritz Csoklich, Hubert Feichtlbauer, Heinz Fischer, Peter Jankowitsch, Egon Matzner, Anton Pelinka, Gerfried Sperl und Werner Vogt.

3. *Intellektualität:* Aus Akademikern wurden Intellektuelle. Eine wache „présence" aus französischer Wurzel, die aus dem Renouveau Catholique wie aus dem Existentialismus wuchs, war die erstrebte geistige Haltung. Wieder kann ein heutiges Wort EBs (Rede zum Empfang für „Pro Scientia", Wien, 4. November 1991) das Gemeinte umreißen: „Denn nur im Gespräch mit allen gesellschaftlichen Gruppen können wir unsere Welt verändern. In diesen Gesprächen liegt es an den Intellektuellen, Bedingungen zu schaffen, daß Ausdrucksformen entstehen, die offen und nicht demagogisch sind, die alle daran teilhaben lassen und nicht Ausgrenzungen vornehmen. Nur dann ist es möglich, Charaktere hervorzubringen, die ein ‚feines Ohr für die Falschheit von Ersatzantworten haben' (Ilse Aichinger)." Es gab viele, keineswegs uniforme Mentoren für diese intellektuelle Transformation: Wolfgang Aigner, Wilfried Daim, Heinrich Drimmel, August M. Knoll, Otto Mauer, Karl Strobl. Es gelang immer wieder (freilich nicht immer), ohne abwehrend ängstliche Gereiztheit für die Suchenden an den Rändern, Wegrainen und Grenzübergängen Verständnis aufzubringen, ein produktives Verständnis, das all die Experimente, Erfolge und Niederlagen der „Schwierigen" für den Alltag mit seinen Durchschnittserfordernissen aufarbeitete. Auch der Nonkonformist hatte noch seinen Ort bei uns. Autodafés weisen keinen Weg in die Zukunft. Großzügigkeit und Gelassenheit sind Indiz der Stärke.

4. *Kunst:* Die Bildungsarbeit dieser Zeit ging allmählich über Politik, Wirtschaft und Zeitgeschichte hinaus und suchte die Begegnung mit der Kunst als einem Essentiale des Menschen. Für den CV wurde der Kulturredakteur der „Kleinen Zeitung", Karl H. Haysen, zum unermüdlichen Animator. Diese Hinwendung ist aber noch immer nicht

wirklich geglückt. So fragt EB auf einem Wiener Kommers des ÖCV am 19. Oktober 1991 besorgt: „Registrieren wir in der Politik oder registriert die Kirche z. B., was die zeitgenössische Kunst, die Literatur, die Musik zu sagen haben?"

5. Sprache: Diese Generation wollte nicht in einer gestanzten Sprache „eingeschlossen" bleiben. Drimmel war es, der hier Tore aufstieß. Und EB setzte alles daran, die Wegstrecke vom sprachlichen Babel zur befreienden Fülle des Pfingstfestes zu durcheilen. Auf dem erwähnten CV-Kommers im Herbst 1991 sagte er hiezu: „Den schöpferischen Geist, der im Pfingstwunder bewirkt, daß die Apostel von allen Menschen in ihrer je eigenen Sprache verstanden werden, dieser Geist weht, wo er will, diesen Geist wird man nicht nur im kognitiven Wissen, abstrakten Denken und in theoretischer Reflexion finden. Sich dem Geist zu öffnen, heißt vor allem, die Sinne zu schärfen, neue Denkmuster zu entwickeln, den Dialog zu suchen und schließlich rational zu handeln."

Gruppenbinnenkulturen

Freilich gab es unter dem Dach der Generationsverbundenheit nach wie vor die Verschiedenheit der Gruppenbinnenkulturen der einzelnen katholischen Organisationen Österreichs: verfestigte Kollektiverfahrungen, ältere Deutungsmuster der Welt als Grundschicht jeweiliger Sozialisation. Das Eingelebte wird als Verhaltensangebot erlebt, als Entlastung und Verhaltenshilfe. So findet sich in den einzelnen Gruppierungen ein stützendes Wurzelgeflecht organisationsvermittelter Heimatlichkeit, eine solide Standfestigkeit ohne große Theoriebeflissenheit.

Nach 1945 ergab sich – in groben Strichen – folgendes Bild: Neben der von den Bischöfen favorisierten und ihnen hierarchisch enger verbundenen Katholischen Aktion (KA) mit ihren naturständischen und kategorialen Gliederungen rekonstituierten sich auch wieder katholische Verbände (wie der CV). Im Abstand einiger Jahrzehnte, angesichts neuer Assoziationen (Charismatiker, Meditationsbewegung), aber vor allem vor der Folie fortgeschrittener Säkularisierung erscheinen Unterschiede der Gruppenbinnenkulturen von KA und CV, die damals oft kontrovers diskutiert wurden, gar nicht so groß. Dennoch läßt sich sagen, daß die KA wohl mehr die gemeindekirchlich strukturierte spirituelle Sorge um die Gewissensverantwortung des einzelnen Christen, der CV mehr die volkskirchliche Legitimität des Gruppenhandelns von Katholiken in der Welt vertrat, wobei er durch seine autonome, demokratische Vereinsstruktur viel politisches Know-how (Argumentationstraining, Spielregelbewußtsein etc.) vermittelte und durch lebenslange Loyalität besondere Verhaltensstabilität anbot. Kleingruppenübergreifend wirkten dann die Verbandszeitschrift „Academia“ und die ÖCV-Bildungsakademie als „Modernisierungsagenturen“.

Ich sprach vorhin vom „Dach der Generationsverbundenheit“ über den Gruppenbinnenkulturen. Damit meine ich, daß es der Generation, der EB angehört, gelang, eine praktische Konkordanz, einen informellen lebensweltlichen Brückenschlag herzustellen, durchaus ohne explizite „Verhandlungen“ und aus ihnen hervorgehende „Abkommen“. Als der CVer Bernhard Görg 1991 mit EB um die Funktion des ÖVP-Bundesparteiobmannes konkurrierte, zeigte sich eine frappierende Ähnlichkeit der Positionen beider. Freilich akzentuierten manche Polemiken der parteiinternen Konfrontation der Anhänger EBs und Görgs eher die Unterschiede der Gruppenbinnenkulturen, die sich eben auch in Rivalität, Mißverstehen und Nachspielen alter Parolen äußern können.

Wenn ich hier jedoch die meist unterbelichtete Generationsverbundenheit besonders betont habe, bin ich nicht so naiv, mögliche Konflikte der Gruppenbinnenkulturen zu leugnen. Nur meine ich, daß solche Konflikte meist überzeichnet werden, sei es aus Freude am Agonalen, sei es auch bisweilen in bewußter oder unbewußter Instrumentalisierung. EBs facettenreiches Gesamtprofil ist eine Herausforderung, die in meinen Augen aber doch mehr die Spannungen zwischen den Generationen, zwischen den Mentalitäten und Berufsmilieus und die stets prekäre Situation des Intellektuellen im Austropragmatismus der Zweiten Republik widerspiegelt als eine hypostasierte Verschiedenheit der Gruppenbinnenkulturen von KA und CV.

Angesichts der Verdünnung und Abschlaffung religiöser Motivationen und Bindungen wachsen viele Schatten, stellen sich viele Fragen. Weder selbstgefällige noch wehleidige Nabelschau ist eine taugliche Antwort. Bloße Symbolik, bloße Worte helfen nicht weiter. Sektenhafte Resistenz und fundamentalistische Revolte sind keine Lösung. Wenige wissen das so genau wie EB. Der Gefahr zunehmender Konflikte steht die Hoffnung gegenüber, daß die Komplexität des österreichischen Katholizismus immer noch und immer wieder Chancen der Weltoffenheit gerade durch plurale Aktionseinheiten bietet.

Harald Baloch

Der Verunsicherer

Meine Fernsehbilder von EB

Fast alle österreichischen Wohnzimmer haben schon das nicht zu öffnende kleine Fenster. Der Blick, der sonst auf Häuserfronten oder Blumenbeete, auf Sandspielkisten oder Straßen fällt, wird durch dieses Fenster ins Weite gezogen – auf den Rasen vor dem Weißen Haus, nach Berg-Karabach, in die Sahel-Zone, ins Foyer des Bundeskanzleramtes, nach Marseille und überhaupt in jede nur denkbare Ferne. Punkt 19.30 Uhr und wiederum Punkt 22.00 Uhr kommen sie kurz vorbei: der Vranz, der EB, meist auch Jörgl und einige andere. Wie treue Nachbarn, die – vormittags noch in Washington, Krakau oder auch nur Ried im Innkreis – abends hereinschauen, um zu erzählen, was sich so tut in der Welt und in der Zeit.

Und wenn sich das Fenster doch öffnen ließe? „Herr Bundeskanzler", würde ich sagen, „kommen Sie ruhig herein, einen Aperitif vielleicht? Wenn Sie sich die Hände waschen wollen . . ." „Nur kane Umständ", würde Jörg Haider sagen, „i trink' gern a Bier mit." EB wäre inzwischen schon zum Bücherregal gegangen und hätte dort rasch nach einigen ihm bekannten Autoren gesucht. „Kennen Sie auch schon den neuesten Konrád?" würde er fragen. – Die mögliche Fortsetzung des Abends wäre schwierig. Wie Haider nicht zu Wort kommen lassen und der Peinlichkeit entgehen, daß er die anderen Gäste beleidigt? Auf welche Wirtschaftsfrage Vranitzky ansprechen, ohne dann über eine kleinkarierte Problemstellung beschämt sein zu müs-

sen? Am ehesten ging's mit EB weiter. „Sie kennen György Konrád ja persönlich", würde ich zu ihm sagen. Die Szene wäre gerettet, das Stichwort gefallen für eine pointierte Erörterung des Vorrangs kultureller Identität für ein neues Europa und der speziellen Bedeutung des jüdischen intellektuellen Erbes dabei.

Doch das erwähnte Fenster läßt sich eben nicht öffnen und es entstehen ganz andere Bilder, ganz andere Nahverhältnisse und Wirkungen.

Begeben wir uns ins Pressefoyer nach dem Ministerrat.

Hinter Österreich eine Krise, vor Österreich die nächste. Eine Frage an den Bundeskanzler. Dessen kurzes Zögern, das die Schwierigkeit der Frage nacherlebbar werden läßt, primär jedoch der Umwandlung eigener Gedanken, eben erfolgter Auseinandersetzungen und verbliebener Unklarheiten in ein knappes Kommuniqué dient. Vranitzky als Pressesprecher seiner selbst, ein Eindruck von Ruhe, Kompetenz und Übersichtlichkeit bildet sich. Innen- und außenpolitische Troubles bekommen eine überschaubare Grammatik. – Ist EB bei diesem Ritual dabei und wird er – entsprechend den Spielregeln – auch gefragt, entsteht ein merkwürdiger Effekt. Allein schon die Fragen erscheinen als zu einfach, Nebensätze und Andeutungen weisen auf die noch offenen Stellen der bereits gelösten politischen Rätsel. Während der Bundeskanzler genausoviel Zeit braucht, wie ihm das Fernsehen gibt, scheint EB immer unter unendlichem Zeitmangel bei der Darstellung seiner Überlegungen zu stehen – als würde ihm ständig die Rede abgeschnitten, was dann tatsächlich durch den obligaten Schnitt innerhalb der Nachrichtensendung erfolgt. Im Fernsehen wiederholt sich so – wie bei Karl Kraus zwischen dem Optimisten und dem Nörgler – das Rollenspiel zwischen dem „Versicherer" und dem „Verunsicherer", dem Problemlöser und dem Problemsteller. Man kann sich in einer Zeit, da die Worte „Sicherheit" und „Erlösung" fast identisch geworden sind, leicht ausrechnen, wie das skizzierte Video ausgehen würde. Die „Versicherer" werden das letzte Wort haben.

Eine noch dunklere Vermutung entsteht, wenn wir uns EB im Rahmen gegenwärtiger Körper- und Fitneßkultur ansehen. Der amerikanische Präsident spielt mit Staatsgästen Golf, ein Mitterand bemüht sich wenigstens um einen federnden Schritt, Vranitzky sah man beim Wandern mit Beratern (Tennis spielt er sicher), Haider, wie er sich von einer Brücke stürzte, andere Politiker wenigstens einmal im Pullover, andere wiederum zusammen mit Größen des Sports, die sie vielleicht auch geworden wären oder – in der Jugend – sogar gewesen sind. Von EB gibt es kein solches Bild. Ich erinnere mich jedenfalls an keines. Im Fernsehen, in dem die meisten nur noch wie sportive Stuntmen ihrer selbst aufzutreten wagen, latscht EB durchs Bild, scheint immer einen bequemeren Sessel zu brauchen, lehnt – wenn nicht gerade ein Staatsakt anderes erfordert – am Rednerpult. All dies in einem Land, das seinen Nationalfeiertag ganz der Fitneß gewidmet hat, in dem man ins Büro joggt, braungebrannt aus dem Urlaub zurückkommt.

Seine größte Chance, in das sportive gegenwärtige Image einzurücken, hat EB versäumt. Die körperlich kerngesunden österreichischen Astronauten, mit denen er sich als Wissenschaftsminister öfter zeigen hätte können, blieben in medialer Distanz zu ihm. Die technisch-wissenschaftlichen Experimente, ja, die schon, aber muß man dazu unbedingt Menschen in kleine Raumkapseln pressen und ins All schießen? Die Frage stand in EBs Miene zu lesen, als man ihn kurz sah, irgendwo in der asiatischen Steppe beim Start der Rakete.

In der Welt des Sports, der als Sublimierung und Symbolisierung von kämpferischer und kriegerischer Politik entstand, nimmt sich EB aus wie Buster Keaton. Er ist für mich – vergleichbar mit Václav Havel – einer der ganz wenigen Politiker, deren Erscheinen keine falsche Ewigkeit suggeriert, der weiß, daß der Vergänglichkeit nicht durch Training beizukommen ist. Es ist durchaus möglich, daß EB gerade deshalb in historischen Dimensionen zu denken imstande ist. Er kann auch eine Zukunft ins Auge fassen, die er selbst nicht mehr erleben wird. Seine Körpersprache verrät eine Weltanschauung, die nicht ständig nach Produktions- und Absatzchancen, nach neuen Märkten, neuen Konsummöglichkeiten schielt. EB repräsentiert ein komplizierteres Glück und damit auch eine kompliziertere Politik. Er hätte es einfacher, wenn ihn seine Partei und der Koalitionspartner die Rolle, die ihm „auf den Leib geschrieben" ist, ausleben ließen. Aber auch hier ist zu befürchten: die todes-, vergangenheits- und zukunftsvergessenen Volkssportler werden überhand nehmen.

Ich werde mir den neuen Konrád jetzt kaufen. Treffe ich EB nämlich wirklich . . .

Simon Wiesenthal

Der Verläßliche

Jeder Mensch hat seine guten und schlechten Seiten, positive und negative Eigenschaften, und um über jemanden etwas schreiben zu können, müßte man beide Seiten kennen.

Ich soll nun über EB schreiben (und tue das gerne), wobei sich unsere langjährige Bekanntschaft auf ein oder zwei Treffen im Jahr, meist in einem offiziellen Rahmen, beschränkt hat.

Daher kann ich nur davon ausgehen, wodurch mich EB in positiver Weise beeindruckt hat, Negatives an ihm zu entdecken, hatte ich nie Gelegenheit.

Ich weiß heute nicht mehr, wann wir uns das erste Mal getroffen und gesprochen haben, vermutlich war es bei einem Vortrag oder auch im Rahmen einer privaten Einladung in seinem Hause, die ich dankbar angenommen habe.

Was hat mich an diesem Manne vom ersten Moment an beeindruckt? Es waren sein herzliches, warmes Wesen und vor allem seine hohe Intelligenz und Bildung. Diese Eigenschaften, gepaart mit einem alles umfassenden Wissensdurst haben ihn ein außergewöhnlich hohes geistiges Niveau erreichen lassen. Er ist auf vielen kulturellen Gebieten bewandert, und alle seine Äußerungen vermitteln den Eindruck, daß es sich dabei nicht nur um ein enzyklopädisches Wissen handelt.

Von seinen vielen hervorragenden Vorträgen ist mir der in bester Erinnerung, den EB in der B'nai B'rith Loge über den jüdischen Beitrag zur kulturellen Entwicklung Österreichs gehalten hat. Seine Zuhörer bekamen eine lebendige Vorstellung dieser österreichisch-jüdischen Symbiose, und den jungen Zuhörern wurde ein Tor des Verständnisses für diese gegenseitige Befruchtung und gemeinsame Wertschöpfung aufgestoßen. Er wußte seinen Vortrag so zu gestalten, daß man meinte, einen Spaziergang durch die Bezirke Wiens zu unternehmen und die Persönlichkeiten bei ihrem Schaffen zu beobachten.

Im Gegensatz zu anderen in der österreichischen Politik Tätigen hat sich EB schon sehr früh mit den Problemen der östlichen Nachbarn befaßt. Ich erinnere mich an seine Reisen nach Polen und in die Tschechoslowakei, um den Leuten dort Mut zu machen, ihnen zu sagen, daß sie nicht vergessen und abgeschrieben sind. Nicht immer hat man in Österreich den Menschen EB verstanden in diesen seinen Bemühungen um die Menschen in Polen, die er ermutigt hat, nicht aufzugeben.

Die Eindrücke, die er sammelte, und die Menschen, die er kennengelernt hat, machten ihm klar, daß der Koloß Sowjetblock auf tönernen Füßen stand und daß die den Völkern von oben aufgezwungene Knechtschaft der kommunistischen Ideologie nicht bis in das Innerste der Menschen gedrungen war, daß diese Knechtschaft ihren Willen nach Freiheit nicht hatte austilgen können.

In einem Land wie Österreich, in dem von den über 200.000 vor dem Kriege hier lebenden Juden heute nur noch etwa 10.000 (im Verband jüdischer Gemeinden und außerhalb) beheimatet sind, war die Stimme EBs – der sich nicht scheute, Erklärungen und Stellungnahmen zu aktuellen Problemen abzugeben – immer die Stimme eines Freundes.

Als ich das Ehrendoktorat der Universität Wien erhielt, war EB der Laudator. Im Laufe seiner Rede war ich mir bewußt, daß er damit etwas mehr zum Ausdruck brachte, als es jemand anderer in seiner Laudatio hätte ausdrücken können. Zwei Zitate daraus haben mich besonders beeindruckt:

„Wiesenthals Arbeit an der Vergangenheit ist ein Grundstein für die Zukunft unserer Republik. Seine Suche nach Gerechtigkeit hat die Rolle des Gewissens wieder deutlich gemacht."

„In nur zehn Jahren schreiben wir nicht nur ein neues Jahrhundert, sondern auch ein neues Jahrtausend. Es wird eine wichtige Aufgabe der Hohen Schulen sein, daß kein einziger junger Mensch mit dem Irrglauben aus ihnen herauskommt, daß das, was vor 1945 geschehen ist, die Vergangenheit eines fernen ‚vorigen Jahrhunderts' ist, daß sie eine Jahrtausendwende davon trennt."

Eine Zeit später hatte ich Gelegenheit, mit ihm über diesen meinen Eindruck zu sprechen; ich war nicht überrascht, als er mir zur Bestätigung erzählte, daß er eine Reihe kritischer Briefe von etlichen seiner Parteifreunde erhalten habe, die keineswegs anonym waren.

EB hat in einer Rede in Mauthausen in seiner Eigenschaft als Mitglied der Regierung und Wissenschaftsminister mit dem Nationalsozialismus abgerechnet, nicht mit der Wiederholung von Schlagworten, sondern mit von tiefer Empfindung und Überzeugung geprägten Worten über die Schande, die Menschen auf sich geladen haben, die dieser Ideologie gefolgt sind und mitgeholfen haben, Tod und Verderben über Millionen Menschen zu bringen.

Als EB nach einem internen Wahlkampf zum Obmann der Österreichischen Volkspartei berufen wurde, war meine Genugtuung über diese Anerkennung seiner Qualitäten und Vorzüge getrübt durch das Bedauern darüber, daß er nun noch stärker in dieses – seit einigen Jahren besonders – rauhe Klima der österreichischen Innenpolitik hineingezogen werden würde. Er mußte sich den Zwängen politischer Usancen unterordnen, denen er mit seinem Wesen, seiner feinsinnigen kulturellen Einstellung – so wie ich ihn einschätze – kaum entsprechen konnte.

Ich wurde eingeladen, etwas über EB zu schreiben, vor allem darüber, wie ich als Jude den Menschen EB sehe. Ich sehe in ihm einen verläßlichen Freund, der immer offen zu den uns betreffenden Problemen Stellung bezogen hat. Diese jahrzehntelange Freundschaft wurde niemals durch irgendwelche politische Rücksichtnahmen seinerseits beeinträchtigt.

Menschen seines Schlages ändern sich nur sehr schwer – Gott sei Dank, muß ich dazu sagen, weil uns seine Freundschaft noch lange erhalten bleiben möge.

EB mit seinen Eltern Ernst und Ina Busek,
Weihnachten 1949

7. „Führerwerkwoche" in Wilhering,
EB als Zentralsekretär der KMJÖ,
Helmut Grieß als Vertreter der „Jungen Generation"

Betriebsbesuch bei „Kleinbahn“

EB mit seinem politischen Vorbild Heinrich Drimmel

EB, Josef Taus und Stefan Koren

Mit neuen Ideen durch Wiens Straßen

EB mit Peter Lodynski in: Hugo Wieners „Räuber-Parodie“ 1980

EB mit seinem geistigen Mentor Jörg Mauthe

Freunde eröffnen ein Universitätsgebäude in Graz:
Wolfgang Schüssel und EB (1991)

Wien-steirisches Treffen am Grundlsee 1983

Mit Freunden: Václav Havel

Wladyslaw Bartoszewski

György Konrád

Lech Walesa

Wien-steirisches Treffen
am Grundlsee 1990

V.

Erleben und Gestalten

Günther Nenning

Hatschibratschi

EB ist ein irrer Typ. Berufspolitiker, aber Phantast. Echter Berufspolitiker – hat nie was anderes gemacht, lebt in der und von der Politik, geht drin auf und unter. Aber, und das ist das Irre, seine Phantasie reicht sternenweit hinaus über die österreichische Politsteppe, die flach ist wie's Burgenland.

„Wie bleibe ich auf (m)einem Sessel?" – Gewiß, auch diese berufspolitische Frage aller Fragen umschwirrt EBs Vogel Phantasie, aber erschöpft sich nicht dabei. Hat er zu wählen zwischen metapolitischer Phantasie und infrapolitischem Überleben, wählt EB entschlossen beides.

EB ist das Licht unter dem Scheffel der österreichischen Innenpolitik. Trost, Labung, Fata Morgana in unserer Sahara, wo kein Wind weht, es zieht nur gerade genug, um jeden, der sich hineinbegibt, unheilbar rheumatisch zu verkrümmen.

Gefüllt ist diese Wüste nicht mit Sturm und nicht mit Ruhe, in gesunder Abwechslung, sondern mit Geräusch, mit gespenstischem, gekonnt inhaltslosem Gequargel. Drüber erhebt sich EBs Bariton:

Nie wird er einen guten Sager ungesagt lassen, wenn ihm einer einfällt, also fast immer. Und nie wird er sich dran aufhängen, außer wenn er Pech hat, also schon ziemlich oft. Doch hat diese Katze sieben Leben.

Berufspolitiker, aber Phantast. Phantast, aber Berufspolitiker. Daraus folgt, was er wurde bzw. nicht wurde. Das ging etwa so:

EB beginnt als Hatschibratschi, segelnd mit seinem Luftballon durch die Lüfte und Düfte österreichischer Politik. Weiland Vizebürgermeister von Wien (1978 bis 1987) heizt er den Roten, die damals von nichts Grünem eine Ahnung hatten, ökologisch ein. Er nimmt ihnen (1978) ein knappes halbes Dutzend Gemeinderatssitze ab.

Und die Leute blicken hinauf zum Luftballon und denken sich, wo wird er denn landen, der kühne dicke Vogel. Tatsächlich, er landet wo – nach Absturz in Wien (1987 minus 6,4 Prozent) Asyl in der Bundespolitik, bunter Ballon geplatzt.

Ach, EBs Gedenken an den frühverstorbenen Jörg Mauthe (1986), der in Wien sein geistiger Ziehvater war. Dem Ideenlieferanten schuldet EB seinen Aufstieg zum ersten grünen Schwarzen des Landes, überhaupt zum ersten grüngefärbten Spitzenpolitiker.

Wer von EB und Grün redet, redet von Jörg Mauthe. Als dieser Geist an EBs Ballon vorbeiwehte, roch er ihn und holte ihn an Bord. Er machte (1978) den Literaten Mauthe zum Stadtrat der ÖVP, und Mauthe machte den Politiker EB zum Grünen.

Gewiß zum konservativ Grünen. Aber das ist keine Korrektur des Grünen, sondern dessen Wesen. Erhalten heißt konservieren. Um aber zu konservieren, muß viel, fast alles geändert werden. Das ist das Linke am Grünen. Mauthe und EB nannten's nicht so, hatten aber keine Scheu: Im konservativen Wiener Rathaus waren sie Revolutionäre.

Darüber macht, mit Wechsel von Wien in die Bundespolitik, der bunte Ballonfahrer EB ein Kreuz. Der Himmel ist apfelgrün, aber statt erneut aufzusteigen, wird EB Wissenschaftsminister (1989), ÖVP-Obmann, Vizekanzler (1991).

EB und das Grüne: Als Mauthe starb (1986 an Leberkrebs), ist EB mitgestorben. Aber eine der Möglichkeiten des Todes ist die Auferstehung.

Fürs erste wird, begleitet von freudiger Blasmusik der Industriellenvereinigung, EBs verflossener Öko-Ballon auf die Sondermülldeponie gebracht. Dort wird er von Peter Pilz aufgelesen, ja, ausgerechnet von diesem.

Der linkslinke Grünstar mutiert zum bürgerlich bewunderten Populisten. Unten Jeans, oben Trachtenjanker, beginnt Pilz mit der Knetung eines Mitte-rechts-Flügels der Grünpartei aus Döblinger und Hietzinger Lehm.

Statt daß die Schwarzen grüner werden, werden die Grünen schwärzer. Auch die Roten haben sich längst grün behübscht. Ganz ungrün sind auch die Blauen nicht. Also was soll's?

EBs Erstflug ins Land Oecologia ist ein ausgeträumter Traum. Der Ex-Ballonfahrer sitzt jetzt fest auf dem Thron, mit allen vier Beinen in der zähflüssigen ÖVP-Lava, die rasch talwärts rollt, letzte grünschwarze Hoffnungspalmen unter sich begrabend.

„Erhard", sagte ich nach der Schlacht von Hainburg, Weihnacht 1984, „KAIROS ESTI! In ganz Österreich wissen nur wir zwei, was das heißt (altgriechisch: ‚Es ist der günstige, der einmalige Augenblick!'). Tun wir uns zusammen, und wir stellen ganz Österreich auf den Kopf bzw. vom Kopf auf die Füße!"

Alle roten Grünen, alle schwarzen Grünen, alle grünen Grünen – das wäre eine breite, Blitz und Donner verbreitende Gewitterfront geworden, eine echte, dringende Opposition.

Haider gab's damals in Hainburg-Zeiten erst als greinendes Politbaby. Sicherlich wäre er trotzdem was worden. Stadtrat in Klagenfurt, mehr nicht.

EB versäumte den Kairos. Drum wurde er strafversetzt. ÖVP-Obmann mußte er werden, erfolglosester aller ÖVP-

Zeiten, letzter vor der Parteispaltung, bester seit Lueger, aber was hilft's?

Zürnend komme nächtlich über ihn Jörg Mauthes Geist. Er schleife ihn nach Mariazell zur Wallfahrt. Er ziehe ihn hinab in die tiefsten Klüfte des Hochschwabs, wo die Zwerge an den Hähnen drehen, aus denen tränkendes, kühlendes, heilendes Wasser sprudelt, wenn – siehe Mauthes Opus magnum „Die große Hitze" – ja, wenn die Herrin aller Zwerge dazu die Weisung gibt.

Gibt sie aber nicht, sondern im Gegenteil. Wer sollte sie denn sein? Zwar sollte Marilies Flemming Umweltkönigin werden, wurde aber von den Wirtschaftszwergen mühelos gekippt.

Wie kann man EB verzeihen? Gar nicht, außer man liebt ihn. Und wie könnte ich ihn nicht lieben, erstens ohnehin seit langen Jahren, zweitens erst recht, weil er den schönsten, den wahrsten Satz sprach, der einem österreichischen Politiker je über die Lippen rutschte.

Heftig kritisiert auf dem ÖVP-„Dreikönigstreffen", 6. Jänner 1992 in Salzburg, sagte er, ebenso ang'fressen wie souverän: „I nix Chef, i Trottel!"

Für den einen Satz geb' ich das ganze Gewäsch, das sonstige Politiker absondern, und auch er selbst nicht selten. Das Sätzchen zeigt, was alles aus EB leider nicht geworden ist – Künstler, Satiriker, Kabarettist. Er hat Havel'sches Format, handlich österreichisch verkleinert.

Václav Havel sagte, zu seinem ewigen Ruhm, bei der Verleihung des Ehrendoktorats an der Universität Jerusalem, April 1990: „Ich bin mir im Grundsatz widerwärtig, und mir scheint, daß ich eigentlich nur allgemeines Gelächter verdiene."

Wer über sich selbst lacht, lacht am besten. Ich sehe sie vor mir, all die leeren p. r. Gesichter, über die noch nie der Schatten einer solchen Idee huschte. „Ich füge bloß hinzu", sagte Havel in Jerusalem, „daß es meiner Meinung nach gerade mein inneres Gefühl der Ausgeschlossenheit, eine Art Enterbtheit und existentielle Nichtzugehörigkeit ist, die den verborgenen Motor all meines zähen Bemühens vorantreiben."

Als ein solcher ruhmreich Ausgeschlossener, Enterbter, Nichtzugehöriger irrt EB durch die österreichische Politik, angetrieben vom Motor all seines zähen Bemühens – er schiebt vor sich her so eine Art Wagerl, wie es die amerikanischen Astronauten hatten zum Einsammeln von Gestein und Staub auf dem wüsten Mond. Wohin rollt dein Wagerl, oh Luftballonpilot in Frühpension?

In den Jahren des 2. Vatikanischen Konzils (1962 bis 1965) geht EB seine ersten Karriereschritte, von der Promotion als Dr. jur. (1963) zum Sekretär des Abgeordnetenklubs der ÖVP (ab 1964; bis 1968). Er ist engagiert in der katholischen Hochschuljugend. Es ist die Zeit, wo wir beide in der Schulbank der kirchlichen Erneuerungsbewegung sitzen – er als Urkatholik, ich als soeben konvertierter Linker.

In gemeinsamer Begeisterung riechen wir an der Blume der Liberalisierung, die sich öffnet und bald wieder schließt, kümmert und welkt – in seltsamer Gleichzeitigkeit mit der Liberalisierung im Kommunismus. Damals kommt nach langer historischer Pause wiederum in Sicht, daß Politik und Religion viel miteinander zu tun haben.

Wenn Fundamentalismus heißt, beim Wort genommen: daß Religion nicht Privatsache ist, sondern Hauptsache und Fundament aller Lebensbereiche – so sind wir beide Fundamentalisten. Und wenn dies wiederum heißt: EBs geistige Heimat ist eine Gegend, höher gelegen als die politische Ebene, höher gelegen auch als alles Grüne – so fällt mir die Prognose, irrtumsfreundlich freilich, gar nicht schwer:

EB wird, auf solchem Fundament gegründet, seinen Weg schon machen. Nach vollzogener Abspaltung eines „Wirtschaftsflügels“ wird sich sein unlösbares Problem als ÖVP-Obmann – die Integration des nicht mehr Integrierbaren – mit unschöner Automatik erledigt haben. Die Befreiung der ÖVP von den rein ökonomisch orientierten Denkern bzw. Nichtdenkern ist, außer ein Schmerz für den Parteifuchsen, auch eine Chance für den Grundsatzpolitiker und Geistesliebhaber EB.

Die ÖVP soll sich gesundschrumpfen auf ihren christlich-sozialen Kern. Und EB soll sich gefälligst einen neuen, wetterfesteren bunten Ballon bauen: also hauptsächlich grün-konservativ, konservativ-alternativ, im Anreiben solcher Pastellfarben war er ja, dem genialischen Jörg Mauthe folgend, immer schon ein kunstsinniger Handwerker.

Hingegen ist die „Wirtschaftskompetenz“ für die kommende Klein-ÖVP wohl nicht rettbar. Der ideelle Gesamtkapitalist dieses Landes bleibt bummfest Franz Vranitzky, bis auf weiteres. Demnächst vielleicht schon mit der „Wirtschaftspartei“ als Koalitionspartnerchen.

Eine ÖVP, die sich erneuern will, kann dies nicht im rosa Krepierhalfter der Koalition. Jetzt erst, und da geschieht ihr schon recht, lernt die ÖVP die Segnungen der freien Konkurrenz kennen: Sie stürzt im freien Fall, während der Partner zwar auch fällt, aber langsamer, weil subventioniert.

Die SPÖ hat einen schönen großen Bremsfallschirm, auf dem „Vrantz“ steht. Was könnte denn stehen auf einem Bremsfallschirmchen der ÖVP? „Erhard“? Nein, der ist dazu nicht geeignet.

EB hat organisatorisches Talent (hat er’s wirklich?) und Machtinstinkt (hat er sicher!) – aber was die ÖVP jetzt braucht, sind genau die vier Hauptqualitäten des EB: nachdenken, vordenken, kreuzdenken, querdenken.

Wenn er jetzt, statt diese Qualitäten spielen zu lassen, eher inhaltsloses Zeug redet betreffend „Parteireform“ – dann eben deshalb, vermute ich in Sympathie zu ihm, weil das verzweifelte Verbleiben in den faulenden Eingeweiden des koalitionären Leichnams seine Phantasie lähmt.

Mit der ÖVP-Reform ist es wie mit der Fastenkur nach Dr. Mayer: Erst wenn man trockene Semmeln kaut, schwingen sich Leib, Geist und Seele in die Höhe.

Ich meinte seinerzeit: Geh heraus aus der Partei, dort wirst ja doch nix – ich täuschte mich: Er wurde was. Aber um den Preis welcher Verkrüppelung und welcher Mühe sich immer wieder geradezurichten?

Macht korrumpiert, absolute Macht korrumpiert absolut, und wie viel oder wie wenig korrumpiert das bißchen Macht eines (derzeitigen) ÖVP-Obmanns.

Ein Kreisky der ÖVP wird EB nie werden, nicht einmal ein Vranitzky der ÖVP. Aber er soll ja ein EB der ÖVP werden.

Derzeit hat nicht er die Partei im Griff, sondern sie ihn. Das kann sich umkehren, indem EB zu sich selbst zurückkehrt. Äußerlich arm und bejammernswert, hat die ÖVP eine tief verschüttete geistige Schatzkammer. Als ihr politischer Gegner, aber interessierter Demokrat, glühender Österreicher – wünsche ich mir, daß EB diese Kammer öffnet. Drin sind:

eine gut katholisch-christliche (d. h. auf deutsch: allgemein-christliche) Zukunft.

eine erneuerte christlichsoziale Zukunft, liberal-konservativ angereichert.

eine grün-schwarze Zukunft, eine Mauthe-grüne.

und weil dieses Grün eine Bevorzugung des Kleinen, ein Mißtrauen gegen das Große einschließt: eine konföderiertmitteleuropäische Zukunft.

Kurz: EB hat Zukunft.

„Politik heißt offenbar auch über ein Meer von Dummheit segeln“, heißt es im letzten Mauthe-Buch „Demnächst“.

Segle, lieber EB!

Kurt Steiner

Der Liberale

Als die Universität Stanford 1965 ein Studienzentrum in Österreich eröffnete, wurde ich eingeladen, dort im ersten Semester Vorlesungen über österreichische Politik zu halten. Ich muß gestehen, daß mein Wissensstand, was die österreichische Politik seit meiner Auswanderung 1938 betraf, ziemlich gering war. Schließlich hatte ich die Jahre 1945 bis 1951 im amerikanischen Militär- und Regierungsdienst in Japan verbracht, und als ich dann 1955 in das akademische Leben eingetreten bin, war mein Fachgebiet die japanische Politik. Über das ferne und kleine Österreich berichteten die japanischen und die amerikanischen Medien höchst selten, und es gab im englischen Sprachbereich keine Bücher und nur wenige wissenschaftliche Artikel über die österreichische Nachkriegspolitik. Dennoch nahm ich das Angebot an. Zwei Jahre später trat ein Verleger mit der Idee an mich heran, ein Buch über die österreichische Politik zu schreiben. Ich sah diese Abweichung von meinem eigentlichen Fachgebiet als einen einmaligen „Seitensprung“, nicht ahnend, daß sich daraus eine viel engere Beziehung zur österreichischen Politik entwickeln würde.

So kam ich 1968 erneut nach Wien, um Material für mein Buch „Politics in Austria“ zu sammeln. Unter anderem hatte ich lange und fruchtbare Interviews mit Hertha Firnberg, damals ein Mitglied des Nationalrats, und Heinz Fischer, damals Sekretär des sozialistischen Parlamentsklubs. Beide waren in späteren Jahren Minister für Wissenschaft und Forschung – eine Position, die es 1968 noch nicht gab – und damit Vorgänger von EB in diesem Ressort.

Mit EB, der damals 27 Jahre alt war, hatte ich ein Gespräch über die bündische Struktur der ÖVP und über die Bundeswirtschaftskammer als der offiziellen Vertretung der Interessen von Handel und Gewerbe. Spätere Begegnungen mit ihm waren zunächst sporadisch. Im März 1971 besuchte EB Stanford zusammen mit neun anderen österreichischen Politikern. Einmal unterrichtete ich in Wien, als eine Nationalratswahl bevorstand, und ich lud Vertreter der beiden großen Parteien ein, zu meinen Studenten zu sprechen. EBs Präsentation hatte großen Erfolg bei den Studenten, obwohl damals sein Englisch – im Gegensatz zu heute – etwas holprig war. Nach dem Grund ihrer positiven Einstellung befragt, sagten mir die Studenten, daß seine lockere Persönlichkeit und sein Humor sie angezogen hätten.

1989 kam die Wanderausstellung „Juden in Wien: Erbe und Mission“ zuerst nach Stanford und dann nach Los Angeles. An der von mir in Los Angeles arrangierten Podiumsdiskussion zu der Ausstellung nahm EB als frisch gekürter Wissenschaftsminister teil. Auf diese Begegnung und seinen darauf folgenden Besuch in Stanford werde ich noch zurückkommen.

Seine neue Position brachte es mit sich, daß sich unsere Kontakte verdichteten. Auf der beruflichen Ebene gab es Besprechungen, Telefonate und einen Briefwechsel, einerseits über die Möglichkeit einer Wiederbelebung des 1987 von Stanford aufgegebenen Studienzentrums in Wien, und andererseits über die seit 1987 bestehende österreichische Gastprofessur in Stanford. Es gab aber auch Begegnungen auf persönlicher Ebene. Während seines Besuches in Stanford 1989 luden meine Frau und ich EB zu einem echt kalifornischen „Barbecue“ in unserem Haus ein. Abgesehen vom amerikanischen Steak, das wir im Freien grillten, war es ein lustiger, echt wienerischer Abend beim Wein. Seither trafen wir uns gelegentlich auch zum Abendessen in Wien, wenn ich mich gerade dort aufhielt.

Obwohl ich auf diese Weise EB auch privat kennenlernte, würde ich mich nicht erkühnen, über ihn zu schreiben, wenn es nicht auch die zuvor erwähnte, 1968 noch unvorhergesehene engere Beziehung zur österreichischen Politik gegeben hätte. Ich habe seither die österreichischen Entwicklungen mit großem Interesse verfolgt, teilweise im Zusammenhang mit zwei weiteren Büchern über Österreich, die ich herausgegeben habe. Der Kreis meiner Bekannten in Politik und Wissenschaft hat sich erweitert, und ich verbringe fast jedes Jahr einige Wochen in Österreich. Ich lese die einschlägige Literatur, soweit es meine weitere Beschäftigung mit Japan zuläßt, und der vom Bundeskanzleramt herausgegebene „Österreich-Bericht" gehört zu meiner täglichen Lektüre. Natürlich habe ich auch EBs abwechslungsreiche Karriere und seine Stellungnahmen zu politischen Problemen in Wort und in Schrift bis zum heutigen Tage verfolgt. Ich glaube, daß diese Beobachtungen aus einer Distanz, die nicht nur eine geographische ist, mich einigermaßen qualifizieren, etwas über EBs politische Persönlichkeit auszusagen.

Zu seinen ausgesprochenen Eigenschaften gehört seine Freude an der Kommunikation. Das wienerische Wort „durchs Reden kommen die Leut' z'samm" besagt zweierlei: Einmal, daß Kommunikation ein Mittel zum Ziel der friedlichen Konfliktbereinigung sein kann. Es deutet aber auch an, daß Konfliktbereinigung für das Gemeinsame – von der Familie bis zum Staat – heilsam ist. Eine solche Kommunikation ist aber nur möglich, wenn es keine unüberbrückbare Kluft zwischen den Teilnehmern gibt, so daß diese nicht nur sprechen, sondern auch bereit sind zuzuhören und zu verstehen.

In der österreichischen Politik gab es eine solche Kluft mit unheilvollen Folgen für den Staat durch das weitverbreitete Lagerdenken mit seinen Feindbildern der politischen Opponenten. Eine derartige Distanz zwischen den Parteien ist heute fast unvorstellbar. Trotzdem scheinen Reste des Lagerdenkens im Unterbewußtsein mancher Politiker, Parteimitglieder und Wähler noch mitzuschwingen.

Als ein Mitglied einer jüngeren Generation kennt EB, der schon als Student mit Gleichaltrigen über die Parteigrenzen hinweg zusammengearbeitet hat, keine Berührungsangst. Sein Eintreten für die große Koalition mag damit zusammenhängen. Darüber hinaus aber drängt ihn eine stark entwickelte Ausrichtung zu staats- und demokratiepolitischem Denken und ein starkes Verantwortungsgefühl in dieser Richtung zu einer gewissen Konzilianz. Diese Ausrichtung bestimmt auch die Grenzen seiner Konzilianz. Sie ist wohl für seine negative Einstellung zu einer von Jörg Haider geführten FPÖ und zu einer kleinen Koalition mit einer solchen Partei ausschlaggebend.

Diese Einstellung war klar, als EB im Juni 1991 für die Position des Bundesparteiobmanns der ÖVP kandidierte. Der Gegensatz zwischen den beteiligten Gruppen innerhalb der ÖVP wurde in der Presse oft als ein Gegensatz der Herkunft aus dem CV oder der Katholischen Jugendbewegung oder aus Parteiorganisationen in Niederösterreich oder Wien, oder als ein Gegensatz von „Stahlhelmen" und „bunten Vögeln" beschrieben. Es ging aber nicht nur um die Macht in der Partei, sondern auch um die zukünftige Stellung der Partei im politischen Spektrum. Sollte sich die im Abstieg begriffene Partei die Option einer Koalition mit Haiders FPÖ offenhalten oder nicht? Obwohl die momentanen Vorteile dieser Haltung in der „Kampfabstimmung" keineswegs sicher waren, bestand über EBs Haltung kein Zweifel. Vom parteipolitischen Standpunkt aus war die Möglichkeit, daß eine Koalition mit Haiders Partei zu dessen Vorteil und zum Nachteil einer geschwächten ÖVP ausgehen würde, wohl nicht von der Hand zu weisen. EB erkannte, daß, innenpolitisch gesehen, Populismus keine ausreichende Basis für ein funktionierendes, demokratisches Regierungssystem sein kann. Er hat sicher auch erkannt, daß, außenpolitisch gesehen, der Aufstieg Haiders zum Vizekanzler in einer kleinen Koalition und später vielleicht zum Kanzler so schädigend für den Ruf Österreichs wäre, daß er die Auswirkungen der Waldheimaffäre weit überschatten würde.

EB hat die Wahl zum Bundesparteiobmann gewonnen. Als solcher ist es seine erste und schwierigste Aufgabe, die Partei bis zur nächsten Nationalratswahl durch Reformen so zu stärken, daß die Gefahr eines Abgleitens in die Position einer dritten Partei im Parlament gebannt ist. Es mag fraglich sein, ob Reformen genügen, oder ob die Partei nicht auch eine Identitätsfindung braucht. Klar ist aber, daß ein solches Abgleiten von weittragender Bedeutung nicht nur für die Partei, sondern auch für den Staat wäre, solange eine Umwandlung der FPÖ zu einer liberal-bürgerlichen Partei nicht zu erwarten ist.

Als Vizekanzler in einer großen Koalition steht EB noch vor einem anderen unvermeidlichen Problem: Er muß innerhalb der Vereinbarungen an der Problemlösungsfunktion der Regierung mitwirken und für die Regierungspolitik die Verantwortung mittragen. Als Parteiobmann muß er aber auch seine Partei gegenüber dem Koalitionspartner profilieren um ihre Chancen in der nächsten Wahl zu bessern. Ob eine solche negative Profilierung genügt, sei dahingestellt. EB scheint unter den gegebenen Umständen bemüht, eine Balance zwischen diesen beiden Ansprüchen zu finden. Nach den Wahlniederlagen in der Steiermark, in Oberösterreich und in Wien betonte EB in einem Gespräch mit der „Presse“, daß die ÖVP trotzdem „unverzichtbar“ bleibe. Angesichts der Probleme der Koalitionsregierung vis-à-vis einer FP-Opposition, die immer stärker wird, erwähnte er ihr „Konfrontationsproblem“, welches er zunächst im Verhalten des Koalitionspartners ortete. Er fand aber auch, daß es beiden Parteien nicht darum gehen

ANGELOBUNG DER BUNTEN VÖGEL

sollte, die andere Partei zu schwächen, sondern darum, die Regierung zu stärken. Es gibt nun Stimmen in der Partei, die nicht nur auf eine aggressivere Haltung des Vizekanzlers drängen, sondern auch ein vorzeitiges Platzen der Koalition befürworten. Die weiteren Konsequenzen würden dann vom Ausgang der auf diese Weise vorgezogenen Nationalratswahl abhängen.

Für EB bedeutet das vorzeitige Platzen der großen Koalition eine Einengung des ihm zur Verfügung stehenden, auch sonst recht beschränkten Zeitraumes für die Regenerierung der Partei.

Ich habe EBs Konzilianz zu politisch Andersdenkenden erwähnt. Seine Toleranz erstreckt sich aber auch auf die Bevölkerung der Nachbarländer im Osten und auf die Minoritäten im eigenen Land. Er fürchtet das „Anderssein“ und die Vielfalt nicht, sondern plädiert für Offenheit gegenüber den „anderen". Das kommt zum Beispiel in seiner Stellungnahme zu den Problemen Österreichs, die durch die Umwandlungen in den ehemals kommunistischen Nachbarländern hervorgerufen wurden, zum Ausdruck. In einem Artikel in der Zeitschrift „Das jüdische Echo" hielt er 1990 vielen seiner Mitbürger einen Spiegel vor, und kritisierte die weitverbreitete Xenophobie. In einer für ihn typischen Formulierung schrieb er: „Es wird – leider – wieder eng in unseren Herzen, das häßliche Diktum ‚Das Boot ist voll!' macht die Runde." Er beklagt oft den österreichischen Hang zum Provinzialismus. Sein kosmopolitisches Denken beeinflußt auch sein Wirken als Wissenschaftsminister. Er tritt für eine Internationalisierung von Wissenschaft und Forschung, insbesondere im Universitätenbereich, ein und hat budgetäre Impulse in dieser Richtung gesetzt.

Klare Distanz

Ein spezieller Aspekt seiner Toleranz ist EBs Stellungnahme gegen den Antisemitismus. Einen Zulauf an Wählern oder eine Stärkung seiner innerparteilichen Position hat er dadurch gewiß nicht zu erwarten. Die Stellungnahme ist auch nicht eine bloße Formalität, die von einem hochrangigen Politiker erwartet werden könnte. Sie entspringt vielmehr einem persönlichen, in seiner allgemeinen Toleranz verankerten Engagement. Das hat EB bewiesen, als er sich von der Art des Wahlkampfs für die Kandidatur Waldheims mit seinen antisemitischen Anspielungen klar distanzierte, und auch im November 1991, als er sich dem Aufruf für einen Trauermarsch anläßlich der Schändung von jüdischen Gräbern in Wien anschloß.

Ich erwähnte EBs Teilnahme an der Podiumsdiskussion anläßlich der Eröffnung der Ausstellung über „Juden in Wien" in Los Angeles. EB würdigte den großen Beitrag der Juden zur Kultur Wiens um und nach 1900. Er sprach über den Völkermord während der Nazizeit, und über den historischen und gegenwärtigen Antisemitismus in Österreich. Er schloß mit dem Aufruf „sich zu befreien von der Trägheit des Herzens, der Angst, der Engheit und der eigenen Arroganz“. In dem schon erwähnten Artikel beklagte er es, daß der jüdische Bevölkerungsanteil und damit auch die Liberalität jüdischer Prägung in Österreich fehle, weil die jüdischen Träger liberalen Gedankengutes im Holocaust ausgelöscht oder aber in die Emigration gezwungen wurden. Er ließ auch nicht unerwähnt, daß nach 1945 nicht viel zur Heimholung der Vertriebenen getan wurde. Er schrieb: „Dieses Land tut sich allzu schwer mit seiner eigenen Vergangenheit, wie sich leider auch in den Niederungen der aktuellen Tagespolitik immer wieder zeigt, schwer auch mit seiner Identität.“

Als EB anschließend an seinen Aufenthalt in Los Angeles nach Stanford kam, um zwei Vorlesungen zu halten, überreichte er mir das Große Goldene Ehrenzeichen für Verdienste um die Republik Österreich. Zweifellos hatten sich andere sehr darum bemüht, mir diese Ehrung zuteil werden zu lassen. Für EB war die Überreichung die erste Tätigkeit dieser Art als Minister. In Beantwortung der Laudatio hob ich die Veränderungen in Österreich seit meiner Emigration und insbesondere den Einfluß des Generationswechsels hervor. Ich drückte auch meine Freude darüber aus, daß ich das Ehrenzeichen gerade aus seinen Händen empfangen konnte, weil er für mich die jüngere Generation repräsentiert und besonders, weil er immer, auch zu Zeiten, als dies bei manchen Österreichern nicht populär war, für ein Österreich eintrat, das der eigenen Vergangenheit eingedenk ist und ihr mit Klarheit und Sensibilität begegnet.

Als ich EB bei der Podiumsdiskussion in Los Angeles vorstellte, nannte ich ihn „einen ungewöhnlichen Politiker, einen liberalen Maverick in einer konservativen Partei, einen Intellektuellen mit Zukunftsvisionen und einen oft umstrittenen Denker." (Das amerikanische Wort „Maverick" stammt von dem Namen eines Pioniers im Westen, der im Gegensatz zu anderen seine Kälber nicht mit dem Symbol seines Grundbesitzes brandmarkte. Es bedeutet jetzt im allgemeinen Sprachgebrauch eine Person, die nicht irgendeiner „Herde", ob Partei oder andere Gruppierung, folgt.)

Ich hätte auch seine ungewöhnliche Offenheit erwähnen können. Viele Politiker haben ein Interesse daran, die eigene Position so zu verklausulieren oder so zweideutig zu formulieren, daß sie möglichst niemandem auf die Zehen treten. EB scheut sich nicht, Farbe zu bekennen, wo es um Prinzipien geht, auch dann, wenn seine Ideen kontroversiell sind. Er fühlt sich keiner Orthodoxie unterworfen. So gab er in dem schon zitierten Artikel Einblicke in seine Vorstellung über demokratische Politik und die Stellung der Politiker in einer solchen Politik. Im Hinblick auf den damaligen Wahlkampf schrieb er: „Dem Volk wird aufs Maul geschaut, wobei der Bürger zweifellos der Souverän der Demokratie ist, der aber nicht in allem, was in ihn hineingeschrieben und aus ihm herausgehört wird, schon recht haben muß." Das ist nicht nur eine Absage an den Populismus. Darüber hinaus ist es, bewußt oder unbewußt, ein Bekenntnis zu den Ansichten des konservativen englischen Politikers und Demokratietheoretikers des achtzehnten Jahrhunderts, Edmund Burke. 1774 hatte dieser in einer berühmten Rede den Bürgern von Bristol gesagt, daß er ihnen seine unparteiische Meinung, sein reifes Urteil und sein aufgeklärtes Gewissen nicht opfern könne. „Euer Repräsentant schuldet euch nicht nur seinen Fleiß, sondern auch sein Urteil", und zum Schluß heißt es: „Ich werde bis zu meinem Lebensende euer treuer Freund, euer ergebener Diener sein, einen Schmeichler wünsche ich euch nicht." Das muß allerdings vor dem Hintergrund der damaligen Konstellation der englischen Politik verstanden werden. Heute klingt es recht unmodern, ja sogar arrogant und undemokratisch. Die

Aussage wirft aber Fragen über die Eigenschaften politischer Führung auf, die im Zeitalter der Macht der Medien und der Meinungsumfragen erneut diskussionswürdig erscheinen, in Europa wie in Amerika. Sollen Politiker wirklich in allen Belangen den Resultaten der letzten Meinungsumfrage verhaftet sein, ohne eine eigene Überzeugung zu haben?

Schließlich zitierte EB auch Václav Havels Neujahrsbotschaft von 1990: „Lernen wir selbst und lehren wir andere, daß Politik Ausdruck der Sehnsucht sein sollte, zum Glück der Gemeinschaft beizutragen . . . Lernen wir selbst und lehren wir andere, daß Politik nicht nur die Kunst des Möglichen sein kann, vor allem, wenn damit die Kunst der Spekulation, Kalkulation, Intrige, Geheimverträge und des programmatischen Manövrierens gemeint ist, sondern daß sie auch die Kunst des Unmöglichen sein kann, nämlich die Kunst, uns selbst und die Welt besser zu machen." EB fügte hinzu: „Was kann man sich mehr wünschen, als an einer Zeit teilzuhaben, die einen bewegt und die man auch bewegen kann, die nach Veränderungen ruft und die Veränderungen zum Besseren möglich macht?"

Man spricht allenthalben von Politikverdrossenheit und von Politikerverdrossenheit. Das Wort Goethes, daß „politisch Lied ein garstig Lied" sei, wird oft zitiert. In einer solchen Zeit ist Havels Vision vom wahren Zweck der Tätigkeit der Politiker, die mehr als irgendein anderer Beruf mit dem Gemeinwohl befaßt ist, von besonderer Bedeutung. Daß EB diese Vision teilt, ist auch ein Zeichen dafür, daß er ein „ungewöhnlicher Politiker" ist.

Alfred Worm

Der Kommunalpolitiker

Der Mann, der Wien veränderte

In den Morgenstunden des 1. August 1976 stürzte die Wiener Reichsbrücke in die Donau. Unvermutet und unvermeidbar: Ein Bau- und Konstruktionsfehler, der sich in der Zwischenkriegszeit in einen Brückenpfeiler eingeschlichen hatte, besiegelte das Schicksal dieses signifikanten Bauwerkes.

Die Suche nach den Schuldigen konzentrierte sich vorerst auf die Wiener Rathaus-SPÖ. Organisationsmängel verschiedener Magistratsabteilungen wurden transparent. Wochenlang wurde über „Sicherheitskontrollen“ diskutiert und Hunderte Brückenbauwerke wurden bis zur letzten Schraube untersucht. Ein „Sicherheitskontrollamt“ wurde als Teil des bestehenden Kontrollamtes eingerichtet und schließlich baute die Firma Hofman & Maculan eine neue Reichsbrücke, in deren Hohlkasten auch gleich die U-Bahn Platz fand.

Der Brückeneinsturz löste nicht nur eine Lawine des Spotts, der Häme und des weltweiten Kopfschüttelns aus, er bewirkte auch – und das vor allem – ein politisches Erdbeben. Baustadtrat Fritz Hofmann (SPÖ), zur Zeit des Einsturzes gerade auf Urlaub und tagelang unauffindbar, mußte unter dem Druck der Öffentlichkeit zurücktreten. Bürgermeister Leopold Gratz war nahe daran, Hofmanns Beispiel zu folgen. Die Wiener SPÖ präsentierte sich in dieser Zeit konfus und derangiert.

Zu Unrecht, übrigens. Der historischen Wahrheit wegen

sei es vermerkt: Den versteckten Konstruktionsfehler hätte keine SPÖ, den hätte überhaupt keine Partei erkennen und den Brückenshowdown verhindern können. Der Einsturz war zu dem Zeitpunkt besiegelt, zu dem der Brückenpfeiler gebaut wurde – der damals absolut unnotwendige Hofmann-Rücktritt ist ebenso unter den nebulosen Begriff der „politischen Verantwortung" einzureihen wie die öffentliche Zerknirschung von Leopold Gratz.

Dennoch war dieser hektische August-Tag des Jahres 1976 auch eine Zäsur in der Geschichte der Stadt Wien und in der Struktur der Parteienlandschaft.

Mit dem Brückeneinsturz bröckelte, zuerst zaghaft und kaum merkbar, später mit fast atemberaubendem Tempo, das „Rote Wien" auseinander. Die sozialistische „Mir-san-mir"-Mentalität bekam Risse. Ein liberaler Wind begann die Türme des Rathauses anzublasen, in den sozialdemokratischen Sektionen begann die Parteibasis über sich selbst zu diskutieren.

Leopold Gratz machte eine erstaunliche Wandlung durch: Vom eingekrampften Parteimann zum weltoffenen Bürgermeister.

Alle diese Vorgänge vollzogen sich innerhalb der Wiener SPÖ unter schweren Krämpfen und Kämpfen, unter mitleiderregendem Ächzen und Stöhnen – alle Ideologien des Bestemms und der Beharrlichkeit zeigten eine erstaunliche Widerstandskraft.

Die Wiener ÖVP hatte es in dieser Situation leichter. Wann immer diese in ÖAAB, Wirtschaftsbund, Senioren, einige Bauern, ein paar Paradefrauen und einige Jugendliche zersplitterte Partei Schwächen der Sozialisten ortete, zog sie mit einer an Gewißheit grenzenden Beharrlichkeit, den geheimnisvollen Trieben der Selbstzerstörung folgend, das wunschlose Unglück an sich.

Es dauerte nur wenige Tage, bis die durch den Reichsbrückeneinsturz ausgelösten Troubles der Rathaussozialisten tiefe Risse in den Reihen der Stadtschwarzen bewirkten. Gestritten wurde vor allem über den Stil, mit dem eine Oppositionspartei in einer derart extremen Situation Kommunalpolitik betreiben sollte. Landesparteiobmann Franz Bauer wurde in diesen Tagen zerrissen zwischen Anbiederung und harten Attacken auf die alleinregierende SPÖ – welchen Weg auch immer er einschlug, stieß er auf beinharte Unzufriedenheit eines Teiles der Partei.

Stadtrat ohne Portefeuille

Vier Wochen nach dem Einsturz der Reichsbrücke wurde EB zum „Stadtrat ohne Portefeuille" – auch als nicht amtsführender oder „kontrollierender" Stadtrat bezeichnet – ins Wiener Rathaus berufen. 35 Jahre alt, rundliches Gesicht, füllig-gewelltes, dunkles Haar, dicke Brillen – jene „Knackwurst mit Brille", als die er sich selbstironisierend als Generalsekretär der Bundes-ÖVP an der Seite des damaligen Bundesparteiobmannes Josef Taus einmal bezeichnet hatte.

Dieser EB also wagte sich hinein ins tiefrote Wiener Rathaus als von den Sozialisten hämisch umspöttelter „Stadtrat für nix". Nicht einmal ein Rederecht hatte er – das mußte erst zwei Jahre lang (Reform der Geschäftsordnung des Wiener Gemeinderates 1978) erkämpft werden. EB hielt seine erste Rede vor dem Gemeinderat erst 1978 zum damals aktuellen Thema „Wiener Grundstücksskandal". Bis dahin gehörte das Wirtschaftsbund- und ÖAAB-Mitglied EB dem Nationalrat an.

Dieser EB wagte sich aber auch hinein in die Wiener ÖVP – in jene Landespartei, in der seit jeher alles Reaktionäre als konservative Tugend verkauft wurde. In der Wiener ÖVP hatte der Arbeitnehmerflügel des ÖAAB immer die Mehrheit, aber der Wirtschaftsbund in einem weit über den Mandatsanteil hinausgehenden Ausmaß das Sagen. Die

Stimme der Jugend wurde damals zwar gehört, aber das Gehörte wurde nur belächelt.

Auch einer der Treppenwitze der schwarzen Wiener Parteigeschichte: Als die Jugendlichen in späteren Jahren mit EBs Hilfe endlich das Gehör bekamen, das ihnen zustand, versagte ihre Stimme.

Anfang September 1976 wurde EB von der Landesparteileitung zum geschäftsführenden Obmann der Wiener ÖVP bestellt, im Monat danach wurde er Landesparteiobmann.

EB ist – bombastische Worte sind hier durchaus angebracht – tatsächlich von den Trümmern der Reichsbrücke auferstanden. Ohne Brückeneinsturz gäbe es nicht das kommunalpolitische Phänomen EB. Ohne ihn gäbe es nicht jenes „neue Wien“, dessen liberal-urbane Politik dreizehn Jahre lang das Rathaus prägte, jene Politik, die auch von den Sozialisten Leopold Gratz, später Helmut Zilk, und all die Jahre der seit 1973 bis heute amtierende mächtige Finanzstadtrat Hans Mayr, übernommen, adaptiert und durchaus zum Wohle der Stadt und ihrer Bürger angewandt haben.

Es begann das kommunalpolitische Jahrzehnt des EB. Jenes Mannes, dessen Ideen wie ein Feuerwerk aufs Rathaus niederprasselten, dessen permanente Gags die Medien beschäftigten und dessen Ideologien zwar die späteren Grünparteien, nicht aber die meisten seiner Parteifreunde goutierten.

EB ist der Wegbereiter der österreichischen Grün-Bewegung, der Vorkämpfer des politischen Augenmaßes. Er war seiner Zeit um Jahre voraus und mußte in Worten, Taten und Werken wie ein Utopist wirken, um letztendlich von seiner eigenen Landespartei nicht verstanden zu werden. EBs Message wurde sehr zeitig von Teilen der steirischen und oberösterreichischen Landesorganisation verstanden – die schwarzen Schäfchen von Wien staunten, starrten, meckerten und intrigierten schließlich.

Ruinen der Partei

Anderthalb Jahrzehnte nach dem Ende der Reichsbrücke tauchte EB tief hinein in die Ruinen der Bundespartei. Ob es ihm gelingen kann, aus den Resten einer Partei ein tragfähiges Fundament für neue, zeitgemäße und humane Ideologien zu basteln, ob er also tatsächlich die „Bundes-ÖVP-neu“ aufbauen kann, wird die Zukunft weisen.

Denkbar, wenngleich wenig wahrscheinlich, ist es: In Zeiten, in denen Demagogen und Proponenten neuer, beängstigender und dramatischer Anti-Ausländerideologien sich des scharenweisen Zuspruchs erfreuen, in Zeiten, in denen der verbal-radikale Populismus Gestalt angenommen und diese Gestalt die Seelen der Bürger infiziert hat, haben es die Grundsatztreuen schwer. Humanisten mit liberal-konservativer Werteausrichtung sind heute nicht sehr gefragt – die „Ausländer-raus“-Parole wird leichter verstanden, als eine Aufforderung zum Öffnen der Haustür.

Andererseits: Die Trümmer der ÖVP liegen so weit verstreut, daß es schwer vorstellbar ist, daß diese Parteiruine noch weiter demontiert werden kann. Möglich ist zwar auch das – nicht unwahrscheinlich ist es aber, daß mit EB ein neuer Anfang möglich ist.

So, wie 1976, als der junge EB begann, die Trümmer der Wiener ÖVP aufzuklauben und neu zusammenzusetzen. Wie in den zwanziger Jahren den Konstrukteuren der Reichsbrücke ein verhängnisvoller Fehler unterlief, passierte auch dem kommunalen Frischling ein schweres Malheur: EB bastelte aus dem, was von der Wiener ÖVP noch übrig war, eine neue Stadt – ein neues Wien. Er bastelte aber keine neue Partei. Das freute die Funktionäre in jenem Maß, in dem sie sich über EBs neues Wien gifteten.

Einmal mehr entpuppt sich ein Schlagwort als richtig: Was gut ist für die Stadt, ist noch lange nicht gut für die Partei.

Und: Nicht jede Stadtpartei ist auch eine Partei für die Stadt.

Parteien neigen allemal noch dazu, sich zuerst mit sich selbst – und dann erst mit dem Bürger – zu befassen. Parteifunktionäre, die ihr dumpfes Leben lang alles falsch machen, nennen das praktische Lebens- und Politerfahrung. Funktionäre, die zahllose Stunden im Sektionslokal vertrödeln, haben das subjektive Bewußtsein, ihr Leben dem Bürger geopfert zu haben. In Wirklichkeit haben sie Zeit, wertvolle Zeit verschwendet: Durch Intrigen, durch die Wahl eines Schriftführers, eines Kassiers, eines Organisationsreferenten und durch eine von diesem organisierte Organisation, deren Wesen es ist, sich unentwegt mit sich selbst zu beschäftigen.

EB erkannte schon bald alle diese Schwachstellen seiner ÖVP – verständlich also, daß er sich mehr der Stadt und ihren Bürgern widmete.

Bunte Vögel

Er stieg 1976 – parallel zu seinem Nationalratsmandat und somit parallel zur Bundespolitik – ins kommunale Geschehen ein.

Seine erste erfolgreiche Kommunalwahl, bei der auch die ersten „bunten Vögel" – eine Trademark des eloquenten Politikers und gleichzeitig ein fundamentales Ärgernis für „den Apparat" – ins Rathaus einflatterten, schlug er 1978. EB präsentierte den bekannten „Kurier"-Journalisten („Watschenmann") Jörg Mauthe oder die kluge IBM-Mitarbeiterin Sigrun Schlick als „seine" Kandidaten und signalisierte damit der Partei, daß auch Quereinsteiger für höhere Kommunalfunktionen gut sind.

Das Nationalratsmandat überließ er einem Mann der Wirtschaft, dem Wirtschaftsbündler und Handelskämmerer Karl Dittrich.

Die Wahlen 1978 standen unter dem Eindruck der vom Nachrichtenmagazin „profil" aufgedeckten Wiener Grundstücksskandale, in die eine Reihe von Rathauspolitikern, -beamten und Freunden der SPÖ verwickelt waren.

EBs schwierige Aufgabe war es, einen ausgewogenen Mittelweg zwischen Opposition, Kooperation, Utopie und Parteiapparat zu gehen. Er mußte die mit absoluter Mehrheit alleinregierende SPÖ unter den Zugzwang einer starken Opposition setzen, gleichzeitig aber als Vertreter einer wirtschaftsorientierten Stadtpartei mit dem mächtigen SPÖ-Wirtschafts- und Finanzstadtrat Hans Mayr partiell zusammenarbeiten. Die ÖVP mußte in den diversen Betrieben der Wiener Gemeindeholding (die anfänglich WABVG hieß) durch Leute ihres Vertrauens ebenso vertreten sein, wie etwa im Wiener Stadtschulrat (Vizepräsident) oder in diversen anderen Kommunalgremien.

Es gehört zu den Eigenarten der Wiener Stadtverfassung, daß die Sozialisten nicht gezwungen werden können, „amtsführende" Stadträte an jene Parteien abzutreten, die nicht mit absoluter Mehrheit regieren. Die Stadtregierung – der Stadtsenat – ist zwar mit Vertretern der Parteien im Verhältnis zu ihrer Stärke besetzt, die nichtsozialistischen Stadträte üben aber nur die Kontrolle, nicht aber eine Ressortführung aus. Aus diesem Grund stellt seit 1973 (damals platzte die SPÖ-ÖVP-Koalition im Wiener Rathaus) ausschließlich die SPÖ „amtsführende" Stadträte – die Opposition (seit 1987 auch die FPÖ, seit 1991 zusätzlich die Grünen) verfügt zwar über Sitz und Stimme, bleibt aber durch die effektiven Verhältnisse immer zurückgedrängt auf die Rolle der Minderheit.

Bis heute. Es gibt aber inzwischen Initiativen von zuerst der FPÖ, seit Februar 1992 auch der ÖVP, die absolute Macht der SPÖ durch einen Entscheid des Verfassungsgerichtshofes zu brechen. Die Opposition fordert Mitverantwortung – die Rechte und Pflichten von Mitregierenden.

Es war EBs großes Verdienst in der Kommunalpolitik, elf Jahre lang in Opposition zu den Sozialisten zu stehen und ebenso lange in kommunalpolitischen Nischenbereichen in einer stillen Koalition mit den Sozialisten mitzuamtieren.

Vertreter einer beinharten Oppositionspolitik waren Klubobmann Günther Goller – ein Gemeinderat mit langjähriger Politpraxis, unglaublichem Detail- und Globalwissen und guten Geheimkontakten zum sozialistischen Gegner, und der spätere dritte Landtagspräsident Fritz Hahn, volkstümlicher ÖAAB-Mann mit Vorliebe für Budgetzahlen, Wohnbauprobleme und Fundamentales.

EBs Rathausteam zeichnete sich durch Opulenz aus: Es umfaßte Fundis und Realos ebenso wie Visionisten, Utopisten und „bunte Vögel". Frauen und Männer fürs Grobe ebenso wie Verhandler, Taktierer und Vertreter des „Apparats". Leopold Gratz, ein Mann der feinen englischen Art mit einer urwienerisch-klobigen SPÖ als Hausmacht, und der vife Finanzmann Hans Mayr stellten sich auf ihr Gegenüber – EB, Mauthe, Goller, Hahn etc. – adäquat ein. Brauchbare ÖVP-Ideen wurden alsbald von der SPÖ in die Realität umgesetzt, dem von EB ins Leben gerufene „Wiener Stadtfest" folgte flugs das „Donauinselfest" der SPÖ. Eröffnete die ÖVP irgendwo ein Sozialhilfezentrum, folgte prompt die SPÖ mit einem Sozialzentrum. Belebte Jörg Mauthe irgendein Altstadtgrätzel mit Straßenmärkten, Extremschrammeln oder durch Dichterlesungen, ließen sich die Sozialisten nicht lumpen und organisierten ähnliches.

Parteienwettstreit

Zu simpel wäre es jetzt, EB als Erfinder des urbanen Wien zu zeichnen. Hätten die Sozialisten nicht mitgezogen, Gedanken aufgegriffen und in die Tat umgesetzt – wer weiß, ob die Bundeshauptstadt nicht in der Entwicklung der siebziger Jahre steckengeblieben wäre. Hohe Kommunalpolitik kennzeichnet diese Jahre nicht zuletzt auch deshalb, weil sie vom Gedanken des Wettstreites – im durchaus positiven Sinn – getragen und vom Hauch modernster Stadtpolitik umweht waren.

1980 „passierte“ der AKH-Skandal, eine vom „profil“ aufgedeckte Affäre, die ganz Österreich erschütterte. Finanzminister Hannes Androsch mußte im Jänner 1981 den politischen Hut nehmen, der für das Milliarden-Spitalsdesaster mitverantwortliche Stadtrat Hans Mayr stand an der Kippe.

Die EB-ÖVP betrieb beinharte Oppositionspolitik und genau das war ganz nach dem Geschmack des Wiener Parteiapparates. EB erreichte bei seinen Funktionären damals eine Akzeptanz, wie sie niemals vorher und nachher festgestellt werden konnte. Hans Mayr aber schaffte Unmögliches: Er ging aus dieser Kommunal- und SPÖ-Parteikrise gestärkt hervor. Er strukturierte den AKH-Bau um und wurde alsbald wieder das, was er immer war: Der starke Mann des Rathauses.

Bei den Kommunalwahlen 1983 zog die EB-ÖVP mit vielen „bunten Vögeln“ – darunter der Verfassungsrechtler Manfried Welan und noch immer der Denker und Kulturphilosoph Jörg Mauthe – und stolzen 37 Mandaten in den Gemeinderat ein. Was folgte, waren fast fünf Jahre der Umstrukturierung der Stadt Wien: Die EB-Themen „Grün“, Verkehr, Umwelt, Abfallentsorgung, Stadtreparatur, Kultur und Stadtökologie wurden von den Sozialisten aufgegriffen, großteils in die Realität umgesetzt.

In Geheimverhandlungen, die später in der Wiener Konferenz der SPÖ allerdings zum Platzen gebracht wurden, kamen sich Sozialisten und Schwarze sogar so nahe, daß kurzzeitig mit einer Koalition geliebäugelt wurde. Der neu gegründete Stadterneuerungs- und Bodenbeschaffungsfonds wurde im Proporz mit einem glücklosen SPÖ- und mit einem noch glückloseren ÖVP- und EB-Mann besetzt. Was EB und Gratz, ab 1984 auch Helmut Zilk und den immer mächtiger agierenden Hans Mayr nicht daran hinderte, in aller Diskretion auch noch weitere politische Deals zu paktieren. Jörg Mauthe hatte die Idee einer Weltausstellung 1995 und begeisterte dafür Hans Mayr. Der wiederum machte Mauthe und EB die Donaustaustufe Wien-Freudenau schmackhaft. Die wiederum stieß damals auf energischen Widerstand der Jungen ÖVP – ein Faktum, das später schnell vergessen war: Bei der Volksbefragung über Expo und Staustufe sprach sich die JVP 1991 für das Staukraftwerk aus. Das Plebiszit über die Expo mit bekanntem Ergebnis fand fünf Jahre nach Mauthes Tod statt: Er wäre entsetzt darüber gewesen, hätte er die miserable Vorbereitung dieser Volksbefragung erleben können.

1987 schrumpfte die ÖVP auf 30 Mandate. Der Parteiapparat, der EBs liberale Politik immer mit Verachtung gestraft hatte, jubelte über die Bauchlandung ihres Parteiobmannes. Dies nicht ahnend, daß die Zeit der Großparteien vorbei und der Trend zur Führerpartei FPÖ bereits gekommen war.

EB wurde nach verlorener Wahl – Helmut Zilk schaffte aus geheimnisvollen und wahlarithmetischen Gründen ein zusätzliches Mandat – unter Kuratel des Wirtschaftsbündlers Dittrich gestellt. Dessen Parteireformkommission tagte zwar nie, um so intensiver wurden aber die Intrigen gegen EB gepflegt.

Im Dezember 1987 verlor EB den Posten eines Vizebürgermeisters, er wurde „einfaches“ Mitglied des Wiener Stadtsenates. Das blieb er bis zum April 1989 – dann wurde er Mitglied der Bundesregierung und als solches zuständig für Wissenschaft und Forschung.

Demontage

1989 formierte sich eine Fundamentalistengruppe innerhalb der ÖVP gegen EB. Unter Leitung von Handelskammerpräsident Karl Dittrich und der ÖAAB-Leute Marga Hubinek und Walter Schwimmer, mit freundlicher Unterstützung der ÖVP-Niederösterreich und der Bundespartei, wurde EB als Parteiobmann der Wiener ÖVP demontiert. Die Hälfte des Parteiapparates unterstützte diese Revolution.

Im Oktober 1989, während des legendären Landesparteitages der Wiener ÖVP in der Kurhalle von Oberlaa, wurde EB mit hauchdünner einfacher Mehrheit abgewählt. Seine Stelle als Parteiobmann nahm der Lehrer und ÖAAB-Mann Wolfgang Petrik ein, der die Partei, mit dem merkwürdigen Christian Zeitz als Landesparteisekretär an seiner Seite, innerhalb eines Jahres in Grund und Boden wirtschaftete.

Im Jänner 1991 wurde der Rechtsanwalt und in kommunalen Belangen unerfahrene Heinrich Wille zum Wiener Landesparteiobmann gewählt. Seine Gegenkandidaten – Josef Arthold, Sigrun Schlick – blieben chancenlos.

Heinrich Wille, von EB gefördert, blieb Zeit seines rathäuslichen Wirkens farblos, im Gegensatz zu EB ohne jedes Charisma, ohne Ideen und ohne Denkanstöße. Weder die SPÖ noch die Wähler nahmen ihn ernst: Bei dem kommunalen Urnengang vom November 1991 verlor die Wiener ÖVP zwölf Mandate (die sie an Freiheitliche und die erstmals ins Rathaus einziehenden Grünen abgab).

Heinrich Willes einziges politisches Verdienst ist die Wiedervereinigung der Wiener ÖVP. Die Spaltung, die unter EB begonnen hatte und unter Petrik fortgesetzt wurde, wurde durch Wille gestoppt.

Die Wiener ÖVP, inzwischen zur Unscheinbarkeit verkümmert, wurde unter der Obmannschaft des unscheinbaren Kommunalpolitikers in ihrem Schmerz über die Totalniederlage vereint.

Im Sommer 1991 wurde EB zum Bundesparteiobmann der ÖVP gewählt.

Er war der beste Parteiobmann, den Wien hatte. Seiner Zeit um Jahre voraus, wurde er von der eigenen Partei verkannt und weit unter seinem Wert geschlagen und vertrieben. „Er fehlt mir“, sagte Helmut Zilk einmal, noch unter dem Eindruck eines fehlgelaufenen Gesprächs mit Wille stehend.

EB hat Intellekt, wie kaum ein anderer Politiker. Er hat Ideen und Visionen, die er auch als Oppositionspolitiker in Wien umsetzen konnte. Er hatte beeindruckendes Charisma, das er aber nur in Wien voll ausspielen konnte. Er verfügt über den „Overlook“, der ihn zu Spitzenpositionen befähigt, und er versteht das Spiel der feinen, intellektuellen Intrige, ohne das Spitzenpositionen nicht gehalten werden können. Das Niveau seines Geistes und seines Wissens steht in krassem Widerspruch zur Trägheit des Apparates.

Und genau das war sein Fehler: EB wurde von den Funktionären nicht verstanden, weil ihm die Geduld fehlte, verstanden werden zu wollen. Die Hälfte der Funktionäre lehnte ihn ab – die andere Hälfte bewunderte ihn.

Nach den gruppendynamischen Gesetzen sind diese Paritäten zwischen Zuspruch und Ablehnung zu schwach, um darauf ein festes Fundament einer für immer erfolgreichen Partei errichten zu können.

1991 feierte EB im Wiener Vorstadtetablissement „Metropol“, einer von ihm eingerichteten Kulturinstitution, seinen 50. Geburtstag. Die intellektuelle Upper Class Österreichs und namhafte Denker und Politiker des Auslands feierten mit. Der Gefeierte war zu Tränen gerührt.

Als EB Jahre zuvor ein Sektionslokal im 23. Wiener Bezirk

besuchte – einmal und nie wieder – und dort von den Funktionären mit Vorwürfen überschüttet wurde, standen ihm auch Tränen in den Augen.

Instinktiv ahnte er, daß seine Tage als Landesparteiobmann gezählt sind.

Engheit des Geistes hatte EB seit jeher bedrückt; Dummheit läßt ihn verzweifeln; und vor dummen Parteifunktionären flüchtet er.

Stadtutopie

Wie war er? Wie dachte er? Was fühlte er?

An seinen Worten kann man ihn erkennen. EB predigte 1979 „Eine andere Art von Politik" und ließ in einem groß-angelegten „Mitarbeiterkongreß" über Themen diskutieren, deren Abfolge das Fundament für sein Parteiprogramm bildete: Umwelt, Verkehr, Architektur, Stadtutopie, Energie, Gesundheit, Kinder, Schule, aktive Bürger, Feste – Volkskultur – Grätzel, Jugend, Gastarbeiter, Eigentum, Familie, Senioren, Subsidiarität, Sicherheit, Bürokratie, Glaubwürdigkeit und Opposition.

Diese Palette ist ein typischer EB-Mix, umfaßt sie doch alle jene Gedanken und Ideen, die ihn bewegten. Besonders signifikant: „Stadtutopie" – ein Wort, daß weder vorher noch nachher in den Reden von Politikern anderer Parteien vorkam; „aktive Bürger" – eine Vision, von der EB träumte, bei der aber die eigene Partei nicht mitzog (die wohl mehr auf „aktive Funktionäre" setzte); „Feste" – sie wurden, wo und wann immer es möglich war, gefeiert, die „Grätzel"-Kultur wurde bewußt zelebriert; „Subsidiarität" – der Wille zur Selbsthilfe; und „Bürokratie" – EBs Schlagwort dazu hieß: zurückdrängen, zurückdrängen und zurückdrängen.

Und zum besonders heiklen Thema „Gastarbeiter" wagte sich die Wiener ÖVP schon 1979 besonders weit vor: Ihnen sollte „das Leben in Österreich angenehmer gemacht werden", gemeinsame Feste, Politiker besuchen Gastarbeiter, gemeinsamer Beiselbesuch, Austausch von kulinarischen Spezialitäten („Von Frau zu Frau"); länger hier lebende Gastarbeiter als Dolmetsch bei Bezirksbehörden, fremdsprachige Artikel in den Bezirkszeitungen. „Wie wär's mit einem freundlichen Lächeln zum Gastarbeiter als Anfang?"

EBs „bürgerliches Credo" läßt sich am besten an signifikanten EB-Zitaten demonstrieren (1979):

„Wir haben die Herrschaft der Stadtzerstörer satt."

„Wir träumen von einer Welt, in der die Menschen wichtiger sind als Autobahnen, Maschinen und Beton."

„Wir mißtrauen den Technokraten."

„Wir glauben nicht mehr daran, daß sich das Leben vom Schreibtisch aus planen läßt."

„Aber wir glauben an den gesunden Menschenverstand und die Kraft unserer Bürger, die Stadt zu gestalten."

„Wir machen Schluß mit der Parteipolitik."

„Wir machen Volkspolitik."

Das war EB in seiner besten Zeit. Total am „Small-is-beautiful"-Trip, verbal aggressiv gegen Betonierer und Stadtzerstörer, die Bürger aufbauend. Äußerst geschickt damals auch die praktische Umsetzung vieler Ideen. EB aktivierte das Hernalser Vorstadtlokal „Metropol" zum (bald überlaufenen) Ort der kulturellen Begegnung, an der ökologische und urbane Ideen in subcutanen Dosen über alternative Kultur unters Volk gebracht wurde. Die Wiener ÖVP schien bei Veranstaltungen nie als Organisator auf – EB hatte dazu den parteidistanten Verein „Pro Wien" ins Leben gerufen. Und das einmal im Jahr stattfindende „Stadtfest" – eine EB-Erfindung von bleibendem Wert – war von allem Anfang an ein Hit, der Hunderttausende in die Wiener Innenstadt trieb.

EB betrieb „Stadt- und Grätzelpolitik", indem er Bezirksteile durch kulturelle und kommunikative Action belebte. Sein Motto – „Raus aus den miefigen Sektionslokalen" –

...sagten die grauen Mäuse

„Rein in die Beiseln" – wurde vor allem von den altgestandenen Parteifunktionären mißverstanden, war doch für sie die Sektion ihre Burg.

Die Jugend lief in Scharen zu EB über.

Der „Apparat" dagegen machte weiter Bestemm. Als beispielsweise 1984, als die „Tempo-30"-Beschränkung in Wohnzonen keineswegs noch selbstverständlich war, ein „bunter Vogel" in Abstimmung mit den Bewohnern eines größeren Grätzels im 23. Bezirk der Bezirkspartei eine solche verkehrsberuhigte Zone vorschlug, erlebte er seine Wunder. Weil in einer dieser Gassen auch ein Reifentandler sein Geschäft betrieb und die Bezirks-ÖVP meinte, der Reifenhandel könnte unter der Tempobeschränkung leiden, verhinderte sie die Realisierung dieser Idee. Mehrere Hundert Bürger waren dafür, die ÖVP war dagegen.

Der Plan wurde ein paar Monate danach von der Bezirks-

SPÖ verwirklicht und von den Genossen lautstark als ihr Erfolg verkauft. Der Reifenhändler war auch begeistert: Er habe sich immer gewundert, erzählte er später, warum dieser Vorschlag nicht von der ÖVP gekommen sei.

Waterloo

„Wien – ein bürgerliches Credo“ – dieses Buch, erschienen beim damals noch existierenden Molden-Verlag, schrieb EB 1978. Es war dies ein Bekenntnis zur Stadt, eine Liebeserklärung an Wien und das beste Programm, das je von einer Partei verfaßt wurde.

Die Partei hieß EB – und so opportun es damals war, die gesamte Politik auf eine einzige Person abzustellen, so zweifelhaft scheint dies im Rückblick. Im Zeitalter der Kommunikation und der überschnellen elektronischen Medien ist es für die Wähler zwar immer gut, wenn sie sich auch auf eine charismatische Hauptfigur, auf einen Bezugspunkt, konzentrieren können – EB hätte sich aber in den späteren Jahren seines Wiener Wirkens viel Ärger und viel Demütigung erspart, hätte er seine parteiinternen Kritiker und Feinde – Marga Hubinek, Walter Schwimmer, Karl Dittrich, den JVP-Mann Andreas Salcher und andere – von allem Anfang an intensiver in den Prozeß der Darstellung miteingebunden.

Psychologisch fühlten sich diese Personen von EB an den Rand gedrängt und das rächte sich später.

Woran scheiterte EB?

Sein Waterloo war wohl, und darüber gibt es keinen Zweifel, die eigene Partei. EB reformierte die Politik, aber nicht seine eigene Partei. Die mußte mit all ihren veralteten Bündestrukturen EBs progressive Politik mittragen, ohne den Sinn dieser Ideen zu verstehen. Der EB-Sager „Wir machen Schluß mit der Parteipolitik“ konnte von keinem Funktionär verstanden und goutiert werden, wenn ihm der

Trend der neuen Zeiten nicht ausreichend erklärt wird. In den Jahren zwischen 1978 und 1983 stand EB unangefochten als erster Mann an der Spitze einer Bewegung (und weniger einer Partei) und seine Akzeptanz war total. In dieser Zeit hätte er den Mut haben müssen, das destruktive Machtgehabe von Vertretern des ÖAAB und des Wirtschaftsbundes radikal abzustellen. Ihm fehlte zu einem Zeitpunkt, als er uneingeschränkte Macht hatte, die Härte, den Einfluß der Bünde apodiktisch zu untersagen. EB hätte die reaktionären Kräfte innerhalb der Landespartei und der Bezirke ausschalten müssen. Die Partei hätte einer Umstrukturierung von einer Funktionärsversammlung zur Serviceorganisation für den Bürger bedurft.

Zäsuren dieser Art erfordern eine gewisse Härte und Brutalität. EB ist weder hart, noch brutal. Der Apparat funktionierte auch so lange sehr gut, so lange EB der Star von Wien war. Der Liebling der Wähler. Aber kaum traten die begnadeten Populisten Helmut Zilk, Jörg Haider, beide von der „Kronen-Zeitung" gepusht – auf den Plan, blies EB ein scharfer Wind entgegen. Das blieb dem Apparat nicht verborgen und schon begannen jene Personen zu intrigieren, denen gegenüber EB jahrelang mit Behutsamkeit und Geduld entgegengetreten war.

Parteireform – das heißt neue Organisation, Zerschlagung überalterter Strukturen, neue Köpfe, neue Ideen.

An dieser Reform scheiterte EB. Die Wiener ÖVP ist heute noch genauso strukturiert und besetzt wie vor 20 Jahren. Der einzige Unterschied: Heute gibt es keinen Kommunalpolitiker EB mehr, so daß die Landespartei – die Wahlergebnisse beweisen es – bis hin zur Unscheinbarkeit verkümmert ist. Und heute gibt es niemanden mehr, der die Kraft aufbrächte, einen in Agonie dahindämmernden Apparat zu reformieren.

An der Parteireform ist EB jedenfalls gescheitert.

Ungleich erfolgreicher war EB als Kommunal-, richtiger:

als Stadtpolitiker. In dieser Eigenschaft setzte er Maßstäbe, die danach sogar eine neue ideologische Ära („Zeitgeist") und die breite Grün-Bewegung auslösten. Ohne EB gäbe es wahrscheinlich Magazine wie „Wiener" oder „Basta" nicht und die Wiener Beiselkultur – vom „Bermuda-Dreieck" bis hin zum alteingesessenen Wirten ums Eck – läge darnieder.

EBs politische Erfolge können im Detail gar nicht gewürdigt werden, dazu fehlt es hier an Platzangebot; sie lassen bestenfalls eine schlagwortartige Katalogisierung zu:

Er machte die Stadt zum Thema

„Stadt" – dieser Begriff war vor EB negativ besetzt. Wer immer es sich leisten konnte, flüchtete aus der Stadt, hinaus aufs Land. Das Kriterium „Stadt" umfaßte Begriffe wie Lärm, Gestank, Hektik, Skandale und Bürokratie. „Diese Stadt ist krank" (ÖVP-Wahlslogan 1973). Die Stadt ist gesund, liebenswert, lebenswert: Das war die EB-Message. Er „belebte" die Stadt.

Stadtökologie

EB thematisierte als erster die Kapitel „Grün", Verkehr, Schadstoffe und Müll. Alle diese sperrigen und nur selten wählerwirksamen Kapitel transferierte die EB-Fraktion im Rathaus tief hinein in die Politik. Die Sozialisten waren gezwungen, sich dieser Themen anzunehmen und sie, mehr oder weniger effizient, politisch zu behandeln. EB wurde die treibende Kraft im Rathaus und die SPÖ, das muß betont werden, griff die Probleme schwerpunktartig auf.

EB leistete sich sogar den Luxus, einen gemeinderätlichen Experten für das „Fahrrad" (den Abgeordneten Robert Kauer) zu aktivieren. Auch dieses Thema griffen die Sozialisten auf: Wien ist heute durchzogen mit einem dichten Netz an Radwegen.

Stadterneuerung

EB und Jörg Mauthe waren die ersten, die die Altstadtsanierung – Mauthe prägte das Wort von der „Stadtreparatur“ – zum Credo ihrer Wohnbaupolitik machten. Stadterneuerung statt Stadterweiterung: Auch dabei zogen die Sozialisten mit. Der Stadterneuerungs- und Bodenbeschaffungsfonds ist eine quasikoalitionäre Erfindung von rot und schwarz.

Bedauerlicherweise ist dieses zentralistische Fondsmodell von allem Anfang an ins Posten-, Partei- und Bürokratiegerede gekommen – Umstände, an denen EB nicht ohne Schuld ist. Er, der immer gegen den Zentralismus wetterte und gegen parteipolitische Postenbesetzungen auftrat, wirkte hier an einem zentralistischen Modell und an proporzmäßiger Postenschacherei mit.

Schade: Die „Stadtreparatur“ hätte intelligentere Lösungen verdient. Die Stadterneuerung gibt es zwar heute noch, aber der Fonds mußte schon mehrere Male umstrukturiert werden.

EB gelang es nie, steuerliche Modelle vorzuschlagen, die eine Mobilisierung privaten Großkapitals bewirkt hätten. Bis heute ist die Stadterneuerung mit dem hoheitlichen Förderungswesen verquickt – ein Unzustand, der in absehbarer Zeit zum Zusammenbruch des Wohnungsbaues führen wird.

Was, mit Einschränkungen, nichts an der EB-Leistung schmälert, das Thema überhaupt erkannt, sensibilisiert und in den Gemeinderat gebracht zu haben.

Internationalisierung

Es war das erste Mal in der Geschichte der Stadt, daß ein Politiker „die Stadt“ zum internationalen Thema machte. EB bereiste, nicht zuletzt auch die Länder des damaligen Ostblocks, die ganze Welt, um für Wien zu werben. Letztlich war auch der Gedanke, in Wien eine Weltausstellung zu veranstalten, Ausfluß dieser im Zeitgeist liegenden Internationalisierung. EB besuchte die Dissidenten von Polen und der ČSSR schon zu einem Zeitpunkt, als noch die Geheimdienste dieser Diktaturen solche Aktivitäten mißtrauisch observierten. EB und Mauthe glaubten an die Mitteleuropa-Idee der offenen Grenzen; Mauthe erlebte es nicht mehr, daß der Eiserne Vorhang fiel. Für EB mag es eine große Genugtuung bedeutet haben, daß seine Freunde im Untergrund – sei es in Polen, der ČSSR (heute: ČSFR), oder in Ungarn, in Kroatien oder Slowenien – später die maßgeblichen Proponenten neuer Demokratien wurden.

Und was blieb von diesem EB-Erbe?

Wien als Stadt ist, da besteht kein Zweifel, belebt und pulsierend. Von der ÖVP wird dieser Zustand aber nicht mehr gepflegt und das Thema nicht mehr weiterverfolgt.

Des Themas Stadtökologie haben sich die Sozialisten und Grünen bemächtigt. Milliarden wurden und werden investiert – dem Bürger ist es egal, ob Ideen von Sozialisten oder sonst wem realisiert werden. Die Hauptsache ist, es geschieht etwas.

Das Thema Stadterneuerung wurde von der ÖVP nicht mehr weitergepflegt und von den Sozialisten nur mühsam weiterbetrieben. Die Sozialisten schwärmen heute von Hochhäusern und neuen Stadterweiterungsgebieten an den Rändern der Stadt.

Und was die Internationalisierung betrifft, ist das Ergebnis der Volksbefragung über die Expo wohl der beste Beweis dafür, daß Wien nicht ernsthaft internationalisiert werden will. Signifikant ist, daß für das Scheitern der Weltausstellung bis heute kein Politiker die Verantwortung übernehmen wollte.

Und die ÖVP-Wien als Wirtschaftspartei?

Ein trauriges Kapitel: Die Wirtschaft in Wien ist besetzt mit dem Rathaus-Sozialisten Hans Mayr. Ihm ist die ÖVP als wirtschaftspolitischer Gesprächspartner abhanden gekommen, also ist er die Wiener Wirtschaft.

Die Wiener ÖVP täte gut daran, sich der Ära von EB zu besinnen – jenes Mannes, der so viel für Wien getan hat.

Johannes Ditz

Der Unternehmerische [redacted]

Neue Perspektiven der Wirtschafts- und Finanzpolitik

Geänderte Rahmenbedingungen wirtschaftspolitischen Handelns

Wir leben heute unbestreitbar in einer Zeit bedeutender technologischer, gesellschaftlicher und damit auch ökonomischer Veränderungen. Es scheint durchaus gerechtfertigt, diese Veränderungen der Gegenwart den großen technisch-politischen Umbrüchen früherer Jahrhunderte an die Seite zu stellen.

Natürlich denkt man bei dem Begriff *Umbruch* heute fast unwillkürlich an die völlig veränderte weltpolitische Lage, an den Zusammenbruch des *realen Sozialismus,* die Auflösung der Sowjetunion und ihres Militärbündnisses. Dies ist aber sicher nicht der einzige und aus ökonomischer Sicht, aus der die Konsequenzen der Öffnung Osteuropas noch keineswegs abschließend beurteilt werden können, wohl nicht einmal der wichtigste Grund, der uns große und tiefgreifende Veränderungen erkennen läßt.

Von nachhaltigerer Bedeutung dürften neben neuen weltwirtschaftlichen Rahmenbedingungen vor allem die zahlreichen technologischen Veränderungen im weitesten Sinn sein, mit denen wir uns, so wie in der jüngsten Vergangenheit, wohl auch in der absehbaren Zukunft konfrontiert sehen werden. Man denke in diesem Zusammenhang an die sicher zu Recht oft als *Revolution* bezeichnete Durchdringung aller unserer Lebensbereiche mit den vielfältigen Anwendungsformen der Elektronik. Sie leerte und leert als *Computer Integrated Manufacturing* vormals volle Fabrikshallen, macht durch Generationen tradierte Berufe obsolet oder verändert sie doch nachhaltig, während sie umgekehrt völlig neue und bisher unbekannte Aufgaben- und Arbeitsgebiete schafft. Als Haushaltselektronik hielt sie Einzug in die Privatsphäre der Menschen und veränderte deren Freizeitgewohnheiten erheblich. Als Datenübertragung und -verarbeitung hat sie die Telekommunikation revolutioniert und den Informationsaustausch und die Möglichkeiten der Informationsverarbeitung in einem Ausmaß gesteigert, bei dem zunehmend die Auffassungsgabe des Benutzers zum restringierenden Faktor wird.

Selbst konservative Schätzungen gehen davon aus, daß gut 60% aller Arbeitnehmer bereits mittelfristig in ihrer Tätigkeit erheblich von dieser Entwicklung betroffen sein werden. Wir können annehmen, daß dieser Prozentsatz im Freizeitbereich sogar noch höher liegt.

Auch die wirtschaftlichen und industriellen Organisationsstrukturen mußten und müssen sich diesem geänderten Lebensrhythmus anpassen. Der *Produktzyklus,* also die Phase zwischen der Neuentwicklung und der technischen Überalterung von Produkten und Produktionsprozessen hat sich merklich verkürzt. In immer rascherer Folge müssen neue Produkt- und Produktionsideen entwickelt und umgesetzt werden, um den Anforderungen der Märkte gerecht zu werden. Bloße Nachahmerstrategien, mit denen man vor zwei, drei Jahrzehnten noch sehr erfolgreich sein konnte, lassen sich unter diesen neuen Konstellationen nur noch schwer durchhalten. Auf der anderen Seite erfordern Probleme im Umwelt- und Entsorgungsbereich grundlegend neue Produkt- und Produktionsideen.

Als Konsequenz beider Entwicklungslinien steigt der

Aufwand für *Forschung & Entwicklung* allgemein und jener für Produkt- und Prozessionsinnovation im besonderen entsprechend rapide. Vielfach können diese Kosten selbst von Großunternehmungen alleine nicht mehr getragen werden. Auch sie müssen zunehmend Forschungskooperationen eingehen, auch sie sind verstärkt auf Unterstützung durch öffentliche, vielfach supranationale Forschungsprogramme angewiesen.

Die weltwirtschaftliche Arbeitsteilung hat in den letzten Jahren und Jahrzehnten ein Niveau und eine Dynamik erreicht, die vordem unvorstellbar gewesen wäre. Längst beschränkt sich der internationale Handel nicht mehr auf den Austausch von Rohstoffen oder von wechselseitig als besonders exotisch empfundenen Waren. Heute existieren auch für die meisten industriell-standardisierten Fertigwaren längst echte Weltmärkte, gehen die internationalen Wirtschaftsbeziehungen bereits weit über den bloßen Warenaustausch hinaus. Selbst Produktionsverlagerungen zur Ausnutzung von Kosten- und anderen Standortvorteilen über Kontinente hinweg sind ganz selbstverständlich geworden.

Wenn heute bereits 40% aller in Österreich verdienter Einkommen aus der Produktion von Waren und Dienstleistungen resultieren, die in anderen Teilen der Welt konsumiert werden und wenn umgekehrt ein ebensolcher Prozentsatz aller in Österreich konsumierter Waren und Dienstleistungen im Ausland erstellt wurde, so mag dies hinlänglich dokumentieren, welches Ausmaß die internationale Arbeitsteilung bereits erreicht hat und wie unverzichtbar sie für die Erhaltung unseres Wohlstandes geworden ist.

Die Wirtschaftspolitik muß aber neben diesem Faktum auch zur Kenntnis nehmen, daß im Gleichklang mit unserem Wohlstandsanstieg auch die Sorge um den Erhalt einer lebenswerten Umwelt gestiegen ist und mit Recht die Umsetzung eines konsequenten qualitativ orientierten Wachstumskonzeptes gefordert wird.

Sicher beherrscht gerade bei dieser Diskussion oftmals bloßer Aktionismus anstatt seriöser und gründlicher Diagnose und Therapie die Szene. Sicher hält bei vielen der gestellte Anspruch nicht mit ihrer Bereitschaft zur Selbstbeschränkung Schritt, werden grundsätzlich nur „schmerz"- und kostenlose Maßnahmen akzeptiert. Es kann umgekehrt jedoch nicht bestritten werden, daß in vielen Bereichen auch eine seriöse Analyse einen echten Handlungsbedarf aufzeigt und daß die Ängste und Sorgen der Menschen in jedem Fall ernst zu nehmen sind.

Österreich und Europa

Was folgt aus den eben beschriebenen Entwicklungen nun für die österreichische Wirtschaftspolitik? Die sicher wichtigste Forderung, die sich daraus ableiten läßt, ist die nach einem entscheidenden Bemühen der österreichischen Wirtschaftspolitik um eine volle Teilnahme am europäischen Binnenmarkt.

Es wurde schon festgestellt, daß die internationale Arbeitsteilung gleichsam eine *conditio sine qua non* unseres Wohlstandes geworden ist. Wir können es uns ohne erhebliche Gefahren für unsere Zukunftschancen nicht leisten, von Integrationsschritten ausgeschlossen zu bleiben.

Wir können in jüngster Zeit in allen großen Welthandelsregionen eine Tendenz zur Bildung von Handelsblöcken erkennen. Neben der Europäischen Gemeinschaft ist dies einerseits die Nordamerikanische Freihandelszone (USA, Kanada, Mexiko) und zum anderen der riesige Handelsraum des Fernen Ostens mit seinen großen und kleinen Tigern (Japan, Taiwan, Korea, Hongkong etc.).

Zwischen diesen großen Blöcken müssen wir eine Zunahme der handelspolitischen Konflikte beobachten, die in verstärkten protektionistischen Tendenzen, in *freiwilligen Selbstbeschränkungen* oder Quotenregelungen ihren Ausdruck finden. Für kleine, nicht integrierte Staaten birgt diese Entwicklung immense Gefahren. Ihnen droht, zwischen allen Stühlen sitzenzubleiben, da sie zu unbedeutend sind, als daß die großen Wirtschaftsmächte politische und ökonomische Rücksichten nehmen müßten.

Es wäre für ein kleines, weltwirtschaftlich und insbesonders mit der Europäischen Gemeinschaft so stark verflochtenes Land wie Österreich äußerst gefährlich, solchen Diskriminierungen ausgesetzt zu sein.

Daß man diese Gefahren des Ausgeschlossenwerdens jedenfalls nicht unterschätzen darf, zeigen die Erfahrungen Österreichs anläßlich der ersten europäischen Integrationsphase. Damals, Mitte der fünfziger Jahre, hat die Nichtteilnahme an dieser Integrationsphase eine nachhaltige Schwächung der Wirtschaftsdynamik bewirkt und in der Folge zur Strukturkrise der späten sechziger Jahre geführt.

Wuchs das BIP (real) in den Jahren vor 1957 (EG-Verträge) um durchschnittlich 8% p. a., so sank dieses Wachstum in den fünf Folgejahren auf nur 4,5%. Mehr noch: Lag das Wachstum vor 1957 rund doppelt so hoch wie jenes der OECD, so lage es in den Folgejahren fast nur noch im Schnitt aller übrigen OECD-Staaten. Der Wachstumsvorsprung war also fast vollständig verlorengegangen. Der Grund für diesen Einbruch lag in massiven Problemen der österreichischen Exportwirtschaft. Wuchsen die Exporte real im Fünfjahresvergleich vor 1957 um 17% p. a., so wurde diese Dynamik bis 1966 auf nur rund 4,5% gebremst. Der Anteil Österreichs am EG-Markt sank von rund 1,8% Mitte der 50er Jahre auf nur 1,2% Ende der 60er Jahre. Erst mit der Schaffung der Freihandelszone zwischen EG und EFTA ist Österreich wieder die Rückkehr auf die wirtschaftliche Überholspur gelungen.

Es scheint somit nicht übertrieben, wenn man vom EG-

Beitritt Österreichs als der *zentralen* wirtschaftspolitischen *Herausforderung* der nächsten Jahre spricht.

Höhere Bildung – bessere Qualifikation

In einem verschärften internationalen Wettbewerb und einer noch intensiveren internationalen Arbeitsteilung hat Österreich vor allem in jenen Produktionszweigen Chancen, in denen hohe Qualifikation, hohes Innovationspotential und Flexibilität aufzubringen sind. Dies stellt nicht nur verstärkte Anforderungen an die Innovationspolitik im engeren Sinn, sondern auch an die Bildungs- und Qualifizierungspolitik.

Die wirtschaftliche Wettbewerbsfähigkeit, das Beschäftigungsniveau und der Lebensstandard können nur dann erhalten und weiterentwickelt werden, wenn der berufliche Ausbildungsstandard eines zukunftsorientierten Bildungssystems laufend verbessert wird. Das Bildungssystem wird zu einem der entscheidenden Erfolgsfaktoren und zentralen Anliegen der Wirtschaftspolitik der 90er Jahre.

„Unsere Bildungsinhalte sind primär auf die Vergangenheit ausgerichtet; sie werden bestenfalls periodisch auf den gegenwärtigen Stand adaptiert, bringen aber wenig Erklärungen für die Bewältigung von Problemen ... Der Zwang zur geistigen und fachlichen Mobilität der Menschen stellt unserem Bildungssystem die Aufgabe, sich stärker an der Zukunft zu orientieren.“[1]

Die Modernisierung und Anpassung unseres Bildungswesens an geänderte wirtschaftliche und gesellschaftliche Entwicklungen muß auch bei den heute anstehenden Bildungsreformen im Vordergrund stehen. Aus der Fülle dringend gebotener Reformschritte seien nur herausgegriffen:

---

1 *Busek E., Festa Chr., Görner I.:* Auf dem Weg zur Qualitativen Marktwirtschaft: Versuch einer Neuorientierung; Wien 1975. S. 128.

Facharbeit und handwerkliche Tätigkeit müssen in der Gesellschaft wieder einen höheren Stellenwert erhalten. Um die Attraktivität des Bildungsweges *Lehre* zu erhöhen, ist darauf zu achten, daß dem Lehrling bereits während seiner Ausbildung nach *oben offene Bildungsmöglichkeiten* in Richtung Matura angeboten werden. Unser Bildungssystem muß insgesamt wesentlich durchlässiger werden.

Maturanten müssen neue mittlere Bildungswege als Alternative zur Hochschulausbildung eröffnet werden. Kollegs können dabei als Zwischenstufe zwischen Matura und Universitätsstudienabschluß in Analogie zu den deutschen Fachhochschulen eine stärkere fachpraktische Orientierung ermöglichen, wobei vor allem technische Fachbereiche im Vordergrund stehen sollten. Gleichzeitig ist darauf zu achten, daß auch in diesem Bereich die Flexibilität der Bildungswege und der Wechsel auf Hochschulen und Universitäten gewahrt bleibt.

Dadurch sollte es gelingen, die Universitäten von *„Scheininskribenten"* zu entlasten und sie wieder stärker ihrer eigentlichen Aufgabe im Bereich der wissenschaftlichen Forschung und der Lehre des wissenschaftlichen Nachwuchses zuzuführen. Durch die von EB angestrebte Stärkung der universitären Autonomie und Selbstverwaltung sollte es gelingen, Forschungskooperationen zwischen Wirtschaft und Wissenschaft zu erleichtern und Effizienz, Leistungsniveau und Modernität des österreichischen Hochschulsystems auch künftig zu sichern.

Rationale Planung der Umweltpolitik

In der modernen Industriegesellschaft findet gerade eine grundlegende Erweiterung der gesellschaftlichen und wirtschaftspolitischen Zielsetzungen statt. Neben die traditionellen Ziele *Wachstum, Vollbeschäftigung, Stabilität* und

Zahlungsbilanzausgleich tritt das Gebot der Erhaltung und Wiederherstellung einer gesunden *Umwelt.* Diese Forderung ist zu einem zentralen Anliegen immer größerer Gruppen aller Parteien geworden. EB kommt auch in diesem Bereich das Verdienst zu, als einer der ersten die Entwicklungen klar erkannt und artikuliert zu haben.

Auch in der wirtschaftspolitischen Diskussion wird heute nicht mehr gefragt, ob und warum Umweltpolitik nötig ist, sondern wie vernünftige Ziele mit vertretbaren Mitteln und soweit als möglich im internationalen Gleichschritt erreicht werden können.

Die Sanierung von existierenden Umweltschäden und die Vermeidung neuer Umweltprobleme sind ohne eine innovative Wirtschaft nicht denkbar und möglich. Die Erfahrungen im Osten zeigen deutlich, daß marktwirtschaftliche Systeme am besten in der Lage sind, die umweltpolitischen Herausforderungen zu bewältigen.

Verfehlte Ansätze zur Lenkung und Planung der Wirtschaftsabläufe sollten nicht im Rahmen der Umweltpolitik wieder belebt werden. In der Marktwirtschaft ist und bleibt es die ureigenste Aufgabe des Unternehmens, mit Ressourcen haushaltend umzugehen. Behördliche Eingriffsbefugnisse, etwa zur Kontrolle des Energieeinsatzes oder zur Verringerung des betrieblichen Abfallaufkommens, sind keine Erfolgsrezepte für ökologisches Wirtschaften. Dauerhafte Erfolge sind nur über entsprechende Marktsignale (Kosten-, Preisverschiebungen) und die Internalisierung externer Kosten gesamtwirtschaftlich effizient zu erreichen.

Innovative Umweltpolitik muß daher noch stärker als bisher von kurzfristigen, auf tagespolitischen Ereignissen fußenden Entscheidungskriterien auf eine langfristige und in sich schlüssige Basis gehoben werden. Gefragt sind in diesem Zusammenhang nicht apokalyptische Zukunftsprognosen, sondern echte Problemlösungen, die nur in konstruktivem Zusammenwirken von Wirtschaft und Gesellschaft gefunden werden können und die die ÖVP mit dem Ordnungsmodell der Ökosozialen Marktwirtschaft umsetzen möchte. Dabei müssen die Fortschritte im ökologischen Bereich meß- und nachvollziehbar gemacht werden und die Anforderungen an das Wirtschaftssystem gleichzeitig kalkulierbar bleiben.

Liberalisierung und Privatisierung

Wenn EB davon spricht, daß „die Erhaltung eines möglichst großen individuellen Freiheitsspielraumes als Voraussetzung für die Gestaltbarkeit des eigenen Lebens um so eher möglich sein wird, je mehr Verständnis die Gesellschaft für freiwillige Beschränkungen der Freiheit aufbringt“[2], dann umreißt er damit auch die Grenzen, die dem wirtschaftlichen Liberalismus gesteckt sind. Es geht nicht um die Durchsetzung eines schrankenlosen *Laissez Faire,* sondern um die Schaffung vernünftiger Rahmenbedingungen zur Entfaltung wirtschaftlicher Aktivitäten.

Vernünftige Rahmenbedingungen können aber nur dann vorliegen, wenn sich der Staat darauf beschränkt, die *Spielregeln* des Wirtschaftsgeschehens vorzugeben; nicht jedoch dann, wenn er gleichzeitig auch die Rolle eines *Mitspielers* übernimmt.

Wenn die österreichische Wirtschaft in einem zunehmend schärferen internationalen Wettbewerb bestehen soll, dann dürfen die erforderlichen Liberalisierungen allerdings nicht alleine auf die Abgabe von Unternehmensbeteiligungen der öffentlichen Haushalte und der ÖIAG beschränkt bleiben. Auch die österreichische Wirtschaftsgesetzgebung entspricht in einer Reihe von Bereichen zu sehr dem Schutz- und zu wenig dem Wettbewerbsgedanken. Dies mag durchaus seine historische Berechtigung haben,

2 Vgl. *Busek–Festa–Görner* a. a. O. S. 57 f.

erweist sich angesichts veränderter wirtschaftlicher und gesellschaftlicher Rahmenbedingungen jedoch immer öfter als echtes Innovations- und Wachstumshemmnis. Es geht darum, wirtschaftliche Freiräume zu schaffen, ohne dabei das Prinzip der Fairneß und Gerechtigkeit in der Sozialpolitik in Gefahr zu bringen. Abgebaut werden müssen Bürokratie und Schikane, nicht aber sozialer Schutz und Sicherheit.

Neuorganisation staatlicher Aufgabenerfüllung

In nahezu allen westlichen Industriestaaten mußten wir in den letzten zwei Jahrzehnten einen säkulären Anstieg der öffentlichen Verschuldung beobachten. Es wäre zu einfach, diese Entwicklung ausschließlich auf geänderte makroökonomische Rahmenbedingungen, geänderte Konjunktur- und Wachstumsmuster zurückzuführen. Es bleibt dies vielmehr auch in langfristiger historischer Betrachtung ein durchaus außergewöhnliches und besorgniserregendes Phänomen.

Tatsächlich hat dieser Anstieg der öffentlichen Verschuldung tiefliegende gesellschaftliche Ursachen.

Eine erste wesentliche Ursache ist sicher darin zu sehen, daß im Zuge der Individualisierung und Partikularisierung unserer Gesellschaft der übergeordnete Interessenausgleich nicht mehr in dem Maße gelingt, wie dies in der Vergangenheit der Fall war. Geprägt von einer, aus historischer Sicht einmaligen Wohlstandsentwicklung in den letzten 30 Jahren, haben sich Verbände und Interessengruppen daran gewöhnt, Forderungen zu stellen und lediglich in quantitativen Zuwächsen, aber nicht in Verzichtskategorien zu denken.

Verwöhnt von einer günstigen Wirtschafts- und Einkommensentwicklung, fehlt im Funktionärsbereich weitgehend die Bereitschaft, notwendige Strukturreformen mit zunächst unpopulären Facetten mitzutragen und gesellschaftspolitische Veränderungen zu flankieren.

Auch die *Zeitpräferenz* der Menschen hat sich in einem bedenklichen Ausmaß erhöht. Die Gegenwart wird relativ zu künftigen Entwicklungen viel zu stark bewertet, längerfristige Aufgaben der Politik, zumal der Wirtschaftspolitik, lassen sich daher immer schwerer formulieren und umsetzen. Auch Reformen, die langfristig erhebliche Vorteile für alle bringen, sind schwer durchzusetzen, wenn sie auch nur mit relativ geringen Gegenwartsbelastungen verbunden sind.

Verstärkt wird diese Tendenz durch das Phänomen der *Fiskalillusion*. Das Wissen um die Kosten öffentlicher Leistungen hat in den letzten Jahren nicht zu- sondern abgenommen. Während die Ansprüche, die an den Staat gestellt werden, laufend steigen, sinkt gleichzeitig die Bereitschaft, die resultierenden Kosten in Form von Steuern und Abgaben auch zu tragen. Auch dies erhöht die Tendenz zur Entstehung chronischer Defizite und eines wirtschaftspolitischen Denkens in *Wahlzyklen*.

Nur wenn es gelingt, die großen strukturellen Ungleichgewichte des Budgets – und das sind immer auch große strukturelle Ungleichgewichte unserer Gesellschaft – zu beseitigen, dürfen wir langfristig mit einer prosperierenden Wirtschaftsentwicklung, sicheren Arbeitsplätzen und sicheren Einkommen rechnen.

Es ist uns in Österreich während der letzten Jahre gelungen, erste Erfolge bei der Budgetsanierung zu erzielen. Sollen diese Erfolge nachhaltig abgesichert werden, dann müssen die von der ÖVP geforderten großen Strukturreformen der besonders kostenintensiven Aufgabengebiete der öffentlichen Hand umgehend durchgeführt werden. Dabei geht es nicht um Leistungskürzungen, sondern um eine sinnvolle Neuorganisation staatlicher Aufgaben mit dem erklärten Ziel, mit weniger und besser eingesetztem Steuergeld mehr im Sinne besserer Aufgabenerfüllung zu erreichen.

Es ist dem mit den alten ÖVP-Tugenden der Sparsamkeit und finanzpolitischen Verläßlichkeit aufgewachsenen „Wirtschaftsbündler" EB zuzutrauen, daß er die Chancen, die der derzeitige Wandel der technologischen, gesellschaftlichen und wirtschaftlichen Entwicklung für Budgetsanierung und Strukturveränderungen im öffentlichen Bereich eröffnet, nützt und in der Bundesregierung durchsetzt.

Der Wirtschaftspolitiker

Die Bedeutung des Wirtschaftspolitikers EB liegt in seinem sprichwörtlichen G'spür für künftige Entwicklungen und längerfristige Trends in Wirtschaft und Gesellschaft. Er hat die in den Industrieländern derzeit stattfindenden tiefgreifenden Veränderungen frühzeitig erkannt und zu einem zukunftsorientierten, bewährten Traditionen verpflichteten, aber neuen Strömungen aufgeschlossenen Gedankengebäude verarbeitet.

Die ÖVP unter EB definiert Wirtschaften wieder als „Werte schaffen" und Wertschöpfung in einem lebenspraktischen Sinn. Sie mißtraut eindimensionalen technokratischen Meßkonzeptionen und tritt in der Folge für die Integration ökologischer und qualitativer Kriterien in allen Feldern der Wirtschaftspolitik ein.

Gemeinsam mit Josef Riegler hat EB in der politischen Diskussion dem ökonomischen Handeln in ökologischer Verantwortung zum Durchbruch verholfen und ökologische Gesichtspunkte in das bewährte Wirtschaftskonzept der sozialen Marktwirtschaft integriert. Ökologie wird dabei als Haushalten mit knappen Ressourcen, als gewinn- und nutzenorientiertes Handeln unter Berücksichtigung der neuen ökologischen Knappheitsverhältnisse verstanden. In der konkreten Problemlösung wird nicht auf den Staat, sondern auf die Kräfte des Marktes und die Leistung und Tüchtigkeit der österreichischen Unternehmen vertraut.

Mehr Markt, Privatisierung und Deregulierung sind Leitlinien einer Wirtschaftspolitik, die dem Menschenbild des mündigen Bürgers verpflichtet ist und die Gefahren des „Staatsversagens“ im Österreich der späten 70er Jahre erkannt hat.

Die wirtschaftspolitischen Vorschläge der ÖVP waren immer darauf ausgerichtet, den traditionellen Rahmen der Wirtschaftspolitik zu erweitern und auf neue Themen auszuweiten. In diesem Sinne haben ihre führenden Vertreter wiederholt darauf hingewiesen, daß mit einer Beschränkung der Wirtschaftspolitik auf Förderungen und steuerlichen Maßnahmen nicht das Auslangen gefunden werden kann. Der weltumspannende Wettbewerb der 90er Jahre verweist Österreich auf Produktionszweige, in denen hohe Qualifikation, ausreichendes Innovationspotential, Qualität und Kreativität gefragt sind. Die zur Sicherung von Lebensqualität und Wettbewerbsstärke notwendigen ökonomischen Anpassungsprozesse werden nur dann erfolgreich sein, wenn sie durch Bildungsinvestitionen entsprechend vorbereitet und begleitet werden. Dies erkannt und mit einer Erweiterung des wirtschaftspolitischen Spektrums um Fragen der Bildungs- und Qualifizierungspolitik beantwortet zu haben, steht für das Bemühen EBs um politische Innovation und Reform.

Fritz Plasser/Peter A. Ulram

Der Parteiführer

Spielräume politischer Führung

An die Führungsqualitäten eines ÖVP-Parteiobmanns werden überdurchschnittliche Anforderungen gestellt, die mit der komplexen Struktur dieser Partei zusammenhängen.[1] In der Terminologie der Organisationstheorie entspricht die ÖVP dem Typus einer nur lose verkoppelten Anarchie weitgehend autonomer Untereinheiten, die sich bloß temporär – auf Parteitagen oder in bundesweiten Wahlkämpfen – zu einer fest strukturierten Einheit verbinden.[2] Zentrale Führungsaufgabe eines ÖVP-Parteiobmannes ist somit vorrangig die mühevolle Integration einer Vielzahl auseinanderdriftender Gruppierungen, Interessen und Strömungen. Belastet mit dem innerparteilichen Image eines polarisierenden Politikers, hat Erhard Busek die Integrationsfunktion im ersten Jahr seiner Amtszeit als ÖVP-Obmann besser erfüllt, als es seine Kritiker bei seiner Bestellung prognostizierten. Die Intensität innerparteilicher Konflikte hat unzweifelhaft abgenommen. Weit entfernt vom Idealbild einer geschlossen agierenden Partei, bemüht sich die ÖVP unverkennbar um disziplinierte Selbstdarstellung in der Öffentlichkeit, wenngleich tiefreichende Positions- und Strategieauffassungen auch weiterhin punktuell sicht- und hörbar werden.

---

1 *Manfried Welan:* Der Bundesparteiobmann, in: *Stephan Koren/Karl Pisa/Kurt Waldheim* (Hrsg.): Politik für die Zukunft, Wien 1984

2 *Alf Mintzel:* Großparteien im Parteienstaat, in: Aus Parlament und Zeitgeschichte 11/1989, S. 4 f.

Defizitärer stellt sich eine Zwischenbilanz des zweiten Führungsschwerpunktes eines ÖVP-Parteiobmannes dar: die Aufgabe der Innovation und Adaption, der Anpassung der Partei an eine veränderte gesellschaftliche und strategische Umwelt. Die ÖVP zeigt in der klinisch-spröden Diagnose der Parteienforschung:

- empirisch nachweisbare Integrationsschwächen,
- erhebliche politische Steuerungs- und Konfliktlösungsdefizite,
- Probleme bei der Mitglieder-, Nachwuchs- und Elitenrekrutierung,
- organisatorische Ermattungserscheinungen,
- erhöhte Mobilisierungsschwächen,
- substantielle Identitätsprobleme,
- Thematisierungs- und Profilschwächen,
- erhebliche Darstellungsprobleme im Prozeß der massenmedialen Politikvermittlung sowie
- strategische Perspektivelosigkeit und eine tiefreichende Antriebs- und Handlungslähmung.

Der Befund stimmt sorgenvoll und berührt die zentrale Frage nach der Lern- und somit Reformfähigkeit der ÖVP. In den folgenden Abschnitten werden zunächst einige zentrale Veränderungen des strategischen Umfelds dokumentiert und abschließend mit dem Manövrierraum eines ÖVP-Parteiobmanns in Beziehung gesetzt.

1. Von der politischen Heimat zum politischen Markt

Die politische Landschaft Österreichs war jahrzehntelang durch eine enge Bindung zwischen Parteien und Wählern gekennzeichnet. Die Parteien boten „ihren“ Wählern eine Art – weltanschaulich, organisatorisch und sozial (ab)geschlossene – politische Heimat; die (große Mehrheit der) Wähler fühlten sich „ihrer“ Partei emotional verbunden; wählten sie, auch wenn sie nicht mit allem einverstanden waren, und lehnten Parteiwechsel bei Wahlen in der Theorie wie in der Praxis ab. Die Lektüre von Parteizeitungen war weitverbreitet; die – auch durch materielle „Anreize“ versüßte – die Dichte der Parteimitgliedschaft war (west-)europäischer Rekord. Erst in den siebziger Jahren begannen die Bindungen schwächer zu werden, die Lager bröckelten ab, die alten Weltanschauungen und Ideologien verloren an Anziehungs- und Überzeugungskraft; eine Entwicklung, die in den letzten Jahren immer schneller verläuft und schließlich zur Entstehung eines weitgehend „offenen Wählermarktes“ führt: Wechselwählen gilt heute für beinahe zwei Drittel als akzeptable Verhaltensweise, die man auch für sich persönlich nicht mehr ausschließt; ein Drittel hat bei Nationalratswahlen auch schon einmal die Partei gewechselt; man informiert sich über Politik nicht mehr über diverse Zentralorgane, sondern in erster Linie über die Nachrichtensendungen des Fernsehens und auch im engsten Freundes- und Familienkreis sind unterschiedliche politische Ansichten keine Seltenheit mehr.

Tabelle: Politische Säkularisierung

in Prozent der Gesamtbevölkerung (ab 14 Jahren)	60er Jahre	70er Jahre	Mitte 80er Jahre	Ende 80er J. Anfang 90er J.	Veränderung
stehen einer Partei nahe („Parteiidentifikation")	75	65	60	49	–26
wählen immer „ihre" Partei, auch wenn sie mit ihr nicht völlig einverstanden sind („subjektive Stammwähler")	65	61	47	34	–31
lehnen Parteiwechsel (auch bei anderen) prinzipiell ab	*	59	39	35	–24
Weltanschauung ist für die persönliche Wahlentscheidung wichtig	*	59	37	37	–22
lesen eine Parteizeitung	ca. 35	ca. 15	ca. 10	ca. 5	–30
sind Parteimitglieder	24	22	20	18	–6
informieren sich über Politik in erster Linie über das Fernsehen	11	*	67	*	+56
haben bei Nationalratswahlen schon die Partei gewechselt	*	16	*	32	+16

Quelle: Fessel + GfK, Politische Indikatoren (1961–1991)

2. Die politische Themenlandschaft: Magische Vielecke der Politik

Für einen offenen Wählermarkt ist naturgemäß von großer Bedeutung, welche Angebote von den politischen Konkurrenten gemacht werden und was von seiten (verschiedener Gruppen) der Wählerschaft nachgefragt wird. Verblassen die alten wirtschaftlich-sozialen und ideologischen Konfliktfigurationen, so gewinnen politische Themen und die Positionen der Parteien zu konkreten Fragen an Bedeutung.

Auch hier haben sich bemerkenswerte Veränderungen vollzogen. Noch in den siebziger Jahren war die politische Themenlandschaft Österreichs eine recht einheitliche: im Vordergrund standen wirtschaftliches Wachstum, materielle Wohlstandsmehrung und soziale bzw. Arbeitsplatzsicherheit. Diese Grundhaltung des sozialen Garantismus verband sich mit einer staatsinterventionistischen und etatistischen Grundorientierung – der Politik wurde in erster Linie die Aufgabe zugeschrieben, den materiellen Wohlstand zu mehren und soziale Risiken abzudecken. Im Laufe der achtziger Jahre hat der Glaube an die Allmacht und die positiven Folgen staatlich-politischer Eingriffe einer eher skeptischen Grundhaltung Platz gemacht. Zudem erweist sich die politische Themenlandschaft als differenziert. Neuer Spitzenreiter im politischen Prioritätskatalog ist der Umweltschutz; gefolgt von wohlfahrtsstaatlichen Zielen und politkritischen Themen sowie (rezent) der Ausländerfrage.

Tabelle: Politische Prioritäten (1976–1991)

1976	1983	1991
1. Arbeitsplatzsicherung	1. Arbeitsplatzsicherung	1. Umweltschutz
2. Inflationsbekämpfung	2. Umweltschutz	2. Renten/Pensionen sichern
3. Verschwendung verhindern	3. Verschwendung verhindern	3. Arbeitsplatzsicherung

Tabelle: Politische Prioritäten (Fortsetzung)

1976	1983	1991
4. Spitals-/Gesundheitswesen verbessern	4. Neue Arbeitsplätze schaffen	4. Spitals-/Gesundheitswesen verbessern
5. Rohstoff-/Energieversorgung	5. Preisstabilität	5. Korruptionsbekämpfung
6. Umweltschutz	6. Kriminalitätsbekämpfung	6. Ausländerproblem
7. Kriminalitätsbekämpfung	7. Exportförderung	7. Verschwendung verhindern

Quelle: Fessel + GfK, Politische Indikatoren (1976–1991)

Parteien und politische Institutionen sehen sich so mit unterschiedlichen politischen Anforderungen konfrontiert. Das politische Zielsystem ähnelt einem – aus der Ökonomie bekannten – magischen Vieleck: allen zentralen Zielen muß – da es an eindeutigen, eindimensionalen Vorgaben fehlt – zumindest im Prinzip Rechnung getragen werden; keines darf völlig aus den Augen verloren werden.

3. Politische Beteiligung: Auszug aus dem Parteienstaat

Parteimitgliedschaft und Beteiligung an Wahlen sind Kennziffern für das Ausmaß an politischer Beteiligung innerhalb der etablierten politischen Strukturen und Institutionen („konventionelle Beteiligung") – beide sind in den letzten Jahren deutlich rückläufig, wenngleich in Österreich (international gesehen) noch relativ hoch. Was sich aber bei Nationalratswahlen als „moderater Rückgang" präsentiert, nimmt auf der Ebene lokaler Wahlgänge im großstädtischen Bereich und bei den berufsständischen Wahlen den Charakter massiver Einbrüche an: Bei den Wiener Landtags- und Gemeinderatswahlen 1987 haben nicht einmal mehr zwei Drittel, bei der Arbeiterkammerwahl 1989 weniger als die Hälfte der Wahlberechtigten den Gang zur Wahlurne angetreten.

Tabelle: Wahlbeteiligung auf verschiedenen Wahlebenen

in % der jeweiligen Wahlberechtigten*)	50er Jahre	60er Jahre	70er Jahre	1980–1986	1987–1990	Veränderung
Nationalratswahlen (Österreich)	95	94	92	92	86	– 9
Landtagswahlen in Wien	89	80	76	85	63	–26
Arbeiterkammerwahlen Österreich	69	63	63	64	49	–20

*) Durchschnittswerte mit Ausnahme der jeweils letzten Wahl (NRW 1990, AKW 1989, LTW 1987)

Eine Abnahme konventioneller Beteiligung bedeutet nicht unbedingt politisches Desinteresse. Tatsächlich ist die Anzahl der politisch stark Interessierten seit den siebziger Jahren gewachsen. Zu dieser Gruppe zählt derzeit ein Viertel der Österreicher, während ein Drittel an Politik so gut wie gar nicht interessiert ist.

Tabelle: Politisches Interesse in Österreich (1974–1989)

In Prozent sind politisch interessiert	1974	1978	1985	1989
sehr stark/stark	14	13	24	25
etwas	39	40	41	39
kaum/überhaupt nicht	47	46	35	35

Quelle: Political-Action-Studie für 1974, Fessel + GfK, Politische Indikatoren für 1978–1989.

Wo allerdings politisches Interesse über das bloße Verfolgen des politischen Geschehens hinausgeht und zu aktiver Teilnahme wird, entfernt sich diese immer weiter von den traditionellen, parteibezogenen und von den Parteien kontrollierten Formen und Institutionen. Etwa jede(r) dritte Österreicher(in) ist bereit, Unterschriften für eine Bürgerinitiative zu sammeln oder in einer solchen mitzumachen; ein Sechstel hat schon häufiger mit Mitbürgern zusammengearbeitet, um (konkrete) Probleme zu lösen – im Zeitverlauf mit steigender Tendenz. Demgegenüber wenden nur sechs Prozent (bzw. nur ein Viertel der deklarierten Parteimitglieder) Zeit für Wahlkampfaktivitäten auf, und immer weniger sind gewillt, politische Versammlungen zu besuchen oder im Freundeskreis für eine politische Partei zu werben.

Tabelle: Formen politischer Beteiligung (1974 und 1989)

In Prozent beteiligen sich „oft" oder „manchmal"	1974	1989	Veränderung
eine politische Versammlung besuchen	18	16	–2
versuchen, Freunde zu veranlassen, eine bestimmte Partei zu wählen	17	12	–5
Zeit für den Wahlkampf einer Partei/eines Kandidaten aufwenden	5	6	+1

Tabelle: Formen politischer Beteiligung (1974 und 1989)

In Prozent beteiligen sich „oft" oder „manchmal"	1974	1989	Veränderung
mit anderen Bürgern zusammensetzen, um Probleme in Gemeinde zu lösen	14	17	+3

Quelle: Political-Action-Studie für 1974, *Plasser/Ulram,* Staatsbürger oder Untertanen? (1991)

4. Politisches Unbehagen und Wählerprotest

Der Auszug aus dem traditionellen Parteienstaat ist dabei nicht nur eine Folge veränderter Lebensstile und abnehmender politischer Bindungen, er spiegelt auch ein weitverbreitetes Unbehagen mit den überkommenen politischen

Strukturen und Verhaltensweisen wider. Klagen über die mangelnden moralischen Qualitäten der Politiker, über Fehlverhalten der Parteien, vor allem ein Gefühl weitverbreiteter politischer Macht- und Einflußlosigkeit haben zwar in Österreich Tradition; diese Kritik hat aber in den letzten Jahren deutlich an Schärfe gewonnen und zudem über den engen politischen Bereich hinaus auf die organisierten Interessenvertretungen übergegriffen.

Tabelle: Politische Entfremdung, Parteienverdrossenheit und Kritik an der politischen Klasse

In Prozent	70er Jahre	80er Jahre	Mitte/ Ende 80er
Leute wie ich haben keinen Einfluß auf das, was die regierenden Politiker tun	75	68	76
Abgeordnete und Politiker kümmern sich nicht darum, was der kleine Mann sagt und denkt	59	–	73
Beamte und Behörden kümmern sich nicht um das, was Leute wie ich denken	–	49	58
Politiker sind korrupt und bestechlich	38	–	69
Ablehnung des Statements: Politiker machen ihre Sache im großen und ganzen recht gut	30	–	55
Es haben sich in letzter Zeit über die politischen Parteien geärgert	–	43	68
Es würden eine neue Partei grundsätzlich begrüßen	10	17	47

Quelle: Plasser/Ulram, Staatsbürger oder Untertanen? (1991), *Ulram,* Hegemonie und Erosion (1990).

Dazu kommt, daß die einstmals weitgehend positive Beurteilung der Leistungsfähigkeit und Leistungserbringung der staatlichen und politischen Institutionen nicht nur von einer skeptischen Grundhaltung abgelöst worden ist; bei einzelnen politischen Themenfeldern – von der Umweltpolitik über die Bekämpfung von Korruption und Privilegienwirtschaft bis zur Verhinderung der Verschwendung öffentlicher Mittel – wird nur in seltenen Fällen ein positiver Befund erstellt.

Den politischen Institutionen und ihren Repräsentanten wird so ein Ausmaß an Mißtrauen entgegengebracht, das weit über die normale „demokratisch gebotene Wachsamkeit des mündigen Bürgers" hinausgeht und mitunter den Charakter einer allgemeinen, aggressiv getönten Verdrossenheit annimmt. Auf der anderen Seite fällt es auch der traditionellen Politik schwer, ihre Denk- und Verhaltensweise zu ändern und sich auf diesen „Generalvorbehalt" einzustellen, sprich: die negativen Vorurteile weiter Bevölkerungskreise finden immer ihre praktische oder scheinbare Bestätigung. Hier ist – neben inhaltlich-politischen Divergenzen und realen Werten wie Interessenkonflikten – der politische Nährboden für grünalternative und neopopulistische Protestparteien wie für Protestmotive bei Wahlen und Volksbefragungen u. ä. zu suchen. Es geht dann eben nicht nur darum, die Leistungen einer bestimmten Partei oder deren mehrerer in der Wahlurne zu beurteilen oder eine Meinung zu einem speziellen städtebaulichen, wirtschaftlichen oder politischen Projekt zu äußern. Der konkrete Anlaßfall wird auch zum Kristallisationspunkt diffusen Unbehagens und globalisierten Mißtrauens, zur Möglichkeit, „denen da oben" einen Denkzettel zu erteilen. Und von dieser Möglichkeit wird oft genug Gebrauch gemacht.

5. Der Grundkonsens: Demokratie und nationale Identität

Bei aller Kritik an der Qualität und der Verhaltensweisen der Politiker wie der politischen Parteien erfreut sich die zweite österreichische Republik doch eines beträchtlichen politischen Grundkonsenses. Die tragenden Säulen dieses Konsenses – der im übrigen auch Aspekte wie Sozialpartnerschaft und die Notwendigkeit demokratischer Institutionen (Parlament, Parteien etc.) miteinschließt – sind die Befürwortung des demokratischen Systems und ein Gefühl nationaler Identität; beides Faktoren, an deren Fehlen nicht zuletzt die demokratischen Gehversuche der 1. Republik gescheitert waren und die auch in den Anfangsjahren der 2. Republik durchaus nicht unumstritten waren. Neun von zehn Österreichern halten heute die Demokratie auf jeden Fall für besser als eine Diktatur; nur 5 Prozent glauben, daß eine Diktatur unter Umständen besser sein könnte.

Die Existenz Österreichs als eigenständige Nation wird von drei Viertel (74 Prozent) als gegeben erachtet; weitere 20 Prozent sehen Österreich auf dem Weg zur eigenen Nation. Nur 5 Prozent bestreiten, daß Österreich eine eigene Nation sei (im übrigen auch nur 13 Prozent der freiheitlichen Wähler). In diesem Zusammenhang erscheint interessant, daß zwei Drittel der Österreicher als ausschlaggebendes Charakteristikum der nationalen Identität nicht eine sprachliche Gemeinschaft, sondern die Zustimmung der Menschen zu dem Staat, in dem sie leben, ansehen.

Tabelle: Die Entwicklung des österreichischen Nationalbewußtseins

<table>
<tr><th>In Prozent</th><th>1956</th><th>1964</th><th>1970</th><th>1980</th><th>1990</th></tr>
<tr><td>die Österreicher sind eine Nation</td><td rowspan="2">49</td><td>47</td><td>66</td><td>67</td><td>74</td></tr>
<tr><td>die Österreicher beginnen langsam, sich als Nation zu fühlen</td><td>23</td><td>16</td><td>19</td><td>20</td></tr>
<tr><td>die Österreicher sind keine Nation</td><td>47</td><td>15</td><td>8</td><td>11</td><td>5</td></tr>
<tr><td>keine Angabe</td><td>5</td><td>14</td><td>10</td><td>3</td><td>1</td></tr>
</table>

Quelle: 1956–1980 zitiert nach Lazarsfeld-Gesellschaft (Hrg.), Das österreichische Nationalbewußtsein (Wien 1980)
1990: Fessel + GfK, Österreichbewußtsein (1990).

6. Konkurrenzfelder in der österreichischen Wählerschaft

Die Erosion traditioneller Weltanschauungen, politischer Bindungen und Loyalitäten, eine differenzierte Themenlandschaft, parteien- und politikerkritische Strömungen, neue Formen der politischen Kommunikation und die Bedeutung massenmedialer „Politstars“ – all das hat zu einer Neustrukturierung des österreichischen Parteiensystems und der Wettbewerbsbedingungen für die politischen Parteien geführt.

Anhand einer Analyse (einer repräsentativen Wahltagsbefragung des Fessel + GfK-Instituts) der Nationalratswahlen von 1990 lassen sich die Konkurrenzfelder in der österreichischen Wählerlandschaft wie folgt beschreiben:

– *Konkurrenzfeld I – Monopole (einer) der beiden Großparteien*

bei ca. einem Drittel der Wähler (vor allem ältere Menschen, Angehörige der Arbeiterschaft, der Bauern und des alten Mittelstandes) existieren noch relativ intakte politische Milieus. Im jeweiligen Segment verfügen SPÖ oder ÖVP über eine fast unangefochtene Monopolstellung;

– *Konkurrenzfeld II – Oligopol der beiden Großparteien*

umfaßt ca. ein Zehntel der Wähler, wobei jeweils knapp die Hälfte an SPÖ oder ÖVP gebunden sind. Der Wettbewerb findet also praktisch ausschließlich zwischen diesen beiden Großen statt.

Diese beiden Konkurrenzfelder stehen für die alte österreichische Parteienlandschaft mit starken Bindungen, wenig politischer Mobilität und einer Konzentration auf die (noch) Großparteien SPÖ und ÖVP. Hier finden sich die Kernwähler der Großparteien. Aufgrund der soziodemographischen Entwicklung (Überalterung, schrumpfende Sozialgruppen) nehmen die Konkurrenzfelder I und II im Zeitverlauf ab.

– *Konkurrenzfeld III – offener Parteienwettbewerb mit Startvorteil für Großparteien*

wird soziodemographisch von jüngeren, besser gebildeten Menschen, primär den Angehörigen der neuen Mittelschichten geprägt (Angestellte, Beamte, qualifizierte Arbeiter, Selbständige). Diese zeigen entweder eine sozialstaatliche oder eine stärker marktwirtschaftliche Orientierung, sind politisch mobil oder doch mobilitätsbereit, FPÖ und Grüne kommen schon auf erhebliche Wähleranteile. Hier findet sich bereits die Hälfte der Wähler.

– *Konkurrenzfeld IV – offener Parteienwettbewerb*

für ca. ein Zehntel der Wählerschaft sind Protestmotive von zentraler Bedeutung, die entweder in die Richtung neopopulistischer oder grünalternativer Orientierungen zum Tragen kommen. In beiden Segmenten überwiegen bereits die Stimmen für die kleineren Parteien.

Diese beiden Konkurrenzfelder stehen für die neue österreichische Parteienlandschaft, die durch starke politische Mobilität und einen offenen Parteienwettbewerb gekennzeichnet ist. Die Fähigkeit der Parteien, sich auf diese Konkurrenzfelder in inhaltlich-politischer, personeller, aber auch emotional-symbolischer Hinsicht einzustellen, wird letztlich über den Erfolg auf dem Wählermarkt entscheiden.

7. Strategische Manövrierräume

Die Parteientheorie weist dem Parteiführer eine strategische Schlüsselfunktion zu.[3] Konfrontiert mit dem Behar-

3 *Richard Rose/Ian McAllister:* The Performance of Parties and Leaders, in: The Loyalties of Voters, London/Newbury Park 1990.

rungsvermögen der Parteiorganisation und den Erwartungen einer zunehmend mobilen, wechselbereiten Wählerschaft, muß er über die inhaltliche, personelle und strategische Positionierung seiner Partei entscheiden. Vergröbernd stehen Erhard Busek drei Reaktionsstrategien zur Verfügung:

a) die resignative Variante,
b) die technokratische Variante,
c) die offensive Variante.[4]

Die resignative Variante besteht im Kern aus dem Versuch „durchzutauchen". Ihre Parameter orientieren sich:

- an der Hoffnung auf eine grundlegende Änderung der strategischen Rahmenbedingungen (z. B.: gravierende Fehler eines politischen Mitkonkurrenten, Abebben der populistischen Protestwelle) bzw.
- an der wahlpolitischen Bestandssicherung im Sinne einer Abschottung und Verteidigung bestehender Einfluß- und Machtdomänen (Strategie der Schadensbegrenzung und Konsolidierung der ÖVP auf einem wahlpolitischen Minimum).

Die technokratische Variante kapituliert vor strukturellen Reformblockaden, akzeptiert das Beharrungsvermögen regionaler Organisationseinheiten bzw. von Teilen der mittleren Funktionsebene und konzentriert ihre Aktivitäten:

4 Reaktionsstrategien von Traditionsparteien nach: *Fritz Plasser:* Traditionsparteien zwischen Resignation und Adaption. Referat im Rahmen eines Symposiums des Dr.-Karl-Renner-Instituts am 27. 3. 1992.

- auf die Professionalisierung der zentralen Stabsarbeit,
- auf den großflächigen Einsatz der modernsten politischen Marketing-Methoden,
- auf die optimale mediengerechte Inszenierung weniger Spitzenakteure,
- auf ein professionelles Themen- und Ereignismanagement,
- auf rasche Reaktionsmuster auf Elitenebene und
- auf absoluten Vorrang der Medienlogik vor der traditionellen Parteilogik.

Die offensive Variante versucht, die unabwendbare Professionalisierung mit einer strukturell-inhaltlichen Modernisierung zu verbinden. Die offensive Variante weiß um die wahlpolitische Bedeutung der Hauptakteure des massenmedial vermittelten Politikdramas – sie weiß aber auch über neue Partizipations- und Mitbestimmungserwartungen der Wählerschaft Bescheid. Sie empfindet die Parteiorganisation nicht als Ballast bzw. Handlanger – wie dies die technokratische Variante tut –, sondern als weitgehend ungenutztes Potential für eine kommunikative Politik des Dialogs, der Bürgernähe, der Verantwortung wie der Selbstbeschränkung auf die essentiellen Aufgaben und Funktionen politischer Parteien.

Voraussetzung für den Erfolg einer offensiven Führungsstrategie ist in erster Linie die Bereitschaft und Fähigkeit zur politischen Innovation. Gibt sich der ÖVP-Parteiobmann mit dem „innerparteilichen Optimum“ zufrieden, genügt ihm die Teilnahme an der Koalitionsregierung und die Routineadministration der Ressortagenden, findet er sich mit der Profil- und Wählerschwäche seiner Partei ab, kann der strukturelle Niedergang der ÖVP unter Umständen zwar verlangsamt werden, von einer politisch gestaltenden Kraft wäre die Partei aber weiter entfernt.

Überwindet er hingegen die strategische Handlungslähmung seiner Partei, bekämpft er die verbreitete Apathie und Resignation und setzt er auf jene Dynamik und Innovationsfähigkeit, die er in erfolgreichen Phasen seiner politischen Laufbahn unter Beweis gestellt hat, könnte er seine Partei aus der Defensive wieder in die Offensive bringen.

Die Designierung von Dr. Klestil als ÖVP-Präsidentschaftskandidat ist ein Beispiel für die strategische Intuition eines erfolgreichen Parteiführers bei wichtigen und sensiblen Personalentscheidungen.

Die Parteiengeschichte ist keine Geschichte des permanenten Verfalls und Niedergangs politischer Parteien, sondern zeigt ein außergewöhnliches Ausmaß an Kontinuität sowie struktureller und programmatischer Anpassung an veränderte Rahmenbedingungen. Ursache für das Scheitern und den Niedergang politischer Parteien sind weniger strukturelle Anpassungsprobleme, sondern strategische Fehlentscheidungen, parteiinterne Rivalitäten und die Resignation bzw. Kapitulation der strategischen Parteieliten vor krisenhaften Herausforderungen, die nicht rechtzeitig erkannt, verdrängt oder – voreilig – als nicht bewältigbar angesehen wurden.

Oswald Oberhuber

Der Schmetterling

Kann man feststellen, wie sich eine Persönlichkeit zeigt? Denn jeder hat etwas zu verbergen. Die verschiedensten Komponenten an einer Persönlichkeit ergeben erst ihre Wertigkeit und Besonderheit. Jetzt ist sie so, morgen ist sie so, und übermorgen? Man weiß es nicht. Nichts ist steuer- und erkennbar. Würde man alles erkennen, wären die Überraschungen gering. Somit kann nicht alles auf sich beruhen, sonst wären wir glücklich und ohne Verlangen. So würde sich kein Persönlichkeitsbild zeigen.

Das oben Gesagte soll schon eine Beschreibung von Busek sein, und da bleibt mir nur zu hoffen, daß nun auch „Erhard" kommt. Das ist kein Spaltungsversuch, sondern der Hinweis, daß das Aussprechen des Vornamens doch eine gewisse Intimität ergibt. Diese steigert die Freundschaft und belastet sie gleichzeitig auch. Das ist die selbstverständlichste Überlegung und die stimmt nachdenklich. Doch damit zu beginnen, wäre zuwenig, da die Polemik aufschlüsselt, eingrenzt und kaum als Versuch gelten kann, gerecht zu sein. Es wäre gut, seinen Charakter in Einzelheiten aufzuschlüsseln. Der Widerspruch als besonderes Kennzeichen verführt zu der Annahme, sein Wollen sei ohne unmittelbare Tatkraft.

Hier wird offenbar, daß die Kühnheit immer wieder gestört wird vom Zweifel, der in der Angst steckt. Da muß man annehmen, daß Erhard ein Kind der Mutter ist. Das ergibt die Angst, die die Unwahrheit auslöst und zur Folge hat, daß jene Freunde, die an ihm hängen und glauben, daß er ihnen mit Offenheit entgegentritt, erfahren müssen, plötzlich in Zweifel versetzt zu werden, und nicht mehr begreifen können, womit sie eigentlich leben. Mit jenem Wesen, das sie schätzen? Hier durchbricht die Angst die Zuneigung und stoppt das gegenseitige Verstehen, das sich im Wahrheitsverhalten jeweils trifft.

Sagte man alles genauer, so käme man zur Meinung: Wäre die Feigheit nicht gegeben, so müßte man den Mut erfinden.

„Habe ich recht?" Somit fragen alle zurück und nehmen an, richtig gefragt zu haben. Denn was wird gewollt? Ein Theater? Oder der Vorgang, sich verlassen zu können?

Allein zu sein ist unerträglich. Gerade weil die Umgebung immer hereinspricht, ist es schwer, allein zu sein. Politiker begeben sich in diese Unruhe, in diese Unverfrorenheit der Rücksichtslosigkeit und der unbarmherzigen Gewaltanwendung. Dadurch löst sich und erfüllt sich nicht der Gedanke und man bleibt immer Fragment, wobei man gar nicht genau weiß, was die eigentliche Demonstration des Wollens ist.

Die Politik verweigert sich der Wahrheit. Was sagt man dazu? Da bleibt der Mund offen und die Augen fallen zu. Noch wäre es Zeit, diese Begrenzung des Verhaltens aufzuheben. Denn wie lange noch und wie oft wird sich die Zurückhaltung, die höfliche Annahme, daß nichts möglich sei, wenn man sich in die Wahrheit begibt, halten?

Nun denn, warum will er Kunst? Das ist eine wichtige Frage, weist diese doch auf ein humanes Verhalten hin. Oder ist es die Zwangsvorstellung eines Spielers, alles, was zu achten ist, festzuhalten? Oder ist es der Forschungswille zur Feststellung von Erkenntnissen, oder die Sinnlichkeit, die Bezug nimmt und sich darstellt durch künstlerische Aussagen? Der unmittelbar vorgebrachte Genuß – was sagt er schon aus, oder sagt er mehr? Über die Person sicher sehr viel, denn der Genuß, ob egoistisch oder nicht, ist ein Spiegelbild, in das jede Person gerät, die etwas will.

Am Wollen ist nicht zu zweifeln. „Denn manchmal könntest du ja auch an mir vorbeistreichen. Was wäre das für ein Genuß." Wie oft hat sich das schon ausgedrückt, die Sinnlichkeit ereifert sich. Was ist schon Kunst, wenn man sie aus der Betrachtung heraus betrachten muß? Da fehlen große Teile, es teilt sich alles, auch die Bereitschaft zum Genuß. Hier entstehen große Verlagerungen. Das wäre der Augenblick, in dem man sich seiner erinnert und feststellen kann: Habe ich eigentlich gewußt oder ist mir bewußt, warum ich da stehe und beobachte? Weiß ich, warum ich etwas begonnen habe, was nicht nur zu Sprüchen, sondern auch zur Durchführung gelangt? Die Kunst ist wie ein zerspringender Luftballon, zuerst lustig und bunt und dann plötzlich verschwunden, entflohen von der Wirklichkeit, ohne jede Existenz.

Schmetterlinge sind heitere, bewegliche Körper mit Flügelschlag im bunten Durcheinander. Woraus entsteht ein Schmetterling? Aus der Raupe. Ein gewichtiges Stück, interessant zu beobachten, vergleichbar mit dem Phönix, der aus der Asche steigt. Die bunte Beweglichkeit ergibt sich aus der Behäbigkeit und weicht dadurch ab von der Norm und zeigt auf, wie man sich gibt in einem Entwicklungsprozeß, in dem man über sich hinauswächst und den Flügelschlag erreicht, der dazu führt, Ziele zu erklimmen, die nicht zu begehen sind, sondern sich hinwegheben und Aufsteigfähigkeiten ermöglichen. Das ist zu ersehen und zu glauben. Jetzt ist das Angestrebte erreicht, er hat es gefunden und bewirkt, wie schon so oft – auch wenn man es nicht unbedingt wollte oder ihn nicht wollte. Plötzlich war alles erreicht durch eine Fähigkeit, die aus dem Tatendrang, dem Willen und aus einer Maßlosigkeit kommt, die notwendig ist, um jeglicher Kritik auszuweichen, und die sich nur erfüllen kann im unbegrenzten Glauben an sich selbst, der erreichbar ist in einer an sich haftenden egoistischen Einstellung, die gebraucht wird, um die Leidenschaft und die

Durchsetzungskraft nach allen Richtungen zu bestimmen. Nur so kann der Zweck zur Zwecklosigkeit erreicht werden.

Warum muß immer alles ausgetrickst werden? Warum auch nicht? Wie wäre sonst die Bestimmung zu erreichen? Was hat Bismarck gemacht? Wir haben Adenauer, Raab, Kreisky und die anderen – viele, die es wissen mußten – getan? Sonst wären sie nicht vorhanden und doch auch immer wieder austauschbar gewesen. Wer hat schon erwartet, daß Kohl Kohl ist und nicht Kohlrabi. Dies und das, es wäre zu vertauschen, das ist zwar eine Annahme, doch trotzdem ist alles so, wie es ist, und nicht mehr, aber sicher weniger und besser.

Politische Menschen sind jeweils anders geformt. Ein Landespolitiker trägt sicher Volkstümliches vor sich her und will sich bestätigen in kleinen regionalen Nöten, die vom Wirtshaustisch bestimmt werden können. Er ist ganz den bestimmenden Aussagen ausgesetzt, die sich aufs Volk beziehen. Hier ist die Agitation der unmittelbaren Aktion verpflichtet. Das Spontane als Bewegungseffekt, die zwingende Momentaufnahme als Basis für das unmittelbare Verstehen, das sind Verpflichtungen, um als Volkstribun herrschen zu können. Keine Isolation, sondern die offene Beweglichkeit, die Liberalität, der Einsatz für alles.

Volksbezogene Politik ist Einsatz für alles und schließt jede distanzierte Erhabenheit aus. Wie wäre sonst der Mensch zu verstehen und seiner Achtbarkeit zu überlassen?

All das klingt sehr einfach und das ist es auch, kein Stolz ist da zu bemerken. Jeder steht am gleichen Stand und keiner überflügelt den anderen. Da ergeben sich keine absoluten Meinungen und das Verpflichtetsein ist alles.

Intellektuelle haben es da schwerer. Oder ist Intellektualität notwendig, um zum Verständnis dieser einfachen Haltung zu kommen? Das Denken ist auch hier die Voraussetzung, die ein politisch Handelnder besitzen muß. Der bunte

Vogel hat die nicht schlechte Voraussetzung für manipulierendes Handeln. Was könnte dieser sonst tun? Er wäre sicher verloren und zu Recht einer Meute von Kritikern ausgesetzt, wobei die Kritik keine Schande ist und sich nicht als Zurechtweisung gibt. Die Möglichkeiten des Gesprächs schließen das Unrecht aus und genügen oft in der Ungenügsamkeit der nichterfüllbaren Forderungen.

Darum ist Erhard oft so zynisch. Was heißt das? Sicher ist das ein wesentlicher Faktor seiner Person. Man lebt eben nur einmal, und da stellt sich die Frage: Welches Vergnügen ist das höchste Vergnügen?

Denn Humor, so ihn jemand hat, kommt aus der Bereitschaft, Kritik hinzunehmen. Oder ist Humor besseres Wissen, Überlegenheit aus dem Augenblick heraus, Durchführungsvermögen? Wenn ich überlegen bin, kann ich dann zum anderen kommen? Das führt dazu, daß man zum anderen eine Distanz entwickelt. Doch vielleicht ist diese Interpretation falsch, denn was bedeutet Zynismus?

Überlegenheit genauso wie Unsicherheit oder das Verstecken hinter einer Fassade von Wünschen. Oder ist das Erreichbare nur in einer Ver-, Bedeckung zu erlangen?

Humoristen sind sprühende Wesen der Selbstverleugnung. Sie wollen glaubhaft machen, daß ihre Existenz keine Anwesenheit verlangt und bleiben in einer Distanz der Verunsicherung.

Treue, was ist das? Kann man sie verlangen? Vielleicht als moralische Kategorie, so dieselbe nicht katholisch ist. Kann man da noch jemandem ins Auge schauen? Politiker messen alles an der Brauchbarkeit, Benützen und Abnützen sind das Wichtigste. Da wird nichts honoriert, denn das ist nicht notwendig. Ich gebe, du nimmst. Vergeblich kann man auf etwas warten. Geben tut not, vergeben ist Not, vergebliche Not. Kein bitteres Ende. Hier ist es das Beste, nichts auszusprechen. Die größte Schlauheit ist dann erreicht, wenn man weiß, die Augenblicke der Benützbarkeit zu erfassen. Diese Erfahrung muß man lernen, erst dadurch kann man das Weitergeben oder das Delegieren begreifen.

Somit wäre noch vieles zu sagen und aufzuzeigen, denn das Gewicht einer Person vervielfältigt sich im Stadium einer Untersuchung. Die Untersuchung bringt es mit sich, daß sich ein grenzenloses Überschreiten von Aussagen und ein Hinweisen in Unerbittlichkeit ergeben. Eine sanfte Gewalt, die sich ausplaudern muß. Eine Art Verdichtung von Zusammenfügungen, die erst dadurch entstehen, daß wir sie in einen Gebrauch bringen. Da hier aber kein Untersuchungsrichter am Werk ist und die einfachere Form, die einfachere Sprache sich zu definieren versucht, verbleibt alles im Abwarten und in der Hoffnung, daß doch alles gut ausgeht.

Die Überlegenheit, ob durch Positionen, Möglichkeiten oder durch erfüllte Bereitschaft, sich für eine Gemeinschaft zu entscheiden – damit soll nicht jenes Geben gemeint sein, das Religionsgemeinschaften in sich tragen – färbte bei EB sicher ab. Das Bekenntnis zur absoluten Hinwendung ist nicht nur eine gespielte Äußerung, sondern eine gewollte, von Überzeugung getragene Absicht. Die politische Ordnung verpflichtet sich in ihrer höchsten Konsequenz dem Gedanken eines universellen Ordnungsprinzips, das von einem religiösen Bewußtsein ausgeht. Denn das Betreiben von Politik braucht im Grundsätzlichen die Zielgebung als Möglichkeit zur Erklärung von Sinngebungen, die sich erst dadurch zeigen. Hier unterscheidet er sich von vielen politisch Denkenden, die zuerst nur die Absicht erkennen und nicht das Ausgestoßensein begreifen, das notwendig ist, um das Humane eines politischen Gedankens zu verstehen. Da ergibt sich aus der Schule des christlichen Denkens und Handelns erst die Basis für eine Politik der Menschlichkeit und Liberalität. Erst da kann sich alles erfüllen.

Diese Basis, wer hat sie schon in sich und wer glaubt daran? Wie weit wären hinweg der zynische Gedanke und die teuflische Notdurft, die Aufregung bewirken. Nicht so zu sein, wie man sein soll oder sein könnte, der Fleischstachel, man möchte die Hinterlist – als Möglichkeit, das Opfer zu belächeln – verstoßen und die Absicht erhalten, die in jedem Fall das will, was aus der Getriebenheit der Überlegenheit in jedem Bereich mit sich gebracht wurde.

Wohin führt das alles und was erfüllt die Zufriedenheit? Mächtigen Schrittes bricht er herein, im selbstbewußten Umfang, in einer sich verbreiternden, verbreitenden Sicherheit. So nun und nur so ist der Durchbruch begriffen und ergriffen worden. Absichtlich jagt er alle und da verblaßt die Behäbigkeit und es bricht der maßlose Anspruch durch, und er weiß es und er will es, und sein Wille sei mit ihm und dem philosophischen Gedanken und dem daraus kommenden politischen Verhalten.

Richard Kriesche

Der Navigator

EB 32,1% (1)
das bild des parteiobmannes entsprechend dem stimmenstand seiner partei zur letzten nationalratswahl. nach histogramm 32,1% pixel.

„der zeit ihre politik, der politik ihre verlassenheit.“ so etwa müßte in anlehnung an den secessionssatz „der zeit ihre kunst, der kunst ihre freiheit“ das zeitpolitische credo des eb angesichts einer sich in politischer secession befindlichen partei lauten.

als einer der ganz wenigen seiner partei weiß er, daß die vergangenheit schon von anderen besetzt ist, daß als option also nur die grausige gegenwart bzw. die unbekannte zukunft übrigbleiben. erstere ist für die partei nur niederlage, letztere für sie angst.

EB 32,1% (2)
das bild des parteiobmannes entsprechend dem stimmenstand seiner partei zur letzten nationalratswahl. nach kernel centmass 31 argument.

mit eb steht einer in einer zeit – in der das gestern das heute und morgen bestimmt – einer partei vor, der diesen zeitgeist konterkariert und damit erst recht nicht von seiner partei begriffen wird.

warum aber sollte nicht auch ein politiker das schicksal des (österreichischen) künstlers erleben, auf dessen leiden bis weit in den tod hinein wir alle so stolz sind. der zeit voraus zu sein wird mit mangelndem realitätssinn gleichgesetzt und mit armut bestraft. jemand also, der den fehler begeht,

EB 32,1% (3)
das bild des parteiobmannes entsprechend dem stimmenstand seiner partei zur letzten nationalratswahl. nach kernel centmass 31 magnitude.

die geschicke des landes in die zukunft lenken zu wollen, was ja navigation ins unbekannte heißt, jemand also, der das unbekannte zu seinem realen lebensinhalt gemacht hat, indem er sich den navigatoren ins ungewisse, den experimentatoren der unsicherheit anvertraute, kurz jemand, der mit künstlern dieses landes ein verhältnis einging, so jemand muß politisch schiffbruch erleiden, politisch im alten sinn. politisch im neuen sinn zählt jedoch längst nicht mehr die fähigkeit, ozeanriesen zu navigieren, sondern das talent,

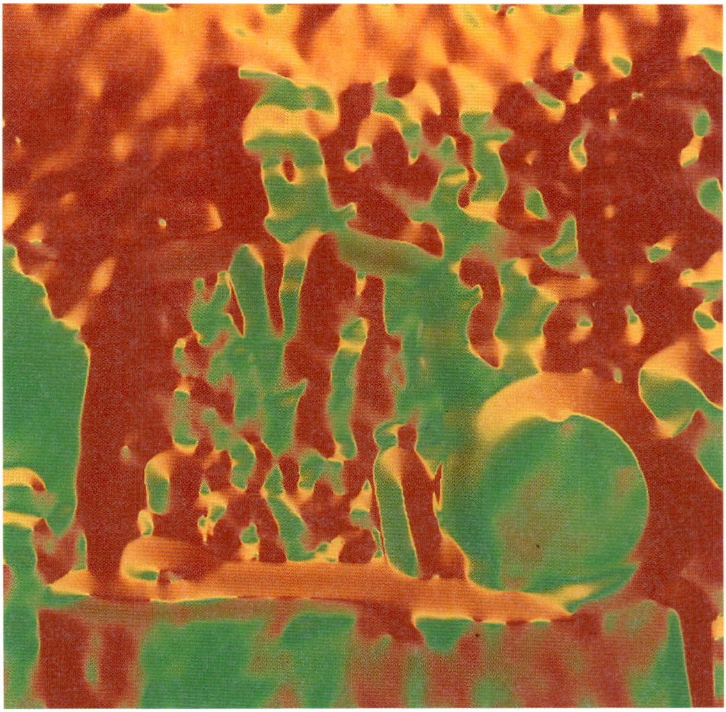

EB 32,1% (4)
das bild des parteiobmannes entsprechend dem stimmenstand seiner partei zur letzten nationalratswahl. nach kernel centmass 31 argument und magnitude.
(richard kriesche 1992.)

auf schiffstrümmern ans ziel zu kommen. in einer zeit also, in der feindbildpflege und simplifizierungen als politische instrumentarien wieder auferstehen, um von den zusammenbrüchen und zertrümmerungen abzulenken, in der beschwichtigungs- und beruhigungsformeln zum politischen überlebensrepertoire gehören, in der es nicht opportun erscheint, sich mit fortschrittlichem gedankengut zu exponieren, spätestens heute also hätten die parteitrümmer endlich einen eb zu begreifen.

Hans Haider

Der Kultursprecher

„Kultursprecher“ ist ein unmöglicher Beruf. Selten genug setzt eine politische Partei in großmächtigen, sozial folgenschweren Anlaßfällen ihre Interessen mit einer einzigen Zunge durch, vertritt sie unisono ihren Standpunkt. Wie aber, im Lianendickicht aus Scheinwerfer- und Mikrophonkabeln, eine so vielgestaltige, widersprüchliche, jedermann betreffende, von jedem mitgetragene und mitveränderte Sache wie die KULTUR mundgerecht, zungenfertig monopolisieren?

In seinem kleinen Essay „Sprache und Politik“ (1984) gestand EB gewiß eigene Skrupel, wenn er, doppelsinnig, vor dem „Verfehlen von Wirklichkeit“ durch „permanentes VER-Sprechen“ warnte. Eine solche Sprache rede „eine Scheinwirklichkeit herbei, indem sie nicht nur den schönen Schein herstellt oder eine rosige Zukunft verspricht, sondern auch die gegenwärtige Realität denunziert, ihr Falsches in die Schuhe schiebt und sie ungerechtfertigt anklagt“. Als Kultursprecher der ÖVP vom Neujahrstag 1976 bis zum Juni 1989 hat EB selten namens der Bundespartei zu Kulturfragen Stellung genommen und noch seltener vor den – ein ihm nicht über die Lippen kommen wollender nivellierender Notnamen! – „Kulturschaffenden“ gesprochen.

Es war im November 1975, im fünften Jahr des Bruno-Kreisky-Regiments, als Josef Taus und EB, der neue Obmann und dessen Generalsekretär, für die Oppositionspartei ÖVP vierzehn Bereichssprecher nominierten. Diese simulierten zwar nicht stetig Regierungsarbeit in der Art britischer Schattenkabinette, in welchen sich die jeweilige Großminorität fit zu halten pflegt auf ihrer Ochsentour zurück zur Macht. Doch mit solchen Sparten-Verantwortlichkeiten bekam ein ohnehin praktiziertes Spezialistentum erstmals seit dem Verlust aller Fachministerien seinen Namen, seine Adresse und seinen – in den in „Papiere" verliebten Nach-68er-Jahren unerläßlichen – Briefkasten.

Hat der damals 34jährige Generalsekretär sich selber justament die Kultur reserviert? Oder ist für den Sekretär kein anderes als das im Palais Todesco und in den Bündequartieren gering gewichtete Kulturfach übriggeblieben? „Ja, so a Paberlzeug" – hochdeutsch: eine Papageieneigentümlichkeit – soll Julius Raab geantwortet haben auf die Frage: „Stimmt es, Herr Bundeskanzler, daß dein Herr Bruder Literatur studiert hat?" Zu den Schulen und Universitäten, zur Volksbildung und zu den Medien war nicht EB, sondern anderen Fachsprechern das Dauerwort erteilt.

EB hatte kurz zuvor als Wirtschaftsbund-Generalsekretär den „Management Club" gegründet und damit seiner bündischen Heimat die Basis der Firmenpatrone um die hohen Angestellten verbreitert. Er wurde als einer der „jungen Löwen" – so hießen die sieben Nachwuchshoffnungen – in der kurzen Ära des im Sommer 1975 tödlich verunglückten Taus-Vorgängers Karl Schleinzer gerne vorgezeigt und als verläßlich Kompetenter auf die Intellektuellen-Plattformen gehievt; er bekam aber erst sehr spät, nämlich im Alter von 47 Jahren, als Bundesminister für Wissenschaft und Forschung das erste von ihm selbst zu verantwortende öffentliche Amt übertragen. Daran mögen Vorurteile der klassischen Machtpragmatik gegenüber den ausfransenden Argumentationsrändern kultureller Debatten schuld haben.

Erfolg – das ist Imagegewinn für seine Partei, das sind Wählerstimmen, das ist persönliche Popularität durch überproportionale Medienpräsenz in einem Fach, in dem man risikolos als warmherziger Förderer, Eröffner, Ankünder auftritt – kann ein Kulturpolitiker leicht ernten. Doch er muß dabei als Amtsträger mit hohen Budgets winken, mit dem Zuckerbrot der Mediengunst und der Peitsche des Subventionsentzugs in das kulturelle Veranstaltungwesen eingreifen und einen möglichst fashionablen Betrieb organisieren. Zielgruppen sind dabei längst nicht mehr die Armen, Bildungswürdigen, sondern die mobilen mittleren sozialen Schichten mit großen eigenen Unterhaltungsbudgets.

Die 1970, 1971 und 1975 in den Wahlen geschlagene ÖVP hatte auf Bundesebene keinerlei Benefizien mehr zu verteilen. Leopold Gratz aber und Helmut Zilk stiegen aus dem Bundesministerium für Unterricht und Kunst zu Wiener Bürgermeistern auf, Fred Sinowatz gar zum Bundeskanzler, und Karl Blecha, der Chef des parteieigenen Kulturwerks, zum Zentralsekretär und Innenminister. EB lehnte schon als junger Kultursprecher ab, und blieb darin bis heute konsequent, daß zu Wahlzeiten Künstler nicht zu „Testimonal"-Werbungen gebeten werden. Wo er Gelegenheit hat, weist er auf Künstler hin, denen er mehr Publikum wünscht. Als unter zwölf österreichischen Politikern rundum nach Lieblingsgedichten gefragt wurde, nannte die Mehrheit Erich Fried – aber EB bekannte sich zu Friederike Mayröcker.

1975 hat er einen Verein geerbt mit dem Namen „Österreichisches Kulturgespräch", der ein ebensolches veranstaltete vornehmlich in Bundesländern, in denen Wahlen bevorstanden. Subventionsbedürftige zum parteipolitischen Pflichtappell antreten zu lassen, widersprach freilich EBs moralischen wie taktischen Überzeugungen. Wiederholt wurde aus den eigenen Reihen beanstandet, daß er das „Kulturgespräch" einschlafen lasse, während die SPÖ mit ihrer neuen „Österreichischen Gesellschaft für Kulturpolitik" jedem Projektwerber klarmachte, wo er anzuklopfen, wo er Gesichtsbäder zu nehmen habe.

EB setzte dagegen auf Verzicht, auf forderungslosen

Respekt auch gegenüber anarchischen und/oder sozialistischen Kunst- und Lebenskonzepten in der Wiener Szene – von der weithin gilt, was der Dichter William Butler Yeats über die Stimmung in seiner Vaterstadt Dublin schrieb: „Viel Haß auf kleinem Raum."

Denn die „Kulturpolitik" war ein für Propaganda, Scheindiskurse, Fronten- und damit Haßverschärfung besonders tauglicher Zweig der von Bruno Kreisky begonnenen Politik einer Verbreiterung der Machtbasis mit dem Ziel, die österreichische Volkspartei auf Dauer klein zu machen. Im Nationalratswahlkampf 1979 wurde Josef Taus landesweit auf Plakatwänden als Kunst- und Kulturverhinderer angeprangert, nachdem er als Parteiobmann in einer öffentlichen Diskussion mit Peter Turrini darauf beharrt hatte, daß nicht jedes Kunstprodukt für den Schulunterricht an Kindern geeignet sei.

Die „Kulturpolitiks-Kultur"

Hinter den Kulissen lockte EB mehrmals grobe Parteifreunde aus provinziellen Kulturkämpfen zurück. Illusionslos verzichtete er auf feine Argumente zugunsten der Freiheit der Kunst, wenn er etwa in einem Konflikt um den Schriftsteller Franz Innerhofer einen Pongauer Bauernfunktionär wissen ließ: „Das bringt ja nichts." Als André Heller in den siebziger Jahren eine Wiener Soforthilfeaktion zugunsten der darbenden Grazer Literaturzeitschrift „manuskripte" ankurbelte, spendete EB einen ansehnlichen Betrag bar, ohne Quittung, doch unter der Bedingung, die Spur zum Spender zurück zu verwischen. Ich war der diskrete Postillion. Für den von Hanns Koren im Revoltejahr 1968 begründeten „steirischen Herbst" trat EB stetig ein – indem er mehr Bundeszuschüsse forderte und nicht müde wurde, den sinkenden Nutzen der aufwendigen Wiener Festwochen mit dem – auch seinem eigenen! – Lustgewinn im Grazer Herbstfest zu vergleichen.

Nur wenige Wortmeldungen des Kultursprechers fielen auf, wurden diskutiert. EB warf 1978 dem Burgtheaterdirektor Achim Benning zu viele Engagements von DDR-Regisseuren vor, als er bemängelte, „daß sich schon eine linke Richtung hier breitmacht und daß sie sich in der Verteidigung ihrer Positionen manchmal faschistischer Methoden bedient“. Nachdem er überzeugt wurde, daß an der Burg wenigstens so viele Feinde wie Stützen der Ostberliner Staatskunst arbeiteten, schloß er mit Benning Frieden. Benning erinnert sich daran in einem Interview 1990 etwas unpräzise: „Der Herr Busek hat uns als LINKSFASCHISTEN bezeichnet, wofür er sich allerdings später entschuldigt hat.“

1986 sagte EB in einem „Presse“-Interview über Künstler wie den Dramatiker Peter Turrini, den Cartoonisten Manfred Deix, den Bildhauer und Zeichner Alfred Hrdlicka: „Diese Leute erzeugen etwas Gefährliches, weil sie Jörg Haider eine Chance geben.“ Sie „sollen ins Ausland fahren und erklären, warum Österreich doch so gut ist, daß sie hier leben“. Turrini und Michael Scharang luden zwei Tage danach ins Künstlerhaustheater zu einem Vortrag „Die Demolierung Österreichs oder Der Weg in den demokratischen Faschismus“. Die beiden Schriftsteller analysieren seitdem die Gründe für den Machtzuwachs Jörg Haiders. Als Michael Scharang 1991 sieben Wochen vor EB den 50. Geburtstag feierte, sandte ihm dieser als Wissenschaftsminister ein Glückwunschtelegramm, das Scharang freundlich erwiderte.

Die beiden eint die Ablehnung der „Kulturpolitiks-Kultur“ – ein Wort Robert Musils in den frühen dreißiger Jahren. In den siebziger Jahren wurde diese, so breit und scheinbar wissenschaftlich legitimiert wie nie zuvor, ausgebaut. Das Kanzleramt und jeder einzelne Bundesminister gaben damals unzählige Studien in Auftrag, welche dem Bürger die Alternativlosigkeit jedweder „Maßnahme“ suggerieren sollten. Die frisch erblühten Sozialwissenschaften – sie verdanken ihren Ausbreitungsschub auf dem österreichischen Hochschulboden den Unterrichtsministern Piffl-Perčević und Alois Mock – erfragten und beschrieben, sozusagen, die Wirklichkeit; ihr nahm sich die veränderungshungrige Parteipragmatik an; aus beiden Komponenten ergoß sich, noch immer unterm Strahlenkranz der wissenschaftlichen Vernunft, die MASSNAHME, beispielsweise als Gesetzesentwurf.

1975, als EB zum Kultursprecher bestimmt wurde, war das Jahr des „Kulturpolitischen Maßnahmenkatalogs“, mit dessen Hilfe die Sozialisten Terrain außerhalb der Staatskunstinstitute Burg, Oper, Bundesmuseen gewinnen wollten. „Kulturmarketing“, „Kulturservice“, „Kultur-Koordinierungsstelle“, „Kulturstättenplan“, „Kulturversuche“ hießen die Schlagworte, unter denen die zuvor von Demoskopen erhobenen, aber altbekannten schichtspezifischen Unterschiede sowie Stadt-Land-Ungleichheiten im Kulturverhalten ausgebügelt werden sollten.

Es war das „Institut für empirische Sozialforschung“ (IFES), wo Karl Blecha leitend tätig war, das mit seinem Kulturkonsumbericht 1975 den Bedarf nach „Kulturpolitik“ propagandistisch rechtfertigte. Es war Karl Blecha, der sogleich sein österreichweites Parteikulturwerk im Lagergeist der Zwischenkriegsjahre zur politischen Hausmacht im Kampf um die Kreisky-Nachfolge aufrüstete und Österreichs auflagenstärkste Kulturkampfschrift unter dem euphemistischen Namen „Kultur-Kontakte“ herausbrachte; und es war zuletzt Karl Blecha als Innenminister mit seiner libidinösen Nähe zur Udo-Proksch-Mörderbande, der die Profession „Kulturpolitiker“ in Österreich für immer diskreditiert hat.

Dem Kultursprecher EB kam, schrittweise, Blecha abhanden – sein erstes kulturpolitisches Vis-á-vis und zugleich einer der wenigen sozialistischen Spitzenpolitiker, die in den sechziger Jahren dem Dialog mit den Katholiken einige Türen offengehalten hatten. Blechas letzte kriminelle Verirrungen in den Hinterzimmern des Wiener (Kultur-) „Clubs 45" belasten in Österreich als Dauerblamage jeden marxistisch orientierten „Linkskatholizismus".

EBs Kulturcurriculum ist ohne die Beschreibung aller religiösen Bindungen unkomplett. Es muß Stückwerk bleiben, denn der Ministrant vom Wiener Lichtental, der Aktivist der Katholischen Hochschulgemeinde in der Ebendorferstraße – sie gab auch der „Wiener Gruppe" Heim in ihrem Theater, der „Arche" –, der Mitarbeiter von Monsignore Otto Mauer und Prälat Karl Strobl im Galerieverein nächst St. Stephan, der Synodale der menschenfreundlichen Wiener Diözesanversammlung von 1974 enthält sich der Bekenntnis-Schemata eines politischen Katholizismus; wahrscheinlich weil er ihn als Umgangsform ablehnt.

Bibliothekar im Stift Zwettl

Journalistische Beobachter, Chronisten stoßen oft auf Spuren religiösen Wissens und religiöser Übung. Spricht EB darüber, bleibt er diskret auf der kulturellen Ebene. Er sprudelt aus dem Gedächtnis die biblischen und Heiligengeschichten, theologische Terminologien, die universale Kirchenhistorie und die Sorgefälle lokaler Seelsorge. Als er in einem Interview sagte: „Am liebsten ginge ich als Bruder Bibliothekar ins Stift Zwettl", muß er die Verbindung von intellektuellem Genuß, als ungestörter Leser, mit dem sozialen Dienst an der Ordensgemeinschaft, als Bücherwart, gemeint haben. Neben anderen Politikern bei den Wiener Fronleichnamsprozessionen hinterm „Himmel" zu schreiten, versagen EB regelmäßige Auslandsverpflichtungen am hohen Frühlings-Donnerstag.

EBs religiöse Prägungen äußern sich oft in rhetorischen Figuren, in seinen durchaus pathosbewußten Bekenntnissen zur jeweiligen Aufgabe, zum sozialen Dienst. Als er 1988, nach zehn Jahren Absenz vom Hohen Haus, seine erste Rede von der Regierungsbank aus zu halten hatte, wählte er als Schlußwort „Österreich".

Anfang Juni 1991 erreichte ihn in Prag die Nachricht, eine Parteikommission werde ihn zum Kandidaten für die Wahl des Parteiobmanns nominieren. Von seiner neugierigen Entourage ließ er sich nur zur kryptischen Bemerkung verleiten: „Heinrich den Vogler erreichte der Ruf am Herd." Die Anspielung auf eine solche staatssakrale Handlung – dem Kaiser Heinrich I. sollen im Jahr 919 die Reichsinsignien an seinen Herd, das meint den „Vogelherd" eines Vogelstellers, gebracht worden sein – bedeutete im Klartext: Ich nehme die Berufung an. Das Schlußwort des Neugewählten beim Parteitag Ende Juni 1991 erinnerte an eine Selbstermunterung aller Staatsfrommen: „In der Liebe zu Österreich soll uns niemand übertreffen."

EB verteidigte Österreich nach allen Richtungen hin. Als im Sommer 1988 Jörg Haider, FPÖ-Chef und Kärntens Landeshauptmann, die 1945 wiedererstandene Republik als „ideologische Mißgeburt" bezeichnete, rückte auch der Kultursprecher der ÖVP dagegen aus. Der Nationalsozialismus, der Holocaust haben die Kontinuität der von Haider als eine Art größeres Vaterland verehrten „deutschen Kulturnation" empfindlich gestört. EB empfindet als einen Kulturbruch, daß die vom Christentum und der bürgerlichen Aufklärung getragenen Werte im Dritten Reich zerstört wurden. Der kulturelle Wiederaufbau ging in Österreich, der Bundesrepublik sowie in der DDR verschiedene Wege; Österreichs freiheitliches Lager habe an diesem Wiederaufbau keinen nennenswerten Anteil.

Österreich hat in Buseks Kulturgeographie seinen Platz zwischen der kleinen Heimat Wien und dem größeren Haus

Europa, dessen ihm vertrautester Trakt „Mitteleuropa" heißt. Mit der Rückkehr in die Bundespolitik im Jahr 1988 hat sein „Österreich"-Begriff noch weiter an operationeller Gestalt gewonnen. Österreich: wieder mehr eine Problemlandschaft. Zur Vorbereitung des EG-Beitritts rief der Kultursprecher 1989 eine – von weiland Clemens August Andreä geleitete – Arbeitsgemeinschaft von Fachleuten zusammen, um für die Wissenschaft, Forschung, Bildung, Kunstpolitik und die Mediengesetzgebung EG-konforme Planungsgrundlagen auszuarbeiten. Beim Studium der Brüsseler Standards offenbarten sich grobe Defizite, beispielsweise in der Mobilität von Studenten.

Mängel: EB erforschte sie schon im kleinsten Raum. „Wien – ein bürgerliches Credo" hat er ein 1978 im Molden-Verlag erschienenes Buch benannt – seine persönlichste Schrift, in der er seine politischen Techniken und Ziele aus eigenen Anschauungen, aus Schmerzen wie Freuden eines hellwachen Bürgers entwickelte. Seiner Wehklage über die Ausgrenzungen von Subkulturen und urbane Kommunikationsschwächen gab er den polemischen Namen „Alle Menschen san ma zwider". Die Ehefrau, Helga Busek, hatte schon fünf Jahre davor und ebenfalls unter diesem Dialektschlagertitel in einer Zeitungsglosse vor einer „unter der Oberfläche brodelnden Kollektivwut" sowie vor einer Wiederkehr des „historischen Pessimismus der untergehenden Monarchie und der Ersten Republik" gewarnt.

Vom direkten Zugriff auf den Magistratsapparat ausgeschlossen und ohne einen ihm gemäßen intellektuellen Widerpart, geschweige Partner, auf dem Sessel des Kulturstadtrats, begann EB im Sommer 1976 eine Kulturpolitik jenseits der Denkgrenzen von Kunstbürokratie und Dauersubvention zu entfalten. Als frischbestellter Wiener VP-Obmann war ihm ein Sitz in der Stadt- und Landesregierung als ein „nicht amtsführender Stadtrat" zugefallen. Bald sollte ihn die Wählergunst zum Vizebürgermeister befördern.

Jeder ist ein Künstler

Zwei an der Oberfläche robuste Künstlernaturen begleiten den jähen Aufbruch in die Kommunalpolitik: Oswald Oberhuber aus dem Kreis um Otto Mauers Galerie nächst St. Stephan sowie der in Lebensstil- und Denkmalschutzfragen einflußreiche Kolumnist, Satiriker und Romancier Jörg Mauthe. Beide, obwohl älter als EB, begannen mit nachgerade jugendbewegtem stadt- und lebensreformatorischem Eifer. Sie verbanden die Lust, hemdsärmelig zuzupacken, mit weitausgreifenden Perspektiven. Wien wollte Mauthe als Hauptstadt Mitteleuropas rekonstruieren, womöglich wirklich an der Donau, was nicht Neubau am Ufer hieß, sondern Rückbau des Stroms zum Gewirr der Seiten- und Totwasserarme. Oberhuber gutachtete völlig unakademisch: Jeder ist ein Künstler.

EBs erster Auftritt 1976 auf den großen Wiener Plakattafeln folgte einer Oberhuber-Design-Idee und sollte dem gewohnten bunten Politikerkopf hohnlachen: Der neue Stadtparteichef stand als graue Ganzfigur vor einer angewitterten Ziegelmauer, auf der in vielen Kritzelschriften Bürger ihre wahren Nöte („Nie wieder Lainz") publik gemacht hatten. Das Graffito-Bild als Klagemauer – und Satz für Satz ein politisches Programm für Junge und Alte und überhaupt alle Stiefkinder des Magistrats.

Die eigene Partei hielt diese ästhetisch formulierte Absage an den Schönzeichner-Dusel politischer Werbung, dieses „Antiplakat" nicht aus; nach einer Woche klebte ein übliches Porträt-Farbfoto in ganz Wien. Oberhuber war 1979 bis 1987 Rektor der Hochschule für angewandte Kunst. Mit Busek vereinte ihn lange der – vergebliche – Widerstand gegen den Plan der Wissenschaftsministerin

Hertha Firnberg, das dafür gänzlich ungeeignete Sommerpalais Liechtenstein am Alsergrund zum Museum für moderne Kunst zu adaptieren – statt im Schweizergarten dem Brüsseler Expo-Pavillon einen Neubau anzufügen.

„Kultur, Stadtgestaltung und allseitige Belebung“ nannte Jörg Mauthe im Oktober 1978 das Programm, als ihn EB nach den Gemeinderatswahlen als neuen Stadtrat vorstellte. Als Kulturstadtrat im Schattenkabinett der Opposition kümmerte er sich um Fassaden, Wienerlieder und Kaffeehäuser, gründete die Monatsschrift „Wiener Journal“ gegen die Banalisierungstendenzen des Journalismus, forderte die bauliche Sanierung des Kunsthistorischen Museums – statt neuer Planungsmegalomanie Richtung Messepalast – und reklamierte sich in die Leitung der Wiener Festwochen. Nach einer Mauthe-Idee wurde eine abbruchreife Vorstadt-Tanzhalle in ein Etablissement für die kleineren und schlampigeren Künste, für Beat und für Pop adaptiert: das „Metropol“ in Hernals. EB feierte dort seinen vierzigsten und auch seinen fünfzigsten Geburtstag; dieser 25. März 1991 wurde übrigens auch nahe Budapest im Dorfe Budakeszi mit einem Intellektuellenmahl begangen. Aus Dankbarkeit für zahlreiche „stille Hilfen“ für oppositionelle Geister in Ungarn.

Schon im Februar 1978 hat EB „pro Wien“ als Gegenstück zu jedem Rathaus-Exklusivklub eingerichtet. In lokkerer Folge gab es Vorträge und Podiumsdiskussionen zu Themen des Tages wie der Ewigkeit, zu „Traffic and taxes in big cities“ – so hieß der überhaupt erste Vortrag von „pro Wien“, den Ulf Adelsohn aus Stockholm hielt –, über „Grundsätze und Perspektiven zu einer Ethik der Ökologie“ – schon im Jänner 1979! – und eine Diskussion mit Maximilian Schell über seinen Film „Geschichten aus dem Wiener Wald“ bis zur Rede „Die Naturwissenschaften als Stützpunkte unserer Kultur“ von Erwin Chargaff (1981).

In der weiteren Chronologie bis 1989 fallen Namen auf

wie Adam Schaff, Rupert Riedl, Barbara Frischmuth, Jeanne Hersch, Wladyslaw Bartoszewski, Prälat Tischner, Paul Watzlawick, Carl Amery, Efim Etkind, Sir John Eccles, Karl Rahner, Alexander Sinowjew, Hans-Georg Gadamer, Pinchas Lapide, Leszek Kolakowski, Stefan Kisielewski, Carl Friedrich von Weizsäcker, Stanislaw Lem, Erwin Ringel, György Konrád, Alfred Grosser, Thomas Messer, Franz Alt, Robert Spaemann, Kardinal Franz König, Peter Sloterdijk, Quirino Principe, Neil Postman, Reiner Kunze, Raimund Margreiter, Tadeusz Mazowieski, Heinrich Drimmel, Peter Noever, François Bondy, Karl Schwarzenberg, Antonin Liehm und Paul Zulehner.

Sein eigenes Denk- und Lernprogramm hat der Stadtparteiobmann im Club „pro Wien“ veräußerlicht, und zuallererst seinen Mitarbeitern sowie den Medienleuten angeboten. An seinen Kontakten zu vielen Führungspersönlichkeiten der neuen Demokratien im heutigen Osteuropa konnte jedermann per öffentlicher Einladung teilhaben. Diese Kulturpolitik kannte weniger Geheimnisse als die Bestellung eines jeden Wiener Theaterdirektors. Vergebens mühten sich die auf Direktorenmacherei spezialisierten Wiener städtischen Kulturamtsträger ab, den Busek/Mauthe/Hans Mayr-Plan einer Weltausstellung Wien–Budapest als ein kulturelles Vorhaben vorzubereiten und den Bürgern plausibel zu machen.

Wem zum Nutzen?

EB hat 1983 das Wiener „Institut für die Wissenschaft vom Menschen“ mitbegründet, in dem die uralten freien Künste und „Humaniora“ mit den neuen Sozialwissenschaften zusammengespannt sind zu einem beinahe nicht-öffentlichen, doch langfristig wirksamen Kulturbetrieb der denkbar avanciertesten Form.

Kunst, Wissenschaft, demokratische Erneuerung, Bürgerrechte, soziale Befindlichkeit, Schönheit, ökologische Verträglichkeit einten sich auch in den Vorgaben einer Stadtpolitik, die das Epitheton „kulturell“ vergessen durfte, weil es entweder zu kurz greift oder über den erlebbaren Raum hinaus in die Leere. EB und sein Parteiteam sowie die Gleichgestimmten ohne Parteibuch wußten sich selten siegreich; doch dürfen sie sich einen Paradigmenwechsel in sensiblen Bereichen gutschreiben, etwa von der industriellen Stadtrandverbauung hin zur kleinräumigen Stadtreparatur und -renovierung.

Der 25. ordentliche Landesparteitag der Wiener Volkspartei am 21. Oktober 1989 setzte dem Club und der intelligenten Politik „pro Wien“ ein vorläufiges Ende: EB wurde abgewählt. Die Frage „Wem zum Nutzen?“ ist von denen, die es wissen müssen, unbeantwortet.

Als Minister für Wissenschaft und Forschung steht EB zum ersten Mal eine Beamtenschaft zur Seite. Die Bundesmuseen, der Denkmalschutz, die Bundesbibliotheken und die Kunsthochschulen verlangen und erlauben weitreichende Personalentscheidungen; und ebenso die Kunstwissenschaften an den Universitäten. EB ist demnach auch nach den engen Kriterien des Begriffs ein halber Kulturminister. Der sich mitunter die Freude macht, Ausstellungen nach Wien zu holen – wie etwa eine Segantini-Retrospektive ins Obere Belvedere. Der „Ostfonds“, den er sich mit dem Kunstministerium teilt, spendet hochqualifizierten Forschern ebenso wie Studenten bei Österreich-Aufenthalten eine diskrete Hilfe. Alle zwei Jahre überreicht der Wissenschaftsminister den Manès-Sperber-Preis für Essayistik – 1990 gewann ihn György Konrád.

Als die Wiener Universität Simon Wiesenthal ihren Ehrendoktorhut überreichte, trug der Minister ein weltweit beachtetes Bekenntnis zur politischen Kultur und zum historischen Gedächtnis vor. Nachdem Thomas Bernhard begraben war, reiste EB nach Gmunden und Ohlsdorf, um für die Sicherung aller Bernhard-Denkmäler die öffentliche Unterstützung anzubieten.

Mit der Stadt Wien teilt sich der Wissenschaftsminister die Zuständigkeit für das Museumsprojekt Messepalast. EB brachte zügig den Architektenwettbewerb zum Abschluß und zwingt seither den Sieger Laurids Ortner zu Modifikationen. So stark der Inhalt konkrete Gestalt annimmt, bestimmt er auch die Hüllen. Im Kunsthistorischen Museum hat er eine historische Institution beseitigt: den Ersten Direktor, im Idealfall ein Weiser unter seinesgleichen, nach dem Vorbild alter akademischer Verfassungen. Darum ist schade, auch wenn der Generalmanager des neuen Typs tüchtig und für ein Wiederaufblühen des republikanischen Hofmuseums unerläßlich ist. Seines Vorgängers Hermann Fillitz Sündenfall: Der wollte nicht Primus inter pares sein, sondern plante die ganze künftige Bundesmuseumspolitik. Schon der 1986 verstorbene Stadtrat Jörg Mauthe probierte Fillitz einzubremsen, um diesem kuriosen, doch edlen Amtstitel den ewigen Bestand zu sichern. Die Wahl von Wilfried Seipel zum „Generaldirektor“ zeigte 1992 auch schon nach außen hin bestaunenswerte Folgen: In der Doppelausstellung Toledo-Ambras („Die Katholischen Könige und die Casa de Austria“) sowie im Wiener Künstlerhaus eine Kollektion plastischer Kunst aus Ägypten. Die von EB propagierte Erweiterung der Autonomie in den Bundesmuseen („Teilrechtsfähigkeit“) fand in Wilfried Seipel und Peter Noever („Museum für angewandte Kunst“) ihre tüchtigsten Nutzer. Noever wurde als erster Museumsdirektor „auf Zeit“ engagiert – auch die Dynamisierung der Verwaltung dort, wo sie Kunsturteile fällt und Gegenwartsschaffen taxiert, ist eine alte Idee von EB.

Dennoch: Je näher diese Chronik an die Gegenwart rückt, desto rascher verlieren die Taten und Entscheidungen ihr Gewicht. Politik eignet in nächster Nähe selten großer Atem. Offenheit, Vielfalt, Phantasie, Handeln, Hoffnung, Mut, Zuhören, Arbeit sind Politiker-Accessoires, die keineswegs selbstverständlich sind, doch auf einem EB-Wahlplakat 1987 nichts nützten. Heute als „Kulturpolitiker“ berühmt zu sein, ist nicht nur wegen der Nähe zu Karl Blechas Gewerbe mehr rufschädigend als förderlich. „Die Rolle der Intellektuellen“ beschrieb Günther Nenning, den EB in der Hainburger Au unterstützt hat, in einem Aufsatz in memoriam Jörg Mauthe kurz und bündig: „Es gibt sie nicht. Ein deutlicher Hinweis, daß Österreich eine Demokratie ist. Denn von allen anderen Staatsformen unterscheidet sich die Demokratie dadurch, daß sie das allergesündeste Mißtrauen hat gegen den Geist.“

EB als Vizekanzler, Bundesminister und Bundesobmann der Österreichischen Volkspartei, wird, aus Selbsterhaltungsgründen, was er ist, vergessen machen müssen. Falls ihm nicht der Dressurakt gelingt, das „Mißtrauen gegen den Geist“ – ein Versatzstück aus dem Inventar von Selbstmitleid und intellektueller Anmaßung – zu zerstören.

Er versinkt darum nie unkultiviert, er bleibt ein Kultur-Habitué. In den Konzertsälen und bei den Dichterlesungen, wo ihn die Sinneseindrücke am direktesten packen, denn EB ist mehr ein Ohren- als ein Augenmensch und, nachgerade wie ein Luchs, begabt im Heraushören falscher und feindlicher Töne. In den Theater- und Festspielfoyers von Wien, Salzburg, Bregenz, Graz, wo seine Blickkamera auch gerne gesellschaftliche Momentaufnahmen einfängt. In Galerien und auf Kunstmessen, wo er im flüchtigen Blickkontakt in Sekundenbruchteilen Staunen, Langeweile, Werturteile zu signalisieren weiß – denn EB lebt sehr rasch.

Lutz Musner

Der Reformer

Als „grauen Vogel mit krummem Gang“ hat man ihn hämisch tituliert, um seine Rolle als Kultursprecher der ÖVP in den späten 80er Jahren zu karikieren[1].

Als „bunter Vogel“ versuchte er zuvor ein wählerattraktives Kontrastprogramm in der Wiener Kommunalpolitik durchzusetzen.

Ist mit ornithologischen Begriffen auch noch seiner jetzigen Funktion als Wissenschaftsminister und Regierungsmitglied gerecht zu werden?

EB ist nicht als Unbedarfter zu Ministerehren gekommen. Schon lang vor dem 26. April 1989 hat er sich in vielfältiger Weise mit Wissenschafts- und Hochschulfragen auseinandergesetzt: als Wissenschaftssprecher der ÖVP in den Jahren 1975–79, als Begründer und Präsident der Österreichischen Forschungsgemeinschaft, die er als Gegengewicht zu Bruno Kreiskys politischen Rekrutierungsversuchen der Künstler- und Intellektuellenszene schuf, als Essayist zahlreicher Beiträge zum Verhältnis von Wissenschaft und Politik[2] und als Freund und Gastgeber prominenter Wissenschaftler und Intellektueller in seinem „Salon Wohllebengasse“.

Der Bürger als Wissenschaftspolitiker

EBs Verhältnis zu den Wissenschaften ist das eines aufgeklärten Bürgers: Offen und dem Neuen gegenüber aufgeschlossen, ohne dabei in Fortschrittseuphorie zu verfallen und „ethisch“ mit feinem Gespür für die moralische Ambivalenz der modernen (Natur-)Wissenschaft und ihrer osmotischen Beziehungen zur Macht.

Obwohl von der Ausbildung her Jurist, sieht er die Fragen der zeitgenössischen Universität und Forschungsorganisation nicht als primär juristisches Problem, sondern als ein kulturelles und historisches im weiteren Sinn.

Nur zu genau weiß er, daß eine Reform der österreichischen Universität nicht nur allein auf einem neuen Gesetz beruhen kann, sondern auch einer Neuorientierung der Mentalität an den Hohen Schulen bedarf. Nur zu genau weiß er, daß diese Reform von den Universitäten aus sich selbst heraus nicht in Gang kommen würde. Nur zu genau weiß er, daß den zwiespältigen Folgen des wissenschaftlich-technischen Fortschritts (z. B. Gentechnik) nicht mit einem Parlamentsbeschluß allein beizukommen ist, sondern daß es der Entwicklung einer „Kultur der Verantwortung“ bedarf, die auch – aber nicht nur – auf einer gesetzlichen Basis beruht.

EB ist (Mittel-)Europäer, deshalb sein Credo für eine verstärkte internationale Öffnung Österreichs, seines politischen und öffentlichen Lebens und der heimischen Bildungs- und Forschungsstätten.

Er ist reflektierter Patriot ohne Vergangenheitsverklärung und verkitschtem Österreichbild, deshalb sein beharrliches Plädoyer für die geistig-kulturelle Durchlüftung des Landes.

Als aufgeklärter Bürger mit starker innerer Selbstverpflichtung zum Weiter- und Vorherschauen, den die reformerische Ungeduld quält, tut er sich manchmal schwer mit diesem Land und seinen Universitäten: Manche Entwicklung geht ihm zu langsam vor sich, vieles geht ihm nicht tief genug, manchmal verliert er wortstark die Geduld mit seinem ministeriellen und universitären Klientel.

Wissen und Macht

Ziemlich untypisch für einen österreichischen Politiker hat sich EB auch philosophisch mit dem Verhältnis von Wissen und Macht auseinandergesetzt. Er weiß um das komplexe und widersprüchliche Wechselspiel beider Bereiche – um die „Verwissenschaftlichung“ des Politischen, die allzu leicht in eine Instrumentalisierung von Gutachten und Expertenmeinungen im Dienste der Macht umschlägt und um die „Verpolitisierung“ der Wissenschaft, die allzu leicht zur Willfährigkeit der Experten gegenüber ihren politischen Auftraggebern führt.

EB kennt seinen Kant und weiß, daß „die Notwendigkeit zu entscheiden, weiter reicht, als die Möglichkeit zu erkennen!“. Aber er ist auch einer, der die Macht liebt, sich dazu bekennt und deshalb dem schnellen Entscheiden und Handeln mehr Gewicht einräumt als dem skeptischen Innehalten. Aus dem, wie er das Politische definiert, spricht auch der Erfolgsdruck, der auf jedem Politiker lastet:

„Die praktischen Tendenzen der heutigen Politik entsprechen nicht den Notwendigkeiten einer guten zukunftsorientierten Politik. Zum Beispiel: Um bessere Entscheidungen treffen zu können, brauchen wir mehr Zeit, die Probleme vorauszusehen, damit wir etwas mehr Zeit gewinnen, um sie zu behandeln. Wir brauchen mehr Zeit und wir wollen mehr Alternativen haben. Dazu kommt die Neigung, mögliche Disharmonien nach einer Entscheidung zu reduzieren. Kurz gesagt: Was auch passiert, es muß als Erfolg bezeichenbar sein.“[3]

Wie ist dem Kantschen Dilemma zu entkommen? EB sieht den Ausweg in einer „Repolitisierung der Politik“ und in einer neuen Funktionsbestimmung einer auf freier Entfaltung beruhenden Wissenschaft:

„Der Politiker muß die Beratung durch Wissenschaftler ernst nehmen, aber entscheiden und verantworten muß er. Wissenschaft muß frei bleiben.“[4]

In diesem Essay benennt er eine Reihe von Maßnahmen und Neuerungen zur Bereicherung des wissenschaftlichen Diskurses als autonome Instanz der Politikberatung: Inter- bzw. Multidisziplinarität, Technology assessment, autonome Sachverständigenkommissionen zusammengesetzt aus Universitätsprofessoren nach dem Vorbild der britischen Royal Commissions, mehr ökologische und einer ganzheitlichen Problemsicht verpflichtete Forschungsthemen und -schwerpunkte sowie die Reorganisation des Gutachterwesens.

Aber neue Formen der wissenschaftlichen Politikberatung sind für EB nicht ausreichend, er will auch der Politik selbst tiefgreifende Reformen verordnet wissen. Diese sollen die in einer komplexen und arbeitsteiligen Gesellschaft erforderliche Langfristigkeit politischen Handelns sicherstellen. Er denkt dabei an mehr partizipatorische Demokratie durch Verankerung entsprechender Vorschriften im Verwaltungsrecht sowie an die Änderungen jener Bestimmungen in der Österreichischen Bundesverfassung, die langfristiges und problemorientiertes Zukunftshandeln eher erschweren als erleichtern, wie zum Beispiel die Jährlichkeit der Planung und Vollziehung des Staatshaushaltes, vierjährige Legislaturperioden und die strenge Arbeitsteilung zwischen den einzelnen Ministerien (Ressortegoismus).

Dieses Maßnahmenbündel zusammengenommen, ergäbe eine ernsthafte Diskussionsgrundlage für tiefergehende Reformen der österreichischen Innenpolitik. Warum davon innerhalb der amtierenden Bundesregierung, deren Vizekanzler EB ist und der derzeitigen ÖVP, deren Bundesparteiobmann er ist, so wenig zu hören und zu vermerken ist, wird er sich irgendwann als Grundsatzfrage und Kritik gefallen lassen müssen.

Wirklichkeitssinn und Möglichkeitssinn

EB ist – mit Robert Musil gesprochen – ein Politiker mit ausgeprägtem Wirklichkeitssinn, dem trotzdem das Sensorium für Möglichkeiten, d. h. Terrains für künftige politische Entwicklungen, nicht abhanden gekommen ist. Wissenschaftspolitik ist deshalb nach seiner Auffassung nicht nur die Verwaltung vorhandener Ressourcen und vorgegebener Strukturen, sondern ein gezielter Beitrag zur Zukunftsgestaltung Österreichs:

„Der Wissenschaftspolitik kommt im Politikensemble die Aufgabe zu, Zukunft zu sichern und vorausschauend die Grundlage künftiger gesellschaftlicher Dynamik zu gestalten; und zwar durch Sicherung der Qualifikation für die technische und wirtschaftliche Entwicklung, durch die Förderung der Grundlagenforschung und der angewandten Forschung sowie durch die Weiterentwicklung der Demokratie und Kultur eines Landes.“[5]

Zukunftsgestaltung heißt nach seiner Auffassung, einen nachhaltigen und wirksamen Prozeß der Modernisierung einzuleiten, der die Universitäten und Forschungsstätten des Landes befähigen soll, den aktuellen Herausforderungen gerecht zu werden. Die Zeit für einen endgültigen Abschied von der Humboldtschen Universitätsidee ist gekommen. Sein Befund fällt nüchtern aus:

„Es hat sich die Humboldtsche Gelehrtenrepublik hochmotivierter Träger eines kulturstaatlichen Bildungsbegriffs in einen verbürokratisierten Elfenbeinturm verwandelt, dessen gewachsene Aufgabenfülle durch kameralistische Verwaltungsstrukturen nur mehr unzureichend bewältigt werden kann.“[6]

EBs Leitlinien für die Modernisierung der österreichischen Universitäten konzentrieren sich deshalb auch auf die Schaffung einer entbürokratisierten und vor allem dem Qualitätsdenken verpflichteten Universitätskultur. Seine thematischen Schwerpunkte dafür sind:

Leistungs- und Wettbewerbsorientierung, verbesserte Ausbildungsmöglichkeiten für die studentische Jugend durch Reformen der Studienpläne und -inhalte, Schaffung spezieller Fachhochschulen für stärker berufsorientierte Ausbildungsangebote, Schwerpunktbildung, d. h. die Konzentration von Personal und Ressourcen zur besseren Nutzung vorhandener Forschungspotentiale und Ausbildungsangebote, aber vor allem eine tiefgreifende Organisationsreform der Universitäten durch den Aufbau betriebsähnlicher Strukturen und Managementinstrumente.

Reformwunsch und österreichische Wirklichkeit

Die Vertreter der Universitäten haben auf diese Vorschläge mit ausgeprägt ambivalenten Gefühlen reagiert; insbesonders der Vorschlag zur Organisationsreform steht im Kreuzfeuer der Kritik.

Obwohl sich Hochschul- und Ministeriumsvertreter in der Diagnose der Probleme an den Universitäten einig sind und

- das Fehlen klarer Entscheidungsstrukturen
- die Lähmung der Gremien infolge ihrer Größe
- die Überfülle der Gesetzesvorschriften
- die mangelnde Selbststeuerungsfähigkeit
- die unflexible Personal- und Entlohnungsstruktur und
- den ausgeprägten Zentralismus der Haushaltsentscheidungen

beklagen, so gibt es jedoch bei den Therapievorschlägen kaum Einigkeit. Auch scheint der „Leidensdruck" der Hochschulangehörigen so ungleich verteilt zu sein, daß die Universitäten aus sich heraus zu keiner klaren und eindeutigen Formulierung der Reformziele fähig sind.

EB hat in dieser Pattsituation versucht, durch ein umfassendes Reformkonzept die Diskussion richtig in Gang zu bringen. Allerdings hat er sich dabei einer eher unglücklichen Doppelstrategie von Beteiligung der Betroffenen einerseits und isoliertem ministeriellen Josephinismus andererseits bedient.

So wurden zwar von ihm persönlich über 8000 Universitätslehrer angeschrieben und um ihre Vorschläge zur Reform ersucht, das erste Konzept für die Universitätsreform wurde aber als reiner Beamtenentwurf – faktisch unter Ausschluß der universitären Öffentlichkeit – verfaßt.

Der Entwurf mit dem Titel „Die neue Universitätsstruktur“[7] gruppiert sich um folgende zentrale Reformziele:

Die Universitäten sollen Rechtspersönlichkeit eingeräumt bekommen, um sich selbst eigenständige Satzungen geben zu können und Verträge und sonstige Rechtsgeschäfte abschließen zu können. Die Ausbildungs- und Organisationsstruktur soll nicht im Detail, sondern nur mehr über Rahmengesetze geregelt werden, damit die Entwicklung eigenständiger Leistungsprofile in Lehre und Forschung erleichtert und eine Differenzierung der Hochschulen untereinander ermöglicht wird. Forschung und Lehre können in Hinkunft auch organisatorisch getrennt – je nach Zweckmäßigkeit und speziellen Erfordernissen – durchgeführt werden. Damit wird eine Entlastung der Forschungsaufgaben vom Prüfungs- und Lehrbetrieb ermöglicht. Die Gesamtleitung der Universität soll einem Präsidium unter Vorsitz eines Universitätspräsidenten übertragen werden, das sich aus dem Rektor und Vizepräsidenten zusammensetzt. Die Universitäten sollen sich eigene Satzungen geben können, die die innere Organisationsstruktur regeln.

Weiters sollen diese Satzungen auch Aufgaben und Bezahlung von künftigen Privatangestellten der Universität regeln, die als zweite Personalkategorie neben den Bundesbediensteten eingeführt werden sollen. Auch soll es der Universität als juristischer Person möglich werden, für den Betrieb notwendige Räumlichkeiten und Gebäude selbst zu errichten, anzukaufen oder anzumieten. Die staatliche Finanzierung der Universitäten soll nicht mehr bis ins Detail vom Ministerium entschieden werden, sondern zugeteilte Globalbudgets von jeder Universität selbst verwaltet werden. Der staatliche Mechanismus für die Globalzuteilung von Geld und Personal soll nur mehr generellen Zielvorgaben folgen und durch regelmäßige Evaluationen des Mitteleinsatzes kontrolliert bzw. korrigiert werden. Diese Aufgabe könnte ein mit externen Fachleuten besetzter Beirat oder eine rechtlich selbständige (zwischen der politischen Ebene des Ministeriums und den Universitäten angesiedelte) „Holding" wahrnehmen. In einer zweiten Reformvorlage wurden – nach heftigen Attacken der Universitäten – einige dieser Punkte zurückgenommen bzw. revidiert.

Die dem Reformkonzept innewohnende Mischung einer klar definierten Leitungsstruktur der Universitäten (Präsidentenmodell) und einer stärkeren betriebswirtschaftlichen Orientierung der Verwaltung (Globalbudget plus Holding als Interface zwischen Politik und Universität) hat bei den Universitätslehrern große Ängste ausgelöst. Man befürchtet, daß die seit langem geforderte Unabhängigkeit von staatlichem Reglement und ministeriellem Zentralismus mit einer bisher nicht gekannten wirtschaftlichen Eigenverantwortung für die Verwaltung der Universität erkauft werden muß. Daß der Präsident von „außen" kommen kann und durch den Minister ernannt wird, hat weitere Befürchtungen ausgelöst, die traditionelle, durch einen aus dem eigenen „Stall" kommenden Rektorkollegen geführte Gelehrtenrepublik könnte plötzlich von einem universitätsfremden Manager geleitet werden. Die Universitätsassistenten, die noch nicht Professorenstellen auf Lebenszeit innehaben, fürchten wiederum, daß die neue Personalkategorie der Privatangestellten interne Konkurrenz und dadurch eine Beschneidung erworbener Rechte mit sich bringen könnte.

Ironischerweise führen diese Ängste und Reformwiderstände dazu, daß unter vielen Hochschulangehörigen dem bisher ungeliebten UOG wieder Qualitäten zugesprochen werden und das immer und viel kritisierte Ministerium einer Holding vorgezogen wird. Es scheint, daß der herrschende, unbefriedigende Zustand deswegen so schwer aufgegeben werden kann, weil er gleichermaßen den Universitäten wie auch dem Ministerium die bequeme Möglichkeit einräumt, wechselseitig Schuldzuweisungen vornehmen zu können, ohne Problemursachen beseitigen zu müssen.

Die ambitionierteste Universitätsreform seit der Einführung des Universitäts-Organisations-Gesetzes (UOG) im Jahr 1975 dürfte jedenfalls wesentlich schwieriger zu realisieren sein als EB ursprünglich angenommen hatte. Auch gibt es beträchtliche Auffassungsunterschiede innerhalb der Regierungsparteien selbst, wodurch zusätzliche Bremseffekte bei der Verwirklichung der Reform zu befürchten sind.

Es besteht die Gefahr, daß die ursprünglich umfassend angelegte Reform, die auch ausdrücklich im Regierungsübereinkommen der beiden Koalitionsparteien gefordert wird, zu einem Flickwerk von Gesetzesnovellen und Teilreparaturen schrumpft.

Wesentlich eindeutiger zugunsten EBs fällt die bisherige Zwischenbilanz seiner Tätigkeit als Wissenschaftsminister bei der Lösung der Finanzprobleme der Hochschulen aus. Seit seinem Amtsantritt konnte er beträchtliche, über dem Schnitt seines Amtsvorgängers liegende jährliche Steigerungen des Wissenschaftsbudgets durchsetzen. Weiters ist es ihm 1991 gelungen, vom Finanzminister 700 zusätzliche Planstellen zur Entschärfung der akuten Personalnot an den Hochschulen zu bekommen.

(Mittel-)Europäisches Credo

Die stärksten Veränderungen des österreichischen Hochschulsystems dürfte EB jedoch im Bereich der internationalen Öffnung und gesamteuropäischen Zusammenarbeit bewirkt haben. Wenn man dies im Zusammenhang der geschichtlichen Entwicklung der heimischen Hochschulen analysiert, so kommt diesem Vorgang mehr als nur eine bloß „klimatische" Bedeutung zu.

Mit dem Niedergang der Monarchie und im Zuge der politischen und ökonomischen Krise der Zwischenkriegszeit haben die österreichischen Universitäten sukzessive an internationaler Ausstrahlung verloren. Dieser Prozeß gipfelte in einem intellektuellen Kollaps, verursacht durch die massenhafte Emigration und rassistische bzw. politische Verfolgung namhafter, international reputierter Hochschullehrer während der Zeit der NS-Diktatur. Die österreichischen Hochschulen haben sich von diesem geistigen Aderlaß – zumindest in einigen wesentlichen Wissenschaftsdisziplinen – nie mehr richtig erholt.[8]

Deshalb kommt EBs Bestrebungen zur Verstärkung bzw. Wiederherstellung internationaler Bezüge in Forschung und Lehre und zur Wiederaneignung kultureller Reputation eine über die Tagespolitik hinausreichende Bedeutung zu. Seine Bemühungen gehen dabei einerseits in Richtung Europäische Gemeinschaften und Westeuropa und andererseits in Richtung Mittel- und Osteuropa:

> „Eine Abkoppelung von der internationalen Zusammenarbeit bedeutet nicht nur qualitative Mittelmäßigkeit, sondern durch das damit verbundene Fehlen des Leistungsvergleichs auch intellektuellen Provinzialismus. In diesem Sinne ist die Teilnahme an den Forschungs- und Bildungsprogrammen der Europäischen Gemeinschaften unabhängig von EG-Mitgliedschaft und Wirtschaftsintegration alternativlos."[9]

Mittel- und Osteuropa nehmen für EB im Rahmen der internationalen Beziehungen einen besonderen Stellenwert ein. Dies hängt mit seiner aktiven Unterstützung der Demokratie- und Dissidentenbewegung in diesen Ländern vor dem Fall des Eisernen Vorhangs aber auch mit seiner humanistisch-kulturellen Utopie einer friedlichen, nachbarschaftlichen Zusammenarbeit der Völker Mitteleuropas zusammen, für die er sich schon zu einer Zeit eingesetzt hat, als die Perestrojka und die Auflösung des Warschauer Pakts noch nicht einmal andeutungsweise erkennbar waren.[10]

EB hat zur Förderung der internationalen Zusammenarbeit der Universitäten sowohl die Kooperation mit der EG wesentlich ausgedehnt als auch eine Reihe bilateraler Kooperationsprogramme mit mittel- und osteuropäischen Ländern initiiert.

Mit den Europäischen Gemeinschaften wurden 1990 und 1991 Verträge über die Teilnahme an den Bildungs- und Studentenaustauschprogrammen COMETT und ERASMUS abgeschlossen und die volle Teilnahme Österreichs an allen Forschungsprogrammen der Gemeinschaft im künftigen „Europäischen Wirtschaftsraum“ (EWR) fixiert.

Gleich nach dem Wegfall des Eisernen Vorhangs wurden mit Ungarn, Polen und anderen Schwerpunktzonen in Osteuropa Kooperationsprogramme in die Wege geleitet, um einerseits die traditionellen Beziehungen mit den Hochschulen dieser Regionen wiederzubeleben als auch rasche Hilfe für Studierende und Hochschullehrer durch spezielle Stipendien und Ausbildungsaktionen, wie zum Beispiel „Sommerhochschulen“, anzubieten. Weiters hat er die Teilnahme Österreichs an Hochschulhilfsprogrammen der EG und der G-24-Länder für Osteuropa forciert, besonders im Rahmen des TEMPUS-Programms.

Der gestiegenen Bedeutung der Internationalisierung der Universitäten im Rahmen der nationalen Wissenschaftspolitik versuchte er durch die Schaffung einer internationalen Sektion in seinem Ministerium und durch den Ausbau verschiedener Serviceorganisationen (Auslandsbüros der

Universitäten sowie Österreichischer Akademischer Austauschdienst) Rechnung zu tragen.

Politik als Käfig?

Als bunter Vogel wird EB heute offensichtlich nur mehr in der politischen Karikatur wahrgenommen – aber nicht mehr von seinen Wählern oder in seiner Funktion als Wissenschaftsminister. Aber das ist auch nicht weiter verwunderlich, denn schließlich ist er nicht mehr Oppositionspolitiker im Wiener Gemeinderat, der sich mit neuen Ideen gegenüber einer mächtigen Mehrheitsfraktion profilieren mußte, sondern Regierungsmitglied, Vizekanzler und Bundesparteiobmann der ÖVP.

Aber es hat sich nicht nur seine Rolle in der Politik geändert, auch der „Zeitgeist" weht in eine andere Richtung. Abgesehen von der wohlbekannten Krise der etablierten Parteien und einer diffusen, aber weitverbreiteten Politikverdrossenheit, haben sich die Rahmenbedingungen der österreichischen (Innen-)Politik insgesamt stark gewandelt.

Die Wissenschaftspolitik verlangt weniger nach einer neuen Bildungsphilosophie und neuen Forschungskonzeptionen, sondern eher nach gutem Krisenmanagement bzw. nach Reparatur bestehender Institutionen. Gefragt sind Maßnahmen, die den Betroffenen nicht allzusehr wehtun.

Die allgemeine politische Lage in Österreich verlangt weniger nach liberal-demokratischen Zukunftsentwürfen und kontroversiellen Beiträgen für die Entwicklung einer neuen politischen Kultur, sondern eher nach einer moderierenden und „Ruhe" stiftenden Politik zur Absicherung des Erreichten.

Die Außenpolitik, in die EB aufgrund seiner langen Beschäftigung mit (mittel-)europäischen Themen viel einzubringen hätte, verlangt eher nach konservativen Entwürfen der Abgrenzung (Beispiel Asylgesetz) und nach einer zögerlichen, sich zu nichts verpflichtenden Annäherung an ein sich rasch änderndes Gesamteuropa (Beispiel Debatte um EG-Mitgliedschaft) als nach einer offensiven Neubestimmung der österreichischen Identität, die über das Gründerverständnis der Zweiten Republik und der damit verbundenen Definition der Neutralität hinausweist.

In diesem innenpolitischen Klima, das eher von Zukunftsangst als von Zukunftslust geprägt ist und in dem große Teile der Bevölkerung stark verunsichert sind, scheinen derzeit bunte Vögel wenig gefragt zu sein.

Literaturhinweise:

1 *K. Nüchtern,* Der krumme Gang des grauen Vogels, in: FORUM, März/April 1989, S. 24–29

2 Vgl. Wissenschaft – Ethik – Politik (Hrsg. von E. Busek und M. Peterlik), Wien 1987 sowie den Beitrag „Politik und Wissenschaft" in: Wissenschaft und Freiheit (Hrsg. von E. Busek, W. Mantl, M. Peterlik), Wien 1989

3 *E. Busek,* Politik und Wissenschaft, S. 104

4 Ebenda, S. 106

5 *E. Busek,* Zukunft möglich machen – Wissenschaftspolitik für die 90er Jahre, Buchmanuskript für: Jahrtausendwende in Rot-Weiß-Rot (Hrsg. von J. Kunz), Wien 1992, S. 1

6 Ebenda, S. 14

7 Die neue Universitätsstruktur, Reformkonzept, BMWF – Wien 1991

8 Vertriebene Vernunft (Hrsg. von F. Stadler), 2 Bde, Wien 1987

9 *E. Busek,* Zukunft möglich machen . . ., S. 22 f.

10 Vgl. dazu: *E. Brix, E. Busek,* Projekt Mitteleuropa, Wien 1986

Barbara Wicha

Der Einzelkämpfer

Die Stunde der Freunde scheint gekommen

Wenn wohlgefügte, scheinbar unhinterfragbare Institutionen in Österreich zu beben beginnen, sich in ihrer saturierten Existenz bedroht fühlen, sich rechtfertigen, argumentieren und protestieren, kann man getrost annehmen, EB habe sich zu Wort gemeldet. An seiner Ungeduld, seiner intellektuellen Motorik, Dynamik und Radikalität scheiden sich die Geister.

Beobachtet man den Menschen und Politiker (eine seltene, weil widerspruchslose Einheit), dann ist es, als könnte einer nicht untätig zusehen, wenn eine Wasseroberfläche glatt und ruhig daliegt. Als unterläge er einem Zwang, Steine ins Wasser zu werfen, um Wellen zu erzeugen.

EB als Politiker und als Mensch, das heißt:

Nur keinen Konflikt vermeiden. Nur nicht barocke Selbstzufriedenheit einkehren lassen. Immer das Gesetz des Handelns an sich reißen. Mit einem klaren Bekenntnis zur Macht umgestalten, verändern, bewegen zu können. Einer, der sich nicht drückt vor Verantwortung und Risiko – notfalls auch Funktionen übernimmt, um die sich andere nicht reißen.

Ein wacher, unruhiger, urbaner Geist. Mit einer ungebremsten Neugier und Lernfreude. Immer auf der Suche. Mit Visionen und gleichzeitig realistischer Einschätzung des Machbaren.

Aufgeschlossen und tolerant gegenüber Neuem und Andersartigem – intolerant gegen Anpassung, Ausgrenzung, Borniertheit, Dummheit und Provinzialität.

Mit eigenen klaren Wert- und Zielvorstellungen. Für das eigene Leben. In der Politik ganz allgemein. In der Kulturpolitik. In der Wissenschaftspolitik.

Kein angenehmer, pflegeleichter Gesprächspartner. Einer, dem Small talk in der Seele zuwider ist, der ihn aber – als Pragmatiker – scheinbar erträgt. Einer, der zuhören kann, auch wenn man es ihm nicht ansieht (weil er gleichzeitig telefoniert oder Akten unterschreibt). Berater und Ratgeber für die, die ihm nahestehen. Einer, mit dem man nächtelang diskutieren kann – über Literatur, über Kunst, über Veränderungen in Europa. Nur nicht über Kleinkariertes.

Einer, dessen Intellektualität in der Freude am Formulieren durchbricht, dessen Zynismus nicht immer leicht zu ertragen ist. Ein wenig eitel, aber nie selbstgefällig. Einer auch, an dem Kritik von außen scheinbar abprallt – der sich aber (freilich je nachdem, woher sie kommt) damit auseinandersetzt. In der Seele verletzlicher, als manche annehmen. Kein einfacher Freund – aber ein treuer.

Sammelwut

Andere sammeln antike Vasen, er sammelt Intellektuelle.

Einer, von dem der Ausspruch kolportiert wird, man könne die Zukunft nicht aus dem Rückspiegel betrachten, läßt einen bei Rückblicken zögern.

Dennoch: Mancherlei erstaunte Reaktionen über EBs Vorschläge zur Reform des Wissenschaftsbetriebes (und der ÖVP) hätten unterbleiben können, hätte man in seinen früheren Artikeln und Büchern geblättert. Und sie ernstgenommen.

Zwischen meiner ersten Begegnung mit EB und diesen Zeilen liegen mehr als dreißig Jahre. Dreißig Jahre, in denen sich unsere Wege in verschiedenen Bereichen (Katholische Jugend, ÖVP, Wissenschaft, Kultur) immer wieder kreuzten. Nicht immer friktionsfrei – aber das gehört einfach dazu und trifft auf die meisten seiner Freunde zu. Und selbst dann, wenn Jahre zwischen zwei Gesprächen lagen, war die Fortsetzung so, als hätte es keine Unterbrechung gegeben.

Die Feste zu EBs 40er und zu seinem 50er im „Metropol" in Wien waren wie Maturatreffen. Aber nicht allmählich in die Jahre kommende Damen und Herren, die nostalgisch auf Erreichtes zurückblicken, waren da versammelt. Es war eine Ansammlung von Menschen, die in den verschiedensten gesellschaftlichen Bereichen Österreichs Spuren hinterlassen haben – manche von ihnen gescheiterte Revolutionäre, manche die gewissen grauen Eminenzen, allesamt „Beweger".

Aus allen politischen Gruppierungen und Lagern, aus der Kirche, der sich EB trotz aller Kritik an der heutigen Institution stark und bekennerhaft verbunden fühlt. Aus dem Kulturleben – schillernde Persönlichkeiten, ernsthafter als die sogenannten bunten Vögel (von denen es heißt, EB selber hätte ihnen die Flügel gestutzt, wenn sie ihm in die Quere gekommen sind). Vor- und Neudenker aus Wirtschaft und Wissenschaft, Etablierte und neue Hoffnungen.

Wenn Nostalgie gestattet ist, dann in dieser Hinsicht: An zwei Abenden, zwischen denen 10 Jahre lagen, hatte man das gute Gefühl, daß Österreich doch nicht geistige Provinz sein müßte. Daß Politik anders aussehen könnte, daß selbst eine Partei vom Zuschnitt der ÖVP noch Attraktivität ausstrahlen könnte. Wenn bloß die richtigen Personen an den richtigen Positionen säßen (was auch für die SPÖ gilt).

Es gibt sie ja, die Intellektuellen, die Lesenden, Schreibenden, Malenden, Lernbegierigen, Offenen, die Kämpfer, die Beweger – aber offenbar ist es schwer, dieses Potential zu bündeln. Menschen, deren Interesse an den anderen nicht schon durch die Frage nach ideologischer Linientreue limitiert wird. Es gibt sie und sie sind auch zu versammeln – zumindest zu solchen Anlässen.

Der zu diesen Anlässen versammelte Kreis der Freunde des EB machte noch eines sichtbar:

Kontinuität in den Freundschaften, in den Beziehungen, allen Brüchen, Provokationen und Konfrontationen zum Trotz.

Kontinuierlich radikal

Der erste Entwurf für eine neue Universitätsstruktur mit mehr Eigenverantwortung, mehr Leistungsorientierung, Selbständigkeit und Internationalität hat Konflikte aufbrechen lassen, die seit Hertha Firnbergs UOG aus 1975 mehr oder minder stumm vor sich hindämmerten. Man hat mit der Drittelparität zu leben gelernt. Nischen gezimmert, in denen basisdemokratische Ansätze sogar noch ein Ruheplätzchen fanden. Mußte sich nicht befragen oder hinterfragen lassen.

Aber plötzlich waren wohlerworbene Rechte – aller Gruppen – bedroht. Den einen war es zuviel Mitbestimmung, den anderen zuwenig. Die einen wollen mehr Autonomie, den anderen ist bang davor.

Es hat den Anschein, als wäre der – in den Augen mancher – vorschnell verschickte Universitätsprofessoren-Entwurf nur ein Versuchsballon gewesen. Ein unausgegorener, hektischer Schnellschuß, „weil der Wissenschaftsminister, Vizekanzler und ÖVP-Bundesparteiobmann Erfolge braucht“.[1]

Ein Blick in die frühen Publikationen EBs zeigt jedoch,

---

1 *Erich Witzmann* in den Salzburger Nachrichten, SN-Sonderausgabe vom März 1992, Sommersemester 1992, S. 1

daß derlei Vorgehen Methode hat, um Bewegung in Gang zu setzen. 1969 – zu einer Zeit, als Intellektualität und Tagespolitik noch verknüpfbar waren – lieferte EB ein Bekenntnis zum Konflikt: „Erst im Konflikt werden die Positionen klar, präzise formuliert und durchdacht; er eröffnet die Wahlmöglichkeit und baut eine politische Entscheidungssituation auf, die durch den Kompromiß gelöst oder durch Mehrheitsentscheidungen geklärt werden kann."[2]

Als EB vor einigen Jahren schon die Idee der Professur auf Zeit, Leistungsnachweise auch für das akademische Personal und (geradezu selbstverständlich vor diesem Hintergrund) für die Studierenden forderte, war das Murren groß. Verunsicherung aller Orten.

Dabei wäre auch hier 1969 einiges nachzulesen gewesen: „Um eine größere Attraktivität für Führungskräfte zu erreichen, soll zugunsten höherer Bezüge in leitenden Stellungen auf die Pragmatisierung verzichtet werden."[3]

Der Wunsch nach der Hochschulautonomie ist älter als das UOG des Jahres 1975. Immer dann, wenn eine Entscheidung „in Wien" getroffen wird, die den Universitäten wenig Freude bereitet (Prioritätensetzung, Berufungspolitik, Mittelzuweisung, Leistungsüberprüfung), wird der Ruf nach der Eigenständigkeit laut.

Die Vorstellung freilich, daß die ohnedies knappen Ressourcen dann universitätsintern verteilt werden, schreckt viele (wie ich meine, zu Recht). Auch, weil die Wahrscheinlichkeit groß ist, daß verdeckte Konflikte plötzlich aufbrechen, und sei es im Verteilungskampf, wenn es um Dienstposten oder Lehrauftragsstunden geht. Die Gefahr, daß eine Art neuer Ordinarienuniversität wiederkehrt, ist gewiß nicht vom Tisch zu wischen.

---

2 *Erhard Busek, Gerhard Wilflinger.* Demokratiekritik – Demokratiereform. Wien 1969, S.56

3 *Busek, Wilflinger* 1969, S. 83

Aus Überzeugung und in – für Österreich ungewohnter – realistischer Einschätzung der Größe des Landes beharrt EB als Wissenschaftsminister auf Schwerpunktsetzungen. Begehrlichkeiten, mit denen von einer Donau-Universität in Niederösterreich oder einer Hochschule in Vorarlberg geträumt werden, hat er zunichte gemacht. In zynischer Schärfe hat er die Motive der „Götter in Weiß" von den medizinischen Fakultäten enttarnt, als es um die Standortwahl in Wien ging: Die Wege zwischen Lehre und lukrativer Privatpraxis sollten offenbar möglichst kurz sein. Kompromißbereit ist er dann, wenn „burden sharing" angesagt ist: Eine medizinische Fakultät (trotz seiner grundsätzlichen Bedenken) könnte sich EB in Salzburg schon vorstellen – vorausgesetzt, das Land Salzburg zahlt. Aber nachweisbar, nicht mit leeren Zusagen.

In immer noch umstrittenen Fragen, wie der Frauenforschung und der nötigen Frauenförderung, ist EB ein Verbündeter. Mit seiner Hilfe konnten Versuche einer Verwässerung der gezielten Vergabe von Habilitationsstipendien an Frauen abgewehrt werden. Seine Bekenntnisse zur Überwindung diskriminatorischer Praxis in der Berufungspolitik haben freilich zu merkwürdigen Auswüchsen geführt: Manche Kommissionen zögern, Frauen überhaupt noch auf die Dreiervorschläge zu schreiben, weil es – hinter vorgehaltener Hand – hieß: „Wie der Busek jetzt ist, nimmt er glatt die Frau."

Seit dem Erscheinen des „grünen" Reform-Entwurfs ist viel geschrieben worden über die Universitäten, viel geklagt und heruminterpretiert worden. Das in Aussicht genommene Mehr an Autonomie wurde interpretiert als ministerielles Sich-Wegschleichen aus der Verantwortung. Und das Angebot zur Selbstorganisation auch bei der inneruniversitären Verteilung der Ressourcen wurde gedeutet als Feigenblatt für bundesbudgetäre Durststrecken. Das von EB geforderte universitäre Management auf Europaniveau (was immer das sein mag) sei nur möglich, wenn Europagehälter bezahlt werden. Reformkonzepte à la EB verlangten nach einer neuen Konfliktlösungskultur. Und überdies solle „der Minister die Vertrauensbasis mit den Universitäten wiederherstellen“[4].

Nun, es war kaum je ein Wissenschaftsminister so viel an den Universitäten, hat sich der Kritik und Auseinandersetzung mit den Studierenden gestellt. Für sie und für Anliegen des Mittelbaus ist er – trotz der Hektik der Dreifachbelastung als Minister, Vizekanzler und Parteichef – immer zu sprechen (auch wenn's manchmal eine Zeitlang dauert, bis Termine realisiert werden). Derselbe Minister, der sich Privatbrief-Interventionen der Professoren schriftlich verbeten hat.

Mögen auch nicht alle entzückt sein – auch das ist ein, sein Beitrag zu der geforderten neuen Konfliktkultur.

Resignation über vertane Chancen

Während die Universitäten fast ausschließlich mit ihrer Binnenstruktur beschäftigt waren (und sind) – ebenso wie die Parteien, einschließlich der ÖVP, mit sich selbst und dem Erhalt ihres stetig schwindenden Mitgliederstammes –, hat EB stets die Öffnung gefordert.

1968 räsonnierte der zutiefst urbane Urwiener über seine Heimatstadt: „Nach 1955 ist in Wien darüber die Diskussion ausgebrochen, ob die Bundeshauptstadt wieder ‚Weltstadt' wird. Inzwischen hat sich klar herauskristallisiert, daß die historischen Ansatzpunkte einer ehemaligen europä-

4 Zusammenfassung der Argumente und Positionen in der Sonderbeilage der SN, Uni-Magazin vom März 1992, Sommersemester 1992.

5 *Erhard Busek, Meinrad Peterlik* (Hg.): Die unvollendete Republik. Wien 1968, S. 73

ischen Metropole wohl vorhanden, aber gering genutzt sind“[5].

Das trifft auch auf seine Einschätzung der Universitätssituation zu:

Über Partnerschaften, internationale Projektbeteiligungen, über den Austausch von Studierenden und Lehrenden soll jenes intellektuelle Klima an den österreichischen Universitäten wiedergewonnen werden, das nicht zuletzt durch den geistigen Aderlaß in der Folge des Nationalsozialismus zerstört wurde.

Nichts kann ihn mehr erbittern, als die mangelnde Mobilität der österreichischen Forscher.

Daß mancherlei bürokratische Barrieren zumindest die Studierenden in ihrem Auslandsdrang bremsen, räumt er ein. Ebenso, daß die Fülle des Angebots verwirrend sein mag. Aber die Büros für Auslandsbeziehungen, Auslandsabteilungen oder wie immer sie an den einzelnen Universitäten heißen, sind ebenso eine konkrete Hilfe wie die Verbindungsstelle für universitäre Auslandsbeziehungen des ÖAD (nicht zufällig mit dem ehemaligen Buseksekretär Josef Leidenfrost besetzt).

Selbst ein Neugieriger, der jede Reise ins Ausland, vor allem in die Länder der ehemaligen österreichisch-ungarischen Monarchie als Lernerfahrung für sich selbst umsetzt, mangelt es ihm an Verständnis für das innerösterreichische Gefälle.

Mit dem Quadrat der Entfernung von Wien sinkt das Interesse an einem Forschungsaufenthalt in der ČSFR, in Ungarn oder Polen drastisch. Und während sich Berliner Politiker zunehmend mehr der Ost-West-Dialoge annehmen, versickern EBs weitaus frühere Initiativen dieser Art in innerösterreichischer, bestenfalls noch amerika-orientierter Selbstbeschränkung. Angebote, für Lehrende und Studierende die Teilnahme an Sprachkursen in der ČSFR zu finanzieren, verhallten westlich von Wien ungehört.

Die plötzlich ausbrechenden Berliner „Europa-Initiativen“ und Mitteleuropa-Metropolen-Tagungen stehen in beträchtlichem Kontrast zum nur mühsam mobilisierbaren Interesse der meisten seiner Regierungskollegen.

Während andere die Veränderungen in unseren Nachbarländern, einschließlich der ehemaligen DDR, im Fernsehen aus vorsichtiger Distanz beäugten, scheinbar darauf wartend, ob man Österreich in der Weltgeschichte noch einmal braucht, hat er die Initiative ergriffen: Eine Reise nach der anderen in die Länder rund um Österreich gemacht, Kontakte weitergepflegt und neue geknüpft. Mit bescheidenem innerösterreichischen Echo und noch geringerer Folgewirkung. Ziemlich alleingelassen.

Wenn andere davon sprechen, „Österreich müsse nach Europa gehen“, wird ein ärgerlicher Unterton hörbar: Was heißt hier nach Europa gehen, wir sind längst da.

Für EB-Kenner (wobei zu unterstellen ist, daß er immer für Überraschungen gut ist) mischt sich immer häufiger Resignation in die Stimme. Und Zweifel, daß sich hierzulande geistig etwas bewegen läßt: Wenn sich österreichische Weltoffenheit auf Kenntnis und Konsum internationaler Weinmarken reduziert oder auf touristische Erkundungsreisen, wenn die zeitgenössische Kunst im österreichischen Bewußtsein (und spiegelbildlich in der Selbstdarstellung im Ausland) noch immer ein Schattendasein führt, wenn die mühsam gewonnene Liberalität im politischen Klima sich zu verflüchtigen scheint und einem Wertkonservatismus Platz macht, der innere Grenzen aufbaut, während die staatlichen abbröckeln.

Enttäuschung spricht aus seinen Worten, wenn ihm immer wieder im politischen Alltag bewußt wird, daß von einem dialogischen Verhältnis zu den Nachbarn nicht viel zu merken ist: „Auf dem Gebiet der Ost-West-Verständigung ist noch ein gehöriges Maß an Arbeit zu leisten. Die Veränderungs- und Verständigungsbereitschaft ist noch nicht so weit gediehen, als daß sie der Rationalität in einem West-Ost-Dialog förderlich sein könnte“[6].

Vielleicht sollte man ihm zur Ermutigung ein eigenes Zitat in Erinnerung rufen: „Auch die Grillparzersche Resignation des ‚Alles ist zu spät!‘ darf uns nicht in einer Zeit erfassen, der die Offenheit gehört“[7].

Vermutlich ist es heute mehr denn je an der Zeit, daß sich all jene, denen er über die Jahrzehnte Helfer und Anreger war, mit diesem österreichischen Denker und Menschen zu gemeinsamem Handeln verbünden und zusammen mit ihm für heilvolle Unruhe in diesem Land sorgen – und zwar nicht erst zum 60er im Metropol.

DOKTOR BUSEKS METAMORPHOSE

6 Aus einem Schreiben an die Verfasserin aus dem Frühjahr 1992
7 *Busek, Peterlik* (Hg.), S. 91

Thomas Götz

Der Chef

Erdöl und Lyrik

Das Ministerium, dem wir uns auf einem Rundgang zu nähern versuchen, ist noch jung, hat gewissermaßen gerade die Pubertät hinter sich gebracht. Erst 1970 sind die Agenden der Wissenschaft nebst Anhang vom zentralen Monsterministerium für alles, was auch nur im entferntesten mit Erziehung zu tun hat, in den Adelsstand der Eigenständigkeit erhoben worden. Eine Messingplakette kennzeichnet seither den linken Teil des ehemals Starhembergschen Stadtpalais am Minoritenplatz als Reich des Herrn über Universitäten, Forschungseinrichtungen, Bundesmuseen und Bibliotheken des Landes sowie über den Denkmalschutz. Eine logische Kombination – logisch wie ein Ministerium für Erdöl und Lyrik – hatte das Wirtschaftsmagazin „Trend" zum Amtsantritt EBs geätzt.

Wer ins Reich von Erdöl und Lyrik vordringen will, muß zuerst einmal ins Auge einer Videokamera blicken, wird vermittels derselben gemustert und nur vielleicht eingelassen. Die nächste Hürde stellt Daniela Schwarz dem Eindringling in den Weg. Sie teilt die Termine ein, zumindest jene, die noch flexibel sind. Viele sind fix, „da fährt die Eisenbahn drüber": Ministerratssitzungen, Auslandsreisen, die Montags-Pressekonferenzen und noch ein paar Fixpunkte in der Woche. „Der Minister macht was er will, aber er macht es, wann ich will", hat sich Frau Schwarz als Kurzdefinition ihrer Aufgabe zurechtgelegt. Widerwillig macht er es auch um halb acht in der Früh, aber wirklich nur „in allerletzter Not". Rhetorisch sei da nämlich noch nicht so viel los beim Nachtmenschen EB.

Der Herr im nächsten Raum weiß das schon lange. Peter Mahringer ist schon seit 16 Jahren engster Mitarbeiter EBs und arbeitet derzeit als Bürochef am Minoritenplatz. Die gemeinsamen Jahre in der Wiener Kommunalpolitik kommen EB jetzt in seinem neuen Amt zugute, meint der studierte Historiker aus Kärnten. Ob es um den Streit ums „Museumsquartier" gehe oder andere Arbeitsbereiche des Ministeriums, die Wien tangieren, Mahringer/Busek kennen die Pappenheimer auf der anderen Seite des Verhandlungstisches und im Dschungel der Großstadtverwaltung ist ihnen keine Liane fremd.

Daß das Haus so jung ist, hat für den Bürochef Vor- und Nachteile. Der Vorteil: Es ist „relativ überschaubar", arbeitet mit einer „jungen, kleinen Mannschaft", ist flexibel. Der Nachteil: nach wie vor Platz-, Personal- und Materialmängel sowie gewisse Schwierigkeiten bei der Kommunikation zwischen den einzelnen Bereichen. Weil diese – siehe Erdöl und Lyrik – weder inhaltlich engstens miteinander verflochten noch von Schrumpfung bedroht sind, hat sich bald ein feines Gezweig von Außenstellen des „Minoritenplatzes" über die Wiener Innenstadt gelegt.

Gleich ums Eck, in der Bankgasse, findet sich so ein Ableger. Die Adresse klingt durchaus repräsentativ – die Gruppe I/B der zentralen Hochschul-Sektion ist in der ehemaligen österreichisch-ungarischen Notenbank untergebracht. Doch deren Pracht ist lange verflossen. Die zerbrochenen Oberlichten, die nüchternen „Kobel für Beamtenhasen", wie ein solcher seinen Arbeitsplatz zu bezeichnen beliebt, und der seit 15 Jahren kaum nachlassende Arbeitslärm von der Um-Baustelle im Haus machen den Ort heute zur schweren Prüfung für empfindsame Seelen.

Amtsleiterin Eva Knollmayer ist eine solche. Lediglich die

Kunst aus dem Depot des Unterrichtsministeriums belebt ihren Kobel. „Müsli an der Wand“ nennt sie die landwirtschaftliche Collage zu ihren Häupten. Auch die engen Gänge sind mit Originalwerken jüngsten Herstellungsdatums tapeziert.

Hertha Firnberg hat Frau Knollmayer einst für die neue Abteilung „Statistik“ ins Haus geholt und seither hat die energische Dame „alle Farben durch viel Arbeit überstanden“. Ihre Methode: Sich immer loyal verhalten, aber Positionen klar deklarieren. Das hat manchmal sogar Wirkung gezeigt. So habe Minister EB von seiner Idee des Selbstbehalts Abstand genommen – nach einer „sehr kritischen Stellungnahme“ ihrerseits.

Sie kennt sie alle aus eigener Anschauung, Hertha Firnberg und ihre bisher drei Nachfolger. „Sehr kritisch, hat alle Dinge gelesen, korrigiert, zurückgehaut“, charakterisiert die nunmehrige Amtsleiterin die bisher einzige Frau an der Spitze des Ministeriums, an der sie nach wie vor „mit großer Hochachtung“ hängt. Fischers Stil war aus ihrer Sicht ganz ähnlich.

Dann kam eine Periode der Verlangsamung unter einem Minister, den sie menschlich sehr geschätzt hat. „Bei Tuppy sind die Dinge oft tagelang liegengeblieben. Jetzt steht auf jedem Geschäftsstück ‚rasch‘, ‚sofort‘. Der schaufelt was um an einem Tag!“, staunt sie hochachtungsvoll über den derzeitigen Stil an der Spitze des Hauses.

Weil aber auch die Tage von Ministern nicht dehnbar sind, müssen es nicht selten die Nerven der Mitarbeiter und Besucher sein. Es kommt schon vor, daß man vor dem Minister sitzt, mühsam ein Anliegen vorbringt und der unterschreibt unterdessen irgendwelche Briefe oder Dokumente.

Früher hat sie das auch geschmerzt, gibt Knollmayer zu. Aber, „man erwischt ihn nicht, daß er nicht zuhört“. Sogar etwas Schönes kann sie dieser ministeriellen Unsitte abgewinnen: „Wenn er einmal nichts unterschreibt, sind das Sternstunden für einen Beamten."

Neu ist ihr auch, daß die Waffen einer Frau im Dienst nicht stumpf sind. „Bei EB kann ich mir als Frau einen emotionaleren ‚touch' leisten. Ihm ist nichts Menschliches fremd", unterscheidet sie genau vom Vorgänger, der sachlich-harte Debatten unwissenschaftlichen Gefühlen vorzog.

Eva Knollmayers Arbeitsbereich gehört zur Sektion I, der die Hochschulen unterstehen und deren Zentrale sich natürlich im Haupthaus am Minoritenplatz befindet. Dieses Herzstück des Ministeriums ist jahrelang im Mittelpunkt erbitterter ideologischer Grabenkämpfe gestanden, die den nicht immer sachlichen Wettstreit der beiden Reichshälften um die Hirne der Österreicher begleiteten.

Im rabenschwarzen Kernbereich ihres neuen Reiches war Hertha Firnberg, als 1970 das Ministerium entstand, mit ihren Reformideen auf Unwillen und Widerstand geprallt. So versuchte sie, ihre Vorstellungen mit Hilfe von Parallelhierarchien durchzusetzen. Firnberg gründete Stabsstellen, beauftragte Außenstehende, Universitätsprofessoren, mit ihr wichtigen Aufgaben und begann, die Sektion I langsam auszuhöhlen. Da eine Kompetenz weniger, dort eine Aufgabe, die woandershin übersiedelte. Mit Ende ihrer 13jährigen Amtsperiode saß die riesige Abteilung nahezu auf dem Trockenen. Was wichtig war, hatten sich Firnbergs Leute gesichert.

Das Pendel begann erst in die Gegenrichtung zu schwingen, als unter Minister Fischer die Sektion I einen neuen Chef bekam: Sigurd Höllinger, der von sich sagt, „ich war nie ein Schwarzer". Schritt für Schritt gingen die drei Männer nach Firnberg nun daran, die Sektion I zu restaurieren. „Jetzt hab' ich wieder alles, was ich für wichtig halte", freut sich der Sektionschef, der noch immer Höllinger heißt und einst selbst auf einem der damaligen Firnbergschen Nebengeleise von der Universität aus ins Haus gekommen ist.

Auf seinem Marsch durch die Institutionen scheint er weder Humor noch Veränderungsfähigkeit und Ungeduld verloren zu haben.

„Jeder dritte, der sich beschwert, wird erschossen. Zwei waren schon da“, droht ein Kalenderspruch in Höllingers Vorzimmer mit Blick auf die Minoritenkirche. An der Wand Paul Floras Eheleute, einander bisher vergeblich in einem Labyrinth suchend, geben eine Vorstellung davon, wie ein langgedienter Ministerialbeamter die Chancen auf Fruchtbarkeit in seinem Arbeitsbereich einschätzt.

Parteimitglied zu werden, nur um höhere Ränge zu erklimmen, hat Höllinger stets abgelehnt. Nachdem er ohne Parteibuch Amtsleiter geworden war, erwies es sich aber für ihn als „zweckmäßig“, der SPÖ beizutreten – aus einem einfachen Grund: „Es war nicht üblich, Nichtmitglieder zu Vorberatungen der Partei mitzunehmen.“ Und ideologisch hatte er sowieso „keine Probleme“ mit diesem Schritt.

Was damals pragmatisch zweckmäßig gewesen sein mag, erwies sich bald als zweischneidiges Schwert. „Bei wichtigen Fragen holt sich EB nur seine schwarzen Sektionsleiter. Das bewährt sich nicht besonders“, findet der ausgeschlossene Höllinger, der von der schwarzen Reichshälfte als „Verbindungsoffizier der SP“ eingestuft wird. (Er leugnet das gar nicht, verwahrt sich nur gegen den militärischen Begriff.)

Mit den konkreten, von ihm etwas abfällig als „SP-Menschen“ titulierten Parteigenossen im Haus scheint ihn in der täglichen Arbeit nur mehr wenig zu verbinden. Viele der alten Mitkämpfer hätten sich nun darauf verlegt, jeden Buchstaben der damaligen Errungenschaften der Ära Firnberg zu konservieren, weshalb sie in den Augen Höllingers zu ebensolchen Bürokraten und Technokraten mutierten, wie es die einst bekämpften politischen Gegner waren. „Die Grenzen gehen heute quer durch die Lager“, sagt Höllinger, der den Minister in dieser Grundsatzfrage auf seiner Seite weiß.

Auch wenn sich die Grundideen decken – Autonomie für Universitäten, Deregulierung, Zerschlagung des hoheitlichen Systems der Hochschulverwaltung – war das Klima nicht immer ungetrübt zwischen rotem Sektionschef und schwarzem Minister. Nach den letzten Wahlen habe EB einen Rückfall in alte personalpolitische Praktiken gehabt, klagt Höllinger. Gegen seinen Willen habe der Minister neue Ebenen in der Sektion eingezogen, ihm „die Flügel gestutzt" und ein paar Schwarze in Serie ernannt. Aber, muß er zugeben, der Minister hat auch „einen SP-Menschen zum Abteilungsleiter gemacht. Das hätte er nicht müssen." Ein boshafter Gedanke drängt sich ihm in diesem Zusammenhang allerdings auf: Vielleicht ist diese Politik zu einem Ende gekommen, „weil nicht beförderte schwarze Beamte, denen man was Gutes tun muß, fast nicht mehr da sind".

Die Sektion II sitzt nur ein paar Häuserblocks weiter, in einem neugotischen Palais auf der Freyung. „Urteil noch nicht abgeschlossen", formuliert der Sektionschef Norbert Rozsenich seine Zwischenbilanz hinsichtlich der Busekschen Personalpolitik. Anfangs sei ihm „kein Vorwurf zu machen gewesen", jetzt aber werde „der Spielraum für Nicht-VPler kleiner".

Von allen Befragten nimmt sich der Leiter der Sektion Forschung und Technologie das kleinste Blatt vor den Mund, wenn es darum geht, seinen Chef zu charakterisieren. Im Gegensatz zum Vorgänger Hans Tuppy fehle EB nicht „der gesunde Schmäh". War Tuppy für Rozsenich „intellektuell der seriöseste von allen, weil er kein Politiker war", so fällt ihm an EB vor allem die Fähigkeit auf, eine „Atmosphäre des Zuhörens und der Jovialität zu verbreiten, und dann doch beinhart das durchzusetzen, was ihm paßt". Auch zu loben verstehe der Minister durchaus – „wenn es sich trifft, daß die Meinungen identisch sind". Und noch ein

Lob, das an Schmähung grenzt, schüttelt Rozsenich aus den Hemdsärmeln: Der Minister sei auch „sehr liberal, bei Sachen die im Wurscht sind".

Im Führungsstil sei der neue Minister mit Langzeitministerin Firnberg „erstaunlich vergleichbar", nur fehle ihm „die Liebe zum Detail". Anders ausgedrückt, Rozsenich sieht an EB „einen kleinen Zug zur Oberflächlichkeit, weil er viele Dinge gar nicht durchdringen will". Sieht man davon ab, daß man sich drei oder viermal im Jahr „unheimlich ärgert" sei er als Mitarbeiter aber insgesamt „sehr motiviert" durch den Busekschen Arbeitsstil.

Ein Fragezeichen inhaltlicher Natur verschweigt Rozsenich trotzdem nicht: In seinen Augen hat der Humanist EB einen „blinden Fleck" bezüglich der Sozial- und Politikwissenschaften. Das Hobby Firnbergs werde sträflich vernachlässigt, meint Rozsenich, wenn er auch dem Einwand des Ministers, wo denn die großartigen Leute wären, die nicht gefördert würden, durchaus nichts entgegensetzen könne. Hier wittert er „ideologische Urangst" – nicht nur bei der ÖVP. „Heute ist eine wirklich kritische Sozialanalyse der SP genauso unangenehm", meint er.

Im gleichen Haus, ein paar Türen weiter, findet sich auch die vierte und letzte Sektion. Mit eigenem Sektionschef besteht die Abteilung „Internationale Angelegenheiten" erst seit Februar '92, bis dahin waren ihre Agenden auf andere Sektionen verteilt gewesen.

Ihre Existenz verdankt sie zwei rasanten politischen Prozessen jüngeren Datums und gesamteuropäischen Ausmaßes: Der europäischen Integration und dem Ende der kommunistischen Diktaturen. Schon Hans Tuppy mußte darangehen, Wege zu den Forschungsfonds der EG zu bahnen. EB faßte die neuen Aufgaben dann auch organisatorisch neu, als Querverbindung zwischen den drei bisherigen Sektionen und als Kommunikationsinstrument nach außen. In den Augen des frischgebackenen Sektionschefs Raoul Kneucker bewies der Minister damit eine Fähigkeit, die seine Vorgänger in diesem Maß nicht gehabt hätten: Sinn für die Wichtigkeit des Organisatorischen.

Geradezu „berührt" habe ihn, Kneucker, aber eine andere Eigenschaft: „Daß EB noch immer zuhören kann." Gleich als er kam, setzte er sich mit einer Strategiegruppe zusammen um zu klären: „Was wollen wir durchsetzen, welche Strategien schlagen wir ein?" Der Minister war offen für alle Ideen, „obwohl er genug selber hat".

Erste Folgen zeigen sich schon: Mittlerweile können österreichische Forscher an den diversen EG-Programmen teilnehmen. Das Wissenschaftsministerium hat also quasi den EG-Beitritt schon hinter sich.

Und auch im Osten gibt es Neues: „Was können wir kurzfristig für den Osten tun", hatte EB kurz nach dem Fall der Mauer seine Leute gefragt. Geboren wurden die „Summer-Schools", kurzfristig anberaumte Sommerkurse, die Gästen aus den neuen Demokratien vor allem wirtschaftliches Wissen vermitteln wollten. 14 solcher Kurse gibt es heute und die Zahl wächst noch.

Ob er denn auch irgend etwas Einschränkendes sagen wolle über die Qualitäten des Ministers? Ja, antwortet Kneucker: „Er ist wahnsinnig schnell. In der Verwaltung ist das auch ein Nachteil, denn man hat nicht immer alle Daten und Informationen." Dann müsse man hinterher kitten, was noch zu kitten ist. Seine Taktik im Umgang mit dieser Eigenschaft des Vorgesetzten: „Wir provozieren die Entscheidung des Ministers – wenn wir können – wirklich erst dann, wenn wir alle Informationen haben. Sonst kann es passieren, daß die Entscheidung schneller ist als der Akt."

Ja, und Morgentermine sind unerquicklich – „weil der Minister eben ein Nachtmensch ist". Aber sonst, „sonst liegt der Minister im Haus so gut wie keiner vor ihm", schätzt Kneucker.

Fast hätten wir vor lauter Erdöl die Lyrik vergessen: „EB

ist eigentlich ein Museums-Minister", sagt Ministerialrat Rudolf Wran, der mit der Sektion III jenseits des Ringes hinter der Votivkirche eine Wohnung angemietet hat. Die Beschäftigung mit den Museen ist EB nicht in erster Linie Arbeit, sondern „fröhliche Feierabendbeschäftigung", vermutet Wran, der vom Minister aus dem Bundestheaterverband geholt worden ist. Fünf Milliarden für die bis dahin „gröblichst vernachlässigten, herabgekommenen und verfallenen Museen", das beeindruckt den ehemaligen Withalm-Sekretär, der sich zum Ziel gesetzt hat, „betriebsähnliche Formen" für die Museen zu finden, damit sie den „kameralistischen Fesseln entkommen" können. Dem Staat sollte in seiner Vorstellung gegenüber den Museen lediglich „fragendes bis inquisitorisches Controlling" zukommen.

Was im bisherigen gesetzlichen Rahmen möglich ist, testet Wran derzeit mit Erfolg. Das Museum für angewandte Kunst etwa hat ganz allein zu den 57 Millionen an Eintrittsgeldern noch 51 Millionen Schilling mit dem Verkauf verschiedener in Eigenverantwortung hergestellter Produkte – vom Bleistift bis zum Designer-Sessel – erwirtschaftet.

Hier, in den noch nach Renovierung riechenden Büroräumen Wrans, fällt dann ein Wort, das nur auf den ersten Blick ein bißchen ehrenrührig klingt: Wran erzählt begeistert von der Eröffnung der Teddybären-Ausstellung im Naturhistorischen Museum. In seinem Grußwort wandte sich EB zuletzt an die Ausgestellten und schloß mit den kryptischen Worten: „Brummbrumm." Daran, meint Wran, zeige sich eben auch eine Facette seiner Einstellung zu diesem Bereich: „Fröhliche Infantilität".

Nur ein wahrhaft kindlicher Geist kann Erdöl und Lyrik wirklich zusammendenken.

DAS GESAMTKUNSTWERK

VI.
Nachbarn und Freunde

Gerhard Wilflinger

Der Mitteleuropäer

Vom Rand wieder zur Mitte

Im Herbst 1987, in einem schon vergangenen Zeitalter Europas, erklärte EB, damals noch Wiener Vizebürgermeister, den Beziehungsrahmen und die Beweggründe seiner Mitteleuropa-Initiativen mit folgenden Worten:

„Die europäischen Machtverhältnisse bestehen seit mehr als vierzig Jahren so, wie sie in Jalta und Potsdam festgeschrieben wurden ... Dennoch gibt es innerhalb dieses Status quo langfristige Veränderungen, die wir richtig analysieren und als Chancen für unser Land, besonders für die Stellung Wiens, wahrnehmen müssen; und es gibt Möglichkeiten einer neuen innereuropäischen Dynamik – eine Tendenz, die den Europäern wieder mehr die Bürde und die Chance der Selbstverantwortung zuweist ... Das heißt, daß Österreich eine aktive Europapolitik in beiderlei Richtungen betreiben sollte: Einerseits ist es richtig und wichtig, den Beitritt zur EG anzustreben ... Aber gleichzeitig müssen wir die Chance Österreichs realisieren, auf unsere *östlichen* Nachbarn zuzugehen und der Bevölkerung in diesen Ländern zu ermöglichen, ihre Freiheitsrechte auszuweiten ... Österreich könnte der Anwalt jener Europäer sein, die nicht in der EG sind und ihr auch gar nicht beitreten können, die aber den Namen Europa als Haus gemeinsamer Herkunft sowie als Ziel zukünftiger Gemeinsamkeit hochhalten ...
Die Realität von Jalta steht im Widerspruch zur tradierten geistig-kulturellen Einheit Europas, die immer noch eine lebendige, bewußte

und ersehnte Einheit ist. Dieses lebendige Bewußtsein der geistig-kulturellen Einheit Europas wird zwar die harte Realität der politischen Teilung Europas nicht hinwegfegen können; aber warum sollte es als Modus vivendi nicht möglich sein, einerseits die politische Teilung vorerst pragmatisch hinzunehmen, um andererseits die geistig-kulturelle Einheit engagiert zu praktizieren und zu festigen? Es *ist* möglich, wie mich meine persönliche Erfahrung in den letzten Jahren gelehrt hat. Die Freunde und Bekannten aus Wien und ganz Österreich, die mich auf diesen vielen privaten Besuchs- und Erkundungsfahrten begleitet haben, haben dieselbe Erfahrung gemacht: Weder wir noch die Völker in unseren östlichen Nachbarländern können den Eisernen Vorhang zum Verschwinden bringen; aber er hat Rostflekken bekommen und man kann kleine Löcher durch ihn bohren, durch die sich tragfähige Bande der Verständigung, gemeinsamer Hoffnung und menschlicher Solidarität knüpfen lassen . . ."

Dieses Zitat ist einer Rede entnommen, in der der Mitteleuropa-Gedanke thematisch nur eine nebensächliche Rolle spielte; den Grundgedanken und die reiche Facettierung seiner Mitteleuropa-Philosophie hatte EB damals schon in zahlreichen Artikeln, ausführlichen Buchbeiträgen und Symposienreferaten dargelegt. Im folgenden Beitrag geht es auch gar nicht um eine möglichst authentische Interpretation der Mitteleuropa-Motivationen EBs, die nur er selbst geben könnte, sondern um einen persönlichen Motiven- und Erfahrungsbericht des Autors, der sich an dem Mitteleuropa-Unternehmen gern beteiligt hat und sozusagen zum „Glaubensbruder" in Sachen Mitteleuropa wurde.

An der nun vollzogenen Überwindung der Zweiteilung Europas hat der Mitteleuropa-Gedanke einen uneinschätzbaren spirituellen Anteil. Er hat sich insofern verwirklicht, als er nie darauf aus war, die tiefe Ost-West-Trennung Europas etwa in eine Dreiteilung in Ost-, Mittel- und Westeuropa umzuwandeln, sondern immer das Ziel hatte, mit Hilfe einer geistig-kulturellen Mitteleuropa-Konzeption die manichäische Trennung in Ost und West antizipatorisch aufzuheben und so der politischen Einigung des ganzen Kontinents vorzuarbeiten. Es galt, in konkreten persönlich-menschlichen Kontakten sich der geistigen Einheit Europas zu vergewissern und sie zum Motor der Einigung zu machen.

Mitteleuropäische Er-fahrung

EBs „Projekt Mitteleuropa" (so einer seiner Buchtitel) war von Anfang an zu einem wichtigen Teil ein *Reise*-Abenteuer zur Erkundung und Wiederentdeckung des durch Jalta versunkenen Kontinents Mitteleuropa. Keineswegs mit der Annehmlichkeit von Urlaubsreisen oder mit den Erfolgskriterien von Geschäftsreisen, sondern mit allen längst vergessenen Begleitumständen früherer Reisen: Reisen ins Unbekannte mit unbekanntem Ausgang; mit Schikanen und Befremdungen; mit unzulänglichem Kartenmaterial, auf schlechten Wegen, in verbotenen Zonen, im Niemandsland, mit Versorgungsproblemen; immer beobachtet und spionageverdächtig, von behördlichen Wegelagerern belästigt; aber auch Reisen mit allen beglückenden Erlebnissen großzügiger Gastfreundschaft und überraschender Entdeckungen.

Die Mitteleuropa-Idee, von Kritikern als gefährliche Chimäre, nostalgisches „Traumland" oder idealistische Spinnerei abgetan, wurde von Anfang an durch diese Reisen mit recht hautnahen Realitäten aufgefüllt. Gleichzeitig mit dem Konzept Mitteleuropa entstand auch mitteleuropäische Erfahrung (im buchstäblichsten Sinn), und die zunehmende Erfahrung trug wieder zur Ausgestaltung und Konkretisierung der Konzeption bei. Die vermuteten Gemeinsamkeiten und gesuchten Verständigungsebenen ließen sich nicht einfach „finden" und Punkt für Punkt abklappern, sie wurden vielmehr durch diese Reisen erst konstituiert und „erfahren".

Obwohl diese Reisen auch immer Einladungen nach Österreich zur Folge hatten, wären sie dadurch nicht ersetzbar gewesen. Im Westen einen Vortrag eines Dissidenten aus Polen, der ČSFR oder Ungarn etc. zu hören und seine bekenntnishafte Zugehörigkeit zur gemeinsamen europäischen Geistesgeschichte zur Kenntnis zu nehmen, war etwas völlig anderes, als selbst den Alltag in den sozialistischen Ländern kennenzulernen und diesen Menschen durch den eigenen Besuch die Gewißheit zu vermitteln, daß sie von den Europäern westlich des Eisernen Vorhangs noch nicht vergessen worden waren. Dazu trug auch der private Charakter der Reisen bei, wodurch das in den sozialistischen Ländern sprichwörtliche „Delegaci"-Unwesen und die leere Internationalität des Umgangs der Offiziellen vermieden werden konnte. Andererseits ergaben sich dadurch zahlreiche Kontakte, die unausgesprochen auch die Erkenntnis gemeinsamer Zeitgenossenschaft, europäischer Nachbarschaft und Schicksalsgenossenschaft bewirkten. Natürlich kam uns auch als Vorteil zugute, Österreicher zu sein; er wurde unsererseits nie ausgespielt, aber es wäre töricht gewesen, auf die Zinsen dieses weiterhin bestehenden Kapitals zu verzichten.

Die Gesprächspartner auf diesen Reisen waren bekannte Schriftsteller ebenso wie Studenten, Bauern und Pfarrer, Ärzte und Sozialwissenschaftler, Gewerkschaftler und Schauspieler, akademische Heizer und Samisdat-Hersteller, Maler und Journalisten sowie die vielen tapferen „kleinen" Leute, die uns auf der Straße ansprachen, mit offenen Worten die Situation erklärten, ein kleines Tauschgeschäft vorschlugen oder einen freundlichen Hinweis gaben, jedenfalls aber auf ein Zeichen der Hoffnung warteten, und uns allein schon dadurch überzeugten, daß unsere Reise wichtig und nicht vergeblich war.

Die Reisen waren zum Großteil minutiös vorbereitet; Vertrauenspersonen im jeweiligen Gastland hatten durch fast konspirative Planungen Gesprächspartner ausgesucht und vorverständigt; dazu kamen noch die zahlreichen ungeplanten Kontaktnahmen, die sich durch die Unwägbarkeiten und Zufälle einer Reise ergeben.

Es gab keinen Gesprächspartner, dem nicht sichtlich an dieser Begegnung gelegen war. Es war für sie von großer Bedeutung, Kontakte nach außen zu knüpfen, die Situation im Lande darzustellen und uns ein genaues Bild über die Möglichkeiten und Chancen der weiteren Entwicklung zu vermitteln. Sie wußten, wie in den westlichen Medien über ihr Land berichtet wird, und waren eindringlich bemüht, diese Sicht zu korrigieren. Der Westen wußte wenig oder fast nichts über die wirkliche Situation in den sozialistischen Ländern oder beurteilte sie nach untauglichen Kriterien; was nicht ins Bild der vorgefaßten Meinung oder westlicher Kategorien paßte, wurde übersehen oder als unverständliche Skurrilität abgetan. Einer dieser grundlegenden Irrtümer der vorherrschenden öffentlichen Meinung im Westen bezog sich auf die „Reformen“ im Ostblock.

Die Illusion der „Reformer“

Seit dem Ende der siebziger Jahre wurden in den kommunistischen Ländern „Reformen“ nach eigenem nationalen Zuschnitt proklamiert: zunächst in Jugoslawien, Ungarn, Bulgarien, Polen. Die Sowjetunion folgte mit Gorbatschows „Glasnost“ und „Perestroika“ erst Mitte der achtziger Jahre. Die DDR konnte wegen ihrer besonderen Lage und aus Gründen der Selbsterhaltung nicht darauf einschwenken. Rumänien war längst zur Autokratie eines verrückten Despoten verkommen und rettungslos in Hunger und Elend versunken. Nur die vergreiste Führung der ČSSR blieb aus Überzeugung starr bei ihrem stalinistischen Kurs; sie hatte ihre „Reform“-Lektion schon 1968 gelernt, die dann auch den anderen KP-Regimen nicht erspart bleiben sollte – die

Lektion, daß im Sozialismus von oben diktierte Reformen gegenüber einer atomisierten und entmündigten Gesellschaft im Sand verlaufen müssen und daß andererseits die Entstehung einer differenzierten, pluralistischen und sich selbst organisierenden Gesellschaft, also einer „Civil society“, den monopolisierten Führungs- und Lenkungsanspruch der Partei und somit den Sozialismus selbst aus den Angeln hebt. Die Lehre von 1968 besagte, daß der „Panzerkommunismus“ kein vermeidbarer Betriebsunfall war, sondern daß es ohne Panzer auf Dauer keinen Kommunismus geben kann.

Der Verlauf der achtziger Jahre hat dann mit zunehmender Deutlichkeit klar gemacht, daß der reale Sozialismus durch „Reformen“ nicht zu retten sein werde, sondern nur durch die Aufrechterhaltung der lückenlosen Kontrolle einer atomisierten Gesellschaft und der Gewaltandrohung nach innen und außen weiterhin Bestand haben könne – vielleicht noch Jahre und Jahrzehnte. Aber die Überwindung der „stalinistischen Entartung“ des Sozialismus durch „Liberalisierungen“ oder gar „Demokratisierung“ brachte keineswegs eine Annäherung an das erhoffte Idealbild des „wahren“ Sozialismus, sondern führte folgerichtig zu seiner historischen Abdankung.

Noch Mitte der achtziger Jahre hätte niemand die friedlichen Revolutionen von 1989/90 zu prognostizieren gewagt, die Auflösung des Warschauer Pakts sowie des RGW oder gar das Verbot der KPdSU und die Auflösung der Sowjetunion. Hingegen wurde von vielen Intellektuellen in den sozialistischen Staaten schon sehr früh das Scheitern der verschiedenen „Reformkurse“ vorhergesagt: Ohne Aufbau einer zivilen Gesellschaft sei eine wirkliche Reform dieser Staaten nicht mehr möglich, doch diese zivile Gesellschaft stünde eben im Widerspruch zu den Wesenselementen des realen Sozialismus. Man rechnete damit, daß die kommunistischen Regime auf die totale Kontrolle der Gesellschaft nicht kampflos verzichten werden und zu ihrer Selbsterhaltung immer wieder zu Machtdemonstrationen und Gewaltandrohungen schreiten würden.

Die Hoffnung der demokratischen Opposition in den sozialistischen Ländern ging also dahin, daß der Westen durch ein Wechselspiel von Druck und Abrüstung den kommunistischen Machtapparat im Zaum halten würde und gleichzeitig im Inneren der Aufbau einer differenzierten, autonomen, mit Selbstregulierungsinstitutionen und Mitspracherechten ausgestatteten modernen Gesellschaft vorangetrieben werden könnte. Die dominierende öffentliche Meinung im Westen hingegen protestierte zwar gegen Menschenrechtsverletzungen gegenüber prominenten Dissidenten, setzte aber dennoch ihre Hoffnung in die kommunistischen „Reformer". In der Angst vor einem Atomkrieg befürchtete man, daß durch Reagans offensive Politik und den Nachrüstungsbeschluß der NATO gerade diese vermeintlich hoffnungsvollen Reformansätze der KP-Regime im Keim erstickt würden. An der erklärten Absicht, die kommunistischen „Reformer" gegen ihre altstalinistischen Widersacher zu unterstützen, fand auch die westliche Sympathie für die entstehenden Oppositionsbewegungen im Ostblock bald ihre engen Grenzen. „Solidarnosc" wurde von den westlichen Gewerkschaften nicht mit Solidarität verwöhnt, der IBFG (Internationaler Bund freier Gewerkschaften) hielt weiter seine losen Kontakte zu den Regime-Gewerkschaften, so auch der ÖGB. Ähnlich erging es dem ungarischen „Donau-Kreis", den kirchlichen Widerstandsgruppen in der ČSSR, und ebenso gab es lange Apperzeptionsverweigerungen bezüglich der systematischen Minderheitenvertreibungen in Siebenbürgen. Im Westen tadelte man sogar die wachsenden Protest- und Oppositionsbewegungen der sozialistischen Länder, daß sie in ihren Forderungen und Ansprüchen viel zu weit gingen;

man suchte sie zu beschwichtigen, damit sie nicht die offiziellen „Reformen“ konterkarierten und eine Destabilisierung der prekären Ost-West-Balance im geteilten Europa bewirkten.

Von dieser illusionären Einschätzung der „Reform“-Chancen wurden die Erkundungsreisenden um EB durch vielfältigen Lokalaugenschein in den sozialistischen Ländern gründlich geheilt. Abseits offizieller Fabriksbesuche war deutlich zu erkennen, daß der gesamte Produktionsapparat schlechthin verkommen und auch durch neue Maschinen und westliche Technologien nicht zu retten war, sondern nur mehr durch eine grundlegende Änderung der Organisation der Wirtschaft, die wiederum eine radikale Änderung der Gesellschaftsorganisation zur Voraussetzung gehabt hätte. *Diese* Reform war aber nirgendwo vorgesehen. Vor dem Hintergrund der realsozialistischen Rückständigkeit wurde der Stellenwert von Information und Kommunikation als Produktionsfaktoren überdeutlich – sie entziehen sich aber staatlicher Planung und regierungs-offizieller Reformen, sie können nur in freiem gesellschaftlichen Austausch wirksam werden. Dasselbe Bild zeigte sich in allen Bereichen der hoffnungslos verrotteten Infrastruktur – in Verkehr, Wohnen, Umweltschutz, Gesundheitswesen etc. Die gebräuchliche Verengung des Urteils auf bloße „materielle Rückständigkeit“ und „niedrigeres Konsumniveau“ übersah jedoch den prinzipiellen Angelpunkt des Dilemmas, in das die sozialistischen Länder geraten waren: Der Staat, der alle materiellen und geistigen Funktionen des gesellschaftlichen Lebens durch seine Vollzugsinstanzen monopolistisch regelte und alle anderen davon ausschloß, konnte keine einzige seiner eifersüchtig arrogierten Aufgaben mehr gewährleisten, mit Ausnahme der militärischen Sicherheit nach außen. Auch massive Geldzufuhr vom Westen und eine Senkung der weit überzogenen Rüstungskosten hätten an diesem grundsätzlichen Dilemma nichts mehr ändern können.

Überall wurde offensichtlich, daß ohne unabhängige gesellschaftliche Institutionen, ohne plurale Interessensartikulation, ohne freie Kommunikation und Information, ohne selbstverantwortliche Individuen als loyale Staatsbürger kein Staat mehr zu machen war. Gerade vor diesen Konsequenzen schreckten aber die KP-„Reformer“ zurück, da sie auf Teilung und Verlust der Macht hinausliefen. Sie hofften, daß sie durch eine Verlagerung der Rüstungskosten in den Produktions- und Verteilungsapparat das Konsumniveau anheben und so die unzufriedene Bevölkerung motivieren und beruhigen könnten. Auch im Westen war man weitgehend dieser Meinung.

Dabei wurde aber übersehen – und das war bei jedem mitteleuropäischen Lokalaugenschein eindrücklich zu erfahren –, daß diese Einschätzung von vielen Menschen in den sozialistischen Ländern als eine zutiefst entwürdigende Perspektive empfunden wurde, in der gerade ihre wichtigste Intention verkannt wurde und unbeachtet blieb: nämlich ihr Anspruch auf Menschenwürde und Freiheit, individuelle Selbstverantwortung und Mitwirkung an Staat und Gesellschaft.

Dem westlichen Besucher wurde übrigens auch sinnfällig, daß „Konsum“ nicht nur mit Habenwollen und Hedonismus zusammenhängt, sondern in elementarer Form auch mit Menschenwürde: Wer mit abgerissenem Knopf gehen muß, weil es monatelang weder Zwirn noch Nadel zu kaufen gibt, wer in einer Gesellschaft lebt, die nicht (mehr) imstande ist, eine taugliche Nagelschere, einen funktionierenden Billig-Kugelschreiber oder eine Gabel, die sich nicht beim Essen verbiegt, herzustellen, der fühlt sich auch in seiner Würde untergraben, zur Unfähigkeit und Primitivität verurteilt. Insofern handelt es sich hier nicht um bloße

Konsumgier, sondern um ein unverzichtbares Element von Kultur.

Jedenfalls wurde von den abgebrühten Materialisten des Westens genauso wie von der KP-Nomenklatura verkannt, daß es nicht nur um Bananen, Fleisch, Kaffee, Papiertaschentücher, hübschere T-Shirts oder billige Digitaluhren ging, sondern doch um wesentlich anderes: um den Anspruch auf Freiheit und Selbstbestimmung des Individuums und seiner freigewählten Sozialität, um ein Menschen- und Gesellschaftsbild, das sich auf die Traditionen der europäischen Geistesgeschichte berief. Dieser vom Realsozialismus uneinlösbare Anspruch war es, an dem alle „Reformen" scheitern und vor dem Altstalinisten wie Reformkommunisten schließlich kapitulieren mußten.

Wirksame Anstöße von außen

Diese Entwicklung in den sozialistischen Ländern wurde – gewollt oder ungewollt – von außen durch drei völlig verschiedene Faktoren beschleunigt.

Zum einen zeigte der umstrittene Nachrüstungsbeschluß der NATO sehr bald die Grenzen der ökonomischen Leistungsfähigkeit der Warschauer-Pakt-Staaten auf. So kamen die bisher umfassendsten Abrüstungsgespräche in Gang, und auf dem historischen Gipfel in Reykjavík konnten Ronald Reagan und Michail Gorbatschow die erste faktische Umkehr im nuklearen Rüstungswettlauf seit Hiroshima verkünden. Das atomare Patt wurde durch gegenseitiges Vertrauen und Kooperation ersetzt. Damit wurde aber in den sozialistischen Staaten – ein im Westen oft übersehener Aspekt – ein bisher wichtiges Instrument der Machterhaltung nach innen mit einem Schlag unwirksam, denn mit dem Wegfall des Arguments der tödlichen Bedrohung von außen wurde auch die innere Militarisierung höchst fragwürdig. Zudem hatte sich der vielberufene und gefürchtete „Große Bruder“ auf Weltebene als gar nicht mehr so groß erwiesen, daß man ihm nochmals eine Intervention wie 1956 oder 1968 zutrauen könnte. Insofern hat die Hochrüstungsdrohung Reagans sowie der Nachrüstungsbeschluß der europäischen NATO-Partner den kalten Krieg zwar zunächst scheinbar eskaliert, aber ihm faktisch ein Ende bereitet und den KP-Regimen eine wichtige Legitimation ihrer Machterhaltung entzogen.

Ein anderer Faktor, der von außen die Entwicklung in den sozialistischen Ländern beschleunigen half, war ein ideeller: die Berufung auf Europa und seine geistesgeschichtlichen Wurzeln. Es war zwar nicht der polnische Papst, der diesen Appell als antikommunistische Propagandaparole erfunden hätte; aber Karol Woityla war frühzeitig der weithin sichtbare Bannerträger dieser Berufung auf die europäische Tradition, auf ihr Menschen- und Gesellschaftsbild der Freiheit und Verantwortung. Ihre Wirkung war im Osten weitaus größer als im Westen, wo sie oft gar nicht verstanden oder als obsolet abgetan wurde. Der europäische Appell wirkte nicht nur auf Polen, sondern auch nach Litauen, die Slowakei, Ungarn, Kroatien und Slowenien; er wirkte dort nicht nur auf Christen, sondern auch auf Atheisten und Antiklerikale, auf Intellektuelle, Künstler und Schriftsteller – und er beunruhigte die kommunistischen Machtzentralen zutiefst. Wegen der Allgemeinheit dieses Appells an den europäischen Geist war es nicht möglich, ihn einfach durch kirchenpolitische Interventionen oder Zugeständnisse ruhigzustellen. Er wirkte in den Menschen und ermutigte sie, sich ihrer Würde, ihrer Freiheit und Verantwortung zu entsinnen, in freier sozialer Zusammenarbeit eine Gesellschaft von unten aufzubauen und gemeinsam ihren Staat zu gestalten. Wie immer man den Pontifikat Johannes Pauls II. insgesamt beurteilen wird – es bleibt ein uneinschätzbares Verdienst des Polen Karol Woityla, die bewegende Kraft dieses Appells an die gemeinsame europäische Tradition erkannt und die Sehnsucht der Völker hinter dem Eisernen Vorhang mit unüberhörbarer Stimme ausgesprochen zu haben. Nicht so sehr die Stimme des Papstes, sondern das millionenfache Selbstvertrauen, das durch sie geweckt und ermutigt wurde, haben erheblichen Anteil an jener Entwicklung, die zum „Annus mirabilis“ von 1989/90 geführt hat.

Äußerlich unabhängig von diesem europäischen Appell an die Gemeinsamkeit der geistigen Wurzeln, aber in innerster Konsequenz darauf beruhend, trug die Menschenrechtsbewegung als dritter Faktor von außen zu dieser Entwicklung bei. Amnesty International, Helsinki-Gruppen, im Westen gegründete Dissidenten- und Emigranten-Zeitschriften, aber auch die erhöhte Sensibilisierung der westlichen Öffentlichkeit sowie endlich auch der Mut westlicher Regierungsmitglieder, ihre kommunistischen Gesprächspartner auf Menschenrechtsverletzungen hinzuweisen, bewirkten einen wachsenden Druck auf die Machthaber, dem sie zunehmend nachgeben mußten.

Bei unseren Erkundungsfahrten im östlichen Mitteleuropa zeigte sich jedenfalls, daß wir durch die offene Zusammenkunft unsere persönlichen Gesprächspartner quasi „unter Schutz stellten“. Aufgrund ihrer gesellschaftlich-politischen Aktivitäten im heimischen Umfeld waren sie ohnehin polizeibekannt und permanent observiert, ihre Telephone angezapft, ihre Post kontrolliert. Es war für sie zumindest kein Schaden, wenn die Polizei nun zur Kenntnis nehmen mußte, daß sie auch im westlichen Ausland bekannt sind und Kontakte pflegen. Für manchen im Westen kaum bekannten Oppositionellen erwies es sich als durchaus nützlich, regelmäßig vom Ausland kontaktiert zu werden, um sich vor polizeilichen Schikanen zu schützen. Im übrigen war das oftmalige Erlebnis von Freiheit in der Unfreiheit eine der erstaunlichsten Erfahrungen, die wir westlichen Besucher machen konnten. In Staaten, in denen alles verboten ist, was nicht ausdrücklich erlaubt und anbefohlen ist, besteht Freiheit nicht als gegebener, institutionell abgesicherter abstrakter Raum, der zur Aktualisierung offensteht; sondern die jeweilige Freiheit wird punktuell durch den Akt selbst erst konstituiert und erlischt wieder mit ihm. Die Bedeutung der Redensart „Sich die Freiheit nehmen“ wurde uns in vielen Begebenheiten unmittelbar sinnfällig. Wir lernten viele Menschen kennen, die nicht von vornherein die Freiheit *hatten,* sondern sich immer wieder die Freiheit *nahmen,* zu tun, was sie für richtig hielten. Erst diese Einübung in den Mut, sich die Freiheit zu nehmen, schafft punktuelle Freiheitsräume, die tendenziell zu Gewohnheitsrechten werden und schließlich zu institutioneller Gewährleistung drängen. Vor allem jene, die sich antizipatorisch die Freiheit *nahmen,* haben die allgemeine Erringung der rechtlich abgesicherten Freiheit bewirkt.

Konkrete Ergebnisse

Die Erfahrungen, die EB und seine Reisebegleiter auf ihren Erkundungsfahrten in Mitteleuropa machen konnten, waren keineswegs exklusiv. Jeder, der sich die Mühe machte, ebenso neugierig und nachbarschaftlich entgegenkommend in diesen Ländern zu reisen, konnte sehr ähnliche Erfahrungen sammeln. Als offizieller Gast der Offiziellen konnte man freilich meist nur die offiziell erwünschten Erfahrungen machen, als Vergnügungsreisender im Billigtourismus konnte man sein billiges Vergnügen und manch mißvergnügliche Unbill erleben.

Das Besondere der von EB initiierten Mitteleuropa-Reisen war, mit verbindlichen Gesprächspartnern verbindliche Gespräche zu führen, aus denen nicht nur viele menschlich-persönliche Verbindungen entstanden, sondern auch gemeinsame Aktionen und Unternehmungen. So war im Frühjahr 1981 in Polen die ideelle Geburtsstunde des Wiener Instituts für die Wissenschaften vom Menschen, aber auch der Beginn der Zusammenarbeit der steirischen Landwirtschaftskammer mit der Land-Solidarnosč ,die miteinander einen privat organisierten Maschinen-Ring für südpolnische Bauern auf die Beine stellten. Bis heute werden Provinzspitäler regelmäßig mit in Wien gesammelten überschüssigen Ärztemustern medikamentös versorgt, Pfarren verteilen Babynahrung und Kleider, die von hier angeliefert werden, Stipendiaten werden nach Österreich eingeladen, die Donau-Konferenz der Universitätsrektoren entstand schon Mitte der achtziger Jahre aufgrund eines solchen grenzüberschreitenden Appells an die mitteleuropäische Gemeinsamkeit, und etliche Bücher, Symposien, Workshops und Vortragsreihen über kulturhistorische Zusammenhänge, nationalpolitische Auseinandersetzungen, historische Gemeinsamkeiten und gelebte Nachbarschaften bereiteten jenen geistigen Boden auf, aus dem z. B. sofort nach dem Fall des Eisernen Vorhangs eine Institution wie die Pentagonale entstehen konnte, die hier nur als ein Einzelphänomen unter vielen anderen neuen Kooperationen erwähnt sei.

Die Reisen nach Mitteleuropa waren kein Sightseeing-Tourismus, obwohl sich auch zwischen Danzig und Südserbien hervorragende Beispiele europäischer Kunst entdecken lassen. Sie waren keine Lustreisen und Vergnügungsfahrten, obwohl davon manche komisch-skurrile Situation oder auch ausgedehnte Gastlichkeiten von herzlichster Fröhlichkeit in der Erinnerung haften bleiben. Sie waren auch keine Care-Paket-Verteilungen an ärmliche Nachbarn, obwohl viele konkrete Hilfsaktionen daraus entstanden sind und auch die Reisenden für vielerlei Hilfe und großzügiges Entgegenkommen zu danken haben.

Grenzüberschreitung

Und erst recht waren diese Reisen kein missionarischer

Kreuzzug; viel eher verspürten die Heimkehrenden von jeder Reise den verpflichtenden Auftrag, ihre neuen Erfahrungen, vor allem aber die Hoffnungen und Erwartungen der Menschen, denen sie dort begegnet sind, hier weiterzugeben und zu verbreiten.

Dennoch läßt sich ein ursprünglicher Sendungsauftrag, der EBs Projekt Mitteleuropa Pate stand, nicht verkennen. Von der Teilnahme an einem Prager Studentenkongreß in den Augusttagen 1968, der von der Sowjetinvasion brutal beendet wurde, blieb EB wohl immer der Appell „Vergeßt uns nicht!“ in Erinnerung und eine Aufforderung zu europäischem Handeln. Die Auffrischung dieses ursprünglichen Sendungsauftrags (die dem „Projekt Mitteleuropa“ vielleicht auch den Namen und weitergehende Motivationen gab), scheint mir der Appell Manès Sperbers zu sein, der 1977 auf einem von EB veranstalteten Symposion „Wien – Stadt an den Grenzen“ im Museum des 20. Jahrhunderts mit bewegenden Worten zu dieser bewußten Grenzüberschreitung aufrief:

„Aus der Perspektive heraus, die für mich jetzt maßgebend ist, käme es darauf an: Kann Wien, obschon es eine Stadt an den Grenzen ist, kulturell wieder eine Stadt der Mitte werden, der Mitte von Mitteleuropa bis Südost- und Osteuropa? Das, glaube ich, könnte es . . .“

Manès Sperber sprach das Wort „Mitteleuropa“ mit solch verblüffender Selbstverständlichkeit aus, wie es wenige Jahre später auch Milan Kundera oder György Konrád tun sollten – drei Schriftsteller von europäischem Horizont, denen Habsburger-Nostalgien oder Donauraum-Sentimentalitäten absolut fremd sind. Ihr Mitteleuropa lag aber nicht auf einem anderen Stern, sondern bezeichnete geographisch und kulturell weiterhin denselben Raum, dessen vermittelnde Mitte einmal Wien war („ja sogar immer noch ist und wieder sein könnte“, um Jörg Mauthe, auch er war ein mitteleuropäischer Wiederentdecker, zu zitieren). Damit hebt sich dieses Mitteleuropa-Konzept deutlich ab von früheren deutschen Dominanz-Konzeptionen, aber auch von jenem „Mitteleuropa", das, als deutsches Fremdwort, in literarisch gebildeten Kreisen von Görz bis Mailand beschworen wird und vor allem die kakanische Dekadenz des Fin de siècle sowie die Wiener Aufbrüche in Secessionismus, Jugendstil und Expressionismus meint. Niemand konnte mißverstehen, welches Mitteleuropa Manès Sperber meinte. Er sah die Realität der Teilung Europas, ohne sich damit abfinden zu können; er sah die periphere Lage Wiens, sah auch den kleinen Vorteil der Neutralität und forderte zur bewußten Grenzüberschreitung nach Mitteleuropa auf – nicht als nostalgische Rückkehr ins früher Gewesene, sondern als avantgardistische Erkundung des künftig Möglichen.

In diesen Jahren der Kreiskyschen Inselseligkeit war eine solche Grenzüberschreitung auch die einzige real bestehende Chance, beim gegebenen europäischen Bezugsfeld von Wien aus und für Wien Aktivitäten zu setzen und Beziehungen zu knüpfen, um die selbstzufriedene Larmoyanz einer Stadt zu überwinden, in der ein Sonnenkönig seine Macht genoß und ein Kronprinz sich den Mühen der Kommunalverwaltung zu entwinden suchte.

Das Projekt Mitteleuropa war somit auch ein Aufbruch aus dem österreichischen Illusionismus in die reale Bezugswelt Europas, um hier seine wirklichen Aufgaben wahrzunehmen und neue Chancen für sich und seine Nachbarn zu entwickeln. Die Außenpolitik Kreiskys sah für Österreich in der europäischen Auseinandersetzung kein aktives Handlungsfeld; sie sah auch wenig Möglichkeiten, sich in der Ost-West-Konfrontation als Neutraler nützlich zu machen, sondern tendierte kühn dazu, sich selbst als Neutralem die Ost-West-Konfrontation nutzbar zu machen. Die volle Anerkennung der DDR schlug sich positiv in den Auftragsbüchern der verstaatlichten Industrie nieder, Rumänien und Giereks Polen wurden großzügig mit Krediten bedacht. Die Parteien der Sozialistischen Internationale studierten den jugoslawischen Selbstverwaltungssozialismus und rühmten seinen Modellcharakter bis in die eigenen Grundsatzprogramme hinein; die eurokommunistischen Helden erhielten – zum schmerzlichen Ärger aller denkenden Menschen in den Ostblockländern – ihre medialen Plattformen und wurden mit internationalen Forschungsaufträgen in ehemals kaiserlichen Jagdschlössern betraut. Weltpolitisches Furore machte Österreich durch sein Gratis-Engagement im Nahen Osten und in Nordafrika, wo es bewußt – und risikolos, mit der Politik Israels und der USA kollidierte. Die Kreiskysche Außenpolitik kann, unbeschadet ihres inneren Engagements und kluger Einzelzüge, als der faszinierende Versuch gelten, die geographische Lage Österreichs aufzuheben. Daß ein solcher Versuch sich früher oder später als illusionär erweisen muß und von den Realitäten eingeholt wird, ist klar. Dort, wo Österreich nach wie vor wirklich lag – an der europäischen Demarkationslinie, am Rand der westlichen Welt und hart an den toten Grenzen zum Ostblock –, dort versuchte es ein Meer des Vergessens um sich zu ziehen und sich zur Insel zu erklären.

Doch die exzentrische Positionierung, in die Kreisky Österreich gebracht hatte, drohte die reale Randlage Wiens und seine Beziehungslosigkeit im näheren Umfeld noch zu verstärken. Es lag auf der Hand, daß Wiens Zukunft weder in der Rolle einer ausgelagerten Vorstadt von München und Mailand, noch in der Rolle eines zweiten Mekka für die islamische Welt liegen könne, sondern nur in all dem, was es aus sich selbst ist – aus seiner Geographie, Geschichte und Kultur, die stets die ganze Vielfalt seiner europäischen Beziehungen widerspiegelte. In der Aktivierung seines eigenen Erbes, seiner eigenen Kräfte, seiner Gesprächsfähigkeit lag also der Weg, auf dem Wien wieder zu seiner eigenen Mitte finden und sich zur Mitte eines reichen Bezugsfeldes, das freilich durch harte Grenzen abgekappt war, entwickeln sollte. Da es aber außerhalb der realen Möglichkeiten österreichischer Politik lag, die toten Grenzen wieder in grüne Grenzen zu verwandeln, galt es, diese Grenzen eben zu überschreiten oder zu unterlaufen.

Das Projekt Mitteleuropa war also ein Aufbruch aus der Exzentrik hin zur eigenen Mitte; eine Rückwendung aus der Illusion des Inseldaseins zur realen Bezugswelt; ein Ausbruch aus der Enge der österreichischen Selbstbezogenheit in die täglichen Herausforderungen der europäischen Umwelt; ein bewußter Aufbruch auch aus dem österreichischen Posthistoire in die zeitbestimmende Auseinandersetzung; ein Versuch der Selbstfindung in einem größeren Horizont; ein avantgardistischer und antizipatorischer Schritt, der sich nie in idealistische Verblasenheit verirrte, sondern immer konkret bemüht war, die Rostflecken am Eisernen Vorhang zu entdecken, sie zu vergrößern und Löcher in sie hineinzubohren. Durch die Knüpfung vieler grenzüberschreitender Beziehungen trug das Projekt Mitteleuropa nicht unwesentlich dazu bei, die Künstlichkeit und beschämende Lächerlichkeit eines Eisernen Vorhangs quer durch Europa zu entlarven. Das Projekt Mitteleuropa war ein im besten Sinne *subversives* Unternehmen gegen ein erstarrtes und innerlich ausgehöhltes Realitätsgerüst.

Projekt Mitteleuropa, Teil II

Daß hier vom Projekt Mitteleuropa ausschließlich in der Vergangenheitsform berichtet wird, bezieht sich auf die angeführten Momente des Subversiven, Avantgardistischen und Antizipatorischen, die das ursprüngliche Unternehmen an sich hatte. Alle diese Momente haben sich inzwischen erübrigt. Tatsächlich hat sich das Projekt Mitteleuropa in seinem ersten Teil realisiert und sein Ziel erreicht;

wozu es auf seine Art beitragen wollte, ist mit dem Fall des Eisernen Vorhangs Wirklichkeit geworden.

Europa hat anstelle einer durchgehenden Todesgrenze wieder eine Mitte. Österreich ist aus seinem exzentrischen Inselurlaub und aus seiner entlegenen Randlage wieder in diese Mitte Europas gerückt. Sein selbstzufriedenes Nachkriegsdasein in einem geschützten, aber chancenarmen Bereich hat sich in eine chancenreiche Position verwandelt, in der es aber rundum zu Kommunikation, Teilnahme und geistiger Beweglichkeit gefordert ist – eben zur Funktion der Mitte.

Die ursprünglichen Motive für den Aufbruch nach Mitteleuropa sind weggefallen. Aber auch ohne die Spannung der Grenzüberschreitung gibt es weiterhin gute Gründe, Reisen nach Mitteleuropa zu unternehmen.

Ein Grund wäre, bei den Menschen in den früheren sozialistischen Ländern das Versprechen Europa nun auch konkret einzulösen. Nicht nur durch Hilfslieferungen, sondern durch persönliche Gespräche und kulturelle Kontakte. Denn Europa war ihnen nicht nur ein ökonomisches, sondern in erster Linie ein geistiges und humanes Versprechen. Ein anderer Grund wäre – er gilt besonders für Österreicher – mit den Völkern in diesem Raum ein neues Projekt Mitteleuropa, sozusagen Teil II, zu erarbeiten, in dem die nationalen Antagonismen, die Frage der Pluralität in der Einheit Europas in einem übergeordneten Rahmen einer befriedigenden Lösung zugeführt werden. Ein Projekt mit dem Ziel, daß allen Völkern, Nationalitäten und Minderheiten Mitteleuropas ihr Lebensraum, ihre kulturelle Eigenart und Würde gewährleistet wird und der „Narzißmus der kleinen Differenzen, den der Mitteleuropäer Sigmund Freud in „Unbehagen in der Kultur“ diagnostizierte, in das stolze Bewußtsein übergeführt wird, daß die eigene Identität ein konstitutives Element für die innere Vielfalt Europas ist und in seiner Einheit bewahrt und gut aufgehoben ist.

Eine unvollständige Dokumentation der Mitteleuropa-Reisen von EB

	Teilnehmer	Route	Gesprächspartner
PRAG, August 1968		Prag	Studentenvertreter
PRAG, 1979		Prag	Charta-77-Mitarbeiter
PRAG, 7.–9. 12. 1980	11 Teilnehmer; GR Kauer, GR Hawlik, Mitarbeiter der Wiener ÖVP, Journalisten	Prag	Charta-77-Mitarbeiter
POLEN, 11.–18. 4. 1981	9 Teilnehmer; LR Schaller, Studenten, Mitarbeiter	Warschau, Tschenstochau, Krakau, Nowa Huta, Zakopane, südpolnische Dörfer	Bartoszewski, Mazowiecki, Stomma, Drewnowski, Turowicz, Wieczorek, Reiff, Szaniawski, Antol, Oszon, Dzida, Michalski, Zaluska, Solidarność-Vertreter. Erste Gespräche über Inst. f. d. Wiss. v. Menschen
SLOWENIEN, KROATIEN, Ostern 1982	5 Teilnehmer	Laibach und andere Orte	Erzb. Sustar, Studentenvertreter, Vertreter der Caritas, Rektor des Priesterseminars
POLEN, 20.–25. 11. 1982	7 Teilnehmer; NR Bergmann, LR Schaller, Mitarbeiter	Zakopane, Krakau, Sandomierz, Warschau, Tschenstochau	Antol (Bauern-Solidarność), Turowicz, Szumowski, Büro für die politischen Häftlinge; Professoren, Dozenten und Studenten der Krakauer Universität; Tischner, Herz, Krol, Szajna, Janjzszepanski, Grzywacz, Rodzinski

	Teilnehmer	Route	Gesprächspartner
SERBIEN, 1983		Belgrad	Milowan Djilas, Danilo Kis, Dejan Medakovic u. a.
POLEN, 14.–24. 8. 1983	10 Teilnehmer; GR Eva Petrik, GR Hawlik, Journalisten, Mitarbeiter	Breslau, Thorn, Danzig, Allenstein, Wolfschanze, Warschau, Tschenstochau, Krakau, Przemysl, Zakopane	Walesa, Rakowski, Wiejaz
POLEN, 23.–29. 11. 1983	7 Teilnehmer; Journalisten, Mitarbeiter	Breslau, Posen, Thorn, Danzig, Warschau, Krakau, Zakopane	
UNGARN, 3.–8. 4. 1984	11 Teilnehmer; Journalisten, Mitarbeiter	Pannonhalma, Budapest, Kecskemet, Pecs, Kaposvar, Balaton, Fertöd, Nagycenk	„Donau-Kreis“, junge Wissenschaftler, Dissidenten-Zeitschriften, kirchliche Vertreter, Szent-Ivanyi, Demszky, Lajos Rajk, Nijiri, Baba, Bischof Czerhati u. a.
POLEN, 17.–26. 8. 1984	9 Teilnehmer, GR Eva Petrik, GR Prohaska, Journalisten, Mitarbeiter	Lopuszna, Szczawa, Ochotica (Südpolen), Krakau, Nowa Huta, Tschenstochau, Warschau, Danzig, Thorn, Posen, Trebnitz, Breslau	Tischner, Antol, Turowicz, Suseil, Skwarnicki, Henelowa, Lachowska, Micewski, Bischof, Mieziolek, Morawski, Barlay, Walesa, Präl. Sienkiewicz

	Teilnehmer	Route	Gesprächspartner
SERBIEN–UNGARN 31. 10.–4. 11. 1984	14 Teilnehmer; Jörg Mauthe, Milo Dor, Journalisten, Mitarbeiter	Budapest, Pecs, Belgrad	Baba, Szent-Ivanyi, G. Konrád, Bischof Cserhati, Patriarch German, Erzb. Turk, Ivanji, Djilas, Bogdanovich, serbische Oppositionelle
DDR 4.–9. 6. 1985	14 Teilnehmer; Jörg Mauthe, GR Rauch, Journalisten, Mitarbeiter	Dresden, Weimar, Buchenwald, Erfurt, Magdeburg, Berlin	Künstler und Intellektuelle, Vertreter der Kirchen und Studenten
POLEN 13.–21. 8. 1985	12 Teilnehmer; GR Rauch, Journalisten und Mitarbeiter	südpolnische Dörfer, Krakau, Auschwitz/Birkenau, Kattowitz, Tschenstochau, Warschau, Danzig, Lublin, Sandomierz, Przemysl, Kosice, Eger, Budapest	Tischner, Tygodnik Powszechne, Bischof Bednarz, Erzb. Dabrowski, Kard. Glemp, Walesa, Sliwinski, Bartoszewski, Micewski, Gieysztor, Mazowiecki, Bischof Tokarczuki, Dzida, Baba, Rajk u. a.
PRAG Sept. 1985	8 Teilnehmer		
UNGARN, 14.–15. 11. 1985		Budapest, Pannonhalma	Konrád und ungarische Schriftsteller, stv. Min.-Präs. Aczel, Erzabt Szennay
POLEN, 1.–9. 8. 1986	9 Teilnehmer; Journalisten, Mitarbeiter	Breslau, Posen, Danzig, Warschau, Auschwitz, Krakau, Zakopane	Gieysztar, Chizanowski, Kurowski, Wierzbicki, Geremek, Stomma, Kisiliewski, Mazowiecki, Krol, Kubiak, Bratkowski, Trzeciakowski, Kard. Glemp, Walesa, Erzb. Macharski, Tischner u. a.

	Teilnehmer	Route	Gesprächspartner
SERBIEN, 2.–5. Juli 1987	8 Teilnehmer; Journalisten, Mitarbeiter	Belgrad, serbische Klöster (Zica, Ljubostina, Studenica)	Intellektuelle, Künstler und kirchliche Vertreter; Popovic, Danilo Kis, Bischof Stefan, Medakovic, Patriarch German
PRAG, Februar 1988	Mitarbeiter und Journalisten	Prag	Kard. Tomasek, Benda, Charta 77 und andere oppositionelle Gruppen; Nemcova, Sternova, Reszek, Rokyta, Palous u. a.
POLEN, 25. 6.–2. 7. 1988	9 Teilnehmer	Breslau, Gnesen, Danzig, Warschau, Krakau, Lodz, Auschwitz	Tischner, Drawicz, Michnik, Kard. Glemp, Mokry, Micewski
PRAG, Februar 1989		Prag	Kard. Tomasek, Nemcova, Kucera u. a.

EBs Projekt Mitteleuropa hat diese Dialektik von der Einheit der Vielfalt und Vielfalt in der Einheit von Anfang an mitbedacht. Doch diese Antizipation wartet noch auf ihre reale Verwirklichung. Es liegt an Österreich, sowohl seine übernationale historische Erfahrung, als auch seine deutschnationale Lektion und schließlich seine jüngere Erfahrung der eigenen Nationswerdung in diese Debatte als relativierenden Maßstab einzubringen. Dann erst käme die lange Odyssee Mitteleuropas mit seiner Heimkehr ins wahre Europa zum glücklichen Ende.

Die Dämonen sind wieder erwacht

Das Ziel des Projekts Mitteleuropa war es gewiß, daß es sich nach dem Fall der Mauern und Todesgrenzen pragmatisch fortsetzen würde in einer alltäglich werdenden Normalität des Beziehungsgeflechts zwischen Agram, Budapest, Kiew, Krakau, Laibach, Prag, Preßburg, Warschau etc., und langsam auch übergreifen würde in die baltischen und die Balkanländer. Dieser Wunsch hat sich nicht erfüllt. In Europa tobt ein offener Schießkrieg, und an vielen Stellen herrschen latenter Bürgerkrieg oder Nationalitätenkämpfe. Keine europäische oder internationale Institution weiß sie einzugrenzen und Frieden herzustellen. Der Wegfall der gußeisernen KP-Regime hat viele schlafenden Dämonen Mittel-, Südost- und Osteuropas wieder aufwachen lassen. Wieder einmal ist das „hilflose Europa“ traurige Evidenz – hilflos in mehrfachem Sinn: Der Westen versprach ökonomische und soziale Hilfe, löst aber sein Versprechen nur widerwillig, engherzig und zögernd ein; die ehemals sozialistischen Länder erschöpfen sich in internen Querelen, präsentieren sich alte Rechnungen und beschäftigen sich eher mit nationalpolitischen Korrekturen als mit dem Aufbau tragfähiger Wirtschafts- und Sozialstrukturen; und Europa als ganzes ist hilflos, weil es, bedingt durch die lange Teilung und Antithese, noch nicht die Instrumente und Institutionen gemeinschaftlicher Konfliktbewältigung und Krisenvermeidung gefunden hat. Die um sich greifende Enttäuschung und das wachsende Mißtrauen werden die Entwicklung solcher gemeinschaftlicher europäischer Sicherheits- und Solidaritätsorgane nicht gerade beschleunigen. Insofern könnte ein neues Projekt Mitteleuropa, Teil II, wiederum als avantgardistischer und antizipatorischer Schritt – von Europäer zu Europäer – seinen unspektakulären geistig-humanen Beitrag zur erwünschten institutionellen Einheit Europas in Frieden und Freiheit leisten.

Wladyslaw Bartoszewski

Der Ostreisende

In den Augen eines Polen

Ich bin nicht mehr sicher, ob ich EB im Jahre 1980 oder ein, zwei Jahre früher kennengelernt habe. Auf jeden Fall erfolgte das in Wien dank der Vermittlung meines alten Freundes Dr. Kurt Skalnik, dem ich Anfang der sechziger Jahre, als er noch Chefredakteur der „Furche" war, nahegekommen bin. Ich habe diese Vermittlung bis heute dankbar in Erinnerung, weil EB zu den zeitgenössischen Österreichern gehört, die ich sehr mögen und schätzen gelernt habe.

Schon bei den ersten Kontakten haben mich seine geistige Offenheit, das breite kulturelle und geschichtliche Interesse sowie die schillernde Intelligenz, die ausgezeichnete Diskussionsfähigkeit und sein großer Sinn für Humor beeindruckt. Dazu kam ein fundiertes politisches Wissen über die Probleme der Länder und Völker Ost-, Mittelost- und Südosteuropas. Auch schon damals, vor zwölf Jahren hat mich das Interesse EBs für die Tschechoslowakei, Ungarn, aber auch für das entferntere Polen und sein Wissen über diese Länder sowie das Interesse für das, was südlich von Österreich passiert, erstaunt. Dieses Wissen war keineswegs typisch in der Zeit Breschnews, als so manche kommunistischen Funktionäre aus der DDR, Polen, Ungarn, der Tschechoslowakei und Jugoslawien in den politischen Kreisen des Westens, darunter auch in Wien, als „normale", oft „glaubwürdige" und „salonfähige" Partner angesehen wurden.

EB hat mich damals mit seinem nüchternen Blick, der für

die praktische Politik unerläßlichen Dosis Realismus und der klaren und scharfsinnigen Bewertung des damaligen Geschehens an der Weichsel, der Moldau und der Donau für sich gewonnen. Er hat es verstanden, daß es im Interesse sowohl Österreichs als auch der Völker dieser Länder des sogenannten „Ostblocks" lag, möglichst zahlreiche Kontakte zwischen Menschen, Christen und Europäern, die ähnliche geschichtliche Traditionen, denselben kulturellen-Stammbaum und die gleiche Wertehierarchie im sozialen und politischen Leben besaßen, zu knüpfen und zu kultivieren.

Im Falle Polens hatte dies zur Folge, daß eine Studienreise einer Gruppe von Personen aus der ÖVP nach Warschau im Frühjahr 1980 organisiert wurde – damals habe ich EB und seine Freunde zusammen mit dem katholischen Publizisten Tadeusz Mazowiecki (dem späteren, ersten nichtkommunistischen Premierminister Polens) sowie mit Professor Stanislaw Stomma, dem Senior der katholischen Opposition gegen das System, empfangen. Ich selbst, damals Lehrbeauftragter für Zeitgeschichte an der Katholischen Universität Lublin (KUL), gleichzeitig Generalsekretär des Polnischen PEN-Clubs und Autor einiger geschichtlicher Bücher, habe in der Person EBs – obwohl ich eine ganze Generation älter bin als er – immer einen interessanten Gesprächspartner, mit dem ich eine gemeinsame gedankliche Plattform und einen ausgezeichneten menschlichen Kontakt hatte, gefunden.

Anfang 1981 hat EB meinen ersten größeren Auftritt in Wien – einen Vortrag im Club Pro Wien über die demokratischen Umwandlungen während der ersten „Solidarnosč "-Periode – eröffnet. Ich war einer von einigen Polen, die dank EBs Initiative die Möglichkeit hatten, in diesem Club viele interessante Vertreter der Wiener intellektuellen und politischen Kreise kennenzulernen. Zu diesen Polen gehörten auch Prof. Stanislaw Stomma, Tadeusz Mazowiecki, Stefan Kisielewski und andere.

Die folgenden achtziger Jahre haben diese Kontakte vertieft und entwickelt. Nach der Einführung des Kriegsrechts am 13. Dezember 1981, unter den schweren Bedingungen der Begrenzung der Freiheiten und Grundrechte, sowie später, als die Strenge des Kriegsrechts allmählich nachließ, gehörte EB zu den Vertretern der österreichischen Elite, die sich aktiv für die polnischen Flüchtlinge und Asylanten in Wien einsetzte, und zwar nicht nur für Intellektuelle, sondern auch für gewöhnliche Leute. Unter den Polen in Österreich wurde er zum Synonym der Freundlichkeit, Offenheit und Gastfreundschaft. EB hat auch alte Freundschaften in Krakau und Warschau konsequent gepflegt und neue geknüpft. Ich habe – damals war ich ein paar Jahre als Gastprofessor in Bayern tätig, besuchte aber regelmäßig Wien – mit Genugtuung feststellen können, daß EB den Weg fand, polnische Bischöfe zu besuchen und daß er – was von beiden Regierungen, in Warschau und in Wien, ohne besondere Freude zur Kenntnis genommen wurde – zu der „Privatperson" Lech Walesa, damals „nur" Friedensnobelpreisträger, zum ersten Mal 1983 gelangte. EB hat zu den kulturellen Veranstaltungen, die er in Wien organisierte oder mitorganisierte, demonstrativ Referenten aus Polen, Ungarn und Jugoslawien eingeladen.

Und so kam es, daß ich EB in nur einem Jahr, 1983, mehrmals traf: als mir (im Mai) der Herderpreis überreicht worden ist und danach noch zwei Mal aus anderen Anlässen. Ich war einer der Referenten auf dem Kultursymposium in Perchtoldsdorf, anläßlich des 23. Bundesparteitages der ÖVP am 12. Oktober, ich sprach damals zum Thema: „Kultur = Hierarchie der Werte". Damals auch hatte ich die Möglichkeit – dank EB – Dr. Alois Mock kennenzulernen. Am 26. Oktober, dem „Tag der Fahne" hielt ich auf Einladung EBs, damals Präsident der Österreichischen Forschungsgemeinschaft, in Wien ein Referat zum Thema „Patriotismus heute", anläßlich der Verleihung des Anton-

Guindely-Preises für Geschichte der Donaumonarchie. Diesen Preis haben 1983 der EB in seinen Interessen nahestehende Dr. Emil Brix und Dr. Joanna Radzyner bekommen, beide sind seitdem meine Bekannten, beide werden von mir hochgeschätzt.

Wann immer es nur möglich war, kam ich von meinem universitären Arbeitsplatz in München nach Wien, und EB war einer von denen, die immer Zeit für mich fanden. Oft trat ich in Österreich aufgrund seiner Initiative auf, ich nahm damals an verschiedenen internationalen und innerösterreichischen Veranstaltungen teil.

Als mir im Oktober 1986 in der Pauluskirche in Frankfurt am Main der Friedenspreis des Deutschen Buchhandels überreicht wurde, haben EB und Peter Mahringer keine Mühe gescheut, um dorthin für wenigstens ein paar Stunden zu kommen. Neben dem Ehepaar Skalnik – meinen alten Freunden – waren sie die einzigen Vertreter Österreichs im Saal. Diese Geste der Solidarität mit einem polnischen Schriftsteller und Professor und persönlicher Wohlgesinnung für Wladyslaw Bartoszewski habe und werde ich nicht vergessen.

Als ich im Frühjahr 1990, nach den großen Veränderungen in meinem Land im Sommer und im Herbst 1989, nach Warschau kam, habe ich rein zufällig EB getroffen, bereits als Bundesminister für Wissenschaft und Forschung: Es war bei der Eröffnung der herrlichen Ausstellung Opus Sacrum, mit Kunstwerken aus der Sammlung von Barbara Piasecka Johnson, auf dem Königsschloß. Dort habe ich ihm auch als ersten Österreicher anvertraut, daß die Regierung der neuen Republik Polen beabsichtigt, mich als Botschafter Polens nach Wien zu entsenden. Die Freude EBs war ebenso groß wie seine Überraschung. Wahrscheinlich hat er sich abermals bestätigt gefühlt in der Richtigkeit seiner Wahl und seiner Urteile der letzten Jahre. Einige von seinen polnischen Freunden waren bereits Minister und

Parlamentarier an der Weichsel, Vertrauensmandatare einer freien Gesellschaft. Kein Wunder also, daß, als ich im September 1990 in meiner neuen, offiziellen Rolle nach Wien kam und EB – neben Rudolf Kirchschläger, Kardinal Franz König, Josef Krainer, Alois Mock, aber auch Kurt Skalnik, Erika Weinzierl, Kurt Schubert, Gerald Stourzh, Simon Wiesenthal, Hanns Sassmann, Paul Schulmeister, Hubert Feichtlbauer, Fritz Csoklich und vielen anderen meine Aufwartung machte – dies nicht nur als routinemäßige Ankunft eines Botschafters betrachtete.

Was könnte ich – mit den Augen eines polnischen Schriftstellers, Historikers, Hochschullehrers, von seinem ganzen Herzen der Idee Europas verbunden – noch kurz über EB sagen?

Ich glaube, er macht seinem Vaterland und seiner Stadt Wien, in den Augen vieler Ausländer, die Freunde dieses Landes sind, Ehre. Er ist ein einzigartiges Phänomen an diesem Ort und in dieser Zeit. Würde er nicht existieren, müßte man ihn erfinden, weil dieses schöne Land im Herzen Europas ohne ihn – so wie er ist – in unseren Augen geistig ärmer wäre.

Joseph Rovan

Der Gesprächspartner

Österreich – von Frankreich gesehen

„Österreich, das ist, was übrigbleibt“, soll Clemenceau 1918 nach der Auflösung des Reiches der Habsburger gesagt haben. Was übrigblieb, das war ungefähr – ohne Tirol, aber mit Krain – das Gebiet der letzten Babenberger. Davon wußte Clemenceau wahrscheinlich wenig oder gar nichts. Für ihn, den Freimaurer und Republikaner, war Österreich die „Maison d'Autriche“, die Casa d'Austria, mit der Frankreich vier Jahrhunderte lang um die Vormachtstellung in Kontinentaleuropa gekämpft hatte, die letzte katholische Großmacht in Europa und der Hort der Reaktion. Gewiß war inzwischen – als Sieger sowohl über Österreich wie Frankreich – das neue Reich, die preußisch-deutsche Großmacht, entstanden; aber das an und für sich logische Bündnis zwischen Paris und Wien war aus vielen Gründen nicht zustande gekommen: Der politische Gegensatz zwischen der katholischen Monarchie und der laizistischen Republik, der Widerstand der Deutschen in Österreich gegen ein Bündnis mit dem „Erbfeind“ sowie die allmähliche Annäherung zwischen Frankreich und Italien und nicht zuletzt die ideologische Sympathie der Republikaner für die „nationalités“, die sich auf die Prinzipien der großen Revolution beriefen.

Die Stimme des großen (aber monarchistischen) Historikers Jacques Bainville, der Clemenceau und Poincaré vorwarf, sie hätten in Saint-Germain vergessen, daß die wirkliche „Maison d'Autriche“ nun in Berlin und nicht mehr in

Wien residierte, blieb ohne politischen Widerhall. Gleichzeitig aber setzte sich Frankreich mit dem Anschlußverbot in Gegensatz zu seinen eigenen nationalstaatlichen Prinzipien. Unter diesem Widerspruch stand das Verhältnis Frankreichs zur ersten österreichischen Republik bis zu dem Hitler zugestandenen Anschluß. Dieser war in einem gewissen Sinn ja auch eine Inbesitznahme Deutschlands durch den extremen antikatholischen Großdeutschflügel der Österreich-Deutschen, sozusagen die Rache Schönerers an Bismarck.

Für die meisten Franzosen ist Österreich ein schwer verständliches Land. Sozusagen ein deutsches Belgien, das nur von Wallonen bewohnt ist, aber sowenig zu einem Teil von Deutschland werden will, wie Belgien ein Teil Frankreichs (was es ja zwischen 1794 und 1814 war) sein möchte. Man spricht dort Deutsch („Aber ist es ein gutes Deutsch?“ fragen die Eltern, die ihre Kinder zu gemeinsamen Ferienaufenthalten mit jungen Österreichern einschreiben, „Ist es dasselbe Deutsch wie in Deutschland?“). Und die meisten Österreicher sind sehr böse, wenn man Österreich als einen deutschen Staat bezeichnet. Die Historiker aber wissen, daß Wien – mit geringen Unterbrechungen, zwischen 1438 und 1806 – der Sitz des Kaisers des Reiches gewesen ist, das zwar amtlich Imperium Romanorum hieß, aber im Sprachgebrauch das „Heilige Römische Reich Deutscher Nation“ war. Aus diesem sind die beiden Staaten Deutschland und Österreich hervorgegangen. Die Erinnerung an die lange Feindschaft mit den Habsburgern als Hort der Reaktion hat – in der eigenen Zerrissenheit und Schwächung – die Reaktion Frankreichs auf den Anschluß mitbestimmt. Der französischen Linken war der Ständestaat unter Dollfuß und Schuschnigg trotz der permanenten Aggression durch das Hitlerregime als klerikal-faschistisch in höchstem Grade unsympathisch, während – besonders im Krieg 1939/1945 – die Bemühungen des Erzherzogs

Otto für die Gründung eines österreichischen Nationalkomitees auf den Fortbestand der antihabsburgischen Tradition stießen. Der Ständestaat schien auch mit seiner Betonung deutschnationaler Elemente verdächtig. Außerdem trugen die Erinnerungen an den Ersten Weltkrieg zu dieser Antipathie bei. So war es beispielsweise vielen linken Franzosen ein Dorn im Auge, wenn Dollfuß in der bei der Heimwehr üblichen Offiziersuniform auftrat. Einem zum Faschismus tendierenden Teil der französischen Rechten wiederum war der scharf antihitlerische Kurs des Erzherzogs unsympathisch.

Während des Krieges hatten zahlreiche Franzosen als Soldaten oder als Kriegsgefangene und später als KZ-Insassen mit Österreichern zu tun, von denen manche ihre Gegnerschaft zu Hitler zu erkennen gaben. Aus eigener Erfahrung im KZ Dachau weiß ich jedoch, daß die Tradition der Feindschaft zwischen Sozialisten und Ständestaatlern auch in der gemeinsamen Nazi-Gefangenschaft nicht aufgegeben wurde.

Da Frankreich an den Alliierten-Verhandlungen über die auf den Sieg zu folgende Periode erst spät und auch da nur teilweise beteiligt war, hatte es auf die ersten Maßnahmen der Sieger gegenüber Österreich keinen direkten Einfluß. An dem Beschluß der Wiederherstellung der österreichischen Unabhängigkeit hat es nur am Rande mitgewirkt.

Auf das Zustandekommen einer österreichischen Regierung unter der Führung eines sozialistischen Staatsmannes, der 1938 einen Aufruf zugunsten des Anschlusses publik gemacht hatte und 1945 von den Sowjets aus dem Privatleben herausgeholt wurde, hatte Paris keinen Einfluß. Als Besatzungsmacht über Tirol und Vorarlberg und Mitbesetzer der Hauptstadt Wien fügte sich Frankreich allmählich dann doch in die gemeinsame Front der Westmächte ein, besonders, nachdem im Frühjahr 1947 das Bemühen, eine eigene Position zwischen den Angelsachsen und der Sowjetunion aufzubauen, aufgegeben worden war. Die Koalitionsregierungen, die zwischen 1946 und 1958 in Frankreich an der Macht waren, setzten sich aus Parteien zusammen, die für ihre österreichischen „Schwestern" Sympathien hatten, aber da die beiden großen österreichischen Formationen nun lange Zeit zusammen im Kabinett saßen, war dies von geringerer Bedeutung als vor 1938.

Modell Österreich

Für das von den Folgen zweier langer und in jeder Hinsicht kostspieliger Kolonialkriege und eines zu weitgefächerten Parteiensystems geschwächte Frankreich der 4. Republik (1945–1958) mußte die zweite österreichische Republik als ein interessantes Beispiel erscheinen, so daß allmählich sogar der Begriff „Modell Österreich" in Umlauf kam. Während in Frankreich die kommunistische Partei (auch nach dem Ausscheiden aus der Koalition 1947) weiter einen bedeutenden Sektor der Wählerschaft (28% im Jahre 1946 – noch 21% im Jahre 1956) und besonders des intellektuellen und kulturellen Lebens hinter sich hielt, war die österreichische „Schwesterpartei" infolge der sowjetischen Besetzung und der von dieser gestützten Machtergreifungsversuche in Wien zur Bedeutungslosigkeit herabgekommen. Die sozialpolitische Verhandlungsdemokratie schuf ein Friedensklima, das mit den permanenten Arbeitskonflikten unter der 4. Republik kontrastierte und einen wesentlichen Beitrag zum Aufstieg der österreichischen Wirtschaft lieferte, welche allerdings dabei in steigendem Maße in Abhängigkeit von der Wirtschaft der Bundesrepublik Deutschland geriet.

Die 1931 am Widerstand Frankreichs gescheiterte Wirtschaftsunion zwischen Österreich und Frankreich hat sich, phänomenologisch gesehen, in den letzten Jahrzehnten indirekt und unauffällig weithin vollzogen, zum generellen Vorteil aller Beteiligten.

Auch während der Ära Kreisky und bis zur Wiederherstellung der großen Koalition blieb in Frankreich das Interesse am „Modell Österreich" sehr stark, obgleich die 5. Republik mit dem Verzicht auf das Kolonialreich, der Herstellung stabiler politischer Verhältnisse (10 Premierminister in 34 Jahren) sowie der drastischen Verminderung akuter sozialer Konflikte und einem unvergleichlichen Wirtschaftsaufschwung (bis 1990) die Distanz zu dem „Modell" reduziert, ja zum Teil aufgehoben hatte. Gleichzeitig konnten die französischen Beobachter in der österreichischen Gesellschaft wie in der Politik Auflösungs- und Ermüdungserscheinungen feststellen.

Staatsidentität

Ohne Zweifel hatte sich für französische Augen seit 1945 eine österreichische Staatsidentität entwickelt. Ob diese mit einer nationalen Identität zusammenfällt, bleibt für viele Beobachter fragwürdig. Aber dies ist im Zeitalter, in dem in ganz Europa die Lebensfähigkeit und Legitimität des Nationalstaates in Frage gestellt wird, keine österreichische Besonderheit. Eine weitverbreitete Bewegung zu einer Sonderunion mit Deutschland ist in Österreich trotz der nicht unbedeutenden deutschnationalen Akzente in gewissen Bereichen von Politik und Kultur kaum festzustellen. Im Gegenteil: Es macht sich sogar ein starker Widerstand gegen den Beitritt zur EG bemerkbar, in der Österreich sich ja auf einer höheren föderativen Ebene mit Deutschland (und natürlich auch mit Frankreich) zusammenfinden würde. Auch die zu einiger Besorgnis Anlaß gebende Fremdenfeindlichkeit ist zumindest ambivalent: lokalpatriotisch und nationalistisch. Während diese Strömungen aber bisher in Deutschland keinen adäquaten politischen Ausdruck gefunden haben, liegen die Dinge hier in Österreich wie in Frankreich anders. Die Strukturen des österreichischen Modells zeigen schwere Abnützungserscheinungen, und Ähnliches sieht man in Frankreich: Parteien und Verbände ebenso wie die Regierungsautorität sind durch gesellschaftliche und kulturelle Verschiebungen bedroht, während sich am Rande des politischen Feldes Formationen bilden oder neu einrichten, die das Bestehende mit radikaler Kritik angreifen und dabei die sich häufenden Skandale ausnutzen. In beiden Ländern läuft diese Kritik gegen die Vorstellung vom Fortschritt und von der Möglichkeit rationaler aufgeklärter Entscheidungen an: reaktionär-populistisch-xenophobe Gruppierungen auf der äußersten Rechten, chilastisch-säkularistische Gottesreich-Tendenzen mit stark dogmatischer Beimischung bei den „Grünen", deren politischer Ort schlicht als „links" angegeben werden kann, auf der anderen Seite. Man fragt sich häufig, ob in beiden Ländern nicht eine profunde Gesellschafts- und Regimekrise ansteht. Da dergleichen in Deutschland keineswegs der Fall ist, zeugt diese Frage von der politischen Eigenständigkeit Österreichs.

Die lange Dauer der monetären Stabilität in Frankreich und Österreich liefert Gründe für diese Krisenentwicklung, während sich Deutschlands Aufmerksamkeit und Dynamik auf die Bewältigung der Probleme konzentrieren, die aus der schnellen Vereinigung der beiden deutschen Staaten entstehen. Es bleibt die Frage nach einer österreichischen Identität in den Bereichen Kunst, Kultur und Wissenschaft. Die Gemeinsamkeit der Hochsprache mit Deutschland und der deutschsprachigen Schweiz hat hier schon lange einen gemeinsamen Markt geschaffen. Österreichische Schriftsteller haben normalerweise bei (jetzt) 80 Millionen Deutschen mehr Leser als in Österreich. Der Historiker allerdings hat festzustellen, daß die Metropole Wien den kulturellen Rang nicht wiedergefunden hat, den sie unter der

Monarchie im 19. Jahrhundert und besonders am Beginn des 20. Jahrhunderts, ja auch noch unter der 1. Republik, besessen hatte. Dies ist natürlich vor allem mit dem Verlust des kulturellen Beitrages der Wiener Juden (oder von Wienern jüdischer Herkunft) zu erklären. Hofmannsthal, Zweig, Werfel, Freud, Mahler, Schönberg, Karl Kraus usw. sind nur als Leuchttürme über einer immensen Masse von Produzenten und Konsumenten zu nennen. Bei aller Bedeutung des österreichischen Kulturlebens und besonders des Wiener Flairs kann man sich als Germanist und Historiker, der nach 1945 viele dutzendmal in Wien war, dem Eindruck einer gewissen Provinzialität nicht verschließen, der man oft in den Medien, insbesondere in den Printmedien, begegnen kann.

Interpenetration

Man erfuhr mancherlei in Wien früher als in Westeuropa; auf den Rat von Männern wie Raab und Kreisky hörte man im Westen mit Aufmerksamkeit.

Die ersten schrittweisen und dann sich überstürzenden Veränderungen in Zentraleuropa und in der Sowjetunion haben Österreichs und Wiens Bedeutung ungemein verstärkt. KSZE und Abrüstungsverhandlungen sowie die in Wien ansässigen UNO-Behörden geben der österreichischen Diplomatie ein neues Gewicht – trotz gelegentlicher personeller Schwierigkeiten. Die Bemühungen François Mitterrands um eine neue gemeinsame Ordnung für *alle* Europäer können an Österreich nicht vorbeigehen. Man ist dem befreiten Teil Europas näher – und gehört trotzdem seit 1945, und bestimmt seit 1955, zum Westen, zur bisherigen „Freien Welt". Zu dieser fundamentalen Zugehörigkeit mußte die österreichische Neutralität keinen Widerspruch bilden, schließlich hat sie auch nicht den Beitritt Österreichs zur UNO verhindert. Einsichtige Franzosen und einsichtige

Österreicher wissen, daß ihre Eigenständigkeit seit 1945 ohne den amerikanischen Schutz nicht hätte behauptet werden können. Ohne diesen wären beide Länder zu Untertanen der Sowjetunion geworden. Selbst in härtesten Momenten des kalten Krieges hat Österreich öfters eine vermittelnde Rolle spielen können – allerdings auch nicht ohne manchmal schwer zu akzeptierende Konzessionen. Für Frankreich ist bei aller Bemühung um autonomes Handeln die Allianz mit den USA weiter die Grundlage jeder Sicherheit und dies besonders in einer sehr viel unübersichtlicheren Welt. Daß die Neutralität für die Österreicher ein Wort ist, das in einer neuen Umwelt mit neuen Inhalten versehen werden muß, läßt sich wohl auch kaum bezweifeln.

Österreich und die Schweiz wollen EG-Mitglieder werden. Ungarn, die Tschechoslowakei und Polen ebenfalls. Für Österreich ist der wirtschaftliche Aspekt verhältnismäßig leicht zu bewältigen. Die österreichische Wirtschaft ist bereits weithin de facto in die EG eingegliedert, Einzelprobleme können gelöst werden. Hingegen ist die Post-Maastricht-EG mit wachsenden Aspekten politischer Integrierung und mit der Absicht einer gemeinsamen europäischen Sicherheits- und Verteidigungspolitik versehen. Damit die Neutralität mit diesen Entwicklungen vereinbar wird, braucht sie Adaptationen und Neuformulierungen.

Die Einbeziehung Österreichs in die politische Union ist im Hinblick auf die befreiten Staaten Zwischeneuropas von entscheidender Bedeutung. Anders als Österreich, die Schweiz und Schweden, sind diese wirtschaftlich zum Beitritt noch nicht reif. Um so wichtiger ist es, sie in die politische und verteidigungspolitische Struktur einzubinden, und es wäre paradox, wenn Prag und Budapest zu einer Art von erweitertem Europäischen Rat gehören würden, Wien aber nicht. Moskau hat mit Prag, Warschau und Budapest das gemeinsame Interesse, daß die europäische

Einigung sich weiter in Harmonie mit den USA vollzieht, und das sollte auch dem Interesse Frankreichs entsprechen.

Ich habe in den vorhergehenden Zeilen versucht, unsystematisch über die Vision Österreichs in den historischen und aktuellen Vorstellungen vieler Franzosen – wenngleich auch nicht *der* Franzosen – zu berichten. Natürlich waren dabei meine eigenen Beobachtungen wesentlich mit im Spiel, die sich aus Kindheits- und Schulzeiterinnerungen zwischen 1921 und 1929 ebenso speisten wie aus zahlreichen Gesprächen mit österreichischen Politikern, Schriftstellern und Journalisten, von denen ich manche wohl zu meinen Freunden rechnen darf. Daß zu diesen besonders geschätzten Gesprächspartnern seit vielen Jahren EB gehört, brauche ich wohl kaum hinzuzufügen.

VII.

Erhard Busek

Nichts bleibt gleich

Anforderungen an einen Politiker heute

Wenn heute infolge tiefgreifender Veränderungen der Gesellschaft, der Politik in Europa und der Welt die Rede davon ist, daß wir auf ein „neues Österreich" zugehen – wenn wir nicht schon mitten drinnen sind –, so darf angemerkt werden, daß Österreich II in der reichen Geschichte unseres Landes eine „Erfolgsstory" ist. Was ist nicht in dieser Zweiten Republik alles gelungen! Wurde nach dem Ersten Weltkrieg nicht nur die Selbständigkeits-, sondern auch die Identitätsfrage unserer Heimat gestellt, so denkt infolge der Erfahrungen seit 1945 niemand daran, die Lebensfähigkeit unseres Landes zu bezweifeln.

Wir brauchen den Staatsvertrag von 1955 sicher nicht dazu, um anderen zu beweisen, daß der Anschlußgedanke an Deutschland obsolet geworden ist. Wir sind selbstbewußt, überzeugt und souverän. Die Erfahrung der Lagerstraße des KZ Dachau hat dazu geführt, daß der Grundkonsens der Politiker von 1945 uns die Selbstverständlichkeit einer entwickelten Demokratie gebracht hat, die nicht unbedingt davor zittern muß, daß irgendwo ein Ton fällt, der über die Outlinie des demokratischen Feldes hinausgeht, sondern die Kraft besitzt, damit selbständig fertig zu werden.

Wir sind ein geachtetes, in Europa und in der Welt aktives Land mit einer internationalen Rolle und Akzeptanz, wie sie nur wenige Kleinstaaten besitzen. Ökonomisch haben wir uns hervorragend entwickelt, wobei die Gunst der Lage und des Augenblicks sogar dazu führt, daß Rezessionen anderswo bisher an uns vorübergegangen sind. Die Tradition und Vitalität der Kultur haben uns zumindest auf diesem Gebiet eine Internationalität erhalten, die andere ökonomisch stärkere Kleinstaaten – wie etwa die Schweiz – nicht besitzen. Also, nehmt alles nur in allem: „Es ist ein gutes Land . . .“

Nichts bleibt gleich

Dennoch: Nichts bleibt gleich. Es ist eine Binsenweisheit, daß sich das Umfeld Österreichs, aber auch die Verhältnisse in unserer Heimat geändert haben. Es ist müßig, auf die Entwicklungen seit 1989 hinzuweisen. Es bleibt abzuwarten, ob die Eingriffe in die Existenzbedingungen unseres Kontinents so tiefgreifend wie 1917/18 oder gar wie bei der Französischen Revolution 1789 sind. Es bleibt die Frage, was an zukünftigen Entwicklungslinien schon erkennbar ist, und wo wir handeln können, um der geänderten Situation Rechnung zu tragen. Was ist also neu?

– An die Stelle des West-Ost-Konfliktes und zweier Supermächte, die mit graduellen Unterschieden alle anderen Staaten in ein Koordinationsfeld einbezogen hatten, haben wir heute in der östlichen europäischen Nachbarschaft neue Staaten anstelle der Sowjetunion und von Jugoslawien sowie einen Einigungsprozeß, der im Wege der Europäischen Gemeinschaft und der Maastrichter Beschlüsse die Grundstruktur einer neuen europäischen Architektur kennzeichnet. Die EG ist ebenso Wirklichkeit wie die Tatsache, daß an die Stelle bisher großer Staaten kleinere treten, wobei unter kleiner solche mit über 2 Millionen Einwohnern (Slowenien) oder andere wieder zwischen 40 und 60 Millionen Einwohnern (Ukraine etc.) zu verstehen sind. Das verlangt eine stärkere Pluralität der Beziehungen sowie eine entsprechende Einstellung zu einem ökonomischen und politischen Integrationsprozeß in Europa.

– An die Stelle der bisherigen Polarität von NATO und Warschauer Pakt tritt die Suche nach einem umfassenden europäischen Sicherheitssystem, aber auch der KSZE-Prozeß und die Präsenz der USA in Europa verändern sich. Der Adressat der österreichischen Neutralität von 1955 war klar: Es waren die einander gegenüberstehenden Militärblöcke. Die Neutralität wird als ein Mittel verstanden werden müssen, Österreich in ein europäisches Sicherheitssystem zu integrieren, das den Bestand unseres Landes garantiert und dafür sorgt, daß Spannungen anderswo nicht unsere Sicherheit gefährden.

– Die ökonomische Macht der USA hat uns geholfen, die Folgen des Zweiten Weltkrieges zu überwinden. Heute sind es die Europäische Gemeinschaft sowie Japan und andere Länder Südostasiens, mit denen wir wirtschaftlich konkurrenzfähig sein müssen. Wir sind ein industrialisiertes Land, das infolge der Entwicklung in der Nachbarschaft darauf achten muß, daß es sich qualitativ weiterentwickelt. Denn die Rolle der verlängerten Werkbank werden in Hinkunft östliche Nachbarn übernehmen. Wissenschaft, Forschung und die Entwicklung in europäischer Integration sind daher von größter Bedeutung für die österreichischen Unternehmen.

– Das vereinte Deutschland wird nicht länger mehr nur das „Nachkriegsdeutschland“ sein. Der ökonomischen Stärke wird die politische folgen. Wenn im Hinblick auf Nationalismen und ethnische Konflikte von der „Rückkehr der Geschichte“ gesprochen wird, und manche Konflikte europäischer Diskussion relative Ähnlichkeiten mit den Kombinationen der Konfliktstaaten des Ersten und Zweiten Weltkriegs haben, so ist diese Sorge verständlich. Dagegen allerdings muß angeführt werden, daß es sich um ein Deutschland handelt, das aus den Katastrophen der Geschichte des 20. Jahrhunderts gelernt hat, das sich durchaus europäisch verhält und nicht zuletzt mit der Bürde der neuen Bundesländer eine außerordentliche Last zu tragen hat. Ich finde es lächerlich, hier Sorge zu haben, daß wir bei einer Übereinstimmung unseres europäischen Verhaltens mit Deutschland fürchten müssen, unter alten historischen Mustern gesehen zu werden. Es wird an unserer eigenen Darstellung liegen, unseren Standpunkt zu begründen, der – wie sich im Falle von Jugoslawien herausgestellt hat – so falsch nicht ist, sondern aus einer guten Kenntnis kommt. Mit Recht ist darauf hingewiesen worden, daß sich manche westliche Regierung gegenüber den rasenden Militärs so verhalten hat wie seinerzeit die Politiker bei der Konferenz von München 1938 gegenüber Hitler!

– Österreich ist vom Rande der westlichen Welt mitten in das Zentrum Europas gerückt. Keine Rede davon, daß wir „Brücke" oder „Drehscheibe" sind, sondern nur ein guter Nachbar und ein Dolmetsch so mancher Situationen in unserer Gegend des Kontinents – dies aber sollen wir aktiv und überzeugend sein!

– Wir werden uns den Rückzug aus der Aktualität, aus der Geschichte und der Zukunft nicht leisten können; denn egal, ob wir nun bereit sind, diese neuen Wirklichkeiten zur Kenntnis zu nehmen oder nicht: sie passieren. Und vor allem – sie passieren *uns*! Damit ist für Österreich in einem erhöhten Ausmaß die Außenpolitik zur Innenpolitik geworden; die „Insel der Seligen" war schon in der Vergangenheit eine gefährliche Illusion. Jede Tendenz, sich in sich selbst zurückzuziehen ist falsch, so angenehm sie scheinen mag.

Österreich III – auch im Inneren

Aber auch in Österreich selbst sind die Veränderungen massiv und tiefgreifend. Wir haben eine eigenständige politische Kultur entwickelt, die durch große Koalition und

Sozialpartnerschaft lange ein bewunderter und zugleich verachteter Untersuchungsgegenstand der Politologen aller Herren Länder war. Dieser Zustand gehört längst der Vergangenheit an. Nicht nur, daß es keine Wiederkehr der großen Koalition alten Stils gegeben hat, sondern die Sozialpartnerschaft ist auch in ihrer Problemlösungskapazität in die Jahre gekommen. Es muß rückblickend wiederholt werden, daß beide Formen der Machtverteilung ihre positive historische Funktion erfüllt haben.

Längst gibt es nicht mehr die politischen „Lager", die wie eine Ersatzkirche ihre Zugehörigkeiten sicherstellen: durch Familienbande, Ämtervergabe, Beitragswesen und Bannflüche. Die „Civil Society" ist in Österreich längst Wirklichkeit geworden – mit all ihren Annehmlichkeiten, Beweglichkeiten, aber auch Unsicherheiten und Augenblickssituationen. Das verlangt einen Wandel im Denken, den der Wähler schon seit geraumer Zeit vollzogen hat. Absolute Mehrheiten gehören ebenso der Vergangenheit an wie die Sicherheit, sich auf einen großen Stock von Wählern „verlassen" zu können.

Die Natur der politischen Parteien wird zufälliger, veränderbarer; Sieg und Niederlage wohnen näher beieinander, die Zugehörigkeiten sind weder lebenslang noch geschlossen. Denn viele Menschen fühlen sich bei einer Frage diesen und bei einem anderen Problem wieder jenen zugehörig. Das ist auch deshalb möglich, weil sich eine große Tradition selbstverständlicher Gemeinsamkeit entwickelt hat.

Eine Einschränkung muß gemacht werden: Der Egoismus der Gruppen und des einzelnen wurde stärker. Man sieht das Gemeinsame als so stark an, daß es ohnehin keinen Schaden leiden kann. So kann man ruhig und ungehindert und bis zum Extrem seine eigenen Interessen verfolgen. Sicher befinden wir uns noch nicht in einer akuten Gefahrenzone. Es wird jedoch darauf zu achten sein, jenen Mindestkonsens zu erhalten, der die Lösung von politischen Problemen ermöglicht. Politik wird aus ihrer Natur heraus immer kompromißhaft bleiben, jede „reine Lehre“ birgt einen in ihrer Durchführung womöglich nicht mehr handhabbaren Konflikt.

Auch der Staat selbst ist längst ein anderer geworden. Aus österreichischer Tradition mächtig bis übermächtig, in Wirklichkeit durch den Glauben der Bürger getragen (Josephinismus), hat er begonnen, sich auf jenes Maß zu reduzieren, das einer freien Demokratie zuträglich ist. Wir sind weit davon entfernt, ein „Nachtwächterstaat“ zu werden, sondern haben nur jene Rückzugsbewegungen eingeleitet, die einer modernen Demokratie entsprechen: In der verstaatlichten Industrie, bei der durchgehenden Ämterpatronage, bei den Totalregelungen des Lebens durch Gesetze usw. Fast scheint es so, als würde die Politik dabei zu rasch vorgehen, für den Bürger „noch“ unverständliche Änderungen vornehmen. Während man von Autonomie und Privatisierung spricht, regt sich immer wieder die Sehnsucht, daß durch die Sicherheit des Staates die geschützte Werkstätte, die totale Versicherungspolizze der Existenz, erhalten bleiben möge. Das aber wird die notwendige Beweglichkeit in dieser Zeit nicht zulassen können. Hier besteht eben immer noch jener vielzitierte Hauch von „Ostblock“; unsere östlichen Nachbarn werden uns vorexerzieren, wie rasch man sich von einem solchen Denken verabschieden kann oder vielmehr muß.

„Anything goes“

Grundlegend geändert hat sich das Wählerverhalten. Es handelt sich weder um „Flugsand“ oder „Wanderdünen“ der Wechselwähler, sondern um ganze „Hangrutschungen“ und „Landschaftsveränderungen“, wie sie andere Demokratien längst kennen. Politik wird dadurch sicher vielgestaltig, aber auch schwieriger werden. Dabei hat sich auch das klassische „Rechts-Links“-Schema überlebt, das Zuordnungen erleichtert, oft primitivisiert hat, allerdings auch signalisierte, daß es noch tragende Ideen gibt. Inzwischen hat die Säkularisierung nicht nur die Kirchen erfaßt, sondern auch in den Parteikirchen Platz gegriffen. Die daraus resultierenden Risken dürfen nicht unerwähnt bleiben: Es ist eine allgemeine Beliebigkeit entstanden, die sich Paul Feyerabend bei seinem berühmten „Anything goes“ nicht hätte träumen lassen.

Damit ist auch eine Auflösung der gebundenen gesellschaftlichen Gruppen und der Zuordnungen feststellbar. Der „lohnabhängige“ Generaldirektor ist kein Arbeitnehmer und der fast verhungernde Greißler am Eck sicher kein „Kapitalist“. Ehemals dominante Gruppen müssen um ihre Existenz kämpfen, andere wieder sind bestimmend geworden, aber amorph, wobei die Bürger gleichzeitige Zugehörigkeiten zu den verschiedensten Welten haben. Einmal sind sie Manager, dann wieder Grünapostel, einmal Autofahrer, dann wieder Landschaftspfleger. Auch hier gibt es problematische Entwicklungen: Die Bereitschaft zur Ehe hat abgenommen; es wird allerdings dann verlangt, eheähnliche Verhältnisse als Ehe anzuerkennen. Man will verheiratet sein, ohne „wirklich“ verheiratet zu sein. Die Liste der alogischen Phänomene dieser Art ließe sich beliebig fortführen, zeigt aber, daß wir in einer „Secular Society“ leben. Wir werden in der nächsten Zeit in vielen Bereichen vor der Frage stehen, wieweit sich Beliebigkeit ausdehnen läßt . . .

Auch das alte Freund-Feind-Schema stimmt nicht mehr. Dort, wo infolge von Parteizugehörigkeiten politische Gegnerschaften festgestellt wurden, sind sie in vielen Fällen weniger wichtig geworden als die neue Gegnerschaft zwischen jenen, die Probleme erkennen, und denen, die sie ignorieren; zwischen jenen, die gesprächsbereit sind, und denen, die der Meinung sind, man sollte das Gespräch besser verweigern; zwischen jenen, die auf das gegenwärtige politische System absolut setzen, und denen, die meinen, daß wir gut beraten sind, Änderungen durchzuführen, wenn wir auch noch nicht alle Konsequenzen abschätzen können. Diese Trennlinien laufen quer durch alle Gruppen, Altersschichten, Verbände, ja womöglich durch Menschen mittendurch! Sie sind auch nicht beschreibbar mit progressiv und reaktionär, Alten und Jungen, Wendebefürwortern, Denkern und Machern, Realos und Fundis, Softies und Hardlinern. Die Orientierung wird schwieriger, verlangt aber auch mehr Phantasie, Beweglichkeit und Einfühlungsvermögen. Es ist nicht zuletzt ein Ergebnis des so oft beschworenen Paradigmenwechsels oder Wertewandels: ein Prozeß ohne absehbares Ende. „Der Geist ist es, der lebendig macht, der Buchstabe aber tötet.“ So könnte man die positive Konsequenz mit einem biblischen Hinweis untermauern. Es sei aber hinzugefügt, daß der, der sich die Mühe der Unterscheidung antut, nicht unbedingt als angenehmer Gesprächspartner angesehen wird.

Angst oder Vertrauen?

Damit sind wir bei einem Punkt, der die gegenwärtige politische Situation leider sehr bestimmt und nicht zum Leitmotiv der dritten Republik werden soll: bei der Angst. Mit der Angst macht man Geschäfte, wirtschaftlich wie politisch, die Angst wird instrumentiert; es gibt Politiker, die von Angst und Aggressionen leben wollen, die einen Feind erzeugen, um sich als Garant der Sicherheit gegen diesen anzubieten. Politik ist dazu da, Angst zu nehmen, nicht Angst zu machen. Damit aber muß Politik eine neue Form von Stabilität gewinnen.

Die Stärke der Zweiten Republik bestand darin, daß die Verläßlichkeit aller politischer Gruppierungen in ihrer Positionierung die Stabilität unseres Landes bedeutete. Jetzt wird es die Verläßlichkeit sein, die richtigen Personen dafür auszuwählen, um mit der Bewegung der Veränderung Schritt zu halten – also im richtigen Sinn wertkonservativ und strukturinnovativ zu sein. Vielleicht ist es jener Bereich, in dem wir in der Veränderung zu neuen Ufern noch im weitesten nachhinken. Mit dem Instrumentarium der bisherigen demokratischen Erfahrung versuchen wir neue politische, wirtschaftliche und soziale Wirklichkeiten zu bewältigen. Sind aber die Instrumente der politischen Artikulation, der medialen Mitteilung, die Formen der Informationsgesellschaft in gleichem Ausmaß mitgewachsen?

Die Veränderung unseres Landes ist weit gediehen. Sie verlief bisher erfolgreich, so daß Gelassenheit am Platze ist. Wir können uns schon ein tüchtiges Stück Vertrauen schenken, daß wir in der Lage sind, Österreich und uns zu erhalten. „Österreich über alles, wenn es nur will", hat es vor mehr als 200 Jahren geheißen. Bei diesem Imperativ ist es letztlich geblieben. Würde uns nicht nur die Europäische Gemeinschaft, sondern eine unabhängige Kommission von Historikern aus der Zukunft heraus, sozusagen in der retrospektiven Vorschau, ein Zeugnis ausstellen, müßte sie in unser „Avis" wohl hineinschreiben, daß wir die besten Voraussetzungen besitzen, das dritte Jahrtausend zu beginnen. Was kann uns also im Weg stehen? Nur wir selber.

Ein „neuer Politiker" notwendig?

Angesichts dieser Veränderungen ist schon die längste Zeit von der Notwendigkeit einer „neuen Politik" die Rede. Manche gehen heute weiter und bezeichnen ihre Methode des Angstmachens und lauten Schreiens als „moderne Politik", wobei es leider einen Journalismus gibt, der dem noch recht gibt. Die Beliebigkeit und die tagespolitische Orientierung finden womöglich noch ihre Honorierung, denn sie füllen

Seiten, beschäftigen Öffentlichkeit und das, was sich dafür hält, und tragen dem Kult des Ereignishaften in unserer Zeit Rechnung. Dabei mischt sich da und dort eine Sehnsucht nach „hartem Durchgreifen“, nach „klarer einheitlicher Meinung“ sowie der üblichen Geschlossenheit dazu. Noch kann man nicht davon reden, daß die Basis der Demokratie verlassen wurde, aber eben jene Demokratie definiert auch die Rolle der Politik.

In einem demokratischen Gemeinwesen ist das Mandat zeitlich begrenzt, die Kontrolle erfolgt durch Wahlen. Die Notwendigkeit, gleichzeitig tagespolitische Situationen zu berücksichtigen und die langfristige Perspektive der Zukunft zu beachten, ist angesichts tiefgreifender Veränderungen schwieriger geworden. Warum? Es gibt neue Kontrollmechanismen. Das ist zweifellos immer der Erfolg, der innerparteilich danach gemessen wird, wie man in der Öffentlichkeit „liegt“, ob man in der Lage ist, tagespolitischen Jubel zu erzielen, innerparteilich einen Konsens herzustellen oder durch eine Provokation für Kontroversen zu sorgen. Ob daraus auch konkrete Politik mit Maßnahmen resultiert, ist gar nicht so sehr gefragt. Es geht um die „message“, nicht um jene notwendige Veränderung, die das Bestehen und die Weiterentwicklung unseres Gemeinwesens garantiert. Daß Wahlen aller Art, von der Gemeinderatswahl bis zur Bundespräsidentenwahl Gradmesser des Erfolges sind, versteht sich und ist zu akzeptieren.

Angesichts tiefgreifender Veränderungen verdient aber die Tatsache, daß politische Ergebnisse weder interessieren noch zählen, doch einer tieferen Beachtung. Alles mögliche ist gefragt: eine Politik der Gefühle, der weichen wie der harten, möglichst viel Emotionalität, Fragen aus dem Bauch heraus, nur ja keine komplizierten Zusammenhänge oder gar eine rationale Beurteilung, dafür aber eine entsprechende Verbalisierung und der Verzicht auf reale Ergebnisse. Dabei wird die Single-Issue-Politik akzeptiert und niemand fragt danach, wie man diese einzelnen Egoismen auch zu einem Gesamtbild einer Politik komponieren kann.

Die Folge ist, daß es alle Arten von Politiken nebeneinander gibt. Das Tagesergebnis, der entsprechende Showdown hat längst die langfristige Neuordnung und deren systematische Untersuchung in der Wertigkeit von Politik und Medien überholt. Offensichtlich wächst auch eine Generation von Politikkonsumenten heran, die damit zufrieden ist, obwohl es eigentlich um ihre eigene Zukunft geht.

Hier ist die Frage zu stellen: Was ist ein politischer Erfolg? In einer bewegten Zeit wird es wohl die Sicherheit sein, die einem Gemeinwesen, aber auch dem einzelnen gegeben werden kann. Angesichts der Veränderungen auf unserem Kontinent wird es eine europäische „Architektur" sein, eine politische Struktur, die das friedliche Zusammenleben der Völker gewährleistet und dabei in der Lage ist, neu entstehende Probleme – von Verkehr bis Migration, von Ökologie bis Kultur – überhaupt zu bewältigen. Daß dabei unpopuläre Entscheidungen notwendig sind, wird wohl niemand bestreiten. Die Gespaltenheit unseres Zustandes wird dadurch sichtbar, daß zwar zu unpopulären Entscheidungen aufgefordert wird, der populistische Einwand dagegen aber honoriert wird. Wenn sich die Betroffenen dagegen auflehnen, ist das noch verständlich, wenn es aber keinerlei Unterstützung oder kein Interesse gibt, daß diese Entscheidungen überhaupt möglich werden, gleichzeitig aber eine ständige Einmahnung in der Öffentlichkeit stattfindet, wird die Sache widersprüchlich.

Ein paar Beispiele sind rasch bei der Hand: Die Pensionsreform hat die Aufgabe, die Pensionen weit über das Jahr 2000 hinaus zu sichern, jedem mehr zu bringen, dafür manches einzusparen und womöglich dafür zu sorgen, daß „Schmarotzer" endlich herausgenommen werden, wobei verständlicherweise jeder den anderen als einen potentiellen Schmarotzer ansieht. Eine ÖBB-Reform hat zur Effizienz des Unternehmens beizutragen, dafür zu sorgen, daß der Staatszuschuß geringer wird, die Bezüge der Mitarbeiterinnen und Mitarbeiter steigen, ein europäischer Standard mit großem Investitionsvolumen erreicht wird etc. Eine Universitätsreform soll einen kostenlosen Zugang sichern, wenn nicht erweitern, für internationale Qualität sorgen, mehr Mitbestimmung ermöglichen, gleichzeitig aber monokratische Entscheidungswege institutionalisieren, die Pragmatisierung erweitern bzw. abbauen und letztlich auch die Garantie beinhalten, daß es für jede Studienrichtung die entsprechenden Arbeitsplätze gibt, wobei an einer freien Studienwahl selbstverständlich nicht gerüttelt werden kann.

Nun kann man mit Recht von der Politik verlangen, daß sie von sich aus Entscheidungen vorlegen muß und dann dazu zu stehen hat. Richtig! Wenn es nicht die „eigenen Leute" gäbe, die einem bei jeder Gelegenheit erklären, daß das eigentlich alles falsch sei und die sich nicht mehr als Träger der Politik, sondern als Kläger der Politik verstehen. „Lauter Schiedsrichter, keine Spieler", hat Josef Taus einmal gemeint, „lauter Kritiker und keine Entscheidungsträger". Wenn einmal die Politik sich aufrafft, entscheidende Zukunftsfragen aufzugreifen, wie dies etwa bei der Rolle der Neutralität und der Sicherheit des Landes, der Frage des Beitrittes zur Europäischen Gemeinschaft sowie der Öffnung des Ostens geschehen ist, begleiten ein Aufschrei des Entsetzens und allgemeine Angst die Entwicklung. Ängstlich wird in der politischen und medialen Öffentlichkeit vermieden, überhaupt eine Diskussion durchzuführen, selbst wenn sie zu diesen Themen europäisch längst im Gang ist. Aber diese Ängstlichkeit ist kein österreichisches Spezifikum, denn die Meinung von EG-Kommissaren, man müßte zunächst eine „Vertiefung" der EG-Institutionen durchführen, bevor man eine „Erweiterung" der EG selbst vornimmt, kommt wohl aus den gleichen Phänomenen.

Was ist der geistige Hintergrund solcher Tendenzen? Die Rolle der Ideen hat abgenommen. Im englisch-amerikanischen Bereich hat man den Begriff der „Civil Society" gefunden, der sich ins Deutsche schwer übersetzen läßt – eine liberale, offene, demokratische und differenzierte Antwort auf den Zusammenbruch des Kommunismus. Gegen die primitive Schwarz-Weiß-Welt eines Fundamentalismus und der Rigidität, neuauftauchender Nationalismen, Rassenlehren und ähnlichem werden hier die humanistische Tradition und die politische Kultur eines von Jahrhunderten geprägten Lebens bemüht. Warum gelingt es uns nicht, eine solche Ideenwelt mit Faszination zu versehen? Warum engagieren sich nicht Christen, deren fundamentaler Beitrag zur Menschheitsgeschichte eigentlich in der Realisierung der Nächstenliebe liegen muß? Daß das Christentum in seiner Paulinischen Tradition eine eminent geistige und aufklärerische Rollenposition innehat und die Programmatik der zehn Gebote nie überholt sein kann, wissen wohl heute Christen im allgemeinen und erst recht in der Politik am wenigsten zu künden. Im Gegenteil: Mit der „Mündigkeit", mit dem Gewissen des Menschen wissen wenige etwas anzufangen. Das Mißtrauen ist ein allgemeines; das in der Kirche ist nicht mein Problem, das des Gesetzgebers, der Verwalter und der Menschen untereinander sehr wohl. Dabei könnten wir Geschichte und Erfahrung mobilisieren, die es uns leichter machen, all diese Dinge zu bewältigen.

Es ist nicht meine Aufgabe, für die Sozialdemokratie darüber nachzudenken, was für sie eine bestimmende Idee sein kann. Daß die Anliegen des 19. Jahrhunderts, die die Arbeiterbewegung geschichtswirksam vorgetragen hat, wohl zum größten Teil konsumiert sind, bestreitet niemand. Administration des Vorhandenen kann aber nicht hinreichendes Ziel sein. Wäre also nicht die Faszination der neuen Herausforderung genügend Horizont für eine Mobilisierung der Ideen?

Stabilität der Orientierung

Es braucht keine „neue Politik“, es braucht nach wie vor demokratische Politik aus Verantwortung, von persönlicher Haltung getragen und mit einer Ethik durchgeführt, die bei jedem Politiker nachvollziehbar sein muß. Die skizzierten neuen Aufgabenstellungen sind Faszination genug. Diese Faszination müssen wir dem Egoismus und der Engstirnigkeit entgegenstellen. Vom Politiker ist heute Stabilität verlangt. Nicht die Stabilität des Verharrens auf Positionen und Meinungen, sondern die Stabilität der Orientierung, daß man darauf vertrauen kann, Politik und Politiker dort zu finden, wo man sie vermutet. Möglicherweise fehlt einer solchen Position für eine gewisse Zeit die Faszination, doch die stete Verläßlichkeit ist heute eine staatspolitische Notwendigkeit.

Unsere Zeit verlangt nicht nur Optimismus, sondern gibt auch Anlaß zu Optimismus. Die übliche Weltuntergangsstimmung und der im Knopfloch getragene Pessimismus kommen aus falschem menschlichen Verständnis. Bei allen Wechselfällen der Geschichte konnten wir doch lernen, daß es immer weitergeht, und sich die Menschheit in einer kontinuierlichen Entwicklung nach oben befindet. Wenn man die revolutionären Veränderungen unserer Zeit mit denen rund um den Ersten Weltkrieg, ja gar mit der Französischen Revolution vergleicht, muß man bis jetzt sagen, daß die Zahl der Opfer glückhaft gering ist. Jeder Tote ist zuviel, doch die Revolutionen Europas 1989–1991 waren in der Tat in großer Mehrheit „samten“.

Mein persönliches Ziel ist es, daß Österreich in dieser grundlegenden weltpolitischen Umstellung, deren zukünftige Gestalt noch völlig offen ist, aktiv an der Errichtung dieses neuen globalen und europäischen Ordnungsrahmens mitwirkt und sich darin diejenige Position sichert, die seinen Möglichkeiten entspricht und seine Entfaltung gewährleistet.

Es geht darum, daß wir jetzt jede Chance wahrnehmen, diesen Umbruchs- und weltweiten Neuordnungsprozeß so aktiv wie möglich in unserem Interesse mitzugestalten. Mein persönlicher Wunsch wäre es, daß Österreich in zehn oder fünfzehn Jahren seine neue Position, die seinem Selbstverständnis entspricht, in diesem neuen und sich erst herausbildenden weltpolitischen und europapolitischen Koordinatensystem mit Selbstbewußtsein und großer Selbstsicherheit einnimmt. Eine Position, die alle Kräfte dem größtmöglichen eigenen Wohlbefinden nutzbar macht und auch dem friedlichen Zusammenleben in Europa und auf der ganzen Welt dienstbar macht. Ich glaube nämlich, trotz aller Skepsis, die wir gegenüber dem *technischen* Fortschritt lernen mußten, daß es so etwas wie einen *menschlichen* Fortschritt geben kann und geben soll – einen Fortschritt der Menschheit, der darin besteht zu lernen, auf dieser Erde in Frieden, in mitmenschlicher Solidarität und in Freiheit zusammenzuleben.

Das ist meine Hoffnung, und ohne diese Hoffnung, meine ich, kann man nicht Politik machen. Ohne sie wird die Politik zu einem zynischen Geschäft. Daß diese Hoffnung auf menschlichen Fortschritt berechtigt ist, zeigt nicht zuletzt der Wandel der europäischen Lage, den wir erleben durften: 40 Jahre lang mußte man sich in Europa vor dem Ausbruch eines Atomkrieges fürchten, 40 Jahre lang lebten die Völker Osteuropas in Unfreiheit. Nun stehen wir mitten in der bisher umfangreichsten Abrüstung der Geschichte, und die Völker Mittel- und Osteuropas können ihren zukünftigen Weg in freier Selbstbestimmung wählen.

All das sehe ich als Aufgabe eines Politikers an. Es ist jener „aufrechte Gang" in der Geschichte, der heute mehr denn je verlangt ist. Nicht das tägliche Ereignis ist ausschlaggebend, sondern die Verläßlichkeit; nicht der Beliebigkeit wird die Zukunft gehören, sondern der Ausdauer und dem Vertrauen, nicht die Schocktherapie führt eine Gemeinschaft von Menschen in die Zukunft, sondern der mit Verstand begründete Optimismus, daß wir in der Lage sind, die Probleme auch zu lösen.

Politik wird immer wieder auch als Werterichter eingemahnt. Damit ist sie oft überfordert, weil die Elemente des Tageshaften wie Eierschalen an ihr kleben. Wir wären aber schlechte Politiker, wenn wir nicht auch in der Lage wären, uns selbst Fragen zu stellen. Das muß zugelassen werden und darf nicht als Unsicherheit verstanden werden, sondern als eine vernünftige demokratische Relativierung der eigenen Position. Eigentlich hat unsere Zeit gar nicht so schlechte Politiker – vor allem dann, wenn man sie nicht nach Aschermittwoch-Reden und Schlagzeilen, sondern nach den Ergebnissen beurteilt. Es möge auch so bleiben, denn die allgemeine Vermiesung des Politischen hat dazu geführt, daß sich immer weniger Menschen mit guter Ausbildung, mit Ausdauer und Qualität der Sache zur Verfügung stellen. Eigentlich müßte die gegenwärtig herrschende kritische Stimmung zu einem Sturm der Guten in die Politik führen, denn es ist ja unerträglich, daß Politik so ist, wie sie gegenwärtig beschrieben wird. „Bürger sein heißt, sich in die eigenen Angelegenheiten einmischen“, meinte vor geraumer Zeit Max Frisch. Das Eigentümliche ist, daß heute viele mit ihren eigenen Angelegenheiten nichts zu tun haben wollen, außer unzufrieden zu sein – das aber auf hohem Niveau.

Ich glaube, daß sich Politik nach wie vor lohnt – nicht materiell. Wie heißt es doch in der Bibel: „Wollet der Stadt Bestes, dann wird es euch wohlergehen.“

VIII.
Anhang
Lebenslauf

Geboren am 25. März 1941; verheiratet mit Mag. Helga Busek seit 1967. Studium der Rechte, 1963 Abschluß mit Doktorat.

Beruflicher Werdegang:

1964–1968	Zweiter Klubsekretär der ÖVP im Parlament
ab 1969	Stellvertretender Generalsekretär des Österreichischen Wirtschaftsbundes
1972–1976	Generalsekretär des Österreichischen Wirtschaftsbundes
1975–1976	Generalsekretär der Österreichischen Volkspartei
1975–1978	Abgeordneter zum Nationalrat
1975–1979	Wissenschaftssprecher (bis 12. 7. 1979) und
1975–1989	Kultursprecher (bis 19. 6. 1989) der ÖVP
1976–1989	Landesparteiobmann der Wiener Volkspartei
1976–1978 }	und
1987–1989 }	Stadtrat in Wien
1978–1987	Vizebürgermeister von Wien
seit 1989	Bundesminister für Wissenschaft und Forschung in Wien
seit Juli 1991	Vizekanzler der Republik Österreich und Bundesparteiobmann der Österreichischen Volkspartei

Publikationen:

„Die unvollendete Republik“ 1968;
„Demokratiekritik – Demokratiereform“ 1969, gemeinsam mit G. Wilflinger;
„Urbanisierung“ 1970, mit anderen Autoren;
„Qualitative Marktwirtschaft“ 1975, gemeinsam mit Ch. Festa und I. Görner;
„Wien – ein bürgerliches Credo“ 1978;
„Mut zum aufrechten Gang“ 1983 (Hrsg.);
„Projekt Mitteleuropa“ 1986, gemeinsam mit E. Brix;
sowie zahlreiche Artikel in verschiedenen Zeitungen und Zeitschriften.
„Wissenschaft, Ethik und Politik“, gemeinsam mit M. Peterlik;
„Sprache und Phantasie“;
„Die Freiheit der Wissenschaft – Universität und Universalität“.

Die Autoren

Harald Baloch
Dr. theol., Bischöflicher Beauftragter für Kontakte zu Wissenschaft und Kultur der Diözese Graz-Seckau.

Wladyslaw Bartoszewski
Dr.h.c., Professor für Zeitgeschichte (Lublin, München, Eichstätt), Autor und Publizist, derzeit Botschafter der Republik Polen in Österreich, Friedenspreis des Deutschen Buchhandels (1986).

Johannes Ditz
Dr.rer.oec., Staatssekretär im Bundesministerium für Finanzen.

Thomas Götz
Dr. iur., Redakteur der „Kleinen Zeitung" (Graz).

Hans Haider
Dr. phil., Leiter des Kulturressorts in der Tageszeitung „Die Presse".

György Konrád
Ungarischer Schriftsteller, seit 1990 Präsident des Internationalen Pen-Clubs, Friedenspreis des Deutschen Buchhandels (1991).

Richard Kriesche
Professor an der Hochschule für Gestaltung in Offenbach, Medienkünstler.

Richard Kruspel
Dr. phil., Kaufmann, (Jugend-)Freund.

Wolfgang Mantl
Dr.iur., Professor für Politikwissenschaft und Verfassungsrecht an der Universität Graz.

Lutz Musner
Dr.phil., Leiter des Büros für Europäische Bildungskooperation in Wien.

Günther Nenning
Dr.phil., Dr. rer. pol., Journalist und Autor.

Oswald Oberhuber
Dr.phil., Rektor der Hochschule für Angewandte Kunst in Wien.

Meinrad Peterlik
Dr.phil., Dr.med., Professor für Allgemeine und Experimentelle Pathologie in Wien, Generalsekretär der Österreichischen Forschungsgemeinschaft.

Fritz Plasser
Dr.phil., Politologe, Leiter des Institutes für angewandte Sozial- und Wirtschaftsforschung in Wien.

Joseph Rovan
Dr.phil., Professor emeritus für Deutsche Geschichte und Politik an der Sorbonne (Paris), Autor und Journalist.

Ute Sassadeck
Dr.phil., stellvertretende Chefredakteurin der „Vorarlberger Nachrichten“, Wien.

Kurt Steiner
Dr.iur., Dr.rer.pol., Dr.h.c., Professor emeritus für Politische Wissenschaften an der Universität Stanford (Kalifornien).

Peter A. Ulram
Dr. phil., Politologe und Meinungsforscher am Fessel + Gfk-Institut.

Elisabeth Welzig
Dr.phil., Redakteurin der „Kleinen Zeitung“ (Graz).

Barbara Wicha
Dr.rer.pol., Dozentin für politische Wissenschaften an der Universität Salzburg, derzeit Konsulin am österreichischen Generalkonsulat in Berlin.

Simon Wiesenthal
Ing., Dr.h.c., Leiter des Jüdischen Dokumentationszentrums in Wien.

Gerhard Wilflinger
Dr.phil., Publizist, Mitarbeiter in der Bundesparteizentrale der ÖVP.

Alfred Worm
Ing., stellvertretender Chefredakteur des Wochenmagazins „profil“.

NAMENREGISTER

Bildnachweis

Die Herausgeberin und der Verlag danken folgenden Stellen für die Gewährung der Bildwiedergabe:

Karikaturen: Copyright D. Zehentmayr/KURIER.

Richard Kriesche, Graz
Photo Simonis, Wien
Katholische Mittelschuljugend Wien
Adolf Waschel, Wien
Renate Apostel, Wien
Christian Jungwirth, Graz
ORF-Fotodienst
Peter Philipp, Graz

375.-

Götz Blome

Das neue Bach-Blüten-Buch

Götz Blome

Das neue Bach-Blüten-Buch

Verlag Hermann Bauer
Freiburg im Breisgau

Die Deutsche Bibiliothek – CIP-Einheitsaufnahme

Blome, Götz:
Das neue Bach-Blüten-Buch /
Götz Blome. – 10. Aufl., –
Freiburg im Breisgau : Bauer, 1995
ISBN 3-7626-0446-0

10. Auflage 1995
ISBN 3-7626-0446-0

Umschlag: Werbeservice Wartenberg, Staufen
Satz: Fotosetzerei G. Scheydecker, Freiburg im Breisgau
Druck und Bindung: Wiener Verlag GmbH, Himberg
Printed in Austria

Gedruckt auf chlorfrei gebleichtem Papier

Inhalt

Einführung

Die moderne Wissenschaftsmedizin hat zweifellos große und spektakuläre Erfolge im Kampf gegen die körperlichen Krankheiten erzielt. Das seelische Leiden des Menschen aber konnte sie nicht wesentlich verringern; ja, es scheint sogar, als hätte es unter den massiven Angriffen der chemisch-technischen Therapie, die das Krankheitspotential durch Unterdrückung und gewaltsame Manipulation von außen nach innen zu verlagern pflegt, zugenommen. So ist es nicht verwunderlich, daß heute die vor mehr als fünfzig Jahren von dem bekannten englischen Arzt und Forscher Dr. Edward Bach entwickelte »Blüten-Therapie«, die vor allem das seelische Element des Krankseins berücksichtigt, spektakuläre Verbreitung findet.

Sie fragt nicht – oder nur sekundär – nach den körperlichen Krankheitserscheinungen, sondern richtet sich nach dem zugrundeliegenden oder vorherrschenden seelischen Bild und setzt den therapeutischen Hebel nicht an der körperlichen, sondern der psychischen Symptomatik an. Auf diese Weise behandelt sie den kranken Menschen über seine Seele.

Dr. Bach hatte gute Gründe für dieses ungewöhnliche Konzept. Auf der Suche nach einer besonders menschenwürdigen Therapie war er auf ein Phänomen gestoßen, das in der modernen Medizin meist unbeachtet bleibt: je nach Persönlichkeitsstruktur und seelischer Verfassung des Patienten kann dieselbe körperliche Krankheit von ganz verschiedenen psychischen Symptomen begleitet sein. Diese – zum Beispiel Unruhe oder Apathie, Trostbedürftigkeit oder Verschlossenheit, Todesangst oder Todessehnsucht, Nörgelei oder Dankbarkeit – geben der objektiven körperlichen Symptomatik erst ihre individuelle, persönlichkeitsbezogene Bedeutung.

Man kann einen Kranken zum Beispiel so beschreiben: er hat soundsoviel Grad Temperatur, grünlichen Durchfall und schwitzt stark, seine Laborwerte sind soundso, er ist apathisch und schwach. Oder man kann, der körperlichen Symptomatik die psychische voransetzend, zunächst so beginnen: sein Gesicht hat einen traurigen, gequälten Ausdruck, seine Stimme ist leise, er leidet unter den Folgen eines schweren Verlustes und macht den Eindruck, als wolle er sterben; oder: er ist ausgesprochen wehleidig und trostbedürftig, schmollt, wenn man sich nicht ständig um ihn kümmert; dabei ist er ängstlich und unruhig … außerdem leidet er unter Fieber, grünlichem Durchfall und so weiter.

Obwohl sich die körperlichen Symptome gleichen, handelt es sich nicht um dieselbe Krankheit, denn im ersten Fall liegt in ihr die Tendenz, dem Leben wegen des schweren Verlustes ein Ende zu setzen, während sie im zweiten Fall vor allem dazu dient, Zuwendung zu erzwingen. Daß die Behandlung solche unterschiedlichen Krankheitshintergründe berücksichtigen muß, versteht sich von selbst. Ignoriert man den seelischen Zustand, so behandelt man nur eine unpersönliche, objektive und im Grunde sinnlose Symptomatik; achtet man aber auf die psychischen Zeichen, dann versteht man den Sinn der betreffenden Krankheit und kann dem Kranken als subjektiv leidendem Wesen helfen.

Dr. Bach hat den Zusammenhang zwischen Seelenverfassung und Krankheit als Konflikt zwischen »Persönlichkeit« und »höherem Selbst« gedeutet, womit er einerseits die im Lebenskampf traumatisierte, neurotische Psyche und andererseits den eigentlichen, heilen Kern des Menschen meinte. Er vertrat zu Recht die Meinung, daß Gesundheit erst dann wieder eintreten könne, wenn die Psyche saniert und die innere Einheit wiederhergestellt sei. (Diese Zusammenhänge sind in meinem Buch »Mit Blumen heilen«, Verlag H. Bauer, ausführlich dargestellt.) Auf diesem Grundgedanken – nur anders ausgedrückt – beruht auch die heutige, psychosomatische Medizin. Während diese aber die Konfliktlösung hauptsächlich durch Bewußtwerdung oder Veränderung der Konditionierung anstrebt, setzt die Bach-Blüten-Therapie hierfür ihre 38 Blüten-Essenzen ein, die genau definierten psychischen Störungen entsprechen und diese auf eine bis heute wissenschaftlich nicht erklärbare Weise reduzieren oder beseitigen können.

Diese Wirkung kann durch eine bewußte Arbeit an der eigenen, kranken »Persönlichkeit« noch wesentlich gesteigert werden. Daher wird in diesem Buch großer Wert auf die tieferen psychologischen Zusammenhänge gelegt. Oft löst schon die ernsthafte Beschäftigung mit dem seelischen Hintergrund den inneren Knoten und bringt die Heilung – sogar ohne Medikamente – in Gang, die dann durch die geeigneten Blüten-Essenzen noch verstärkt und gefördert werden kann.

Trotz der vielen erstaunlichen Erfolge hat natürlich auch die Bach-Blüten-Therapie ihre Grenzen. Denn Heilung ist, wie auch Krankheit, von ihrem Wesen her ein schicksalhaftes Ereignis, das wir nicht eigenmächtig erzwingen können. Nur wenn es dem Kranken bestimmt ist, wieder gesund zu werden, und wenn die entscheidenden Faktoren: Zeitpunkt, seelische Verfassung, Therapeut und Medizin in idealer Weise zusammenwirken, kann Heilung geschehen. Dabei ist einmal diese und ein andermal jene Therapie angebracht. Die all-heilende Patentmedizin gibt es nicht – kann es gar nicht geben. Deshalb sollte man bei ungenügendem Erfolg auch für andere Behandlungsmethoden offen sein; vor allem die Homöopathie läßt sich gut damit kombinieren.

Die Stärke der Blüten-Therapie liegt in der Normalisierung psychischer Störungen und in der Lösung innerer Konflikte, aber auch in der Besserung körperlicher Leiden mit erkennbarer psychischer Ursache oder Begleitsymptomatik. Kinder sprechen besonders gut auf sie an. Bach-Blüten eignen sich nicht nur zur seelisch-körperlich harmonisierenden Therapie bei Krankheiten jeder Art – eventuell zusätzlich zur üblichen medizinischen Behandlung –, sondern auch zur Gesundheitspflege und Lebenssanierung, weil sie die psychischen Schwachpunkte stabilisieren oder beseitigen.

Zum Beispiel wird mit *Holly* der/die ewig Gereizte, Aggressive, mit *Impatiens* der/die stets Unruhige, Nervöse, mit *Heather* der/die krankhaft Geltungsbedürftige, mit *Mimulus* der/die Überängstliche oder mit *Mustard* der/die Depressive weniger oder gar nicht mehr in Schwierigkeiten kommen, und dies nicht nur in psychischer, sondern auch in körperlicher Hinsicht.

Grundsätzlich gilt aber: Nicht jede psychische Auffälligkeit ist krankhaft oder behandlungsbedürftig. Sie kann auch ein wesentlicher Bestandteil der Persönlichkeit sein und die Originalität des betreffenden Menschen ausmachen. Erst wenn jemand darunter zu leiden hat – entweder in Form von inneren Konflikten, Frustrationen, Depressionen oder Selbstablehnung oder dadurch, daß er mit seiner Umwelt Schwierigkeiten bekommt – ist eine Behandlung erforderlich.

Aufbau und Verwendung dieses Buches

Dieses Buch besteht aus drei Teilen.

Im *ersten Teil* finden Sie eine genaue Beschreibung der 38 Essenzen, auf denen die Bach-Blüten-Therapie beruht. Jede Essenz (»Bach-Blüte«) bezieht sich auf eine typische psychische Auffälligkeit oder Störung, die sich in unterschiedlichen Einzelsymptomen ausdrücken kann (zusammengefaßt als »Syndrom« bezeichnet).

Mit Hilfe einer neuartigen Analyse wird deutlich gemacht, worin die spezielle Anlage der verschiedenen, mit Bach-Blüten therapierbaren Menschen-Typen besteht, welche Form sie im Idealfall haben kann und welche Störungen sie bei krankhafter Entgleisung hervorruft.

Jeder Mensch besitzt ja eine individuelle psychische Struktur, die sein Fühlen, Denken und Handeln bestimmt. Sie kann sich harmonisch entwickeln oder disharmonisch entarten und dabei psycho-somatische Störungen beziehungsweise Krankheiten hervorrufen.

Diese zu beseitigen ist die Stärke der Bach-Blüten-Therapie. Sie kann den seelisch »verbogenen«, aus dem inneren Gleichgewicht geworfenen Menschen wieder normalisieren und ihn auch von seinen – psychisch bedingten – körperlichen Beschwerden befreien. Sie kann aber natürlich niemanden, wie oft in vereinfachender Schwarz-Weiß-Malerei dargestellt, in sein idealisiertes Gegenteil verwandeln.

Die klassischen 38 Bach-Blüten erfassen zwar fast alle wichtigen Eigenschaften der menschlichen Psyche, werden aber, einzeln genommen, deren Komplexität und Widersprüchlichkeit oft nicht genügend gerecht. Da bei den meisten Krankheiten unterschiedliche Charakter- und Reaktionsstörungen *zusammenwirken*, setzt man in der Blüten-Therapie normalerweise mehrere Mittel gleichzeitig ein.

Die dafür erforderlichen, wichtigsten Kombinationen werden im *zweiten Teil* ausführlich erläutert und außerdem in Kapitel I am Ende jeder Mittel-Beschreibung stichwortartig aufgeführt. Diese Kombinationen ermöglichen eine genauere und wirkungsvollere Therapie, da sie individuellere Einsatzgebiete haben, und eröffnen zugleich neue Perspektiven zum Verständnis der meisten Charakter- und Verhaltensstörungen.

Die Kombinationen sind alphabetisch und entsprechend ihrer Kennziffer (siehe folgende Seite und Buchzeichen) angeordnet. Dabei bestimmt jeweils das erstgenannte Mittel die Reihenfolge: zum Beispiel finden Sie die Kombination Chicory/Heather (Nr. 8/14) unter dem Buchstaben »C« bzw. der Zahl 8. Die Kombinationen werden außerdem noch einmal im Repertorium aufgeführt, wo sie mit »✻« gekennzeichnet sind.

Im *dritten Teil*, dem therapeutischen Lexikon (Repertorium), finden Sie – nach Stichworten geordnet – ausführliche Hinweise zum praktischen Einsatz der einzelnen Bach-Blüten, wobei Sie diese von ihren verschiedenen Seiten kennenlernen können. Darüber hinaus enthält dieses Kapitel viele Anregungen zum Verständnis und zur Lösung der meisten menschlichen Probleme.

Das Zeichen »→« weist immer darauf hin, daß unter dem betreffenden Stichwort noch andere Informationen existieren, deren Beachtung empfohlen wird.

Wenn einzelne Mittel durch »+« verbunden sind, sollten sie *zusammen* in dieser Kombination genommen werden.

Symptome, die mit »✻« gekennzeichnet sind, weisen auf bewährte Kombinations-Mittel hin, die in Kapitel II genauer beschrieben sind.

Aufstellung und Kennziffern aller Bach-Blüten

1 Agrimony (Odermennig – Agrimonia eupatoria)
2 Aspen (Zitterpappel – Populus tremula)
3 Beech (Rotbuche – Fagus sylvatica)
4 Centaury (Tausendgüldenkraut – Centaurium umbellatum)
5 Cerato (Bleiwurz – Ceratostigma willmottiana)
6 Cherry Plum (Kirschpflaume – Prunus cerasifera)
7 Chestnut Bud (Kastanienknospen – Aesculus hippocastanum)
8 Chicory (Wegwarte – Cichorium intybus)
9 Clematis (Weiße Waldrebe – Clematis vitalba)
10 Crab Apple (Holzapfel – Malus pumila)
11 Elm (Ulme – Ulmus procera)
12 Gentian (Bitterer Enzian – Gentiana amarella)
13 Gorse (Stechginster – Ulex europaeus)
14 Heather (Heidekraut – Calluna vulgaris)
15 Holly (Stechpalme – Ilex aquifolium)
16 Honeysuckle (Geißblatt – Lonicera caprifolium)
17 Hornbeam (Hainbuche – Capinus betulus)
18 Impatiens (Drüsentragendes Springkraut – Impatiens glan dulifera)
19 Larch (Lärche – Larix decidua)
20 Mimulus (Gefleckte Gauklerblume – Mimulus guttatus)
21 Mustard (Ackersenf – Sinapis arvensis)
22 Oak (Eiche – Quercus robur)
23 Olive (Olive – Olea europaea)
24 Pine (Föhre – Pinus sylvestris)
25 Red Chestnut (Rote Kastanie – Aesculus carnea)
26 Rock Rose (Gemeines Sonnenröschen – Helianthemum nummula rium)
27 Rock Water (Wasser aus heilkräftigen Felsenquellen)

28 Scleranthus (Einjähriger Knäuel – Scleranthus annuus)
29 Star of Bethlehem (Goldiger Milchstern – Ornithogalum umbellatum)
30 Sweet Chestnut (Edelkastanie – Castanea sativa)
31 Vervain (Eisenkraut – Verbena officinalis)
32 Vine (Weinrebe – Vitis vinifera)
33 Walnut (Walnuß – Juglans regia)
34 Water Violet (Sumpf-Wasserfeder – Hottonia Palustris)
35 White Chestnut (Weiße Kastanie – Aesculus hippocastanum)
36 Wild Oat (Wald-Trespe – Bromus ramosus)
37 Wild Rose (Heckenrose – Rosa canina)
38 Willow (Weide – Salix vitellina)

Die praktische Anwendung der Blüten-Therapie

Nicht nur hinsichtlich ihres geistigen Konzeptes, sondern auch der Herstellung ihrer Mittel ist die Bach-Blüten-Therapie außergewöhnlich: die Essenzen werden bis auf eine Ausnahme (*Rock Water*, das aus dem Wasser einer Felsenquelle stammt) ausschließlich aus Blüten hergestellt. In der Blüte kommt ja das geistige Wesen (sozusagen die Seele) der Pflanze am klarsten zum Ausdruck. Das ihnen innewohnende Heil-Prinzip wird entweder durch Sonneneinwirkung oder durch Kochen auf Quellwasser übertragen. Aus dieser mit Alkohol versetzen »Urtinktur« wird durch mehrfache Verdünnung das gebrauchsfertige Mittel zubereitet, das tropfenweise eingenommen wird. Dabei können mehrere, sich ergänzende Mittel zusammengemischt werden.

Die in England hergestellten »Original Dr. Bach-Mittel« können über jede Apotheke bezogen werden (Deutscher Importeur: Dr.-Bach-Centre, Eppendorfer Landstraße 32, 2000 Hamburg 20). Zur Zeit ist dafür in Deutschland noch ein ärztliches Rezept erforderlich. In England, Holland und der Schweiz dürfen sie auch von Drogerien und Bio-Läden verkauft beziehungsweise versandt werden.

Die *Dosierung* sollte individuell gestaltet werden. Bei akuten Beschwerden oder starken Störungen hat es sich bewährt, von dem betreffenden Mittel 1–3 Tropfen in ein Glas Wasser (möglichst abgekocht) zu geben, das dann im Laufe des Tages in mehreren Portionen ausgetrunken wird; manchmal ist es noch effektiver, mehrmals am Tage einen Tropfen direkt auf die Zunge zu nehmen. Zur Langzeit-Therapie oder bei sensibler Reaktion kann das Mittel auch verdünnt eingenommen werden; dazu nimmt man 5 (manchmal genügen schon 2) Tropfen auf 10 ml abgekochtes Wasser und fügt zur Sterilisation ca. 10% Alkohol hinzu. Am besten sind hierfür Fläschchen (20 ml) mit einem Pipettenverschluß geeignet (in Apotheken erhältlich, wo Sie sich auch die Verdünnungen beziehungsweise Kombinationen herstellen lassen können). Von dieser Verdünnung werden mehrmals täglich 5 Tropfen genommen. Die Kombinationen werden genauso hergestellt: man gibt die ausgewählten Mittel zusammen in das Glas Wasser oder in die Verdünnung.

Um mit der Bach-Blüten-Therapie den gewünschten Erfolg zu haben, müssen Sie sehr sorgfältig vorgehen. Sie sollten alle Mittel kennen, zumindest aber ihre Beschreibungen einmal in Ruhe durchgelesen haben. Begnügen Sie sich nicht mit dem ersten Mittel, das Ihnen passend erscheint, sondern versuchen Sie stets Ihre Auswahl *aus allen 38 Mitteln* zu treffen. Meist ist es erforderlich, mehrere Mittel (normalerweise 3 bis höchstens 6) miteinander zu kombinieren. Für viele Störungen oder Beschwerden sind bereits spezielle Kombinationen in Kapitel II angegeben.

Richtig gewählt, können Bach-Blüten wunderbare Wirkungen haben. Dabei sollten Sie stets auf eine klare Linie achten; denn da alle 38 Essenzen in irgendeiner Weise auf jeden Menschen zutreffen, besteht die Gefahr, daß man sich verzettelt.

Bach-Blüten wirken primär auf und über die Psyche, deren Störungen die unterschiedlichsten Formen (auch körperliche Krankheiten) annehmen können. Daher ist bei der Mittelwahl immer die Frage nach dem Grund und den Zusammenhängen wichtig, zum Beispiel: Warum oder wodurch ist das Problem oder die Störung entstanden? Was ist der Grund für das krankhafte Verhalten? Was bedeutet die Krankheit, was will die Psyche damit bewußt machen oder erreichen?

Am besten gehen Sie bei der Auswahl folgendermaßen vor: Zunächst werden Sie sich klar, welcher *psychische Zustand* momentan vorherrscht. Die erste Frage heißt also: »Wie fühle ich mich?« (Zum Beispiel: Traurig, erschöpft, gereizt, entmutigt, unruhig, getrieben, gestreßt, verbittert usw.) Auch bei körperlichen Krankheiten sollten Sie immer zunächst auf die seelische Verfassung achten, denn sie ist für die Auswahl entscheidend. So finden Sie vor allem die oberflächlich und aktuell wirkenden Mittel.

Danach ermitteln sie die *Gründe* für Ihre Beschwerden mit

der Frage: »Warum geht es mir schlecht? Welche Faktoren haben bei der Entstehung meines Problems eine Rolle gespielt?« (Zum Beispiel: weil ich mich zu sehr geärgert habe, weil ich gehetzt habe, weil ich etwas Schreckliches erlebt habe, weil ich nie nachgeben kann, weil ich überfordert bin, weil ich mir nichts zutraue, weil ich Angst habe usw.) So finden Sie jene Mittel, die sich auf grundlegende Störungen oder schlechte Gewohnheiten beziehen und eine gewisse Tiefenwirkung haben.

Schließlich muß noch die *Veranlagung* berücksichtigt werden. Dazu fragen Sie: »Was für ein Mensch bin ich? Welche charakteristischen oder auffälligen Eigenschaften besitze ich?« (Zum Beispiel: Dominant, ängstlich, zerstreut, träumerisch, selbstbewußt, besitzergreifend, schüchtern, unehrlich, konfliktscheu, pessimistisch, unsicher, beeinflußbar, diszipliniert.) So finden Sie jene Mittel, die Ihre Konstitution (Veranlagung) betreffen und – lange genug genommen – Ihr ganzes Wesen zum Positiven verändern können.

Am besten ist es, wenn Sie von jeder dieser drei Kategorien ein oder zwei Mittel nehmen, wobei Sie versuchen sollten, sich immer auf das Problem zu konzentrieren, unter dem Sie momentan am meisten zu leiden haben.

Bei den Mitteln der dritten Kategorie (Konstitution) ist der Zusammenhang zur vorherrschenden Störung oder Krankheit oft nicht klar zu erkennen; nehmen Sie sie dennoch, wenn *die Eigenschaft sehr ausgeprägt* ist. Sie wirken »auf Umwegen« und können nicht nur die momentane Situation verbessern, sondern Ihrem Leben eine Wende zum Besseren geben.

Oft ist auch die astrologische Konstellation bei der Auswahl hilfreich, da man mit ihrer Hilfe sehr einfach die persönlichen, anlagebedingten Schwächen erfassen kann, was vor allem für die Basis-Behandlung wichtig ist. Diese Möglichkeit ist ausführlich in *Mit Blumen heilen* (Verlag Hermann Bauer) erläutert, dessen zusätzliche Lektüre ich Ihnen empfehle, da es außerdem viele grundsätzliche Erläuterungen zur Bach-Blüten-Therapie und hilfreiche psychotherapeutische Anregungen enthält.

Wenn Sie nicht wissen, wie Sie beginnen sollen, suchen Sie zunächst im Repertorium (Kapitel III) oder im Register (am Ende des Buches) jene Symptome auf, die auf Sie zutreffen, lesen sodann die entsprechenden Erläuterungen in Kapitel I durch und überprüfen danach die dort bei den einzelnen Mitteln angegebenen Kombinationen (Kapitel II). Wenn die Auswahl zu groß wird und Sie sich nicht entscheiden können, beginnen Sie zunächst mit *Wild Oat* und *Agrimony*. Nach einiger Zeit wird sich irgend etwas gebessert haben, und Sie werden Ihr Problem klarer erkennen können. Wenn Sie gar keinen Ansatzpunkt zur Mittelwahl finden, nehmen Sie *Agrimony*, das eine der wichtigsten Bach-Blüten darstellt und fast immer beim Beginn der Therapie benötigt wird.

Wenn die Behandlung Erfolg hat und Ihre Beschwerden gebessert sind, wenden Sie sich dem nächsten, nun in den Vordergrund tretenden Problem zu. Auf diese Weise wird mit der Zeit die ganze Persönlichkeit saniert, wobei es vorkommen kann, daß ein bestimmtes Mittel immer wieder einmal gebraucht wird. Bei oberflächlichen, noch nicht lange bestehenden Beschwerden setzt die Wirkung normalerweise schneller ein als bei chronischen, tiefsitzenden oder konstitutionellen Störungen. Diese müssen manchmal monatelang behandelt werden, weil ja die innere psychische Struktur geheilt werden muß.

Übrigens ist es eine Eigenart der Bach-Blüten-Therapie, daß ihre Wirkung ausgesprochen organisch und sanft stattfindet. Oft bringt man die Besserung gar nicht mit der Einnahme der Bach-Blüten in Verbindung, sondern meint, sie sei von allein eingetreten.

Falls nach einigen Wochen keine deutliche Besserung feststellbar ist – meist tritt sie allerdings schon nach Stunden oder wenigen Tagen ein –, haben Sie entweder nicht richtig dosiert (probieren Sie dann eine häufigere Einnahme oder eine andere Verdünnung) oder zu oberflächlich ausgewählt. Natürlich kann es aber auch daran liegen, daß die Bach-Blüten-Therapie für Ihr Problem nicht geeignet ist oder mit einer anderen Therapie kombiniert werden muß. Besonders sind hierfür homöopathische (oder ähnliche) Mittel zu empfehlen.

Auf jeden Fall sollten Sie bei schweren oder langdauernden Krankheiten den Rat eines erfahrenen Arztes einholen.

Werfen Sie die Flinte nicht zu früh ins Korn. Wenn eine Arbeit mißlingt, liegt es meistens an der Unfähigkeit des Ausführenden, nicht aber an Unbrauchbarkeit seines Werkzeugs.

Suchen Sie dann noch einmal im Repertorium und im Register (Buchende) unter den angegebenen Stichworten diejenigen heraus, mit denen sich Ihre Krankheit oder Beschwerde charakterisieren läßt. Stellen Sie möglichst *alle* Auffälligkeiten, die behandelt werden sollen, zusammen. Jene Mittel, die dabei mehrfach auftauchen, werden wahrscheinlich hilfreich sein.

Für die Bach-Blüten-Therapie braucht man einen klaren Blick, Ehrlichkeit und Selbsterkenntnis. Diese Tugenden werden nachhaltig gefördert, wenn man sich ernsthaft mit ihr beschäftigt.

Übrigens lassen sich Bach-Blüten auch mittels Hautkontakt anwenden. Die Rescue Remedy-Salbe (s. Kapitel II) ist ein Beispiel hierfür. Wenn ein Kranker keine Mittel einnehmen kann, so träufelt man sie ihm einfach auf die Lippen oder reibt sie an der Stirn beziehungsweise den erkrankten Körperstellen ein.

Aus diesem Grunde können Bach-Blüten auch in der Körperpflege zur Harmonisierung, Belebung und Gesunderhaltung verwendet werden. Hierfür gibt es seit über zehn Jahren kosmetische Präparate, die neben wirksamen Heilpflanzen auch die geeigneten Blüten-Essenzen enthalten. Falls Sie sich hierfür interessieren, wenden Sie sich bitte an:

Dr. med. Götz Blome
Laboratorium für Heilpflanzenforschung und Naturkosmetik
Postfach 5205
D-79019 Freiburg
Tel. 0761/29186, Fax 0761/29725

Über die oben genannte Adresse erhalten Sie auch Informationen über die laufend stattfindenden Bachblüten-Seminare.

Kapitel I

Bedeutung und Eigenart der einzelnen Bach-Blüten

Nr. 1 Agrimony (Odermennig)

Kurze Charakteristik

Für Menschen, die sich nicht zur Wahrheit bekennen können und Konflikten aus dem Wege gehen. Aus Angst vor schmerzlichen (inneren oder äußeren) Auseinandersetzungen versuchen sie ihre wahren Gefühle (Ängste, Aggressionen oder Leiden) aus ihrem Bewußtsein zu verdrängen und nach außen hinter gespielter Unbekümmertheit oder Lustigkeit zu verbergen.

Einsatzbereich:
Zur *Basisbehandlung* bei: Angst vor Auseinandersetzungen und Konflikten; Unehrlichkeit und Künstlichkeit; geheimen inneren Konflikten und Seelenpein; psychischen Komplexen; Tendenz zu Verdrängung und Überspielung von persönlichen Problemen; Anfälligkeit für Alkohol- und Drogenmißbrauch; Verkrampfungen und Verspannungen.

Alle *krankhaften Störungen*, die mit Verkrampfung, Hemmungen, Konfliktangst, Unehrlichkeit, künstlichem Verhalten oder Überempfindlichkeit einhergehen oder davon ausgelöst wurden.

Im *täglichen Leben* bei: Künstlichkeit, Schauspielerei, »Maske«, »Keep smiling«, Unehrlichkeit, Verlegenheit, Hemmungen, Verkrampfung, innerer Rastlosigkeit, Überempfindlichkeit gegen Schmerzen, Abhängigkeit von entspannenden Mitteln oder Getränken.

Ursprung und Bild des Agrimony-Syndroms

Bei *harmonischer Entwicklung* entsteht daraus ein Mensch, der instinktiv Leiden jeder Art meidet. Das gelingt ihm auf die denkbar natürlichste Weise: er entschärft Probleme dadurch, daß er sie als Lebensrealität akzeptiert und das Beste aus ihnen macht. (Leiden entsteht ja dadurch, daß die Realität ignoriert, verfälscht oder bekämpft wird.) Spontan, natürlich und nie auf Konfrontation eingestellt, versucht der harmonisch entwickelte Agrimony-Mensch, weder Unangenehmes zu vertuschen oder zu verfälschen noch Schwierigkeiten zu verdrängen oder ihnen auszuweichen. In den Widrigkeiten des Lebens verliert oder verleugnet er sich nicht; wenn es sein muß, beugt er sich der Schicksalsgewalt wie das Schilfrohr dem Sturme: elastisch und mit natürlicher Anmut, ohne von ihr geknickt oder beschädigt zu werden. Kritische Konstellationen, die für negativ eingestellte Menschen zur Katastrophe werden, gehen an ihm angesichts seiner positiven Haltung wie ein harmloser Spuk vorbei. So bleibt er stets er selbst: natürlich, ungekünstelt, spontan und lebensfroh. Da seine besondere Stärke darin besteht, in allem – auch dem scheinbaren Unglück – die (immer vorhandene) positive Seite zu erkennen und sich instinktiv an die »Schokoladenseite« des Lebens zu halten, ist sein Leben immer erfreulich. Oft scheint es, als spiele er im Theater des Lebens die Rolle des Unbeschwerten, vom Glück Begünstigten. Tatsächlich besitzt er auch ein ausgeprägtes Schauspielertalent; dieses ist aber so seinem Wesen verwurzelt, daß alles, was er »spielt«, immer nur Ausdruck seiner eigenen, lebensfrohen Anlagen, nie aber eine fremde, künstliche Rolle ist. So ist er wegen seiner Natürlichkeit, seiner Unbeschwertheit, seiner Friedfertigkeit und seiner optimistischen Einstellung überall gerne gesehen.

Unter ungünstigen Umständen können seine Empfindsamkeit zur Überempfindlichkeit entarten, sein Bedürfnis nach Lebensfreude zur Realitätsflucht, seine Schauspielerei zur Heuchelei werden. Der Agrimony-Mensch kann und will nicht leiden, was für ihn besonders schwierig ist, weil seine Feinfühligkeit ihn alles Unangenehme übertrieben schmerzlich empfinden läßt. So geht er aus Furcht vor Leiden feige allem Unangenehmen, allen Konflikten und jedem Streit aus dem Wege, und zwar auch dann, wenn eigentlich nur eine aufrechte und ehrliche Auseinandersetzung in Frage käme. Gelingt ihm dies nicht, so ignoriert er die Problematik einfach und tut so, als wäre alles in bester Ordnung. Der bewußten Auseinandersetzung mit Problemen, Ängsten und Konflikten ausweichend, ersetzt er sie, obwohl sie ihn weiterhin unterbewußt belasten, durch Bilder aus einer künstlich heilen Welt. Er trägt die Maske des fröhlichen, unbeschwerten Zeitgenossen, gibt sich gutgelaunt und optimistisch, obwohl ihm in Wirklichkeit ganz anders zumute ist, reißt Witze, während er innerlich leidet, macht anderen Mut, während ihm das Herz längst in die Hose gerutscht ist, oder erkundigt sich locker nach dem Befinden seines Arztes, während er sich selbst schwer krank weiß. Er versucht, wie ein Schauspieler in einer falschen Rolle, sich selbst und anderen etwas vorzumachen, und das fröhliche Gesicht, das er zur Schau stellt, entspricht in Wirklichkeit der lachenden Maske des weinenden Clowns. »Immer nur ablenken, nur nicht daran rühren!« heißt seine Devise, »Keep smiling!«: bloß nicht zeigen, wie es innen aussieht. Das gelingt natürlich nur sehr oberflächlich, denn die verdrängten Probleme fressen, wie Rost an einem schlecht übermalten Stück Eisen, ständig an seinem Lebensgefühl und verursachen ihm, während er sich unbeschwert gibt, Ängste und Depressionen. Je mehr er nach außen Frieden und Fröhlichkeit vorzutäuschen versucht, um so mehr verliert er sie in seinem Inneren, und um so unnatürlicher und verkrampfter wirkt er. Dabei kann er mit der Zeit, um sich wenigstens vorübergehende Erleichterungen zu verschaffen, süchtig werden – auf Zerstreuung oder Vergnügung, Fresserei oder Arbeit, Alkohol oder Rauschgift. (Übrigens bewirkt ja Alkohol bei vielen Menschen ein typisches Agrimony-Syndrom; ihre Sorgen verschwinden, sie werden unnatürlich gesellig und lustig, zugleich aber unfähig zu ernsthaften Kontakten oder tragenden Erkenntnissen.)

Analog zu seinem seelischen Zustand leidet er oft unter Schlafstörungen, Ruhelosigkeit, Krämpfen, Verspannungen oder Schmerzzuständen.

Wirkungsrichtung der Agrimony-Essenz

Agrimony ist das Mittel für Natürlichkeit und Ehrlichkeit. Es wirkt gegen die Gewohnheit, Probleme leichtfertig zu verdrängen oder zu meiden, und weckt den Wunsch nach mehr Ehrlichkeit sich selbst und anderen gegenüber. Mit Agrimony wird man offener und entspannter, zugleich aber auch konfliktfähiger, so daß man sich, wenn nötig, unangenehmen Situationen zu stellen wagt.

Agrimony ist eine der wichtigsten Bach-Blüten und wird fast von jedem Menschen benötigt. Es sollte bei jeder Psychotherapie genommen beziehungsweise gegeben werden, weil es durch Stärkung des Wahrheitsbedürfnisses dem Patienten hilft, sich besser kennenzulernen und dem Therapeuten gegenüber offener zu sein. Allerdings kommt es dabei aufgrund des Abbaus gewohnter psychischer Schutzmechanismen oft vor, daß die verdrängten Ängste vorübergehend aktiver werden und eine unbewußte Gegenwehr hervorrufen: man fürchtet, »nackt« und ungeschützt dazustehen. In dieser Phase wird oft das Fläschchen mit der Essenz verlegt, ausgeschüttet oder zerbrochen – natürlich »ganz aus Versehen« – oder die Therapie abgebrochen. Diese Reaktion kann durch *Walnut* abgefangen werden, das die eigentliche, unter der Agrimony-Tarnung verkümmerte Persönlichkeit stärkt. Ganz allgemein und unabhängig von der Art des Leidens hat Agrimony, wenn Kranke ihre Beschwerden bagatellisieren oder geheimhalten wollen, einen positiven Einfluß auf den ganzen Krankheitsverlauf. Indem es ängstliche oder künstliche Krampfhaltungen löst, hilft es oft bei schweren Schmerzzuständen, rheumatischen Beschwerden, Verstopfung, Schlafstörungen oder innerer Unruhe.

Psychologisch-therapeutische Anmerkungen

Die Agrimony-Problematik bezieht sich auf zwei wichtige psychische Funktionen, die unser Überleben zu sichern helfen: Verdrängung und Lüge.

Die Verdrängung schützt uns vor den Folgen unserer eigenen, menschlichen Unvollkommenheit und Schwäche. Denn wenn wir nicht den größten Teil unserer Wahrnehmungen und Erkenntnisse ignorieren und verdrängen würden, so wären wir keines klaren Gedankens, keiner sinnvollen Handlung fähig, und wenn wir die ganze Wahrheit über uns wüßten, so würden wir zerbrechen. Daher filtert unsere Psyche laufend aus den unzähligen Informationen, Eindrücken und Erkenntnissen, die auf uns einwirken, nur jene heraus, die wir momentan verarbeiten können, und legt den großen Rest im Archiv des Unterbewußten ab, wo er so lange unter Verschluß bleibt, bis wir reif dafür geworden sind.

Die Lüge aber schützt uns vor der Mißgunst und dem Unverständnis unserer Mitmenschen. So lernen wir schon als kleine Kinder um unseres Überlebens willen zu heucheln und zu lügen, das heißt: uns zu »benehmen«, »anständig« zu sein und »mit den Wölfen zu heulen«. Würden wir uns immer so geben, wie wir tatsächlich sind, offen sagen, was wir eigentlich meinen, oder rücksichtslos tun, wonach es uns verlangt, dann hätten wir nur geringe Überlebenschancen in unserer Welt, in der im Grunde das Dschungelrecht herrscht. Wer es dagegen versteht, nirgends anzuecken und stets gutgelaunt zu erscheinen, ist gern gesehen, selbst wenn er, wie der Agrimony-Mensch, nur Theater spielt.

Dennoch – so hilfreich und vertretbar Verdrängung und Lüge unter bestimmten Bedingungen auch sein können, letztlich bedeuten sie einen Verrat an der Wahrheit. Daher erlaubt unsere Seele, die immer die Wahrheit will, sie uns nur dann, wenn triftige Gründe oder Notwehr uns dazu zwingen – nicht aber bei Gedankenlosigkeit oder Bequemlichkeit.

So müssen wir laufend einen Kompromiß finden, mit dem wir existieren können: einerseits so viel Selbstverleugnung, daß unser äußeres Leben nicht gefährdet ist, und andererseits so viel Ehrlichkeit, daß unsere Seele uns weiterleben läßt. Entscheidend ist dabei, daß wir unsere eigene Wahrheit nicht leichtfertig verraten, daß wir wissen, was wir tun, und daß wir unser Verhalten vor uns selbst vertreten können.

Wenn wir allerdings die Maske, die wir manchmal bei Gefahr oder aus persönlicher Schwäche tragen müssen, auch in guten Zeiten aufbehalten, wenn wir ohne dringenden Grund heucheln oder lügen, oder wenn wir schließlich an unsere eigenen Lügen glauben, dann wehrt sich unsere Seele und läßt uns leiden.

Dieses Leiden besteht, wie jeder aus Erfahrung weiß, in einer gewissen Unzufriedenheit, wenn man sich wieder einmal unnötigerweise etwas vorgemacht, sich verstellt, sich feige gedrückt oder seine Gefühle verleugnet hat. Bei ausgeprägten Agrimony-Menschen aber, die fast ständig ihre Probleme verdrängen, Konflikten ausweichen oder ihre Umwelt und sich selbst belügen, kann es sich zu schweren Frustrationen, Depressionen, Vereinsamung oder geheimer Seelenpein steigern. Trotzdem sind sie meistens nur bei ganz erheblichem Leidensdruck bereit, etwas dagegen zu unternehmen. Häufig brauchen sie psychotherapeutische Hilfe, die ihnen ihr Verhalten bewußt macht (sie belügen sich ja auch selbst) und sie in die Lage versetzt, es willentlich zu steuern. Erst wenn sie ihre Lebenssituation klar einschätzen und frei entscheiden können, ob und wann sie Unangenehmes verdrängen oder sich gegen ihre Umwelt tarnen müssen, können sie auch, wenn dies nicht erforderlich ist, darauf verzichten. Und je konsequenter ihnen dies gelingt, desto stärker wird ihr eigentliches Wesen, das ihnen, trotz aller vermeintlichen Schwächen und Unvollkommenheiten, letztlich mehr Schutz und Sicherheit gibt als all die vielen Masken, hinter denen sie sich verstecken.

Häufige Kombinationen mit anderen Mitteln

Aspen (1/2): *Verdrängung von Ängsten oder Ängste durch Verdrängung.*
Beech (1/3): *Künstliche Toleranz.*
Centaury (1/4): *Krankhafte Gutmütigkeit.*
Cherry Plum (1/6): *Verdrängung erzeugt gefährlichen psychischen Überdruck.*
Chestnut Bud (1/7): *Lernschwäche oder Unreife durch Drückebergerei.*
Larch (1/19): *Überspielte oder verdrängte Minderwertigkeitsgefühle.*
Mimulus (2/20): *Überspielte oder geheimgehaltene Angst.*
Red Chestnut (1/25): *Geheime Sorgen.*
Rock Rose (1/26): *Erstarrung in der Panik.*
Star of Bethlehem (1/29): *Die seelische Wunde hinter der fröhlichen Maske.*
Walnut (1/33): *Die totale Selbstentfremdung.*
Water Violet (1/34): *Kontaktprobleme durch Mangel an Offenheit.*
Wild Oat (1/36): *Mangelnde Selbsterkenntnis.*

Nr. 2 Aspen (Zitterpappel)

Kurze Charakteristik

Für Menschen, die von unangenehmen Ahnungen oder unbestimmten Ängsten gepeinigt werden.

Einsatzbereich:
Zur *Basisbehandlung* bei: Lebensangst, allgemeiner oder unerklärlicher Angst, innerlicher Panik, Horror, Entsetzen, unheimlichen Ahnungen, furchterregenden Einbildungen, Beziehungswahn.

Alle *krankhaften Störungen*, die mit ängstlichen Ahnungen oder unerklärlichen Ängsten einhergehen oder davon ausgelöst wurden.

Im *täglichen Leben* bei: allgemeiner Bangigkeit, unheimlichen Gefühlen, Zukunftsangst, ängstlichen Sorgen.

Ursprung und Bild des Aspen-Syndroms

Die Anlage besteht in einer verfeinerten Empfindsamkeit und Sensitivität sowie einer lebendigen Phantasie.

Bei harmonischer Entwicklung entsteht daraus ein sehr sensibler und sensitiver Mensch. Er besitzt eine Art sechsten Sinn, weiß mehr als der normale, im nüchternen Alltagsdenken befangene Mensch und kann oft zukünftige Entwicklungen voraussehen oder geheime Zusammenhänge erfassen. Indem er aufmerksam auf die Zeichen achtet, die ihm das Leben gibt: Träume und Eingebungen, seltsame Begebenheiten und Wunder, und diese mit intuitiver Phantasie deutet, geht er mit fast traumwandlerischer Sicherheit durchs Leben. Dabei kennt er keine Angst, denn sein tiefempfundenes Wissen um jene übermenschliche oder »göttliche« Ordnung, in der wir alle geborgen sind, erfüllt ihn mit unerschütterlichem Optimismus. Wenn er Problemen, Gefahren oder Leiden ausgesetzt ist, was aufgrund seiner großen Empfindsamkeit oft vorkommt, flieht er nicht, sondern betrachtet sie als Gelegenheiten, noch tiefer in das große Geheimnis seiner Existenz oder seiner eigenen Seele zu blicken und sein Vertrauen in das Schicksal noch mehr zu festigen. So ist sein Leben ein immerwährender Erkenntnisprozeß, eine unablässige, ehrliche Suche nach seiner persönlichen Wahrheit und ein erhebender Beweis dafür, daß wir alle uns furchtlos und unbedenklich jener Ordnung oder Wesenheit anvertrauen können, die alles erschafft und lenkt.

Unter ungünstigen Bedingungen gelingt es dem Aspen-Menschen nicht, seine Gefühle und Eingebungen in intuitives Wissen oder klare Bewußtheit umzusetzen. Wenn dann auch noch seine starke Empfindsamkeit in Überempfindlichkeit umschlägt, so entstehen in ihm belastende Ahnungen oder unklare Ängste, die ihn untergründig – mal mehr, mal weniger – dauernd quälen. Manchmal steigern sie sich auch zu plötzlichen Panikzuständen, reißen ihn nachts aus dem Schlaf oder überfallen ihn plötzlich bei der Arbeit. Meist versucht der Aspen-Mensch instinktiv, seine bösen Ahnungen dadurch zu neutralisieren, daß er sie auf praktische Vorkommnisse projiziert; zum Beispiel befürchtet er dann ohne vernünftigen Grund, daß er überfallen wird, sein Haus abbrennt, ein Familienangehöriger verunglückt oder jemand ihm etwas antun will. Das Fatale an all diesen Erscheinungen ist die Unklarheit, die von einem Gefühl der Hilflosigkeit oder des Ausgeliefertseins begleitet wird.

Aspen-Zustände können auch durch Vergiftungen (vor allem bei Drogenkonsum) oder körperliche Krankheiten hervorgerufen werden – zum Beispiel nächtliches Erwachen durch Herzschwäche, Panikzustände durch hormonelle Störungen, unerklärliche Bangigkeit durch vegetative Labilität.

Wirkungsrichtung der Aspen-Essenz

Aspen ist das Mittel für Lebensmut. Es wirkt gegen Bangigkeit, Ahnungen, unklare oder unbegründete Ängste und verbessert die Fähigkeit, aus dem Unterbewußten aufsteigendes psychisches Material in Bewußtheit zu überführen, mit Intuitionen oder Gefühlen sinnvoll umzugehen oder ängstliche Ahnungen richtig zu deuten. Aspen kann auch körperliche Beschwerden bessern, die von Bangigkeit begleitet sind, zum Beispiel vegetative Labilität, Wetterfühligkeit, Herzschwäche oder hormonelle Störungen. Es muß meistens mit Mustard kombiniert werden.

Psychologisch-therapeutische Anmerkungen

Der Aspen-Mensch besitzt von Natur aus eine besondere, intuitive Sensibilität und ahnt vieles, was dem normalen, in seinem prosaischen Alltag befangenen Menschen verborgen bleibt. Darin gleicht er dem Künstler, der den Stoff für sein Werk ebenfalls aus den verschlüsselten Wahrheiten des Lebens bezieht. Er kann ihnen aber nicht, wie dieser, eine verständliche Form geben oder sie in das Kunstwerk eines sinnerfüllten Lebens integrieren, weil er unter einem tiefsitzenden Mißtrauen gegenüber dem Leben leidet, das ihm – empfindlich wie er ist – zu viele schmerzhafte Erlebnisse und Erkenntnisse beschert hat.

Sein Mißtrauen hindert ihn – weitgehend unbewußt – daran, sich mit Wahrnehmungen oder Gefühlen zu befassen, die eine seelische Belastung mit sich bringen könnten. Da diese aber Bestandteile seines sehr reichen Gefühlslebens und wichtige Mitteilungen aus der Tiefe seines Unterbewußtseins sind, lassen sie sich nicht einfach abschieben, sondern versuchen ständig, in sein Bewußtsein aufzusteigen, und werden um so unheimlicher, je ängstlicher er sie aus seinem Denken auszuschalten versucht. Zwar kann er sie zum Teil dadurch in Schach halten, daß er sie einfach auf konkrete Umstände projiziert – zum Beispiel prophezeit er »in freier Dichtung« ein bestimmtes Unglück oder unterstellt jemandem böse Absichten. Wirklich bändigen lassen sie sich aber auf diese Weise nicht, sondern lauern wie wilde Tiere im Bereich zwischen Bewußtsein und Unterbewußtsein und überfallen ihn, sobald seine Wachsamkeit oder Verdrängungskraft nachläßt, in Form unerklärlicher oder allgemeiner Lebensängste. Darin besteht das Aspen-Syndrom.

Die Angst des Aspen-Menschen zeigt, daß er einen Teil seines Vertrauens in das Leben – des »Urvertrauens« – verloren hat. Dieses besteht in dem Gefühl, in einer großen, »göttlichen« Ordnung geborgen zu sein, und in der Gewißheit, daß alles in dieser Welt, trotz Schmerzen und Leiden, richtig ist und letztlich (in einem ganzheitlichen Sinne) unserem Besten dient.

Ohne Urvertrauen kann kein Mensch leben. Wir entwickeln es in unserer frühesten Kindheit, in der wir der Welt und dem Leben hilflos ausgeliefert sind. Es entsteht aus dem fundamentalen Erlebnis, von einem Menschen (vor allem den Eltern) geliebt zu werden. Die Erfahrung, daß es jemanden gibt, der uns bereitwillig einen Platz in der Welt einräumt, der uns Wärme und Nahrung gibt und sich an uns erfreut, ist so grundlegend, daß sie sich uns unauslöschbar in die kindliche Psyche einprägt. Alle Kinder auf der Welt – ob Mensch oder Tier – folgen aus dieser Erfahrung heraus ihren Eltern vertrauensvoll ins unbekannte Leben.

Die Erfahrung der elterlichen (in der Säuglingszeit vor allem der mütterlichen) Zuwendung ist ein tragendes Element in der Psyche des Menschen. Ohne sie wüßte er nicht, was Liebe, Schutz oder Wohlbefinden bedeutet, und sie ist es, die ihm die Augen für das Gute und Schöne öffnet und ihm auch als Erwachsenem das Wissen gibt, daß eine wohlwollende Macht oder Wesenheit (zum Beispiel »Gott-Vater«) ihn sicher durch das Leben führt.

Daher können Menschen, deren Urvertrauen aufgrund mangelnder elterlicher Liebe nur ungenügend entwickelt oder durch schlechte Erfahrungen wieder verloren gegangen ist, dem Leben nur abwehrend gegenüberstehen: statt nur unbegreiflich, erscheint es ihnen unheimlich, und statt abenteuerlich gefährlich – es ist für sie eine angsterregende Angelegenheit, von der sie immer irgendwelches Unheil erwarten.

Die Aspen-Angst kann nur durch eine positivere, optimistischere Lebenshaltung überwunden werden, wozu meist eine Verbesserung des Verhältnisses zu den Eltern erforderlich ist. Vor allem geht es um eine bewußte Wiederbelebung des kindlichen, vertrauensvollen Liebesgefühls, das sich allerdings nicht unbedingt auf jene Menschen beziehen muß, zu denen die Eltern geworden sind. Es kommt mehr auf das Prinzip an: daß die schönen Erinnerungen an die Kindheit wiedererweckt, daß die frohen Gefühle, die im emotionalen Gedächtnis gespeichert sind, aktiviert werden. Selbst wenn er seine Eltern nicht kannte oder wenn er sie hassen mußte, so hat jeder Mensch doch einen Ersatz für sie gefunden (Großeltern, Verwandte oder Nachbarn, manchmal auch ein Tier oder eine Pflanze), der ihm überleben half, der das Flämmchen der Hoffnung genährt und sein Herz erwärmt hat.

Je positiver die Erinnerung an das zurückliegende Leben ist, desto optimistischer kann auch die Haltung gegenüber der Zukunft sein.

Auch künstlerische oder religiös-spirituelle Einflüsse eignen sich sehr gut, um Vertrauen ins Leben zu schaffen. Die ewige Schönheit, die unaussprechliche Wahrheit eines Kunstwerks, die ergreifende Erhabenheit eines großen Gedankens oder die beglückende Demut einer guten Tat – sie können Frieden und Hoffnung zurückgeben, weil sie dem angstgequälten Menschen zeigen, daß die Welt trotz allen Leidens, das er erfährt und nicht begreifen kann, auf einem unendlich guten Prinzip beruht.

Wer unter Aspen-Zuständen leidet, sollte sich ernsthaft mit allem, was er fühlt, wahrnimmt oder erlebt, auseinandersetzen und in ein vertrauenswürdiges Weltbild einzuordnen versuchen. Das Leben gibt uns unaufhörlich Zeichen und Beweise für die Richtigkeit all dessen, was zu erleben uns bestimmt ist. Es liegt nur an uns, den Blick für die Wahrheit und Schönheit in unserer Welt zu schärfen und vermehrt jener inneren Stimme Gehör zu schenken, die uns aus unserem Innersten Mut und Vertrauen zuspricht.

Häufige Kombinationen mit anderen Mitteln

Agrimony (1/2): *Verdrängung von Ängsten oder Ängste durch Verdrängung.*

Cherry Plum (2/6): *Plötzliches Angstgefühl mit Kurzschlußgefahr.*

Mimulus (2/20): *Totale Ängstlichkeit.*

Mustard (2/21): *Ängstliche Depressionen.*
Red Chestnut (2/25): *Allgemeine, angstbetonte Sorgen.*
Rock Rose (2/26): *Die absolute Angstpanik.*
Rock Water (2/27): *Angstmotivierte Selbstvergewaltigung.*
Scleranthus (2/28): *Entscheidungsunfähigkeit durch unklare Ängste.*
Star of Bethlehem (2/29): *Seelische Verletzlichkeit durch ängstliche Lebenshaltung; Lebensangst durch psychisches Trauma.*
Water Violet (2/34): *Kontaktprobleme durch unklare Ängste.*
White Chestnut (2/35): *Gedankenblockade durch unbestimmte Befürchtungen.*

Nr. 3 Beech (Rotbuche)

Kurze Charakteristik

Für Menschen, die eine tiefsitzende, unbewußte Intoleranz durch übertriebene Toleranz und Verständnisbereitschaft kompensieren.

Einsatzbereich:
Zur *Basisbehandlung* bei: übertriebener Toleranz als Kompensation und Verdrängung einer tiefsitzenden Intoleranz, verinnerlichter, verdrängter Intoleranz (auch organisch), Allergien, Ablehnung von eigenen, natürlichen Unverträglichkeiten und Abneigungen, innerem Konflikt zwischen gefühlsmäßiger Intoleranz und geistiger Toleranz.

Alle *krankhaften Störungen*, die mit übertriebener Toleranz oder tiefsitzender Intoleranz beziehungsweise Allergien einhergehen oder davon ausgelöst wurden.

Im *täglichen Leben* bei: Allergie, Beschönigungstendenz, künstlicher Verständnisbereitschaft, übertriebener Großzügigkeit, Abneigungen.

Ursprung und Bild des Beech-Syndroms

Die Anlage besteht in gefühlsmäßiger Intoleranz bei gleichzeitiger geistiger Toleranz.

Bei harmonischer Entwicklung entsteht daraus ein Mensch, der seine angeborenen, natürlichen Abneigungen beziehungsweise Unverträglichkeiten kennt und akzeptiert, sich aber trotzdem nicht von ihnen beherrschen läßt. Das ist ihm deshalb möglich, weil er einen sehr großzügigen, toleranten Geist besitzt, der ihn in allem das Richtige erkennen läßt. Wenn er einmal etwas verurteilt, wozu er durchaus imstande ist, so tut er dies doch nicht leichtfertig oder vorschnell, sondern im Bewußtsein, daß alles eine »gute« und eine »schlechte« Seite hat und jede Bewertung nur relativ sein kann. Daher bemüht er sich, möglichst wenig abzulehnen und so viel wie möglich zu akzeptieren. Sein sicherer Instinkt, seine große Lebensweisheit und seine ausgesprochene Menschenfreundlichkeit lassen ihn in jeder Lage den bestmöglichen Kompromiß zwischen eventuell vorhandenen Gegensätzen finden. Er ist sehr beliebt, weil er jeden – in sinnvollen Grenzen – so leben läßt, wie er will, und selbst dann noch etwas Positives findet, wenn andere nur noch verurteilen können.

Unter ungünstigen Umständen kann die Gegensätzlichkeit seiner Anlage – einerseits die sehr individuelle, empfindliche Gefühlsstruktur, die viele Abneigungen und Unverträglichkeiten mit sich bringt, und andererseits der menschenfreundliche, lebensoffene Geist, der alles verstehen und akzeptieren kann – einen inneren Konflikt hervorrufen. Grundsätzlich bestehen bei dieser Anlage zwei Möglichkeiten: entweder die angeborenen Abneigungen schränken die geistige Großzügigkeit ein oder – und dies ist das Problem des Beech-Menschen – die tolerante Einstellung erzwingt eine Ablehnung der eigenen Intoleranz. Da er eine menschenfreundliche und konfliktscheue Persönlichkeitsstruktur besitzt, ist er eher bereit, seine persönlichen Abneigungen zu unterdrücken, selbst wenn sie berechtigt sind, als seine – oft übertrieben verständnisvolle – Geisteshaltung aufzugeben. Lieber ist er mit sich selbst uneins als mit seiner Umwelt. So neigt er dazu, in allem nur das Positive zu sehen, selbst wenn dies offensichtlich nicht angebracht ist. Der Beech-Mensch eckt zwar nirgends an, versteht jeden, duldet alles und findet immer einen Entschuldigungsgrund. Da diese große, nach außen gelebte Toleranz aber eine Überkompensation einer nicht minder großen inneren Intoleranz darstellt und außerdem einer Angst vor Konflikten entspringt, ist sie nicht wahr. Man könnte von ihm sagen: »Der scheint es nötig zu haben, so tolerant zu sein!« Man fühlt sich nicht recht wohl dabei, weil man instinktiv spürt, daß irgend etwas nicht stimmt, daß er nicht frei und natürlich ist, daß Zwänge und Ängste hinter seinem Verhalten stecken. Nur wer sehr oberflächlich, unsicher oder vorteilsbedacht ist, empfindet es angenehm, mit einem Menschen zu tun zu haben, der grundsätzlich alles gut und richtig findet.

Wirkungsrichtung der Beech-Essenz

Beech ist das Mittel für eine natürliche Beziehung zu Toleranz und Intoleranz. Es ist schwer zu verstehen, weil es – anscheinend unsinnig – gegen eine positive Eigenschaft, nämlich die Toleranz, eingesetzt wird. Man muß sich daher klarmachen, daß manche »gute« Eigenschaft, die wir nach außen zur Schau tragen, vor allem dazu dient, ihr »schlechtes« Gegenteil, das wir in uns selbst ahnen, zu neutralisieren. So ist Beech zwar für auffallend tolerante, großzügige, verständnisvolle und positiv denkende Menschen bestimmt, trifft damit aber in Wirklichkeit die dahinterliegende tiefsitzende, unbewußte und sozusagen eingefleischte Intoleranz. Beech sollte als Konstitutionsmittel eingesetzt werden, und zwar einerseits bei jenen Menschen, die von Natur aus eine nur geringe Toleranzbreite besitzen und daher immer sofort eine eindeutig negative oder positive Haltung beziehen; andererseits aber bei jenen, die immer ängstlich darauf bedacht sind, niemandem auf den Fuß zu treten, die es nie wagen, eine oppositionelle Haltung zu beziehen, zu kritisieren oder abzulehnen. Beech wird aber nicht nur entsprechend der geistigen Haltung eingesetzt, sondern auch als erfolgreiches Basismittel bei Allergien, die ja eine bis in die Zellen gehende Intoleranz sind.

Psychologisch-therapeutische Anmerkungen

Das Grundthema des Beech-Syndroms ist falsch verstandene Toleranz und zu Unrecht abgelehnte Intoleranz.

Toleranz bedeutet die Fähigkeit oder Bereitschaft, etwas zu dulden oder zu ertragen. Sie wird üblicherweise in einem positiven Sinne verstanden: wir empfinden es als angenehm, toleriert zu werden, und dulden selbst nur das, was uns angenehm ist. Dementsprechend hat Intoleranz einen negativen Sinn: intolerante Menschen sind uns unangenehm, und wir selbst wehren uns gegen alles Unangenehme.

Toleranz und Intoleranz sind wichtige, sinnvolle Prinzipien im ganzen Naturgeschehen, denn in unserer Welt kann alles nur unter genau bestimmten Voraussetzungen – in sogenannten Toleranzbereichen – existieren. Diese sind nicht nur in den äußerlichen Lebensbedingungen, sondern auch den inneren Gesetzmäßigkeiten (der materiellen Struktur, den physiologischen Reaktionsketten, der psychischen Konstitution) festgelegt und garantieren jedem Lebewesen bestmögliches Überleben.

Unter ungünstigen Umständen können sich die Toleranzbereiche so stark verlagern, daß bestimmte Umstände oder Einflüsse, die bisher nützlich oder ertragbar waren, auf einmal schädlich oder unerträglich werden. Dies kann so weit gehen, daß wir unsere Intoleranzen gegen uns selbst statt gegen die Außenwelt richten, wobei zum Beispiel unser Organismus allergisch auf eigene Zellsubstanz reagiert oder unsere Psyche selbstschädigende Abneigungen entwickelt.

In einer solchen Pervertierung des Toleranz/Intoleranz-Verhältnisses besteht das Problem des Beech-Menschen, denn er lehnt – wenn auch mehr oder weniger unbewußt – seine eigenen, schützenden Intoleranzen beziehungsweise Unverträglichkeiten ab und bringt allen Mißständen in seiner Umwelt eine unnatürliche und ungerechtfertigte Toleranz entgegen.

Wenn diese Haltung auf Selbsterkenntnis und Lebensweisheit beruhen würde, wäre sie eine große menschliche Möglichkeit, nämlich durch bewußte Großzügigkeit die eigene, kleinliche Intoleranz zu überwinden. Da der Beech-Mensch aber nicht bewußt und vor allem nur aus persönlicher Schwäche, aus mangelndem Selbstwertgefühl oder moralischen Zwängen handelt, hat sie – so angenehm sie oft ist – nur wenig Wert. Sie stiftet Verwirrung und behindert sein menschliches Reif-Werden.

Und weil jeder Mensch, wie selbstentfremdet er auch sein mag, in seinem Innersten doch immer die Wahrheit sucht, gerät der Beech-Mensch, indem er diese – wenn auch unbeabsichtigt – verrät, in eine untergründige, dauernde Unzufriedenheit. Er ahnt, daß irgend etwas bei ihm nicht stimmt, und sein

Organismus zeigt ihm in Form von allergischen Reaktionen, daß Toleranz und Intoleranz bei ihm »falsch gepolt« sind. Er müßte klar erkennen, daß seine natürlichen Abneigungen und Unverträglichkeiten, die er ständig durch übertriebene Toleranz zu ersetzen versucht, durchaus einen Sinn haben und die unerläßliche Bedingung seiner persönlichen Selbstverwirklichung darstellen. Dann könnte er bewußter jene Lebenssituationen oder Menschen meiden, die für ihn nicht gut sind, und konsequenter seine eigenen Wege gehen. Dabei würden auch seine menschlichen Beziehungen klarer und ehrlicher, weil er jeden so nehmen würde, wie er ist, und niemandem Qualitäten unterstellen würde, die der Betreffende gar nicht besitzt.

Häufige Kombinationen mit anderen Mitteln

Agrimony (1/3): *Künstliche Freundlichkeit und Toleranz.*
Heather (3/14): *Opportunistische Toleranz.*
Holly (3/15): *Allergische Schockreaktion.*
Larch (3/19): *Toleranz aus mangelndem Selbstvertrauen.*
Mimulus (3/20): *Toleranz aus Ängstlichkeit.*
Pine (3/24): *Toleranz aus moralischen Gründen.*
Rock Water (3/27): *Goßzügigkeit gegen andere bei Strenge gegen sich selbst.*
Vine (3/32): *Die totale Intoleranz.*
Water Violet (3/34): *Übertolerante Unnahbarkeit.*

Nr. 4 Centaury (Tausendgüldenkraut)

Kurze Charakteristik

Für übertrieben gutmütige oder unterwürfige Menschen, die sich zu sehr ausnützen lassen.

Einsatzbereich:
Zur *Basisbehandlung* bei: Persönlichkeits- und Lebensschwäche mit mangelnder Selbstbehauptungskraft, Unterwürfigkeit oder Servilität, Unselbständigkeit, sorgenvoller Selbstlosigkeit, Selbstverleugnung oder Verzichtbereitschaft.

Alle *krankhaften Störungen*, die mit krankhafter Gutmütigkeit oder Unterwürfigkeit einhergehen oder davon ausgelöst wurden.

Im *täglichen Leben* bei: Schüchternheit, übertriebener Gutmütigkeit oder Nachgiebigkeit.

Ursprung und Bild des Centaury-Syndroms

Die Anlage besteht in überdurchschnittlicher Hingabefähigkeit und ausgeprägtem Altruismus.

Bei harmonischer Entwicklung entsteht daraus ein sehr altruistisch eingestellter, gutmütiger und mitfühlender Mensch. Weil er genau spürt, ob seine Mitmenschen sich wohlfühlen, und weil davon auch sein eigenes Wohlbefinden abhängt, ist er immer bereit, sich ihnen zur Verfügung zu stellen oder ihnen bei Schwierigkeiten behilflich zu sein. Sein Verhalten entspricht dem, was man im guten Sinnen unter »Selbstlosigkeit« versteht, und weil es mit so großer, unbezweckter Natürlichkeit geschieht, nützt es nicht nur den anderen, sondern auch dem Centaury-Menschen selbst: er lebt damit seine angeborene Hingabefähigkeit aus, folgt seiner inneren Bestimmung und verwirklicht sich selbst. (Selbstverwirklichung – die Voraussetzung für ein erfülltes, glückliches Leben – besteht ja darin, daß wir alle unsere Anlagen und Möglichkeiten optimal entwickeln und entfalten.) So dient er den Menschen, ohne ein Diener zu sein, hilft sich selbst, indem er anderen hilft, ist selbstlos um seiner selbst willen. Und die Beliebtheit, die er deshalb genießt, wird durch die Tatsache, daß er in so selbstverständlicher, freilassender Weise gibt, noch wesentlich verstärkt.

Unter ungünstigen Umständen kann seine Selbstlosigkeit zum Selbstverlust und seine Hingabefähigkeit zur Selbstaufgabe entarten. Dann bewirkt sein menschenfreundliches Dienen ungute, menschenunwürdige Verhältnisse, die in rücksichtslosem Ausnützen und krankhaftem Sich-ausnützen-lassen bestehen. Menschen im krankhaften Centaury-Zustand besitzen keine Kraft zur Selbstbehauptung und erfüllen zwanghaft oder unterwürfig alle Wünsche und Forderungen, die an sie gestellt werden. Dabei werden sie schwach, frustriert oder depressiv und sind unfähig zu einem eigenen, sinnvollen Leben. Sie gleichen jenen Tieren, deren Wille gebrochen ist und deren Lebenszweck darin besteht, mißbraucht und verbraucht zu werden. Daher kommt es oft vor, daß sie ihr Leben mit der aufopfernden Pflege egoistischer, rücksichtsloser Familienangehöriger vergeuden, daß sie sich von menschenverbrauchenden Institutionen ausnützen oder sich von jedem, der autoritär auftritt, unterjochen lassen.

So edel diese Haltung manchmal auch erscheinen mag und so angenehm sie für diejenigen ist, die gerne auf Kosten anderer leben, so unheilvoll ist sie letztlich für den Centaury-Menschen selbst. Vordergründig erleichtert es ihn zwar, seinem krankhaften Zwang nachzugeben, in der Tiefe seines Wesens aber ruft die Unmöglichkeit, den eigenen, berechtigten Bedürfnissen entsprechend zu leben und die eigene Persönlichkeit zu entwickeln, Unzufriedenheit und depressive Verstimmungen hervor.

Daran können auch die moralischen Ersatzwerte, mit denen er manchmal die verlorene Lebensfreude zu kompensieren versucht, nichts ändern. Für jedermann angenehm, mißbrauchbar und seine Selbstverwirklichung nicht wagend, gleicht er – auch wegen der oft bestehenden Schwächezustände oder Entwicklungsstörungen – einer am ungünstigen Standort dahinkümmernden Pflanze. Die blasse oder gar gebrochene Persönlichkeit, die allgemeine Kraftlosigkeit, die untergründige Freudlosigkeit zeigen, daß hier etwas nicht stimmt, daß gegen grundlegende Gesetze des Lebens, das immer auf Entfaltung, Wachstum und Freude ausgerichtet ist, verstoßen wird. Daher kann man auch in der Gegenwart von typischen Centaury-Menschen höchstens Mitleid, nicht aber Freude empfinden.

Wirkungsrichtung der Centaury-Essenz

Centaury ist das Mittel gegen Selbstaufgabe und krankhaften Verzicht. Es gibt persönliche Stärke, fördert das Bewußtsein, einen eigenen Wert und das Recht auf ein eigenes Leben zu besitzen. Man sollte Centaury unselbständigen, schüchternen oder übertrieben gutmütigen Menschen geben – vor allem Kindern –, damit sie fähig werden, ihren Platz in der Gesellschaft einzunehmen und zu behaupten. In der Familientherapie wird es oft bei Abhängigkeiten oder Ausnützungs-Verhältnissen benötigt. Centaury fördert die sexuelle Entwicklung von Kindern mit farbloser Persönlichkeit und kann aufgrund seiner aufrichtenden Wirkung bei Wirbelsäulenbeschwerden unterwürfiger Menschen nützlich sein.

Psychologisch-therapeutische Anmerkungen

Die natürliche Hingabefähigkeit des Centaury-Menschen, die mit großer Selbstlosigkeit gepaart ist, macht es ihm schwer, sich den Ansprüchen, die seine egoistische Umwelt an ihn stellt, zu widersetzen. Er gehört zu jenen Menschen, die niemals »nein!« sagen können. Daher ist er für alle besitzergreifenden, fordernden Menschen eine »leichte Beute«.

Vor allem empfindsame, altruistische Kinder werden oft schon früh von egozentrischen, willkürhaften Eltern oder Erziehern zu Sklaven gemacht, die es kaum wagen, eigene Wünsche zu haben oder zu äußern. Um überleben zu können, müssen sie lernen, immer nachzugeben, aufopfernd die Forderungen anderer zu erfüllen und sich selbst nichts oder nur wenig zu gönnen. Dieses Verhalten wird ihnen schließlich zur zweiten, ins Erwachsenenalter übernommenen Natur, da es die Möglichkeit zur Entwicklung der eigenen Persönlichkeit ausschließt. Auch ihre Umwelt gibt ihnen dazu kein Chance, weil ja jede menschliche Beziehung auch eine gewisse Beeinflussung mit sich bringt. So schreibt *R. Wilhelm* im »I Ging«: *»Wahrhaftigkeit gegen das Zersetzende ist gefährlich – auch dem besten Menschen nahen sich gefährliche Elemente. Wenn man sich mit diesen einläßt, so wirkt ihr zersetzender Einfluß ganz langsam, aber sicher und zieht seine Gefahren unvermeidlich hintennach.«* Jede unserer Unarten löst bei Menschen, mit denen wir zu tun haben, das entsprechende, ebenso üble Verhalten aus. Überraschenderweise gilt dies auch für die scheinbar vorbildliche Centaury-Einstellung. Denn wie ein Raubtier gerade durch die Ängstlichkeit seines Opfers bösartig wird, so provoziert die unnatürliche, zwanghafte Willfährigkeit bei dafür veranlagten Menschen eine entsprechend übertriebene, hemmungslose Willkür. Wenn man mit einem Centaury-Menschen zu tun hat, erwartet man geradezu automatisch gutmütiges Nachgeben oder selbstloses Entgegenkommen und kommt kaum auf die Idee, ihm auch eigene Ansprüche und Bedürfnisse zuzugestehen.

Das Krankhafte daran besteht nicht darin, daß er seine eigenen Interessen zurückstellt, um anderen behilflich zu sein, sondern daß dies aus einem unreflektierten, inneren Zwang heraus geschieht. Die Gutmütigkeit, Selbstlosigkeit oder Aufopferung ist Ausdruck einer unter dem lebensbedrohenden Druck einer übermächtigen Umwelt entstandenen Neurose und wird automatenhaft ohne bewußt positive Motivation praktiziert.

Es ist für den Centaury-Menschen, da er von Natur aus »dünnhäutig«, empfindsam und harmoniebedürftig ist, zwar wichtig, mit seiner Umwelt in gutem Einvernehmen zu stehen, dennoch ist sein Verhalten nicht der spontane, »unschuldige« Ausdruck seiner Anlagen, sondern ihr Zerrbild, das sich unter dem Druck ungünstiger Lebensbedingungen entwickelt hat. Diese bestehen nicht nur in den Menschen, mit denen er zu tun und denen zu dienen er sich angewöhnt hat, sondern auch dem geistigen, kulturellen Umfeld, in das er hineingeboren wurde, das heißt: vor allem der christlichen Moral, die sich weitgehend auf Schuld, Verzicht und Selbstverneinung gründet. Ihrem Konzept nach muß sich der Mensch in den Dienst seines Nächsten stellen und seine persönlichen Bedürfnisse und Eigenarten, falls diese nicht damit übereinstimmen, unterdrücken oder geradezu ausmerzen. Diese Forderung ist zwar im Grunde nur eine unrealisierbare Theorie, da sie elementaren Lebensgesetzen zuwiderläuft (und übrigens nicht einmal von den Kirchen selbst praktiziert wird), wird aber dem christlich erzogenen Menschen so tief eingeprägt, daß er seine persönliche Selbstverwirklichung, um deretwillen er dieses Leben besitzt, nur mit Schuldgefühlen betreiben kann.

Der gute Christ bekommt ein schlechtes Gewissen, wenn es ihm gut geht, und sucht sofort zwanghaft nach Möglichkeiten, dafür zu büßen, indem er sich seine eigene Lebensfreude mit dem bitteren Gift fremden Leidens verdirbt. Absurderweise meint er, es sei in der Welt besser bestellt, wenn er mit den anderen mitleide, nach dem Motto: Geteiltes Leid ist halbes Leid. In Wirklichkeit aber bedeutet geteiltes Leid doppeltes Leid, weil dabei ja zwei Menschen leiden.

Das Fatale daran ist, daß hier ein durchaus richtiges Prinzip mißbraucht wird. Natürlich ist es schön und menschlich wertvoll, Freude in die Welt zu bringen beziehungsweise Leid zu verringern; doch dies kann niemand dadurch erreichen, daß er sich selbst dem Leid aussetzt: mit-leidet. Im Gegenteil: er fügt dem Leiden der anderen sein eigenes, freiwillig übernommenes hinzu. Die »christliche« Erziehung verwehrt dem Menschen die fundamentale Erkenntnis, daß nur aus der Freude auch wieder Freude entstehen, und er nur dann, wenn er selbst froh ist, auch andere Menschen froh machen kann. So verfolgt er etwas Richtiges auf dem falschem Weg, und seine Haltung ist statt »heilig« nur schein-heilig.

Im Centaury-Zustand stellt sich der Mensch nicht aus einer persönlichen, spontanen und selbstverantworteten Motivation, sondern aus einem inneren, krankhaften Zwang und aus unehrlicher Selbstverleugnung seinen Mitmenschen zur Verfügung. Er wird nicht froh und stark, während er andere pflegt, sich für sie aufopfert, ihnen zu Willen ist, sondern in der Tiefe seiner Seele frustriert. Ein – meist schon nicht mehr bewußt empfundener – eiserner Reifen preßt sein nach einem eigenen Leben verlangendes Herz zusammen, und zugleich zwingt ihn eine drohende Stimme in seinem traurigen Inneren, sich selbst zu mißachten und auf die eigene Freude zu verzichten.

Daher ist es für ihn lebensentscheidend, seine seelische Verkrüppelung zu erkennen. Er sollte wissen, daß sein Verhalten nicht, wie man ihm eingeredet hat und wie er selbst glauben möchte, Ausdruck einer hohen Moral, sondern lediglich eine Notmaßnahme und die krankhafte Folge einer Persönlichkeits-Unterdrückung ist, die obendrein den allzu rücksichtslos fordernden Tendenzen bei anderen Vorschub leistet. Er müßte einsehen, daß er ein Recht auf ein eigenes Leben hat und das, wozu ihn seine menschenfreundliche, gutmütige Veranlagung treibt, nur erreichen kann, wenn er aus seiner intakten »egoistischen« Ganzheit heraus handelt.

Wenn er wieder zu sich selbst gefunden hat, wenn er aus seiner eigenen, persönlichen Moral heraus lebt, statt sich fremdem Zwang und Dogma zu unterwerfen und dies obendrein für moralisch wertvoll zu erklären, dann weiß er immer genau, wie er handeln muß: einmal wird er sich den Ansprüchen anderer versagen, auch wenn sie noch so leiden; und ein andermal wird er sich, auf Vorteile und Vergnügungen verzichtend, selbstlos seinem hilfebedürftigen Nächsten zur Verfügung stellen.

Dabei weiß er, daß er Verantwortung nur für sich selbst, nicht aber für die Welt zu tragen hat. Er folgt dem Wort: »Wirst du gerufen, so folge!« Wenn wir, den inneren Ruf dazu vernehmend, einem anderen selbstlos beistehen, so bedeutet das keine Selbstaufgabe, sondern freudvolle Selbstverwirklichung.

Häufige Kombinationen mit anderen Mitteln

Agrimony (1/4): *Krankhafte Gutmütigkeit.*
Cerato (4/5): *Hörigkeit durch Persönlichkeitsschwäche.*
Chicory (4/8): *Selbstsüchtige Aufopferung.*
Gentian (4/12): *Persönlichkeits- und Willensschwäche.*

Gorse (4/13): *Willfährigkeit aus Hoffnungslosigkeit.*
Hornbeam (4/17): *Überforderungsgefühl durch Unselbständigkeit.*
Larch (4/19): *Hilfsbereitschaft aus Minderwertigkeitsgefühl.*
Mimulus (4/20): *Ängstliche Unterwürfigkeit.*
Pine (4/24): *Aufopferung aus Schuldgefühl.*
Red Chestnut (4/25): *Sorgenvolle Selbstlosigkeit.*
Walnut (4/33): *Unselbständig und beeinflußbar.*
Wild Rose (4/37): *Resignation durch Persönlichkeitsschwäche.*

Nr. 5 Cerato (Bleiwurz)

Kurze Charakteristik

Für unsichere Menschen, die nicht wissen, wie sie handeln sollen, und deshalb ständig andere um Rat fragen.

Einsatzbereich:
Zur *Basisbehandlung* bei: unterentwickelter Selbst-Bewußtheit, Unsicherheit, Unselbständigkeit, Unmündigkeit, Instinktlosigkeit.

Alle *krankhaften Störungen*, die mit Unsicherheit oder Ratlosigkeit einhergehen oder davon ausgelöst wurden.

Im *täglichen Leben* bei: Ratlosigkeit, Orientierungslosigkeit.

Ursprung und Bild des Cerato-Syndroms

Die Anlage besteht in dem Wunsch, alles richtig zu machen, und – bedingt durch ein schwaches Selbstwertgefühl – dem Bedürfnis, sich einer Autorität unterzuordnen.

Bei harmonischer Entwicklung entsteht daraus ein Mensch, der hohe Ansprüche an sich stellt und sich stets um das Richtige bemüht. Weil er dabei sehr gewissenhaft vorgeht und nichts unternimmt, ohne es genau studiert und überprüft zu haben, unterlaufen ihm so gut wie nie Fehler – und falls dies doch einmal vorkommt, so kann man ihm jedenfalls deswegen keine Vorwürfe machen, denn besser hätte es auch sonst niemand machen können. Da er außerdem die Fähigkeit besitzt, sich reibungslos in die bestehenden Machtstrukturen einzuordnen, achtet er mit sicherem Instinkt darauf, daß er, ohne die objektiv richtige Norm zu verletzen, auch die Erwartungen derer erfüllt, die die Macht haben. Wenn er religiös veranlagt ist, spielen für ihn höhere, spirituelle Werte eine wichtige Rolle, und er bemüht sich mit natürlicher Frömmigkeit, diesen gerecht zu werden. So genießt er objektiv das Wohlwollen der sozialen Gemeinschaft, seiner Vorgesetzten oder seiner Erzieher und hat subjektiv das beruhigende Gefühl, »Gott« und der Welt sein Bestes zu geben.

Unter ungünstigen Umständen kann sich der Wunsch, immer alles richtig zu machen, zu einer totalen Unsicherheit übersteigern. Dann weiß der Cerato-Mensch nicht mehr, was er tun soll, traut der eigenen Meinung und seinem Instinkt nicht mehr, fragt ständig um Rat, läßt sich hin- und herschicken, irrt suchend umher, tut dies oder jenes halbherzig und verliert immer mehr sein Selbstvertrauen.

In diesem Zustand hat er keine geistige Orientierung mehr; statt seiner inneren Stimme und Intuition zu folgen, hängt er sich ins Schlepptau starker, selbstbewußter Persönlichkeiten und verzichtet auf eigene Mündigkeit. Dabei ist er allerdings tief frustriert, weil er nicht nur fühlt, daß er unerwachsen bleibt, sondern weil er auch immer wieder feststellen muß, daß der Rat, den man ihm gegeben und den er gegen sein eigenes Gefühl befolgt hat, falsch war.

Wirkungsrichtung der Cerato-Essenz

Cerato ist das Mittel gegen Unsicherheit. Es verbessert die Beziehung zur »inneren Stimme« und gibt mehr Zutrauen zur eigenen Meinung, so daß man so handeln kann, wie man eigentlich will. Cerato fördert das Erwachsenwerden und die geistige Selbständigkeit bei Menschen (vor allem Kindern), die, statt ihre Probleme selbst zu lösen, sich immer gleich von jemandem helfen lassen. Es verbessert die Fähigkeit, zwischen »gut« und »böse« beziehungsweise »richtig« und »falsch« zu unterscheiden.

Psychologisch-therapeutische Anmerkungen

Die Grundmotivation des Cerato-Menschen besteht in dem Wunsch, immer richtig zu handeln, sein Problem ist es, daß er nicht weiß, was das Richtige ist, und sein Fehler, daß er meint, andere könnten es ihm sagen. Statt in sich selbst hineinzuhorchen und seiner eigenen Meinung zu trauen, fragt er überall herum, was er tun soll, und muß dann immer wieder frustriert feststellen, daß er falsch beraten wurde.

Das kann auch nicht anders sein, denn das Richtige (die »Wahrheit«) ist kein allgemeingültiges Faktum, das wir von anderen Menschen erfahren können, sondern ein ganz und gar persönliches und augenblicksbezogenes Phänomen, das uns nur unsere »innere Stimme« vermittelt. Diese besteht aus der Gesamtheit unser Gefühle, Wahrnehmungen, Eingebungen und Erkenntnisse und versucht ständig, uns auf den Weg zu führen, der für uns persönlich richtig ist.

Der Cerato-Mensch aber traut seiner inneren Stimme nicht, weil er beeinflußbar und sympathiebedürftig ist und es allen recht machen will. Seine Veranlagung hat zwar den Vorteil, daß er sich niemanden zum Feind macht, unter ungünstigen Umständen – nämlich dem Cerato-Syndrom – aber den großen Nachteil, daß er seinen eigenen Maßstab verliert und am Ende gar nicht mehr weiß, was er tun soll.

Diese Schwäche wird durch die übliche Erziehung noch verstärkt, da sie – auf Absicherung der bestehenden Machtverhältnisse ausgerichtet – die Individualität des Menschen weitgehend beschneidet. Schon das kleine Kind muß ja lernen, seine persönlichen Bedürfnisse der Allgemeinheit zu opfern und fremde Massennormen an die Stelle seines eigenen Wertsystems zu setzen. Obendrein flößt ihm die »christliche« Kultur, indem sie Verzicht und Selbstbeschuldigung propagiert und den Menschen zur moralischen Mißgeburt abstempelt, ein so tiefes Mißtrauen sich selbst gegenüber ein, daß er es kaum noch wagt, gut zu finden, was ihn erfreut, und abzulehnen, was ihn leiden läßt.

Es gibt zwar Menschen, deren seelische Struktur so genau der gesellschaftlichen Norm entspricht, daß sie problemlos ins soziale Schema passen und immer genau wissen, was sie tun müssen. Der Cerato-Mensch aber besitzt trotz seiner Abhängigkeit vom allgemeinen Wohlwollen eine ausgeprägte Individualität, die ihn bis zu einem gewissen Grade auf eigene Wege und in einen Konflikt mit dem treibt, was üblich ist und von ihm erwartet wird. So ist er oft tief verunsichert und wagt nur dann zu handeln, wie er eigentlich möchte, wenn man ihn dazu ermutigt. Da dies aber relativ selten vorkommt, ist er meist blockiert und neigt in seiner Verunsicherung dazu, den erstbesten (beziehungsweise erstschlechtesten) Rat zu befolgen.

Im Grunde sind Menschen mit Cerato-Veranlagung große Wahrheitssucher; sie machen nur den Fehler, an der falschen Stelle zu suchen: bei anderen Menschen statt in sich selbst. Sie brauchen mehr Vertrauen in ihr natürliches Empfinden, ihre Gefühle und Erkenntnisse und sollten sich immer wieder klarmachen, daß »gut« und »richtig« nur relative Begriffe sind und für uns erst dann einen Sinn bekommen, wenn wir sie auf uns selbst beziehen.

Die entscheidende Frage unseres Lebens lautet daher nicht: »Wie mache ich es allen recht?« oder «Was ist das absolut Richtige?», sondern: «Was ist für mich persönlich richtig, und wie finde ich es?» Je aufmerksamer wir auf die Zeichen achten, die uns Seele und Körper in Form von Freude oder Leid geben, desto klarer wissen wir es.

Sich beraten zu lassen, ist nur dann nützlich, wenn man nicht mehr weiterkommt und wenn man sich an die richtige Stelle wendet. Cerato-Menschen aber suchen meist Rat, ohne ihn wirklich zu brauchen und ohne sich zu vergewissern, ob der Ratgeber überhaupt kompetent ist. Dieser Gewohnheit sollten sie bewußt zu widerstehen suchen und lieber einen Mißerfolg riskieren. Eigene Fehler sind besonders lehrreich, weil sie nicht nur den Verstand, sondern auch das Gefühl ansprechen. Und: für einen selbst gemachten Fehler geradezustehen, gibt Charakterkraft, für die schlechten Ratschläge anderer zu büßen, ist jedoch frustrierend.

Übrigens findet man in der Nähe von Cerato-Menschen fast immer auch ihr Gegenstück: die notorischen Ratgeber (die *Vervain-* oder *Vine*-Typen), die gerne in das Leben anderer eingreifen. Ihre – natürlich wohlgemeinten – Ratschläge schädigen den Cerato-Menschen, weil sie seine Unfähigkeit, aus Instinkt oder Einsicht zu handeln, verstärken.

Eigentlich sollte man Cerato-Menschen, die immer fragen, was sie tun sollen, ausdrücklich und, wann immer es vertretbar ist, Rat und Unterstützung verweigern, damit das Leben sie in die Lehre nehmen kann. Nicht umsonst heißt es: «Aus Schaden wird man klug!«

Häufige Kombinationen mit anderen Mitteln

Centaury (4/5): *Hörigkeit durch Persönlichkeitsschwäche.*
Chestnut Bud (5/7): *Ratlosigkeit aus Unaufmerksamkeit.*
Larch (5/19): *Unsicherheit durch Minderwertigkeitsgefühl.*
Mimulus (5/20): *Ängstliche Unsicherheit.*
Pine (5/24): *Unsicherheit aus Angst vor schlechtem Gewissen.*
Rock Water (5/27): *Geistige Hörigkeit mit Selbstvergewaltigung.*
Scleranthus (5/28): *Unsicherheit mit Entscheidungsschwäche.*
Star of Bethlehem (5/29): *Verunsicherung durch Schockerlebnis.*
Walnut (5/33): *Unsicherheit durch Beeindruckbarkeit.*
Wild Oat ((5/36): *Unsicherheit durch mangelndes Lebenskonzept.*

Nr. 6 Cherry Plum (Kirschpflaume)

Kurze Charakteristik

Für Menschen, bei denen die Gefahr besteht, daß sie eine Kurzschlußhandlung begehen oder den Verstand verlieren.

Einsatzbereich:
Zur *Basisbehandlung* bei: seelischem oder emotionalem Überdruck, Prä-Psychosen, Besessenheit, Hysterie, Suizidgefahr, Amok-Tendenzen.

Alle *krankhaften Störungen*, die mit Hysterie, Besessenheit oder psychotischem Verhalten einhergehen oder davon ausgelöst wurden.

Im *täglichen Leben* bei: Überdrehtheit, hysterischem Benehmen, überschwänglichen oder schwer kontrollierbaren Gefühlen, Gefühlsproblemen.

Ursprung und Bild des Cherry-Plum-Syndroms

Die Anlage besteht in triebhafter, phantasiereicher Emotionalität einerseits und disziplinierender Vernunft andererseits.

Bei harmonischer Entwicklung entsteht daraus ein innerlich reicher, lebenskluger Mensch, in dessen Leben Gefühl und Verstand sinnvoll zusammenwirken. Sein Motto lautet: Erst fühlen, dann denken, dann handeln. Da er seine Gefühle, Triebe oder Emotionen versteht und ernstnimmt, können sie sich nicht verselbständigen, zur Hysterie steigern oder in zerstörerischen Überdruck ausarten, sondern setzen sich auf äußerst kreative Weise in einen reichen, lebendigen Lebenslauf um. Was auch immer der harmonisch entwickelte Cherry Plum-Mensch unternimmt, es hat stets den Tiefgang lebendiger Gefühle und die segensreichen Auswirkungen eines klaren Geistes. So gleicht er dem umsichtigen Leiter eines Stauwerks, der die Kraft des anströmenden Wassers in Elekrizität verwandelt und bei Hochwasser durch rechtzeitiges Umleiten der Flut verhindert, daß der Damm bricht.

Unter ungünstigen Bedingungen kann sich aus der widersprüchlichen Anlage des Cherry Plum-Menschen statt einer kreativ-lebendigen Lebensweise ein schwerer Konflikt zwischen Unvernunft und Vernunft, Sich-gehen-lassen und Sich-beherrschen, Fühlen und Denken entwickeln. Dabei verhindern vernunftbetonte oder moralische Zwänge, daß seine Gefühle, Emotionen oder Triebe sinn- und lustvoll ausgelebt werden. Unter qualvollen inneren Kämpfen stauen sie sich wie Dampf in einem verschlossenen Kessel zu gefährlichem Überdruck und erzeugen ein hochexplosives, psychotisches Potential, das die gesamte geistige Ordnung bedroht. Auf diese Weise kann es zum Cherry Plum-Syndrom kommen, das in der Gefahr besteht, durchzudrehen oder verrückt zu werden. Menschen in diesem Zustand fühlen, daß eine Katastrophe naht, und fürchten mit gutem Grund, daß ihr Verstand – wie die Kesselwand bei der Explosion – zu Bruch gehen wird. Sie ahnen, daß sie, falls sich der psychische Überdruck unkontrolliert entlädt, etwas Schreckliches tun müssen: zum Beispiel sich total danebenbenehmen, aus der gesellschaftlichen Ordnung ausbrechen, schwerwiegende Tabus verletzen, ja sogar Selbstmord begehen oder Amok laufen. Diese Seelenqual wird noch dadurch erhöht, daß sie ihre Abwehr um so mehr verstärken, je näher die befreiend-zerstörerische Entladung rückt. Manchmal können sie noch rechtzeitig jemanden um Hilfe bitten oder selbst nach einem Ausweg aus der Gefahr suchen. Oft aber, vor allem, wenn sie relativ unbewußt leben, werden sie ganz von der Furcht vor dem nahenden Zusammenbruch beherrscht, so daß sie guten Ratschlägen nicht mehr zugänglich sind und dem Außenstehenden wie besessen erscheinen. Man hat das Gefühl, als würden sie demnächst durchdrehen.

Wirkungsrichtung der Cherry Plum-Essenz

Cherry Plum ist das Mittel gegen psychischen Überdruck. Es ist wie Öl, das die Wogen glättet, und kann in sehr emotionsgeladenen Situationen die innere Hochspannung reduzieren oder Psychosen verhindern. Cherry Plum baut innere Konflikte ab, indem es einerseits moralische beziehungsweise rationale Zwänge und andererseits die Intensität von Emotionen und Trieben reduziert. Es ist immer dann hilfreich, wenn jemand merkt, daß seine Verstandeskontrolle im Rahmen eines stark gefühlsgeladenen Erlebnisses zu versagen droht, daß er seine Gefühle nicht mehr beherrschen kann oder daß er etwas tun könnte, was er eigentlich nicht will und später wahrscheinlich bereuen wird. Dann sollte es sehr häufig genommen und bei ungenügender Wirkung in verschiedenen Potenzierungen versucht werden.

Psychologisch-therapeutische Anmerkungen

Als Kinder eines überwiegend vernunftbetonten Zeitgeistes meinen wir, wir könnten unser Leben in erster Linie mit dem Verstand meistern, und vernachlässigen oder unterdrücken dabei oft unsere Gefühle, Emotionen und Triebe. Da diese es aber in Wirklichkeit sind, die unser Leben steuern und vorwärtstreiben – und nicht der logische Verstand –, entsteht dadurch ein innerer Konflikt, der um so schwerer ist, je vitaler die behinderten Triebe sind.

Hierin besteht das Problem des Cherry Plum-Menschen, der eine sehr spannungsreiche Veranlagung – einerseits eine ausgesprochene Verstandesbetonung, andererseits eine starke Emotionalität – besitzt. Unter dem Einfluß einer Erziehung, die Ordnung über Lebensfreude und Vernunft über Gefühl stellt, unterdrückt er laufend jene Motivationen und Triebe, die seiner individuellen Selbstverwirklichung dienen: seine Sexualität, seine Besitz- und Machtwünsche sowie sein Freiheitsbedürfnis.

Da diese aber bei ihm besonders stark sind und, wie erwähnt, zu den wesentlichen, lebensgestaltenden Kräften gehören, entsteht dadurch ein gefährlicher innerer Überdruck, der unter ungünstigen Umständen – vor allem bei zusätzlicher Gefühlsbelastung – die Verstandeskontrolle durchbrechen und wie die Wasserflut bei einem zerberstenden Staudamm die gesunde geistige Ordnung zerstören kann. Dabei kann es zu schweren hysterischen Zuständen, Bewußtseinstrübungen oder Psychosen kommen.

Daher müßte die Therapie des Cherry Plum-Menschen darin bestehen, einerseits ganz allgemein seine verstandesmäßige Kontrolle zu lockern und ihm andererseits die Berechtigung von Gefühlen, Emotionen und Trieben klarzumachen, so daß er sie so weit, wie es die Umstände erlauben, ausleben kann. Wichtig ist vor allem, daß er zwischen fremder, aufgezwungener und eigener, selbstverantworteter Moral zu unterscheiden lernt, damit er sein Leben so gestalten kann, wie es ihm am besten bekommt. Letztlich ist jeder Mensch nur sich selbst verantwortlich, und echte Moral stimmt oft nicht mit der allgemeinen Meinung überein.

Wenn wir unter starken emotionalen Druck geraten, müssen wir irgendwie »Dampf ablassen«. Cherry Plum-Menschen tun dies meist ganz instinktiv, indem sie von Zeit zu Zeit ein bißchen »spinnen«, hysterische Anfälle, Wutausbrüche oder Weinkrämpfe bekommen. Dadurch erfahren sie zwar eine gewisse Erleichterung und können bis zur nächsten Krise weiterleben, geheilt aber werden sie natürlich nicht. Dafür wäre eine Änderung ihrer Grundkonstellation erforderlich, das heißt entweder ein Abbau der rationalen Kontrolle oder eine Reduktion der emotionalen Triebkraft. Dies gelingt allerdings nur selten, weshalb Cherry Plum-Menschen meistens psychisch anfällig bleiben.

Eine gewisse Stabilität können sie jedoch erreichen, wenn sie sich ihrer persönlichen Problematik (= angeborener Konflikt zwischen Gefühl und Verstand) bewußt werden und ein Selbstverständnis aufbauen, in dem für beide Komponenten genügend Spielraum ist. Wichtig ist dabei auch die Förderung einer größeren geistigen Selbständigkeit, einer eigenen, selbstverantworteten Moral und einer sensibilisierten Aufmerksamkeit für Störungen des inneren Gleichgewichtes, damit sie rechtzeitig gegensteuern können.

Das Gefühlsleben von Cherry Plum-Menschen gleicht einer reich sprudelnden Quelle, die alles überschwemmt, wenn sie keinen ausreichenden Abfluß findet. Daher sollten sie sich unbedingt in irgendeiner Weise künstlerisch betätigen, um ihren Gefühlen Ausdruck geben zu können und damit einem innerlichen Stau vorzubeugen. Manchmal können sie allein dadurch, daß sie einen unklaren inneren Impuls oder eine unerklärliche Spannung spontan in einem Kunstwerk ausdrükken, den Schlüssel zur Lösung des zugrunde liegenden Konfliktes finden.

Häufige Kombinationen mit anderen Mitteln

Agrimony (1/6): *Verdrängung erzeugt gefährlichen psychischen Überdruck.*
Aspen (2/6): *Plötzliches Angstgefühl mit Kurzschlußgefahr.*
Elm (6/11): *Am Ende der psychischen und physischen Belastbarkeit.*
Holly (6/15): *Unkontrollierte Wutanfälle.*
Impatiens (6/18): *Präpsychotische Unruhe.*
Mimulus (6/20): *Schwerer Angstkonflikt.*
Oak (6/22): *Durch Leistungsstreß an der emotionalen Zerreißgrenze.*
Red Chestnut (6/25): *Rasendmachende Sorgen.*
Rock Rose (6/26): *Panik mit Gefahr, den Verstand zu verlieren.*
Rock Water (6/27): *Psychose infolge zu starker Selbstunterdrükkung.*
Star of Bethlehem (6/29): *Psychose durch seelische Verletzung.*
Sweet Chestnut (6/30): *Verzweiflung durch Emotionsstreß.*
White Chestnut (6/35): *Geistige Besessenheit.*

Nr. 7 Chestnut Bud (Kastanienknospen)

Kurze Charakteristik

Für Menschen, die schlecht lernen oder immer wieder die gleichen Fehler machen.

Einsatzbereich:
Zur *Basisbehandlung* bei: Lernschwäche, Erkenntnisschwäche.

Alle *krankhaften Störungen*, die mit Unaufmerksamkeit, Lernunfähigkeit oder krankhafter Zerstreutheit einhergehen oder davon ausgelöst wurden.

Im *täglichen Leben* bei: Unaufmerksamkeit, Zerstreutheit.

Ursprung und Bild des Chestnut Bud-Syndroms

Die Anlage besteht in einer starken Konzentrations- und Begeisterungsfähigkeit.

Bei harmonischer Entwicklung entsteht daraus ein Mensch, der sich mit seinen Erlebnissen und Erfahrungen so gründlich und bewußt auseinanderzusetzen pflegt, daß er daraus sinnvolle Konsequenzen für die Zukunft ziehen kann. Das Leben ist für ihn ein dauernder Lernprozeß, in dem er seinen geistigen Horizont erweitert und persönlich reift. Dies ist allerdings nur dadurch möglich, daß er sich nicht in Nebensächlichkeiten, Zerstreuungen oder Ablenkungen verliert, sondern sich stets auf das konzentriert, was im Augenblick für ihn wichtig ist. Da er sehr individuell veranlagt oder speziell begabt ist, haben viele Dinge, die anderen Menschen wichtig sind, für ihn keine Bedeutung. Er nimmt sie kaum zur Kenntnis, selbst wenn sie ihm große Vorteile bringen würden, und verfolgt engagiert den Weg, der ihm bestimmt ist, oder beschäftigt sich nur mit dem, was ihm Freude bereitet. Auf seinem Interessengebiet kann er – schon in der Schule – Hervorragendes leisten; manchmal wird er sogar ein großer Gelehrter oder ein gesuchter Experte, der über ein spezielles, wertvolles Fachwissen verfügt. Daß er dafür auf anderen Gebieten relativ unwissend ist, stört ihn wenig – falls er es überhaupt zur Kenntnis nimmt.

Unter ungünstigen Umständen kann die Fähigkeit, sich auf ein spezielles Gebiet zu konzentrieren, so ausarten, daß er das Interesse an den anderen Lebensbereichen verliert. Dabei wird der Chestnut Bud-Mensch unaufmerksam gegenüber der Realität und unfähig, aus dem, was er erlebt und erfährt, weiterführende Erkenntnisse zu gewinnen. Er wird nicht »aus Schaden klug«, sondern macht immer wieder die gleichen Fehler oder gerät immer wieder in die gleichen unerfreulichen Situationen. Diese Unfähigkeit, die »Schule des Lebens« erfolgreich zu durchlaufen, hat ihre Parallele in einer allgemeinen Lernschwäche. So ist der Chestnut Bud-Mensch trotz selbstverschuldeter Nachteile und Ärgernisse außerstande, daraus ein für allemal die richtige Konsequenz zu ziehen. Oder er kann sich etwas einfach nicht merken, obwohl es ihm – sei es in Form bestimmter Informationen, sei es als alltägliches Ereignis – wiederholt begegnet: es geht ihm nicht in den Kopf, irgendetwas in ihm sperrt sich dagegen. So macht er auch in seiner persönlichen Entwicklung ungenügende Fortschritte, wird nicht erfahren oder lebensklug, bleibt in mancher Hinsicht kindlich, unbeholfen, unentwickelt. Eine bekannte Variante des Chestnut Bud-Syndroms ist der »zerstreute Professor«; auf seinem Gebiet eine Kapazität, kommt er mit den einfachsten Lebensumständen nicht zurecht und wiederholt stereotyp immer dieselben lächerlichen Fehler. Da sein ganzes Denken sich auf hochkomplizierte Probleme konzentriert, ist darin für die Banalitäten des Alltags kein Raum. Ähnlich ergeht es oft Schülern mit speziellen Begabungen: in ihrem »Hobby« sind sie genial, im übrigen versagen sie.

Wirkungsrichtung der Chestnut Bud-Essenz

Chestnut Bud ist das Mittel für geistige Reife und Erfahrung. Es verbessert die Lernfähigkeit, und zwar nicht nur in bezug auf sachbezogenes Wissen, sondern auch in allgemeiner Hinsicht. Es hilft, Erfahrungen zu sammeln und besser mit dem Leben zurechtzukommen. Der Geist wird offener, die Aufnahmefähigkeit und -bereitschaft wird größer, das Interesse nimmt generell zu. Chestnut Bud ist daher nicht nur für Kinder mit Schulproblemen geeignet, sondern auch für Menschen, die in ihrem Leben ungenügende Forschritte machen und sich immer mit denselben Problemen herumschlagen müssen. Natürlich erfordern eventuelle organische Störungen, Vitaminmangel oder chronische Erschöpfung, die auch Chestnut Bud-Symptome hervorrufen können, gleichzeitig eine entsprechende Behandlung.

Psychologisch-therapeutische Anmerkungen

Die Lernschwäche des Chestnut Bud-Menschen ist hauptsächlich durch seine sehr selbstbezogene und gefühlsbetonte Geistesstruktur bedingt. Eigentlich interessiert er sich nur für das, was ihn persönlich bewegt, was seinen individuellen Begabungen oder seiner jeweiligen Stimmungslage entspricht. Allgemeines, theoretisches Wissen oder unpersönliche Fakten sind ihm zu nichtssagend und farblos, so daß er sie weitgehend ignoriert. Es fällt ihm schwer, sich mit etwas zu beschäftigen, wozu er keine spezielle Beziehung hat. Daher ist seine Lernschwäche auch nicht grundsätzlich krankhaft, sondern nur ein übertriebenes Persönlichkeitsmerkmal.

Lernen ist ein überwiegend subjektiver Vorgang. Es bedeutet, daß wir das behalten, was uns wichtig erscheint, und alle übrigen Informationen, Eindrücke und Erkenntnisse, die auf unseren Geist einströmen, beiseiteschieben. Dabei erweitert sich unser Bewußtsein. Der ideale »Lehrstoff« besteht daher in dem, was für uns selbst bedeutsam ist und uns auch gefühlsmäßig berührt. Leb- und sinnloses theoretisches Wissen, das stur eingepaukt und auswendiggelernt wird, ist dagegen höchstens für maschinenhafte, geistlose Tätigkeiten geeignet, ansonsten aber schädlich, weil es in ein blut- und gefühlsarmes Leben treibt.

Im Prinzip lernt der Chestnut Bud-Mensch in der richtigen Weise, denn er nimmt nur an, was ihn persönlich berührt und interessiert. Sein Problem ist nur, daß er über dem gesteigerten Interesse für ein bestimmtes Thema dem Rest, aus dem sein Leben auch noch besteht, nicht genügend Aufmerksamkeit schenkt. Oft besteht die Ursache hierfür darin, daß er, in einem geistig zu engen Milieu aufgewachsen, auch nur einen flachen, einseitigen Geist entwickeln konnte, oder daß er bestimmte Themen mit unerfreulichen Erlebnissen assoziiert. Dies kommt vor allem bei Kindern vor; ihnen wird oft der Lehrstoff durch einen unangenehmen Lehrer oder einen frustrierenden Mißerfolg so verleidet, daß ihre Psyche sich automatisch dagegen sperrt, um nicht mehr daran erinnert zu werden. Lernen muß Spaß machen, wenn es Sinn haben und Erfolg bringen soll. Was Unlust bereitet, wird unbewußt abgewehrt und kann – wenn überhaupt – nur gegen inneren Widerstand und ohne echten Erfolg »eingehämmert« werden.

Daher geht es in der Therapie des Chestnut Bud-Syndroms zunächst um eine Erweiterung der geistigen Offenheit und Steigerung der allgemeinen Aufmerksamkeit. Dazu sollte man versuchen, negative, die Aufnahmefähigkeit blockierende Gefühlserinnerungen aufzuarbeiten oder mit Hilfe von erfreulichen Erlebnissen, zum Beispiel einem Erfolg, auszulöschen. Kinder, die in der Schule nicht mitkommen, brauchen manchmal nur einen Wechsel des Lehrstoffs, des Lehrverfahrens, des Lehrers oder der Schule, um wieder freudig aufnehmen und lernen zu können; und Erwachsene, die in ihrer Arbeit nicht erfolgreich sind oder immer wieder die gleichen Probleme haben, sollten sich fragen, ob es nicht etwas Interessanteres für sie gibt, oder ob die Lebensumstände, unter denen sie leben, richtig für sie sind.

Häufige Kombinationen mit anderen Mitteln

Agrimony (1/7): *Lernschwäche oder Unreife aus Drückebergerei.*

Cerato (5/7): *Ratlosigkeit aus Unaufmerksamkeit.*

Clematis (7/9): *Unaufmerksamkeit mit Tagträumereien.*

Gentian (7/12): *Mangel an Aufmerksamkeit führt zu Rückfällen.*

Honeysuckle (7/16): *Unaufmerksamkeit durch nostalgische Träumereien.*
Scleranthus (7/28): *Lernschwäche durch Ablenkbarkeit.*
Water Violet (7/34): *Geistige Verschlossenheit.*
White Chestnut (7/35): *Unaufmerksamkeit durch Zwangsgedanken.*
Wild Oat (7/36): *Fehlendes Lebenskonzept durch Unaufmerksamkeit.*
Wild Rose (7/37): *Unaufmerksam und resigniert.*

Nr. 8 Chicory (Wegwarte)

Kurze Charakteristik

Für begehrliche Menschen, die sich sehr für andere einsetzen, um diese an sich zu binden.

Einsatzbereich:
Zur *Basisbehandlung* bei: fordernder Überfürsorglichkeit, unmäßigem Bedürfnis nach Gefühlsbeziehungen, Egoismus, starker Begehrlichkeit, bezweckter Selbst-Aufopferung, Hang zu Gefühlstyrannei und Gefühlsterror, übertriebenem Mitleid und Selbstmitleid.

Alle *krankhaften Störungen*, die mit unnormal starkem Liebesbedürfnis oder Selbstmitleid einhergehen oder davon ausgelöst wurden.

Im *täglichen Leben* bei: Überfürsorglichkeit, »Übermutter«, »hilflosem Kind«, Überanhänglichkeit, egoistischer Eifersucht, Beleidigt-Sein, Selbstmitleid.

Ursprung und Bild des Chicory-Syndroms

Die Anlage besteht im Bedürfnis nach intensiven Gefühlsbeziehungen, in der Freude am Helfen und großer persönlicher Kraft.

Bei harmonischer Entwicklung entsteht daraus ein warmherziger, lebensvoller Mensch, dem es ein Bedürfnis ist, anderen zu helfen. Dadurch kann er einerseits seine große Kraft sinnvoll umsetzen und andererseits seinen hohen Bedarf nach Liebe und intensiven Gefühlsbeziehungen decken. Indem er persönlich helfenden Anteil am Wohlergehen seiner Mitmenschen nimmt, bleibt oder wird er selbst in seinem Inneren lebendig und zufrieden. So steht er seinen Lieben (denn alle, deren er sich annimmt, werden ihm dadurch persönlich lieb) unermüdlich mit Rat und Tat zur Seite, sorgt für sie, nimmt ihnen ihre Probleme ab, versucht ihnen das Leben zu erleichtern und zu verschönen. Da er dies mit großer Gefühlsbeteiligung tut, hat er selbst auch etwas davon: Wenn es ihm gelingt, jemandem eine Freude zu machen, so freut er sich selbst ebensosehr, und wenn er Leiden lindert, so befreit das auch ihn vom mitempfundenen Schmerz. Das Besondere an dieser Art des Liebens und Helfens besteht nicht nur in dem freundschaftlich-freilassenden Geist, aus dem heraus er handelt, sondern auch in seiner sehr sensiblen Ausrichtung auf maximale Lebensfreude. Er hält es weder für richtig, anderen willkürlich seine Wohltaten aufzudrängen, noch sich selbstlos und verzichtend aufzuopfern, sondern gestaltet seine Hilfe so, daß jeder davon profitiert. So entspricht sein Verhalten einer sehr lebendigen, idealen Form der Liebe, die alle Beteiligten glücklich macht. Er hilft, um sich selbst zu helfen, macht anderen eine Freude, um Freude zu empfinden, ist barmherzig, um selbst ein warmes Herz zu bekommen – kurz: er liebt und wird geliebt.

Unter ungünstigen Umständen dagegen beachtet er die feine Grenze nicht, an der Zuwendung und Hilfe ihre Unschuld verlieren und bezweckt oder verpflichtend werden. Dann kümmert er sich zwar rührend um seine Lieben, bringt ihnen Zuneigung, Hilfe oder Aufopferung entgegen, erwartet dafür aber, daß sie ihm genauso entgegenkommen, dankbar sind, ihm immer zur Verfügung stehen und im Grunde auf ein eigenes Leben verzichten. Oberflächlich betrachtet, scheint der Chicory-Mensch besonders intensiv zu lieben, in Wirklichkeit aber ist er ausgesprochen selbstsüchtig, will andere von sich abhängig machen und ihre Gefühle ausbeuten. Wer in den Genuß der typischen Chicory-Fürsorge kommt, erkennt sehr schnell, daß er dafür in einer belastenden Form von Bindung, Verpflichtung und Dankbarkeit zahlen muß. Wenn er sich zu entziehen versucht, wird er mit Vorwürfen, Beleidigtsein, Liebesentzug oder zur Schau gestellter, selbstbemitleidender Traurigkeit unter Druck gesetzt. Das natürliche Bedürfnis nach Gefühlsbeziehungen ist zur leiderzeugenden Sucht geworden. Statt – wozu ihn seine Anlage eigentlich befähigen würde – freudig zu helfen oder verständnisvoll mitzufühlen, macht der Chicory-Mensch durch Überfürsorge sein »Liebesobjekt« einerseits unselbständig und ängstlich, andererseits aber gierig nach noch mehr davon. Natürlich ist dies nicht immer so extrem ausgeprägt, dennoch kommt die egoistische Sucht nach Beziehung und Bindung häufiger vor, als man glaubt, und steigert sich, je weniger sie befriedigt wird, um so mehr zu fataler Selbstaufopferung, übertriebenem Mitleid oder Selbstmitleid, erpresserischer Überfürsorglichkeit oder gemeiner Eifersucht. Daß dabei jene diskrete Selbstverständlichkeit, Leichtigkeit und Freiheitlichkeit, durch die sich ein echtes Liebesgefühl auszeichnet, verlorengeht, versteht sich von selbst. Typische Beispiele sind: »Übermütter«, die ihre Kinder durch ihre übertriebene Fürsorge von sich abhängig und lebensuntüchtig machen; Kinder, die eifersüchtig und unersättlich Liebesbeweise verlangen; selbstsüchtige Ehepartner, die den anderen mit ihrer »Liebe« fesseln und ersticken. Der Volksmund sagt dazu sehr treffend: »Ich hab' dich zum Fressen gern!«

Wirkungsrichtung der Chicory-Essenz

Chicory ist das Mittel für echte Liebe. Es hilft die menschlichen Beziehungen sanieren, indem es krankhaften Egoismus, Gefühlsabhängigkeiten, Gefühlsterror, Erpressung und Selbstmitleid abbaut und die Fähigkeit zur liebevollen, aber freilassenden Beziehung fördert. Es ist ein wichtiges Partnermittel und wird häufig bei neurotischer Eltern-Kind-Bindung benötigt.

Psychologisch-therapeutische Anmerkungen

Das wesentliche Element in der Anlage des Chicory-Menschen ist ein starkes Bedürfnis nach Liebe, das heißt: nach einer glücklichmachenden Verbundenheit mit einem Lebewesen (oder auch einem Ding). Sie hat bei ihm, da er von Natur aus große persönliche Kraft besitzt, stets eine aktive Komponente, was zugleich bedeutet, daß er seinem Liebespartner eine eher passive, nehmende Rolle zuweist. In dieser Konstellation: großzügig gebend, Liebe verströmend und dabei Liebe fühlend, kann der Chicory-Mensch glücklich sein. Dabei ist er aber trotz seines gebenden Charakters keineswegs selbstlos oder verzichtend, sondern auf eine natürliche Weise »egoistisch«. Denn wie der Musiker sein Instrument liebevoll anschlägt, um von ihm eine beglückende Resonanz zu bekommen, so erfreut sich der harmonisch entwickelte Chicory-Mensch selbst am meisten an der Freude, die er bei anderen auslöst, und vermeidet alles, was sie trüben könnte.

Dies gelingt ihm im krankhaften Chicory-Syndrom nicht, bei dem ihm im Rahmen einer am vordergründigen Vorteil orientierten Einstellung das Gefühl für das sensible Zusammenspiel der Herzen verlorengegangen ist. In diesem Zustand verliert er seine freilassende Großzügigkeit und verwechselt die Liebe mit einem Geschäft, bei dem jedes Geben einen Anspruch auf Rückzahlung begründet. Er setzt sich zwar unermüdlich für seine Lieben ein, sorgt für sie, hilft ihnen oder rettet sie sogar, verlangt dafür aber eine hohe Gegenleistung: sie sollen dankbar sein und ihm ebenfalls immer zur Verfügung stehen.

Sein Motiv ist zwar der verständliche Wunsch nach Liebe, doch er vergißt, daß Liebe eine Herzensangelegenheit ist und nur aus unmittelbarer und zweckfreier Lebensfreude entstehen kann. Wir können sie nicht verdienen oder erzwingen. Vor allem aber müssen wir sie zuerst in uns selbst erweckt haben, bevor sie uns auch in unserem äußeren Leben begegnen kann. Denn dort können wir nur das (wieder)finden, was wir in uns tragen: *Tun* und Erleben sind ein Ausdruck von *Sein* und Fühlen. Daher ist es ein Irrtum, wenn man meint, Liebe hänge primär von objektiven Umständen oder Bedingungen ab. In Wirklichkeit ist sie Ausdruck eines Seelenzustandes, eines Gefühls, das sich von innen nach außen projiziert. Nur wenn wir selbst liebe-voll sind, können wir in unserer Umwelt Liebe hervorrufen, und ohne selbst liebes-bereit zu sein, sind wir taub und blind für sie.

Wer nicht geliebt wird, liebt selbst nicht, und wer sich ungeliebt fühlt, ist unfähig, die Liebe zu fühlen, die uns ständig in mannigfacher Form umgibt. Sie ist das Leben, die große, göttliche Selbstverständlichkeit, aber sie offenbart sich uns, *wo und wie sie will,* nicht aber wie und wann wir es wollen. Wenn wir meinen, die Liebe müsse so oder so sein, sich auf diesen Menschen oder jene Situation beziehen, wenn wir sie an Vorstellungen, Bedingungen oder Forderungen zu fesseln versuchen, verläßt sie uns und taucht, in Leid verwandelt, wieder auf, um uns unseren Fehler bewußt zu machen.

Im Chicory-Syndrom meint man, man könne sich Liebe durch Wohltaten verdienen oder durch Psychoterror erzwingen; und wenn dies nicht gelingt, reagiert man mit Mitleid oder Selbstmitleid, Wehleidigkeit oder Hilflosigkeit, Selbstaufopferung oder Erpressung, Beleidigtsein oder Eifersucht.

Wenn wir solche Symptome an uns feststellen (jeder Mensch hat etwas »Chicory im Blut«), sollten wir wachsam werden und sie als Zeichen einer inneren Entgleisung werten. Wir brauchen nur in den Spiegel zu blicken, den uns die Menschen, die wir lieben, vorhalten: nur, wenn sie gerne zu uns kommen und wenn wir sie so frei wieder gehen lassen können, wie sie wollen, ist unsere Liebe gut.

Besonders Eltern, die sich beklagen, daß sich ihre Kinder nicht mehr bei ihnen sehen lassen, sollten, statt ihnen Vorwürfe zu machen, den Fehler dafür zunächst bei sich selbst suchen. Denn kein Kind verläßt Eltern, von denen es gut und liebevoll behandelt wird. Immer sind die Eltern es, die ihre Kinder aus dem Haus treiben, indem sie ihre Liebe an Bedingungen knüpfen oder ihnen das Leben durch Vorwürfe, Herrschsucht oder Gejammer vergällen. Aber auch Kinder, die sich als Gefühlstyrannen aufspielen und unersättlich Zuwendung fordern, weisen darauf hin, daß sie unter einer Chicory-Mentalität aufgezogen wurden; meistens können sie erst frei werden, wenn sich die Eltern ändern oder wenn sie mit ihnen keinen Kontakt mehr haben.

Häufige Kombinationen mit anderen Mitteln

Centaury (4/8): *Selbstsüchtige Aufopferung.*
Heather (8/14): *Die Sucht, geliebt und beliebt zu sein.*
Holly (8/15): *Haß-Liebe.*
Honeysuckle (8/16): *Trauer bei Liebesverlust.*

Mimulus (8/20): *Ängstliches Anklammern.*
Mustard (8/21): *Depressionen durch unerfüllte Liebe.*
Oak (8/22): *Hartnäckig-aufdringliche Fürsorge oder Liebe.*
Red Chestnut (8/25): *Die totale Selbstaufopferung.*
White Chestnut (8/35): *Zwanghafte Liebesgedanken.*
Willow (8/38): *Verbitterung bei Ablehnung oder Undank.*

Nr. 9 Clematis (Weiße Waldrebe)

Kurze Charakteristik

Für Menschen, die sich Phantasien und Zukunftsträumen hingeben und dabei oft die Beziehung zur Realität verlieren.

Einsatzbereich:
Zur *Basisbehandlung* bei: gestörtem Verhältnis zur Realität mit Tagträumereien, kritiklosem Optimismus, Illusionen und Phantasien; Bewußtseinstrübungen bis zu Ohnmacht, Absencen oder Todessehnsucht.

Alle *krankhaften Störungen*, die mit geistiger Abwesenheit oder Ohnmacht einhergehen oder davon ausgelöst wurden.

Im *täglichen Leben* bei: Unaufmerksamkeit, Schläfrigkeit, Tendenz zu Ohnmacht.

Ursprung und Bild des Clematis-Syndroms

Die Anlage ist introvertiert und besteht in einer visionären Phantasie, einem starken Bedürfnis nach Lebensfreude und einer optimistischen Erwartungshaltung.

Bei harmonischer Entwicklung entsteht daraus ein Mensch mit einem reichen Innenleben. Gefühle und Intuitionen nimmt er genauso ernst wie Verstand oder Logik. Er versteht es, aus seinen Eingebungen, Träumen oder Sehnsüchten eine erfreuliche Realität zu schaffen, indem er ihnen mit klarem Blick eine sinnvolle, vernünftige Form gibt. Er besitzt eine visionäre Begabung, die manchmal bis zur Hellsichtigkeit geht und es ihm – zum Beispiel als Künstler, Wissenschaftler oder Philosoph – ermöglicht, zukünftige Entwicklungen vorauszusehen, zeitübergreifende Zusammenhänge zu erkennen oder futuristische

Ideen zu entwickeln. Introvertiert, wie er ist, wirkt er meist etwas weltfremd oder verträumt und ist wegen seiner optimistischen Lebenseinstellung ein wandelndes Symbol der Hoffnung. In seinem Leben kommt er gut zurecht, da er bei Problemen wie mit einem sechsten Sinn immer noch einen Ausweg findet. Wenn aber auch für ihn die Schwierigkeiten zu groß sind, geht er einfach, ohne großen Schaden zu nehmen, in die »innere Emigration« und wartet mit optimistischer Geduld auf bessere Zeiten.

Unter ungünstigen Umständen – das heißt, bei zu nüchternen Lebensbedingungen oder geistiger Überlastung – kann diese intuitive, optimistische und gefühlsbetonte Anlage zu illusionär-positiver Tagträumerei und Realitätsflucht entarten. Dann verlieren die ohnehin introvertierten Clematis-Menschen mehr und mehr das Interesse an ihrem täglichen Leben, werden unaufmerksam oder versponnen. Sie beginnen, sich selbst oder ihre Pflichten zu vernachlässigen, aus der unangenehmen Realität in eine schönere Traumwelt zu entfliehen, von einer besseren Zukunft zu träumen oder sogar, wenn sie unglücklich sind, sich nach dem erlösenden Tode zu sehnen. Sie können auch eine Neigung zu Bewußtseinstrübung, Absencen oder Ohnmacht entwickeln. Die leichteren, sozusagen alltäglichen Formen des Clematis-Syndroms bestehen in der Unfähigkeit, sich auf das Hier und Jetzt zu konzentrieren, da die Gedanken ständig auf Wanderschaft gehen. Weil man im Geiste laufend irgendwelche schönen und interessanten Ideen, Projekte oder Hirngespinste verfolgt, ist man unfähig, sich richtig mit dem zu beschäftigen, was tatsächlich zu tun ist. Stärker ausgeprägt ist diese Störung bei jenen Kindern, die in ihre Phantasien eingesponnen sind und den Anschluß an das reale Leben nicht bekommen, bei den romantischen Schwärmern, die ganz realitätsfremd immer nur von der großen Liebe träumen, oder jenen »Spinnern«, die in irgendwelchen phantastischen Visionen leben. Aber auch die haltlosen Spieler, die immer auf den großen Gewinn hoffen, die lebensfremden Religiösen, die fast schon im Jenseits leben, und nicht zuletzt die Alkohol- und Drogensüchtigen, die ihre frustrierende Lebensrealität durch angenehme Halluzinationen ersetzen, sind Variationen des Clematis-Syndroms.

Wirkungsrichtung der Clematis-Essenz

Clematis ist das Mittel für eine gesunde Beziehung zur Realität. Es wirkt jenen Tendenzen entgegen, die den Menschen aus seiner Lebenswirklichkeit entfernen, und ist nicht nur bei zu starken Tagträumereien, illusionärem Denken oder Drogenabhängigkeit, sondern auch bei allgemeiner Unaufmerksamkeit oder Schläfrigkeit hilfreich. Neigung zu Ohnmacht oder Bewußtlosigkeit sind besondere Indikationen, weshalb es Bestandteil des Notfallmittels (*Rescue Remedy*) ist. Kinder mit Schulproblemen brauchen oft Clematis, vor allem, wenn sie unter unglücklichen Umständen leben müssen, denen sie sich durch »innere Emigration« entziehen. Auch bei Todessehnsucht, die im Verlauf einer schweren Krankheit auftritt, sollte es versucht werden.

Psychologisch-therapeutische Anmerkungen

Unser Leben entsteht aus dem Zusammenwirken von rationalen und irrationalen, »diesseitigen« und »jenseitigen« Elementen. Nicht nur wache Aufmerksamkeit und nüchterner Realitätssinn, sondern auch träumerische Visionen und intuitive Erkenntnisse sind erforderlich, damit es bereichernd, sinnvoll und erfreulich wird. Im Grunde ist es ein Kunstwerk – oder sollte es jedenfalls sein –, denn es verleiht unseren Visionen und Eingebungen einen verständlichen Ausdruck und eine sinnvolle Form. Jeder von uns ist damit beschäftigt, seine Träume in Wirklichkeit, seine inneren Bilder in greifbare Tatsachen umzusetzen – allerdings je nach Veranlagung mit unterschiedlichen Schwerpunkten. Während beim nüchternen Realisten alles einen praktisch-materiellen Akzent hat, orientieren sich Menschen vom Clematis-Typ überwiegend an »unsachlichen« Gefühlen und Werten.

Dieses persönliche »Gemisch» aus verstandes- und gefühlsmäßigen Elementen bildet ein labiles, inneres Gleichgewicht, das laufend an die sich ändernde Lebenssituation angepaßt wird. Wenn wir zu sentimental oder unrealistisch werden, provoziert unsere Psyche Ereignisse, die uns wieder zur Vernunft und auf den Boden der Realität zurückbringen; wenn unser Leben aber zu nüchtern oder hart wird, veranlaßt sie uns, es zu ändern, indem sie eine unwiderstehliche Sehnsucht nach dem Schönen und Wunderbaren hervorruft. Dabei gibt sie uns in Form von Träumen, Eingebungen oder Ahnungen wichtige, symbolische Hinweise, die wir nur zu entschlüsseln und in sinnvolles Leben umzusetzen brauchen, um wieder auf unseren eigenen Weg zurückzufinden.

Clematis-Menschen sind sehr romantisch eingestellt und brauchen ständig erfreuliche Gefühle; sie können nicht hart und ausdauernd kämpfen, sondern neigen dazu, sich bei Schwierigkeiten in ihre Traumwelt zurückzuziehen, die sie ja ganz nach Belieben gestalten können. Daher besteht bei ihnen immer die Gefahr, daß sie unter zu belastenden Lebensumständen – wozu vor allem eine unglückliche Familiensituation oder ein unbefriedigender Beruf gehört – ihre ohnehin nicht sehr feste Beziehung zur handfesten Realität noch weiter lockern und die unerfreuliche Gegenwart einfach durch schöne Illusionen und positive Erwartungen ersetzen. Das verschafft ihnen zwar Erleichterung und hilft ihnen, »sich über die Runden zu retten«, vertieft aber zugleich ihre Probleme. Denn je mehr sich die Clematis-Menschen aus ihrem ihnen uninteressant oder unerfreulich erscheinenden Leben zurückziehen, um so mehr verlieren sie den Kontakt dazu und um so weniger sind sie zu einer sanierenden Lebensänderung motiviert.

Die Sanierung müßte darin bestehen, daß sie, statt aus unerfreulichen Lebenssituationen in erfreuliche Tagträume zu fliehen, sich der Realität mit größerer Aufmerksamkeit und Gefühlsoffenheit zuwenden. Wenn sie jene schmerzlichen Gefühle, die sie durch schöne Illusionen zu überspielen versuchen, bewußt durchleben und sich ehrlich eingestehen würden, daß sie alles, was ihnen begegnet, mitverursacht haben, würde ihnen klar, daß sie jene Besserung, die sie erhoffen, selbst herbeiführen müssen. Dann würden sie ihre Träume nicht an die Stelle der Wirklichkeit setzen, sondern Wirklichkeit werden lassen.

Statt auf irgendeine rettende Macht zu hoffen, würden sie beginnen, sich selbst zu retten; statt in ihrer unglücklichen Ehe wie Dornröschen vom rettenden Prinzen zu träumen, würden sie ihn selbst suchen; statt wie die Spieler auf das große Los zu hoffen, würden sie ihr Geld selbst verdienen; statt vor ihrem frustrierenden Leben in die vorübergehende Erleichterung durch Alkohol, Psychopharmaka oder Drogen auszuweichen, würden sie es ändern; statt in unlebendiger Dulderhaltung auf das Paradies im Jenseits zu warten, würden sie es schon im Diesseits suchen.

Wenn der Clematis-Mensch zu sich gefunden hat, geht er nicht mehr in das Kino seiner Träume und Illusionen, um sich »ein paar schöne Stunden zu machen« (und anschließend ernüchtert wieder in der Wirklichkeit zu erwachen), sondern bemüht sich mit der Kraft seines intuitiven Wissens und Sehnens um ein wirklich interessantes, erfülltes und schönes Leben. Clematis-Kinder allerdings, die diese Möglichkeit zur bewußten Lebensgestaltung nicht haben, sind auf die Aufmerksamkeit ihrer Eltern oder Bezugspersonen angewiesen. Diese brauchen nur zu beobachten, in welche Richtung die Träume und Sehnsüchte ihrer Kinder zielen, und die Symbole ernstzunehmen, durch die sich die kindliche Seele verständlich zu machen versucht, um zu wissen, welche Wege sie ihnen freimachen und welche Lebensbedingungen sie ihnen schaffen müssen.

Häufige Kombinationen mit anderen Mitteln

Chestnut Bud (7/9): *Unaufmerksamkeit mit Tagträumereien.*
Gentian (9/12): *Willensschwäche und Tagträumereien.*
Honeysuckle (9/16): *Die totale Tagträumerei.*
Olive (9/23): *Schläfrigkeit, Geistesabwesenheit, Halluzinationen oder Ohnmacht durch Erschöpfung.*
Rock Rose (9/26): *Ohnmachtstendenz bei Panik.*
Scleranthus (9/28): *Entscheidungsschwäche durch Tagträumereien.*
Star of Bethlehem (9/29): *Ohnmacht bei schockierenden Erlebnissen.*
White Chestnut (9/35): *Zwanghafte Zukunftsträume.*
Wild Rose (9/37): *Resignation mit Todessehnsucht.*

Nr. 10 Crab Apple (Holzapfel)

Kurze Charakteristik

Für Menschen, die sich – körperlich oder seelisch – verunreinigt oder vergiftet fühlen.

Einsatzbereich:
Zur *Basisbehandlung* bei: Sauberkeitszwängen, zwanghaftem Charakter, Zwangsmoral, Verunreinigungs- oder Vergiftungswahn, externer oder interner Toxinbelastung, Hauterkrankungen, Belastung durch chronische Krankheitsherde.

Alle *krankhaften Störungen*, die mit krankhaftem Sauberkeits- oder Ordnungsbedürfnis einhergehen oder davon ausgelöst wurden.

Im *täglichen Leben* bei: Kleinlichkeit in Sauberkeitsfragen, Ekel, Infektionen, Hautproblemen.

Ursprung und Bild des Crab Apple-Syndroms

Die Anlage besteht aus einem ausgeprägten Bedürfnis nach Sauberkeit und Ordnung sowie einer gewissen Unselbständigkeit und Beeinflußbarkeit.

Bei harmonischer Entwicklung entsteht daraus ein ausgesprochen reinlicher und loyaler Mensch, der sich im Rahmen dessen hält, was allgemein als gut und richtig gilt – also ein ordentliches Mitglied der Gesellschaft. Er ist nicht nur äußerlich sauber, sondern auch innerlich rein und besitzt eine unbestechliche, an hohen menschlichen Werten orientierte Moral und Lebenshaltung. Aus diesen Eigenschaften resultiert meist auch eine gute Gesundheit, weil er Verunreinigungen jeder Art, zum Beispiel durch schädliche Stoffe (vor allem Ernährung), Krankheitserreger (Ansteckung!) oder verkommene Menschen vermeidet.

Unter ungünstigen Umständen dagegen entsteht ein zwanghaftes und übertriebenes Bemühen um äußere oder innere Sauberkeit, das sich im Extremfall bis zum Verunreinigungswahn steigern kann. Sauberkeit hat hier ihren eigentlichen, lebensfördernden Sinn verloren, wird größtenteils ohne reale Berechtigung praktiziert und dient vor allem dazu, psychische Zwänge abzuleiten. Menschen im Crab Apple-Zustand sehen oder vermuten zum Beispiel überall in ihrer Umgebung Schmutz oder putzen unnötig herum (»Putzfimmel«); dabei können sie auch andere mit ihren übertriebenen Sauberkeitsvorstellungen tyrannisieren oder sich selbst wegen vermeintlicher Unsauberkeit verabscheuen. Oft sind sie von krankhaftem Ekel beziehungsweise unbegründeter Furcht vor Verunreinigung gepeinigt, was sich nicht nur auf eine mögliche Ansteckung durch Krankheitserreger oder eine Schädigung durch Gifte beziehen kann, sondern auch auf unmoralisches Verhalten. Besonders problematisch ist für sie die Sexualität. Da sie diese als irgendwie schmutzig empfinden, können sie oft kein positives Verhältnis zu ihr entwickeln. Wenn sich der Sauberkeitszwang nach innen richtet, kann sich eine lebensfremde, pseudo-reine Moral etablieren, in deren Namen der Crab Apple-Mensch sich selbst tyrannisiert oder anderen auf die Nerven geht. Manchmal steigert sich dies zum neurotischen Wunsch nach seelischer Reinheit, der es ihnen dann unmöglich macht, ein natürliches Leben zu führen.

Wirkungsrichtung der Crab Apple-Essenz

Crab Apple ist das Mittel für gesunde Sauberkeit. Es wirkt körperlich und seelisch. Einerseits baut es krankhafte Verunreinigungs- oder Versündigungsgefühle, Ekel, Angst vor Unsauberkeit und zwanghafte Reinheits-Moral ab, andererseits ist es nützlich zur allgemeinen Blut-Reinigung. Daher kann es bei Hautunreinheiten, Ekzemen, chronischen Entzündungen, aber auch als Schutz gegen Ansteckung helfen. Wer viel mit kranken Menschen zu tun hat, sollte Crab Apple vorbeugend nehmen.

Psychologisch-therapeutische Anmerkungen

Der Crab Apple-Mensch ist relativ unselbständig und leicht beeinflußbar. Daher kann er sich dominanten und intoleranten Eltern, Erziehern oder Autoritätspersonen kaum widersetzen. Bereits in der Kindheit läßt er sich ihre Vorstellungen und Normen aufzwingen und versucht dann sein Leben lang krampfhaft, ihren meist moralisch definierten Erwartungen gerecht zu werden. Da diese aber nicht »auf seinem eigenen Mist gewachsen« sind, kann er sie nicht ihrem eigentlichen Sinn entsprechend, sondern lediglich der äußerlichen Form nach erfüllen, was zwei fatale Folgen hat: einerseits einen zwanghaften, kleinlichen und sinnentleerten Formalismus und andererseits eine dauernde Angst vor Versagen und Bestrafung, die sich auch als Unzulänglichkeits- oder Schuldgefühl äußert. Weil das Reinheitsbedürfnis eine Grundkomponente in der Psyche des Crab Apple-Menschen ist, wird es in diese negative Entwicklung einbezogen und steigert sich dann oft zu einem neurotischen Sauberkeitszwang, der sich je nach geistigem Entwicklungsstand auf die äußere Erscheinung, die innere Haltung oder – was meistens der Fall ist – auf beides erstreckt. Statt nach seinen eigenen, angeborenen Maßstäben und Bedürfnissen zu leben, versucht er gehorsam und möglichst genau, fremde Normen zu erfüllen, wobei für ihn immer irgendeine Beziehung zu Sauberkeit, Reinheit oder Ordnung besteht.

Um davon freizuwerden, muß er sich und seine persönlichen Bedürfnisse besser kennenlernen. Er sollte sich angewöhnen, nur aus selbstgefundener Verantwortung zu handeln und fremde Meinungen, Vorschriften, Traditionen oder Dogmen stets darauf zu überprüfen, ob sie auch für ihn Gültigkeit haben. Dann wird er wirklich so integer, korrekt und reinlich leben können, wie es seiner Natur entspricht. Vor allem braucht er einen Sauberkeitsbegriff, der seinem persönlichen Wesen entspricht.

Der Grundgedanke ist: Wenn Sauberkeit und Ordnung sich ganz selbstverständlich und von alleine ergeben, Freude machen und die Lebensumstände verbessern, sind sie richtig; wenn sie aber mit Zwang und Selbstvergewaltigung einhergehen oder zum Ausgleich von Unsicherheit oder Ängsten dienen, sind sie krankhaft und krankmachend. Das gilt auch für alle Formen der Moral, die ja eine Art innerer – charakterlicher oder seelischer – Sauberkeit darstellt.

Obwohl in jeder moralischen Idee ein allgemeingültiger Sinn steckt, kann sie doch für den einzelnen Menschen schädlich sein, wenn sie nicht seiner persönlichen Lebensart und seiner individuellen psychischen Konstellation entspricht. Dann kann sie das persönliche psychische Gleichgewicht zerstören, und dies um so nachhaltiger, je früher sie unter Zwang in der kindlichen Psyche verankert wurde.

Letztlich kann uns nur unsere eigene, persönliche Moral, die Ausdruck unseres individuellen Wesens und ein unerläßlicher Faktor unserer Selbstverwirklichung ist, frei und gesund erhalten – was allerdings manchmal auch bedeuten kann, daß wir in einen Konflikt zur gerade vorherrschenden Massenmoral geraten.

Häufige Kombinationen mit anderen Mitteln

Larch (10/19): *Unreinheitsgefühl mit Selbstverachtung.*
Mimulus (10/20): *Übertriebene Angst vor Unsauberkeit.*
Pine (10/24): *Moralisch eingefärbter Sauberkeitszwang.*
Rock Water (10/27): *Übertrieben sauber und diszipliniert.*
Star of Bethlehem (10/29): *Krankhafter Ekel.*
Vine (10/32): *Kleinlicher Sauberkeitsfanatismus.*
White Chestnut (10/35): *Quälende Verunreinigungs-Gedanken.*

Nr. 11 Elm (Ulme)

Kurze Charakteristik

Für Menschen, die sich plötzlich einer großen Aufgabe oder Verantwortung nicht mehr gewachsen fühlen.

Einsatzbereich:
Zur *Basisbehandlung* bei: Leistungskrisen, unkontrolliertem Ehrgeiz, streßerzeugendem Fehlverhalten, akuten Erkrankungen.

Alle *krankhaften Störungen*, die mit plötzlicher Versagensangst oder akutem Überforderungsgefühl einhergehen oder davon ausgelöst wurden.

Im *täglichen Leben* bei: Leistungs-Streß, plötzlichem Überforderungsgefühl, drohendem Zusammenbruch, akuten Erkrankungen.

Ursprung und Bild des Elm-Syndroms

Die Anlage des Elm-Menschen besteht in einem hohen, verantwortungsvollen Leistungsanspruch mit einer Tendenz, bis an die Grenze der Belastbarkeit zu gehen.

Bei harmonischer Entwicklung entsteht daraus ein ausgesprochen leistungsfähiger und -bewußter Mensch, der sich von großen oder verantwortungsvollen Aufgaben angezogen fühlt. Sein Leben ist immer auf irgendwelche hohen Ziele oder Leistungen ausgerichtet, die sozialer, sportlicher oder geistiger Natur sein können. Daher findet man ihn meistens in einer bestimmenden oder herausragenden Position, zum Beispiel als Mutter, die immer für ihre Kinder da ist; als Chef, von dem das Wohl der ganzen Firma abhängt; als Politiker, der sein Leben in den Dienst seines Volkes stellt, aber auch als anonymer »Einzelkämpfer«, der seine ganze Kraft in eine selbstgestellte Aufgabe investiert. Obwohl er sich dabei nicht schont und stets mit vollem Einsatz arbeitet oder kämpft, achtet er doch klug darauf, sich nicht mehr zuzumuten, als er tatsächlich leisten kann. Darin liegt das Geheimnis seiner Erfolge.

Unter ungünstigen Umständen verliert der Elm-Mensch in seinem Wunsch nach Hochleistung das richtige Maß und fordert sich »ohne Rücksicht auf Verluste« bis zu jenem Punkt, an dem seine Reserven erschöpft sind und er zusammenzubrechen beginnt. Das Elm-Syndrom betrifft genau jenen Zustand, in dem »seine Knie weich werden« und er mit einer gewissen Verzweiflung feststellt, daß er nicht mehr weiter kann. Dies bezieht sich allerdings weniger auf seine körperliche als auf seine psychische Leistungsfähigkeit: er hat einfach nicht mehr die innere Kraft, den bisherigen, selbst verursachten Streß durchzuhalten. Dies ist ein entscheidender Moment, der schwerwiegende Folgen haben kann. (Er entspricht jener Phase in einer Krankheit, in der der Körper nach hitzigem Abwehrkampf plötzlich alle Kraft verliert und zu versagen droht.) Da der Elm-Mensch aber von Natur aus stark ist, pflegt er sich nach einiger Zeit wieder zu fangen. Allerdings lernt er nur selten etwas daraus; normalerweise macht er weiter wie bisher und gerät daher früher oder später wieder in dieselbe Gefahr.

Wirkungsrichtung der Elm-Essenz

Elm ist das Notfallmittel bei drohendem (meist psychischem) Zusammenbruch. Es reduziert psychischen Streß oder Leistungsdruck und setzt blockierte Kräfte frei, so daß man weiterkämpfen kann. Rechtzeitig bei größeren Belastungen genommen, verhindert es einerseits, daß man sich selbst überfordert oder künstlich streßt, und erhöht andererseits die persönliche Leistungsfähigkeit. Bei schweren, vor allem plötzlich aufgetretenen Krankheiten sollte es immer gegeben werden, weil es zusätzliche Kräfte mobilisieren kann.

Psychologisch-therapeutische Anmerkungen

Das Elm-Prinzip besteht, wenn es positiv ausgeprägt ist, darin, mit großer Kraft und Einsatzbereitschaft laufend die eigene Leistungsfähigkeit nicht nur bis zur äußersten Grenze auszuloten, sondern auch ständig zu erweitern. Damit entspricht es einem grundlegenden Naturprinzip, ohne das Leben nicht möglich ist: dem Wachstum. Ein wachsender Organismus löst ja gewissermaßen laufend seine Erscheinungsformen und Zustände auf und ersetzt sie durch neue, bessere und fortgeschrittenere.

Alles Gewordene und Geformte will für immer so bleiben, wie es gerade ist. Um es zu verändern und seine natürliche Trägheit zu überwinden, muß man eine gewisse Gewalt anwenden, das heißt, Energie aufwenden, von deren Menge es wiederum abhängt, in welchem Ausmaß Veränderung, Wachstum und Fortschritt möglich sind.

Hierin liegt die Stärke des Elm-Menschen. Wo andere sich träge im Rahmen des Gewohnten halten und sich kaum richtig fordern, treibt ihn seine Veranlagung ständig zu maximalem Krafteinsatz; daraus ergeben sich hohe Leistung und starkes persönliches Wachstum.

Kraft hat aber (wie alles in unserer Welt), wenn sie falsch dosiert ist, eine negative Potenz. Während wir, wenn sie zu gering ist, verkümmern, erzeugt sie Streß oder zerstört uns, wenn sie übermäßig wird.

Streß entsteht also dadurch, daß unser Organismus mehr Energie mobilisiert, als er sinnvoll umsetzen kann. Streß erzeugt einen schädlichen inneren Überdruck (zum Beispiel beim Bluthochdruck, Schlaganfall oder Herzinfarkt) oder führt zu unkoordinierten, sinnlosen Handlungen. Im Grunde bedeutet er eine Fehlreaktion: angesichts einer Herausforderung oder Gefahr verlieren wir den Überblick, welche Energiemenge wir zu ihrer Bewältigung benötigen, und reagieren zu stark.

Während der Grund hierfür meistens in Angst besteht, die die Gefahr übertrieben groß erscheinen läßt und ein angemessenes Verhalten verhindert, sind es beim negativ entwickelten Elm-Menschen übergroßer Ehrgeiz und Leistungswille, die ihm den klaren Blick für das rechte Maß trüben und ihn in Streß versetzen. Er ist wie ein Siedler, der dem Urwald in maßloser

Besitzgier ein zu großes Stück Land abzutrotzen versucht, von einem bestimmten Punkt an aber nicht mehr weiterkommt, seine Kräfte im verzweifelten Kampf gegen die Naturgewalt erschöpft und schließlich Gefahr läuft, alles wieder zu verlieren. Was ihm eine schöne Existenz sichern könnte, nämlich seine große Kraft und Einsatzbereitschaft, ruiniert ihn, weil er sie unmäßig und unsinnig anwendet.

Stressige Elm-Zustände kennt übrigens jeder von uns in irgendeiner Form. Üblicherweise meinen wir, äußere Umstände seien schuld daran. Tatsächlich ist es aber in erster Linie unsere eigene Unfähigkeit, mit der Lebensrealität und unserer Leistungsfähigkeit richtig umzugehen. Wir geraten in Streß, weil wir die Situation falsch einschätzen, uns zuviel vornehmen oder uns auf einen nie zu gewinnenden Kampf gegen unser Schicksal einlassen. Dann geraten wir schließlich an jenen Punkt, an dem wir merken, daß wir uns übernommen haben, daß »die Augen größer waren als der Magen«, und versuchen, die ganze Last wieder abzuwerfen.

Bei Elm-Menschen sind diese Versagensgefühle besonders vehement und kraftvoll. Sie gleichen den Blitzen, die einem sich zusammenbrauenden Gewitter vorangehen, bedeuten aber bei ihm noch nicht die endgültige Katastrophe. Sie sind vielmehr Warnsignale seiner Psyche, die so erfolgsgewohnt ist, daß sie schon bei den ersten Behinderungen (und nicht erst beim Zusammenbruch) Alarm schlägt. Sie übertreibt gewissermaßen die Gefahr, um eine rechtzeitige Kehrtwendung sicherzustellen. So nimmt der Elm-Mensch seinen Zusammenbruch im Geiste vorweg – dies allerdings in realistischer Intensität –, und hat dadurch die Möglichkeit, seine Haltung noch rechtzeitig zu ändern. Nur selten tritt die Katastrophe tatsächlich ein. Meistens gelingt es ihm aus dem Gefühl seiner Ohnmacht heraus, sein Ziel anders, das heißt machbar, zu definieren oder eine erfolgversprechendere Taktik zu finden. Am Ende sieht man ihn dann wieder unverdrossen weiterkämpfen, denn seine Reserven sind sehr groß.

Da diese Streß-Zustände aber viel Kraft kosten und Leid verursachen, wäre es besser, wenn Menschen mit der Elm-Mentalität ihren Ehrgeiz kritischer sehen, auf ihre persönlichen Grenzen sensibler achten und sich mit dem zufriedengeben würden, was ihnen das Leben gibt und gestattet. Wenn sie die Zeichen beachten, die die beginnende Überforderung signalisieren: Befürchtungen, Zweifel, Konzentrations- und Schlafstörungen, Verspannungen, Unlust- und Unzulänglichkeitsgefühle, Gereiztheit, Versagensängste, Überempfindlichkeit, können sie im richtigen Moment von ihrem Vorhaben ablassen oder beginnen, es anders zu betreiben – zumindest aber eine Denkpause einlegen. Der Organismus kann fast jeden Streß verkraften, wenn er sich zwischendurch erholen kann, und braucht gerade bei großen Aufgaben ausreichende Ruhe- und Entspannungspausen (die durch Autogenes Training, Yoga oder ähnliche Übungen intensiviert werden können).

Grundsätzlich wäre es am besten, wenn der Elm-Mensch seinen selbstauferlegten Leistungszwang so weit reduzieren würde, daß er ihm auf lange Zeit gewachsen ist – wie es der erfahrene Langstreckenläufer tut, der seine Geschwindigkeit nur so hoch wählt, daß er sie auch auf lange Distanzen durchhalten kann. Denn alle Lebenskunst beruht darauf, seine Ziele und Wünsche solange mit ganzem Einsatz zu verfolgen, wie Aussicht auf Erfolg besteht, davon aber ohne Verbitterung oder Enttäuschung abzulassen, sobald sie sich als unerreichbar erweisen.

Häufige Kombinationen mit anderen Mitteln

Cherry Plum (6/11): *Am Ende der psychischen und physischen Belastbarkeit.*
Gentian (11/12): *Überforderungsgefühl mit Mutlosigkeit.*
Gorse (11/13): *Plötzliche Hoffnungslosigkeit durch Überforderung.*
Hornbeam (11/17): *Akute Leistungskrisen.*
Larch (11/19): *Plötzlicher Verlust des Selbstvertrauens.*
Mimulus (11/20): *Plötzliche Versagensangst.*
Oak (11/22): *Überforderung durch Leistungszwang.*
Olive (11/23): *Schwere körperlich-seelische Erschöpfung.*
Rock Rose (11/26): *Panik durch Streß.*
Star of Bethlehem (11/29): *Zusammenbruch durch seelische Erschütterung.*
Sweet Chestnut (11/30): *Verzweiflung durch Überforderung.*

Nr. 12 Gentian (Enzian)

Kurze Charakteristik

Für willensschwache, schnell entmutigte Menschen.

Einsatzbereich:
Zur *Basisbehandlung* bei: Willensschwäche, Mangel an Durchhaltekraft, reaktiven Depressionen, ungenügender Konsequenz, Rezidivneigung.

Alle *krankhaften Störungen*, die mit Willensschwäche oder Entmutigung einhergehen oder davon ausgelöst wurden.

Im *täglichen Leben* bei: Entmutigung, zu frühem Aufgeben, Schwarzseherei, Depression bei Mißerfolgen und Problemen, Rückfällen im Heilungsprozeß.

Ursprung und Bild des Gentian-Syndroms

Die Anlage besteht in Nachgiebigkeit und großem Anpassungsvermögen.

Bei harmonischer Entwicklung entsteht daraus ein Mensch, der frei von falschem Begehren, Neid oder Ehrgeiz ist. Er wird nicht verbittert, wenn er Verluste oder Niederlagen erleidet, weil er überzeugt ist, daß jeder Mensch von seinem Schicksal das bekommt, was für ihn richtig ist. Deshalb kann er auch ohne Frustration von Zielen oder Erwartungen ablassen, die sich nicht zwanglos realisieren lassen. Wenn ihm etwas nicht gelingt, so ist er deshalb nicht enttäuscht, sondern betrachtet es als Hinweis des Schicksals, daß ein anderer Weg für ihn richtig ist, und folgt optimistisch den Zeichen, die er bekommt. Weil er eine überlegene Lebenssicht besitzt, verfällt er nie in kleinliche Rechthaberei, sondern handelt nach dem Prinzip: »Der

Klügere gibt nach«; und weil er unüberwindliche Widerstände oder Probleme klug meidet, kann er seinen persönlichen Weg unbehindert gehen. Wegen seiner Gutmütigkeit, Nachgiebigkeit und Abgeklärtheit ist er bei seinen Mitmenschen sehr beliebt.

Unter ungünstigen Umständen kann seine Fähigkeit, klug nachzugeben, zur Gewohnheit, zu schnell aufzugeben, und seine Schicksalsakzeptanz zu Pessimismus ausarten. Dann sagt sich der Gentian-Mensch bei jeder kleinen Schwierigkeit: »Ich wußte, daß es schief geht!« oder »Das schaffe ich nie und nimmer!«, statt nach einer Lösung des Problems zu suchen und darüber nachzudenken, was er besser machen könnte. Hindernisse und Rückschläge fordern nicht seine Kreativität und seinen Willen heraus, sondern sind für ihn Zeichen, daß »es nicht sein soll«. So verzichtet er – objektiv unbegründet – auf viele Chancen und zieht sich mutlos zurück, wenn sich seine Pläne nicht reibungslos realisieren lassen. Aufgrund seiner Willensschwäche, Inkonsequenz und Schwarzseherei ruft er viele Mißerfolge selbst hervor, und oft scheint es, als warte er nur auf einen Grund zum Verzicht. Da diese nachgiebige, entsagende Haltung aber krankhaft ist und im Gegensatz zu seinem dennoch vorhandenen natürlichen Wunsch nach Erfolg und Selbstbehauptung steht, macht sie ihn unglücklich und depressiv.

Depression entsteht dadurch, daß dringende Wünsche nicht erfüllt oder wichtige Bedürfnisse unterdrückt werden. Sie wird »endogen« genannt, wenn ihr Grund nicht bekannt ist, und »reaktiv«, wenn – wie beim Gentian-Syndrom – die Ursache auf der Hand liegt: die durch eigene Willensschwäche und Mutlosigkeit hervorgerufenen Mißerfolge. So leidet der Gentian-Mensch nicht nur unter seiner krankhaften, persönlichen Schwäche, sondern auch unter deren Folgen.

Gentian-Symptome können auch im körperlichen Bereich bei Heilungsprozessen auftreten: es sind jene Rückschläge oder Verzögerungen, die sich nach anfänglicher Besserung einstellen und den Eindruck erwecken, als habe der Organismus noch nicht genügend Kraft, um die Krankheit ganz zu überwinden.

Wirkungsrichtung der Gentian-Essenz

Gentian ist das Mittel für Willenskraft. Es ist gut für verzagte, verzichtbereite oder lebensschwache Menschen, stärkt den Willen, den Lebensmut, die Durchhaltekraft und gibt eine optimistischere Lebenseinstellung. Gentian hat sich auch bewährt, wenn im Verlauf eines Heilungsprozesses Rückfälle oder unerklärliche Verzögerungen auftreten, weil es generell die Fähigkeit, Mißstände zu überwinden oder ein erwünschtes Ziel zu erreichen, verbessert.

Psychologisch-therapeutische Anmerkungen

Erfolg zu haben bedeutet, das zu erreichen, was man will. Dies kann auf zweierlei Weise geschehen: entweder man kämpft sich zum Ziel durch und überwindet dabei gewaltsam alle auftretenden Schwierigkeiten oder man wählt von vornherein einen Weg, auf dem es keine Hindernisse gibt. Das Geheimnis der Erfolgreichen besteht darin, nur das in Angriff zu nehmen, was sie auch tatsächlich erreichen können. Dabei hängt es zwar von der Mentalität des Einzelnen ab, welches Verfahren für ihn das richtige ist, dennoch ist – bezogen auf Zweck und Aufwand – das zweite effektiver und eleganter.

Der harmonisch entwickelte Gentian-Mensch ist der ideale Erfolgs-Typ, weil er es versteht, widerstandslos und ohne Kraftverlust sein Ziel zu erreichen, indem er sich nie auf aussichtslose Unternehmungen einläßt und allen Hindernissen oder Problemen geschickt ausweicht. Diese seine Stärke verwandelt sich allerdings in eine fatale Schwäche, wenn Menschen mit unsensiblem und kämpferischem Naturell (vor allem in der Kindheit) auf ihn Einfluß nehmen und ihn veranlassen, statt den ihm entsprechenden, widerstandslosen Weg zu wählen, seine Ziele »quer durchs Gelände« anzupeilen. Denn die dabei mit Sicherheit auftretenden Hindernisse lassen sich oft nicht elegant umgehen, sondern müssen mit Gewalt überwunden werden – was nicht in seiner feinfühligen Konstitution liegt. Kein Wunder, daß er angesichts der dabei unausbleiblichen vielen Mißerfolge mit der Zeit seinen Optimismus und

Mut verliert und schließlich dazu übergeht, bei Schwierigkeiten gleich die Flinte ins Korn zu werfen: er wird verzagt, kleinmütig und erscheint willensschwach.

Erfolgserlebnisse sind unerläßlich für den weiteren Erfolg. Wer einmal erreicht hat, was er wollte, ist auch beim nächsten Mal auf Erfolg programmiert. Daher braucht der Gentian-Mensch, um sein Mißerfolgs-Programm überwinden zu können, erstens die Erkenntnis, daß er im Prinzip auf seine Weise alles erreichen kann, was er will, und zweitens den Beweis dafür. Wenn ihm klar wird, daß seiner Veranlagung ein sensibles, umsichtiges, widerstandsloses Vorgehen entspricht, und wenn er dies nicht mehr als schwach und feige betrachtet (wie man ihm eingeredet hat), kann er wieder nach seiner eigenen Art leben, die ihm, wie er schnell merkt, alle gewünschten Erfolge beschert. Diese sind allerdings mehr subtil oder unauffällig und nicht so spektakulär oder heroisch wie bei robusten, extrovertierten Menschen.

Erfolg ist kein objektiver, allgemeingültiger Tatbestand, sondern ein subjektives, auf das persönliche Wohlergehen bezogenes Phänomen. So kann ein bestimmtes Ergebnis für den einen nötig sein, während es für den anderen schädlich wäre. Genausowenig läßt sich Mut mit unpersönlicher Elle messen; er kann äußerlich und sensationell oder innerlich und ganz persönlich sein. Im Prinzip bedeutet er, daß man, wenn nötig, bereit ist, sich den Prüfungen seines Lebens zu stellen.

Solange der Gentian-Mensch sich zu der ihm eigenen Sensibilität bekennt und sein seelisches Wohlbefinden zum Kriterium für Erfolg macht, vermeidet er Schwierigkeiten und Mißerfolge so selbstverständlich und instinktsicher, daß es scheint, als gelänge ihm alles, was er will.

Häufige Kombinationen mit anderen Mitteln

Centaury (4/12): *Persönlichkeits- und Willensschwäche.*
Chestnut Bud (7/12): *Mangel an Aufmerksamkeit führt zu Rückfällen.*
Clematis (9/12): *Willensschwäche und Tagträumereien.*
Elm (11/12): *Überforderungsgefühl mit Mutlosigkeit.*

Gorse (12/13): *Willensschwach und hoffnungslos.*
Honeysuckle (12/16): *Nostalgische Lebensschwäche.*
Hornbeam (12/17): *Pessimistisch und willensschwach.*
Larch (12/19): *Willensschwäche mit mangelndem Selbstvertrauen.*
Mimulus (12/20): *Nachgiebig und ängstlich.*
Mustard (12/21): *Verstimmungen und Depressionen.*
Olive (12/23): *Erschöpft und entmutigt.*
Scleranthus (12/28): *Rückschläge in der Genesung.*
Star of Bethlehem (12/29): *Willensschwäche durch psychisches Trauma.*
Walnut (12/33): *Verzagtheit bei Lebensänderung.*
Wild Rose (12/37): *Resignierend und willensschwach.*

Nr. 13 Gorse (Stechginster)

Kurze Charakteristik

Für Menschen, die keine Hoffnung mehr haben.

Einsatzbereich:
Zur *Basisbehandlung* bei: pessimistischer Lebenshaltung, Hoffnungsverlust, schweren Krankheiten mit sehr schlechter Prognose.

Alle *krankhaften Störungen*, die mit Hoffnungslosigkeit einhergehen oder davon ausgelöst wurden.

Im *täglichen Leben* bei: schwerem Pessimismus.

Ursprung und Bild des Gorse-Syndroms

Die Anlage ist ambivalent: einerseits eine besonders positive und hoffnungsvolle Lebenshaltung und andererseits die Bereitschaft, ohne Wunsch und Erwartung zu leben.

Bei harmonischer Entwicklung befinden sich diese beiden widersprüchlichen Veranlagungen in einem fein ausgewogenen Gleichgewicht, so daß daraus ein ausgesprochen positiver und optimistischer Mensch entsteht, der aber zugleich in seinem Inneren die Bereitschaft zu Entsagung, Wunsch- und Hoffnungslosigkeit trägt – allerdings nicht in ihrer negativen, enttäuschungsvollen Bedeutung, sondern im Sinne der asiatischen Weltanschauungen, die das »Nichts« als Voraussetzung für »alles« betrachten. In der optimistischen Heiterkeit des harmonisch entwickelten Gorse-Menschen schwingt immer ein gewisser abgeklärter Ernst mit; man ahnt ein tiefes, unbewußtes Wissen und hat den Eindruck, daß er das Leben in seiner ganzen »positiven« wie »negativen« Bedeutung leben kann. Für seine Mitmenschen ist er ein Symbol der Hoffnung, das um so wertvoller ist, als diese Form der Hoffnung wenig mit den üblichen, vordergründigen und vorteilsorientierten Wünschen zu tun hat. Es ist das tief empfundene Wissen darum, daß alles in unserer Welt richtig bestellt ist.

Unter ungünstigen Umständen kann diese komplizierte Anlage ihr subtiles Gleichgewicht verlieren und in negativer Weise entarten. Genauso, wie sich jeder heftige Wunsch nach Lebensfreude, wenn er sich nicht erfüllen läßt, in eine ebenso starke Traurigkeit verwandelt, schlägt die sehr optimistische Erwartungshaltung des Gorse-Menschen, wenn sie enttäuscht oder mißbraucht wird, in ihr ebenso extremes Gegenteil um. Dabei verdrängt die entsagende, innere Komponente das erwartungsvolle, lebensoffene Element, verliert ihren eigentlichen Sinn und wird zur lebensverneinenden Hoffnungslosigkeit. Entsagung bedeutet dann nicht mehr die gleichzeitige Öffnung für eine noch größere Lebens-Dimension, sondern gleicht dem Eingeschlossen-werden in einem dunklen Zimmer. So entwickelt sich das Gorse-Syndrom, das in Pessimismus und Resignation besteht. Wer sich in diesem Zustand befindet, hat jede Hoffnung aufgegeben; seine Schicksalsergebenheit ist nicht mehr Ausdruck einer wertvollen Erkenntnis, sondern eines inneren Zerstörungsprozesses. Dieser Zustand bezieht sich vor allem auf die Gesundheit und signalisiert bei schweren, chronischen (»hoffnungslosen«) Krankheiten den Übergang in jene Phase, aus der es meistens kein Zurück gibt. Gorse-Kranke »wollen nicht mehr« (sie sind auf »Heilung durch den Tod« eingestellt). Wenn sie überhaupt noch therapeutische Anstrengungen unternehmen, dann nur unter dem Druck ihrer Angehörigen oder Freunde.

Wirkungsrichtung der Gorse-Essenz

Gorse ist das Mittel gegen Hoffnungslosigkeit. Es aktiviert den Lebenswillen und hilft, gegenüber Verlusten, Enttäuschungen oder Niederlagen eine positivere, sinnerfüllte Einstellung zu finden. Bei schweren, hoffnungslos erscheinenden Krankheiten kann es eine Trendwende herbeiführen. Besonders wichtig ist Gorse in der Krebstherapie, da Krebs, wenn er unheilbar ist (was übrigens relativ selten vorkommt!), bedeutet, daß der Organismus die Hoffnung auf Überwindung der krankmachenden Ursache aufgegeben hat.

Psychologisch-therapeutische Anmerkungen

Das Gorse-Syndrom entwickelt sich meistens im Rahmen langwieriger, von Fehlschlägen und Mißerfolgen begleiteter Kämpfe – sei es um die Gesundheit, sei es um ein wichtiges Lebensziel. Es ist Ausdruck einer inneren Erschöpfung, einer Störung des Gleichgewichts zwischen Nehmen und Geben. Um in diesen Zustand zu geraten, muß man normalerweise die beschriebene typische Anlage haben; da diese aber in mehr oder weniger feiner Ausprägung bei jedem Menschen zu finden ist, kann im Prinzip jeder Mensch bei sehr schwerem Schicksalsdruck seine Hoffnung verlieren.

Es ist daher wichtig, bei aller Lebenslust und allen freudigen Erwartungen stets ein Gefühl dafür zu behalten, daß der schönen Vordergründigkeit des Lebens mit all ihren vergänglichen Wünschen und Freuden eine tiefere und bedeutsamere Dimension gegenübersteht, die allem Geschehen erst seinen Wert und Sinn gibt. Es ist ein subtiles Spüren der Vergänglichkeit in allen irdischen Dingen und Freuden, das zugleich ein Ahnen der unbegreiflichen Ewigkeit heraufbeschwört.

Der Religiöse drückt seine Hoffnung mit den Worten »Man kann nicht tiefer fallen als in Gottes Hand« aus. Damit meint er, daß alle Verluste, Enttäuschungen und Leiden, die wir erleben, angesichts dessen, worum es in unserer Existenz geht, letztlich unbedeutend sind. Alles, was uns widerfährt, besitzt einen tieferen Sinn und dient unserem »Seelenheil«, das wir so wenig begreifen und beschreiben können und das doch das eigentliche Ziel unserer Existenz ist.

Wer dieses instinktive Wissen verloren hat, der gerät, an der Unsinnigkeit und »Schlechtigkeit« dieser Welt verzweifelnd, in den Gorse-Zustand, in dem er keinen Grund mehr für irgendwelche positiven Erwartungen findet. Ohne das »Prinzip Hoffnung« aber können wir nicht leben, können keinen Tag beginnen, können nicht atmen, nicht denken, nicht handeln. Unentwegt erwarten wir, daß alles gut ausgehen oder besser werden möge. Gibt es keine Hoffnung mehr, so zieht sich das Leben zurück.

Da allerdings, solange ein Mensch lebt, immer auch noch Leben und damit ein zukunftsorientiertes Element in ihm ist, besteht meist die Möglichkeit, die Hoffnung wieder zu erwecken und die Lebensflamme anzufachen. Dazu muß man sensibel herauszufinden suchen, an welchem Punkt der zerstörerische Hebel angesetzt hat, wo der Gorse-Mensch in seinem Lebensnerv getroffen wurde. Manchmal erscheinen die Gründe dafür dem Außenstehenden banal und unbedeutend, für den Betroffenen aber kann darin sein ganzer Lebenssinn liegen. Gelingt es, an diesem entscheidenden Punkt die verschlossene Tür wieder zu öffnen, dem Verzweifelten glaubhaft die Erfüllung seiner Sehnsucht in Aussicht zu stellen oder ihn für andere Ziele oder Wünsche zu motivieren, so kann die Hoffnung und mit ihr das Leben wieder in ihn zurückkehren.

Häufige Kombinationen mit anderen Mitteln

Centaury (4/13): *Willfährigkeit aus Hoffnungslosigkeit.*
Elm (11/13): *Plötzliche Hoffnungslosigkeit durch Überforderung.*
Gentian (12/13): *Willensschwach und hoffnungslos.*
Mustard (13/21): *Depressionen durch Hoffnungslosigkeit.*
Olive (13/23): *Hoffnungslosigkeit durch Erschöpfung.*
Star of Bethlehem (13/29): *Hoffnungslosigkeit durch schweres Trauma.*
Sweet Chestnut (13/30): *Die absolut hoffnungslose Verzweiflung.*
Wild Rose (13/37): *Die totale Resignation.*

Nr. 14 Heather (Heidekraut)

Kurze Charakteristik

Für egozentrische, geltungsbedürftige Menschen, die nicht allein sein können und laufend von sich selbst sprechen.

Einsatzbereich:
Zur *Basisbehandlung* bei: Egozentrik, Eitelkeit, Gefallsucht, krankhafter Eigenliebe, Geltungsdrang, überkompensiertem Minderwertigkeitsgefühl, Furcht vor Alleinsein.

Alle *krankhaften Störungen*, die mit starker Egozentrik, Geschwätzigkeit oder unnormalem Geselligkeitsbedürfnis einhergehen oder durch Demütigung beziehungsweise Ablehnung hervorgerufen wurden.

Im *täglichen Leben* bei: Angeberei, Geltungsbedürfnis, Furcht vor Nicht-Beachtung, Geschwätzigkeit, Einsamkeit.

Ursprung und Bild des des Heather-Syndroms

Die Anlage besteht aus einer positiven, aber unsicheren Haltung sich selbst gegenüber und einem starken Kommunikationsbedürfnis.

Bei harmonischer Entwicklung entsteht daraus ein Mensch, der die positive Haltung, die er sich selbst gegenüber hat, auch auf seine Mitmenschen überträgt. Er verkörpert die Eigenliebe in ihrer reinen, unschuldigen Form – etwa im Sinne des Wortes: »Liebe deinen Nächsten wie dich selbst«. Weil er sich selbst liebt, kann er auch andere lieben und wird dadurch wiederum würdig, geliebt zu werden: liebenswürdig im eigentlichen Sinne des Wortes. Da er ohne Arg ist, hat er auch keine Furcht vor anderen Menschen und liebt es, mit ihnen zusammenzusein, zu plaudern, seine Gedanken auszutauschen. Dabei macht es ihm Freude, offen sein Herz auszuschütten, indem, da er zu sich selbst und der Welt ein positives Verhältnis hat, auch nichts ist, was verschwiegen werden müßte. Er freut sich seines Lebens, das für ihn wie ein schönes Spiel ist, und läßt andere daran teilhaben – wenn er jemanden hat, mit dem er verkehren und in dem er sich selbst wiederfinden kann. Würde die Verbindung zu seinen Mitmenschen unterbrochen, so wäre er einsam und unglücklich, was er instinktiv durch sein liebenswürdiges Verhalten verhindert.

Unter ungünstigen Umständen, das heißt: im Ernst des Lebens- und Konkurrenzkampfes, kann diese Anlage ihre spielerische, liebenswürdige Seite verlieren und in eine egozentrische und penetrante Selbstbehauptung ausarten. Die naive Freude an und über sich selbst verzerrt sich dann zum krankhaften Geltungstrieb, zur dauernden Frage nach dem eigenen Wert im Vergleich zu dem seiner Mitmenschen; und die unschuldige Kommunikationsfreude verwandelt sich in aufdringliche Geschwätzigkeit, die vor allem einer – allerdings immer noch relativ naiven – Selbstbeweihräucherung dient. Aus »Liebe deinen Nächsten wie dich selbst« wird jetzt die vorwurfsvolle Frage: »Wie kann ich dich lieben, wenn du nicht zuerst mich liebst?« Der Heather-Mensch will vor allem beliebt sein und braucht andere, um sich darstellen zu können. Er spricht nur von sich und seinen Problemen oder drängt sich, wenn seine Störung sehr ausgeprägt ist, überall in den Vordergrund, wobei er allen mit seinen ununterbrochenen Berichten von seinen Verdiensten, Vorzügen und Taten auf die Nerven geht. Man spürt deutlich das unbefriedigte Bedürfnis nach Anerkennung oder Bewunderung – den sogenannten Minderwertigkeitskomplex. Oft ist das Heather-Syndrom bei Kindern sehr ausgeprägt, was zum Beispiel dazu führt, daß sie sich, wenn Gäste kommen, immer auf irgendeine Weise in den Vordergrund spielen. Solches Verhalten hat allerdings gerade jene Folge, die der Heather-Mensch am meisten fürchtet: Isolation, Einsamkeit und Demütigung. Weil er seinen Mitmenschen mit seiner ewigen Selbstdarstellung auf die Nerven geht und sie eigentlich nur als Kulisse und Echo für seine eigene Wichtigkeit benützen will, ohne echten menschlichen Anteil an ihnen zu nehmen, verspüren diese keine große Lust auf seine Gesellschaft und meiden ihn. Dies empfindet er – nicht ganz zu Unrecht – als Ablehnung oder sogar als Demütigung, was ihn noch mehr in die gefürchtete Vereinsamung treibt, ihn noch egozentrischer macht, seine Kontakte noch oberflächlicher werden läßt und den Boden für Krankheiten – vor allem der Lunge und des Herzens – bereitet.

Wirkungsrichtung der Heather-Essenz

Heather ist das Mittel gegen Eitelkeit und Geltungssucht. Es hilft beim Aufbau eines natürlichen Selbstwertgefühls und beim Abbau von Minderwertigkeitsgefühlen. Heather fördert die Fähigkeit, auch andere gelten zu lassen oder auf sie einzugehen, und wirkt gegen Angeberei oder Unbescheidenheit. Vorlaute Geschwätzigkeit ist eine besondere Indikation. Es sollte auch bei allen Krankheiten versucht werden, die die Folge einer Demütigung sind.

Psychologisch-therapeutische Anmerkungen

Das Heather-Verhalten ist ein Produkt ungünstiger Lebensbedingungen, unter deren Einfluß die unbewußte, instinktive Selbstliebe zur konkurrenzbezogenen Geltungs- und Gefallsucht verformt wird. Der Heather-Mensch, der schon in der Kindheit mit Neidern, Eitlen oder Machtgierigen konfrontiert wird, merkt schnell, daß man ihm die Position, die er ansteuert, streitig macht, daß er sich immer wieder durchsetzen oder verteidigen muß. Da aber ein auf Harmonie und Übereinstimmung ausgerichteter Grundton in ihm vorherrscht, läßt er sich nicht auf ein aktives, handfestes Kräftemessen ein, sondern versucht, Wohlgefallen und Beliebtheit – auf die es ihm hauptsächlich ankommt – auf eine eher passive Weise, nämlich durch die bloße Demonstration seiner Vorzüge, zu erringen. Das Heather-Prinzip entspricht im Tierreich dem Pfau, der durch seine – eitel vorgeführte – Schönheit alle anderen in den Schatten stellt. Der Pfau hat in seiner Art keinen Konkurrenten, der Mensch aber unendlich viele. So wird der Heather-Mensch, solange er sich seiner persönlichen Vorzüge nicht genau bewußt ist, immer wieder das demütigende Gefühl haben, daß andere besser, schöner, klüger oder stärker als er sind.

Wollte der Pfau mit dem Löwen in bezug auf seine Kraft wetteifern, dann bekäme auch er Minderwertigkeitskomplexe. In seiner Unbewußtheit aber sieht er nur sich selbst. Der Mensch kann dies nicht, er ist ja zur Bewußtwerdung geschaffen. Er muß seine Vorzüge und Schwächen erkennen und zugleich begreifen, daß er ebenso einmalig ist wie jeder andere auch und daß in dieser Einmaligkeit das Wesen seiner Schönheit, der Wert seiner Person liegt.

Wenn dem Heather-Menschen klar wird, daß er, indem er sich mit anderen vergleicht, keine gültige Aussage über seinen eigenen Wert bekommt, kann er sich besser akzeptieren und sich *in seiner Gesamtheit* lieben. Sein Fehler besteht darin, daß er zu sehr auf Details – zum Beispiel die Augen, die Beine, das Gedächtnis, die Muskelkraft, die Herkunft – achtet und die Persönlichkeit als Ganzes vernachlässigt. Als einmaliges Individuum aber ist jeder Mensch unvergleichlich.

Menschen mit Heather-Mentalität sollten auch beachten, daß jeder Mangel, den sie in irgendeinem Detail aufweisen, gleichzeitig durch irgendeinen anderen Vorteil ausgeglichen wird. Sie sollten sich ihr Selbstwertgefühl nicht aus oberflächlichen Einzelaspekten, sondern aus der Gesamtheit und Tiefe ihres ganzen Wesens erschließen.

Wenn man in diesem Sinne ein angemessenes Selbstbewußtsein entwickelt hat, braucht man nicht krampfhaft um Anerkennung und Beliebtheit zu betteln (gerade dadurch verscherzt man sie sich), sondern kann in aller Selbstverständlichkeit – wie das unschuldige Tier – auf seine Mitmenschen zugehen, ohne sie zu bedrängen oder gar zu demütigen. Dabei kann man, ohne sich selbst herabzusetzen, auch andere anerkennen und ihnen dann neidlos den Vortritt lassen, wenn sie überlegen sind – nach dem Motto: »Du hast dieses und ich habe jenes«. Nur so ist ein freundschaftliches Miteinander möglich, bei dem jeder in der richtigen Weise zur Geltung kommt.

Häufige Kombinationen mit anderen Mitteln

Chicory (8/14): *Die Sucht, geliebt und beliebt zu sein.*
Honeysuckle (14/16): *Eitle Jugendlichkeit.*
Larch (14/19): *Angeberei aus Minderwertigkeitsgefühl.*
Mimulus (14/20): *Aufdringlichkeit aus Furcht vor Einsamkeit.*
Mustard (14/21): *Depression durch Ablehnung oder Einsamkeit.*
Star of Bethlehem (14/29): *Psychisches Trauma durch Demütigung.*
White Chestnut (14/35): *Eitles Zwangsdenken.*

Nr. 15 Holly (Stechpalme)

Kurze Charakteristik

Für Menschen, die zu unfreundlichen oder aggressiven Reaktionen neigen.

Einsatzbereich:
Zur *Basisbehandlung* bei: Aggressivität, cholerischem oder sanguinischem Temperament, Lieblosigkeit, negativer oder destruktiver Einstellung, Gewalttätigkeit, Rachsucht.

Alle *krankhaften Störungen*, die mit Reizbarkeit oder Aggressionen einhergehen oder davon ausgelöst wurden.

Im *täglichen Leben* bei: Unfreundlichkeit, Ärger, Wut, Reizbarkeit, Neid, Haß, Mißtrauen, Eifersucht.

Ursprung und Bild des Holly-Syndroms

Die Anlage besteht in einer sehr vitalen, animalisch ursprünglichen Reaktions- und Verteidigungsbereitschaft.

Bei harmonischer Entwicklung entsteht daraus ein Mensch, der in der Lage ist, auf Behinderungen seiner Selbstverwirklichung vital und, wenn nötig, auch aggressiv zu reagieren. Da er sich immer sofort wehrt, wenn es nötig ist, und es nicht zuläßt, daß sich negative Emotionen in ihm anstauen, ist er offen, gerade und ohne Falschheit. Haß (der das Ergebnis von unterdrückter Aggression ist) kommt bei ihm nicht vor, weil er auf jeden Angriff spontan und direkt reagiert. Er verteidigt stets mit »unschuldiger« Natürlichkeit seine Rechte, und man weiß, woran man bei ihm ist. Da man ihm nicht »schräg kommen« darf, kann beim Umgang mit ihm keine Hinterhältigkeit und Falschheit entstehen. Aggression hat bei ihm einen sinnvollen und natürlichen Wert. So entspricht er dem Typ des aufrechten Kämpfers, der offen gegen jedes Unrecht vorgeht, ohne sich selbst dabei zu schonen.

Unter ungünstigen Umständen, das heißt: wenn seiner Aggressivität die Spontaneität genommen und er in seiner Selbstverwirklichung zu sehr unterdrückt wird, entwickelt sich der Holly-Typ zu einem Menschen, der schnell gereizt ist und übertrieben aggressiv reagiert. Er kann auf Probleme nicht gelassen oder verständnisvoll reagieren, sondern wird sofort verärgert, wütend oder gehässig. Er ist sozusagen immer geladen. Weitere Varianten dieser Reaktionsweise sind Haß, Neid, Eifersucht, Rachsucht, Mißtrauen. Die Schwelle für Bedrohungs- oder Behinderungsgefühle liegt bei dieser Mentalität tiefer als normal, das Konkurrenzverhalten verliert seinen sportlich-fairen Charakter und kann eine hinterhältige, gemeine Note bekommen. Viele typische Holly-Menschen sind in ihrer Kindheit zu sehr in ihrer angriffs- und kampfbereiten Lebenshaltung beschnitten und unterdrückt worden, sei es von Eltern mit sanftem, defensivem Naturell, sei es von moralisch, ideologisch oder eigennützig motivierten Erziehern. Da die Aggression ein natürliches und instinktbedingtes Phänomen ist, das sich weder durch Gewalt noch »Vernunft« aus der Welt schaffen läßt, sucht sie sich, wenn sie nicht geradeheraus kann, andere Ausdrucksmöglichkeiten: zum Beispiel halten sich Kinder, die ihre Wut unterdrücken müssen, an wehrlosen Tieren schadlos oder schlagen unschuldigen Blumen die Köpfe ab. So hat das Holly-Syndrom viele Varianten: den kleinen Ärger im Alltag, die unnötige Verstimmung, die übertriebene Reizbarkeit, die unbegründete Unfreundlichkeit. Besonders heftig kann es bei jenen Menschen ausfallen, die, von Natur aus eher nachgiebig und sanft, unter einem außergewöhnlichen äußeren Druck die Fassung verlieren und auf einmal »rot sehen«.

Auch Krankheiten mit hitzigem, aggressivem Charakter, wie hohem Fieber, starken allergischen Reaktionen, plötzlichen, schweren Entzündungen oder einer ungewohnte Reizbarkeit beim Beginn einer Krankheit, gehören zu Holly.

Wirkungsrichtung der Holly-Essenz

Holly ist das Mittel gegen negative Emotionen. Es kann Aggression, Reizbarkeit, Ärger, Wut, Rachsucht, Mißgunst, Eifersucht abbauen, fördert die bewußte Aggressionskontrolle, macht freundlicher, kompromißbereiter, duldsamer, sanfter, liebesfähiger. Natürlich kann aber Holly Wut oder Haß nicht einfach in ihr Gegenteil umkehren. Es sollte (mit dazu passenden Mitteln) eingesetzt werden, wenn ungewöhnliche Reizbarkeit den Beginn einer Krankheit anzeigt oder wenn diese sehr hitzig und aggressiv verläuft.

Psychologisch-therapeutische Anmerkungen

Aggression ist ein Phänomen, ohne das es kein Leben geben kann. Denn Leben bedeutet Wachstum, Entfaltung und Selbstverwirklichung, und diese wiederum sind nur auf Kosten anderer möglich. Jede Zelle begeht, indem sie größer wird, jede Pflanze, indem sie wächst, jedes Tier, indem es gedeiht, jedes Volk, indem es sich ausdehnt, andauernd aggressive Akte gegenüber anderen Zellen, Pflanzen, Tieren, Völkern: sie nehmen ihnen die Nahrung, den Lebensraum oder gar die Existenz. Weil der Raum, der dem Leben in seiner Gesamtheit auf Erden zur Verfügung steht, festgelegt ist und sich nicht beliebig vermehren läßt, ist jeder, der sich entfalten will und Lebensraum beansprucht, zum Kampf verurteilt. Während dies für das einzelne Lebewesen »fressen und gefressen werden« bedeutet, erhält sich damit das Leben in seiner Gesamtheit.

Vor dem Hintergrund der bestehenden Lebensraum- und Ressourcenbegrenzung ist unser nur zu natürlicher Wunsch, von dem, was wir sind und haben, nichts zu verlieren, gleichbedeutend mit der Forderung, daß andere, die noch nichts sind oder haben, nichts bekommen sollen. Das empfinden diese natürlich als feindselige Haltung, genau wie wir es in ihrer Lage auch tun würden. Wer hat recht? Darüber kann man in mannigfacher Weise diskutieren und philosophieren. Das Leben selbst aber beantwortet diese Frage ganz einfach und unwiderlegbar dadurch, daß es uns zwingt, unsere existenziellen Bedürfnisse

– Nahrung oder Sicherheit – direkt, notfalls auch aggressiv und auf Kosten anderer zu befriedigen.

(Diese Feststellung bezieht sich allerdings nur auf die grundlegenden Existenzbedingungen. Vom Überfluß abzugeben ist nämlich ein ebenso verbreitetes Naturprinzip: die Bäume verteilen ihre Früchte, die Quelle verströmt ihr Wasser; auch der Mensch teilt mit seinem Nächsten, wenn er das Gefühl hat, genügend – sei es materiell, sei es geistig-seelisch – zu besitzen.)

Wenn wir Kraft, Unerschrockenheit und Selbstbewußtsein besitzen, können wir unsere Aggressionen gerade und unverfälscht ausleben; andernfalls entwickeln sie sich zum inneren Überdruck, den wir bei der ersten (natürlich ungefährlichen) Gelegenheit in Form von unbegründeter Unfreundlichkeit, Reizbarkeit, Wut, Haß, Neid, Rachsucht, Mißtrauen, Eifersucht und dergleichen ablassen. In diesem Zustand – dem Holly-Syndrom – sind wir eigentlich nicht mehr Herr unserer Emotionen. Selbst wenn wir wollten, könnten wir dann nicht mehr freundlich und entgegenkommend sein, unsere Wut in Luft auflösen, unseren Haß in Liebe verwandeln oder unsere Eifersucht aufgeben – mit Ausnahmen natürlich.

Um das Holly-Syndrom überwinden zu können, braucht man ein tiefes Verständnis für seine psychischen Mechanismen. Die Aggression ist zwar eine grundsätzliche Instinkt-Reaktion, wird aber meist durch persönliche Konditionierungen ausgelöst. Das heißt: man reagiert aggressiv, weil man sich angegriffen oder bedroht fühlt, unabhängig davon, ob dies tatsächlich auch so ist. Es kommt also darauf an, seine persönlichen, aggressionsauslösenden Ängste und Empfindlichkeiten kennenzulernen und sie so zu ändern, daß man angemessener und sinnvoller reagieren kann.

Im Prinzip ist es durchaus möglich, Einstellungen und Werte zu finden, die es einem ermöglichen, sich über das Niveau primitiver Urwaldkämpfe zu erheben und nicht in jedem Menschen einen Feind und in seinen Handlungen eine vitale Bedrohung zu sehen. Dabei gibt es allerdings für jeden von uns eine Grenze, die er verteidigen muß; wie eng sie gezogen ist, hängt größtenteils von seinem geistigen Niveau und seiner Anlage ab.

Als bewußte Menschen haben wir nicht nur einfache animalische, sondern auch geistige und seelische Entfaltungsmöglichkeiten. Je höher unser Selbst- und Welt-Bewußtsein entwickelt ist, um so toleranter, großzügiger und stärker sind wir und um so weniger erscheint uns die Existenz anderer Menschen als persönliche Bedrohung.

Ein echter Holly-Typ wird nie ein sanftes Täubchen, aber auch er kann lernen, seine kämpferische Vitalität bewußt zu kontrollieren. Er kann erkennen, daß er grundsätzlich dazu neigt, anderen Gewalt oder Unrecht anzutun, – aber auch sich selbst durch sein manchmal zu wüstes Verhalten schadet (auch seine Feinde können sich wehren). Und er könnte zu fühlen lernen, daß die in ihm tobenden negativen Emotionen auch ihn selbst vergiften: wer fühlt sich schon wohl, wenn er neidisch, wütend, eifersüchtig, rachgierig oder haßerfüllt ist? Wenn ihm dies klar ist, wird er im eigenen Interesse seine inneren Giftquellen zum Versiegen bringen – durch großzügigere und fairere Selbsterkenntnis oder durch eine direkte, Klarheit schaffende Konfrontation.

Häufige Kombinationen mit anderen Mitteln

Beech (3/15): *Allergische Schockreaktion.*
Cherry Plum (6/15): *Unkontrollierte Wutanfälle.*
Chicory (8/15): *Haß-Liebe.*
Impatiens (15/18): *Ungeduldig und gereizt.*
Mimulus (15/20): *Ängstliche Gereiztheit.*
Star of Bethlehem (15/29): *Aggression durch seelische Erschütterung.*
Vervain (15/31): *Reizbarer Weltverbesserer.*
Vine (15/32): *Wut bei Widerspruch oder Fehlern.*
Water Violet (15/34): *Der gereizte Misanthrop.*
White Chestnut (15/35): *Aggressive Zwangsgedanken.*
Willow (15/38): *Verbitterung mit Wut oder Haß.*

Nr. 16 Honeysuckle (Geißblatt)

Kurze Charakteristik

Für Menschen, die sich nicht von der Vergangenheit lösen können.

Einsatzbereich:
Zur *Basisbehandlung* bei: Störungen des Realitätsbezuges, Wirklichkeitsflucht, mangelndem Interesse an der Gegenwart, wehmütiger Stimmungslage, nostalgischer Lebenshaltung.

Alle *krankhaften Störungen*, die mit wehmütigen Erinnerungen einhergehen oder davon ausgelöst wurden.

Im *täglichen Leben* bei: Erinnerungen, Heimweh, Trauer durch Verlust.

Ursprung und Bild des Honeysuckle-Syndroms

Die Anlage besteht in einer träumerischen Empfindsamkeit, einem großen Glücksbedürfnis und einer guten Erinnerungsfähigkeit bei defensiver Ängstlichkeit und passiver Lebenshaltung.

Bei harmonischer Entwicklung entsteht daraus ein romantischer, gefühlvoller Mensch mit einem glücklichen Naturell, der es versteht, dem Leben seine schönen Seiten abzugewinnen. Er sieht gewissermaßen alles durch die »rosa Brille«, die das Erfreuliche betont und das Unerfreuliche abschwächt, wobei er allerdings nicht die Wirklichkeit illusionär verfälscht, sondern sie aus einer grundsätzlich positiven Einstellung heraus bewertet. Er beherrscht dabei die Kunst, nie die Beziehung zur Lebensrealität, die ja stets aus einer Mischung von positiven und negativen Elementen besteht, zu verlieren und versteht es, in seiner überwiegend erfreulichen Lebensrealität auch jene kleine Prise an Ärger, Belastung oder Leid zuzulassen, die uns, wie die Hefe im Teig, vorwärtstreibt und Einblick in die tieferen Zusammenhänge des Seins gewährt. So wird für ihn auch das (oberflächlich gesehen) Unerfreuliche in einem höheren Sinne erfreulich, weil es ihm zu einer bedeutsameren und wertvolleren Perspektive verhilft. Aber er erlebt nicht nur die Wirklichkeit als schön, sondern er besitzt darüber hinaus auch die Fähigkeit, seine glücklichen Empfindungen in so lebendiger Erinnerung zu halten, daß sie sein ganzes Lebensgefühl durchsetzen. Künstler, die es verstehen, das unvergänglich Schöne aus der Flüchtigkeit des Augenblicks wie eine kostbare Essenz herauszudestillieren und in ihren Werken auszudrücken, haben diese Anlage. Der harmonisch entwickelte Honeysuckle-Mensch ist sehr beliebt, weil er bei anderen Menschen das Wissen um das Schöne und Wunderbare wiederbelebt, das ihnen im nüchternen Alltag allzu leicht verlorengeht, und weil er, am materiellen Konkurrenzkampf wenig interessiert (er besitzt ja inneren Reichtum), niemandem etwas streitig macht.

Unter ungünstigen Umständen entsteht aus dem großen Bedürfnis nach Glück, den vielen schönen Erinnerungen und der relativen Lebensschwäche die Gewohnheit, aus der harten Gegenwart in eine erfreulichere Vergangenheit zu fliehen. Empfindsam und passiv, wie er ist, meint der Honeysuckle-Mensch fast schon grundsätzlich, daß das Leben früher viel schöner und leichter war, wobei er die Vergangenheit meist nachträglich etwas retuschiert. In angenehmen Träumereien und Erinnerungen schafft er sich ein heilsames Gegengewicht zur unangenehmen Realität. So reagieren Kinder mit Heimweh oder Menschen, die einen Verlust nicht verwinden können; da sie mit den neuen Lebensumständen nicht zurechtkommen, fliehen sie in romantische Erinnerungen und wünschen die »gute alte Zeit« zurück. Auch jene Dichter, die in ihren Werken wehmutsvoll dem verlorenen Glück nachtrauern, gehören dazu. Das Honeysuckle-Syndrom macht den Menschen weitgehend unfähig, mit seinem Leben klarzukommen. Er versinkt in Trauer, in Heimweh oder Träumereien und verliert dabei immer mehr den Kontakt zu seinem dennoch ihn täglich fordernden Leben. Dadurch wird auch die Entwicklung von Süchten gefördert, denn Sucht bedeutet die Suche nach dem Erfreulichen oder Wunderbaren und ist ein Versuch, es immer wieder künstlich heraufzubeschwören.

Wirkungsrichtung der Honeysuckle-Essenz

Honeysuckle ist das Mittel gegen krankhafte Nostalgie. Es weckt das Interesse für Gegenwart und Realität, läßt allzu aufdringliche, erfreulich eingefärbte Erinnerungen verblassen. Daher ist es hilfreich bei Heimweh, nostalgischer Schwärmerei und besonders bei Trauer (die ja im Grunde bedeutet, daß man eine neue Lebensrealität nicht annehmen kann, weil man die frühere für schöner hält). Es verbessert die Fähigkeit, sich in neuen, unerfreulich erscheinenden Lebensumständen zurechtzufinden (Heimweh!) und kann die Neigung zu Süchten abbauen, die einer Realitätsverweigerung entspringen.

Psychologisch-therapeutische Anmerkungen

Das typische Honeysuckle-Verhalten ist die Folge zu harter oder nüchterner Lebensumstände. Der Honeysuckle-Mensch, vor allem als Kind, ist ja besonders empfindsam und glücksbedürftig. Wenn er zu schnell oder brutal aus dem schützenden Kokon, den er sich aus schönen Erlebnissen zu weben und in dem er sich zu wärmen und verstecken pflegt, herausgerissen wird, wenn er zu abrupt oder brutal mit der wenig romantischen Wirklichkeit konfrontiert wird oder wegen seiner »poetischen« Anlage unter verständnislosen erzieherischen Druck gesetzt wird, so kann er sich – mehr aus instinktiver Schutzreaktion als aus Trotz – ganz in seine ausgedachte, »heile« Welt zurückziehen und für das normale Leben untauglich werden.

Es gibt allerdings auch Honeysuckle-Typen, die sich unter dem Druck der Lebensbedingungen eine gewisse Tüchtigkeit und Nüchternheit aneignen; da diese aber nur eine äußerst brüchige Schicht bilden, können sie jederzeit aufgrund eines tiefergehenden Verlustes oder einschneidender Lebensveränderungen zur Überraschung aller plötzlich in unstillbare Trauer versinken oder völlig den Kontakt zur Lebenswirklichkeit verlieren.

Man sollte nicht versuchen, dem Honeysuckle-Kind oder -Menschen seine »poetische« Anlage auszutreiben, um ihn »lebenstüchtig« zu machen. Wenn er sein Leben seiner Mentalität entsprechend gestalten darf, wobei ein gewisses künstlerisches Element immer eine große Rolle spielt, kann er durchaus auch im praktischen Alltag Fuß fassen – allerdings gewissermaßen nur auf einem Bein, denn das andere steht immer in jener Dimension, in der die Träume und Wunder zu Hause sind.

Ein Mensch, der in einen ausgeprägten Honeysuckle-Zustand geraten ist, zum Beispiel in Form von unstillbarem Heimweh oder unendlicher Trauer, braucht, falls die Erfüllung seines dringenden Wunsch unmöglich ist, einfühlende und verständnisvolle Hilfe bei der Anpassung an seine gegenwärtige Lebenssituation. Dabei muß er die Möglichkeit haben, auch dort das (ja immer vorhandene) träumerische, unwirkliche Element zu finden. Man hilft ihm nicht viel, wenn man ihm empfiehlt, sich doch endlich zusammenzureißen, oder wenn man ihn vernünftig auf irgendwelche äußerlichen Vorteile aufmerksam macht; vielmehr sollte man herauszufinden suchen, wonach seine Seele verlangt und es ihm – auch wenn es unverständlich oder albern erscheint – zukommen lassen. Nur so kann er wieder Vertrauen und Mut zum Leben fassen und beginnen, sich auf seine Weise darin zurechtzufinden.

Häufige Kombinationen mit anderen Mitteln

Chestnut Bud (7/16): *Unaufmerksamkeit durch nostalgische Träumereien.*
Chicory (8/16): *Trauer bei Liebesverlust.*
Clematis (9/16): *Die totale Tagträumerei.*
Gentian (12/16): *Nostalgische Lebensschwäche.*
Heather (14/16): *Eitle Jugendlichkeit.*
Hornbeam (16/17): *Flucht in die Vergangenheit aus Überforderungsgefühl.*
Larch (16/19): *Flucht in die Vergangenheit aus mangelndem Selbstvertrauen.*

Mimulus (16/20): *Flucht in die Vergangenheit aus Ängstlichkeit.*
Mustard (16/21): *Depressionen durch Verlust.*
Olive (16/23): *Flucht in die Vergangenheit aus Erschöpfung.*
Star of Bethlehem (16/29): *Unbewältigter Verlust.*
White Chestnut (16/35): *Zwanghafte Erinnerungen.*
Wild Rose (16/37): *Wehmütige Resignation.*
Willow (16/38): *Verbitterung durch Verlust.*

Nr. 17 Hornbeam (Hainbuche)

Kurze Charakteristik

Für Menschen, denen die Anforderungen ihres täglichen Lebens oder bestimmte Aufgaben zu schwer erscheinen, obwohl sie im Prinzip leistungsfähig sind.

Einsatzbereich:
Zur *Basisbehandlung* bei: Versagensängsten, chronischen Überforderungsgefühlen, grundlosem Pessimismus, Frustrationen.

Alle *krankhaften Störungen*, die mit dauernden Überforderungsgefühlen einhergehen oder davon ausgelöst wurden.

Im *täglichen Leben* bei: »Montagstief«, »Morgenfrust«, Arbeitsunlust, Schwächegefühl, Flucht in die Krankheit.

Ursprung und Bild des Hornbeam-Syndroms

Die Anlage besteht in einem starken Leistungs- und Perfektionsbedürfnis bei gleichzeitigem Hang zu Vorsicht, Selbstkritik und Bescheidenheit.

Bei harmonischer Entwicklung entsteht daraus ein Mensch, der darauf eingestellt ist, gute Arbeit zu leisten oder große Leistungen zu erbringen, sich aber davor hütet, seine Fähigkeiten zu überschätzen. Er hat fast immer Erfolg, weil er seine Kräfte richtig einteilt und nur solche Aufgaben in Angriff nimmt, die er auch bewältigen kann. Er neigt zu einem vorsichtigen Understatement und plant bei allem, was er unternimmt, eine gewisse Reserve ein, die nicht nur Mißerfolge verhindert, sondern ihm vor allem ein Gefühl von Sicherheit gibt. Bei seinen Mitmenschen ist er beliebt, weil er in sich natürliche Bescheidenheit und sichere Besonnenheit mit einem gesunden Leistungswillen vereint. Man spürt, daß seine Vorsicht einer großen Sensibilität und dem Bestreben, einwandfreie Arbeit zu leisten, entspringt. Seine selbstkritische Haltung artet nie in ein »fishing for compliments« aus, sondern beweist empfindsame Einsicht in die Unberechenbarkeit des Lebens. So geht er seinen Weg sicher, aber umsichtig, selbstkritisch, aber mit gutem Augenmaß, bescheiden, aber in sich selbst ruhend.

Unter ungünstigen Umständen kann diese Kombination von natürlicher Bescheidenheit und großem Erfolgswillen in einen unbewußten Perfektionszwang bei gleichzeitigem Überforderungsgefühl umschlagen. Übergroße Vorsicht ruft dann Pessimismus und das Streben nach guter Leistung Angst vor einem Versagen hervor. So fühlt sich der typische Hornbeam-Mensch durch sein tägliches Leben oder durch bestimmte, unumgängliche Aufgaben überfordert (ist es im Grunde aber nicht). Er ist pessimistisch, sieht sich schon morgens einem Berg gegenüber, von dem er nicht weiß, wie er ihn bewältigen soll. Typische Varianten hiervon sind der »Morgenmuffel« oder die Montagsdepression. Auffallend an diesem Zustand ist aber, daß er hauptsächlich geistiger Natur ist; das Gefühl der Überforderung ist nicht sachlich begründet, sondern wird durch pessimistische Erwartungen ausgelöst und bedeutet, daß der Hornbeam-Mensch sich »vorsichtshalber« auf einen Mißerfolg einstellt. Auf ihn trifft das Wort zu: »Der Mensch wächst mit seinen Aufgaben«, denn er pflegt, wenn er gefordert wird, wider Erwarten gute Leistungen zu erbringen. Sein Problem ist aber, daß er trotz seiner täglichen Erfolgserlebnisse immer wieder unter Überforderungsgefühlen leidet und sich schon beim bloßen Gedanken an das, was auf ihn zukommt, erschöpft fühlt. Obwohl er am liebsten gleich aufgeben würde, macht er sich dann doch seufzend an die Arbeit – wahrscheinlich, weil er insgeheim weiß, daß alles gar nicht so schlimm ist – und wird paradoxerweise mit zunehmendem Einsatz immer aktiver und leistungsfähiger.

Dieses Phänomen kann man gelegentlich auch bei Menschen mit schlechtem Kreislauf beobachten: je mehr sie sich bewegen und belasten, desto besser geht es ihnen.

Wirkungsrichtung der Hornbeam-Essenz

Hornbeam ist das Mittel zur Bewältigung des täglichen Lebens. Es wirkt gegen Versagensängste, fördert einen gesunden Leistungswillen, verhilft zu einer positiveren, aktiveren Lebenseinstellung, zu mehr Unternehmungslust und Selbstvertrauen. Dadurch kann es auch eine durch Überforderungsgefühle bedingte Flucht in die Krankheit verhindern. Hornbeam sollte bei morgendlicher Unlust genommen werden, vor allem, wenn diese sich im Laufe des Tages abzubauen pflegt, sowie bei Schwächezuständen, die unter Bewegung oder Belastung verschwinden (Blutuntersuchung ist zu empfehlen).

Psychologisch-therapeutische Anmerkungen

Das Hornbeam-Syndrom entsteht aus dem Bedürfnis nach guten oder perfekten Leistungen, dessen Befriedigung aber durch gleichzeitig vorhandene Selbstkritik und Vorsicht permanent in Frage gestellt wird. Der Hornbeam-Typ neigt dazu, die ihm gestellten Aufgaben zu über- und seine Leistungsfähigkeit zu unterschätzen, was häufige, quälende Unzulänglichkeits- beziehungsweise Überforderungsgefühle oder Versagensängste hervorruft. Daß diese nur subjektiv und eingebildet sind, zeigt sich, wenn er tatsächlich gefordert wird. Dann ist er nämlich allen Belastungen gewachsen.

Diese Fehleinschätzung entsteht immer dann, wenn er unter Umständen leben oder Aufgaben erfüllen muß, die ihm von Natur aus nicht liegen und denen er daher – wie er instinktiv fühlt – nicht wirklich gewachsen ist. Es ist ähnlich wie bei der Neigung, Schuldgefühle zu entwickeln. Auch sie entstehen aus dem instinktiven Wissen, daß man den (moralisch unterlegten) Forderungen seiner Umwelt nicht gerecht werden kann – dies ganz einfach deshalb, weil sie einem von Natur aus nicht liegen und entsprechen. Während das Schuldgefühl (siehe *Pine*) sich auf den eher theoretischen, seelisch-geistigen Selbstwert bezieht, erstreckt sich das Unzulänglichkeitsgefühl von Hornbeam auf die praktische, körperlich-intellektuelle Leistungsfähigkeit. Das Hornbeam-Verhalten ist mit seinen pessimistischen Erwartungen eigentlich eine Art Schutz- oder Abwehrreaktion, um erstens durch prophylaktisches Unterlassen Mißerfolge zu verhindern und zweitens durch eine Art von passivem Streik die Aufgabenstellungen und Lebensbedingungen zu verändern.

Man sollte sich durch die guten Leistungen, die der Hornbeam-Mensch aufweisen kann, wenn er gefordert wird, nicht täuschen lassen. Sie scheinen zwar zu beweisen, daß er kann, wenn er will, entsprechen aber nicht seinen wirklichen – durch falschen Einsatz jedoch verhinderten – Möglichkeiten. Die Tatsache, daß er immer wieder in Pessimismus verfällt, sollte klarmachen, daß er eine grundsätzliche Verbesserung seiner Lebensbedingungen braucht.

Dabei sind zwei Gesichtspunkte wichtig: erstens die Überwindung von eventuell vorhandenen, depressiv stimmenden Krankheiten (vor allem der Leber), zweitens die Änderung der objektiven Lebenssituation, das heißt Freude und Selbstverwirklichung statt Pflicht und Zwang. Wenn der Hornbeam-Mensch (im Prinzip gilt dies für alle Menschen) entsprechend seinen persönlichen Möglichkeiten, Bedürfnissen und Wünschen leben kann – was man auch Selbstverwirklichung nennt –, so ist er leistungsfähig und optimistisch.

Vor allem Kinder, die Hornbeam-Zustände entwickeln, sollten auf einen Lebensweg geleitet werden, auf dem sie gedeihen können. Sonst werden sie wie Pflanzen, die in einem ungünstigen, rauhen Klima wachsen müssen: angepaßt, aber irgendwie verkümmert.

Häufige Kombinationen mit anderen Mitteln

Centaury (4/17): *Überforderungsgefühl durch Unselbständigkeit.*

Elm (11/17): *Akute Leistungskrisen.*

Gentian (12/17): *Pessimistisch und willensschwach.*

Larch (17/19): *Überforderungsgefühl durch Mangel an Selbstvertrauen.*

Mimulus (17/20): *Versagensängste.*

Wild Rose (17/37): *Antriebslosigkeit durch Überforderungsgefühl.*

Nr. 18 Impatiens (Drüsentragendes Springkraut)

Kurze Charakteristik

Für ungeduldige, unruhige oder gehetzte Menschen.

Einsatzbereich:
Zur *Basisbehandlung* bei: Getriebenheit, Unruhe, nervösem Temperament, nervöser Schlaflosigkeit, beschleunigtem Stoffwechsel.

Alle *krankhaften Störungen*, die mit Unruhe oder Nervosität einhergehen oder davon ausgelöst wurden.

Im *täglichen Leben* bei: Ungeduld, Nervosität, Eile, Hetze, Oberflächlichkeit, Schlafstörungen, Juckreiz, Kribbeligkeit.

Ursprung und Bild des Impatiens-Syndroms

Die Anlage besteht in einem schnellen, unruhigen Geist, der sich möglichst direkt und unverzüglich um- beziehungsweise durchsetzen will.

Bei harmonischer Entwicklung entsteht daraus ein Mensch mit hohem, geistigem Geschwindigkeitspotential, der sehr schnell (schneller als andere) denken, kombinieren und handeln kann. Es ist der Typ, der nur ein Stichwort braucht, um sogleich die ganze dazugehörende Gedankenkette zu kennen, der nicht lange fackelt, sondern bei dem »gedacht« fast schon auch »getan« bedeutet. Wenn er etwas vorhat, steuert er es unmittelbar und ohne zu zögern an. Er ist flink und hat die Arbeit schon ausgeführt, wenn andere erst damit beginnen.

Unter ungünstigen Umständen aber verliert die Impatiens-Anlage das richtige Maß. An die Stelle von optimaler und sinnvoller Geschwindigkeit tritt Schnelligkeit um jeden Preis und »ohne Rücksicht auf Verluste«. Das Geschwindigkeitspotential dient dann nicht mehr dazu, ein bestimmtes Ziel ohne Verzögerung zu erreichen oder ein Problem schnell zu durchdenken, sondern es wird zum sinnentfremdeten Selbstzweck oder krankhaften Symptom, zum Impatiens-Syndrom. Menschen in diesem Zustand sind hastig, ungeduldig, gehetzt, getrieben. Bei ihnen muß alles so schnell wie möglich gehen, auch wenn es gar nicht nötig wäre; jede Verzögerung macht sie nervös und gereizt, und oft geht ihnen die (relative und angebliche) Langsamkeit ihrer Mitmenschen oder Mitarbeiter so auf die Nerven, daß sie unduldsam und ungerecht werden. Dann kann es vorkommen, daß sie, da ihnen die anderen wegen ihrer Langsamkeit oder Begriffsstutzigkeit auf die Nerven gehen, alles alleine machen und dabei den menschlichen Kontakt verlieren. Ihre nervöse Getriebenheit führt zur Frustration bei der Arbeit, weil sie diese aus Zeitmangel nicht mit der erforderlichen Gründlichkeit und Sorgfalt erledigen; ihre Gedanken sind oft unausgegoren und ihre Entschlüsse übereilt. Da ihnen ihr ungezügeltes Geschwindigkeitspotential nur geistige Oberflächlichkeit erlaubt, finden sie auch nicht zu sich selbst und werden hinter ihrer ganzen Betriebsamkeit oft unglücklich und einsam.

Auch ihr Körper reagiert entsprechend: ihre Bewegungen sind fahrig, unharmonisch und oft unkoordiniert; sie leiden unter allen möglichen nervlichen Störungen, Zuckungen, Schlaflosigkeit, Verkrampfungen, Konzentrationsstörungen, Bluthochdruck oder auch Juckreiz (besonders bei Neurodermitis).

Wirkungsrichtung der Impatiens-Essenz

Impatiens ist das Mittel gegen Nervosität und Unruhe. Es fördert Geduld, Besonnenheit, Umsicht, Gründlichkeit, hilft, den eigenen Rhythmus zu entwickeln oder zu bewahren, wenn man unter zeitlich bedrängenden Umständen leben muß. Impatiens ist bei allen Arten von Unruhe nützlich, zum Beispiel bei nervöser Gespanntheit vor wichtigen Terminen, Hektik bei Zeitdruck, nervösem Juckreiz, Zittern oder Überreiztheit nach einem Schock (deshalb ist es im Notfallmittel – *Rescue Remedy* – enthalten).

Psychologisch-therapeutische Anmerkungen

Das Problem des Impatiens-Menschen besteht in seinem angeborenen hohen Geschwindigkeitspotential. Es ist aber nicht die Schnelligkeit an sich, die ihm Schwierigkeiten bereitet, sondern seine Unfähigkeit, sie richtig auf die jeweilige Situation abzustimmen. Er gleicht einem Kutscher, der seine Pferde immer zu maximalem Tempo antreibt, ohne auf Weg oder Kutsche zu achten. So schießt er entweder übers Ziel hinaus und gerät in Umstände, die er gar nicht gewollt hat, macht Flüchtigkeitsfehler, die er wieder korrigieren muß, zerrüttet seine Nerven aus Ungeduld über irgendwelche vermeintlich unnötige Verzögerungen. Bei starkem Termin- oder Erfolgsdruck kann dies übrigens auch bei Menschen vorkommen, die nicht die Impatiens-Anlage haben.

Die »Lebens-Kutsche« des Impatiens-Menschen könnte immer sehr schnell ihre Ziele erreichen, wenn es ihm gelänge, alle treibenden Kräfte sinnvoll aufeinander abzustimmen und nicht nur schnell, sondern auch überlegt zu handeln. Tatsächlich aber kann er es nicht lassen, »mal eben schnell« eine bestimmte Idee in die Tat umzusetzen, einen Gedanken vorschnell auszusprechen oder eine Aktion blitzartig durchzuziehen, wobei er dann oft »über seine eigenen Beine stolpert«, Fehler macht oder zu Ergebnissen kommt, die er gar nicht gewollt hat.

Eine Besserung ist von zwei Seiten her möglich: von außen, indem er umsichtig Lebensumstände vermeidet, die ihn unter Zeitdruck setzen, und von innen, indem er sich nach dem Motto »Eile mit Weile« immer einen genügenden zeitlichen Spielraum läßt, um alle beteiligten Gefühle, Wahrnehmungen, Erkenntnisse, Erfahrungen und Ideen in das endgültige Handeln einbringen zu können. Er benötigt sehr viel bewußte Disziplin, zu der er sich oft erst nach schmerzlichen Erfahrungen aufraffen kann. Selbst wenn dies gelingt, wird der typische Impatiens-Mensch doch immer auffallend schnell sein; Behäbigkeit, Geruhsamkeit oder unendliche Geduld passen nicht zu ihm. Für ihn geht es darum, jenes persönliche Maß zu finden, unter dessen Einfluß er innerlich »im Lot« ist.

Das gilt besonders für die Impatiens-Kinder, die wegen ihrer angeborenen Neigung zu Zappeligkeit und Hastigkeit nicht unter Druck gesetzt werden, sondern die Möglichkeit bekommen sollten, ihren eigenen Rhythmus zu finden. Man sollte ihnen keine Tätigkeiten abverlangen, die ausgesprochene Genauigkeit, Geduld oder Pingeligkeit erfordern, sondern ihnen Möglichkeiten eröffnen, bei denen sie ihre spezielle Veranlagung harmonisch entwickeln können. Eine besonders fatale Wirkung haben hier die modernen Computerspiele, die den Menschen »spielerisch« unter einen gnadenlosen Zeitdruck setzen; im Übermaß betrieben zerrütten sie die Nerven und zerstören das innere Gleichgewicht. Auch können bestimmte Nahrungsbestandteile bei Kindern schwere nervöse Störungen (»Zappelphilipp«) hervorrufen; dies sollte eventuell bei der Ernährung berücksichtigt werden.

Häufige Kombinationen mit anderen Mitteln

Cherry Plum (6/18): *Präpsychotische Unruhe.*
Holly (15/18): *Ungeduldig und gereizt.*
Mimulus (18/20): *Ängstliche Unruhe.*
Red Chestnut (18/25): *Sorgenvolle Unruhe.*
Rock Rose (18/26): *Panikartige Getriebenheit.*
Scleranthus (18/28): *Sprunghaft und ungeduldig.*
Vervain (18/31): *Streß und Hetze.*
White Chestnut (18/35): *Geistige Getriebenheit.*

Nr. 19 Larch (Lärche)

Kurze Charakteristik

Für Menschen mit zu wenig Selbstvertrauen.

Einsatzbereich:
Zur *Basisbehandlung* bei: mangelndem Selbstvertrauen, Minderwertigkeitskomplexen, Selbstwertproblemen, Neigung zu unnötigem Verzicht und vorschnellem Aufgeben.

Bei allen *krankhaften Störungen*, die mit mangelndem Selbstvertrauen oder Minderwertigkeitsgefühl einhergehen oder davon ausgelöst wurden.

Im *täglichen Leben* bei: Schüchternheit, Zaghaftigkeit.

Ursprung und Bild des Larch-Syndroms

Die Anlage besteht aus Beeindruckbarkeit, defensiver Lebenshaltung und natürlicher Bescheidenheit.

Bei harmonischer Entwicklung entsteht daraus ein Mensch mit einem instinktiven Wissen um die Relativität aller Werte und einem liebevollen Respekt gegenüber seinen Mitmenschen. Es würde ihm nie einfallen, sein eigenes Können und Wissen zu überschätzen oder sich über andere zu erheben. Seine sensible Lebensweisheit und sein Bedürfnis nach Wahrhaftigkeit machen es ihm unmöglich, in lächerliche oder dreiste Angeberei zu verfallen, Verpflichtungen einzugehen, die er nicht einhalten kann, oder Projekte zu beginnen, die nicht im Rahmen seiner Möglichkeiten liegen. Er ist beliebt wegen seiner ungekünstelten und ehrlichen Bescheidenheit, die einer klugen Einsicht in die Realität entspringt, wegen seiner inneren Sicherheit, die auf einer genauen Einschätzung seiner Fähigkeiten beruht, und wegen seines freundlich-anerkennenden Wesens im menschlichen Umgang. Mißerfolge kennt er nicht, weil er »nach Maß« vorgeht und sich nie mehr vornimmt, als er tatsächlich auch leisten kann.

Unter ungünstigen Umständen kann diese angeborene, selbstkritische Bescheidenheit zu falscher Selbsteinschätzung, unangemessener Unterordnung oder Selbstverleugnung entarten, woraus sich mit der Zeit jenes unentwirrbare Geflecht aus unbegründeten Ängsten, Einbildungen, Selbstverurteilungen und Absicherungen zu entwickeln pflegt, das man »Minderwertigkeitskomplex« nennt. Dann verlieren die Larch-Menschen den klaren Blick für sich selbst, trauen sich zu wenig und anderen zuviel zu, wagen sich aus Furcht vor Versagen nicht an größere Aufgaben heran und scheuen vor allem zurück, was sie in Konkurrenz zu anderen bringen könnte. Sie meinen, sie seien nicht gut, schön, intelligent oder stark genug, verzichten oft schon im voraus auf ihre Chancen, erröten leicht oder werden menschenscheu. Im Grunde kann dies jedem Menschen passieren, wenn er schwere Mißerfolge erleidet oder starker Konkurrenz ausgeliefert ist; während man dann aber nur vorübergehend in die Knie geht, bleibt der Larch-Mensch auf Dauer »geknickt«, was man ihm auch äußerlich – an seiner schlechten Haltung – ansieht.

Das Larch-Syndrom führt daher oft zu Wirbelsäulenschäden. Dabei besteht eine Tendenz zur Scheuermann'schen und Bechterew'schen Erkrankung oder Osteoporose, das heißt Wirbelsäulenveränderung und Knochenentkalkung, die die Wirbelsäule deformieren und nach außen jenen Zustand demonstrieren, der innerlich besteht. Scheuermann kann bei schüchternen oder unterdrückten Kindern, Bechterew bei Erwachsenen mit gestörtem Selbstwertgefühl und Osteoporose bei Frauen nach dem Klimakterium auftreten, die sich dann oft nicht mehr als vollwertige Frauen fühlen. Auch der früher häufigere »Witwenbuckel« ist die Folge eines sozialen Positionsverlustes der verwitweten Frau.

Wirkungsrichtung der Larch-Essenz

Larch ist das Mittel für Selbstvertrauen. Es baut Minderwertigkeitskomplexe ab und fördert eine Selbstsicherheit, die unabhängig von äußerer Bestätigung ist. Oft wird es von sensiblen Kindern benötigt, die in ein primitives und rücksichtsloses Milieu geraten sind oder außerhalb ihrer sozialen Klasse aufwachsen müssen. Larch fördert auch die Entwicklung spezieller Begabungen, die nicht in der allgemeinen Norm liegen und deshalb üblicherweise als nutzlos abgetan werden. Es sollte (über längere Zeit hinweg) bei allen Wirbelsäulenveränderungen eingesetzt werden (zusammen mit persönlichkeitsstärkender Psychotherapie).

Psychologisch-therapeutische Anmerkungen

Bescheidenheit gilt zu Recht als Tugend. Sie besteht allerdings nicht, wie meistens angenommen wird, in Verzicht und künstlicher Zurückhaltung, sondern darin, sich mit dem zu bescheiden und nur das zu nehmen, was einem zusteht und wozu man bestimmt ist – nicht mehr, aber auch nicht weniger. Menschen mit natürlicher Bescheidenheit hüten sich vor Unmäßigkeit genauso wie vor unnötigem Verzicht, weil sie wissen, daß jedes Zuviel genauso wie jedes Zuwenig nicht nur eine gerechte Ordnung in unserer Welt unmöglich, sondern vor allem sie selbst unglücklich macht. Denn die Seele reagiert immer mit Frustration, Schmerz oder Leid, wenn etwas im Leben nicht stimmt.

Bei Menschen mit der Larch-Mentalität, die man auch als falsche Bescheidenheit gegenüber dem Leben und der Welt bezeichnen könnte, kann man dies besonders gut beobachten. Sie sind frustriert oder unglücklich, weil sie sich nicht das zutrauen, was sie eigentlich könnten, weil sie unnötig auf Chancen und Rechte verzichten, die sie besitzen. Zaghaft oder schüchtern schrecken sie vor vielen Unternehmungen zurück, die ihnen Nutzen bringen und ihr Selbstwertgefühl stärken könnten. Dadurch schützen sie sich zwar vor Mißerfolgen, schließen zugleich aber auch Erfolgserlebnisse aus, ohne die letztlich kein Mensch leben kann, so daß man ihnen zurufen möchte: »Wer nicht wagt, kann auch nicht gewinnen!«

Zum Larch-Verhalten neigen vor allem Menschen, die sehr individuell veranlagt, gleichzeitig aber leicht zu beeinflussen sind, weshalb sie leicht in einen Konflikt zwischen ihrer persönlichen Eigenart und den ihnen aufgedrängten Normen geraten. Unter dem Einfluß von sehr selbstüberzeugten Persönlichkeiten können sie das Vertrauen in den eigenen Wert verlieren und dazu übergehen, die Richtigkeit ihres Denkens und Handelns zu bezweifeln. Dabei spielen jene Eltern oder Erzieher eine besonders traurige Rolle, denen es an Einsicht in die Relativität aller Werte und an einer gesunden Selbstkritik fehlt; indem sie sich und ihre Meinung als allgemeinverbindlich hinstellen, rufen sie bei Kindern, die anders als sie veranlagt sind, das schädigende Gefühl hervor, nicht viel zu taugen.

Solche Minderwertigkeitsgefühle sind gefährlicher, als man meint, denn sie untergraben die Lebensfähigkeit. Letztlich hängt es vom persönlichen Selbstvertrauen ab, ob jemand die Chancen, die ihm das Leben bietet, wahrnehmen und die Rechte, von denen sein Überleben abhängt, nützen kann. Die innere Gewißheit, seine Aufgaben meistern zu können, ist die Voraussetzung für jeden Erfolg. Wer nicht schon vorher weiß, daß er es schaffen kann, hat bereits versagt und verloren. So kann man auch in der Natur beobachten, wie der Kampf zwischen zwei Rivalen oft nicht physisch, sondern psychisch entschieden wird, und jener Gegner, der die Überlegenheit des anderen fühlt, das Feld kampflos räumt.

Wenn man sich für minderwertig, zu schwach oder für unfähig hält, hat man Angst vor Versagen oder Mißerfolg, also vor einem zukünftigen, erdachten Ereignis. Da diese Angst beim Larch-Menschen auf dem Boden ungenügender Selbst-Bewußtheit entsteht, sollte er seine Grenzen und Möglichkeiten besser kennenlernen, seine Position im menschlichen Konkurrenzkampf klarer definieren und ein eigenes, nur auf ihn selbst zugeschnittenes Wertsystem entwickeln.

Dieser Aufbau eines eigenen Selbstbewußtseins, der nur in kleinen Schritten erfolgen kann, sollte von außen gefördert werden, da es stets in einer engen Beziehung zum konkurrierenden sozialen Umfeld steht. Der Larch-Mensch müßte, um wieder gesund zu werden, erkennen, daß auch er, wenn er sich *am richtigen Ort und auf seine Weise* einsetzt, Erfolg hat und daß Mißerfolge in erster Linie situationsbedingt sind und keineswegs verallgemeinert werden dürfen. Dabei ist zu berücksichtigen, daß der »mindere Wert«, unter dem er leidet, meist ganz subjektiv ist und sich daher mit Vernunft und Logik kaum ansprechen läßt. Am besten sind unmittelbare Erlebnisse, in denen plötzlich eine lebendige Wahrheit zutage tritt. So genügt manchmal ein einziger, eindrucksvoller Erfolg, um den Larch-Menschen wieder mit Selbstvertrauen zu erfüllen.

Die moralische Wiederaufrichtung des Larch-Menschen muß aber stets auch den Körper berücksichtigen. Die Wirbelsäule ist eines der wichtigsten Organe für das Selbstbewußtsein. Die Meinung, minderwertig oder unfähig zu sein, verhindert eine aufrechte Haltung, was andererseits bedeutet, daß mit krummem Rücken kein gesundes Selbstvertrauen möglich ist. Ein entsprechendes Körperbewußtsein kann den psychischen Prozeß sehr unterstützen.

Übrigens bauen viele scheinbar selbstbewußte »Persönlichkeiten« – vor allem Familienangehörige, Freunde, Therapeuten oder notorische Helfer – ihr Selbstwertgefühl gerade auf der Persönlichkeitsschwäche von Larch-Menschen auf. Es wäre sicher gut, wenn sie einmal ihr eigenes Selbstvertrauen in dieser Hinsicht überprüfen und gegebenenfalls auch eine Larch-Therapie einleiten würden – zumindest sich aber davor hüten, andere niederzudrücken, um selbst stark zu erscheinen. Ein chinesisches Sprichwort sagt sinngemäß dazu: »Du brauchst das Licht des anderen nicht auszulöschen, damit dein eigenes glänzt!«

Häufige Kombinationen mit anderen Mitteln

Crab Apple (10/19): *Unreinheitsgefühl mit Selbstverachtung.*

Elm (11/19): *Plötzlicher Verlust des Selbstvertrauens.*

Gentian (12/19): *Willensschwäche mit mangelndem Selbstvertrauen.*

Hornbeam (17/19): *Überforderungsgefühl durch Mangel an Selbstvertrauen.*

Mimulus (19/20): *Ängstlichkeit durch mangelndes Selbstvertrauen.*

Olive (19/23): *Selbstzweifel aus Erschöpfung.*

Pine (19/24): *Das Gefühl moralischer Minderwertigkeit.*

Rock Water (19/27): *Minderwertigkeitsgefühl aus idealistischer Selbstüberforderung.*

Star of Bethlehem (19/29): *Verlust des Selbstvertrauens durch seelisches Trauma.*

Walnut (19/33): *Starke Beeinflußbarkeit durch Mangel an Selbstvertrauen.*

Water Violet (19/34): *Kontaktprobleme durch Minderwertigkeitsgefühle.*

Wild Oat (19/36): *Verfehlter Lebenssinn durch mangelndes Selbstvertrauen.*

Wild Rose (19/37): *Antriebslosigkeit mit mangelndem Selbstvertrauen.*

Nr. 20 Mimulus (Gefleckte Gauklerblume)

Kurze Charakteristik

Für Menschen, die vor irgend etwas Angst haben oder allgemein zu ängstlich sind.

Einsatzbereich:
Zur *Basisbehandlung* bei: Neigung, sich schnell oder übertrieben zu fürchten.

Bei allen *krankhaften Störungen*, die mit Furcht (bestimmten Ängsten) einhergehen oder davon ausgelöst wurden.

Im *täglichen Leben* bei: unnötiger Furcht, Ängstlichkeit, Zaghaftigkeit, Schüchternheit.

Ursprung und Bild des Mimulus-Syndroms

Die Anlage besteht in einer großen Empfindsamkeit und Verletzlichkeit.

Bei harmonischer Entwicklung entsteht daraus ein ausgesprochen sensibler und verletzlicher Mensch, der nicht nur Freude, sondern vor allem auch Schmerzen stärker als andere empfindet. Diese ausgeprägte Feinfühligkeit veranlaßt ihn, instinktiv und ununterbrochen alle Lebensumstände daraufhin zu überprüfen, ob sie ihm Leid bereiten könnten. Sobald etwas unangenehm zu werden droht, ergreift er wirksame Gegenmaßnahmen oder zieht sich geschickt zurück. Auf diese Weise vermeidet er sicher und elegant Schmerzen und Leiden jeder Art. Da man ihm nicht anmerkt, wie aufmerksam er alles, womit er zu tun hat, auf eventuelle Gefährlichkeit untersucht und wie sensibel er darauf reagiert, gilt er allgemein als mutig. Dieser Eindruck wird dadurch verstärkt, daß er auch die Leiden anderer Menschen bekämpft – allerdings vor allem in seinem eigenen Interesse, weil sie ihn genauso stark berühren wie seine eigenen.

Unter ungünstigen Umständen kann diese große Empfindsamkeit in übertriebene Ängstlichkeit umschlagen. Statt leiderzeugende Situationen zu vermeiden oder sofort zu neutralisieren, erzeugt er sie oft selbst, indem er sich – von früheren schmerzlichen Erlebnissen traumatisiert – immer wieder furchterregende Situationen vorstellt. Diese Gewohnheit verstärkt mit der Zeit seine Furchtsamkeit zu einem allgemeinen, unbegründeten und peinigenden Angstgefühl, das seine Psyche dadurch zu entschärfen versucht, daß sie es rationalisiert und auf bestimmte Umstände oder Objekte bezieht; dadurch läßt es sich wenigstens überschauen und abgrenzen. Dennoch sind auch diese gezielten Ängste sehr quälend, weil übertrieben oder sachlich nicht gerechtfertigt. Typische Mimulus-Menschen fürchten sich fast ständig vor irgend etwas und sind deshalb in ihrer Lebensgestaltung stark eingeschränkt. Abenteuer oder Risiken jeder Art sind ihnen ein Greuel; alles, was neu für sie ist, jagt ihnen Angst ein. Ihre unkontrollierte, lebhafte Phantasie malt ihnen dabei ständig irgendwelche Schrecken oder Leiden aus, die wie Gespenster vor ihnen stehen und sie immer wieder in den sicheren Winkel ihres gewohnten Lebens treiben. Empfindsame Kindern neigen besonders hierzu, weil sie weder die körperliche noch die geistige Kraft besitzen, sich mit den möglichen Gefahren der ihnen unbekannten Welt auseinanderzusetzen. Manchmal überspielen Mimulus-Menschen ihre Ängstlichkeit durch betont forsches oder sicheres Auftreten, normalerweise aber gehören sie zu jenen, die sich sagen: »Wer sich in Gefahr begibt, kommt darin um!« – statt »Wer wagt, gewinnt!«

In den Mimulus-Zustand können gelegentlich auch mutige Menschen geraten, wenn sie ein bestimmtes, leiderzeugendes Erlebnis geistig nicht verarbeiten können. Ihr Weltbild wird dann so verzerrt, daß sie – zumindest bei bestimmten Gelegenheiten – übertrieben vorsichtig und ängstlich werden. »Gebranntes Kind scheut das Feuer«, sagt der Volksmund dazu.

Wirkungsrichtung der Mimulus-Essenz

Mimulus ist das Mittel gegen Ängstlichkeit. Es baut reale Ängste ab, fördert die Fähigkeit, Gefahren richtig und vernünftig einzuschätzen, und macht allgemein mutiger. Mimulus sollte als Zusatztherapie immer dann gegeben werden, wenn eine Krankheit durch Angst verursacht wurde oder verstärkt wird. Es ist besonders für Kinder, die sich vor allen neuen Situationen fürchten, geeignet.

Psychologisch-therapeutische Anmerkungen

Wenn sich ein Mensch bedroht fühlt, mobilisiert sein Organismus Energie und gerät in einen Spannungszustand, um ihm Abwehr oder Flucht zu ermöglichen. Gelingt dies, so tritt Entspannung ein. Andernfalls entwickelt sich ein innerer Überdruck, der – je länger er andauert und je stärker er ist – um so mehr innere Enge, das heißt: Angst, hervorruft.

Je nachdem, worin die Bedrohung besteht, lassen sich zwei Formen von Angst unterscheiden:

- die unmittelbare, unreflektierte und überwältigende (Todes)-Angst, die jedes Lebewesen bei akuter Lebensgefahr empfindet und die dem der belebten Materie innewohnenden grundsätzlichen Wissen um den Tod entstammt,
- die »theoretische« Erwartungs-Angst, die dadurch entsteht, daß man Leid erwartet oder sich leiderzeugende Umstände vorstellt. Diese Angst hat keine realistische Grundlage, da Vorstellungen und Erwartungen ja nur Theorie und immer ungewiß sind. Sie ist eine Abwehrreaktion gegen wieder auflebende Erinnerungen an früheres Leid und erzeugt selbst Leid.

Unter ihr leiden oft die empfindlichen, zum Mimulus-Typ gehörenden Menschen. Ihnen geht jede Leidens-Erfahrung so tief unter die Haut, daß ihr ganzes Fühlen davon durchsetzt wird und sie, wie bei einer Allergie, schon bei kleinsten Anlässen mit unbegründeter und übertriebener Angst reagieren. Meist genügt dazu bereits die bloße Vorstellung von Gefahren oder Leiden.

Diese Form der Angst ist deshalb so problematisch, weil sie sich – im Gegensatz zur realistischen Angst – nicht durch praktische Gegen-Maßnahmen bekämpfen läßt. Sie ist wie ein Gespenst, auf das man einschlagen kann, ohne es wirklich zu treffen. Sie fesselt und lähmt, weil sie irrational ist, und kann nur durch Bewußtwerdung und geistige Klarheit überwunden (oder wenigstens reduziert) werden.

Dazu bestehen im wesentlichen folgende Möglichkeiten:

- Man neutralisiert die negative, angsterregende Erwartung, indem man ihr eine positive entgegensetzt. Hierzu sind Heils-Erwartungen, zum Beispiel der Glaube an eine rettende Macht oder an eine Erlösung im Jenseits, geeignet. Auf dieser Taktik beruht der mächtige Einfluß der meisten Religionen: nachdem sie dem Menschen zunächst die Angst in die Seele eingepflanzt haben, bieten sie ihm Rettung und Erlösung an, wenn er sich ihnen anvertraut. Viele verängstigte Menschen greifen nach diesem Rettungsring, ohne den sie nicht weiterleben könnten. Dabei wird die Angst allerdings nur verdrängt und taucht sogleich wieder auf, wenn die »Kraft des Glaubens« nachläßt.
- Man gewöhnt sich an, angsterregende Vorstellungen oder Situationen nüchtern und realistisch zu analysieren, negative Erwartungen einer genauen Überprüfung zu unterwerfen und als Hirngespinste zu entlarven. Dabei ersetzt beziehungsweise verdrängt man das Irrationale durch Rationalität, was allerdings nur bei starker geistiger Disziplin gelingt.
- Man flieht nicht vor der gefürchteten Situation, sondern durchlebt sie bewußt und stellt dabei fest, daß alles gar nicht so schlimm ist und das erwartete Leid nur ein Phantasiegebilde war. Dies gelingt aber nur, wenn man bereits über einen gewissen grundsätzlichen Mut verfügt und die Ängste nicht zu tief sitzen.
- Man versucht, das, wovor man sich fürchtet, in einem anderen Licht zu sehen, grundsätzlich eine weniger abwehrende Haltung einzunehmen und dem Leben mit Vertrauen zu begegnen. Dieses »Ur-Vertrauen« ist das wirksamste und solideste Gegenmittel gegen Ängste jeder Art.

Wenn man die Gewißheit besitzt, daß alles in unserer Welt wohlbestellt ist, daß jedes Leid vorübergeht und letztlich heilbringend ist, kann man eine grundsätzlich positive Einstellung entwickeln, aus der heraus man auch, wie bei einer heilenden Operation, Schmerzen auf sich nehmen kann, ohne wirklich zu leiden.

Wichtig ist dabei auch ein vertrauensvolles Verhältnis zum Tod, denn im Grunde spielt er bei jeder Angst eine gewisse Rolle. Der Mensch fürchtet ihn, weil er ihn für den großen, endgültigen Verlust hält, und er fürchtet den Verlust, weil er gewöhnt ist, ihn mit Leiden in Zusammenhang zu bringen: Verlust der Gesundheit bedeutet Krankheit, des Besitzes Armut, des Partners Einsamkeit, des Lebens das Ende. Man muß sich klarmachen, daß Verlust und Tod aber auch – wie beim aus der Asche aufsteigenden Vogel Phönix – Gewinn und Neubeginn bedeuten, *wenn auch vielleicht auf einer anderen Seins- Ebene.*

Mut besteht nicht darin, sich unüberlegt und tollkühn in Abenteuer zu stürzen, sondern in der Bereitschaft, gegen die eigene Angst zu kämpfen. Mutige Menschen durchleben ihre Ängste bewußt und wagen dennoch das, wovor sie sich fürchten. Die hierzu erforderliche, oft übermenschlich anmutende Kraft entsteht ihnen aus dem Vertrauen in einen überpersönlichen, ewigen Wert – zum Beispiel in eine große, humanitäre Idee, in eine Berufung, in die Weisheit eines letztlich heilbringenden Schicksals oder in einen allmächtigen und wohlwollenden Gott.

Der Mimulus-Mensch, der aufgrund seiner Empfindlichkeit so sehr zur Angst neigt, kann, wenn er sich ihr stellt und sich bemüht, sein Leben ohne dauernde Absicherung und Selbstbetrug zu leben, einen ganz außergewöhnlichen Mut entwikkeln. Seine Schwäche ist, wenn er sie umzuformen versteht, der Grundstoff zu wahrer Stärke.

Häufige Kombinationen mit anderen Mitteln

Agrimony (1/20): *Geheime Angst.*
Aspen (2/20): *Totale Ängstlichkeit.*
Beech (3/20): *Toleranz aus Ängstlichkeit.*

Centaury (4/20): *Ängstliche Unterwürfigkeit.*
Cerato (5/20): *Ängstliche Unsicherheit.*
Cherry Plum (6/20): *Schwerer Angstkonflikt.*
Chicory (8/20): *Ängstliches Anklammern.*
Crab Apple (10/20): *Übertriebene Angst vor Unsauberkeit.*
Elm (11/20): *Plötzliche Versagensangst.*
Gentian (12/20): *Nachgiebigkeit und Ängstlichkeit.*
Heather (14/20): *Aufdringlichkeit aus Furcht vor Einsamkeit.*
Holly (15/20): *Ängstliche Gereiztheit.*
Honeysuckle (16/20): *Flucht in die Vergangenheit aus Ängstlichkeit.*
Hornbeam (17/20): *Versagensängste.*
Impatiens (18/20): *Ängstliche Unruhe.*
Larch (19/20): *Ängstlichkeit durch mangelndes Selbstvertrauen.*
Olive (20/23): *Verängstigt und erschöpft.*
Pine (20/24): *Angst vor Schuld.*
Red Chestnut (20/25): *Ängstliche Überfürsorge.*
Rock Rose (20/26): *Ängstlichkeit mit Paniktendenz.*
Scleranthus (20/28): *Angstbedingte Entscheidungsunfähigkeit.*
Star of Bethlehem (20/29): *Ängstlichkeit durch psychisches Trauma.*
Walnut (20/33): *Beeinflußbarkeit aus Ängstlichkeit.*
White Chestnut (20/35): *Ängstliche Zwangsgedanken.*

Nr. 21 Mustard (Wilder Senf)

Kurze Charakteristik

Für Menschen, die von Zeit zu Zeit ohne erkennbaren Grund von übler Laune, Schwermut oder Depressionen überfallen werden.

Einsatzbereich:
Zur *Basisbehandlung* bei: endogener Depression, unbegründeter Depression, Freudlosigkeit, Schwermütigkeit, Pessimismus, humorlosem Ernst, periodischem Weltschmerz.

Bei allen *krankhaften Störungen*, die mit Traurigkeit oder Depression einhergehen oder davon ausgelöst wurden.

Im *täglichen Leben* bei: schlechter Laune, Unlust, Verstimmungen jeder Art, Niedergeschlagenheit, Traurigkeit.

Ursprung und Bild des Mustard-Syndroms

Die Anlage besteht aus mehreren Komponenten: einem intensiven Bedürfnis nach Freude, einer Tendenz, die Dinge ernst zu nehmen, einer allgemeinen Introversion und einer gewissen Rhythmik in der Gemütsverfassung.

Bei harmonischer Entwicklung entsteht daraus ein Mensch, der die wertvolle Fähigkeit besitzt, Freude und Ernst sinnvoll und harmonisch miteinander zu verbinden. Das bedeutet, daß seine Freude nie in oberflächliche Vergnügung und sein Ernst nie in depressives Zu-schwer-Nehmen ausartet. Der Schwerpunkt seines Lebensgefühls pendelt ständig in einer leichten rhythmischen Bewegung zwischen diesen beiden Polen, was eine gewisse Beweglichkeit seines Gemütszustandes zur Folge hat. Der harmonisch entwickelte Mustard-Mensch besitzt zwar kein sprudelndes Temperament oder unbeschwerten Optimismus, dafür aber innere Ausgewogenheit und Selbstverantwortlichkeit. Sein Leben ist von einer stillen Freude und einem tiefen, klaren Wissen um den Sinn aller Dinge erfüllt. Dabei veranlassen ihn sein Hang zur Verinnerlichung und seine überlegene Einsicht, die Antwort auf die Grundfragen des Lebens mehr im inneren Dialog als in der äußeren Kommunikation zu suchen.

Unter ungünstigen Umständen kann sich der Schwerpunkt seiner wechselnden Stimmungen in Richtung Verneinung und Düsternis verlagern. Dabei verwandelt sich seine normale Ernsthaftigkeit in humorlosen, bedrückenden Ernst, und seine angeborene Introversion führt dazu, daß er sich weitgehend von der äußeren Welt abkapselt. So wird der typische Mustard-Mensch immer wieder von einer scheinbar grundlosen Schwermütigkeit, Traurigkeit oder Niedergeschlagenheit überfallen, die sich wie ein dunkler Schleier über sein gesamtes Fühlen und Denken legt. In solchen Phasen verliert er jede Lebensfreude oder ist zumindest allgemein unlustig bis stark verstimmt, findet keinen rechten Sinn mehr im Leben, begegnet seinen Mitmenschen griesgrämig und ablehnend oder zieht sich ganz von der Welt zurück. Solche Zustände kennt fast jeder Mensch, denn die Mustard-Anlage ist – allerdings meist in schwächerer Ausprägung – weit verbreitet. Oft bestehen dabei Kreislaufschwäche, Antriebsarmut, Infektanfälligkeit oder Müdigkeit. Diese depressiven Verstimmungen gehen nach einiger Zeit wieder in relativ »normales« Befinden über, das jedoch beim typischen Mustard-Menschen nie von unbeschwerter Lebensfreude begleitet ist. Manchmal steigert sich der innere Rhythmus so sehr, daß sich ausgeprägte Depressionen immer wieder mit Phasen von übertriebenem, unnatürlichem Optimismus abwechseln.

Wirkungsrichtung der Mustard-Essenz

Mustard ist das Mittel gegen Depressionen. Es bewirkt eine innere Aufhellung, baut depressive Stimmungen, Unlust, Griesgrämigkeit, Übellaunigkeit, Freudlosigkeit und Pessimismus ab. Mustard wirkt allgemein belebend und fördert eine lebensoffene, optimistische und kommunikative Haltung. Bei Krankheiten, die von depressiver Verstimmung begleitet sind, hat es – als Zusatztherapie – eine umstimmende Wirkung und kann eine Verschlechterung verhindern.

Psychologisch-therapeutische Anmerkungen

Man unterscheidet in der Medizin grundsätzlich zwischen zwei Depressionsformen: der reaktiven und der endogenen Depression. Die reaktive ist eine auch für den Außenstehenden verständliche negative Reaktion auf unerfreuliche Lebensumstände, die wieder verschwindet, wenn sich die Situation geändert hat. Die endogene Depression dagegen (die dem Mustard-Syndrom ähnelt) ist weder verständlich noch direkt beeinflußbar; man hat ihr diesen Namen gegeben, weil sie aus der unergründlichen Tiefe der Psyche entspringt. »Endogen» bedeutet in der Medizin, daß man keine äußere Ursache dafür erkennen und sich keinen Reim darauf machen kann, was oft irrtümlich mit dem Begriff »grundlos« verknüpft wird.

Natürlich hat auch die endogene Depression ihre triftigen Gründe, die aber meist so tief ins Unterbewußtsein verdrängt sind, daß selbst der Betroffene keinen Zugang mehr zu ihnen hat. Das weist darauf hin, wie schwerwiegend sie sind. Denn die Psyche schützt uns durch Verdrängung gegen jene Eindrücke, Emotionen und Erkenntnisse, die uns seelisch überfordern, an denen wir zerbrechen würden, wenn sie uns in ihrer ganzen Bedeutung bewußt werden würden. Sie gibt nur das zur Bewußtwerdung frei, wofür wir reif sind und was wir verarbeiten können; alles andere schiebt sie ins Unterbewußtsein ab. Allerdings gibt es auch psychische Inhalte, die so wichtige Wahrheiten darstellen, daß wir sie, obwohl sie eine schwere Belastung darstellen, nicht ganz verdrängen können. Sie versuchen unentwegt, ins Bewußtsein aufzusteigen und unser Leben zum Besseren zu wenden; gelingt ihnen dies nicht, so rufen sie Depressionen hervor.

Um das Wesen der Depression zu verstehen, muß man den Platz und die Funktion kennen, die sie in der *Entwicklung einer Krankheit* einnimmt:

- Wenn ein Mensch in seiner freien und frohen Lebensentfaltung bedroht, behindert oder unterdrückt wird, entwickelt er als vitale Abwehr eine *Aggression*, die sich in vermehrter Aktivität, einer Steigerung der Selbstbehauptung und oft sogar in hitzigen, gewalttätigen Reaktionen äußert. In dieser Phase herrschen Spontaneität und eine gewisse Unbewußtheit. Der Mensch kämpft wie das wilde Tier in aller Unschuld um seine Lebensrechte und ist im Prinzip noch gesund.
- Wird er bei dieser spontanen, aggressiven Selbstbehauptung behindert oder unterdrückt, so entsteht eine *Frustration*, die ihn durch Leidensdruck zu verstärkter Abwehrreaktion und Korrektur negativer Lebensumstände oder falscher Einstellungen zwingen will. In dieser Phase, die den eigentlichen Beginn der Krankheit kennzeichnet, haben Seele und Körper ihre natürliche Harmonie verloren und weisen die unterschiedlichsten psycho-somatischen Störungen auf. Eine Heilung erfordert dann ehrliche Selbsterkenntnis und bewußte Auseinandersetzung mit den krankmachenden Umständen.
- Wird die Frustration ignoriert oder unterdrückt, so steigert sie sich zur *Depression*, die mit erheblichem Leidensdruck und deutlicher Verminderung der verfügbaren Lebenskraft, reduzierten Abwehrfunktionen, schweren körperlichen Funktionsstörungen oder beginnenden organischen Degenerationen einhergeht. Heilung ist in dieser Phase nur dadurch möglich, daß man sich die Frage nach dem Sinn des Lebens neu stellt und eine Antwort darauf findet, die mehr Lebensfreude und Selbstverwirklichung garantiert.
- Läßt sich die Depression nicht überwinden, so entwickelt sich mit der Zeit die *Resignation*. Diese unterscheidet sich von der Depression, die immerhin noch *Ausdruck eines starken inneren Kampfes* ist, durch ein zunehmendes Versiegen der Lebenskraft. Der Betroffene findet sich mit seinem Unglück ab, ohne einen Sinn oder eine persönliche Bedeutung darin zu finden. Je nach Intensität mündet dieser Zustand in ein chronisches Siechtum mit gelegentlich aufflackernden, aber unzureichenden Heilungsphasen oder führt als Ausdruck der damit einhergehenden Hoffnungslosigkeit zum Tode. Heilung ist in diesem gefährlichen Stadium nur

durch ein »Wunder«, das heißt eine schicksalhafte Änderung der Lebensumstände oder einen aus dem irrationalen Urgrund der Seele aufsteigenden »Ruf zum Leben« möglich.

Die Depression ist also jener gefährliche Zustand, aus dem sich die Resignation, der Verlust des Lebenswillens entwickelt, und durch sie gibt die Seele ihr letztes, großes Warnsignal, bevor sie sich aus dem Leben zurückzieht.

Was ist eigentlich eine Depression? Der Name sagt es: eine Nieder- oder Unterdrückung, die Traurigkeit und Schwermut hervorruft. Und was wird niedergedrückt? – oder positiv gefragt: Wodurch lassen sich Traurigkeit und Schwermut verhindern oder vertreiben?

Die Antwort ist leicht: Durch *Lebensfreude*!

Aber indem wir diese Frage stellen, werden wir daran erinnert, wie wenig wir die Lebensfreude achten und beachten. Weil sie uns keine schwere Last aufbürdet, weil sie uns nicht reich, berühmt oder mächtig macht, treten wir sie mit Füßen, opfern sie leichthin, halten sie für nebensächlich oder minderwertig. Da sie aber die Grundlage unserer Existenz ist, da ohne sie weder Seele noch Körper existieren können, verwandelt sie sich, wenn wir ihr nicht die erste Stelle in unserem Fühlen, Denken und Handeln einräumen, – in unserem eigenen Interesse – in Leid und Schmerz, um uns nachdrücklich klarzumachen, daß wir damit ein unverzeihliches, grundlegendes Verbrechen an uns selbst begehen.

Solche Worte klingen vielleicht pathetisch. Tatsächlich aber weiß jeder aus eigener schmerzlicher Erfahrung, daß sie wahr sind, denn was bedeuten alle unsere Schmerzen und Leiden anderes als die *Abwesenheit von Freude*? Entstehen Traurigkeit und Schwermut nicht dadurch, daß uns das fehlt, was in unserem Leben die Sonne scheinen läßt? Mit welchen moralischen oder philosophischen Thesen, ideologischen oder idealistischen Parolen wir auch immer die Freude aus unserem Leben verbannen: Die Sehnsucht unserer Seele nach ihr läßt sich nicht ausrotten! Solange sie unerfüllt bleibt, bereitet sie uns vielfältiges Leiden.

Diese Erkenntnis – in Wirklichkeit ist sie die Erinnerung an ein Wissen, das jeder von uns besitzt – ist entscheidend für das Verständnis und die Überwindung der Depression. Das Rezept ist einfach: wer depressiv ist, versagt sich etwas, was ihm Lebensfreude geben könnte, und muß es sich wieder gönnen!

Da aber die Befolgung dieses Rezeptes oft die Überwindung erheblicher schmerzvoller Widerstände – vor allem von Moral und Schuldgefühl – erfordert, erscheint es vielen nicht durchführbar. Sie betäuben sich lieber mit Alkohol oder Drogen, lenken sich mit Unterhaltung oder Arbeit ab, betrügen sich mit hoher Moral oder versuchen, sich ihr unerträgliches Leben zu nehmen – kurz: sie mißbrauchen die Kraft, mit der sie sich befreien könnten, um ihr Gefängnis noch unentrinnbarer zu machen.

Die Depression ist aber, da sie gegen das Leben gerichtet ist, ein äußerst gewalttätiges Phänomen. Sie wird um so schwerer, je radikaler sich jemand seine Lebensfreude versagt. Man ahnt gar nicht, wenn man die erschöpften, ausgebrannten Depressiven sieht, welch ungeheure Selbstvergewaltigung sie sich oft jahrelang angetan haben. Sie sind im innerlichen, verzehrenden Kampf zwischen jener Kraft, die Lebensfreude und Selbstverwirklichung will, und jener, die sie verhindert, aufgerieben worden.

Wenn man untersucht, woher diese verneinende, satanische Gewalt stammt (Satan symbolisiert ja jene Kraft, die aus der großen Einheit – Gott, Leben – herausgerissen und dann gegen diese gerichtet wird), so erkennt man, daß sie vor allem das Ergebnis eines gewalttätigen Eingriffs ist, den man »Erziehung« nennt. Der Mensch bekommt ja schon früh beigebracht, daß er keine Überlebenschance hat, wenn er zu direkt und ungehemmt seinem Drang nach Lebensfreude nachgeht. Daher gewöhnt er sich an, diesen selbst zu unterdrücken und sich jene »Ideale« zu eigen zu machen, die man ihm unter Strafdrohung anbietet. Im Laufe der Zeit werden ihm Gehorsam und Verzicht zur zweiten Natur, denn sie ersparen ihm den Konflikt mit der rücksichtslos fordernden Umwelt; ja, schließlich wird ihm sogar die eigene Lebensfreude suspekt, weil man sie ihm als egoistisch, unmoralisch oder unsozial angeprangert und ausgeprügelt hat. Mit dieser Pervertierung der Werte aber schwinden seine Chancen auf ein erfülltes, glückliches Leben.

Oft wäre es besser, er würde, auch auf die Gefahr hin unterzugehen, Widerstand leisten. Denn solange wir mit Herz und Seele für das kämpfen, was uns wichtig ist, empfinden wir bereits Lebensfreude.

Bei der Mustard-Depression wurde der Wunsch nach Lebensfreude stark unterdrückt. Daher bedarf es einer langen Aufklärungsarbeit, um die verschütteten und niedergetretenen Sehnsüchte wieder freizulegen und bewußt zu machen. Es geht zunächst darum, daß der Mustard-Mensch wieder einmal Freude erlebt, daß er sozusagen »Blut leckt«. Dadurch flackert die nie ganz erloschene Hoffnung und Sehnsucht danach wieder auf und treibt ihn auf den Weg der Befreiung. Er muß sie ja selbst einleiten, niemand kann sie ihm abnehmen. Dazu müßte er die inneren Fesseln sprengen, müßte sich von seinen lebensverneinenden Vorstellungen, Überzeugungen und Gewohnheiten befreien.

Um ihn dazu, vor allem durch das eigene gute Beispiel, ermutigen zu können, muß man es allerdings selbst wagen, sich Lebensfreude zu gönnen. Weil die meisten professionellen Therapeuten aber Pflicht, Besitz, Ruhm, Macht oder fremde Moral an die erste Stelle ihres Lebens setzen, sind sie dafür ungeeignet. Die beste Hilfe kann der Mustard-Mensch bei jenen einfachen Menschen finden, die sich ein unverbildetes, fröhliches Herz bewahrt haben, oder bei der Natur, die uns in den Tieren und Pflanzen, den Farben und Düften immer noch am schönsten zeigt, was Lebensfreude ist.

Häufige Kombinationen mit anderen Mitteln

Aspen (2/21): *Ängstliche Depressionen.*
Chicory (8/21): *Depressionen durch unerfüllte Liebe.*
Gentian (12/21): *Verstimmungen und Depressionen*
Gorse (13/21): *Depression durch Hoffnungslosigkeit.*
Heather (14/21): *Depression durch Ablehnung oder Einsamkeit.*
Honeysuckle (16/21): *Depression durch Verlust.*
Olive (21/23): *Depression durch Erschöpfung oder Erschöpfung mit Depression.*
Pine (21/24): *Depression durch Schuldgefühle.*

Red Chestnut (21/25): *Sorgenvolle Depression.*
Scleranthus (21/28): *Häufige Stimmungsschwankungen.*
Star of Bethlehem (21/29): *Depressionen durch psychisches Trauma.*
Water Violet (21/34): *Schwere, depressive Kontaktstörungen.*
Wild Oat (21/36): *Depression aus Sinnlosigkeit.*
Wild Rose (21/37): *Depressive Resignation.*
Willow (21/38): *Depression durch Verbitterung.*

Nr. 22 Oak (Eiche)

Kurze Charakteristik

Für Menschen, die nicht nach- oder aufgeben können.

Einsatzbereich:
Zur *Basisbehandlung* bei: Starre, übertriebener Verantwortlichkeit, Kompromißlosigkeit, Unnachgiebigkeit, Pflichtzwang, Selbstaufopferung, Ehrgeiz.

Alle *krankhaften Störungen*, die mit Unnachgiebigkeit oder Leistungszwang einhergehen oder davon ausgelöst wurden.

Im *täglichen Leben* bei: Sturheit, Verbissenheit, Anspannung, Dauerstreß.

Ursprung und Bild des Oak-Syndroms

Die Anlage besteht in Willenskraft, Leistungs- und Durchsetzungsdrang.

Bei harmonischer Entwicklung entsteht daraus ein willensstarker Mensch, der Konzentrationsfähigkeit und Durchhaltevermögen besitzt. Er übernimmt gerne schwere Aufgaben oder stellt sich Herausforderungen, weil er dabei sein großes Kraftpotential ausleben kann. In Notzeiten oder bei Krankheiten verliert er nicht die Hoffnung und hält noch durch, wenn andere längst aufgegeben haben. Dabei unternimmt er solange immer neue Anstrengungen, bis er Erfolg hat. Als Einzelgänger vollbringt er bewundernswerte Höchstleistungen, und in sozial verantwortlicher Position ist er es, der die ganze Last trägt oder den Karren aus dem Dreck zieht. Er denkt nicht daran, sich zu schonen und hat die Gewohnheit, bis zum Letzten zu gehen. Hat er sich einmal ein Ziel gesetzt, so gibt er nicht auf, bis er es erreicht hat. Dabei handelt er aber nach dem Rezept aller Erfolgreichen, das darin besteht, sich nichts vorzunehmen, was man nicht auch erreichen kann. Da er seine Schwächen genau kennt, plant er sie bei allem, was er tut, umsichtig mit ein. So können sie ihm keinen Strich durch die Rechnung machen.

Unter ungünstigen Bedingungen entartet die große Durchsetzungskraft zu sturer Unnachgiebigkeit, die Stärke zu Starre, die Freude an der außergewöhnlichen Leistung zu krankhaftem Ehrgeiz. Dabei entsteht das Oak-Syndrom, das durch die Unfähigkeit, bei Überforderung auf- oder nachzugeben, gekennzeichnet ist. In diesem Zustand gleicht der Oak-Mensch einem falsch abgeschossenen Pfeil, der nicht mehr angehalten werden kann und solange fliegt, bis er zu Boden stürzt. Er kann trotz Erreichens der Zerreißgrenze seine Last nicht abwerfen, trotz Überforderung sich nicht aus einer Verantwortung befreien, trotz erkennbarer Unerreichbarkeit einen Plan oder ein Ziel nicht aufgeben. Er verrennt, verbohrt sich, trotzt und verhärtet sich, will sich nicht eingestehen, daß er sich übernommen, verrechnet oder getäuscht hat. Es geht ihm nicht mehr um das sinnvolle Ziel, sondern nur noch um den bloßen Sieg, um das Gefühl, es doch noch geschafft zu haben, und zwar ohne Rücksicht auf Verluste – zumindest aber darum, nicht aufgegeben zu haben. Das Oak-Syndrom kommt auch im täglichen Leben vor: wenn jemand sich derart in eine Arbeit verbeißt, daß er sich nicht mehr entspannen kann, wenn jemand seine Gesundheit im Hochleistungssport ruiniert, wenn jemand sich von einer Verantwortung nicht lossagen kann, obwohl er ihr nicht gewachsen ist, wenn jemand seinen Leistungsdrang nicht zügeln kann, obwohl er dadurch unter gefährlichen Streß gerät.

Natürlich hat eine solche Einstellung auch schädliche Wirkungen auf den Körper, der dadurch in einen Dauerstreß gerät. Typisch sind dabei Leber-Galle-Störungen, Blutdruckerhöhung, Blutfetterhöhung, Schilddrüsenstörungen, Versteifung der Gelenke und rheumatische Beschwerden, Verlust der geistigen Beweglichkeit, Zähneknirschen oder kaputtgebissene Zähne.

Wirkungsrichtung der Oak-Essenz

Oak ist das Mittel gegen Unnachgiebigkeit und Starrsinn. Es macht nachgiebiger, flexibler und kompromißbereiter, baut Leistungs- und Verantwortungszwänge ab, fördert die Fähigkeit zur Schicksalsbejahung und bewirkt eine gewisse allgemeine Entspannung. Diese kann auch den Körper erfassen und jene Störungen beheben, die mit zu starker, willentlich nicht mehr aufhebbarer Anspannung einhergehen. Dadurch wirkt Oak auch Degenerationen des Gefäßsystems und Bewegungsapparates entgegen und kann unter günstigen Umständen Bluthochdruck oder erhöhte Blutfettwerte senken.

Psychologisch-therapeutische Anmerkungen

Eine charakterliche Stärke wird dann zur Schwäche, wenn sie das richtige Maß oder ihre sinnvolle Beziehung verliert. Beim Oak-Menschen läßt sich dies besonders deutlich beobachten. Seine von Natur aus große Willenskraft, seine Zielstrebigkeit und Durchsetzungsfähigkeit entarten zu Unbeugsamkeit, sturem, kompromißlosem Durchhaltezwang und geistiger Unbeweglichkeit, sobald sie einseitig übertrieben und aus dem harmonischen Zusammenspiel aller übrigen Persönlichkeitskomponenten herausgerissen werden.

Dies geschieht oft unter dem Einfluß egoistischer, ehrgeiziger Eltern oder Bezugspersonen, die den angeborenen Leistungswillen und die Verantwortungsbereitschaft ihrer Oak-Kinder zu einseitig fördern, so daß diese sich zu Menschen entwickeln, die süchtig nach Erfolg sind, kein Gefühl für ihre eigenen Grenzen und kein Verständnis für die Relativität aller Dinge haben. Sie können nicht mehr erkennen, daß Leistung und Erfolg immer eine sinnvolle Vorgabe brauchen, um selbst einen Sinn zu haben, sie werden unfähig zuzugeben, daß auch sie nicht alles können, und gewöhnen sich an, ihre Absichten mit sturer Gewalt und ohne Rücksicht auf sich selbst durchzusetzen. Nicht einmal an der Grenze ihrer Leistungsfähigkeit können sie nachgeben oder von einem einmal ins Auge gefaßten Ziel ablassen. Ihre Ohnmacht einzugestehen, würde sie zu sehr frustrieren und ihr Selbstwertgefühl erschüttern. Schicksal als etwas Geschicktes, Hinzunehmendes zu verstehen, widerspricht so sehr ihren Vorstellungen, daß sie sich eigentlich in einem permanenten Kampf damit befinden und gerade dadurch den schweren Schicksalsschlag herausfordern, der sie endgültig in die Knie zwingt. Dann geht es ihnen wie jenen mächtigen, alten Bäumen, die dem Sturm unbewegt trotzen, bis er sie in ihrer Unbeugsamkeit eines Tages einfach zerbricht.

Ob ein Oak-Mensch, wenn er sich wieder einmal mit enormer Energie und Zähigkeit bis zur Leistungsgrenze in eine Aufgabe verbissen hat, seine Anlage in einer für ihn sinnvollen Weise auslebt oder ob er ihr Sklave geworden ist, kann der Außenstehende oft nur schwer beurteilen – vor allem, wenn er selbst anders veranlagt ist. Das entscheidende Kriterium besteht, wie übrigens bei allen Menschen und in allen Situationen, in der Frage, ob er dabei leidet oder nicht. Solange er bei seinem zähen Kampf »aus ganzem Herzen« seiner Natur folgt, empfindet er Lebensfreude.

Sobald er aber das richtige Maß verliert oder dabei andere, ihm ebenfalls wichtige Bedürfnisse unterdrückt, gerät er in einen inneren Konflikt. Das dann auftretende Leiden warnt ihn davor, so weiterzumachen. Allgemein gesprochen resultiert es aus der Unfähigkeit, sich zu entspannen. Er steht unter einem ununterbrochenen, wenn auch selbstgeschaffenen Streß, der deshalb so schädlich ist, weil er dem Körper keine Möglichkeit gibt, sich zu regenerieren und entgiften.

Normalerweise mobilisiert der Organismus in der Streßphase alle Kräfte, um ein bestimmtes Ziel zu erreichen oder eine Gefahr abzuwenden, reduziert dabei aber alle Aufbau- und Entgiftungsfunktionen auf ein Minimum, um diese später, wenn die Arbeit getan ist, nachzuholen. Während sich beim gesunden Menschen Anspannung und Entspannung in zeitlich kurzen Rhythmen (zum Beispiel Tag und Nacht) abwechseln und in einem erträglichen Rahmen bleiben, fallen sie beim Streß besonders extrem aus – sowohl hinsichtlich ihrer Dauer als auch ihrer Intensität. Im gleichen Maße, wie alle Kraft beim Streß eingesetzt wird, wird die Regenerationsarbeit auf das kleinstmögliche Minimum reduziert; dafür ist diese, wenn die Entspannung einsetzt, besonders stark und wird von großer

Erschöpfung und intensiven Entgiftungssymptomen (die meistens als Krankheitssymptome fehlgedeutet werden) begleitet.

Der Oak-Mensch sollte versuchen, stets Herr seiner Energien zu bleiben, und sich immer fragen, ob das, wofür er sich einsetzt, dies auch wert ist und ihm Freude macht. Sobald er darunter zu leiden beginnt, was sich auch in den oben erwähnten körperlichen Störungen äußert, ist es Zeit, die Zügel lockerer zu lassen und alles etwas weniger ernst zu nehmen. Wichtig ist es für ihn vor allem, nicht einseitig zu werden und alle seine Bedürfnisse zu berücksichtigen. Auch der typische Oak-Mensch hat meistens noch andere Anlagen und Interessen, die sich widersprechen können. Dann gilt es, um innere Konflikte zu vermeiden, einen gemeinsamen Nenner, eine höhere Perspektive zu finden, in der sich seine Gesamtpersönlichkeit verwirklichen kann, oder – vorübergehend, aber ganz bewußt – sich auf das momentan wichtigste Bedürfnis zu beschränken.

Grundsätzlich soll ja alles, was wir unternehmen, unserer Lebensfreude dienen (welche Form sie auch immer haben mag). Andernfalls entstehen Leiden, Krankheit und Destruktivität, die wiederum unser ganzes Handeln und Leben beeinträchtigen. Ein gewisses spielerisches Element ist unerläßlich, um das Leben von seiner besten Seite nehmen zu können, denn es ist in seiner ständigen Veränderlichkeit, Unvorhersehbarkeit und Unbegreiflichkeit selbst ein großes Spiel. Wenn wir »Ernst machen«, nehmen wir aus der Totalität der Lebenswirklichkeit einen bestimmten Aspekt heraus und stellen ihn über die restlichen. Er ist dann der Punkt, um den sich nach unserem Willen alles drehen soll. Damit aber beschneiden wir das Leben und nehmen ihm seine Vielfältigkeit und Liebenswürdigkeit. Nicht umsonst heißt es: »tod-ernst« und »lebenslustig«. In diesem Sinne sollten sich Eltern davor hüten, ihre Kinder zu sehr auf Leistung und Ehrgeiz zu trimmen, denn sie werden dadurch zwar vielleicht erfolgreich, aber nicht glücklich.

Häufige Kombinationen mit anderen Mitteln

Cherry Plum (6/22): *Durch Leistungsstreß an der emotionalen Zerreißgrenze.*
Chicory (8/22): *Hartnäckig-aufdringliche Fürsorge oder Liebe.*
Elm (11/22): *Überforderung durch Leistungszwang.*
Pine (22/24): *Unnachgiebiger Perfektionismus.*
Rock Water (22/27): *Selbstquälerischer Leistungszwang.*
Vervain (22/31): *Streß durch Leistungszwang.*
Vine (22/32): *Dogmatischer Leistungszwang.*
Water Violet (22/34): *Einsamkeit durch Ehrgeiz.*
White Chestnut (22/35): *Erfolgsorientiertes Zwangsdenken.*
Willow (22/38): *Unerbittliche Rachsucht.*

Nr. 23 Olive (Olive)

Kurze Charakteristik

Für Menschen, die – körperlich und seelisch – sehr erschöpft sind.

Einsatzbereich:
Zur *Basisbehandlung* bei: allgemeiner Schwäche und verringerter Leistungsfähigkeit, Anämie, Herzinsuffizienz.

Bei allen *krankhaften Störungen*, die mit Erschöpfung einhergehen oder davon ausgelöst wurden.

Im *täglichen Leben* bei: körperlichen und/oder seelischen Erschöpfungszuständen, meist nach größeren Anstrengungen oder schweren Krankheiten.

Ursprung und Bild des Olive-Syndroms

Die Anlage besteht in einer gewissen Schwächlichkeit und grundsätzlich geringen Belastbarkeit.

Bei harmonischer Entwicklung entsteht daraus ein Mensch, der klug mit seinen Kräften umgeht und sich vor allem hütet, was ihn überfordern würde. Weil er seine geringen Reserven kennt, organisiert er sein Leben so, daß er nie überlastet wird. Zum Beispiel wählt er einen leichten Beruf, unternimmt keine strapaziösen Reisen oder hält regelmäßig Mittagsruhe. Er gleicht jenen empfindlichen Pflanzen, die nur unter sehr günstigen Bedingungen gedeihen können, dann aber eine eigene, stille Schönheit entwickeln.

Der Olive-Zustand entspricht auch einem natürlichen, biologischen Phänomen: der von Müdigkeit begleiteten, parasympathischen Erschlaffungs- und Erholungsphase, die nicht krankhaft, sondern die Voraussetzung für Entgiftung und Regeneration ist.

Unter ungünstigen Umständen manifestiert sich die latente Schwäche des Olive-Menschen in einer Müdigkeit, die ihn nie ganz verläßt und ihn in vielfacher Hinsicht einschränkt. Er schleppt sich mühsam durchs Leben, fühlt sich ständig mehr oder weniger erschöpft und benötigt unnormal viel Schlaf. Als medizinische Ursache kann dabei eine Herzschwäche, eine Anämie oder ein Mangel an Vitaminen und Spurenelementen bestehen. Wenn sich dieser Zustand – meist infolge einer langen Krankheit oder schweren Belastung – extrem steigert, entsteht das Olive-Syndrom, in das grundsätzlich jeder Mensch geraten kann: man ist – oft nicht nur körperlich, sondern auch seelisch – völlig am Ende, kann sich zu nichts mehr aufraffen und empfindet das Leben als peinvolle Last. Dies bedeutet zugleich, daß die gesundheitsfördernde parasympathische Phase zum krankhaften Dauerzustand entartet ist, in dem der Organismus nur noch auf einem reduzierten Niveau vegetieren, nicht aber zur vollen Kraft und Gesundheit zurückfinden kann.

Wirkungsrichtung der Olive-Essenz

Olive ist das Mittel gegen Erschöpfung. Es wirkt allgemein stärkend und kann die normale psychische und physische Leistungsfähigkeit wiederherstellen. Es hat sich bei Schwächezuständen jeder Art, vor allem von seiten des Herzens, bewährt.

Psychologisch-therapeutische Anmerkungen

Das Olive-Syndrom ist das Ergebnis einer (meist chronischen) Überforderung. Bei schwacher Konstitution (Olive-Anlage) genügen dazu bereits geringere Belastungen, wogegen normalerweise schwerwiegende Umstände eintreten müssen, um den geschilderten Zustand hervorzurufen. Ein gesunder Organismus wird mit dem täglichen Streß problemlos fertig. Er mobilisiert seine Reserven und geht in eine allgemeine Anspannung, um möglichst schnell und effektiv reagieren zu können.

In dieser (dem Sympathikus zugeordneten) »Kampf«-Phase sind die Entgiftungs- und Aufbaufunktionen reduziert. Sie kommen erst wieder richtig in Gang, wenn das Problem gelöst und das Ziel erreicht ist, wozu der Organismus auf (dem Parasympathikus entsprechende) Entspannung umschaltet. Jeder kennt die Erschlaffung oder Müdigkeit, die einsetzt, sobald der Streß vorüber ist. War dieser sehr stark (zum Beispiel durch langdauernde Überlastungen oder schwere Krankheiten), fällt auch die Entspannungsphase stark aus oder geht sogar in den Olive-Zustand über.

Diese Gefahr besteht besonders, wenn die mobilisierbaren Reserven klein sind, das heißt bei Menschen, deren Leistungsfähigkeit oder Lebenskraft durch eine geschädigte Erbmasse, Krankheiten oder ungünstige Lebensbedingungen, vor allem aber unglückliche familiäre Verhältnisse, reduziert ist.

Eine wesentliche Rolle spielt hierbei auch der Generationskonflikt, in dem die Eltern die ihnen in den Kindern heranwachsende Konkurrenz zu unterdrücken versuchen: die Mutter bei der Tochter, der Vater beim Sohn. Die gleichgeschlechtlichen Kinder sind ja – biologisch gesehen – die »Feinde« ihrer Eltern und machen ihnen, je stärker sie werden, nicht nur den Lebensraum, sondern auch den Partner streitig, was sich in der bekannten Eifersucht des Sohnes auf den Vater und der Tochter auf die Mutter zeigt.

Normalerweise entwickeln die Heranwachsenden in diesem instinktgesteuerten Kampf die Kraft für eine eigenständige, unabhängige Existenz; sie machen sich selbständig oder verdrängen die Eltern aus deren eigenem Revier. Gelingt ihnen dies nicht, so bleiben sie immer irgendwie unerwachsen und sind von ihren Eltern abhängig. Das macht sich unter anderem in einer gestörten Sexualität, in einer schlaffen Körperhaltung, in Ängstlichkeit, körperlicher und psychischer Unentwickeltheit oder allgemeiner Schwächlichkeit bemerkbar.

Auf dieser Basis entsteht oft die Olive-Konstitution (übrigens auch die *Centaury*- und die *Larch*-Konstitution) mit ihrer dauernden unterschwelligen oder auch manifesten Schwäche. Manchmal entwickelt sich zwar ein solcher Olive-Mensch, wenn er in die Fremde verschlagen wird oder seine Eltern sterben, später noch zur kraftvollen, lebenstüchtigen Persönlichkeit, meistens aber bleibt er sein Leben lang unbewußt im Schatten seiner übermächtigen Eltern oder Bezugspersonen. Nur eine sehr grundlegende, an die Wurzeln ihres Selbstverständnisses gehende Psychotherapie könnte ihn befreien und den unterbrochenen Prozeß des Stark- und Erwachsenwerdens wieder in Gang setzen.

Wer den Olive-Zustand aus eigener Erfahrung kennt, sollte, wenn er ihn nicht überwinden kann, zumindest eine besondere Achtsamkeit bezüglich dessen, was er sich zumutet, entwikkeln. Schon erste Zeichen von Erschöpfung sollten als Warnung genommen werden. Wenn Olive-Menschen mit ihrer Schwäche umsichtig umgehen, überleben sie meistens sogar ihre stärkeren Konkurrenten im Lebenskampf.

Die Olive-Schwäche ist (neben körperlichen Krankheiten) oft auch die Folge einer psychischen Überforderung durch Sorgen, Ängste oder negative Erwartungen, durch belastende, unbefriedigende Lebensumstände oder ständigen Verzicht auf wichtige Bedürfnisse. Daher benötigt der typische Olive-Mensch fast immer eine grundsätzliche Lebenssanierung, die Dauerbelastungen beseitigen und die Selbstunterdrückung beenden müßte.

Bei akuten Schwäche-Zuständen sollte man daran denken, daß sie biologisch sinnvoll sein und die auf einen Streß folgende Erholungsphase darstellen können: Der Organismus verschafft sich die für Regeneration und Entgiftung erforderliche Ruhe, indem er den betreffenden Menschen »aus dem Verkehr zieht«. Es ist daher ein Fehler, nach schweren Krankheiten oder außergewöhnlichen psychischen Belastungen sofort eine Wiederherstellung der Kräfte erzwingen zu wollen; aufputschende Therapien behindern dann den Körper in der lebenswichtigen Regeneration, so daß er sich nie richtig erholen kann. Am besten überläßt man sich – lebensbedrohliche Zustände natürlich ausgenommen – dem Rhythmus der Natur, die den Organismus erst dann wieder aktiv werden läßt, wenn die Genesung abgeschlossen ist. Die Tiere zeigen, wie man sich richtig verhält: wenn sie krank sind, verkriechen sie sich und warten, bis sie wieder gesund sind.

Häufige Kombinationen mit anderen Mitteln

Clematis (9/23): *Schläfrigkeit, Geistesabwesenheit, Halluzinationen oder Ohnmacht durch Erschöpfung.*
Elm (11/23): *Schwere körperlich-seelische Erschöpfung.*
Gentian (12/23): *Erschöpft und entmutigt.*
Gorse (13/23): *Hoffnungslosigkeit durch Erschöpfung.*
Honeysuckle (16/23): *Flucht in die Vergangenheit aus Erschöpfung.*
Larch (19/23): *Selbstzweifel aus Erschöpfung.*
Mimulus (20/23): *Verängstigt und erschöpft.*
Mustard (21/23): *Depression durch Erschöpfung oder Erschöpfung mit Depression.*
Pine (23/24): *Zermürbende Schuldkomplexe.*
Red Chestnut (23/25): *Zermürbende Sorgen.*
Star of Bethlehem (23/29): *Mangel an seelischer Widerstandskraft durch Erschöpfung.*
Walnut (23/33): *Beeinflußbarkeit durch Erschöpfung.*
Water Violet (23/34): *Ungeselligkeit aus Erschöpfung.*
Wild Rose (23/37): *Antriebslosigkeit aus Erschöpfung.*

Nr. 24 Pine (Kiefer)

Kurze Charakteristik

Für Menschen, die unter Schuldgefühlen und schlechtem Gewissen leiden.

Einsatzbereich:
Zur *Basisbehandlung* bei: Schuldgefühlen, moralischen Zwängen, Selbstverurteilung, Selbstablehnung, Autoritätshörigkeit, krankhaftem Perfektionismus.

Bei allen *krankhaften Störungen*, die mit Schuldgefühlen einhergehen oder davon ausgelöst wurden.

Im *täglichen Leben* bei: Gewissensbissen, Pingeligkeit, Skrupeln.

Ursprung und Bild des Pine-Syndroms

Die Anlage besteht in einem moralisch eingefärbten Idealismus und der Tendenz, sich in den Dienst einer übergeordneten Instanz zu stellen, beziehungsweise einer Angst vor Stärkeren.

Bei harmonischer Entwicklung entsteht daraus ein Mensch, der sich in seinem Denken und Handeln stets an hohen moralischen Werten und Idealen orientiert und aus dem Gefühl lebt, daß es eine überpersönliche oder »göttliche« Instanz gibt, der gegenüber er verantwortlich ist. Wenn er etwas als richtig erkannt oder sich zu etwas verpflichtet hat, ist er davon weder durch Versprechungen noch durch Drohungen abzubringen. Lieber würde er große Nachteile oder Leiden ertragen, als von seinen Pflichten abzuweichen oder den zu verraten, in dessen Dienst er sich gestellt hat. Das kann »Gott«, eine Institution, eine Gemeinschaft, eine Idee oder ein einzelner Mensch sein – vorausgesetzt, sie erscheinen ihm verehrungswürdig und integer. So gilt er als loyal, zuverlässig, unbestechlich und anständig.

Unter ungünstigen Umständen wird aus dem angeborenen, klaren Wissen um sinnerfüllte Verantwortung ein unbegründetes oder übertriebenes Schulddenken. Dies wiederum führt dazu, daß der Pine-Mensch die wohlüberlegte und selbstbewußte Orientierung an hohen Werten verliert und statt dessen zwanghaft jede irgendwie moralisierte Forderung, die an ihn gestellt wird, zu erfüllen versucht – und nicht nur das, sondern er sucht geradezu danach. Darüber hinaus aber verwandelt sich bei ihm der Wunsch nach Tadellosigkeit und Anständigkeit in ein fortwährendes, quälendes Unzulänglichkeitsgefühl. So leidet er übertrieben oder unbegründet unter Schuldgefühlen, schlechtem Gewissen oder Perfektionszwang. In diesem Zustand kann er sich mit seinen Leistungen nicht zufriedengeben und meint oft, er tue nicht seine Schuldigkeit. Dieses Gefühl, jemandem etwas zu schulden, ist der Grund dafür, daß er sich schuldig oder sündig fühlt, wobei es kennzeichnend ist, daß er, statt sich vor überzogenen Ansprüchen zu drücken oder negative Erwartungen zu verdrängen, geradezu davon angezogen wird. Es scheint, als sei er süchtig danach, sich zu beschuldigen. Daß dabei die Fähigkeit, Lebensfreude zu empfinden und zu verbreiten, verlorengeht, versteht sich von selbst. Daher sind jene Pine-Typen, die sich mit einer gewissen Selbstgefälligkeit ständig selbst schlecht machen oder mit ihren scheußlichen Schuldgefühlen auch andere anstecken, unerfreuliche Zeitgenossen und keineswegs vorbildlich. Schuldgefühle zu pflegen ist kein Zeichen von hoher Moral und Tugend, sondern krankhaft und krankmachend, was jeder aus eigener Erfahrung weiß.

Wirkungsrichtung der Pine-Essenz

Pine ist das Mittel gegen Schuldgefühle. Es baut schlechtes Gewissen, Schuldkomplexe und zwanghaften Perfektionismus ab. Es fördert Selbstbejahung, Selbstverantwortlichkeit und geistige Unabhängigkeit. Pine sollte nicht nur bei aktuellen Beschwerden, sondern auch zur grundlegenden Charaktertherapie eingesetzt werden. Indem dadurch die Fähigkeit verbessert wird, sich natürlich und »unschuldiger« seines Lebens zu erfreuen, verschwinden oft auch moralisch bedingte sexuelle Probleme.

Psychologisch-therapeutische Anmerkungen

Man kann nicht über Schuldgefühle reden, ohne sich gründliche Gedanken über das Phänomen Schuld gemacht zu haben, das eine der häufigsten Krankheitsursachen des christlich erzogenen Menschen darstellt. Wer in unsere Kultur hineingeboren wird, für den ist das Gefühl, schuldig zu sein und schuldig werden zu müssen, fast schon selbstverständlich, da er immer wieder mit Forderungen konfrontiert wird, die er wegen ihrer Natur- und Lebenswidrigkeit kaum erfüllen kann.

Schuldig wird man ja, wenn man eine Schuld nicht abträgt beziehungsweise eine Verpflichtung oder ein Gesetz nicht erfüllt. Dieser Umstand allein wäre relativ bedeutungslos und nur theoretisch, wenn er nicht mit einer schmerzhaften Konsequenz verknüpft wäre: der Strafe! Erst diese macht aus der Schuld ein ernstzunehmendes und furchterregendes Phänomen, das man möglichst zu vermeiden sucht.

Das Schuld-Strafe-System ist ein sehr wirkungsvolles Instrument zur Steuerung des Menschen, denn es ist ziemlich einfach, jemanden schuldig und damit bestrafbar zu machen: man braucht ihm nur aus einer überlegenen Position heraus etwas abzuverlangen, was er nicht erfüllen kann oder will.

Schon in frühester Kindheit machen wir mit diesem System schmerzliche Bekanntschaft. Wir erfahren in Form von Bestrafung, daß es Grenzen gibt, die wir nicht übertreten dürfen, und Forderungen, die wir erfüllen müssen. So leben wir in ständiger *Angst vor der Strafe*, die sich, da sie immer mit unserer angeblichen Schuld begründet wird, mit dieser in unserem Denken untrennbar verbindet. Sie wird immer dann aktiv, wenn wir merken, daß wir nicht so sein können, wie man es von uns verlangt.

Üblicherweise wird diese Emotion »Schuldgefühl« genannt, was den Eindruck hervorrufen soll, man fühle – aus einer Art höherem sittlichem Sinn (dem »Gewissen«) heraus –, daß man schuldig geworden ist. In Wirklichkeit steckt aber keine höhere Moral dahinter, sondern nur die schlichte – und ganz natürliche – Angst vor Strafe. Gäbe es keine Strafe, so hätte niemand ein schlechtes Gewissen.

Um überleben zu können, muß der Mensch »wohlerzogen« werden und alle Gebote beziehungsweise Verbote, die ihm seine übermächtige Umwelt auferlegt, erfüllen. Wenn ihm dies trotz allem guten Willen nicht gelingt (weil sie ihm zu sehr gegen den Strich gehen oder zu große Selbstverleugnung erfordern), entwickelt er – als Ausdruck seiner Angst vor der Strafe – »Schuldgefühle«, die um so stärker ausfallen, je empfindsamer er ist und je schmerzlicher die bisherige Bestrafung war.

Die christliche Kirche setzt dieses Schuld-Strafe-Angst-System besonders extrem ein, indem sie vom Menschen verlangt, daß er sein Leben dem Verzicht, der Entsagung, der Selbstverneinung und der Pflicht weiht sowie moralische Dogmen anerkennt, die gegen sein natürliches Empfinden, gegen sein Bedürfnis nach kreatürlicher Lebensfreude, persönlicher Selbstverwirklichung und geistiger Freiheit gerichtet sind. Diese Forderung wird ganz irrational durch die Behauptung begründet, Christus sei für uns wegen unserer unendlichen und von uns selbst nicht wiedergutzumachenden »Sünden« am Kreuz gestorben, weshalb wir zwar erlöst, gleichzeitig aber in eine noch tiefere Schuld »Gott« gegenüber geraten seien und unser Leben eigentlich im Büßergeist verbringen müßten.

Unter diesen Umständen kann es nicht ausbleiben, daß sich der christliche Mensch als Dauerversager und ewig Schuldiger fühlt. Er bekommt ein schlechtes Gewissen, wenn es ihm gut geht, und ist eher bereit, auf Lebensfreude zu verzichten, als nach ihr zu verlangen. Hinzu kommt die ständige Furcht vor einem allwissenden Gott, der angeblich die Mißachtung seiner Verbote unnachsichtig bestraft. Daß dieser herrschsüchtige, kleinliche und gar nicht »liebe« Gott aber auffallend jenen Menschen ähnelt, die dieses Bild von ihm entwerfen, wagt sich der normale Christ kaum einzugestehen. Obendrein hindert ihn die geschickte Verknüpfung von religiöser Ehrfurcht mit kreatürlicher Straf-Angst daran, seine angebliche Schuld einer genauen

Prüfung zu unterziehen. Dabei würde er schnell bemerken, daß die angeblich göttlichen Ver- oder Gebote in Wirklichkeit vor allem dem Interesse derer dienen, die sie verkünden.

Sind es nicht immer die Mächtigen, die den Schwachen Gehorsam predigen, die Besitzenden, die den Habenichtsen den Diebstahl verbieten, die prüden Sexualfeinde, die das natürliche Geschlechtsleben verteufeln, die Ordnungsfanatiker und Zwangscharaktere, die das spontane, unverplante Element im Leben der Menschen ausrotten wollen?

Der Pine-Mensch ist für das Schulddenken besonders anfällig, weil er eine sehr beeindruckbare, sympathiebedürftige psychische Struktur besitzt. Aus Unsicherheit versucht er, sich das Wohlwollen seiner Mitmenschen dadurch zu sichern, daß er nach ihrer Pfeife tanzt, und inneren Halt dadurch zu bekommen, daß er fremde Verhaltensnormen zwanghaft und genau übernimmt. Aufgrund seiner Empfindsamkeit hat er Furcht vor jedem, der sich gefühl- und rücksichtslos durchsetzen kann, und neigt dazu, sich jeder Macht und Autorität unterzuordnen. Hierin liegt auch der Grund seines religiös eingefärbten Schuldgefühls: jener »Gott«, vor dessen Strafe er zittert, ist in Wirklichkeit nur eine Abstraktion aller Autoritätspersonen, die ihn bisher gestraft und unterdrückt haben. Die Angst vor ihnen steckt ihm so sehr in den Knochen, daß er seine, der Kindheit entstammende Rolle auch als Erwachsener nicht in Frage zu stellen wagt.

Er muß aber, wenn er von seinen »Schuldgefühlen« freiwerden will, diese Hintergründe kennen und sich auch die folgende Tatsache klar machen: »Schuld« und »Sünde« konnten in der gesamten Menschheitsgeschichte trotz unmenschlicher Unterdrückungen und Bestrafungen nicht aus der Welt geschafft werden. Das zeigt, daß ein elementarer, für die menschliche Existenz unverzichtbarer Faktor dahintersteckt.

Welche Kraft treibt uns unwiderstehlich, jene Gesetze und Verbote zu mißachten, die man uns auferlegt?

Es ist unser Drang nach persönlicher Selbstverwirklichung und Lebensfreude (die allerdings ganz subjektiv und individuell ist und weder genormt noch von einem Außenstehenden bestimmt werden kann). Der Mensch kann ja gar nicht anders, als »schuldig« werden, wenn man ihm etwas verbietet, wozu er bestimmt und veranlagt ist, oder anders gesagt: wenn er nicht so sein und handeln darf, wie er sein und handeln *muß*.

Man kann dazu, wie es die christliche Religion oft tut, anmerken, der Mensch sei eben von Natur aus ein gefallenes, schlechtes Geschöpf, das immer sündigen und daher auch immer Buße tun muß. Man kann es aber auch so sehen: Schuld- und Sündigkeitsgefühle erzeugen Leid und machen krank; also können sie weder natürlich noch gesund sein und müssen, wenn wir uns unseres Leben erfreuen wollen, wie eine Krankheit überwunden werden. Was ist denn besser und »gottgefälliger«: Freude oder Leid?

Besteht lebendiges Leben nicht in Freude, Lust, Bejahung und sträubt sich nicht unser natürlicher Instinkt dagegen, uns quälen zu lassen oder unnötigen Verzicht zu leisten? Ist Verzicht nicht ein Verwandter des Todes (der, konsequent ausgeübt, ja auch zum Ende führt)?

Sich mit diesen so einfachen und selbstverständlichen Erkenntnissen anzufreunden ist für den Pine-Menschen von entscheidender Bedeutung, weil er sich sonst nicht aus dem Teufelskreis seiner lebensverneinenden, leiderzeugenden Schuld-Strafe-Verzicht-Moral befreien kann, weil er sonst immer wieder versucht, das Leben selbst, *das sich doch auch in seiner angeblichen Sünde und Verfehlung verwirklicht*, zu bekämpfen und sich in zwanghafter Überperfektion oder Überanpassung gegen Bestrafung abzusichern.

Dabei versucht mancher, aus Angst vor einem eventuell entstehenden schlechten Gewissen in minutiösem Gehorsam allen Erwartungen gerecht zu werden, die an ihn gestellt werden. Solange ihm dies gelingt, bleibt sein Schuldgefühl (die Straf-Angst) natürlich stumm, was er dann als »gutes Gewissen« empfindet. Es taucht aber beim kleinsten »Ausrutscher« wieder auf.

Noch eine Erkenntnis ist wichtig: Der Mensch ist nicht Herr über sein Leben, er hat es sich nicht gegeben und kann sein Schicksal nicht bestimmen. Er kann nur – bewußt oder unbewußt – das vollziehen, was ihm bestimmt ist, kann nur so sein, wie es ihm gegeben und wie er veranlagt ist. Deshalb ist er im Grunde nicht verantwortlich für den »Gang der Dinge«, wozu auch das gehört, was *durch ihn* geschieht. Niemand kann vorsätzlich und bewußt schlecht handeln, jeder macht es immer so gut, wie er es *unter Berücksichtigung aller dabei mitwirkenden Umstände* tun kann.

Alles Positive in unserem Leben – Freude, Liebe, Gesundheit, Schönheit – wird dadurch hervorgerufen, daß wir unserer inneren Stimme, unserer Sehnsucht und unserem unmittelbaren Fühlen folgen; Traurigkeit, Leid und Krankheit aber zeigen, daß wir tatsächlich oder gedanklich von unserem persönlichen Weg abgewichen sind. Um dies richtig zu verstehen, muß man allerdings bedenken, daß, wie alles in unserer Welt, auch die Lebensfreude viele Aspekte hat und daß ihr jeweils höchster auch der wertvollste ist. Wenn wir diesen (und damit unser »Seelenheil«) anstreben, kann es durchaus erforderlich sein, in anderer, weniger wichtiger Hinsicht zu »verzichten«, was wir dann allerdings nicht so empfinden. Denn wer wenig gibt, um viel zu bekommen, verzichtet nicht.

Häufige Kombinationen mit anderen Mitteln

Centaury (4/24): *Aufopferung aus Schuldgefühl.*
Cerato (5/24): *Unsicherheit aus Angst vor schlechtem Gewissen.*
Crab Apple (10/24): *Moralisch eingefärbter Sauberkeitszwang.*
Mimulus (20/24): *Angst vor Schuld.*
Oak (22/24): *Unnachgiebiger Perfektionismus.*
Red Chestnut (24/25): *Sorgen durch schlechtes Gewissen.*
Rock Water (24/27): *Zwanghafter Perfektionismus.*
Star of Bethlehem (24/29): *Unverarbeitetes Schuldtrauma.*
Walnut (24/33): *Abwehrschwäche gegen Beschuldigungen.*
White Chestnut (24/35): *Schuldbetonte Zwangsgedanken.*

Nr. 25 Red Chestnut (Rote Kastanie)

Kurze Charakteristik

Für Menschen, die sich zu viele Sorgen um andere machen.

Einsatzbereich:
Zur *Basisbehandlung* bei: krankhaftem Sich-Sorgen-machen, neurotischem Mitleid.

Alle *krankhaften Störungen*, die mit altruistischen Sorgen einhergehen oder davon ausgelöst wurden.

Im *täglichen Leben* bei: niederdrückendem Mitleid oder krankmachenden Sorgen um andere, übertriebene Fürsorglichkeit.

Ursprung und Bild des Red Chestnut-Syndroms

Die Anlage hat einen zwar introvertierten, aber dennoch altruistischen Charakter und besteht in Empfindsamkeit und Mitgefühl.

Bei harmonischer Entwicklung entsteht daraus ein Mensch, der ein Herz für andere hat. Obwohl er selbst niemanden mit seinen Wünschen oder Nöten belästigt, kümmert er sich gern um das Wohl seiner Mitmenschen. Er nimmt mitfühlend an ihrem Leben teil, ist für sie da, wenn sie ihn brauchen, und gibt ihnen das tröstliche Gefühl, nicht allein auf der Welt zu sein. In schwierigen Zeiten vergeudet er nicht seine Kraft in nutzloser Sorge, sondern hilft selbstverständlich und tatkräftig, wo er kann. Dabei hütet er sich aber davor, andere von sich abhängig zu machen oder an sich zu binden, und läßt sie – besonders seine Kinder – ihr Leben leben. Er belastet sie nicht durch negative Erwartungen oder entzieht ihnen sein Wohlwollen, wenn sie nicht seinen Vorstellungen entsprechen. Wenn er nicht helfen kann – wofür er einen klaren Blick hat –, ist er in der Lage, sie vertrauensvoll ihrem Schicksal zu überlassen. Denn er besitzt genügend Lebensweisheit, um zu wissen, daß kein Mensch aus der »göttlichen« Ordnung herausfallen kann und daß ihm letztlich nichts wirklich Schlimmes passieren kann, da jedes Schicksal einen höheren und »heilbringenden« (wenn auch oft unbegreiflichen) Sinn in sich trägt.

Unter ungünstigen Umständen – das heißt, wenn sein Vertrauen in das Schicksal erschüttert ist – entwickelt der Red Chestnut-Mensch eine pessimistisch-ängstliche Lebenshaltung, unter deren Einfluß er dazu neigt, von der Zukunft nur irgendwelches Unheil zu erwarten. Diese negativen Erwartungen bezieht er allerdings weniger auf sich selbst als vielmehr auf Menschen, die ihm nahestehen: er macht sich in übertriebenem Ausmaß und schon bei geringfügigen Anlässen Sorgen um sie, wobei er dazu neigt, sein eigenes Wohl zu vernachlässigen. Oft hat man den Eindruck, daß Red Chestnut-Menschen geradezu süchtig nach Sorgen sind. Jedenfalls finden sie immer wieder jemanden, unter dessen meist noch gar nicht eingetretenem Unglück sie leiden können. Manchmal empfinden sie ihr Verhalten selbst als krankhaft, können es aber nicht aufgeben.

Ein typisches Beispiel hierfür sind jene Mütter, die in ständiger, überwiegend unbegründeter Sorge und Angst um ihre Kinder leben. Zwar hat solch eine »sorgende Selbstlosigkeit« meist einen realen Hintergrund und paßt auch gut in unsere moralischen Klischees, dennoch ist sie, wenn sie übertrieben wird, krankhaft, nutzlos und leiderzeugend. Das empfinden nicht nur die umsorgten »Opfer«, die sich belastet und belästigt fühlen, sondern man merkt es auch dem Red Chestnut-Menschen an: am gequälten Gesichtsausdruck, an der inneren Spannung, an der Unfähigkeit, sich einer Freude hinzugeben, an den Unruhezuständen, an der Schlaflosigkeit, der Angst, der Niedergeschlagenheit.

Wirkungsrichtung der Red Chestnut-Essenz

Red Chestnut ist das Mittel gegen Kummer und selbstlose Sorgen. Es baut die Gewohnheit ab, sich Sorgen um andere zu machen, indem es Schicksalsvertrauen, Zuversicht und einen gesunden Egoismus stärkt. Dadurch entzieht Red Chestnut auch jenen Krankheiten den psychischen Nährboden, die aus Sorgen entstanden sind – vor allem nervösen Störungen, Kreislaufstörungen, Herzbeschwerden und Lungenkrankheiten.

Psychologisch-therapeutische Anmerkungen

Der Red Chestnut-Mensch ist empfindlich und besitzt eine rege Phantasie. Daraus entwickelt sich unter dem Einfluß unerfreulicher Erlebnisse seine typische, ängstliche Erwartungshaltung, die er allerdings nicht auf sich bezieht, sondern in Form von Sorge auf andere Menschen überträgt.

Jeder Sorge liegt ein positives menschliches Element zugrunde: die gefühlsmäßige Anteilnahme am Schicksal des Mitmenschen und zugleich der Wunsch, daß es ihm gut gehe. Unter gesunden, natürlichen Umständen bedeutet das, daß man *für jemanden sorgt*, wogegen man unter krankhaften Bedingungen *sich um ihn sorgt.*

Im ersten Falle unterstützt man ihn tatkräftig und steht ihm, soweit man kann, in der Not bei. Dabei beachtet man aber seine eigenen Möglichkeiten und Grenzen und hütet sich davor, sich von der fremden Problematik anstecken und krankmachen zu lassen. Denn wenn sich das menschenfreundliche Mitfühlen in hilfloses Mitleiden verwandelt, verdoppelt sich das Leid und verringert sich die Aussicht auf Besserung. Um wirksam helfen zu können, darf man selbst nicht hilfebedürftig oder leidend sein.

Im zweiten Fall projiziert man – natürlich unbewußt – eigenes Leiden und eigene Angst auf das Schicksal eines anderen Menschen, das man sich zu diesem Zweck negativ ausmalt: man sorgt sich um ihn. Diese Form der Sorge ist nutz- und sinnlos, weil sie keine verbessernden Konsequenzen, keine tatkräftige Hilfe, keine Überwindung von Leid mit sich bringt. Sie hat hauptsächlich die Funktion, dem eigenen Leid und Selbstmitleid einen Abfluß zu verschaffen und die peinliche Auseinandersetzung mit der eigenen Lebenslüge zu verhindern. Man braucht sich nicht zu fragen, warum man selbst leidet, was man in seinem eigenen Leben ändern müßte, warum man soviel Negatives von der Zukunft erwartet, sondern kann sein negatives Lebensgefühl sozusagen auf fremdem Terrain ausleben und sich zugleich masochistisch dem künstlich erzeugten, weil einer Zukunftsspekulation entsprungenen Leiden hingeben.

Wenn man sich um jemanden Sorgen macht, lebt man seinen eigenen Pessimismus aus, von dem man dadurch einen gewissen Abstand gewinnt. Statt sich bewußt zu werden, daß man im Grunde nur unter seiner eigenen Ängstlichkeit leidet, meint man, es gehe einem um das Wohl des anderen. So bestätigt sich wieder einmal: Krankhaftes kann nur Krankheit erzeugen.

Die eindeutig krankhafte, ängstlich-pessimistische Einstellung des Red Chestnut-Menschen erzeugt selbst wieder Angst und Pessimismus in Form von Sorge. Dies genau zu diagnostizieren ist aber deshalb schwierig, weil es als moralisch hochstehend gilt, sich Sorge um andere zu machen. Wer könnte schon zugeben, daß seine anscheinend selbstlose Sorge nur ein Ausdruck seiner eigenen Lebensangst ist und eine Ablenkung von ihr bedeutet?

Das Kernproblem in der Red Chestnut-Haltung besteht darin, daß eine grundsätzliche Lebenswahrheit ignoriert wird. Es ist die täglich zu erfahrende Tatsache, daß es uns nicht gegeben ist, das Geheimnis unseres Lebens zu begreifen, und daß wir außerstande sind, unser Schicksal richtig zu beurteilen. Unsere Vorstellungen von »gut« und »böse« sind dafür ungeeignet, weil sie zu sehr an vordergründigen Vorteilen orientiert und lediglich Ausdruck unserer beschränkten Einsicht sind. Das gilt vor allem für unsere Zukunftserwartungen: wie oft hat jeder schon erlebt, daß sich momentan katastrophal erscheinende Umstände später als segensreich entpuppt haben! Wie selten ist uns dann aber klargeworden, daß sich darin das Wirken einer geheimnisvollen Macht, Ordnung oder Wesenheit offenbart, die offensichtlich besser als wir weiß, was gut für uns ist.

Es liegt ganz bei uns, von der unbekannten Zukunft etwas Gutes zu erhoffen oder etwas Schlechtes zu befürchten. Auf die Zukunft selbst hat dies keinen Einfluß, denn »es kommt, wie es kommen muß», aber – und das ist das Entscheidende – auf die Gegenwart, in der allein wir fühlen und leiden. So können wir bis zu einem gewissen Grad selbst bestimmen, ob freudige oder leidvolle Gefühle in uns vorherrschen. Zwar läßt sich nicht jedes Leiden vermeiden, gewiß aber jenes, das wir selbst aus pessimistischer Erwartung und Schicksalsnegativität selbst erzeugen, wozu auch die negative, nutzlose Sorge gehört.

Sie beruht beim Red Chestnut-Menschen nicht nur auf mangelndem Vertrauen in das Schicksal oder in »Gott«, sondern auch auf einer Unehrlichkeit sich selbst gegenüber. Er schreckt davor zurück, sich die Wahrheit über sein Verhalten einzugestehen: daß er sein Leben nicht richtig lebt; daß er sich die Ängste, unter denen er leidet, selbst gemacht hat; daß er seine »Opfer« – vor allem seine Kinder – damit belästigt und belastet, in ihr Leben eingreift und sie vielleicht sogar mit seiner krankhaften Gewohnheit ansteckt.

Die Lösung für sein Problem liegt bei ihm selbst. Es geht für ihn nicht darum, sich durch vernünftige Überlegungen davon zu überzeugen, daß eine bestimmte Sorge unbegründet ist, sondern eine neue Lebenshaltung zu finden – das heißt: Vertrauen in das Leben, das Schicksal oder »Gott« zu suchen. Er sollte wieder zu sehen lernen, daß sein Leben im Grunde eine ununterbrochene Kette von positiven, weil menschlich reifmachenden Ereignissen ist – selbst wenn es mitunter wehtut. Er sollte sich in seine Sorgen und negativen Erwartungen unabgesichert hineinfallen lassen und sie bewußt durchleben, um erkennen zu können, wie unbegründet und lächerlich sie sind. Und er sollte sich angewöhnen zu sagen: Es wird schon gutgehen!

Häufige Kombinationen mit anderen Mitteln

Agrimony (1/25): *Geheime Sorgen.*
Aspen (2/25): *Allgemeine angstbetonte Sorgen.*
Centaury (4/25): *Sorgenvolle Selbstlosigkeit.*

Cherry Plum (6/25): *Rasendmachende Sorgen.*
Chicory (8/25): *Die totale Selbstaufopferung.*
Impatiens (18/25): *Sorgenvolle Unruhe.*
Mimulus (20/25): *Ängstliche Überfürsorge.*
Mustard (21/25): *Sorgenvolle Depression.*
Olive (23/25): *Zermürbende Sorgen.*
Pine (24/25): *Sorgen durch schlechtes Gewissen.*
Rock Rose (25/26): *Panikartige Sorgen.*
Star of Bethlehem (25/29): *Übertriebene Sorgen aufgrund von schlechten Erfahrungen.*
White Chestnut (25/35): *Sorgenvolle Gedanken.*

Nr. 26 Rock Rose (Gelbes Sonnenröschen)

Kurze Charakteristik

Das Heilmittel für Notfälle, Panik oder Schock.

Einsatzbereich:
Zur *Basisbehandlung* bei: Paniktendenzen, psychischer Labilität, latenter Lebensangst.

Alle *krankhaften Störungen*, die mit psychischem Schock oder Panik einhergehen oder davon ausgelöst wurden.

Im *täglichen Leben* bei: Notfällen, schockierenden Erlebnissen, Schrecken.

Ursprung und Bild des Rock Rose-Syndroms

Die Anlage besteht in gefühlsmäßiger Offenheit, Beeindruckbarkeit, Empfindsamkeit sowie großer Spontaneität.

Bei harmonischer Entwicklung entsteht daraus ein Mensch, der offen für alle Eindrücke ist und spontan reagieren kann. Seine Gefühle stehen nicht unter der Kontrolle von Konditionierungen, Gewohnheiten oder schlechten Erfahrungen, sie werden nicht gefiltert, gebremst oder verfälscht, sondern unmittelbar und natürlich ausgedrückt. Frei von starren Erwartungen und Reaktionsmustern, wird er durch unerwartete Ereignisse nicht aus dem Gleichgewicht gebracht, sondern reagiert auf alles, was er erlebt, flexibel und widerstandslos wie eine sich in der Strömung bewegende Wasserpflanze. Sein Geist ist, wie bei einem Kind, das noch keine schlechten Erfahrungen gemacht hat, unvoreingenommen, so daß es kaum etwas gibt, was ihn erstaunt oder erschreckt. Dadurch besitzt er innere Sicherheit, natürliche Unerschütterlichkeit und Geistesgegenwart.

Unter ungünstigen Umständen führt die Empfindsamkeit zu Überempfindlichkeit, die Beeindruckbarkeit zur Erschütterung und die Spontaneität zu überschießendem, unkoordiniertem Reagieren. Daraus entsteht das Rock Rose-Syndrom, das in der Unfähigkeit besteht, außergewöhnliche Erlebnisse zu verkraften, und sich in Panik oder Zusammenbruch äußert. In der Regel sind es Menschen mit der typischen Rock Rose-Anlage, die in solche Zustände geraten. Unter extremen, katastrophalen Bedingungen können sie aber auch bei jedem anderen Menschen vorkommen. Man ist dann außerstande, geistesgegenwärtig und gelassen auf überraschende oder belastende Ereignisse zu reagieren, verliert den Überblick, gerät in eine innere Blockade oder verhält sich ganz unvernünftig. Dies passiert vor allem bei Unfällen oder plötzlicher, gewaltsamer Konfrontation mit untergründig belastenden Problemen, vor denen man sich immer wieder gedrückt hat. Ein typisches Beispiel hierfür ist die Diagnose »Krebs«, die bei den meisten Menschen Panik auslöst, weil sie diese irrtümlich für ihr Todesurteil halten und weil sie zu ihrem doch jederzeit möglichen Tod keine sinnvolle Einstellung haben.

Wirkungsrichtung der Rock Rose-Essenz

Rock Rose ist das Erste-Hilfe-Mittel bei Panik. Es gibt mehr Ruhe, Gelassenheit, Geistesgegenwart, Mut und Kaltblütigkeit. Rock Rose ist hilfreich bei Unfällen oder plötzlicher Gewalteinwirkung, weil es die dadurch hervorgerufene – psychische oder physische – Blockade auflösen und die normale Koordination der geistigen und vegetativen Funktionen wiederherstellen kann. Es ist ein wesentlicher Bestandteil des Notfallmittels (Rescue Remedy).

Psychologisch-therapeutische Anmerkungen

Der Rock Rose-Zustand entsteht, wie jede Angst, dadurch, daß ein Überangebot an psychischer und physischer Abwehr-Energie nicht in sinnvollen Aktionen umgesetzt und ausgelebt werden kann, so daß diese sich innerlich staut. Dabei wird die normale Geistestätigkeit außer Kraft gesetzt. Kopflosigkeit und Panik sind die Folge.

Solche Zustände werden durch Ereignisse ausgelöst, auf die man nicht vorbereitet ist, die einen überraschen. Da – biologisch gesehen – jede Überraschung eine potentielle Gefahr bedeutet, reagiert der Organismus darauf mit der sofortigen Mobilisierung von zusätzlicher Energie, um sich entweder wehren oder durch Flucht retten zu können. Wenn ihm dies gelingt und die Gefahr gebannt ist, kehrt er in seinen Normalzustand zurück. Andernfalls staut sich die Abwehr-Energie und wird zur Panik.

Die Blockade entsteht dadurch, daß der betreffende Mensch sein Leben zu sehr verplant und abgesichert hat, so daß kein Spielraum mehr für Ausnahmesituationen bleibt, oder daß er durch unverarbeitete schlechte Erfahrungen in eine angstbetonte Überempfindlicheit gegenüber bestimmten Lebensumständen geraten ist und darauf, wie bei einer Allergie, mit übertriebener Abwehr reagiert.

Dementsprechend sind es zwei Menschentypen, die besonders leicht in Panik geraten können: die unbeweglichen, alles kontrollierenden und verplanenden Verstandesmenschen, die die Übersicht verlieren, wenn sie überraschend in Situationen geraten, für die sie kein rationales Erklärungs- und Verhaltensschema besitzen; und die labilen, empfindlichen Menschen (der typische Rock Rose-Mensch!), die auf dem Boden einer sehr tiefsitzenden Verängstigung leben und daher schnell von unerwarteten, ihnen bedrohlich erscheinenden Ereignissen aus der Fassung zu bringen sind. Wovon der Verstandesmensch zuviel hat: vernünftig planende Beherrschung, besitzt der Gefühlsmensch zu wenig.

Im Grunde leiden sie beide unter einer untergründigen, nur mühsam in Schach gehaltenen Lebensangst, die sich unter Ausnahmebedingungen, ähnlich wie bei einem allergischen Schock, dramatisch steigern und Panik erzeugen kann. Ihr Verstand, der es nicht geschafft hat, ein flexibles und wirklichkeitsgerechtes Lebenskonzept zu entwickeln, in dem auch irrationale Schicksalselemente Platz haben, und der mit der täglichen kleinen Überlebensstrategie voll ausgelastet ist, setzt aus: sie »verlieren den Kopf«. In diesem Zustand übernehmen dann unbewußte Regulationssysteme die Steuerung auf der Basis primitiver, animalischer Reaktionen.

Dies geschieht besonders bei Unfällen (ein Un-Fall ist ja ein Fall, den es »eigentlich« nicht geben dürfte; er ist sozusagen ein nicht vorgesehenes Un-Ding). Die bewußte Existenzgrundlage erschütternd, legt er die gewohnte Lebenssteuerung durch besondere Plötzlichkeit oder große Intensität lahm und zerstört die geistige Übersicht. Der Betroffene weiß nicht mehr, was er tun soll; er starrt nur noch wie gebannt auf diesen unheilvollen, schicksalhaften »Bombenkrater«, den der Unfall in die bisher heile Welt gerissen hat; er ist wie gelähmt oder reagiert mit kopfloser Flucht.

Wer in einen solchen Zustand geraten ist, sollte versuchen, durch Ruhe, Abschirmung oder auch Ablenkung Distanz zum auslösenden Faktor zu schaffen, damit die Psyche wieder Ordnung finden kann. Manchmal kann das Schreckensereignis auch dadurch neutralisiert werden, daß ihm sein positives Gegenteil entgegensetzt wird, indem zum Beispiel eine schlechte Nachricht sofort durch eine positive Aussicht ausgeglichen wird.

Menschen in ausgeprägten Rock Rose-Zuständen brauchen vorübergehend fremde Führung. Sie dürfen nicht mit den Alltagsproblemen belastet werden, sondern müssen die Gelegenheit bekommen, ganz nach innen zu gehen und einen neuen Ansatzpunkt für ihr Leben zu finden. In Extremfällen können Medikamente erforderlich sein, die die krankhafte Blockade gewaltsam durchbrechen.

Grundsätzlich wäre es gut, solchen panischen Ausnahmezuständen dadurch vorzubeugen, daß man die täglichen, belastenden Überraschungen bewußt benützt, um an ihnen Flexibilität, Geistesgegenwart und Sicherheit zu üben. Die Grundlage dafür ist Offenheit und Schicksalsakzeptanz. Denn: wer nichts erwartet, kann nicht enttäuscht werden; wer darauf eingestellt ist, alles zu akzeptieren, kann nicht aus der Fassung gebracht werden; wer seine Gefühle zuläßt und ausdrückt, den können sie nicht überwältigen; wer sich seiner Angst, seinen schlechten Erfahrungen, seinen Schwächen stellt, kann ihnen nicht zum Opfer fallen.

Wer das Leben spielerisch nehmen kann, für den wird es nie zum niederschmetternden Ernstfall.

Um diese Einstellung zu bekommen, muß man sich immer wieder klarmachen, daß wir unser Leben letztlich weder verplanen noch absichern, weder lenken noch begreifen können. Wir haben uns nicht selbst erschaffen, können unser Schicksal nicht eigenmächtig bestimmen und begreifen vom Geheimnis unserer Existenz nur sehr wenig. Aber wir ahnen, daß es eine Kraft, Ordnung oder Wesenheit (»Gott«) gibt, die auch das, was wir nicht wissen und verstehen, genauso gut und sinnvoll gestaltet wie das, was uns täglich mit Bewunderung, Dankbarkeit und Ehrfurcht erfüllt.

Häufige Kombinationen mit anderen Mitteln

Agrimony (1/26): *Erstarrung in der Panik.*
Aspen (2/26): *Totale Angstpanik.*
Cherry Plum (6/26): *Panik mit Gefahr, den Verstand zu verlieren.*
Clematis (9/26): *Ohnmachtstendenz bei Panik.*
Elm (11/26): *Panik bei Streß.*
Impatiens (18/26): *Panikartige Getriebenheit.*
Mimulus (20/26): *Ängstlichkeit mit Paniktendenz.*
Scleranthus (26/28): *Handlungsunfähig durch Panik.*
Star of Bethlehem (26/29): *Psychische Erschütterung mit Panik.*
Sweet Chestnut (26/30): *Verzweiflung aus panischer Angst.*

Nr. 27 Rock Water (Mit Sonnenkraft aufgeladenes Wasser aus einer Felsenquelle)

Kurze Charakteristik

Für Menschen, die sehr streng zu sich sind oder einen Hang zur Selbstkasteiung haben.

Einsatzbereich:
Zur *Basisbehandlung* bei: Asketen- und Märtyrerhaltungen, übertriebener Selbstdisziplin und Selbstkontrolle, Selbstvergewaltigung mit Freudlosigkeit, Selbstquälerei, Zwanghaftigkeit, Fanatismus und Dogmatismus, Gefühlsangst.

Alle *krankhaften Störungen,* die mit Zwanghaftigkeit oder Selbstvergewaltigung einhergehen oder davon ausgelöst wurden.

Im *täglichen Leben* bei: Selbstdisziplin, Lebens-Programmen, Idealen, freiwilligen Diätvorschriften, selbstauferlegtem Verzicht, Strenge gegen sich selbst.

Ursprung und Bild des Rock Water-Syndroms

Die Anlage ist introvertiert; sie besteht in starkem Willen, relativ unbeweglichem Denken und einem gewissen Idealismus.

Bei harmonischer Entwicklung entsteht daraus ein Mensch mit großer Selbstdisziplin und hochentwickelter, persönlicher Moral. Er stellt große, idealistisch eingefärbte Ansprüche an sich selbst, die er auch dann noch aufrechterhält, wenn andere längst aufgegeben und ihr Mäntelchen nach dem Wind gehängt hätten. Man kann sich auf ihn verlassen, denn er verläßt sich selbst nie, aber man kann ihn nie zu etwas überreden, was er nicht richtig findet. Obwohl er sich selbst gegenüber niemals Kompromisse macht, ist er anderen Menschen gegenüber nachsichtig und tolerant. Er würde nie von anderen verlangen, daß sie sich seiner Einstellung anschließen oder sein eigenes Leistungssoll erfüllen, weil seine Lebensphilosophie sehr persönlich und subjektiv ist und er daher jedem Menschen seinen eigenen Lebensweg zubilligt. Er ist sich aber stets der Verantwortung bewußt, die jeder Mensch durch das Beispiel, das er anderen gibt, trägt; daher bemüht er sich, ein unaufdringliches, durch seinen Wert überzeugendes Vorbild zu geben und auf diese Weise der Menschheit zu dienen. So ist er für seine Mitmenschen ein Symbol dafür, daß ein reiner, starker Geist oder ein edles Ideal auch in unserer bestechlichen und vorteilsorientierten Welt bestehen kann, und gibt ihnen den Mut, sich selbst treu zu bleiben.

Unter ungünstigen Umständen kann der lebensbejahende, verständnisvolle Idealismus zu dogmatischem, lebensfremdem Denken entarten, das dem Rock Water-Menschen die flexible Offenheit gegenüber der Wirklichkeit nimmt. Dabei kapselt er sich aufgrund seiner angeborenen Selbstbezogenheit gegenüber seiner Umwelt ab und unterdrückt sein natürliches Fühlen durch einseitige Rationalität. Das Ergebnis ist ein dogmatischer, introvertierter Idealismus, der eine übertriebene Selbstdisziplinierung bewirkt. In diesem Zustand ist der Rock Water-Mensch unfähig, auf das Leben in seiner Intensität, Veränderlichkeit und Widersprüchlichkeit bejahend und beweglich zu reagieren. Je stärker seine Gefühle sind, desto rigoroser versucht er sie zu unterdrücken, wobei er auch vor Selbstkasteiung oder -quälerei nicht zurückschreckt, wie man es von gewissen »Heiligen« in ihrem Kampf gegen die sexuelle »Versuchung« kennt. Der typische Rock Water-Mensch bemüht sich, die »un-ideale« Lebensrealität durch eine innere, heile Idealwelt zu ersetzen und die ihn ängstigende Unberechenbarkeit des Lebens durch sehr rationale und strikt eingehaltene Programme zu bannen. Dazu dienen ihm beispielsweise genaue Tagesplanungen, exakte Diät- oder Gesundheitsvorschriften, religiöse oder ideologische Dogmen. Man findet ihn bevorzugt dort, wo idealistisch oder moralisch begründeter Verzicht, Selbstverneinung oder Märtyrertum praktiziert werden, also bei religiösen oder ideologischen Zwangsgemeinschaften.

Seine Einstellung bleibt natürlich nicht ohne körperlich nachteilige Folgen: Verkrampfungs- und Spannungszustände, die sich vor allem am Bewegungsapparat (rheumatische Beschwerden), in den Gefäßen (Degenerationen und Verkalkungen) und im Leber-Gallesystem (Entzündungen, Steine) manifestieren.

Wirkungsrichtung der Rock Water-Essenz

Rock Water ist das Mittel gegen Selbstunterdrückung und Selbstverneinung. Es befreit von dogmatischer Selbstdisziplin, macht offener für die eigenen Gefühle, fördert die geistige Beweglichkeit und eine unbeschwerte, lebensbejahende Einstellung. Damit wirkt es auch allen durch zu große Selbstbeherrschung entstandenen Verkrampfungen und Verhärtungen entgegen. Rock Water ist ein Ur-Heilmittel. Diese unscheinbare Essenz, die aus reinem, einer unberührten Felsenquelle entsprungenem und in der Sonne energetisch aufgeladenem Wasser besteht, ist das *Lebenselixier* unter den Bachschen Mitteln, weil sie selbstzerstörerische, lebensverneinende Tendenzen aufhebt und die konstruktive Lebensfreude fördert. Sie repräsentiert im Prinzip die lebensfördernde und -erhaltende Funktion natürlichen Wassers.

Psychologisch-therapeutische Anmerkungen

Weil der Rock Water-Mensch mit der Farbigkeit des Lebens nicht zurechtkommt, versucht er, sie durch strenge Schwarz-Weiß-Malerei in den Griff zu bekommen; weil seine Gefühle ihn schwach und anfällig für Einflüsse jeder Art machen und in einen Konflikt zu seinem gleichzeitig vorhandenen, starken Bedürfnis nach klaren, geregelten Lebensbedingungen bringen, unterdrückt er sie durch Dogmatismus. In diese »harte«, rationale Haltung, die er, wie ein strenger Vater gegenüber seinen allzu zügellosen Kindern, gegen seine irrationalen Impulse einnimmt, mischt sich ein gewisses romantisches Element, das ihm eine Vorliebe für »edle« Ziele gibt. Dazu gehören unter anderem die Ökologie und die Naturmedizin, die Spiritualität und die Religion.

So praktiziert der Rock Water-Mensch einen strengen, hochmotivierten Idealismus, der jedoch krankhaft und krankmachend ist, weil er die Welt in ein willkürlich geschaffenes Schema zu zwingen versucht. Indem sich der Rock Water-Mensch mit großer Willenskraft bemüht, theoretische und lebensfremde Idealvorstellungen zu realisieren, wird er unfähig, sein Leben natürlich und wahrhaftig (das heißt: *so, wie es tatsächlich ist*) zu leben und Freude daraus zu beziehen. Daher wirkt er auch immer etwas bedrückend.

Die Rock Water-Haltung ist zwar sehr selbstbezogen, übt aber doch auf andere Menschen einen gewissen Zwang aus, nicht nur wegen ihrer Kompromißlosigkeit, sondern auch wegen der ihr innewohnenden Tendenz zur Selbstzerstörung, die oft für übermenschlich gehalten wird.

Lebensverneinende Misanthropen oder selbstquälerische Asketen werden oft zu Unrecht für »heilig« gehalten. Tatsächlich aber ist der wahre Heilige ein selbstzufriedener und genügsamer Einzelgänger, der sein außergewöhnliches Leben nicht aus einem unnatürlichen Zwang heraus lebt, sondern, sich selbst treu bleibend, das verwirklicht, was in ihm angelegt und wozu er bestimmt ist. Diese Lebensweise ist so vorbildlich und zugleich so selten, daß wir sie bewundern und wegen der Wahrheit, die sich darin ausdrückt, heilig nennen, das heißt: zum »Heil« gehörend und zu ihm führend. Während es dem wahren Heiligen nie in den Sinn käme, »heilig« sein zu wollen, hat der Rock Water-Mensch eine Tendenz dazu.

Die Lösung dieser Probleme läßt sich in jenem Prinzip finden, aus dem die Rock Water-Essenz entsteht: sie entspringt als reines Wasser aus der unergründlichen Tiefe der Erde, die dem Unbewußten entspricht; sie wird sodann von den klaren Strukturen der Felsenbecken gefaßt und geformt, die dem rationalen Denken und Bewußtwerden entsprechen; und schließlich wird sie von der Sonne, die dem ewigen, »göttlichen« Geist entspricht, energetisch aufgeladen oder beseelt.

Nach diesem Prinzip kann sich auch der mit Bewußtheit begabte Mensch verwirklichen, kann gesund und glücklich werden. Er sollte seine aus der Seelentiefe aufsteigenden Gefühle, Eingebungen und Erkenntnisse ernst nehmen, sie in eine klare, lebensgerechte Ordnung bringen und mit einem tragfähigen oder erhebenden Sinn verbinden.

Wenn der Rock Water-Mensch es wagt, seine Gefühle zuzulassen und bewußt zu durchleben, wenn er das Leben so nimmt und lebt, wie es sich ihm – unausweichlich – anbietet, kann er seine Angst davor verlieren und ein natürlicheres, freieres Leben führen. Erst dann kann er auch jene letzten Wahrheiten erkennen, denen sein eigentliches Streben gilt.

Unser Verstand ist manipulier- und programmierbar. Unser Herz aber ist unbestechlich: es gibt uns die Antwort auf unsere Frage nach dem Richtigen und Guten, das allerdings niemals in einem zwanghaften Ideal, Dogma oder Gesetz besteht. Seine Sprache ist so einfach, daß jeder Mensch sie versteht: es ist die unmittelbare, »primitive« und oft »unmoralische« Lebensfreude, die der Mensch im krankhaften Rock Water-Zustand so krampfhaft und doch vergeblich bekämpft.

Häufige Kombinationen mit anderen Mitteln

Aspen (2/27): *Angstmotivierte Selbstvergewaltigung.*
Beech (3/27): *Goßzügigkeit gegen andere bei Strenge gegen sich selbst.*
Cerato (5/27): *Geistige Hörigkeit mit Selbstvergewaltigung.*
Cherry Plum (6/27): *Psychose infolge zu starker Selbstunterdrückung.*
Crab Apple (10/27): *Übertrieben sauber und diszipliniert.*
Oak (22/27): *Selbstquälerischer Leistungszwang.*
Pine (24/27): *Zwanghafter Perfektionismus.*
Vine (27/32): *Die strenge Persönlichkeit.*
Water Violet (27/34): *Weltflucht und Selbstkasteiung.*
Wild Oat (27/36): *Selbstkasteiung als Ersatz für Lebenssinn.*

Nr. 28 Scleranthus (Einjähriger Knäuel)

Kurze Charakteristik

Für Menschen, denen es schwerfällt, sich zu entscheiden.

Einsatzbereich
Zur *Basisbehandlung* bei: Entscheidungsschwäche, Inkonsequenz, Unausgeglichenheit, Zerrissenheit, Sprunghaftigkeit, Unzuverlässigkeit, Konzentrationsschwäche, wechselhaften Krankheiten.

Alle *krankhaften Störungen,* die mit Entscheidungsunfähigkeit oder Wechselhaftigkeit einhergehen oder davon ausgelöst wurden.

Im *täglichen Leben* bei: Schusseligkeit, Entschlußlosigkeit, Zerstreutheit, Zögern, Ablenkbarkeit, Launen, Gedankenflucht.

Ursprung und Bild des Scleranthus-Syndroms

Die Anlage besteht in einer aufgeschlossenen, interessierten und beweglichen Geistesstruktur mit unterschiedlichen Tendenzen.

Bei harmonischer Entwicklung entsteht daraus ein geistig beweglicher Mensch mit vielseitigen Interessen. Da er an allem gleichzeitig die positive und die negative Seite sieht, kann er nie ungerecht oder aus einseitiger, engstirniger Motivation handeln. Seine Fähigkeit, jedem unerfreulich erscheinenden Umstand immer gleich den dazugehörenden erfreulichen Aspekt entgegenzusetzen, läßt ihn alles leicht nehmen, so daß er nur schwer zu erschüttern oder zu erschrecken ist. Seine unkomplizierte, tolerante Art, sein vorurteilsfreies Verständnis für alles, was das Leben mit sich bringt, und sein vielseitiges Weltbild, in dem jeder und alles Platz hat, machen ihn zum beliebten, unterhaltsamen Zeitgenossen, der seinen Mitmenschen ein lebendiges Beispiel dafür ist, daß »alles nicht so schlimm« ist. Entscheidungen fallen ihm nicht schwer; er trifft sie mit geradezu spielerischer Leichtigkeit und Sicherheit, da er aufgrund seiner vorurteilsfreien Offenheit einen größeren geistigen Überblick hat als andere und nicht durch Vorurteile oder Vorstellungen behindert ist. Dabei ist er vor allem in der Lage, sich veränderten Situationen sofort anzupassen und die Prioritäten seines Handelns jederzeit zu ändern. Falls erforderlich und sinnvoll, revidiert er seine Entscheidungen von einem Tag zum anderen, ohne lange herumzuzweifeln.

Unter ungünstigen Umständen kann die geistige Vielseitigkeit zu innerer Zerrissenheit und allgemeiner Entscheidungsunfähigkeit entarten. Dies kann so tief gehen, daß nicht nur das bewußte, sondern auch das unbewußte, automatische Agieren und Reagieren durcheinandergebracht werden und jene instinktive Sicherheit untergraben wird, aus der heraus wir den größten Teil unseres Lebens gestalten. Jeder Handlung muß ja – bewußt oder unbewußt – eine klare Entscheidung vorausgehen.

So ist der Scleranthus-Mensch unfähig, schnelle und sinnvolle Entscheidungen zu treffen. Er befindet sich ständig im Spannungsfeld zwischen den vielen, oft gegensätzlichen Aspekten, die er an allem – fast wider Willen – entdeckt, was ihm einseitige, gewissermaßen parteiische Entscheidungen zur Qual macht. Darüber hinaus zwingt ihn seine vielseitige Interessiertheit oft, mehrere Sachen gleichzeitig zu unternehmen, die er dann aber nur bruchstückhaft betreiben kann, was ihn wiederum frustriert. Bei ihm ist das Wort »Wenig ist mehr!« angebracht.

Der Scleranthus-Mensch läßt sich leicht ablenken und kann sich nur schwer – oder gar nicht – auf einen einzigen Gedanken oder eine bestimmte Handlung konzentrieren; ständig kommen ihm neue Ideen. Eine begonnene Arbeit wird ihm schnell langweilig, so daß er, während er noch mit einer Sache beschäftigt ist, in Gedanken bereits die nächste in Angriff nimmt oder zwischen mehreren Projekten hin- und herpendelt. Dieses Durcheinander in seinem Kopf kann sich bis zur Unfähigkeit, einen klaren Gedanken zu fassen, zu Zerstreutheit, Schusseligkeit, Gedankenflucht oder Konzentrationsstörungen steigern, unter denen er dann leidet.

Der Scleranthus-Zustand mit Gedankenblockade oder innerem Chaos tritt gelegentlich auch bei »normalen« Menschen ein, wenn sie eine Entscheidung unter Zeitdruck oder Zwang treffen müssen, zum Beispiel bei Prüfungen. Dabei drängt sich entweder plötzlich die Fülle des Wissen ungeordnet und unübersichtlich ins Bewußtsein, oder die Furcht vor dem Versagen blockiert den geordneten Gedankengang.

Die körperlichen Symptome des Scleranthus-Syndroms sind entsprechend: ständig wechselnde oder wandernde Beschwerden, schwankende Temperaturen, Stimmungslabilität, nicht klar definierbare Krankheitsbilder, Rückschläge in der Genesung.

Wirkungsrichtung der Scleranthus-Essenz

Scleranthus ist das Mittel gegen Unentschiedenheit. Es vermittelt eine gewisse geistige Klarheit und Konsequenz, wirkt gegen Sprunghaftigkeit und geistige Zerrissenheit und fördert die Entscheidungs- und Konzentrationsfähigkeit. Scleranthus ist oft hilfreich bei Krankheiten mit widersprüchlichem Verlauf (zum Beispiel Wechselfieber oder Vikariationen).

Psychologisch-therapeutische Anmerkungen

Sich zu entscheiden bedeutet, sich zu bescheiden. Nur wenn man genügend Bescheidenheit entwickeln kann, um aus den vielen, stets zur Wahl stehenden Möglichkeiten eine einzige auszuwählen, kann man eine Entscheidung treffen. Wer unter der Scleranthus-typischen Entscheidungsschwäche leidet, muß also bewußte Bescheidenheit lernen.

Diese *natürliche* Bescheidenheit besteht allerdings nicht, wie die *moralische* Bescheidenheit, darin, verzichtbereit zu sein und ohne echten Grund für sich weniger zu verlangen, als man eigentlich möchte, sondern im Gegenteil darin, in anspruchsvoller Bewußtheit aus dem Kuchen der vielen sich bietenden Möglichkeiten die beste Rosine herauszupicken und den Rest beiseitezuschieben. (Diese »beste Rosine« besteht weniger in materiellen Vorteilen als vielmehr in jenen Faktoren, die Wert für unsere Seele besitzen.) Natürliche Bescheidenheit ist ein Element bewußter und gesunder Lebensbewältigung, »moralische« Bescheidenheit dagegen eine lebenswidrige Unwahrheit, da das Leben nie freiwillig auf etwas verzichtet, was es braucht; sie kann höchstens überlegt eingesetzt werden, um in einer Gesellschaft von Besitz- und Machtgierigen zu überleben.

Die Entscheidungsschwäche des Scleranthus-Menschen läßt sich dadurch überwinden, daß er lernt, bewußt Prioriäten zu setzen, das heißt: aus der Fülle der sich bietenden Möglichkeiten oder drängenden Notwendigkeiten jene auszuwählen, die für seine *momentane* Lebenssituation am sinnvollsten, effektivsten und erfreulichsten ist, und alles andere vorerst beseitezuschieben. Dabei sollte er beachten, wohin ihn seine Psyche mit Hilfe seiner Gefühle und Eingebungen führen will. Meist hat der auf bestmögliches Überleben eingestellte Instinkt einen klareren Blick als der durch alle möglichen Fremdeinflüsse konditionierte Verstand.

Manche Scleranthus-Menschen versuchen, ihre Entscheidungsschwäche dadurch zu überwinden, daß sie willkürlich Entscheidungen treffen, hinter denen sie nicht wirklich stehen. Dadurch beseitigen sie ihr Problem zwar äußerlich, verstärken es aber innerlich, weil ihnen dann die Motivation fehlt, Disziplin in der Lebensgestaltung zu lernen.

Für den Scleranthus-Menschen gibt es immer nur momentane, nicht aber endgültige Lösungen. Da sein Lebensweg in einem gewissen Zick-Zack-Kurs verläuft, sollte er versuchen, dessen Abweichungen durch bewußten Überblick auf ein erträgliches Maß zu beschränken, stets aus dem Augenblick zu leben und sein Handlungskonzept ständig den sich verändernden Lebensbedingungen anzupassen.

Häufige Kombinationen mit anderen Mitteln

Aspen (2/28): *Entscheidungsunfähigkeit durch unklare Ängste.*
Cerato (5/28): *Unsicherheit mit Entscheidungsschwäche.*

Chestnut Bud (7/28): *Lernschwäche durch Ablenkbarkeit.*
Clematis (9/28): *Entscheidungsschwäche durch Tagträumereien.*
Gentian (12/28): *Rückschläge in der Genesung.*
Impatiens (18/28): *Sprunghaft und ungeduldig.*
Mimulus (20/28): *Angstbedingte Entscheidungsunfähigkeit.*
Mustard (21/28): *Häufige Stimmungsschwankungen.*
Rock Rose (26/28): *Handlungsunfähig durch Panik.*
Wild Oat (28/36): *Innere Zerrissenheit und Lebenskrise.*

Nr. 29 Star of Bethlehem (Doldiger Milchstern)

Kurze Charakteristik

Für Menschen, die eine unerfreuliche Lebenssituation nicht verkraften oder ein erschütterndes Erlebnis nicht verarbeiten können.

Einsatzbereich:
Zur *Basisbehandlung* bei: unverarbeitetem psychischem oder physischem Trauma, unerträglich erscheinenden Lebenssituationen, Knick in der Lebenslinie, Nicht-vergessen-können, Neurosen, Unfallfolgen.

Alle *krankhaften Störungen,* die mit Verletzungen oder seelischen Erschütterungen einhergehen oder davon ausgelöst wurden.

Im *täglichen Leben* bei: Unglücklichsein, Kummer, Alpträume, seelischen Erschütterungen, Trostbedürftigkeit, Verletzungen.

Ursprung und Bild des Star of Bethlehem-Syndroms

Die Anlage besteht in einer großen Empfindsamkeit und Beeindruckbarkeit, einem starken Bedürfnis nach Lebensfreude und heiler Welt, das aber wegen relativ geringer Kraftreserven nicht immer durchgesetzt werden kann, sowie einem guten Erinnerungsvermögen.

Bei harmonischer Entwicklung entsteht daraus ein sensibler, gefühlsoffener Mensch, der sich gerne seines Lebens erfreut und mit sicherem Instinkt alles vermeidet, was ihn belasten oder verletzen könnte. Dabei ist ihm sein ausgesprochen gutes Gedächtnis nützlich, mit dessen Hilfe er immer genau registriert, ob bestimmte Lebensumstände oder Verhaltensweisen angenehme oder unerfreuliche Folgen haben. Diese unablässige Vorsicht gegenüber allem, was ihm Leid bereiten könnte, ist für ihn unverzichtbar, weil er wegen seiner ausgeprägten Empfindsamkeit besonders stark unter allem Negativen leidet. Neben dieser äußerlichen Absicherung besitzt er aber auch dadurch eine innere Sicherheit, daß er sein Schicksal annehmen kann. Aufgrund seiner instinktiven Sensibilität kann er in allem, was geschieht, etwas Richtiges und Gutes sehen, so daß er nicht darunter leidet. So gehört er zu jenen Menschen, die sich auf eine stille Weise stets ihres Lebens erfreuen, indem sie aufmerksam allen Unannehmlichkeiten aus dem Weg gehen, und die durch nichts wirklich zu erschüttern sind, weil sie allem potentiell Negativen durch eine positive Lebenshaltung seine Schärfe nehmen.

Unter ungünstigen Bedingungen, das heißt: unter dem Einfluß unerträglicher Lebensumstände oder plötzlicher, schrecklicher Erlebnisse, kann die Empfindsamkeit zur leiderzeugenden Überempfindlichkeit und die sichernde Erinnerungsfähigkeit zur qualvollen Erinnerung entgleisen, was übrigens gelegentlich auch bei psychisch sehr robusten Menschen vorkommt. Daraus entwickelt sich das Star of Bethlehem-Syndrom, dessen Symptome: untröstlicher Kummer, Alpträume, depressive Verstimmungen, Ängste oder Verhaltensstörungen sich auf einen unglücklich machenden Lebensumstand beziehen oder durch ein traumatisierendes Ereignis bedingt sind. Wer in diesen Zustand geraten ist, hat mehr oder weniger die Fähigkeit zu positiver, zukunftsorientierter Lebensgestaltung verloren – er kann nur noch an sein Unglück denken. Dazu gehören zum Beispiel jene Menschen, die nicht damit fertigwerden, daß sie einen schweren Verlust erlitten haben oder in der Liebe enttäuscht wurden, daß sich ihre Lebensumstände durch eine Katastrophe plötzlich radikal verschlechtert haben, daß sie eine Illusion verloren haben, an der ihre ganze Existenz hing, oder daß ihre Lebensbedingungen unerfreulich sind. Oft machen sie den Eindruck, als sei ihr Leben auf dem Höhepunkt der Katastrophe oder ihr Denken bei der schlimmsten Erkenntnis stehengeblieben. Meistens ist dann ein deutlicher Knick in ihrem Lebenslauf feststellbar.

Wirkungsrichtung der Star of Bethlehem-Essenz

Star of Bethlehem ist das große Umstimmungsmittel, wenn tiefgreifende Bewußtwerdungsprozesse ins Stocken gekommen sind. Es ist nützlich bei der Überwindung psychischer oder physischer Traumata (auch bei Unfällen) und kann neurotische Verhaltensstörungen abbauen. Es hilft, belastende Lebenssituationen zu ertragen oder schreckliche Schockerlebnissse zu verarbeiten. Alpträume sind eine spezielle Indikation. Man sollte Star of Bethlehem immer dann einsetzen, wenn man den Eindruck hat, daß ein Gesundungsprozeß durch unerklärliche Umstände blockiert ist. In der Krebstherapie ist es eines der wichtigsten Basismittel, da der Krebs stets durch ein schweres psychisches Trauma *ausgelöst* wird und ohne dessen Heilung nicht zum Stillstand kommen kann (entdeckt von *Dr. R. G. Hamer*). Besonders gefährlich ist dabei der Schock durch die Diagnose, die angesichts des üblichen Unwissens meist als Todesurteil fehlgedeutet wird. Nur psychisch sehr stabile Menschen können ihn überwinden; der typische Star of Bethlehem-Mensch aber zerbricht daran und stirbt letztlich nicht am Krebs, sondern an der Diagnose.

Psychologisch-therapeutische Anmerkungen

Das Bewußtsein des Menschen, das ihn vor der ganzen übrigen Schöpfung auszeichnet, erweitert sich nach dem allgemeinen Wachstumsprinzip: Substanz oder Energie wird aufgenommen, nach Bedarf verändert und sinnvoll in die bestehende Struktur eingefügt. Während der Körper vor allem Materie nach einem aufwendigen Auswahl-, Reinigungs- und Veränderungsprozeß in seine Zellen einbaut, assimiliert die Seele geistiges Material: Informationen, Eindrücke und Erkenntnisse, die sie ebenfalls einer komplizierten Umwandlung unterwirft. Daraus resultiert die sogenannte Bewußtseinserweiterung, um deretwillen wir als bewußte Menschen dieses Leben bekommen haben.

Bemerkenswert ist bei diesen Assimilationsprozessen die Tatsache, daß nicht nur die »Nahrung«, sondern auch das sie sich einverleibende System eine Veränderung erfährt. An diesen Umstand erinnert das Sprichwort »Man ist, was man ißt«. Genauso wie die Zusammensetzung der Nahrung einen Einfluß auf die Beschaffenheit des Körpers hat, wird auch das Bewußtsein eines Menschen von der Qualität des geistigen Materials beeinflußt, das er geboten bekommt.

Es ist also für das geistige Wachstum eines Menschen entscheidend, welche »Nahrung« er dafür bekommt. Rohe, primitive oder inhumane Einflüsse färben auf ihn genauso ab wie verfeinerte oder humane. Ebenso wird ein Mensch, wenn er in einem gesund-vitalen, natürlich-selbstbejahenden Geist aufwächst, gesünder und lebensfähiger, als wenn er verzärtelt, verängstigt und neurotisch-selbstverneinend erzogen wird.

Auch die »Verdaubarkeit« ist in diesem Zusammenhang wichtig. Ist die Nahrung zu schwer, so kostet sie den Organismus Kraft oder schädigt ihn, ist sie zu leicht, so nimmt er sie zwar gut auf, kann daraus aber nicht viel aufbauen und verliert seine Verdauungskraft. Dementsprechend braucht der Geist Anregungen, die er zwar gut verkraften und verarbeiten kann, die ihn aber auch fordern und erbauen. Wenn er gesund ist, sucht er sich instinktiv immer wieder Aufgaben, Themen oder Probleme, die seine Erkenntnisfähigkeit und seinen Horizont erweitern. Dagegen ist die so weit verbreitete leichte und seichte Unterhaltungskost, die so gut »hinuntergeht« und dem Menschen keine Anstrengung abverlangt, ausgesprochen schädlich, weil sie seine geistigen Kräfte erlahmen läßt.

Noch ein Faktor spielt in der – geistigen wie materiellen – Ernährung eine große Rolle. Er läßt sich mit dem Wort »Man ist, *wie* man ißt« andeuten. Wer seine Nahrung nur hastig hinunterschlingt, wenig kaut und vor allem nicht bewußt schmeckt, dem bekommt sie nicht. Dementsprechend wächst auch unser Bewußtsein ungenügend, werden wir frustriert und schließlich psycho-somatisch krank, wenn wir uns dem, was uns bewußt werden will, nicht aufmerksam, optimistisch und ehrlich zuwenden.

Das Star of Bethlehem-Syndrom ist die Folge dieser aufgeführten Fehler, es ist gewissermaßen eine geistige Verdauungsstörung. Die »Lebens-Kost« ist für den mit sehr sensiblen, seelischen »Verdauungsorganen« ausgestatteten – und darüber hinaus meist noch verzärtelten – Star of Bethlehem-Menschen zu schwer: er kann den Schock, den Schrecken, den Verlust, den Schmerz, das Leid, den Schicksalsschlag nicht verdauen, kann daraus keine seelische Kraft gewinnen, kann daran nicht wachsen. Er sitzt gewissermaßen nur stöhnend in der Ecke und hält sich den schmerzenden Leib, dessen Funktion blockiert ist. Für nichts anderes mehr ansprechbar, denkt er nur an den unverdaulichen Brocken, den ihm das Schicksal in den Hals gestopft hat.

Mit anderen Worten: wer in den Star of Bethlehem-Zustand gerät, hat sich mit seinem Leben nicht genügend auseinandergesetzt, hat die Botschaften, die es ihm geschickt, und die Lehren, die es ihm erteilt hat, ignoriert, hat die Fähigkeiten seines Geistes und die Qualität seiner Seele vernachlässigt. Er kann die schwere Kost, die ihm das Schicksal aufzwingt, nicht verarbeiten und sinnvoll aufschließen. So können unerwartete Ereignisse für ihn den Charakter von vernichtenden Katastrophen annehmen und unerfreuliche Lebensumstände ihm unerträglich werden.

Menschen mit der empfindlichen Gefühlsoffenheit und dem guten Erinnerungsvermögen des Star of Bethlehem-Typs können sich nur schwer gegen verletzende Einwirkungen zur Wehr setzen. Sie sind wie weiches Wachs, in das man mühelos ein Siegel hineindrücken kann. Daher hinterläßt das Schicksal oft so deutliche Spuren in ihrer psychischen Struktur, daß sie, wenn nicht Hilfe von außen – in Form einer Therapie oder eines kompensierenden Positiv-Erlebnisses – kommt, für immer davon gezeichnet sind.

Sie können natürlich nicht erkennen, daß solche Heimsuchungen in Wirklichkeit Versuche ihrer eigenen Seele sind, sie wachzurütteln und zu einer anderen Lebenshaltung zu zwingen. (Grundsätzlich läßt uns unsere Psyche nur das bewußt werden, wofür wir geistig reif sind. Die Tatsache, daß ein Problem in unserem Leben auftaucht, weist darauf hin, daß wir uns ihm stellen müssen; andernfalls wird unsere seelische Entwicklung beeinträchtigt.)

Wenn Menschen durch bestimmte Ereignisse oder Lebensumstände seelisch überfordert und blockiert sind, sollte man versuchen, sie davon zu befreien, damit nicht dauerhafte Neurosen oder Verhaltensstörungen zurückbleiben. Meistens sind es freudlose, belastende Familienverhältnisse, unglückliche Ehen, demütigende oder frustrierende berufliche Situationen. Diese Hilfe bleibt allerdings relativ nutzlos, wenn der Betreffende nicht lernt, sinnvoll mit seinem Leben umzugehen. Das erfordert große Ehrlichkeit sich selbst gegenüber, vorurteilslose Aufmerksamkeit für die Wirklichkeit und die Bereitschaft, dem Schicksal immer einen positiven Sinn zuzugestehen. Der Star of Bethlehem-Mensch sollte versuchen, sich bewußt all dem zu stellen, was ihn ängstigt oder erschüttert. Dies kann er am besten an den kleinen, relativ ungefährlichen »Schrecken« des täglichen Lebens üben.

Häufige Kombinationen mit anderen Mitteln

Agrimony (1/29): *Die seelische Wunde hinter der fröhlichen Maske.*

Aspen (2/29): *Seelische Verletzlichkeit durch ängstliche Lebenshaltung.*

Cerato (5/29): *Verunsicherung durch Schockerlebnis.*

Cherry Plum (6/29): *Psychose durch seelische Verletzung.*

Clematis (9/29): *Ohnmacht bei schockierenden Erlebnissen.*

Crab Apple (10/29): *Krankhafter Ekel.*

Elm (11/29): *Zusammenbruch durch seelische Erschütterung.*

Gentian (12/29): *Willensschwäche durch psychisches Trauma.*

Gorse (13/29): *Hoffnungslosigkeit durch schweres Trauma.*

Holly (15/29): *Aggression durch seelische Erschütterung.*

Honeysuckle (16/29): *Unbewältigter Verlust.*

Larch (19/29): *Verlust des Selbstvertrauens durch seelisches Trauma.*

Mimulus (20/29): *Ängstlichkeit durch psychisches Trauma.*

Mustard (21/29): *Depressionen durch psychisches Trauma.*

Olive (23/29): *Mangel an seelischer Widerstandskraft durch Erschöpfung.*

Pine (24/29): *Unverarbeitetes Schuldtrauma.*

Red Chestnut (25/29): *Übertriebene Sorgen aufgrund von schlechten Erfahrungen.*

Rock Rose (26/29): *Psychische Erschütterung mit Panik.*

Sweet Chestnut (29/30): *Verzweiflung durch seelische Erschütterung.*
Walnut (29/33): *Mangelnde Widerstandskraft gegen oder durch psychisches Trauma.*
Water Violet (29/34): *Kontaktstörungen durch seelische Erschütterung.*
White Chestnut (29/35): *Traumatische Zwangsgedanken.*
Wild Rose (29/37): *Resignation durch seelische Erschütterung.*
Willow (29/38): *Verbitterung durch unverarbeitetes Trauma.*

Nr. 30 Sweet Chestnut (Edelkastanie)

Kurze Charakteristik

Für Menschen, die absolut verzweifelt sind und vor dem totalen Zusammenbruch stehen.

Einsatzbereich:
Zur *Basisbehandlung* bei: Verzweiflung, Ausweglosigkeit, Seelenqual, äußerster Depression, akuter Hoffnungslosigkeit, extremen seelischen Leiden, seelischem oder körperlichem Zusammenbruch.

Alle *krankhaften Störungen,* die mit Verzweiflung einhergehen oder davon ausgelöst wurden.

Im *täglichen Leben* wird es nur selten benötigt: wenn man plötzlich nicht mehr weiter weiß, bei innerer Total-Blockade.

Ursprung und Bild des Sweet Chestnut-Syndroms

Die Anlage besteht in großer innerer Stärke, Selbstverantwortlichkeit und der Fähigkeit zu bewußtem Leiden.

Bei harmonischer Entwicklung entsteht daraus ein innerlich starker und autarker Mensch, der sich den Herausforderungen seines Lebens zu stellen pflegt. Er weicht Problemen nicht aus, sondern betrachtet sie als Chance zu persönlicher Bewährung und seelischem Wachstum. Er pflegt den bitteren Kelch, den ihm das Schicksal reicht, bis auf den letzten Tropfen zu leeren, ohne in Hader zu verfallen oder daran zu zerbrechen; denn er wird von der Überzeugung getragen, daß jene Macht, die dem Menschen sein Leben gegeben hat, es gut mit ihm meint und daß auch die Schmerzen und Leiden, die sie ihm schickt, im Grunde seinem »Heil« dienen. Er weiß, daß keine Seele verlorengehen oder vernichtet werden kann und daß niemand eine schwerere Prüfung auferlegt bekommt, als er – wenn auch manchmal mit äußerstem Einsatz oder sogar unter Verlust seines irdischen Lebens – bestehen kann.

Unter ungünstigen Umständen kann die innere Stärke des Sweet Chestnut-Menschen zu so sturer oder überheblicher Unbeugsamkeit entarten, daß er sich in einen Machtkampf mit seinem Schicksal verrennt. Da dieser Kampf aber niemals von ihm gewonnen werden kann, gerät er in seinem sinnlosen und hartnäckigen Widerstand gegen die Lebensrealität manchmal an die äußerste Grenze seiner seelischen und geistigen Kraft und verzweifelt. Ihm ist, als wäre er in eine Falle geraten, aus der es kein Entrinnen gibt, und er fühlt, daß sein nächster Schritt – falls er diesen überhaupt noch tun kann – unausweichlich in den Zusammenbruch oder die Zerstörung führen wird. Er kann nicht mehr denken, nicht mehr fühlen, nicht mehr handeln und wartet wie ein Bergsteiger, der sich – im direkten und übertragenen Sinne des Wortes – »verstiegen« hat und für den es kein Vorwärts und kein Rückwärts mehr gibt, nur noch auf den endgültigen Absturz, auf das Ende, das er ganz vage als mögliche Erlösung empfindet.

Wirkungsrichtung der Sweet Chestnut-Essenz

Sweet Chestnut ist das Mittel gegen totale Verzweiflung. Es ist eine Art seelischer Weichmacher, der es den Betroffenen ermöglicht, ihren starren, in jeder Hinsicht blockierenden Widerstand und ihre Vorbehalte gegenüber der Lebenswirklichkeit aufzugeben. Es gibt ihnen eine akzeptable Perspektive zum Weiterleben, läßt sie einen Ausweg aus der scheinbar verfahrenen Situation finden. Optimistischer, realistischer und menschlicher geworden, können sie Schwäche zulassen und sich vertrauensvoll in die Hand des Schicksals geben. Sweet Chestnut kann auch versucht werden, wenn der Körper in eine extreme Reaktionsstarre geraten ist.

Psychologisch-therapeutische Anmerkungen

Das Grundthema des Sweet Chestnut-Syndroms ist »bewußtes Leiden«. Dieses besteht allerdings nicht darin, sich selbst masochistisch Leiden zuzufügen oder vorhandenes Leiden willkürlich zu verstärken, sondern es bedeutet, sich darüber klar zu werden, daß man leidet, worunter man leidet und daß man daran nicht unschuldig ist. Vor dieser Einsicht scheuen die meisten Menschen zurück, denn sie würde ihnen die Verpflichtung auferlegen, etwas gegen ihr Leid zu unternehmen, und es ihnen unmöglich machen, so zu tun, als könnten sie nichts dafür.

Man hat aber immer, entweder durch sein Handeln oder durch seine Einstellung, wesentlich zu seiner Misere beigetragen. Im Prinzip entsteht Leiden dann, wenn wir uns gegen die Realität sträuben und die Dinge anders haben wollen, als sie tatsächlich sind. Wer es versteht, bewußt zu leiden, verhindert schweres Leiden, indem er seinem Schicksal mit Aufmerksamkeit und Gefühl begegnet, negative Entwicklungen schon in den Anfängen korrigiert und Unerfreuliches konsequent bekämpft.

Unser Leben gleicht einer Linie, die in einer Art Zick-Zack-Bewegung zwischen den verschiedenen, lebensbestimmenden Polen verläuft. Denn unsere Psyche, die das innere Gleichgewicht erhalten will, reagiert auf jede Abweichung vom persönlichen Idealzustand mit einer entsprechenden Gegenbewegung. Sie drängt uns nicht nur durch Frustrationen, die häufigen kleinen Unregelmäßigkeiten sogleich zu korrigieren, sondern treibt uns auch bei starken Entgleisungen in eine entsprechend extreme Gegenposition.

Bei Sweet Chestnut-Menschen geht es um den Gegensatz zwischen Stärke und Schwäche, Kämpfen und Nachgeben. Sie stellen sich normalerweise mutig ihren Problemen, betrachten diese als persönliche Bewährungsproben und kämpfen ernsthaft gegen die Widrigkeiten und Herausforderungen ihres Schicksals an. Manchmal gehen sie dabei zu weit und vergessen, daß das Schicksal sie, wie ein gutmütiger Vater sein Kind, nur spielerisch zum Kampf herausfordert, um ihre Kräfte und Fähigkeiten zu fördern. Wenn sie ihm dann *allen Ernstes* die Stirn zu bieten versuchen oder zu hartnäckig gegen eine unabänderliche Realität opponieren, zeigt es ihnen, wer der Meister ist, verwandelt ihre überhebliche Stärke in äußerste Schwäche und treibt sie an die Grenze ihrer Leidensfähigkeit.

Instinktiv ahnend, daß sie diesen Zustand mehr oder weniger absichtlich herbeigeführt haben, sagen die Leute dann: »Der will es wissen!«. Tatsächlich steht hinter ihrer Haltung eine suchende Frage. Sie lautet: »Wer bist du, Gott? Ich fordere dich heraus, damit du dich mir zu erkennen gibst!« Diese Frage ist für Menschen mit der Sweet Chestnut-Mentalität, die ihr Leben stets »im Griff« haben, deshalb so dringend, weil sie das elementare Gefühl dafür verloren haben, daß sie nur Geschöpfe und schwache Menschen sind.

Anders ausgedrückt: je stärker und unbeugsamer sich jemand gebärdet, je trotziger er sich weigert, das, was ihm geschickt ist, anzunehmen, desto tiefer zwingt ihn seine Seele, um das innere Gleichgewicht zu erhalten, in die Knie und treibt ihn an jene äußerste Grenze, an der ihm wieder seine menschliche Kleinheit und Schwäche bewußt werden. Dann erkennt er in der Ausweglosigkeit und Verzweiflung des Sweet Chestnut-Syndroms endlich wieder die Existenz »Gottes« – und dies oft so absolut, daß er nicht einmal mehr zu bitten und beten vermag. Sogar unfähig, sich selbst das Leben zu nehmen, fühlt er sein bedingungsloses Ausgeliefertsein, seine absolute Nichtigkeit. Erlösung daraus besteht dann nur in Tod oder Läuterung.

In diesen irrationalen Zustand kann im Prinzip unter extremen Bedingungen jeder Mensch kommen; bevorzugt tritt er allerdings bei Menschen mit der beschriebenen Anlage auf. Wenn er eingetreten ist, helfen vernünftige Worte nicht viel, weil er mit infantiler Hilflosigkeit einhergeht. Höchstens mit Medikamenten (Bach-Blüten und Homöopathie) ist unter günstigen Bedingungen eine schnelle Besserung zu erreichen; andernfalls muß man – schützend – abwarten, bis die Psyche wieder in den Normalzustand zurückgefunden hat.

Dem Sweet Chestnut-Syndrom kann man vorbeugen, wenn man die warnenden Hinweise ernstnimmt, die die Seele in Form von kleinen, frustrierenden Verlusten oder Niederlagen gibt, und mit ihrer Hilfe die innere Haltung oder die äußeren Umstände korrigiert. Man kann Flexibilität erlernen, wenn sich

Pläne als unrealisierbar erweisen, Nachgiebigkeit, wenn man seinen Willen nicht durchsetzen kann, Schicksalsakzeptanz, wenn es einem schlecht geht, und Gotteserkenntnis, wenn man am Boden liegt.

Häufige Kombinationen mit anderen Mitteln

Cherry Plum (6/30): *Verzweiflung durch Emotionsstreß.*
Elm (11/30): *Verzweiflung durch Überforderung.*
Gorse (13/30): *Absolut hoffnungslose Verzweiflung.*
Rock Rose (26/30): *Verzweiflung aus panischer Angst.*
Star of Bethlehem (29/30): *Verzweiflung durch seelische Erschütterung.*

Nr. 31 Vervain (Eisenkraut)

Kurze Charakteristik

Für Menschen, die anderen ihre Überzeugungen mit missionarischem Eifer aufdrängen.

Einsatzbereich
Zur *Basisbehandlung* bei: missionarischen Tendenzen, intolerantem Idealismus, Weltverbesserei, fixen Ideen, starren Prinzipien und Überzeugungen, Fanatismus, blindem Glaubenseifer.

Alle *krankhaften Störungen,* die mit Übereifer oder missionarischer Aufdringlichkeit einhergehen oder davon ausgelöst wurden.

Im *täglichen Leben* bei: Aufdringlichkeit, übertriebenem Enthusiasmus, Einseitigkeit, Vorurteilen, Maßlosigkeit, Streß, Nervosität, Spannung.

Ursprung und Bild des Vervain-Syndroms

Die Anlage ist extrovertiert und besteht aus menschenfreundlichem Idealismus, zielgerichtetem Denken, Willensstärke und Dominanzbedürfnis.

Bei harmonischer Entwicklung entsteht daraus ein begeisterungsfähiger, einsatzfreudiger Idealist, der sein Können und Wissen anderen gerne zur Verfügung stellt. Er hat einen Blick dafür, was seine Mitmenschen brauchen, und ist stets bereit, ihnen dazu zu verhelfen. Seine menschenfreundliche, uneigennützige Lebenshaltung verbindet sich mit Unternehmungslust und Willensstärke, so daß er außergewöhnliche Leistungen zum Wohle anderer zu vollbringen pflegt. Weil er wünscht, daß es ihnen gut geht, käme es ihm nie in den Sinn, ihnen seine persönliche Meinung aufzudrängen, sie gewaltsam zu seinen eigenen Vorstellungen zu bekehren oder sie geistig zu unterjochen. So setzt er auf lebendige und gelungene Weise die Missions-Idee in die Tat um: sich berufen und gesandt zu fühlen, die Bedürftigen am eigenen Reichtum teilhaben zu lassen und ihnen das zu bringen, was sie für Leib und Seele benötigen, sich zugleich aber davor zu hüten, ihnen etwas aufzuzwingen, was ihnen schadet.

Unter ungünstigen Umständen kann der Idealismus zu Intoleranz, die Hilfsbereitschaft zur Aufdringlichkeit und die natürliche Überlegenheit zur Herrschsucht entarten und den Vervain-Menschen zum unduldsamen Weltverbesserer oder fanatischen Missionar machen. Von Natur aus auf Erfolg eingestellt und von einem gewissen Sendungsbewußtsein getrieben, kann ihm die Sensibilität für die Eigenarten anderer Menschen verlorengehen, so daß er es nicht lassen kann, ungebeten in ihr Leben einzugreifen oder ihnen das, was er selbst gut findet, aufzudrängen. Gerade weil er es »doch so gut meint«, handelt er falsch und wird dann zu Recht als aufdringlich, intolerant oder fanatisch empfunden. Selbst wenn er körperlich nicht robust ist, mobilisiert er oft unter dem Zwang einer Idee oder Mission ungewöhnliche Kräfte. »Rastlos und nicht kaputtzukriegen«, sagen die Leute dann von ihm. Er besitzt eine bewundernswürdige Hingabe- und Konzentrationsfähigkeit, die sich allerdings nur auf das jeweilige Ziel bezieht. Dem allgemeinen Leben in seiner Vielfalt, Wandelbarkeit und Widersprüchlichkeit steht er dagegen eher hilflos gegenüber und tut sich schwer damit, sein Engagement danach auszurichten, ob seine Ideen und Absichten tatsächlich realisierbar und sinnvoll sind. Vor allem moralisch hochstehende Werte können sein Denken und Handeln weitgehend in ihren Bann ziehen. Unter Verlust des rechten Augenmaßes verfolgt er dann wie besessen ein selbstgesetztes Ziel oder versucht mit missionarischem Eifer durchzusetzen, was er selbst für gut hält. Dabei entsteht ein Ungleichgewicht sowohl in seinem Inneren: es gibt ja auch für ihn noch mehr als nur dieses eine Ziel oder diese Idee, als auch in seinem äußeren Leben: die Realität hat ihre eigenen Gesetze, und auch die Menschen wehren sich gegen aufgedrängtes »Glück«. So richtet sich schließlich das Übermaß an falsch eingesetzter Kraft gegen ihn selbst und macht ihn hektisch, verspannt, schlaflos, nervös oder gestreßt, ohne daß er selbst merkt, wie übertrieben oder fanatisch, aufdringlich oder intolerant er geworden ist.

Wirkungsrichtung der Vervain-Essenz

Vervain ist das Mittel gegen streßerzeugenden Übereifer und missionarische Aufdringlichkeit. Es hilft, die Einstellung anderer Menschen zu respektieren und sie auf ihre eigene Weise glücklicher leben zu lassen. Es erweitert den Horizont und vermittelt die Erkenntnis, daß man selbst auch die Wahrheit nicht »mit Löffeln gegessen« hat. Zugleich verhindert es, daß Einsatzfreude und Tatendrang sich selbständig machen und Streß erzeugen. Daher wirkt es in entsprechenden Fällen auch gegen nervöse Spannungen, Schlaflosigkeit, Bluthochdruck oder Verkrampfungen und kann bei chronischer Überforderung oder ununterbrochenem Sympathikotonus die heilende Entspannungsphase einzuleiten helfen.

Psychologisch-therapeutische Anmerkungen

Das Problem des Vervain-Menschen besteht darin, daß gerade seine größte Tugend, nämlich die idealistische Hilfsbereitschaft, zu maßlos und oberflächlich geworden ist. Hierfür ist einerseits unsere weitgehend sinnentleerte Kultur verantwortlich, die den Menschen nicht dazu erzieht, sich selbst zu finden und seinen Wahrheitssinn zu entwickeln (Wahrheit nicht im moralischen Sinne, sondern als *das, was wirklich ist*), und andererseits er selbst, da es ihm nicht gelingt, seine große Energie und Einsatzfreude sinnvoll und effektiv einzusetzen. Jedenfalls sollte er sich über die Bedeutung von Ideal und Hilfe klarer sein.

»Ideale« sind im Grunde Kunstprodukte einer unzufriedenen Psyche. Wenn uns die Realität unseres Leben nicht das bietet, was wir wünschen, ersetzen wir sie oft durch eine ausgedachte bessere – durch ein phantastisches Bild, in das wir ganz einseitig nur jene Aspekte einzeichnen, die uns angenehm oder gut erscheinen. Alles vermeintlich Schlechte oder Unerfreuliche wird dabei ausgeblendet.

Wenn wir dieses aus wahren und unwahren Elementen bestehende Bild als das nehmen, was es ist: Theorie und Denkmodell, so bereichert es uns seelisch, gibt dem Leben Farbe und jenen Tendenzen Nahrung, die uns auf den eigenen Weg leiten. Dagegen führt es uns, wenn wir ihm unkritisch folgen, in die Irre, weil ja nur ein Teil daran stimmt. Wir werden dabei in der Tiefe unseres Wesens nur noch unzufriedener und geraten in einen noch tieferen Konflikt mit dem »un-idealen« Leben, das wir – trotz allen Idealvorstellungen – nun einmal führen müssen.

Während Ideale, die wir nur auf uns selbst beziehen, noch eine gewisse Elastizität besitzen und von unserer Psyche ganz instinktiv bis zu einem gewissen Grade der Realität angepaßt werden, fehlt jenen Idealen, die wir nach außen, auf die Welt und vor allem auf andere Menschen projizieren, dieses regulierende Element. Sie sind wesentlich theoretischer, weil sie hauptsächlich dem Verstand entspringen, und machen uns daher oft hart und intolerant. Vor allem in der Erziehung, wo sie zu Dogmen, oder in der Politik, wo sie zur Ideologie werden, können sie unheilvoll wirken.

Auch der extrovertierte Idealismus des Vervain-Menschen hat diese Komponente, so daß dieser in die Rolle des zwar von gutem Willen beseelten, dennoch für das »Opfer« schädlich wirkenden Missionars verfällt. Von sich auf den Rest der Welt schließend, meint er, was für ihn richtig ist, gelte auch für andere, und versäumt es, den Wert und die Berechtigung seines Handelns statt an seinem eigenen Vergnügen primär am Wohlergehen seines Objektes zu überprüfen.

Er überschätzt die Bedeutung seiner Überzeugungen, Ideale und Ziele, weil er sie an die Stelle der Lebensrealität setzt; er mißachtet die Eigenart und berechtigte Andersartigkeit anderer Menschen, weil er zu sehr von sich auf andere schließt; er übertreibt seinen Krafteinsatz, weil seine Ideen und Wünsche ihm den klaren Überblick nehmen. Aus dieser eingeschränkten Sichtweise ergibt sich seine Intoleranz.

Dazu kommt noch, daß er meint, Hilfe bestehe darin, anderen Menschen ihre Probleme abzunehmen. Wie bei seinem Idealismus geht er davon aus, daß etwas, was er selbst gerne hätte, auch für andere wünschenswert sein müsse. Seine große Einsatzfreude und sein begeisterter Tatendrang verlangen danach, ausgelebt zu werden und treiben ihn dazu, jedem seine guten Ratschläge und seine Hilfe aufzudrängen. Es kommt ihm gar nicht in den Sinn, daß jemand etwas anderes sucht und braucht, und er ignoriert, daß vorschnelle, wohlfeile Hilfe – trotz ihrer vordergründigen Annehmlichkeit – schädlich wirkt, weil sie den »Hilflosen« um die Chance betrügen, sich aus eigener Kraft zu helfen und damit stärker zu werden.

Dazu schädigt er sich auch noch selbst, da er, von Kraft und Begeisterung hingerissen, die vielfältigen inneren und äußeren Signale mißachtet, die ihm sein getriebener und überforderter Körper in Form von Streß-Symptomen gibt. Es kommt daher für ihn darauf an, Gelassenheit und Abstand – vor allem von sich selbst – zu gewinnen und bewußt seine positiven Seiten: die große, selbstlose Einsatzfreude, die edle Motivation, die Konzentrations- und Leistungsfähigkeit sinnvoll, maßvoll und nutzbringend auszuleben.

Häufige Kombinationen mit anderen Mitteln

Holly (15/31): *Reizbarer Weltverbesserer.*
Impatiens (18/31): *Streß und Hetze.*
Oak (22/31): *Streß durch Leistungszwang.*
Vine (31/32): *Total intolerantes Verhalten.*
White Chestnut (31/35): *Fixe Ideen.*

Nr. 32 Vine (Weinrebe)

Kurze Charakteristik

Für selbstsichere, intolerante Menschen, die alle nach ihrer Pfeife tanzen lassen wollen.

Einsatzbereich:
Zur *Basisbehandlung* bei: Sturheit, Intoleranz, starren Überzeugungen, Herrschsucht, rücksichtslosem Dominanzbedürfnis, Dogmatismus, Fanatismus.

Alle *krankhaften Störungen,* die mit geistiger Unbeweglichkeit oder intolerantem Bevormunden einhergehen oder davon ausgelöst wurden.

Im *täglichen Leben* bei: Pedanterie, kleinlicher Besserwisserei, Rechthaberei, Bevormundung, geistiger Unbeweglichkeit, »Oberlehrern«, »Haustyrannen«.

Ursprung und Bild des Vine-Syndroms

Die Anlage ist extrovertiert und besteht in Selbstsicherheit, stark strukturiertem Denken und Dominanzbedürfnis.

Bei harmonischer Entwicklung entsteht daraus ein selbstsicherer Mensch mit guter Urteilsfähigkeit, der jedem Problem gewachsen ist. Weil er immer eine Lösung weiß, keine Zweifel kennt und jedem sein Wissen gerne zur Verfügung stellt, ist er ein idealer und allgemein geschätzter Ratgeber. Er besitzt die Fähigkeit, Probleme gedanklich einzuengen und auf wenige, in sich selbst schlüssige Faktoren zu reduzieren, was Zweifel oder Unsicherheit weitgehend ausschließt. Dabei vermeidet er es aber, weil er seine eigenen Grenzen kennt, anderen seine Meinung aufzuzwingen. In welcher Position er sich auch befindet – Lehrer oder Familienvorstand, Philosoph oder Staatsmann, Priester oder Soldat – immer räumt man ihm aufgrund seiner Qualitäten eine Führungsfunktion ein, die er auch gekonnt und überzeugt erfüllt. Vor allem in Notzeiten oder Katastrophen sind seine selbstsichere Überzeugung, sein ausgeprägtes Verantwortungsgefühl und sein klar ordnender Geist ein wahrer Segen, denn er verliert nie den Kopf und weiß immer, wie es weitergehen muß.

Unter ungünstigen Umständen kann seine klare Meinung zu starrem Dogmatismus, seine Ordnungsliebe zu Intoleranz und seine Hilfsbereitschaft zu Herrschsucht entarten. Dann hält sich der Vine-Mensch für vorbildlich oder unfehlbar und versucht, seiner Umgebung mit großer Intoleranz seine persönliche Meinung aufzuzwingen. Manchmal schlägt seine Fähigkeit zu zielorientiertem, kompromißlosem Handeln in engstirnige Rücksichtslosigkeit um, so daß er seinen Mitmenschen das Leben schwer macht – als pedantischer Firmenchef oder engstirniger Lehrer, als fanatischer Menschenschinder oder rücksichtsloser »Führer«, als sturer Polizist oder intoleranter Ideologe, als kleinlicher, zwanghafter Haustyrann oder als Familienschreck. Der typische Vine-Mensch kann »über den eigenen Tellerrand nicht hinaussehen«. Was es für ihn nicht gibt, darf es auch für andere nicht geben. Und da er ein großes Bedürfnis nach klaren Verhältnissen hat, macht er sich immer gleich daran, »Ordnung« zu schaffen oder »das Richtige« durchzusetzen. Unordnung, Unbestimmtheit oder Chaos verunsichern ihn zutiefst und bewirken sein stures Scheuklappendenken. Nicht so krass ausgeprägt kann sich die Vine-Eigenschaft auch in übertriebener Ordnungsliebe, kleinkarierter Rechthaberei, Bevormundung, übertriebener Verplanung, Unverständnis für andere Ansichten, Engstirnigkeit, geistige Unbeweglichkeit, Dogmatismus, intoleranter Selbstgerechtigkeit, Humorlosigkeit oder Zwangsdenken ausdrücken.

Wirkungsrichtung der Vine-Essenz

Vine ist das Mittel gegen aktive Intoleranz. Es fördert die geistige Beweglichkeit, Lern- und Erkenntnisfähigkeit und baut

Kleinlichkeit sowie fanatische Sturheit ab. Es befreit aus dem Zwang unbedingter Überzeugungen oder dogmatischer Denkinhalte, macht toleranter, aufgeschlossener, menschenfreundlicher und lebensfroher. Es lockert zu starke Disziplin, bringt Entspannung und wirkt dadurch auch gegen alle Krankheiten, die auf ungenügender innerer Flexibilität und Nachgiebigkeit beruhen, zum Beispiel Verkalkungstendenzen oder Bluthochdruck.

Psychologisch-therapeutische Anmerkungen

Die Menschheit läßt sich in viele Kategorien einteilen – unter anderem auch in die der Führer und der Geführten. Diese unterscheiden sich von einander durch die Haltung, die sie ihrem Leben entgegenbringen. Während diejenigen, die sich führen lassen, immer irgendein Gefühl der Ohnmacht oder des Ausgeliefertseins haben und sich als kleine, untergeordnete Teile eines großen Ganzen sehen, sind diejenigen, die führen, von einem persönlichen Verantwortungsgefühl getragen und meinen, ihr Leben oder sogar das Wohl der Menschheit hänge von ihrem tatkräftigen Einsatz ab.

Zu dieser Kategorie gehört der Vine-Mensch. Er kann das Leben nicht in passiver Haltung über sich ergehen lassen, kann nicht einfach hinnehmen oder sich treiben zu lassen, sondern muß immer das Steuer fest in der Hand halten und die Welt in seinem Sinne gestalten.

Die passive und die aktive Lebenshaltung stehen gleichberechtigt nebeneinander, da sie sich gegenseitig ergänzen. Was sollten nämlich die Führer ohne die sich ihnen Anvertrauenden und diese ohne ihre Führer anfangen? Wie sollte sich ein aktiver Impuls auf der einen Seite ohne ein entsprechendes passives Nachgeben auf der anderen Seite umsetzen können, oder ein Sich-Hingeben ohne ein Genommenwerden möglich sein? Jeder von uns trägt solch gegensätzliche Anlagen in sich: wir müssen heute aktiv und morgen passiv, hier nehmend und dort gebend sein, und dies in einem ständigen, der Lebensrealität entsprechenden Wechselspiel.

Um seelisch und körperlich gesund sein zu können, müssen wir unsere Anlagen, Möglichkeiten und Neigungen so weitgehend ausleben, wie es die Umstände erlauben, das heißt: so sein, wie wir von Natur aus sind. Ein sensibler, schüchterner Mensch soll kein robuster Draufgänger sein wollen und ein unternehmungslustiger, schmerzunempfindlicher Praktiker kein empfindsamer Schöngeist. Das gleiche gilt für das soziale Verhalten: wer sich nicht zum hingebenden Dienst am Mitmenschen berufen fühlt, sollte lieber seine »egoistisch« nehmende und aktiv gestaltende Funktion erfüllen, wer zum Krieger geboren ist, sollte nicht den Pfleger spielen. Alle Veranlagungen haben – und zwar deshalb, *weil es sie gibt* – ihre grundsätzliche Berechtigung und ermöglichen durch ihr gegensätzliches und sich zugleich ergänzendes Zusammenspiel erst die Existenz unserer Welt.

Das Problem des Vine-Menschen ist nicht seine Veranlagung an sich, sondern das Ausmaß und die Weise, in der er sie auslebt. Solange er weder mit sich selbst noch mit seiner Umwelt in Konflikt kommt, handelt er richtig. Seine Willenskraft, seine klaren Denkmodelle und sein Hang zum Bevormunden, Befehlen oder Führen können, vor allem in Notzeiten, segensreich sein, die Ordnung erhalten, Bewährtes retten oder Notwendiges durchsetzen. Es gibt Situationen, in denen das Wohl einer Gemeinschaft von der Konzentration, Kompromißlosigkeit und Willensstärke ihres Anführers abhängt. Und im täglichen Leben – in der Familie, der Erziehung, der Verwaltung, der Politik, im Geistesleben – ist der regelnde und richtungsweisende Geist des Vine-Menschen nützlich.

Erst wenn sich sein selbstsicheres Führergefühl verselbständigt und ihn dazu treibt, nachgiebige Tendenzen in seinem Inneren zu ignorieren, die Ansprüche anderer Menschen intolerant zu unterdrücken oder willkürlich die Lebensrealität zu ändern, wird sie krankhaft und krankmachend. In chaotischen Situationen sinnvoll und erforderlich, stellt ein solches Verhalten unter normalen Lebensbedingungen eine Entgleisung dar und macht den Vine-Menschen, wenn es ihm zur Gewohnheit wird, unfähig für eine flexible und sinnvolle Lebensgestaltung.

Wenn er sich seiner Stärke bewußt wird, kann er verhindern, daß sie zur leidenserzeugenden Schwäche wird, daß er anderen und sich selbst das Leben zerstört, in die soziale Isolation gerät oder die Fähigkeit, Lebensfreude zu empfinden und weiterzugeben, verliert.

Die körperlichen Begleiterscheinungen – Blutdruckerhöhung, Gelenkdegenerationen, Leberstörungen, Verkalkung –, die Abwehr seiner »Opfer« oder seine Mißerfolge sind hierfür warnende Zeichen. Seine Aufgabe ist es, ein aufrechter, selbstsicherer, unbestechlicher, aber auch selbstkritischer Lehrmeister oder Führer zu sein, der Probleme vereinfachen und damit lösbar machen kann, Überzeugungen vertreten und daher vermitteln kann, Wege finden und daher zeigen kann – dies alles aber nur, wenn er gerufen und benötigt wird.

Häufige Kombinationen mit anderen Mitteln

Beech (3/32): *Die totale Intoleranz.*
Crab Apple (10/32): *Kleinlicher Sauberkeitsfanatismus.*
Holly (15/32): *Wut bei Widerspruch oder Fehlern.*
Oak (22/32): *Dogmatischer Leistungszwang.*
Rock Water (27/32): *Die strenge Persönlichkeit.*
Vervain (31/32): *Total intolerantes Verhalten.*
White Chestnut (32/35): *Zwanghafter Dogmatismus.*
Willow (32/38): *Der verbitterte Haustyrann.*

Nr. 33 Walnut (Walnuß)

Kurze Charakteristik

Für Menschen, die sich zu leicht beeinflussen lassen oder die in einer persönlichen Krise mehr Stabilität benötigen.

Einsatzbereich:
Zur *Basisbehandlung* bei: Persönlichkeitsschwäche, Selbstbehauptungsschwäche, Überempfindlichkeit gegenüber äußeren Einflüssen, Mangel an Selbstsicherheit, übertriebener Anpassung; persönlichen Krisen, Lebensumstellung, Abhängigkeit, Pubertät, Klimakterium, Zahnen, Tod, Geburt.

Alle *krankhaften Störungen,* die mit einem Mangel an innerer Stabilität oder Abwehrkraft einhergehen oder davon ausgelöst wurden.

Im *täglichen Leben* bei: zu großer Beeinflußbarkeit, Labilität, Gutgläubigkeit, schlechten Gewohnheiten.

Ursprung und Bild des Walnut-Syndroms

Die Anlage besteht in einer großen geistigen und gefühlsmäßigen Offenheit und Beeindruckbarkeit.

Bei harmonischer Entwicklung entsteht daraus ein Mensch, der allem und jedem gegenüber aufgeschlossen ist. Das macht ihn zu einem angenehmen, gutgläubigen und arglosen Zeitgenossen, der weder Vorurteile noch Mißtrauen kennt. Geist und Seele sind bei ihm, wie beim unbefangenen Naturmenschen, nicht durch vorgefaßte Meinungen, Absicherungen, Vorbehalte oder einseitig rationale Denksysteme eingeengt. Im Gegenteil: bei ihm durchdringt sich Rationales und Irrationales, Wunder und Banalität, Traum und Wirklichkeit zu einem reichen, auch die Tiefe des Seins umfassenden inneren Bild. Wo andere zwischen Scheuklappen hervorblicken, sieht er ein ganzes Panorama. Er lebt im Geiste jenes großen Philosophen, der die Quintessenz seines lebenslangen Nachdenkens in den Worten »Ich weiß, daß ich nichts weiß!« ausdrückte. Das heißt: er weiß, daß hinter jeder äußeren, banalen Form eine unendlich komplexe Idee steckt, daß als endgültig erscheinende Tatsachen nur flüchtige Momentaufnahmen aus festgelegten Blickwinkeln sind und jederzeit aus anderen Perspektiven widerlegt oder annulliert werden können – kurz, daß dem menschlichen Bewußtsein die absolute Erkenntnis versagt ist, daß für ihn alles nur relativ und damit von tausend Möglichkeiten erfüllt ist. Mit dieser instinktiven Lebenssicht geht er seinen manchmal rätselhaften Weg, nur seinen Eingebungen, Interessen und Gefühlen folgend und dabei, wie das Kind im Märchen, sicher sein persönliches Ziel erreichend. Lebenskrisen mit Selbstzweifeln, Irrungen und Wirrungen gibt es bei ihm nicht, denn er hat ja seinen inneren Kompaß, und wenn es scheint, als sei er zu beeinflußbar, zu leichtgläubig und zu inkonsequent, so ist das nur ein Zeichen dafür, daß der Beobachter, zu sehr in seinen eigenen Vorurteilen und Vorstellungen befangen, keinen Sinn mehr für das Außergewöhnliche und Wunderbare im Leben hat.

Unter ungünstigen Umständen kann diese vorurteilslose Einstellung zu übergroßer Beeinflußbarkeit werden. Die Offenheit der Walnut-Menschen gegenüber geistigen und gefühlsmäßigen Eindrücken, die sie ausgesprochen gutgläubig und beeindruckbar macht, führt oft dazu, daß sie sich verunsichern oder vom eingeschlagenen Weg ablenken lassen. Vor allem gegenüber autoritären Personen oder Instanzen können sie sich – obwohl sie im Grunde durchaus wissen, was sie wollen – oft nicht durchsetzen und befinden sich dann auf einmal in Situationen oder Positionen, die sie nicht gewollt haben, zum Beispiel in einem frustrierenden Beruf, einer unglücklichen Partnerschaft, einer unerfreulichen Wohnung. Da ihre Seele aber darunter leidet, reagiert sie mit Frustrationen und Depressionen oder macht in Form von Krankheiten – vor allem der Haut, der Lymphe oder des Hormonsystems – auf den Irrtum aufmerksam.

Wirkungsrichtung der Walnut-Essenz

Walnut ist das Mittel für Abwehrkraft und innere Stabilität. Es gibt ein dickeres Fell gegen äußere Einflüsse, vor allem, wenn man einen neuen Lebensweg einschlagen will. Es reduziert naive Gutgläubigkeit und unpassende Vertrauensseligkeit, stärkt die Persönlichkeit und ermöglicht die Entwicklung beziehungsweise Realisierung eines eigenen Lebenskonzeptes. Natürliche Entwicklungsprozesse werden gegen die überall vorhandenen Widerstände (zu denen auch psychische oder moralische Konditionierungen gehören) gefördert. Man bekommt die Fähigkeit, alte Gewohnheiten aufzugeben, sich gegen den Druck einer unverständigen oder nur auf ihren Vorteil bedachten Umwelt durchzusetzen, sich aus Abhängigkeiten zu befreien oder ganz allgemein »man selbst« zu werden.

Walnut schützt nicht nur gegen negative Einflüsse – zum Beispiel Infektionen –, sondern hilft auch, wichtige Lebensumstellungen wie Zahnung, Pubertät oder Klimakterium, Geburt oder Tod ungestört zu vollziehen. Es wird fast immer zur Stabilisierung benötigt, wenn man mit Hilfe von *Agrimony* neurotische Schutzhaltungen auflöst.

Psychologisch-therapeutische Anmerkungen

Leben bedeutet Expansion, Wachstum und Selbstverwirklichung. Daher ist die treibende Kraft in unserem Leben der Drang nach ungehinderter Entfaltung unserer naturgegebenen Anlagen und Möglichkeiten, der allerdings, da er bei allen Lebewesen existiert, zugleich Konflikt und Kampf bedeutet: fressen, um nicht gefressen zu werden. Als bewußte Menschen können wir zwar viele Konflikte durch höhere Einsicht vermeiden, aus mitmenschlichem Gefühl den mörderischen Überlebenskampf auf das Notwendigste beschränken und unseren Raubtier-Instinkten angemessene Zügel anlegen. Dennoch bleiben auch wir unserer biologischen Grundstruktur verhaftet und Teil der um ihre nackte Existenz kämpfenden Natur.

Dabei gibt es natürlich individuelle Unterschiede. Während der eine Mensch vor allem geistig-seelische Werte anstrebt, geht es dem anderen vor allem um körperlich-materielle Vorteile. Im Kampf ums Überleben und um Selbstverwirklichung wird immer das wichtigste Persönlichkeitselement geschützt und, wenn nötig, die unbedeutenderen preisgegeben. So wirft der eine um seiner bloßen Existenz willen ganz realistisch seine schönen Ideale über Bord, während der andere für seine Überzeugung oder Moral Leib und Leben opfert. (Das darf nicht moralisch bewertet werden, denn jeder verwirklicht sich auf seine persönliche Weise und mit dem gleichen Recht.)

In diesem Kampf droht der Walnut-Mensch den Kürzeren zu ziehen, da seine starke Beeinflußbarkeit, seine naive Gutgläubigkeit und seine mangelnde Abgrenzung seine »Feinde« zu Übergriffen provozieren: er wird bedrängt, beeinflußt, überredet, von seinem Ziel abgebracht, mißbraucht, für fremde Zwecke eingespannt, umerzogen, verplant, verunsichert oder manipuliert – kurz, er tut schließlich alles außer dem, was für ihn selbst wichtig und lebenswert ist.

Das aber geht nicht lange gut, denn die Seele – oder das Eigentliche in ihm – will sich ja verwirklichen. Daher erzeugt sie, entsprechend dem Ausmaß der Selbstentfremdung, die unterschiedlichsten Warnsignale: Aggressionen, Frustrationen, Depressionen, Psychosen, Neurosen, Verhaltensstörungen oder körperliche Krankheiten. Einen kritischen Schwerpunkt bilden dabei die natürlichen Umstellungsphasen (in denen der Organismus besondere, neue Eigenschaften entwickelt): das Zahnen, die Pubertät, das Klimakterium, die Geburt oder der Tod.

Je ungestörter die inneren Rhythmen ablaufen, je unbehinderter ein Mensch seine persönlichen Eigenarten entfalten und je konsequenter er seinen eigenen Lebensweg verfolgen kann – und zwar gegen alle äußeren und inneren Widerstände –, desto besser geht es ihm, desto gesünder ist er und desto menschlicher kann er sein.

Der Walnut-Mensch sollte daher seine Gutgläubigkeit kontrollieren und nur dann nachgeben, wenn es sinnvoll und erforderlich ist; er sollte bewußt auf seine Unabhängigkeit achten und, so weit wie möglich, seinen persönlichen Weg zu gehen versuchen. Sich treu zu bleiben ist oft schwer, sich ohne dringenden Grund selbst zu verraten aber kann die Hölle sein.

Häufige Kombinationen mit anderen Mitteln

Agrimony (1/33): *Die totale Selbstentfremdung.*
Centaury (4/33): *Unselbständig und beeinflußbar.*
Cerato (5/33): *Unsicherheit durch Beeindruckbarkeit.*
Gentian (12/33): *Verzagtheit bei Lebensänderung.*
Larch (19/33): *Beeinflußbarkeit durch Mangel an Selbstvertrauen.*
Mimulus (20/33): *Beeinflußbarkeit aus Ängstlichkeit.*
Olive (23/33): *Beeinflußbarkeit durch Erschöpfung.*
Pine (24/33): *Abwehrschwäche gegen Beschuldigungen.*
Star of Bethlehem (29/33): *Mangelnde Widerstandskraft gegen oder durch psychisches Trauma.*
Wild Oat (33/37): *Verfehltes Lebensziel.*

Nr. 34 Water Violet (Sumpfwasserfeder)

Kurze Charakteristik

Für einzelgängerische Menschen mit Kontaktproblemen.

Einsatzbereich:
Zur *Basisbehandlung* bei: Kontaktproblemen, Bindungsangst, Zurückhaltung, Verschlossenheit, Menschenscheu, Reserviertheit, kontaktgestörten Einzelgängern; Arroganz, Überheblichkeit, Verachtung, Gefühlskälte, Ablehnung, Stolz.

Alle *krankhaften Störungen,* die mit Kontaktproblemen einhergehen oder davon ausgelöst wurden.

Im *täglichen Leben* bei: Schüchternheit, Zurückhaltung, Unnahbarkeit, Einzelgängerei.

Ursprung und Bild des Water Violet-Syndroms

Die Anlage ist introvertiert und besteht in geistiger Eigenständigkeit sowie einem starken Unabhängigkeitsbedürfnis.

Bei harmonischer Entwicklung entsteht daraus ein selbstgenügsamer, unabhängiger Mensch von ausgeprägter Individualität. Freiheit und Unabhängigkeit sind die Grundpfeiler seines Lebens. Um sich diese zu erhalten, meidet er alle Menschen, die ihn – in welcher Form auch immer – verpflichten wollen, und teilt sich nur denjenigen mit, die ihn verstehen, was allerdings angesichts seiner eigenwilligen Ansichten eher selten vorkommt. Er will auf keinen Fall, daß sich andere in seine Angelegenheiten einmischen oder ihm bei seinen Problemen helfen, weil er einerseits autark bleiben will und andererseits ja kaum jemand in der Lage ist, seine persönlichen Vorstellungen nachzuvollziehen. Seine angeborene Extravaganz – ein ungewöhnliches Aussehen, eine seltsame Denkweise, ungewöhnliche Vorlieben, besondere Fähigkeiten oder eine außergewöhnliche Herkunft – bringt es mit sich, daß er vorwiegend eigene Wege geht, um seine Individualität zu schützen. Er macht den Eindruck, als brauche er nur wenig äußere Anregungen, dafür aber um so mehr Ruhe für sich selbst. Für seine Mitmenschen ist er ein angenehmer Zeitgenosse, weil er niemanden mit Wünschen oder Forderungen belästigt, jeden leben läßt, wie er will, und allgemein sehr tolerant ist.

Unter ungünstigen Bedingungen verliert diese Anlage ihre unbeschwerte, freiheitliche Note und entartet zum Water Violet-Syndrom: die angeborene, überlegene Unabhängigkeit kann zur krankhaften Kontaktstörung oder zu abweisendem Stolz werden, die außergewöhnlichen Eigenschaften ihn zum verschrobenen Sonderling machen. Die empfindsame Eigenständigkeit verwandelt den Water Violet-Menschen in einen unglücklichen Misanthropen oder komplexbeladenen Menschenscheuen, der Wunsch nach Alleinsein treibt ihn in schmerzliche Einsamkeit, das Bedürfnis nach Unabhängigkeit macht ihn unfähig, menschliche Anteilnahme zu akzeptieren, Geschenke oder Ratschläge anzunehmen. In diesem Zustand reduziert sich der Kontakt zu seinen Mitmenschen mehr und mehr, sei es durch aktive Zurückweisung, sei es durch passives Sich-Zurückziehen, wodurch er zu einem spürbaren Fremdkörper in der sozialen Gemeinschaft wird. Auch der gutwilligste und verständnisvollste Freund läßt sich nicht dauernd zurückweisen, ohne schließlich verärgert zu sein. Zugleich treibt das von ihm als aufdringlich empfundene Unverständnis seiner Umwelt den Water Violet-Menschen in eine Isolation, die er eigentlich selbst nicht will. Bei den Außenseitern der Gesellschaft, Nicht-Seßhaften oder Einsiedlern, aber auch bei den Kühl-Distanzierten oder Vornehm-Zurückgezogenen findet man oft das Water Violet-Syndrom. Oft hat man bei ihnen den Eindruck, als wollten sie eigentlich gar nicht so sein, als seien sie durch unglückliche Umstände in ihre Rolle gedrängt worden, fänden darin aber immer noch ihre bestmögliche Überlebenschance. Auch viele schüchterne, einzelgängerische Kinder leiden unter diesem Problem; weil sie sich mißverstanden und zu einem Verhalten gezwungen fühlen, das ihnen nicht liegt, suchen sie ihr Heil instinktiv in der »inneren Emigration«.

Wirkungsrichtung der Water Violet-Essenz

Water Violet ist das Mittel gegen Kontaktstörungen. Es macht geselliger, aufgeschlossener, kontaktfreudiger, baut krankhafte innere Distanzen zum Mitmenschen ab und wirkt damit aktiv gegen Vereinsamung. Besonders hilfreich ist es, wenn jemand durch irgendwelche negativen Umstände oder eine beginnende Krankheit menschenscheu oder ungesellig geworden ist (häufig bei Kindern). Dann kann es den normalen Zustand wiederherstellen. Auch bei unnatürlichem Stolz, Arroganz oder übertrieben vornehmer Zurückhaltung ist es angezeigt, da diese oft nur neurotische Schutzhaltungen sind.

Psychologisch-therapeutische Anmerkungen

Das Interesse an anderen Menschen und das Bedürfnis, mit ihnen Gefühle und Gedanken auszutauschen, sind fundamentale Eigenschaften der menschlichen Seele und für die psychische Gesundheit unerläßlich. Sie bereichern uns, indem sie uns mit neuen Ideen und Informationen versorgen und unsere Gefühle beleben; vor allem aber dienen sie unserer Bewußtwerdung. Im unseren Mitmenschen können wir uns selbst wie in einem Spiegel erkennen: einerseits reagieren sie auf unser Verhalten – wie das Echo auf den Ruf – mit entsprechenden Reaktionen, und andererseits sind alle Eigenschaften, die wir an ihnen entdecken, Bilder aus unserem eigenen Inneren.

Das Bedürfnis nach Kommunikation ist von Mensch zu Mensch verschieden: während für den Extrovertierten der dauernde menschliche Kontakt so lebenswichtig ist wie die Luft zum Atmen, braucht ihn der Introvertierte nur in begrenztem Umfang. Denn bei ihm wird jeder Eindruck – im Gegensatz zum Extrovertierten, der ihn nur archiviert – sogleich in die unergründliche Tiefe seiner Psyche weitergeleitet und dort in komplizierten Prozessen zu eigener seelischer Substanz verarbeitet. Je mehr Zeit, Ruhe und Kraft er dafür aufwenden muß, desto geringer ist seine Kapazität für neue Eindrücke. Daher macht seine Psyche, wenn ihre Aufnahmefähigkeit erschöpft ist, »den Laden zu« und blockt jede weitere Zufuhr ab:

er wird unansprechbar, ungesellig und sucht die Einsamkeit, um wie ein sattes Tier alles in Ruhe »verdauen« zu können.

Der Water Violet-Mensch mit seiner introvertierten Veranlagung braucht diese Zurückgezogenheit häufiger als andere. Wenn er zu sehr beeinflußt oder beeindruckt wird, beginnt er, sich als Selbstschutz gegen die Außenwelt abzuschließen und zurückzuziehen. Unter erschwerenden Umständen (zum Beispiel unverarbeiteter Schock, Verletztheit, starke Enttäuschung) kann diese Haltung krankhafte Ausmaße annehmen, über das Ziel hinausschießen und sich in einer extrem abweisenden, isolierenden Position fixieren. Er ist dann nicht mehr imstande, zwischen nützlichen und belastenden Einflüssen zu unterscheiden und reduziert seine menschlichen Kontakte mehr, als er eigentlich will und als ihm gut tut. Er wird ablehnend gegen jedermann, wortkarg, unzugänglich, einsam und unglücklich.

Ein solcher Zustand tritt manchmal auch beim Beginn einer Krankheit ein. Einsilbigkeit, Verschlossenheit, Kontaktunfähigkeit weisen dann darauf hin, daß sich eine innere Problematik aufgebaut hat, die vorrangig bearbeitet werden muß, und zwar nicht in der Kommunikation mit der Außenwelt, sondern in der – bewußten oder unbewußten – Zwiesprache mit sich selbst. Krankheit ist ja eine Heilreaktion, in deren Verlauf der Körper von Giften aller Art befreit und seine innere Ordnung wiederhergestellt wird.

Die Behandlung des Water Violet-Syndroms besteht daher in Ruhe, stillschweigendem Verständnis und einer stetigen Bereitschaft zur Kommunikation. Im Prinzip geht es dabei um die Wiederherstellung des inneren Gleichgewichts zwischen Intro- und Extraversion, um die Fähigkeit, sich so viel an menschlichem Kontakt zu holen, wie man braucht, und sich alles, was darüber hinausgeht, mit selbstverständlicher Leichtigkeit vom Leib zu halten.

Häufige Kombinationen mit anderen Mitteln

Agrimony (1/34): *Kontaktprobleme durch Mangel an Offenheit.*
Aspen (2/34): *Kontaktprobleme bei unklaren Ängsten.*
Beech (3/34): *Übertolerante Unnahbarkeit.*

Chestnut Bud (7/34): *Geistige Verschlossenheit.*
Holly (15/34): *Der gereizte Misanthrop.*
Larch (19/34): *Kontaktprobleme durch Minderwertigkeitsgefühle.*
Mustard (21/34): *Schwere, depressive Kontaktstörungen.*
Oak (22/34): *Einsamkeit durch Ehrgeiz.*
Olive (23/34): *Ungeselligkeit aus Erschöpfung.*
Rock Water (27/34): *Weltflucht und Selbstkasteiung.*
Star of Bethlehem (29/34): *Kontaktstörungen durch seelische Erschütterung.*
Willow (34/38): *Verbitterung wegen Freiheitsbeschränkung.*

Nr. 35 White Chestnut (Roßkastanie)

Kurze Charakteristik

Für Menschen, die von bestimmten, meist unangenehmen Gedanken oder Vorstellungen tyrannisiert werden.

Einsatzbereich:
Zur *Basisbehandlung* bei: zwanghaftem Denken, fixen Ideen, geistiger Übererregung.

Alle *krankhaften Störungen*, die mit Zwangsgedanken oder fixen Ideen einhergehen oder davon ausgelöst wurden.

Im *täglichen Leben* bei: Gedankenkarussell, Schlafstörungen, Nicht-abschalten-können, Konzentrationsstörungen, Kopfschmerzen durch geistige Überbeanspruchung.

Ursprung und Bild des White Chestnut-Syndroms

Die Anlage ist introvertiert und besteht in geistiger Wachheit, großer Empfindlichkeit und der Fähigkeit zu intensiven Denkprozessen.

Bei harmonischer Entwicklung entsteht daraus ein Mensch mit einem regen Geist und einer starken Vorstellungskraft. Wenn er sich mit etwas beschäftigt, so tut er dies mit so großer Intensität, Konzentration und Phantasie, daß alles, was nicht dazugehört, aus seinem Gedankenkreis verschwindet. Das macht seine geistige Arbeit sehr effektiv. Dabei bleibt er aber Herr seines Denkens; er kann jederzeit von einem Thema auf ein anderes umschalten und sich sogleich mit der Idee, der Frage oder Problematik beschäftigen, die ihm gerade wichtig – und vor allem angenehm – ist.

Unter ungünstigen Umständen kann die Fähigkeit zu intensivem Denken so entarten, daß sich bestimmte Gedanken der bewußten und willentlichen Kontrolle entziehen und zum unbeherrschbaren Zwangsdenken werden. (Bei starker emotionaler Erschütterung kann dies übrigens jedem passieren.) Meistens besitzen diese zwanghaften Gedanken wegen der ausgeprägten Empfindlichkeit des White Chestnut-Menschen einen unangenehmen Inhalt: Sorgen, Befürchtungen oder Probleme. Manchmal schieben sich aber auch freudige Erwartungen so in den Vordergrund, daß der Kopf für nichts anderes mehr frei ist. Im White Chestnut-Zustand ist es wie bei einer Schallplatte, die nur noch auf einer Rille läuft: der Verstand ist in fixen Ideen oder festgefahrenen Gedanken gefangen und kreist sinnverloren nur noch um einen bestimmten Denkinhalt. Ein Lied, ein Spruch, ein Wort wiederholt sich ununterbrochen, ohne daß man etwas dagegen tun kann. Oder man grübelt herum, kann sich nicht mehr entspannen, nicht abschalten, keinen neuen Gedanken fassen. Oft treten dabei Kopfschmerzen oder Schlafstörungen auf.

Wirkungsrichtung der White Chestnut-Essenz

White Chestnut ist das Mittel für klares Denken. Es befreit den Kopf von quälenden Vorstellungen, hilft gedankliche Teufelskreise zu durchbrechen, Zwangsgedanken zu entschärfen oder auch heilsame Verdrängungen vorzunehmen. Es fördert die Konzentrationsfähigkeit, hat eine ordnende Wirkung auf das Denken und hilft, Probleme zu lösen oder ins Unterbewußte zu verlagern. Es kann Kopfschmerzen oder Schlafstörungen bessern, die durch zu anstrengende Denktätigkeit hervorgerufen wurden.

Psychologisch-therapeutische Anmerkungen

Jeder weiß, wie wohltuend es ist, seine Wut oder seinen Schmerz auszudrücken, herauszuschreien oder -zuheulen, denn dabei kann die ihnen innewohnende, emotionale Energie abfließen und sich nicht mehr im Inneren des Organismus stauen. Jeder kennt auch die temperamentvollen, ungehemmten Menschen, die ihre intensiven Gefühle sofort und am Erstbesten auslassen und anschließend wieder gut gelaunt und entspannt sind.

Wer dagegen seine Probleme, Sorgen, Schmerzen, Ängste oder auch seine Aggressionen zurückhält, auf ihnen wie auf einer bitteren, verdorbenen Speise herumkaut und sie schließlich herunterschluckt, den machen sie krank und unglücklich.

Dies tun vor allem die introvertierten Menschen. Bei ihnen geht alles immer gleich in die Tiefe, wo es verarbeitet und in veränderter Form – entweder als weiterführende Erkenntnis oder in Form einer negativeren Lebenshaltung – in die Persönlichkeitsstruktur eingebaut wird. Der White Chestnut-Mensch gehört zu ihnen. Er hat aber noch eine problematische Angewohnheit: er bearbeitet alles mit so großer Intensität und Gründlichkeit, daß ihm seine emotionsgeladenen, konfliktreichen Gedanken nicht mehr aus dem Kopf gehen. Sie sind wie jene Knochen, auf denen man herumkauen kann, ohne daß etwas Nahrhaftes dabei herauskommt. Meistens handelt es sich dabei um Erkenntnisse, die er nicht wahrhaben, Sorgen, Ängste, Nöte, die er um gefühlsmäßiger Vorteile willen nicht aufgeben, Probleme, die er aus uneingestandenen Gründen nicht lösen will. Sein Bewußtsein wird oft von negativen Vorstellungen oder intensiven Wünschen so sehr beherrscht, daß für klare, vernünftige Gedanken kein Raum mehr bleibt.

Normalerweise werden solche lästigen Geistesinhalte von der Psyche einfach verdrängt. Sie überprüft die unzähligen Informationen, Wahrnehmungen oder Gedanken, denen wir ausgesetzt sind, ständig darauf, ob sie dem seelischen und körperlichen Wachstum dienen. Was momentan nicht in den geistigen Entwicklungsprozeß paßt, legt sie im Unterbewußten für einen späteren, günstigeren Zeitpunkt ab, um zu verhindern, daß der Mensch unter für ihn momentan zu schweren Erkenntnissen oder Wahrheiten zusammenbricht. Erst wenn er reif dafür ist und wenn sie es für einen weiteren seelischen Wachstumsschritt braucht, läßt sie einen Teil des verdrängten Materials in Form eines aktuellen Problems wieder bewußt werden. Dann ist es an der Zeit, sich ihm zu stellen und den Konfliktinhalt sinnvoll in die Lebenswirklichkeit einzugliedern, zum

Beispiel durch eine Erweiterung des Weltbildes, eine Korrektur des persönlichen Selbstverständnisses oder eine praktische Lebensveränderung.

Hierum geht es meist beim White Chestnut-Zustand, in den fast jeder Menschen von Zeit zu Zeit gerät. Daher sollte man, wenn man darunter zu leiden hat, beginnen, sich über seine Emotionen klarzuwerden, sich seinen Problemen zu stellen, sein äußeres Leben den inneren Bedürfnissen anzupassen.

Wenn ein Problem so stark wird, daß es bewußtes Leiden erzeugt, kann es nicht mehr mit heilsamem Erfolg verdrängt werden, sondern muß aufgearbeitet werden. Man sollte sich fragen, weshalb ein bestimmter Gedanke einem ständig durch den Kopf geht, und eine neue Antwort auf die ihm zugrundeliegende Frage suchen. Oft genug ist man vor ihr ausgewichen. Dabei darf man auch vor Tabus nicht zurückschrecken, die ja inzwischen überholt und sinnlos geworden sein können.

Allein schon diese Suche bewirkt oft eine Öffnung des gedanklichen Teufelskreises. Manchmal bleibt als vorübergehende Notmaßnahme nur der Versuch, den vorherrschenden, quälenden Gedanken einfach durch sein positives Gegenteil zu ersetzen, indem man sich gewissermaßen umprogrammiert. Dadurch wird das bewußte Oberflächen-Denken von dem unlösbaren Problem abgelenkt, und die Psyche kann intuitiv im Unterbewußtsein die richtige Lösung finden.

Häufige Kombinationen mit anderen Mitteln

Aspen (2/35): *Gedankenblockade durch unbestimmte Befürchtungen.*
Cherry Plum (6/35): *Geistige Besessenheit.*
Chestnut Bud (7/35): *Unaufmerksamkeit durch Zwangsgedanken.*
Chicory (8/35): *Zwanghafte Liebesgedanken.*
Clematis (9/35): *Zwanghafte Zukunftsträume.*
Crab Apple (10/35): *Quälende Verunreinigungs-Gedanken.*
Heather (14/35): *Eitles Zwangsdenken.*
Holly (15/35): *Aggressive Zwangsgedanken.*
Honeysuckle (16/35): *Zwanghafte Erinnerungen.*
Impatiens (18/35): *Geistige Getriebenheit.*

Mimulus (20/35): *Ängstliche Zwangsgedanken.*
Oak (22/35): *Erfolgsorientiertes Zwangsdenken.*
Pine (24/35): *Schuldbetonte Zwangsgedanken.*
Red Chestnut (25/35): *Sorgenvolle Gedanken.*
Star of Bethlehem (29/35): *Traumatische Zwangsgedanken.*
Vervain (31/35): *Fixe Ideen.*
Vine (32/35): *Zwanghafter Dogmatismus.*
Willow (35/38): *Verbittertes Zwangsdenken.*

Nr. 36 Wild Oat (Waldtrespe)

Kurze Charakteristik

Für Menschen, die gerne etwas Sinnvolles tun wollen, aber nicht wissen, worin dieses besteht.

Einsatzbereich:
Zur *Basisbehandlung* bei: Sinnlosigkeit, Unklarheit, Ziellosigkeit, Selbstentfremdung, Neuanfang, Sinn- und Lebenskrisen, Depression durch fehlenden Lebenssinn.

Alle *krankhaften Störungen,* die mit Frustrationen und Ziellosigkeit im Leben einhergehen oder davon ausgelöst wurden.

Im *täglichen Leben* bei: Unzufriedenheit und Frust durch sinnlose Tätigkeit, Unentschlossenheit durch Unklarheit, Zweifeln.

Ursprung und Bild des Wild Oat-Syndroms

Die Anlage besteht in lebensoffener Unternehmungslust und einem starken Sinn-Bedürfnis.

Bei harmonischer Entwicklung entsteht daraus ein Mensch, der es versteht, seinem Leben eine Bedeutung oder einen Sinn zu geben. Er vergeudet seine Kraft und Zeit nicht mit Nebensächlichkeiten, sondern folgt stets zielstrebig seiner inneren Stimme, die ihm in Form von Gefühlen, Eingebungen und Erkenntnissen mitteilt, was *für ihn* richtig ist. Das können materielle oder geistige, oberflächliche oder tiefgründige Dinge sein, immer aber entsprechen sie seiner persönlichen, anspruchsvollen Veranlagung und sind ihm wie auf den Leib geschnitten. Aus dieser vollkommenen Übereinstimmung zwischen seinen Möglichkeiten und Bedürfnissen einerseits und den tatsächlichen Lebensumständen andererseits ergibt sich eine große Zufriedenheit, die ihn auch in seinem äußerlichen Leben erfolgreich werden läßt. Der harmonisch entwickelte Wild Oat-Mensch weiß stets, was er will, geht mit sicherem Instinkt und ohne Zögern auf das zu, was ihm wichtig ist, und tut das, was ihm Freude macht. Er ist ein Erfolgsmensch und wahrer Lebenskünstler – allerdings nicht, weil er mit rücksichtslosem Ehrgeiz vorgeht oder einfach alles, wie es will, laufen läßt, sondern weil er sein Leben mit Hingabe, Konzentration und sicherem Gespür gestaltet. Dabei hat er oft eine Neigung zur Philosophie, Religion oder Kunst, zumindest aber ein natürliches Gespür für die eigentlichen Hintergründe des Lebens.

Unter ungünstigen Umständen kann das sinnsuchende Element des Wild Oat-Menschen so ausufern, daß er nur noch sucht, aber nicht mehr findet. Er verliert den klaren Blick und den sicheren Instinkt, die ihn sonst so unfehlbar geleitet haben. Wenn er etwas begonnen hat, stellt er nach kurzer Zeit fest, daß es doch nicht das Richtige ist, gibt es auf und versucht etwas anderes, das sich auch wieder als falsch erweist. Oder er geht im Geiste immer wieder irgendwelche Projekte durch, ohne sich zu einem Versuch entschließen zu können. Sein dringender Wunsch nach einem lebenswerten Leben oder einer befriedigenden Tätigkeit erlaubt ihm zwar keine faulen Kompromisse, ist gleichzeitig aber so unklar, daß er nicht ans Ziel führen kann. So ist er unfähig, seine Berufung zu finden beziehungsweise sich für den richtigen Weg zu entscheiden, was ihn unzufrieden oder depressiv macht. In diesen Zustand kann jeder Mensch geraten. Manchmal tritt er bei Jugendlichen auf, die am Beginn ihrer Selbständigkeit stehen und trotz hoher Erwartungen und Einsatzbereitschaft noch keinen richtigen Ansatzpunkt für ihr weiteres Leben gefunden haben. Besonders häufig entwickelt er sich bei Lebens-, Berufs- oder Ehekrisen, in denen man zwar fühlt, daß sich etwas ändern muß, gleichzeitig aber nicht weiß, in welche Richtung man steuern und wie man sich verhalten soll. Man macht vielleicht ein paar halbherzige Versuche, leistet sich ein paar Torheiten, wechselt erfolglos den Beruf oder den Partner, letztlich aber hängt man weiter in der Luft, blockiert, frustriert, deprimiert.

Wirkungsrichtung der Wild Oat-Essenz

Wild Oat ist das Mittel für Klarheit und Selbstverwirklichung. Über lange Zeit (Monate!) hinweg genommen, stellt es die innere Ordnung wieder her und öffnet dem Menschen in einem unmerklich ablaufenden Erkenntnisprozeß die Augen für sich selbst und seine eigentlichen seelischen Bedürfnisse. Es gibt Klarheit und Entschiedenheit, läßt die persönliche Berufung finden, ist bei Sinn- und Lebenskrisen unerläßlich, hilft bei der Berufs- oder Partnerwahl, ermöglicht einen neuen Lebensanfang und bekämpft Depressionen oder Krankheiten, die ihren Grund in Unzufriedenheit oder innerer Unklarheit haben. Es kann immer bei fehlendem Ziel oder Konzept eingesetzt werden.

Psychologisch-therapeutische Anmerkungen

Das Bedürfnis nach einem Sinn in allen Dingen ist eine typische Eigenschaft des Menschen und Ausdruck seiner Bewußtheit. Ob Nihilist, Materialist, Esoteriker, Religiöser, Philosoph, Rationalist, Schwärmer, Idealist, Ideologe oder Freigeist: jeder Mensch macht sich – verneinend oder bejahend – einen Reim auf das, was er erlebt, was ihm geschieht und was zu tun ihm bestimmt ist. Nicht nur im großen philosophischen Entwurf, in der religiösen Vision, im intuitiv entstandenen Kunstwerk, in der Katastrophe, im Naturgesetz, sondern auch in jeder mechanischen Gesetzmäßigkeit oder jedem nützlichen Zusammenhang sucht er im Grunde nichts anderes als einen alles verbindenden Sinn.

Besonders in unserem persönlichen Leben spielt die Sinnfindung eine ausschlaggebende Rolle. Es ist ja, so wie es ausfällt, das Ergebnis all unseres Bemühens – ein Kunstwerk, an dem wir unablässig arbeiten und das von unserer inneren Reife Zeugnis ablegt. Dabei stehen je nach Altersstufe bestimmte Aspekte im Vordergrund: während es in Kindheit und Jugend mehr um die extrovertierte Einordnung in Welt und Gesellschaft geht, werden in späteren Jahren die introvertierte Selbsterkenntnis und die Beziehung zur transzendenten Seite der Welt wichtiger. Normalerweise läuft diese Entwicklung in kleinen Schritten und täglichen Korrekturen ab, wobei Gefühle, Eingebungen und Erkenntnisse die Richtung angeben. Primär sind sie es, nicht der Verstand, die uns durchs Leben führen, weil in ihnen die Komplexität unserer Anlagen zusammenwirkt.

Wer sie ignoriert, lebt an sich selbst vorbei – bis eines Tages in der Tiefe seiner Seele eine gewaltsame Korrekturbewegung entsteht, die alles, woran er sich bisher gehalten hat, in Frage stellt und ihm die Orientierung raubt. Was bis dahin für ihn Geltung hatte, verliert seinen Wert, und Ersatz dafür kann er nicht finden, da er seine Sinne nicht geübt hat. Bei Jugendlichen pflegt dies allerdings nicht so abrupt und gewaltsam abzulaufen, sie spüren vor allem den nicht endenden Frust und sehen, daß sie den Anschluß an ihr Leben nicht finden.

Unter diesen Umständen, die dem Wild Oat-Syndrom entsprechen, gilt es, wieder – oder endlich – zu lernen, was *für einen selbst richtig* ist. Dazu muß man seine Eingebungen, Gefühle und Träume ernst nehmen und auf die Zeichen achten, die einem das Leben täglich gibt. Frust und Freude sind dabei die großen Führer. Man muß sich besser kennenlernen, um sich dem immer wieder einmal erforderlichen Neubeginn mit der nötigen Ehrlichkeit und Bewußtheit widmen zu können. Dabei muß manches leere Tabu aufgelöst, manche überholte Moral abgeworfen, manch persönlicher Zwang überwunden werden. Manchmal ist das ein jahrelanger Prozeß. Dabei verleiht aber das Gefühl, auf der richtigen Spur zu sein, die nötige Konsequenz und hilft, die immer wieder auftretenden Durststrecken zu überwinden.

Schließlich ist man dann »ein neuer Mensch«, vielleicht mit einem anderen Beruf, mit einem anderen Partner, in einer anderen Umgebung – auf jeden Fall aber mit einer Lebenshaltung, die die äußerlichen und innerlichen, subjektiven und objektiven Lebenselemente miteinander zu einer harmonischen Einheit verbindet.

Häufige Kombinationen mit anderen Mitteln

Agrimony (1/36): *Mangelnde Selbsterkenntnis.*
Cerato (5/36): *Unsicherheit durch mangelndes Lebenskonzept.*

Chestnut Bud (7/36): *Fehlendes Lebenskonzept durch Unaufmerksamkeit.*
Larch (19/36): *Verfehlter Lebenssinn durch mangelndes Selbstvertrauen.*
Mustard (21/36): *Depression aus Sinnlosigkeit.*
Rock Water (27/36): *Selbstkasteiung als Ersatz für Lebenssinn.*
Scleranthus (28/36): *Innere Zerrissenheit und Lebenskrise.*
Walnut (33/37): *Verfehltes Lebensziel.*
Wild Rose (36/37): *Antriebslosigkeit aus Sinnlosigkeit.*

Nr. 37 Wild Rose (Heckenrose)

Kurze Charakteristik

Für Menschen, die sich zu nichts aufraffen können oder resigniert durchs Leben treiben.

Einsatzbereich:
Zur *Basisbehandlung* bei: Apathie, Antriebslosigkeit, Resignation, krankhafter Schicksalsergebenheit, Rekonvaleszenz, kräftezehrenden Krankheiten.

Alle *krankhaften Störungen,* die mit Antriebslosigkeit, Resignation oder mangelndem Lebenswillen einhergehen oder davon ausgelöst wurden.

Im *täglichen Leben* bei: Interesselosigkeit, Lustlosigkeit, Initiativelosigkeit, Sich-zu-nichts-aufraffen-können.

Ursprung und Bild des Wild Rose-Syndroms

Die Anlage besteht in Anpassungs- und Hingabefähigkeit sowie einem gewissen Schicksalsbewußtsein.

Bei harmonischer Entwicklung entsteht daraus ein Mensch, der die Fähigkeit besitzt, auf die sich ständig ändernde Lebensrealität flexibel und nachgiebig zu reagieren und dabei nie ihre (immer vorhandene!) schöne Seite aus den Augen zu verlieren. Er hat keine Probleme mit seinem Schicksal, weil er sich furcht- und widerstandslos jenen geheimnisvollen Kräften anvertrauen kann, die alles bestimmen. Als Realist im besten Sinne versucht er nicht, die Realität (das, was nun einmal geschehen ist) ungeschehen zu machen, sondern nimmt sie mit unschuldig-positiver Erwartung an. Diese Unvoreingenommenheit und Selbstverständlichkeit lassen keine leiderzeugenden Konflikte aufkommen. Wie eine Wasserpflanze, die sich im Strome wiegt, läßt er sich von den Lebensumständen mal hierhin, mal dorthin tragen, träumerisch, spielerisch, willig. Da er der Realität keine starren Überzeugungen, keinen unbeugsamen Willen und kein lebensfremdes Vorurteil entgegensetzt, kann er sie mit innerer Freiheit und Unschuld ansehen und aus dieser Haltung heraus dem Leben seine schönsten Seiten abgewinnen.

Unter ungünstigen Umständen kann das passiv-hinnehmende Element schädliche Ausmaße annehmen. Dann läßt sich der Wild Rose-Mensch willenlos und unbeteiligt treiben, interessiert sich wenig für sein Leben und kann sogar eine Resignation entwickeln, die einen Hauch von Lebens-Abschied an sich hat. Dabei ist er nicht in der Lage, seinen wahren Zustand zu erkennen, Gegenmaßnahmen zu ergreifen oder jemanden um Hilfe zu bitten. Allerdings besteht das Wild-Rose-Syndrom nicht immer in so extremer Resignation und Lebensverneinung, sondern in zu geringer Unternehmungslust und einer Neigung, die Dinge einfach laufen zu lassen. Man hat dann den Eindruck, daß der Wild Rose-Mensch nur einen Teil seiner Möglichkeiten nützt beziehungsweise seine Anlagen nicht genügend entwickelt hat. Er ist nicht so leistungsfähig, wie er eigentlich sein könnte, macht viele Ruhepausen und führt insgesamt ein eingeschränktes Leben. Falls er einmal irgendeine Unternehmung startet, kommt sie bald wieder zum Stillstand wie ein Gefährt, das im Sande steckenbleibt. Seine Chancen bleiben ungenutzt, er hängt antriebslos herum und kann sich nicht einmal aufraffen, offensichtlich schädliche Lebensumstände zu ändern. Beispielsweise behält er seine krankmachende Wohnung bei, führt seine unglückliche Ehe fort, nimmt unerfreuliche Lebensumstände widerspruchslos hin. Wenn diese Haltung die bewußte Antwort auf eine unvermeidliche, widrige Lebenssituation wäre, so hätte sie einen Sinn und könnte als Lebenskunst bezeichnet werden. Tatsächlich aber bedeutet sie nur krankhaftes Desinteresse und den weitgehenden Verlust seiner lebendigen Kreativität.

Wirkungsrichtung der Wild Rose-Essenz

Wild Rose ist das Mittel für Unternehmungslust und Lebensinteresse. Es fördert die Zuwendung zum Leben, macht interessierter, aufgeschlossener, unternehmungslustiger. Es bekämpft Gleichgültigkeit, geistige Stumpfheit und Resignation. Wenn diese Symptome im Rahmen von Krankheiten auftreten, können sie der Beginn zu einer entscheidenden Verschlechterung sein; in diesem Falle sollte Wild Rose eingesetzt werden. Überhaupt ist es allgemein in der Rekonvaleszenz hilfreich. Wenn hinter dem Wild Rose-Zustand Vitamin- oder Mineralienmangel, Anämie oder andere organische Krankheiten stecken, kann die entsprechende ärztliche Therapie durch gleichzeitige Gabe von Wild Rose unterstützt werden.

Psychologisch-therapeutische Anmerkungen

Resignation darf nicht mit Schicksalsergebenheit verwechselt werden. Beim Wild Rose-Syndrom wird dieser Unterschied besonders deutlich.

Schicksalsergebenheit besteht darin, sich vertrauensvoll in die Hand des Schicksals zu geben, weil man in ihm das Wirken einer übermenschlichen, positiven Ordnung, Kraft oder Wesenheit (»Gott«) erkennt. Mit dieser Einstellung kann man die Lebensrealität – so, wie sie nun einmal ist – akzeptieren und sich bemühen, das Beste aus ihr zu machen. Dabei versucht man zwar, seine Wünsche, so weit es geht, zu verwirklichen, verzichtet aber sogleich darauf, wenn dies unmöglich ist, und ändert mit den Worten »Es hat nicht sollen sein!« ohne Bedauern realistisch seine Pläne.

Resignation dagegen ist eine Absage an das Schicksal. Denn man interessiert sich – im Gegenteil zur Schicksalsergebenheit, die sich durch eine positive Erwartungshaltung auszeichnet – nicht für das, was einem begegnet oder widerfährt. Man nimmt sein Leben zwar widerstandslos hin, bejaht es aber nicht, sondern läßt alles, mehr oder weniger teilnahmslos und ohne ihm einen Sinn zu unterstellen, über sich ergehen.

Selbst wenn die Resignation nicht extrem ausgeprägt ist und nur in zu geringer Unternehmungslust oder allgemeiner Gleichgültigkeit besteht, ist sie doch krankhaft und beeinträchtigt auch die körperlichen Funktionen, zum Beispiel in Form von schlechter Haltung, schwacher Wirbelsäule, schwachem Kreislauf oder reduzierter Sexualität.

Typische Wild Rose-Menschen sind – abgesehen von einer gewissen Veranlagung, wie man sie auch bei *Centaury-, Larch-* und *Olive*-Menschen findet – das Produkt einer frühkindlichen, psychischen Mißhandlung durch dominierende, egozentrische Eltern oder Erzieher. Diese pflegen instinktiv jede ihnen in einem Kinde heranwachsende Konkurrenz zu unterdrücken und ihm nur eine Art Schattenexistenz – anspruchslos, »lieb« und unauffällig – zuzubilligen. Derart zurechtgestutzt, gewöhnt es sich daran, den Wunsch nach Lebensfreude und Selbstverwirklichung zu unterdrücken und sich widerspruchslos mit dem zufriedenzugeben, was man ihm erlaubt. Der dadurch hervorgerufene, weitgehende Verlust seiner natürlichen Initiative und Unternehmungslust überschattet auch sein späteres Leben und macht es zu einem Menschen, der unfähig ist, »etwas durchzuziehen«.

Resignierende Menschen werden leichter krank als lebensbejahende; andererseits kann eine schwere Krankheit zur Resignation, das heißt zum Verlust des Lebens- und Gesundungswillens führen, was immer ein schlechtes Zeichen ist. Wie schon bei der Depression (siehe unter *Mustard*) erläutert, gibt es in der Entwicklung einer Krankheit vier wesentliche Krankheitsphasen: die *Aggression*, in der man sich vital gegen einen krankmachenden Faktor wehrt, die *Frustration*, in der diese Abwehr bereits behindert ist, sodann die *Depression*, in der sie weitgehend blockiert und statt dessen gegen die eigene Lebensfreude und Gesundheit gerichtet ist, und schließlich als letztes Stadium vor dem Tode die *Resignation*, die bedeutet, daß der Mensch – innerlich gebrochen – den Kampf aufgegeben hat und zum endgültigen Verzicht bereit ist.

Das Wild Rose-Syndrom ist nicht leicht zu überwinden. Auf jeden Fall sollte man immer überprüfen, ob organische Krankheiten (Herz, Niere, Hormonsystem) oder Mangelzustände (Vitamine, Spurenelemente) vorliegen und diese entsprechend behandeln. Manchmal ist die Resignation nur die Folge einer starken, aber vorübergehenden psychischen Belastung. Dann braucht man nur – am besten bei gleichzeitiger Unterstützung durch die Blütenessenz – unter ruhigen Bedingungen abzuwarten, bis sich die Psyche wie ein niedergedrückter Grashalm von alleine wieder erhebt. Dagegen läßt sich langdauernde Unlust und Initiativelosigkeit, die zur Grundlage des gesamten Verhaltens geworden ist, wesentlich schwerer beeinflussen. Da es Wild Rose-Menschen nur selten gelingt, sich selbst aus dem Sumpf ihrer resignierenden Lebenshaltung zu ziehen – dies würde ja bereits die Überwindung des krankhaften Zustandes bedeuten –, brauchen sie in der Regel dazu fremde Hilfe. Diese wird allerdings dadurch behindert, daß sie nicht am Gesundungsprozeß mitarbeiten. Der Versuch, sie durch ermunternden Zuspruch aus ihrer Indifferenz herauszuholen, ist meist ohne Erfolg. Selbst wenn es gelingt, sie zu irgendeiner Aktivität zu überreden, verlieren sie doch oft nach kurzer Zeit das Interesse daran und stellen ihre Bemühungen wieder ein.

Wild Rose-Menschen gehören nicht zu jenem Menschentyp, der aus einer starken, sozusagen eingefleischten, positiven Lebenshaltung unbewußt und gedankenlos drauflosleben kann. Ihre Neigung, unter extremen Belastungen einfach alles laufenzulassen, weist auf eine – in diesem Falle jedoch krankhaft entartete – Neigung, sich dem Schicksal anzuvertrauen, hin. Daraus ergibt sich, was sie brauchen: eine bessere, bewußtere und persönlichere Beziehung zu ihm, die allem, was sie erleben, einen tragfähigen Sinn gibt. Sie konnten ihn ja nicht finden, weil sie in ihrer Selbstverwirklichung so beschnitten wurden. Einen Sinn zu sehen bedeutet auch ein Ziel zu haben, und ein Ziel zu haben ermöglicht, Kräfte zu sammeln und aktiv zu werden. Den Sinn aber findet man ganz einfach, indem man sein eigenes Leben mit offenen Sinnen lebt, indem man Freude empfindet und das tut, »wonach das Herz verlangt«.

Daher kann eine psychotherapeutische Behandlung nützlich sein, wenn sie dem Wild Rose-Menschen bewußt macht, wo er in seiner Selbstverwirklichung blockiert ist, welche Wünsche und Sehnsüchte er sich selbst versagt. Wenn er ermutigt wird, sich endlich das zu gönnen, was er braucht, und sich das zu nehmen, was ihm zusteht – wenn er sich also auf sein Leben zu freuen beginnt –, erwachen auch wieder seine Lebensgeister.

Häufige Kombinationen mit anderen Mitteln

Centaury (4/37): *Resignation durch Persönlichkeitsschwäche.*
Chestnut Bud (7/37): *Unaufmerksam und resigniert.*
Clematis (9/37): *Resignation mit Todessehnsucht.*
Gentian (12/37): *Resignierend und willensschwach.*
Gorse (13/37): *Die totale Resignation.*
Honeysuckle (16/37): *Wehmütige Resignation.*
Hornbeam (17/37): *Antriebslosigkeit durch Überforderungsgefühl.*
Larch (19/37): *Antriebslosigkeit mit mangelndem Selbstvertrauen.*
Mustard (21/37): *Depressive Resignation.*
Olive (23/37): *Antriebslosigkeit aus Erschöpfung.*
Star of Bethlehem (29/37): *Resignation durch seelische Erschütterung.*
Wild Oat (36/37): *Antriebslosigkeit aus Sinnlosigkeit.*

Nr. 38 Willow (Weide)

Kurze Charakteristik

Für Menschen, die enttäuscht, verbittert oder beleidigt sind.

Einsatzbereich:
Zur *Basisbehandlung* bei: Verbitterung, Groll, Rachsucht, Unversöhnlichkeit, Schicksalshader.

Alle *krankhaften Störungen,* die mit Enttäuschung oder Verbitterung einhergehen oder davon ausgelöst wurden.

Im *täglichen Leben* bei: Beleidigtsein, Enttäuschung.

Ursprung und Bild des Willow-Syndroms

Die Anlage besteht in einem ausgeprägten Gerechtigkeitssinn sowie einem intensiven Liebes- und Freudebedürfnis.

Bei harmonischer Entwicklung entsteht daraus ein Mensch, der mit den wechselnden Umständen seines Lebens gut zurechtkommt, weil er nicht nur dessen erfreuliche Seite genießen, sondern auch Niederlagen, Verluste und Schwierigkeiten ohne Groll oder Verbitterung hinnehmen kann. Diese wertvolle Fähigkeit ist relativ selten, und er verdankt sie seinem sehr feinen, unbestechlichen Gerechtigkeitssinn, der sich nicht an äußerlichen, unpersönlichen Fakten oder Vorgaben, sondern an der Wahrheit des Lebens orientiert: Gerechtigkeit nicht im Dienste persönlicher Vorteile, sondern als Ausdruck jener unbegreiflichen, »göttlichen« Ordnung, die unserer Welt zugrundeliegt, oder einfacher gesagt: als das, was richtig ist. So ist ihm klar, daß alles so kommt, wie es kommen muß, und daß es – unabhängig davon, ob es uns gefällt oder ob wir es verstehen – immer richtig, also auch gerecht, ist. Aus diesem sozusagen höheren Gerechtigkeitssinn heraus, der seine Kriterien aus der Wirklichkeit, nicht aber aus menschlichen Wünschen und Vorstellungen bezieht, kann er gar nicht anders, als dem Leben, dem Schicksal oder »Gott« in seinem Wirken zuzustimmen. Dadurch ist es ihm auch möglich, auf Lebenssituationen, die bei anderen Menschen Empörung oder Verbitterung auslösen würden, entspannt und überlegen zu reagieren. Das Leben ist für ihn kein gefährlicher Kampf, in dem es um Sein oder Nichtsein geht, sondern ein buntes Abenteuer, das er in frommem Erstaunen besteht, oder ein faszinierende Reise in unbekannte geistige Dimensionen, auf der Widrigkeiten, Niederlagen und Verluste lediglich die Funktion von Wegweisern haben. Dabei folgt er seiner starken, klaren Sehnsucht nach Freude und Liebe so direkt wie nur möglich. Seine Glücksgefühle sind echt und wirklich; sie haben nicht die falsche Süße unberechtigter Erwartungen und Illusionen und können daher auch nicht in Bitternis umschlagen. So ist der harmonisch entwickelte Willow-Mensch in seiner bejahenden Lebenshaltung der lebendige Beweis dafür, daß in unserer Welt eine höhere Gerechtigkeit herrscht, die, weil sie übermenschlich ist, auch über der kleinlichen, vorteilsorientierten Rechtsverdreherei des Menschen steht. Wer sie vertrauensvoll annimmt, kommt niemals auf die Idee, sich ungerecht behandelt zu fühlen, und ist damit gegen alle daraus unvermeidlich entspringenden Leiden gefeit.

Unter ungünstigen Umständen kann der angeborene Sinn für Gerechtigkeit zu Selbstgerechtigkeit entarten, die wiederum nur Ungerechtigkeit hervorbringen kann. Diese ist es auch, die beim typischen, unharmonisch entwickelten Willow-Menschen immer wieder das Gefühl erzeugt, ungerecht behandelt zu werden, worauf er je nach Temperament mit Groll, Verbitterung oder Rachsucht antwortet. Mit solchen Reaktionen zeigt er, daß er die Lehren oder Hinweise, die ihm das Leben gibt, ablehnt, weil sie nicht in sein selbstgerechtes Erwartungsschema passen, und verstockt auf seiner Position beharrt. Er weigert sich grundsätzlich, die Frage nach der Berechtigung seiner Wünsche und Erwartungen ehrlich zu beantworten, ist beleidigt, verbittert oder enttäuscht, schmollt, grollt oder sinnt auf Rache. Mit der Freudlosigkeit, die sich dadurch in ihm ausbreitet, verdirbt er anderen Menschen die Laune – ja, oft empfindet er sogar ein gewisses Vergnügen daran, sie in den Bannkreis seiner negativen Einstellung hineinzuziehen. Dabei ist er ein unerfreulicher Zeitgenosse, der von jedem nach Möglichkeit gemieden wird und der sich selbst und anderen zur Last fällt. Erst wenn er einsieht, daß er doch nicht so sehr im Recht oder daß alles nicht so schlimm ist, beruhigt er sich wieder. Da er jedoch in der Regel daraus nichts lernt, ist es nur eine Frage der Zeit, bis er die nächste »Ungerechtigkeit« erleiden muß.

Wirkungsrichtung der Willow-Essenz

Willow ist das Mittel für Versöhnlichkeit und Verzeihung. Es wirkt der Tendenz, sich ungerecht behandelt zu fühlen, beleidigt oder rachsüchtig zu sein, entgegen, macht versöhnlich, einsichtig und zufrieden. Bei Kindern, die es sich angewöhnt haben, ihren Willen durch Schmollen und Grollen durchzudrücken, ist es nützlich und hat einen besonderen Wert für jene Menschen, die aus Hader mit ihrem Schicksal und einer grundsätzlichen Lebensablehnung heraus krank geworden sind; denn solange diese Haltung weiterbesteht, können sie nicht gesund werden.

Psychologisch-therapeutische Anmerkungen

Um mit jemandem, der grollt, beleidigt oder verbittert ist, richtig umgehen zu können, muß man sich fragen, ob sein Verhalten echt oder gespielt ist, denn viele Menschen – vor allem Kinder – spielen nur die Beleidigten, um ihre Wünsche durchzusetzen. Je mehr Erfolg sie damit haben, desto stärker entwickeln sie sich zu regelrechten Gefühlstyrannen, die die Empfindsamkeit, Menschenfreundlichkeit oder Schuldbewußtheit ihrer Eltern oder Mitmenschen zum eigenen Vorteil ausnützen. Dieses erpresserische Verhalten sollte man – auch in ihrem eigenen Interesse – nicht durch Nachgiebigkeit fördern. Es bringt ihnen nicht nur allgemeine Ablehnung ein, sondern kann für sie selbst katastrophale Folgen haben, wenn es sie dazu verleitet, auch dem Leben zu grollen, das ihnen Hindernisse in den Weg legt.

Das Leben aber läßt sich nicht erpressen; es läßt uns nur die Wahl, seine Forderungen zu erfüllen oder unterzugehen – nach der Devise »Vogel friß oder stirb!« Daher sollte jeder Mensch – vor allem der heranwachsende – grundsätzlich lernen, in seinen Erwartungen maßvoll und realistisch zu bleiben und sich mit dem zufriedenzugeben, was er bekommt.

Bei dieser »Ausbildung fürs Leben« vertreten vor allem Eltern und Erzieher in ihrer Eigenschaft als Autoritätspersonen die Autorität der Lebensrealität. Sie müssen – natürlich in begründeten Fällen – darauf bestehen, daß ihr Wort respektiert wird und dem Kinde die Erfahrung vermitteln, daß es nicht alles haben kann, was es will, daß es Grenzen gibt, die es nicht überschreiten darf. Aus dieser grundsätzlichen Erfahrung heraus wird der heranwachsende Mensch fähig, sich in einem Leben zurechtzufinden, das immer wieder Enttäuschungen bereitet und manche Erwartung nicht erfüllt. Man sollte sich daher nicht durch »taktischen« Groll und gespieltes Beleidigtsein erpressen lassen, sondern den Erpresser »in seinem eigenen Saft schmoren« lassen, bis er einsieht, daß er seinen Kopf nicht immer durchsetzen kann und sich im eigenen Interesse wieder einordnet.

Anders ist es bei ernstgemeinten Willow-Zuständen, da diese ein zerstörerisches Potential enthalten. Das sonst positive Lebensgefühl des betreffenden Menschen und sein ausgeprägter Wunsch nach Lebensfreude sind dabei ins Gegenteil umgeschlagen, weil seine Erwartungen nicht erfüllt wurden. Er ist wirklich enttäuscht und verbittert, verletzt und beleidigt, grollt, zieht sich von der Welt und den Menschen zurück oder hadert mit dem Schicksal, das ihm »unverdient« so übel mitgespielt hat. Die positive und bejahende Energie seines intensiven Wünschens oder Begehrens ist in eine entsprechend gewalttätige Verneinung umgeschlagen. Sie wendet sich entweder aggressiv gegen alles, was ihm im Wege steht – im Extremfall die ganze Welt oder das Schicksal –, oder richtet sich bei introvertierter Veranlagung gegen ihn selbst in Form von Verbitterung und enttäuschter Weltentsagung.

Bei echten Willow-Zuständen sollte man davon ausgehen, daß sie – zumindest subjektiv – berechtigt sind und, wenn sie sehr intensiv auftreten, lieber für Abhilfe sorgen, als durch übertriebene Unnachgiebigkeit einen bleibenden psychischen Schaden zu riskieren. (Vor allem Kinder werden manchmal durch Vorfälle zutiefst enttäuscht oder verletzt, die dem Außenstehenden unbedeutend erscheinen.) In diesen Fällen zusätzlichen Druck auszuüben ist nicht sinnvoll, weil er wie ins Feuer gegossenes Öl die Gewalt der negativen Leidenschaft nur steigert. Besser ist es, enttäuschte oder verbitterte Menschen in Ruhe zu lassen und zu versuchen, sie in nicht provozierender Weise darauf hinzuweisen, daß ihr Verhalten in eine Sackgasse führt, weil es sich gegen eine unabänderliche Lebensrealität richtet, und daß sie selbst am meisten darunter zu leiden haben.

Grundsätzlich brauchen Menschen, die zu Enttäuschung, Beleidigtsein und Verbitterung neigen, eine andere Lebenseinstellung. Dabei geht es einerseits um die Erkenntnis, daß sie sich mit ihrer Weigerung, Fakten und Realitäten anzuerkennen, selbst schaden, weil das Leben sich ja nicht um ihre Meinung kümmert, und andererseits um eine insgesamt realistischere Sichtweise, die die Tatsache berücksichtigt, daß der Mensch nur ein schwaches, von seinem Schöpfer abhängiges Geschöpf ist.

Solange Willow-Menschen meinen, irgend jemand sei persönlich und aus bewußter Absicht an ihrem Mißgeschick schuld, nehmen sie es auch so persönlich, daß es ihnen »zu Herzen geht«. Wenn sie sich aber klarmachen würden, daß das ganze Weltgeschehen ein unauftrennbares Geflecht ist und daß alles – auch sie selbst – dem unbegreiflichen Schicksal als Werkzeug dient, könnten sie ihr Mißgeschick leichter hinnehmen und als schicksalhaftes Ereignis betrachten. Zudem wäre es richtig, wenn sie versuchen würden, das, was sie von anderen verlangen, auch selbst zu leisten, denn dann würde ihnen vieles in einem milderen Lichte erscheinen. (Übrigens stellt sich später oft heraus, daß es, so wie es gekommen ist, trotz anfänglicher Enttäuschung letztlich am besten war.)

Unser Leben ist ein Entwicklungs- und Reifungsprozeß mit einem geheimnisvollen Ziel, zu dem alles, was wir erleben, beiträgt – auch die unangenehmen und negativen Erlebnisse. Diese gleichen jenen stachligen, abschreckend wirkenden Früchten, die doch einen wohlschmeckenden Kern in sich tragen. Willow-Zustände zu überwinden heißt, ihn freizulegen.

Häufige Kombinationen mit anderen Mitteln

Chicory (8 /38): *Verbitterung bei Ablehnung oder Undank.*
Holly (15/38): *Verbitterung mit Wut oder Haß.*
Honeysuckle (16/38): *Verbitterung durch Verlust.*
Mustard (21/38): *Depressionen durch Verbitterung.*
Oak (22/38): *Unerbittliche Rachsucht.*
Star of Bethlehem (29/38): *Verbitterung durch unverarbeitetes Trauma.*
Vine (32/38): *Der verbitterte Haustyrann.*
Water Violet (34/38): *Verbitterung wegen Freiheitsbeschränkung.*
White Chestnut (35/38): *Verbittertes Zwangsdenken.*

Kapitel II

Die neuen Kombinationsmittel

Rescue Remedy

Das Notfallmittel »Rescue Remedy« ist das bekannteste und gebräuchlichste Kombinationsmittel. Es wurde von Dr. Bach selbst zusammengestellt und eingesetzt. Seither hat es sich in unzähligen kritischen Situationen bewährt und oft sogar »Wunder« bewirkt. Es kann als fertige Mischung in allen Apotheken gekauft bzw. bestellt werden.

Es besteht aus folgenden Blüten-Essenzen:

Nr. 6 Cherry Plum
Nr. 9 Clematis
Nr. 18 Impatiens
Nr. 26 Rock Rose
Nr. 29 Star of Bethlehem.

Dieses Mittel gehört in jeden Haushalt, jede Reiseapotheke und jedes Auto. Es sollte immer dann genommen werden, wenn »Not am Mann« ist, zum Beispiel bei Unfällen jeder Art, Kollaps, Angst- oder Panikzuständen, Selbstmordgefahr, Herzinfarkt, Schlaganfall, Verbrennungen, Verletzungen. Es beruhigt, stabilisiert, heilt.

Die Dosierung ist normalerweise: drei Tropfen pur auf die Zunge, in kurzen Abständen (ca. 10 Minuten) so lange wiederholt, bis eine Besserung eingetreten ist, danach in längeren Abständen. Falls eine Einnahme nicht möglich ist, können die Tropfen auch einfach auf die Lippen geträufelt oder auf der Stirn verrieben werden.

Nr. 1/2 Agrimony – Aspen
Verdrängung von Ängsten oder Ängste durch Verdrängung
Für Menschen, die ihre Probleme oder Leiden zu ignorieren, zu verdrängen und zu verheimlichen suchen, wodurch diese unklar, unheimlich und unberechenbar werden. Es entsteht ein Teufelskreis, in dem die Angst Verdrängung und die Verdrängung Angst provoziert und Angst vor der Angst entsteht.

Dieses Mittel kann mutiger, offener und innerlich freier machen und bei der bewußten Überwindung von angsterregenden Problemen behilflich sein. Mögliche Ergänzungsmittel: *Mimulus, Red Chestnut, Rock Rose, Star of Bethlehem, Walnut.*

Nr. 1/3 Agrimony – Beech
Künstliche Toleranz
Für Menschen, die aus Angst vor Konflikten ihre Abneigungen hinter einer Maske betonter Toleranz verbergen und dazu neigen, alles zu beschönigen, selbst wenn es ihnen eigentlich gegen den Strich geht.

Dieses Mittel kann ihnen helfen, sich mehr zu ihren natürlichen Vorlieben und Abneigungen zu bekennen und dennoch tolerant und freundlich zu bleiben. Mögliche Ergänzungsmittel: *Larch, Heather.*

Nr. 1/4 Agrimony – Centaury
Krankhafte Gutmütigkeit
Für Menschen, die sich widerspruchslos ausnützen lassen oder sich übertrieben entgegenkommend verhalten, weil sie sich vor Konflikten fürchten; diese Furcht verbergen sie allerdings hinter einer Maske von Naivität oder Unbeschwertheit.

Dieses Mittel kann sie konfliktfähiger und in einem gesunden Sinne egoistischer machen. Es gibt ihnen mehr Mut, ihre Meinung zu sagen und auch für das eigene Wohl zu sorgen. Mögliche Ergänzungsmittel: *Aspen, Cerato, Gentian, Larch, Mimulus, Star of Bethlehem, Walnut.*

Nr. 1/6 Agrimony – Cherry Plum
Verdrängung erzeugt gefährlichen psychischen Überdruck
Für Menschen, die unter gefährlichem psychischem Überdruck stehen, weil sie starke Emotionen oder Triebe zu unter-

drücken und geheimzuhalten suchen. Daher besteht die Gefahr, daß sie bei der nächsten kleinen Belastung durchdrehen oder verrückt werden.

Dieses Mittel kann ihnen helfen, sich bejahend und offener mit dem auseinanderzusetzen, was in ihnen vorgeht, und ihre Gefühle oder Emotionen offener auszuleben, wodurch der innere Überdruck abgebaut wird. Mögliche Ergänzungsmittel: *Rock Rose, Sweet Chestnut, White Chestnut.*

Nr. 1/7 Agrimony – Chestnut Bud

Lernschwäche oder Unreife durch Drückebergerei

Für Menschen, die Unangenehmes nicht zur Kenntnis nehmen und sich vor Schwierigkeiten drücken. Daher bleiben sie unreif, unerfahren und feige.

Dieses Mittel kann sie interessierter und mutiger machen, so daß sie sich den Aufgaben oder Problemen, mit denen sie konfrontiert werden, stellen und etwas für die Zukunft daraus lernen können. Oft ist es für bequeme, lernfaule Kinder geeignet. Mögliche Ergänzungsmittel: *Clematis, Gentian, Honeysuckle, Hornbeam, Larch.*

Nr. 1/19 Agrimony – Larch

Überspielte oder verdrängte Minderwertigkeitsgefühle

Für Menschen, die unter Minderwertigkeitsgefühlen leiden, dies aber nicht zugeben wollen und, je unsicherer und verzagter sie innerlich sind, sich nach außen um so unbeschwerter und überlegener geben.

Dieses Mittel kann sie selbstbewußter und natürlicher machen, so daß sie ihre Schwächen zugeben können, ohne sich deswegen abgewertet zu fühlen. Mögliche Ergänzungsmittel: *Heather.*

Nr. 1/20 Agrimony – Mimulus

Überspielte oder geheimgehaltene Angst

Für Menschen, die sehr ängstlich sind, dies aber hinter einem unbeschwerten oder betont mutigen Auftreten verbergen.

Dieses Mittel hilft ihnen, ihre Angst zuzugeben und bewußt an ihrer Überwindung zu arbeiten. Mögliche Ergänzungsmittel: *Aspen, Larch, Red Chestnut, Rock Rose, Star of Bethlehem.*

Nr. 1/25 Agrimony – Red Chestnut

Geheime Sorgen

Für Menschen, die sich ständig um andere Sorgen machen, dies aber nicht zeigen wollen. Sie geben sich nach außen unbekümmert und optimistisch, leiden aber insgeheim unter ihren pessimistischen Befürchtungen, so daß sie sich nie richtig entspannen oder freuen können.

Dieses Mittel kann nicht nur ihre übertriebene Besorgtheit vermindern, sondern sie auch so frei machen, daß sie darüber sprechen und sich Klarheit verschaffen können. Mögliche Ergänzungsmittel: *Aspen, Chicory, Mimulus, Star of Bethlehem.*

Nr. 1/26 Agrimony – Rock Rose

Erstarrung in der Panik

Für Menschen, die einen inneren Panikzustand zu sehr unterdrückt haben. Dadurch konnte sich die Emotion nicht genügend entladen, sondern hat bei ihnen entweder eine psychische Erstarrung hervorgerufen oder zu schmerzhaften Reizzuständen an Muskeln, Sehnen, Gelenken oder Wirbelsäule geführt.

Dieses Mittel kann die Blockade wieder aufheben. Mögliche Ergänzungsmittel: *Aspen, Crab Apple, Oak, Rock Water, Star of Bethlehem.*

Nr. 1/29 Agrimony – Star of Bethlehem

Die seelische Wunde hinter der fröhlichen Maske

Für Menschen, die ihr Unglücklichsein oder eine seelische Verletzung vor anderen hinter einer Maske von Unbeschwertheit und Optimismus verbergen.

Dieses Mittel gibt ihnen mehr Mut, ihre Gefühle auszudrükken und sich bewußt, zum Beispiel im Gespräch mit anderen, mit dem Problem zu beschäftigen. Die sich daraus ergebende Erleichterung gibt ihnen die Voraussetzung, um mit dem Leben wieder Frieden zu schließen. Mögliche Ergänzungsmittel: *Larch, Mimulus, Water Violet, Willow.*

Nr. 1/33 Agrimony – Walnut

Die totale Selbstentfremdung

Für Menschen, die sich selbst entfremdet sind und nicht so leben können, wie es ihnen eigentlich entsprechen würde, weil sie sich zu stark beeinflussen lassen und sich selbst gegenüber nicht ehrlich zu sein wagen. Das macht sie, obwohl sie Fröhlichkeit oder Zufriedenheit demonstrieren, innerlich traurig.

Dieses Mittel kann ihnen helfen, wieder zu sich selbst zu finden und ein neues Leben zu beginnen. Es motiviert sie, sich ernsthaft mit ihren Problemen auseinanderzusetzen, und hilft ihnen, unabhängig von den Erwartungen ihrer Umwelt ihre eigene Persönlichkeit zu entwickeln. Es ist *unerläßlich* bei jeder Psychotherapie, weil es die Ängste, die beim Abbau der gewohnten (wenn auch krankhaften) Verhaltensweisen aufzutreten pflegen, durch den gleichzeitigen Aufbau neuer, echter Persönlichkeitsstrukturen auffängt. Mögliche Ergänzungsmittel: *Centaury, Cerato, Heather, Star of Bethlehem, Wild Oat.*

Nr. 1/34 Agrimony – Water Violet
Kontaktprobleme durch Mangel an Offenheit
Für Menschen, denen es schwer fällt, Kontakt mit anderen zu bekommen, weil sie etwas vor ihrer Umwelt zu verbergen versuchen: ein Problem, eine Angst, eine Schwäche. Obwohl sie instinktiv wissen, daß es ihnen besser gehen würde, wenn sie sich jemandem anvertrauen oder sich offen dazu bekennen könnten, sind sie unfähig, die trennende Kluft zu überwinden, und beschränken sich im gesellschaftlichen Umgang auf Unverbindlichkeiten, wodurch sie oft sehr einsam und unglücklich werden.

Dieses Mittel hilft ihnen, offener, kontaktfreudiger und vertrauensvoller zu werden und dadurch die quälende Isolation zu überwinden. Mögliche Ergänzungsmittel: *Larch, Star of Bethlehem.*

Nr. 1/36 Agrimony – Wild Oat
Mangelnde Selbsterkenntnis
Für Menschen, die sich aufgrund dauernder Verdrängungen selbst nicht mehr oder noch nicht kennen. Sie weichen allen Konfrontationen aus und haben Angst vor der Wahrheit über sich selbst. Daher wissen sie nicht, wie sie ihr Leben verbessern oder ihm einen Sinn geben können.

Dieses Mittel ist nützlich am Beginn jeder Persönlichkeitsentwicklung. Es verhilft zu Selbsterkenntnis und ist immer dann angezeigt, wenn man nicht weiß, mit welchem Mittel man die Blüten-Therapie beginnen soll. Mögliche Ergänzungsmittel: *Cerato, Scleranthus, Walnut.*

Nr. 2/6 Aspen – Cherry Plum

Plötzliches Angstgefühl mit Kurzschlußgefahr

Für Menschen, die wegen eines plötzlich ohne erkennbaren Grund aufgetretenen panischen Angstgefühls kurz vor dem Durchdrehen oder Verrücktwerden stehen. Für psychotische Angst-Zustände, die aus emotionaler Ergriffenheit oder Belastung heraus entstanden sind.

Dieses Mittel kann gefährlichen, angstbetonten Emotions-Stau abbauen, entsprechende Psychosen verhindern und die zugrundeliegenden, verdrängten Probleme durch Bewußtwerdung für eine Lösung vorbereiten. Mögliche Ergänzungsmittel: *Mimulus, Rock Rose, Star of Bethlehem.*

Nr. 2/20 Aspen – Mimulus

Totale Ängstlichkeit

Für Menschen, die unter allen möglichen klaren und unklaren Ängsten leiden; teilweise lassen diese sich präzisieren, teilweise bestehen sie nur aus unheimlichen Ahnungen.

Dieses Mittel kann starke, allgemeine Ängstlichkeit abbauen und Mut machen, angsterregende Vorstellungen oder Situationen zu hinterfragen. Mögliche Ergänzungsmittel: *Agrimony, Chestnut Bud, Rock Rose, Star of Bethlehem.*

Nr. 2/21 Aspen – Mustard

Ängstliche Depressionen

Für Menschen, die immer wieder aus heiterem Himmel von deprimierenden, bangen Ahnungen oder Ängsten überfallen werden. Sie sehen alles nur schwarz und befürchten allerlei Unglück. Oft treten diese Zustände im Zusammenhang mit Herz- oder Leberkrankheiten auf.

Dieses Mittel kann ihre Lebensängste abbauen und sie seelisch stabiler beziehungsweise optimistischer machen. Mögliche Ergänzungsmittell: *Gentian, Gorse, Honeysuckle, Hornbeam, Olive, Rock Rose, Star of Bethlehem, Wild Rose.*

Nr. 2/25 Aspen – Red Chestnut

Allgemeine, angstbetonte Sorgen

Für Menschen, die sich große Sorgen um andere machen. Sie leiden unter einem unheimlichen Gefühl und befürchten irgendein Unglück für Menschen, die ihnen nahestehen.

Dieses Mittel kann ihre Befürchtungen vertreiben und sie die Realität klarer sehen lassen, die ja meistens gar nicht so schlimm ist. Mögliche Ergänzungsmittel: *Chicory, Mimulus, White Chestnut.*

Nr. 2/26 Aspen – Rock Rose

Die absolute Angstpanik

Für Menschen, die plötzlich von panischer Angst überfallen werden oder wurden.

Dieses Mittel kann bei Horror- oder Panikzuständen – unabhängig von der auslösenden Ursache – wieder zu einem klaren Kopf verhelfen. Mögliche Ergänzungsmittel: *Cherry Plum, Mustard, Sweet Chestnut, White Chestnut.*

Nr. 2/27 Aspen – Rock Water

Angstmotivierte Selbstvergewaltigung

Für Menschen, die sich eine starke Selbstdisziplin auferlegen, um ihre Lebensängste zu neutralisieren. Sie halten zum Beispiel eine strenge Ordnung, eine ausgefallene Diät oder eine genau reglementierte Verhaltensweise ein, weil sie ihr Leben dadurch »wasserdicht« gegen untergründige, oft nicht einmal genau benennbare Ängste oder Gefahren machen wollen. Die Disziplin gibt ihnen zwar Halt und das Gefühl der Sicherheit, in Wirklichkeit aber tauschen sie eine Unsicherheit gegen eine andere ein. Denn sobald sie von ihren strengen Regeln abweichen, überfällt sie neben den alten Ängsten auch noch die Furcht, dies könne negative Folgen haben.

Dieses Mittel kann nicht nur ihre Tendenz zu zwanghaftem Verhalten abbauen, sondern auch ihre allgemeine Ängstlichkeit reduzieren, so daß sie unbeschwerter und natürlicher leben können. Mögliche Ergänzungsmittel: *Agrimony, Crab Apple, Mimulus, Pine, Vine.*

Nr. 2/28 Aspen – Scleranthus

Entscheidungsunfähigkeit durch unklare Ängste

Für Menschen, deren Denken so sehr von allgemeinen Ängsten besetzt ist, daß sie unfähig sind, klar und entschieden zu handeln. Sie wissen nicht, was sie tun sollen, weil sie von jeder denkbaren Entscheidung negative Folgen erwarten.

Dieses Mittel kann ihre Ängste abbauen und ihren Geist klarer machen, so daß sie ihre Handlungsfähigkeit zurückbekommen. Mögliche Ergänzungsmittel: *Cerato, Mimulus, Rock Rose, Star of Bethlehem, Wild Oat.*

Nr. 2/29 Aspen – Star of Bethlehem

Seelische Verletzlichkeit durch ängstliche Lebenshaltung; Lebensangst durch psychisches Trauma.

Für Menschen, die aufgrund einer allgemeinen Ängstlichkeit leicht von unerwarteten oder belastenden Ereignissen erschüttert werden können oder die durch ein schreckliches Erlebnis ihr Vertrauen in das Leben verloren haben.

Dieses Mittel kann sie mutiger und lebenstüchtiger machen beziehungsweise helfen, angstbetonte psychische Traumata zu verarbeiten. Mögliche Ergänzungsmittel: *Gentian, Honeysuckle, Mimulus, Rock Rose, Walnut.*

Nr. 2/34 Aspen – Water Violet

Kontaktprobleme durch unklare Ängste

Für Menschen, die wegen unerklärlicher oder allgemeiner Ängste den Kontakt zu ihrer Umwelt verlieren, was vor allem im Alter infolge geistigen Abbaus vorkommen kann.

Dieses Mittel kann ihr Vertrauen in die Mitmenschen stärken und den Wunsch nach menschlicher Kommunikation wecken. Es hilft gegen Vereinsamung aus Mißtrauen. Mögliche Ergänzungsmittel: *Mimulus, Mustard, Star of Bethlehem, Wild Rose.*

Nr. 2/35 Aspen – White Chestnut

Gedankenblockade durch unbestimmte Befürchtungen

Für Menschen, die so sehr von der Vorstellung besessen sind, daß »irgend etwas« Schlimmes passieren werde, daß sie kaum noch zu einem vernünftigen Gedanken fähig sind.

Dieses Mittel kann ihre Ängste abbauen und ihnen helfen, realistischer und klarer zu denken. Mögliche Ergänzungsmittel: *Cerato, Cherry Plum, Mimulus, Red Chestnut, Star of Bethlehem.*

Nr. 3/14 Beech – Heather

Opportunistische Toleranz

Für Menschen, die sich betont tolerant und großzügig geben, um sich beliebt zu machen. Dabei wirken sie aber künstlich oder aufdringlich.

Dieses Mittel hilft ihnen, sich zu sich selbst, zu ihren natürlichen Abneigungen und Vorlieben zu bekennen und notfalls auch Unbeliebtheit dafür in Kauf zu nehmen. Mögliche Ergänzungsmittel: *Agrimony, Chicory, Larch, Walnut.*

Nr. 3/15 Beech – Holly

Allergische Schockreaktion

Für Menschen, die in einer aggressiv überschießenden Weise auf Substanzen oder Lebensumstände reagieren, gegen die sie allergisch sind.

Dieses Mittel kann allergische Reaktionen dämpfen oder die Bereitschaft dazu reduzieren. Mögliche Ergänzungsmittel: *Clematis, Crab Apple, Elm, Rock Rose, Vine.*

Nr. 3/19 Beech – Larch

Toleranz aus mangelndem Selbstvertrauen

Für Menschen, die es aus mangelndem Selbstvertrauen nicht wagen, berechtigte Kritik zu üben, und statt dessen versuchen, alles zu verstehen und gutzuheißen.

Dieses Mittel kann ihr Selbstvertrauen und die Fähigkeit, sich auch zu unbequemen Wahrheiten zu bekennen, stärken. Mögliche Ergänzungsmittel: *Agrimony, Heather, Mimulus, Walnut.*

Nr. 3/20 Beech – Mimulus

Toleranz aus Ängstlichkeit

Für Menschen, die es aus Angst vor eventuellen Konsequenzen nicht wagen, berechtigte Kritik zu üben, und statt dessen versuchen, alles zu verstehen und gutzuheißen.

Dieses Mittel kann die Angst vor den Folgen persönlicher und natürlicher Abneigungen abbauen und den Mut zu unbequemen Meinungen stärken. Mögliche Ergänzungsmittel: *Agrimony, Heather, Larch, Walnut.*

Nr. 3/24 Beech – Pine

Toleranz aus moralischen Gründen

Für Menschen, die sich für schlecht halten, wenn sie nicht alles gutheißen, und sich deshalb krampfhaft um Großzügigkeit und Toleranz bemühen.

Dieses Mittel fördert die Selbstverantwortung und befreit vom Zwang, toleranter und besser zu sein, als man tatsächlich ist. Mögliche Ergänzungsmittel: *Agrimony, Crab Apple, Rock Water, Walnut.*

Nr. 3/27 Beech – Rock Water

Goßzügigkeit gegen andere bei Strenge gegen sich selbst

Für Menschen, die anderen gegenüber auffallend großzügig und tolerant sind, sich selbst gegenüber aber um so strenger und kleinlicher. Man hat das Gefühl, daß etwas daran nicht stimmt.

Dieses Mittel hilft ihnen, eine natürlichere, wahrhaftigere und objektivere Haltung sich selbst und anderen gegenüber zu entwickeln. Großzügigkeit und Unbestechlichkeit kommen in ein ausgewogenes Verhältnis zueinander. Mögliche Ergänzungsmittel: *Crab Apple, Larch, Pine, Wild Oat.*

Nr. 3/32 Beech – Vine

Die totale Intoleranz

Für Menschen, die nicht nur in ihrem Fühlen, sondern auch in ihrem Denken und Handeln intolerant sind. Sie befinden sich daher immer in irgendeiner Abwehrhaltung (was sich unter anderem in Allergien äußert) und versuchen ständig, ihre Umgebung in ihrem Sinne zu beeinflussen. Alles, was für sie neu oder ungewöhnlich ist, wird zunächst kritisiert und meistens auch abgelehnt. Selbst wenn sie sich einmal bewußt großzügig geben, so ist dies doch nicht mehr als ein Lippenbekenntnis, weil sie kurze Zeit darauf wieder in ihre ablehnende Haltung oder ihr ewiges Beeinflussen-Wollen verfallen. Sie sind nie richtig glücklich und für ihre Umwelt eine Last, weil das Leben ja viel zu bunt und vielfältig ist, als nur über einen Leisten gehauen zu werden, und weil jede Stagnation letztlich Rückschritt bedeutet. Oft besteht gleichzeitig eine Leberkrankheit.

Dieses Mittel kann sie aufgeschlossener, großzügiger und toleranter machen. Mögliche Ergänzungsmittel: *Crab Apple, Holly, Pine, Vervain, Oak.*

Nr. 3/34 Beech – Water Violet
Übertolerante Unnahbarkeit
Für Menschen, die sich betont tolerant und verständnisvoll geben, um tiefere Kontakte zu vermeiden und sich andere Leute vom Leib zu halten.

Dieses Mittel hilft, ihr Verhältnis zur Umwelt natürlicher zu gestalten, indem es sie ermutigt, ihre (kritische) Meinung zu äußern und sich in persönliche Beziehungen einzulassen. Mögliche Ergänzungsmittel: *Agrimony, Heather, Mimulus.*

Nr. 4/5 Centaury – Cerato
Hörigkeit durch Persönlichkeitsschwäche
Für Menschen, die es nie gelernt haben, selbständig zu handeln und sich deshalb vorschreiben lassen, wie sie sich verhalten und was sie tun sollen. Sie sind sehr gutmütig, lassen sich ausnützen und haben keine eigene Meinung.

Dieses Mittel kann ihre Persönlichkeit entwickeln, sie stärker, mutiger und selbständiger machen. Es wird für unselbständige Kinder benötigt. Mögliche Ergänzungsmittel: *Crab Apple, Larch, Pine, Walnut, Wild Oat.*

Nr. 4/8 Centaury – Chicory
Selbstsüchtige Aufopferung
Für Menschen, die sich gerne aufopfern, wobei ihre Motivation in einem Gemisch aus Selbstlosigkeit und Selbstsüchtigkeit besteht. Ihre Neigung, andere durch große Fürsorge oder Opfer an sich zu binden, wird durch ihre gleichzeitig vorhandene, natürliche Hingebungsfähigkeit einerseits verstärkt, andererseits aber verschleiert. So fällt es den »Opfern« ihrer Wohltaten schwer, sich von ihnen zu befreien.

Dieses Mittel kann Abhängigkeits- und Ausnützungsverhältnisse jeder Art abbauen. Mögliche Ergänzungsmittel: *Pine, Red Chestnut, Walnut, Wild Oat.*

Nr. 4/12 Centaury – Gentian

Persönlichkeits- und Willensschwäche

Für Menschen, die so wenig Durchsetzungswillen und Selbstbehauptungskraft haben, daß sie leicht zu manipulieren, auszunützen und zu entmutigen sind. Weil sie dadurch nie erreichen, was sie eigentlich wollen, werden sie oft depressiv.

Dieses Mittel kann ihre Persönlichkeit und ihren Willen so stärken, daß sie sich gegen Ausbeutung oder Unterdrükkung wehren und sich auch durch eventuelle Mißerfolge nicht beirren lassen. Mögliche Ergänzungsmittel: *Cerato, Clematis, Honeysuckle, Hornbeam, Larch, Star of Bethlehem, Wild Rose.*

Nr. 4/13 Centaury – Gorse

Willfährigkeit aus Hoffnungslosigkeit

Für Menschen, die die Hoffnung auf ein eigenes Leben aufgegeben haben, sich verzichtend in den Dienst anderer stellen oder sich ausnützen lassen.

Dieses Mittel kann – über lange Zeit genommen – ihre pessimistische Lebenseinstellung ändern und sie motivieren, wieder an sich selbst zu denken. Mögliche Ergänzungsmittel: *Gentian, Star of Bethlehem, Wild Rose.*

Nr. 4/17 Centaury – Hornbeam

Überforderungsgefühl durch Unselbständigkeit

Für Menschen, die sich aufgrund unterentwickelter Selbständigkeit den Anforderungen ihres täglichen Lebens nicht gewachsen fühlen. Vor allem in ihrem Beruf sind sie nicht so erfolgreich, wie sie sein könnten.

Dieses Mittel kann ihre Persönlichkeit und ihre Unternehmungslust stärken, so daß sie sich auch an eigene Projekte wagen. Mögliche Ergänzungsmittel: *Aspen, Gentian, Larch, Olive, Wild Rose.*

Nr. 4/19 Centaury – Larch

Hilfsbereitschaft aus Minderwertigkeitsgefühl

Für unselbständige Menschen mit Minderwertigkeitskomplexen, die es nicht wagen, ein eigenes Leben zu führen, und übertrieben hilfsbereit und freundlich sind.

Dieses Mittel kann sie selbständiger und selbstbewußter machen, so daß sie beginnen, auch an ihre eigenen Interessen zu denken. Mögliche Ergänzungsmittel: *Cerato, Gentian, Hornbeam, Mimulus, Walnut.*

Nr. 4/20 Centaury – Mimulus
Ängstliche Unterwürfigkeit
Für Menschen, die sich aus Angst von anderen ausnützen lassen. Ihr auffallend gutmütiges Verhalten hat eine ausgesprochen unterwürfige Note.

Dieses Mittel kann sie mutiger und selbstbewußter machen, so daß sie beginnen, eigene Rechte geltend zu machen, und sich nicht mehr ausnützen lassen. Es wird vor allem von Kindern benötigt und kann nützlich bei Wirbelsäulenbeschwerden sein, die mit einer gebückten Haltung zusammenhängen. Mögliche Ergänzungsmittel: *Cerato, Hornbeam, Larch, Star of Bethlehem, Walnut.*

Nr. 4/24 Centaury – Pine
Aufopferung aus Schuldgefühl
Für Menschen, die aufgrund von Schuldgefühlen auf ein eigenes Leben verzichten. Ihre angeborene Selbstlosigkeit wird durch die Meinung, sie hätten nicht das Recht zu einem eigenen, glücklichen Leben, krankhaft verstärkt.

Dieses Mittel kann sie so verändern, daß sie sich ohne schlechtes Gewissen auch um ihr eigenes Wohl kümmern können. Mögliche Ergänzungsmittel: *Cerato, Larch, Rock Water, Star of Bethlehem, Walnut.*

Nr. 4/25 Centaury – Red Chestnut
Sorgenvolle Selbstlosigkeit
Für übertrieben selbstlose, stets sorgenerfüllte Menschen.

Dieses Mittel kann sie natürlicher, sorgloser und »egoistischer« machen, so daß sie auch an ihr eigenes Wohlergehen denken und andere vertrauensvoll ihrem Schicksal überlassen können. Mögliche Ergänzungsmittel: *Aspen, Chicory, Mimulus, Pine, Star of Bethlehem, Walnut.*

Nr. 4/33 Centaury – Walnut

Unselbständig und beeinflußbar

Für Menschen, die sich zu leicht durch andere beeinflussen oder ausnützen lassen. Auf diese Weise kommen sie nie dazu, ihr eigenes Leben zu leben.

Dieses Mittel kann sie unabhängiger und eigenwilliger machen, so daß sie mehr an sich selbst denken und das tun können, was sie eigentlich wollen. Mögliche Ergänzungsmittel: *Cerato, Heather, Larch, Pine, Wild Oat.*

Nr. 4/37 Centaury – Wild Rose

Resignation durch Persönlichkeitsschwäche

Für Menschen, die sich damit abgefunden haben, ausgenützt zu werden, zu dienen und keine Ansprüche zu stellen. Im Grunde haben sie resigniert und neigen dazu, sich einfach treiben zu lassen, statt sich um eine Verbesserung ihrer Lage zu kümmern.

Dieses Mittel stärkt ihre Persönlichkeit und weckt in ihnen neues Interesse am Leben, so daß sie endlich beginnen, auch an sich selbst und ihre Zukunft zu denken. Mögliche Ergänzungsmittel: *Gentian, Larch, Olive, Star of Bethlehem, Walnut.*

Nr. 5/7 Cerato – Chestnut Bud

Ratlosigkeit aus Unaufmerksamkeit.

Für Menschen, die nicht wissen, wie sie handeln sollen, weil sie unaufmerksam sind und nicht genügend aus ihren Erfahrungen lernen. Obwohl sie sich dauernd beraten lassen, machen sie immer wieder die gleichen Fehler. Für denkfaule Kinder, die dauernd dumme Fragen stellen.

Dieses Mittel kann ihr Interesse an dem, was sie erleben oder womit sie sich beschäftigen, wecken, so daß sie es geistig verarbeiten können und selbständiger werden. Mögliche Ergänzungsmittel: *Clematis, Hornbeam, Larch, Scleranthus, Wild Oat.*

Nr. 5/19 Cerato – Larch

Unsicherheit durch Minderwertigkeitsgefühl

Für Menschen, die nicht spontan zu handeln wagen, weil sie sich für unfähig oder minderwertig halten. Bei jeder Gelegenheit fragen sie, was sie tun oder wie sie sich verhalten sollen.

Dieses Mittel kann sie selbstbewußter und selbständiger machen. Es hilft ihnen, ohne viel herumzufragen, so zu handeln, wie es ihnen richtig erscheint. Mögliche Ergänzungsmittel: *Agrimony, Centaury, Gentian, Mimulus, Walnut, Wild Oat.*

Nr. 5/20 Cerato – Mimulus

Ängstliche Unsicherheit

Für Menschen, die sich in übertriebenem Maße davor fürchten, falsch zu handeln, und deshalb ständig andere nach ihrer Meinung befragen.

Dieses Mittel kann ihre Angst vor Fehlern abbauen und hilft ihnen, intuitiv, unabgesichert und nach eigenem Gutdünken zu handeln. Mögliche Ergänzungsmittel: *Centaury, Gentian, Larch, Walnut, Wild Oat.*

Nr. 5/24 Cerato – Pine

Unsicherheit aus Angst vor schlechtem Gewissen

Für Menschen, die befürchten, durch falsches Verhalten Schuld oder Sünde auf sich zu laden, und deshalb nicht so zu handeln wagen, wie sie eigentlich wollen; um sich abzusichern, fragen sie ständig um Rat.

Dieses Mittel kann sie von ihren unbegründeten Skrupeln befreien, sie selbstverantwortlich und sicherer machen. Mögliche Ergänzungsmittel: *Centaury, Crab Apple, Gentian, Larch, Mimulus, Red Chestnut, Walnut, Wild Oat.*

Nr. 5/27 Cerato – Rock Water

Geistige Hörigkeit mit Selbstvergewaltigung

Für Menschen, die kein Zutrauen zu ihrem eigenen Instinkt haben und sich deshalb an Lehren, Religionen oder Dogmen halten, die sie – oft gegen ihre eigenen Bedürfnisse – strikt einhalten.

Dieses Mittel kann sie natürlicher, ungezwungener und selbstsicherer machen. Mögliche Ergänzungsmittel: *Crab Apple, Larch, Pine, Walnut, Wild Oat.*

Nr. 5/28 Cerato – Scleranthus

Unsicherheit mit Entscheidungsschwäche

Für Menschen, die nie wissen, was sie tun sollen, weil sie einerseits ihrer eigenen Meinung nicht trauen und sich andererseits nur schwer für etwas entscheiden können.

Dieses Mittel fördert ihre Fähigkeit, selbstsicher Entscheidungen zu treffen. Mögliche Ergänzungsmittel: *Chestnut Bud, Gentian, Larch, Walnut, Wild Oat.*

Nr. 5/29 Cerato – Star of Bethlehem

Verunsicherung durch Schockerlebnis

Für Menschen, die durch bestimmte Erlebnisse oder Ereignisse so verunsichert wurden, daß sie die Fähigkeit zu selbstbewußtem, eigenständigem Handeln verloren haben. Noch unter dem Einfluß des durchgemachten Schreckens stehend, versuchen sie, sich dadurch abzusichern, daß sie jeden um Rat bitten.

Dieses Mittel hilft ihnen, das psychische Trauma zu überwinden und wieder »sie selbst« zu werden. Mögliche Ergänzungsmittel: *Aspen, Centaury, Gentian, Larch, Mimulus, Walnut, Wild Oat.*

Nr. 5/33 Cerato – Walnut

Unsicherheit durch Beeindruckbarkeit

Für sehr beeindruckbare Menschen, die sich immer wieder durch falsche Ratschläge von ihren Zielen abbringen lassen.

Dieses Mittel kann sie sicherer und überzeugter machen und ihnen helfen, unbeirrbar ihren Weg zu gehen. Mögliche Ergänzungsmittel: *Centaury, Gentian, Larch, Pine, Scleranthus, Wild Oat.*

Nr. 5/36 Cerato – Wild Oat

Unsicherheit durch mangelndes Lebenskonzept

Für Menschen, denen ein Lebenskonzept oder -ziel fehlt, an dem sie sich bei ihrem Handeln orientieren können. Innerlich verunsichert, suchen sie daher dauernd nach Ratgebern oder Führern. Da sie aber nicht beurteilen können, ob diese für sie richtig sind, geraten sie dabei oft auf Irrwege.

Dieses Mittel hilft ihnen, sich über das Wesentliche in ihrem Leben klarzuwerden und es in die Tat umzusetzen. Mögliche Ergänzungsmittel: *Centaury, Gentian, Larch, Mustard, Scleranthus, Walnut.*

Nr. 6/11 Cherry Plum – Elm

Am Ende der psychischen und physischen Belastbarkeit

Für Menschen, die sich psychisch und körperlich zuviel abverlangt haben und dabei sind, nicht nur ihre körperliche Leistungsfähigkeit, sondern auch ihren klaren Verstand zu verlieren.

Dieses Mittel kann den Zusammenbruch verhindern, indem es den selbstauferlegten Druck abbaut und sie motiviert, sich mehr Freude und Ruhe zu gönnen. Mögliche Ergänzungsmittel: *Agrimony, Oak, Pine, Rock Rose, Rock Water, Sweet Chestnut.*

Nr. 6/15 Cherry Plum – Holly

Unkontrollierte Wutanfälle

Für Menschen, die unter einem sehr hohen emotionalen Druck stehen und dabei sind, unter starken Aggressionsanfällen durchzudrehen.

Dieses Mittel ist für Ausnahmesituationen bestimmt. Es sollte genommen werden, wenn man fühlt, daß man demnächst vor Wut platzen wird. Indem es eine gewisse Entspannung bewirkt, kann es das Schlimmste verhüten. Mögliche Ergänzungsmittel: *Impatiens, White Chestnut, Willow.*

Nr. 6/18 Cherry Plum – Impatiens

Präpsychotische Unruhe

Für Menschen, die auf einen starken emotionalen Druck mit großer Unruhe reagieren oder die starke Gefühle durch übertriebene und sinnlose Aktionen abreagieren. Sie erwecken den Eindruck, als würden sie durchdrehen, wenn sie nur einen Moment stillhalten müßten.

Dieses Mittel kann sie ruhiger und entspannter machen. Mögliche Ergänzungsmittel: *Agrimony, Elm, Holly, Scleranthus, White Chestnut, Vervain.*

Nr. 6/20 Cherry Plum – Mimulus

Schwerer Angstkonflikt

Für Menschen, bei denen sich bestimmte Ängste dadurch, daß sie nicht bewußt ausgedrückt oder verarbeitet werden, zum psychischen Überdruck mit der Gefahr von Kurzschlußhandlungen steigern.

Dieses Mittel ist für Notsituationen. Es kann den ängstlichen inneren Überdruck abbauen. Es muß häufig gegeben oder genommen werden. Mögliche Ergänzungsmittel: *Aspen, Impatiens, Rock Rose, Sweet Chestnut, White Chestnut.*

Nr. 6/22 Cherry Plum – Oak

Durch Leistungsstreß an der emotionalen Zerreißgrenze

Für Menschen, die mehr von sich verlangt haben, als sie leisten können, und dadurch unter so starken inneren Druck geraten sind, daß die Gefahr des Durchdrehens oder Verrücktwerdens besteht. Instinktiv beginnen sie, sich zu weigern, ihre Lebensfreude noch länger ihrem ehrgeizigen Zwangsprogramm zu opfern, und fühlen den unwiderstehlichen Drang, alles, was Ordnung, Zwang und Vernunft bedeutet, über Bord zu werfen.

Dieses Mittel kann den inneren Druck herabsetzen, indem es den selbst auferlegten Leistungsdruck verringert und ihnen hilft, mehr als bisher »nichtsnutzigen« oder ordnungswidrigen Bedürfnissen nachzugeben. Mögliche Ergänzungsmittel: *Elm, Holly, Rock Water, Vervain, Sweet Chestnut.*

Nr. 6/25 Cherry Plum – Red Chestnut

Rasendmachende Sorgen

Für Menschen, die sich so große Sorgen um jemanden machen, daß sie kurz vor dem Durchdrehen stehen. Der Grund hierfür kann darin liegen, daß sie zu sehr und zu lange versucht haben, ihre Befürchtungen zu verdrängen, oder daß in die aktuellen Sorgen noch andere Ängste einfließen und zusammen mit ihnen psychischen Überdruck erzeugen.

Dieses Mittel kann den inneren, sorgenbedingten Überdruck abbauen, indem es sie optimistischer macht und ihnen ermöglicht, sich mit ihren Befürchtungen bewußt auseinanderzusetzen. Mögliche Ergänzungsmittel: *Aspen, Chicory, Impatiens, Mimulus, Rock Rose, Sweet Chestnut, White Chestnut.*

Nr. 6/26 Cherry Plum – Rock Rose

Panik mit Gefahr, den Verstand zu verlieren

Für Situationen, in denen man aufgrund einer plötzlichen, panischen Angst verrückt zu werden oder total durchzudrehen droht. Vernünftige Überlegungen sind nicht mehr möglich, ruhiges Zureden nutzlos.

Dieses Mittel kann die akute Gefahr reduzieren, indem es dem Betroffenen mehr Abstand, Ruhe und Klarheit gibt. Mögliche Ergänzungsmittel: *Aspen, Clematis, Impatiens, Mimulus, Sweet Chestnut.*

Nr. 6/27 Cherry Plum – Rock Water

Psychose infolge zu starker Selbstunterdrückung

Für Menschen, die sich zu stark unterdrückt oder kasteit haben und nun aufgrund einer unerwarteten psychischen Belastung die Kontrolle über sich zu verlieren drohen.

Dieses Mittel kann sie beruhigen und entspannen, indem es ihnen hilft, mit ihren Emotionen und psychischen Bedürfnissen flexibler umzugehen. Mögliche Ergänzungsmittel: *Crab Apple, Impatiens, Oak, Pine, Vine.*

Nr. 6/29 Cherry Plum – Star of Bethlehem

Psychose durch seelische Verletzung

Für Menschen, deren Psyche durch ein schockierendes Ereignis so erschüttert wurde, daß sie kurz vor dem Durchdrehen stehen, oder die allgemein so labil und empfindlich sind, daß schon kleine Erschütterungen sie um den Verstand bringen können.

Dieses Mittel kann sie psychisch stabiler machen, indem es ihre Überempfindlichkeit oder ihr Trauma abbaut. Mögliche Ergänzungsmittel: *Aspen, Holly, Impatiens, Mimulus, Walnut, Willow.*

Nr. 6/30 Cherry Plum – Sweet Chestnut

Verzweiflung durch Emotionsstreß

Für Menschen, die aus emotionaler Überforderung den Überblick über ihr Leben verloren haben und in die totale, ausweglose Verzweiflung geraten sind.

Dieses Mittel ist für Ausnahmesituationen. Es kann den inneren Überdruck reduzieren und ihnen die Hoffnung zurückgeben, doch noch irgendwie mit dem Leben klarzukommen. Mögliche Ergänzungsmittel: *Aspen, Elm, Gorse, Oak, Star of Bethlehem.*

Nr. 6/35 Cherry Plum – White Chestnut

Geistige Besessenheit

Für Menschen, die von einem bestimmten Gedanken so besessen sind, daß sie deswegen durchzudrehen oder verrückt zu werden drohen.

Dieses Mittel kann den geistigen und emotionalen Zwang abbauen und sie so entspannen, daß sie sich mit ihrer Problematik vernünftig auseinandersetzen können. Mögliche Ergänzungsmittel: *Holly, Impatiens, Pine, Impatiens, Oak, Rock 'Water, Star of Bethlehem, Vervain, Willow.*

Nr. 7/9 Chestnut Bud – Clematis

Unaufmerksamkeit mit Tagträumereien

Für Menschen, die immer wieder Fehler machen, weil sie zu sehr ihren Tagträumereien und Illusionen nachhängen. Für verträumte Kinder mit Lernproblemen.

Dieses Mittel kann sie aufmerksamer, interessierter und umsichtiger machen. Mögliche Ergänzungsmittel: *Honeysuckle, Gentian, Larch, Wild Rose.*

Nr. 7/12 Chestnut Bud – Gentian

Mangel an Aufmerksamkeit führt zu Rückfällen

Für Menschen, die sich mit dem, was sie tun oder erleben, nicht aufmerksam genug beschäftigen und wegen der dadurch bedingten Verzögerungen oder Rückschritte bei ihren Arbeiten dazu neigen, unnötig und vorzeitig die Flinte ins Korn zu werfen. Diese Grundeinstellung führt auch bei Genesungsprozessen zu Stillstand oder Rückfällen.

Dieses Mittel ist hilfreich, wenn jemand, der allgemein zu Unaufmerksamkeit neigt, nach einer Krankheit nicht wieder auf die Beine kommt. Es ist auch nützlich bei Kindern, die wegen dauernder Fehler die Lust am Lernen verlieren oder verloren haben. Mögliche Ergänzungsmittel: *Clematis, Hornbeam, Impatiens, Holly, Olive, Scleranthus, Star of Bethlehem, Wild Rose.*

Nr. 7/16 Chestnut Bud – Honeysuckle

Unaufmerksamkeit durch nostalgische Träumereien

Für Menschen, die oft Fehler machen, weil ihre Gedanken zu sehr in der Vergangenheit weilen.

Dieses Mittel hilft ihnen, sich von der Vergangenheit zu lösen und sich konstruktiv ihrem gegenwärtigen Leben zuzuwenden. Es ist gut für Kinder, die aufgrund von Heimweh Lernprobleme haben. Mögliche Ergänzungsmittel: *Centaury, Clematis, Gentian, Mustard, Wild Rose.*

Nr. 7/28 Chestnut Bud – Scleranthus

Lernschwäche durch Ablenkbarkeit

Für Menschen, die schlecht lernen, weil sie sich zu leicht ablenken lassen.

Dieses Mittel hilft ihnen, beim Thema zu bleiben und sich auf das zu konzentrieren, was sie lernen wollen. Mögliche Ergänzungsmittel: *Cerato, Clematis, Gentian, Honeysuckle, Impatiens, Wild Oat.*

Nr. 7/34 Chestnut Bud – Water Violet

Geistige Verschlossenheit

Für Menschen, die sich gegenüber allem, was neu ist, verschließen. Geistige Auseinandersetzungen oder neue Erkenntnisse sind ihnen genauso unangenehm wie anregende oder ungewohnte menschliche Kontakte.

Dieses Mittel kann sie aufgeschlossener, geistig beweglicher, interessierter und kontaktfreudiger machen. Es ist besonders für uninteressierte, sich immer zurückziehende Kinder geeignet. Mögliche Ergänzungsmittel: *Clematis, Honeysuckle, Larch, Mimulus, Star of Bethlehem, Wild Rose.*

Nr. 7/35 Chestnut Bud – White Chestnut

Unaufmerksamkeit durch Zwangsgedanken

Für Menschen, die von bestimmten Gedanken so beherrscht werden, daß sie außerstande sind, sich aufmerksam einem anderen Thema zuzuwenden oder etwas Neues zu lernen.

Dieses Mittel kann ihr Denken von sinnlosen Zwängen befreien und den Geist aufnahmebereit machen. Mögliche Ergänzungsmittel: *Clematis, Crab Apple, Honeysuckle, Pine, Rock Water, Star of Bethlehem, Vervain, Vine.*

Nr. 7/36 Chestnut Bud – Wild Oat

Fehlendes Lebenskonzept durch Unaufmerksamkeit

Für Menschen, die aus dem, was sie erleben und erfahren, nichts lernen und deshalb kein brauchbares Lebenskonzept und keinen Lebenssinn finden können.

Dieses Mittel (das oft monatelang genommen werden muß) hilft ihnen zu erkennen, worin ihre Bestimmung liegt. Mögliche Ergänzungsmittel: *Centaury, Cerato, Clematis, Gentian, Honeysuckle, Larch, Scleranthus, Walnut.*

Nr. 7/37 Chestnut Bud – Wild Rose

Unaufmerksam und resigniert

Für Menschen, die laufend Fehler machen, weil sie kein Interesse am Leben haben. Für allgemein uninteressierte, initiativelose Kinder mit Lernproblemen.

Dieses Mittel kann sie aufmerksamer, umsichtiger und unternehmungslustiger machen. Mögliche Ergänzungsmittel: *Clematis, Honeysuckle, Hornbeam, Mustard, Olive, Star of Bethlehem.*

Nr. 8/14 Chicory – Heather

Die Sucht, geliebt und beliebt zu sein

Für Menschen, die sehr stark von Zuwendung und Bewunderung abhängig sind, weshalb sie nicht nur in rührender Weise für andere sorgen, sondern auch bei jeder Gelegenheit auf ihre Vorzüge hinweisen. Ihr Bedürfnis, geliebt zu werden und beliebt zu sein, ist so stark, daß sie tief getroffen sind, wenn man sie nicht beachtet.

Dieses Mittel kann sie diskreter, natürlicher und unabhängiger von anderen machen. Eitle, liebesbedürftige Kinder brauchen es oft. Mögliche Ergänzungsmittel: *Agrimony, Cerato, Holly, Larch, Mimulus, Star of Bethlehem, Walnut, Willow.*

Nr. 8/15 Chicory – Holly

Haß-Liebe

Für Menschen, bei denen enttäuschte Liebe in Haß umgeschlagen ist. Sie sind unfreundlich, gehässig oder aggressiv, weil sie nicht die Zuwendung bekommen, die sie wollen.

Dieses Mittel wird häufig bei Familienproblemen benötigt: wenn eine Partnerschaft in die Brüche geht oder Kinder sich von ihren Eltern lösen. Dann kann es zu starke Enttäuschung verhindern und freilassendes Verständnis fördern. Mögliche Ergänzungsmittel: *Red Chestnut, Star of Bethlehem, Willow.*

Nr. 8/16 Chicory – Honeysuckle
Trauer bei Liebesverlust
Für Menschen, die nicht über den Verlust einer intensiven Beziehung, zum Beispiel der Liebe zu einem Menschen oder einem Tier, hinwegkommen. Ihre Gedanken kreisen in der Vergangenheit, als die Welt für sie noch in Ordnung war, und sie fühlen sich wie verstümmelt.

Dieses Mittel hilft ihnen, starke Trauer, die eigentlich ein Nicht-loslassen-können bedeutet, zu überwinden und sich innerlich befreit wieder der Lebensrealität zuzuwenden. Es ist gut für Kinder, die aus ihrem gewohnten und geliebten Milieu herausgerissen wurden. Mögliche Ergänzungsmittel: *Holly, Star of Bethlehem, Wild Rose, Willow.*

Nr. 8/20 Chicory – Mimulus
Ängstliches Anklammern
Für Menschen, die sich aus Angst an jemanden anklammern, oder für Menschen – vor allem Kinder –, die ständig in der Furcht leben, ihre Bezugsperson zu verlieren.

Dieses Mittel kann sie sicherer, zuversichtlicher und unabhängiger machen. Mögliche Ergänzungsmittel: *Aspen, Centaury, Larch, Red Chestnut, Star of Bethlehem.*

Nr. 8/21 Chicory – Mustard
Depressionen durch unerfüllte Liebe
Für Menschen, die immer wieder von Traurigkeit oder Depressionen überfallen werden, weil ihre Liebe nicht erwidert wird.

Dieses Mittel kann sie zufriedener und in ihren Liebeswünschen realistischer machen. Mögliche Ergänzungsmittel: *Gentian, Heather, Honeysuckle, Star of Bethlehem, Willow, Wild Oat.*

Nr. 8/22 Chicory – Oak

Hartnäckig-aufdringliche Fürsorge oder Liebe

Für Menschen, die wie unter einem Zwang nicht davon ablassen können, jemanden mit Wohltaten oder Zuwendung zu überschütten, obwohl dieser sie nicht haben will.

Dieses Mittel hilft, wieder den richtigen Abstand zu finden, wenn man sich in eine vergebliche oder unglückliche Liebesbeziehung verrannt hat. Mögliche Ergänzungsmittel: *Holly, Honeysuckle, Vervain, Willow.*

Nr. 8/25 Chicory – Red Chestnut

Die totale Selbstaufopferung

Für Menschen, die dazu neigen, sich aus einer seltsamen Mischung von Egoismus und Selbstlosigkeit total für andere aufzuopfern.

Dieses Mittel hilft ihnen, mehr Abstand zu ihren Lieben zu finden, so daß sie mehr an sich selbst denken können. Mögliche Ergänzungsmittel: *Aspen, Impatiens, Mimulus, Walnut, White Chestnut.*

Nr. 8/35 Chicory – White Chestnut

Zwanghafte Liebesgedanken

Für Menschen, deren Denken nur noch um die Frage kreist, wie sie sich die Zuwendung eines geliebten Menschen erringen oder erhalten können, oder die nicht darüber hinwegkommen können, daß ihnen dies nicht gelingt.

Dieses Mittel kann sie wieder auf andere Gedanken bringen und ihre Liebeswünsche normalisieren. Mögliche Ergänzungsmittel: *Honeysuckle, Oak, Star of Bethlehem, Willow.*

Nr. 8/38 Chicory – Willow

Verbitterung bei Ablehnung oder Undank

Für Menschen, die verbittert sind, weil sie von jemandem, um den sie sich sehr bemüht haben, abgelehnt oder undankbar behandelt wurden.

Dieses Mittel kann Verbitterung oder Groll bei enttäuschter Liebe oder Undankbarkeit verhindern oder abbauen. Mögliche Ergänzungsmittel: *Heather, Holly, Larch, Star of Bethlehem, Water Violet.*

Nr. 9/12 Clematis – Gentian

Willensschwäche und Tagträumereien

Für Menschen, die bei Problemen oder Mißerfolgen zu schnell aufgeben und zu Träumereien, Spekulationen oder Illusionen Zuflucht nehmen. Für verträumte, willensschwache Kinder.

Dieses Mittel kann sie willensstärker und realistischer machen, so daß sie ihr Leben besser meistern. Mögliche Ergänzungsmittel: *Centaury, Honeysuckle, Hornbeam, Larch, Wild Rose.*

Nr. 9/16 Clematis – Honeysuckle

Die totale Tagträumerei

Für Menschen, die nicht realistisch genug sind: einmal hängen sie schönen Erinnerungen nach, und ein andermal träumen sie von besseren Zeiten; die Gegenwart aber interessiert sie nur wenig. Sie können sich nicht gut auf ihre Arbeit konzentrieren und finden sich oft im Leben nicht zurecht.

Dieses Mittel kann sie konzentrierter, realistischer und lebenstüchtiger machen. Es baut auch krankhafte Tendenzen zur Realitätsflucht ab. Mögliche Ergänzungsmittel: *Gentian, Larch, Star of Bethlehem, White Chestnut, Wild Rose.*

Nr. 9/23 Clematis – Olive

Schläfrigkeit, Geistesabwesenheit, Halluzinationen oder Ohnmacht durch Erschöpfung

Für Menschen, die so erschöpft sind, daß es ihnen schwerfällt, sich auf etwas zu konzentrieren. Ihre Gedanken machen sich selbständig und schweifen umher oder sind unklar und nebulös. Oft neigen sie dazu, bei unpassenden Gelegenheiten einzuschlafen oder in einen Zustand von Halbtraum zu verfallen. In schweren Fällen kann Ohnmacht oder Todessehnsucht eintreten.

Dieses Mittel kann ihnen wieder Kraft und Klarheit zurückgeben. Es ist besonders nützlich bei starken geistigen Anstrengungen (zum Beispiel Prüfungen) oder kräftezehrenden Krankheiten mit geistiger Schwäche. Mögliche Ergänzungsmittel: *Gentian, Gorse, Star of Bethlehem, Wild Rose.*

Nr. 9/26 Clematis – Rock Rose

Ohnmachtstendenz bei Panik

Für Menschen, die durch eine Panik in Ohnmacht gefallen sind oder dabei sind, geistig »abzutreten«.

Dieses Mittel ist Bestandteil des »Notfall-Mittels« (*Rescue Remedy*). Es hilft, bei Katastrophen die Geistesgegenwart zu behalten, und kann auch prophylaktisch genommen werden, wenn man dazu tendiert, auf außergewöhnliche psychische Belastungen mit Ohnmacht zu reagieren. Bei Epilepsie kann es zusammen mit *Agrimony* versucht werden. Mögliche Ergänzungsmittel: *Aspen, Cherry Plum, Elm, Gentian, Sweet Chestnut, Star of Bethlehem.*

Nr. 9/28 Clematis – Scleranthus

Entscheidungsschwäche durch Tagträumereien

Für Menschen, die sich nur schwer entscheiden können, weil sie aufgrund von Spekulationen oder Illusionen den klaren Blick für die Realität verloren haben. So warten sie meistens darauf, daß sich alles von selbst regelt.

Dieses Mittel kann sie realistischer und entschlossener machen. Mögliche Ergänzungsmittel: *Cerato, Gentian, Wild Oat.*

Nr. 9/29 Clematis – Star of Bethlehem

Ohnmacht bei schockierenden Erlebnissen

Für Menschen, die in einer erschütternden oder unglücklich machenden Situationen in Ohnmacht gefallen sind oder zu fallen pflegen.

Dieses Mittel macht allgemein geistesgegenwärtiger und seelisch widerstandsfähiger. Bei Unfällen beugt es Bewußtlosigkeit vor oder hilft, sie zu beseitigen; es ist Bestandteil des Notfall-Mittels (*Rescue Remedy*). Mögliche Ergänzungsmittel: *Aspen, Elm, Olive, Rock Rose, Walnut, Wild Rose.*

Nr. 9/35 Clematis – White Chestnut

Zwanghafte Zukunftsträume

Für Menschen, deren Geist ständig von bestimmten Zukunftsplänen oder -träumen erfüllt ist. Sie können an nichts anderes mehr denken und leben nur in ihren Spekulationen und Phantasien. Dabei werden sie unfähig, mit der Gegenwart richtig umzugehen. Für versponnene Phantasten.

Dieses Mittel kann sie wieder auf vernünftige Gedanken bringen. Mögliche Ergänzungsmittel: *Chestnut Bud, Honeysuckle, Wild Oat.*

Nr. 9/37 Clematis – Wild Rose

Schläfrige Initiativelosigkeit oder Resignation mit Todessehnsucht

Für Menschen, die keinen klaren Gedanken fassen und sich zu nichts aufraffen können. Sie haben einfach keinen Antrieb und fühlen sich oft »benebelt«. Bei sehr schweren Krankheiten kann dies zu Resignation und Todessehnsucht führen.

Dieses Mittel kann den Geist wieder wacher und interessierter machen und die Lebensgeister wecken. Mögliche Ergänzungsmittel: *Gentian, Honeysuckle, Olive, Star of Bethlehem.*

Nr. 10/19 Crab Apple – Larch

Unreinheitsgefühl mit Selbstverachtung

Für Menschen, die sich (körperlich oder seelisch) unsauber und minderwertig fühlen. Bei ihnen verstärken sich zwei negative Tendenzen gegenseitig: einerseits bekommen sie Minderwertigkeitsgefühle, weil sie sich für unrein halten, und andererseits stellen sie krankhaft übertriebene Reinheitsforderungen an sich, weil sie keine gute Meinung von sich haben.

Dieses Mittel ermöglicht es ihnen, sich wohler in ihrer eigenen Haut zu fühlen und sich selbst mehr zu achten. Mögliche Ergänzungsmittel: *Centaury, Cerato, Pine, Star of Bethlehem, Walnut.*

Nr. 10/20 Crab Apple – Mimulus

Übertriebene Angst vor Unsauberkeit

Für Menschen mit einer ausgeprägten und meist unbegründeten Furcht vor Unsauberkeit, Ansteckung oder Vergiftung. Sie legen an alles einen zu sterilen, künstlichen Maßstab und können sich daher am normalen Leben nicht mehr erfreuen. Oft ist ihre Sexualität durch die Angst vor Ansteckung oder Verunreinigung blockiert.

Dieses Mittel kann sie in Sauberkeitsfragen unbekümmerter machen, ihnen helfen, Ekelgefühle zu überwinden, und ihnen den Mut geben, notfalls auch einmal zu »sündigen«. Mögliche Ergänzungsmittel: *Agrimony, Aspen, Cerato, Larch, Pine, Star of Bethlehem, Walnut, Wild Oat.*

Nr. 10/24 Crab Apple – Pine

Moralisch eingefärbter Sauberkeitszwang

Für Menschen, die sich nicht nur aus hygienischen Gründen, sondern vor allem aus moralischen Zwängen stets um perfekte Sauberkeit – äußerlich und innerlich – bemühen. Wenn es ihnen nicht gelingt, sauber und ordentlich zu sein, bekommen sie Schuldgefühle.

Dieses Mittel kann ihre moralischen Zwänge abbauen und sie fähig machen, sich auch dann ihres Lebens zu erfreuen, wenn es einmal aus dem Rahmen der gewohnten Sauberkeits-, Ordnungs- und Moralnormen fällt. Mögliche Ergänzungsmittel: *Cerato, Larch, Mimulus, Rock Water, Star of Bethlehem, Walnut.*

Nr. 10/27 Crab Apple – Rock Water

Übertrieben sauber und diszipliniert.

Für Menschen, die sich zu übertriebener Ordnung, Sauberkeit und Disziplin zwingen. Das macht sie zu ungemütlichen, verkrampften Zeitgenossen.

Dieses Mittel kann sie natürlicher, ungezwungener und in Sauberkeitsfragen großzügiger machen. Mögliche Ergänzungsmittel: *Mimulus, Oak, Pine, Vine, Wild Oat.*

Nr. 10/29 Crab Apple – Star of Bethlehem

Krankhafter Ekel

Für Menschen, die infolge eines traumatischen Erlebnisses auf Schmutz oder Unreinheit nur mit übertriebener Abwehr oder krankhaftem Ekel reagieren können.

Dieses Mittel kann ihr Verhältnis zum »Schmutz« normalisieren. Mögliche Ergänzungsmittel: *Agrimony, Aspen, Mimulus, Rock Rose.*

Nr. 10/32 Crab Apple – Vine

Kleinlicher Sauberkeitsfanatismus

Für Menschen, die ein starkes Sauberkeits- und Ordnungsbedürfnis besitzen und dieses nicht nur auf sich selbst, sondern auch auf ihre Umgebung übertragen, wobei sie kleinlich, intolerant und tyrannisch werden.

Dieses Mittel kann ihre starren Vorstellungen von Ordnung, Moral und Sauberkeit lockern, so daß sie auch einmal »fünf gerade sein« lassen können. Mögliche Ergänzungsmittel: *Aspen, Mimulus, Pine, Rock Water, Star of Bethlehem, Vervain, White Chestnut.*

Nr. 10/35 Crab Apple – White Chestnut

Quälende Verunreinigungs-Gedanken

Für Menschen, die von der Idee besessen sind, verunreinigt oder vergiftet zu sein, und deshalb nicht mehr klar denken können. Diese Zwangsidee kann sich auf ihren körperlichen Zustand (Verschmutzung, Vergiftung, Ansteckung) oder ihre Seele beziehen (Unmoral, Sünde).

Dieses Mittel kann sie von ihrer Zwangsvorstellung befreien, so daß sie sich wieder in ihrer Haut wohlfühlen und an etwas anderes denken können. Mögliche Ergänzungsmittel: *Aspen, Mimulus, Pine, Rock Water, Vine.*

Nr. 11/12 Elm – Gentian

Überforderungsgefühl mit Mutlosigkeit

Für Menschen, die sich plötzlich einer Belastung oder Verantwortung nicht mehr gewachsen fühlen und verzagt aufgeben wollen, obwohl sie eigentlich die Kraft zum Weitermachen hätten. Oder für normalerweise sehr gesunde Menschen, die plötzlich krank geworden sind und sich einfach nicht mehr erholen.

Dieses Mittel hilft, in extremen psychischen oder physischen Belastungssituationen durchzuhalten und sich, auch wenn man in die Knie gegangen ist, doch irgendwie wieder zu fangen. Es kann bei schweren, plötzlich aufgetretenen Krankheiten oder Gesundheitskrisen die Heilkräfte stärken. Mögliche Ergänzungsmittel: *Gorse, Larch, Mimulus, Star of Bethlehem, Walnut.*

Nr. 11/13 Elm – Gorse

Plötzliche Hoffnungslosigkeit durch Überforderung

Für Menschen, die unter dem Druck einer großen Belastung oder Verantwortung plötzlich nicht mehr glauben können, daß sie es noch schaffen werden. Dabei geraten sie in eine Art innerer Lähmung, in der es keinen hoffnungsvollen Gedanken mehr gibt.

Dieses Mittel wird nicht oft benötigt, kann aber, im richtigen Moment eingesetzt, Katastrophen verhindern. Es kann das Wissen zurückgeben, daß es für alles eine Lösung gibt, und verlorengegangenen Optimismus zurückgeben. Mögliche Ergänzungsmittel: *Gentian, Star of Bethlehem, Sweet Chestnut, Wild Rose.*

Nr. 11/17 Elm – Hornbeam

Akute Leistungskrisen

Für Menschen, denen das Leben immer irgendwie zu schwer erscheint, und die jetzt unter einer besonderen Belastung oder Verantwortung zusammenzubrechen drohen. Dieser Zustand ist mehr psychisch als physisch bedingt.

Dieses Mittel kann bei akuten Leistungskrisen stabilisierend wirken und Versagensängste jeder Art abbauen. Es wird bei besonderen Belastungen, vor allem von pessimistischen Menschen, benötigt. Mögliche Ergänzungsmittel: *Gentian, Larch, Mimulus, Olive, Vervain.*

Nr. 11/19 Elm – Larch

Plötzlicher Verlust des Selbstvertrauens

Für Menschen mit schwachem Selbstvertrauen, die im Rahmen einer besonderen Aufgabe oder Verantwortung plötzlich allen Mut verloren haben und zusammenzubrechen drohen.

Dieses Mittel kann ihnen die Kraft und das Selbstvertrauen zurückgeben, um weiterzumachen. Mögliche Ergänzungsmittel: *Gentian, Hornbeam, Mimulus, Olive, Rock Rose, Star of Bethlehem.*

Nr. 11/20 Elm – Mimulus

Plötzliche Versagensangst

Für Menschen, die plötzlich von der Angst überfallen werden, eine Aufgabe nicht mehr bewältigen oder Verantwortung nicht mehr tragen zu können. Normalerweise sind sie leistungsfähig und lieben es, sich viel abzufordern; jetzt aber sind sie auf einmal verzagt und furchtsam geworden.

Dieses Mittel kann ihnen ihren gewohnten Mut zurückgeben und sie mit neuem Vertrauen in ihre Leistungsfähigkeit erfüllen. Mögliche Ergänzungsmittel: *Aspen, Gentian, Hornbeam, Larch, Rock Rose, Star of Bethlehem.*

Nr. 11/22 Elm – Oak

Überforderung durch Leistungszwang

Für Menschen, die sich immer Höchstleistungen abverlangen und denen es sogar dann schwerfällt, ihre Ziele niedriger zu stecken oder aufzugeben, wenn diese zu hoch für sie sind. Ihre ehrgeizige, unnachgiebige Haltung treibt sie oft an den Rand des Zusammenbruchs, zerstört ihre Lebensfreude und untergräbt auf Dauer ihre Gesundheit.

Dieses Mittel kann ihren Leistungs- und Verantwortungszwang reduzieren und ihnen helfen, ihre Fähigkeiten genauer einzuschätzen. Dadurch können sie auf Dauer bessere Leistungen erbringen. Mögliche Ergänzungsmittel: *Rock Water, Vine.*

Nr. 11/23 Elm – Olive

Schwere körperlich-seelische Erschöpfung

Für Menschen, die an den Rand ihrer Leistungsfähigkeit geraten sind, sich seelisch ausgelaugt fühlen und körperlich ausgepumpt sind.

Dieses Mittel kann ihre körperlichen und psychischen Kraftreserven mobilisieren. Mögliche Ergänzungsmittel: *Gentian, Gorse, Hornbeam, Larch, Star of Bethlehem.*

Nr. 11/26 Elm – Rock Rose

Panik bei Streß

Für Menschen, die bei Überforderung schnell in Panik geraten oder für Situationen, in denen man durch starken Streß den Kopf verloren hat.

Dieses Mittel kann in Streßsituationen die nötige Kaltblütigkeit und Leistungsfähigkeit zurückgeben oder ihren Verlust verhindern. Mögliche Ergänzungsmittel: *Aspen, Cherry Plum, Impatiens, Mimulus, Star of Bethlehem.*

Nr. 11/29 Elm – Star of Bethlehem
Zusammenbruch durch seelische Erschütterung
Für Menschen, die unter einem erschütternden Erlebnis zusammengebrochen sind oder kurz davor stehen.

Dieses Mittel kann ihnen die Kraft, den inneren Abstand und die geistige Klarheit zurückgeben, um auch mit dieser Situation fertigzuwerden. Mögliche Ergänzungsmittel: *Gorse, Rock Rose, Sweet Chestnut.*

Nr. 11/30 Elm – Sweet Chestnut
Verzweiflung durch Überforderung
Für Menschen, die aus einem plötzlichen Überforderungsgefühl heraus in totale Verzweiflung geraten sind. Normalerweise gehören sie gerade zu jenen, die alle Probleme mit großer persönlicher Kraft zu meistern pflegen; diesmal aber ist es einfach zuviel. Sie wissen nicht mehr, wie es weitergehen soll, und sind dabei zu kapitulieren.

Dieses Mittel hilft ihnen, das Tief zu überwinden. Es wird nicht oft benötigt, sollte dann aber häufig genommen werden. Mögliche Ergänzungsmittel: *Gentian, Hornbeam, Larch, Oak, Star of Bethlehem.*

Nr. 12/13 Gentian – Gorse
Willensschwach und hoffnungslos
Für Menschen, bei denen sich ein verzagtes, mutloses Gemüt mit tiefsitzendem, durch viele Mißerfolge begründetem Pessimismus verbindet. Sie können nichts mit echter Überzeugung und Tatkraft unternehmen und warten im Grunde immer nur darauf, bei der ersten kleinen Schwierigkeit aufzugeben.

Dieses Mittel kann optimistischer und einsatzfreudiger machen. Es wird besonders bei langwierigen, schweren Krankheiten benötigt, da es den Abwärtstrend stoppen und die kleinen Fortschritte im Gesundungsprozeß absichern kann. Mögliche Ergänzungsmittel: *Hornbeam, Olive, Star of Bethlehem, Wild Rose.*

Nr. 12/16 Gentian – Honeysuckle
Nostalgische Lebensschwäche
Für Menschen, die mehr in der Vergangenheit als in der Gegenwart leben und deshalb den Schwierigkeiten ihres realen Le-

bens nicht gewachsen sind. Im Grunde sind sie nicht mehr am Erfolg interessiert und geben daher schnell auf. Dies kommt bei Kindern mit Heimweh vor oder bei Menschen, die nach einem Verlust den Anschluß ans Leben verloren haben.

Dieses Mittel hilft, die Vergangenheit zu vergessen und sich den Herausforderungen des Lebens zu stellen. Mögliche Ergänzungsmittel: *Clematis, Hornbeam, Mustard, Olive, Star of Bethlehem, Wild Rose.*

Nr. 12/17 Gentian – Hornbeam

Pessimistisch und willensschwach

Für Menschen, die sich immer überfordert fühlen, grundsätzlich auf Mißerfolg eingestellt sind und bei Problemen gleich aufgeben.

Dieses Mittel kann sie einsatzfreudiger und willensstärker machen. Mögliche Ergänzungsmittel: *Centaury, Larch, Mimulus, Star of Bethlehem, Wild Rose.*

Nr. 12/19 Gentian – Larch

Willensschwäche mit mangelndem Selbstvertrauen

Für Menschen, die auf Mißerfolg programmiert sind, weil sie sich nichts zutrauen und bei Schwierigkeiten gleich die Flinte ins Korn werfen. Dies trifft besonders auf schüchterne Kinder zu, die für den harten, menschlichen Konkurrenzkampf zu feinfühlig sind.

Dieses Mittel kann ihnen mehr Selbstbewußtsein und Erfolgswillen geben. Mögliche Ergänzungsmittel: *Centaury, Heather, Mimulus, Star of Bethlehem, Wild Rose.*

Nr. 12/20 Gentian – Mimulus

Nachgiebig und ängstlich

Für Menschen, die aufgrund von Ängstlichkeit immer gleich zurückschrecken, wenn Probleme auftreten. Sie brechen Aktionen ab, geben Pläne auf, ziehen sich zurück oder verzichten auf ihr Recht, weil sie Angst haben, ein eventuelles Beharren könne negative Folgen für sie haben.

Dieses Mittel kann sie mutiger und willensstärker machen. Mögliche Ergänzungsmittel: *Aspen, Centaury, Hornbeam, Larch, Star of Bethlehem, Walnut.*

Nr. 12/21 Gentian – Mustard

Verstimmungen und Depressionen

Für Menschen, die immer wieder – einmal mit und ein andermal ohne Grund – verstimmt oder deprimiert sind.

Dieses Mittel hilft gegen depressive Stimmungen jeder Art. Es kann die Stimmung stabilisieren und insgesamt optimistischer machen. Mögliche Ergänzungsmittel: *Centaury, Chicory, Hornbeam, Larch, Olive, Star of Bethlehem, Wild Oat.*

Nr. 12/23 Gentian – Olive

Erschöpft und entmutigt

Für Menschen, die wegen einer schweren Erschöpfung ihre Angelegenheiten nicht mehr richtig erledigen können; bei der erstbesten Schwierigkeit geben sie auf und ziehen sich müde zurück.

Dieses Mittel kann Kraftreserven mobilisieren, sie einsatzfreudiger und willensstärker machen. Mögliche Ergänzungsmittel: *Centaury, Clematis, Honeysuckle, Hornbeam, Mustard, Star of Bethlehem, Wild Rose.*

Nr. 12/28 Gentian – Scleranthus

Rückschläge in der Genesung

Für Menschen, bei denen die Genesung nicht richtig vorangeht. Immer wieder kommt es zu Rückfällen in die überwunden geglaubte Krankheit. Man hat den Eindruck, als sei der Organismus noch nicht ganz entschlossen, wieder gesund zu werden.

Dieses Mittel fördert die Konsequenz im Gesundungsprozeß und reduziert die Gefahr von Rückfällen. Es ist besonders bei psychisch labilen Kranken angebracht, die den – mehr oder weniger unbewußten – Zweck ihrer Krankheit nicht oder noch nicht genügend erreicht haben, weshalb die Motivation, wieder gesund zu werden, nicht stark genug ist. Mögliche Ergänzungsmittel: *Cerato, Chestnut Bud, Walnut, Wild Rose.*

Nr. 12/29 Gentian – Star of Bethlehem

Willensschwäche durch psychisches Trauma

Für Menschen, die aufgrund eines schrecklichen Erlebnisses oder seelisch zermürbender Lebensumstände in ihrem Lebenswillen getroffen sind. Sie schrecken vor jedem Problem zurück, weil sie noch unter ihrem Schock leiden, und es scheint so, als könnten sie ihn nie überwinden.

Dieses Mittel kann sie wieder lebenstüchtig machen, indem es die seelischen Wunden heilt und ihren Willen stärkt. Mögliche Ergänzungsmittel: *Centaury, Hornbeam, Larch, Olive, Wild Rose.*

Nr. 12/33 Gentian – Walnut

Verzagtheit bei Lebensänderung

Für Menschen, denen in einer wichtigen, persönlichen Entwicklungsphase Durchhaltekraft und Optimismus auszugehen drohen. Das wäre sehr nachteilig, weil dann die Neugestaltung ihres Lebens zum Stillstand käme.

Dieses Mittel kann Kraft und Konsequenz für den eigenen Weg geben, so daß man sich weder durch Rückschläge noch durch andere Menschen aus dem Konzept bringen läßt. Mögliche Ergänzungsmittel: *Centaury, Hornbeam, Larch, Mimulus, Olive, Scleranthus, Wild Oat.*

Nr. 12/37 Gentian – Wild Rose

Resignierend und willensschwach.

Für Menschen, die sich nur mit Mühe aufraffen können, etwas zu unternehmen, und bei der ersten kleinen Schwierigkeit ihre Bemühungen einstellen. Sie sind an allem uninteressiert, lassen sich treiben, und wenn sie einmal einen halbherzigen Versuch machen, im Leben wieder Fuß zu fassen, so sabotieren sie ihn selbst durch sofortiges Aufgeben.

Dieses Mittel hilft ihnen, ins aktive Leben zurückzufinden, indem es Unternehmungslust und Einsatzfreude fördert. Mögliche Ergänzungsmittel: *Centaury, Hornbeam, Larch, Olive, Star of Bethlehem.*

Nr. 13/21 Gorse – Mustard

Depressionen durch Hoffnungslosigkeit

Für Menschen, die immer wieder in Depressionen versinken, weil sie unter einer tiefsitzenden, das ganze Fühlen durchsetzenden Hoffnungslosigkeit leiden. Zwar führen sie in ihren »guten« Phasen ein äußerlich halbwegs normales Leben, sind innerlich aber resigniert und freudlos.

Dieses Mittel kann die Häufigkeit und Intensität ihrer Depressionen reduzieren und sie insgesamt optimistischer machen. Es sollte über lange Zeit hinweg genommen werden. Mögliche Ergänzungsmittel: *Centaury, Gentian, Hornbeam, Olive, Star of Bethlehem, Wild Rose.*

Nr. 13/23 Gorse – Olive

Hoffnungslosigkeit durch Erschöpfung

Für Menschen, die nach langem oder intensivem Leiden keine Kraft mehr für den weiteren Lebenskampf haben. Ihr Körper hat seine Reserven aufgebraucht und ihre Seele alle Hoffnung verloren. So warten sie – offen oder uneingestanden – auf ihr Ende.

Dieses Mittel kann nicht nur den Körper stärken, sondern auch positive geistige Kräfte wecken; damit kann es bei schweren, hoffnungslosen Krankheiten eine allgemeine Wende zum Guten herbeiführen, zumindest aber das Leben lebenswerter machen. Es sollte immer bei fortgeschrittenem Krebs eingesetzt werden. Mögliche Ergänzungsmittel: *Centaury, Clematis, Elm, Gentian, Hornbeam, Larch, Mustard, Star of Bethlehem, Sweet Chestnut, Wild Rose.*

Nr. 13/29 Gorse – Star of Bethlehem

Hoffnungslosigkeit durch schweres Trauma

Für Menschen, die von einem schrecklichen Erlebnis oder einem Unfall psychisch oder körperlich so schwer getroffen sind, daß sie alle Hoffnung auf Besserung verloren haben. Von tiefem Pessimismus erfüllt, können sie sich nicht mehr vorstellen, wieder glücklich oder gesund zu werden.

Dieses Mittel kann – lange genommen – die Wunde heilen und neue Hoffnung wecken. Mögliche Ergänzungsmittel: *Centaury, Clematis, Gentian, Hornbeam, Larch, Mustard, Olive, Wild Rose.*

Nr. 13/30 Gorse – Sweet Chestnut

Die absolut hoffnungslose Verzweiflung

Für Menschen, die so verzweifelt sind, daß sie keinen Ausweg mehr sehen und keinerlei Hoffnung auf bessere Zeiten mehr haben. In ihnen scheint etwas zerbrochen zu sein.

Dieses Mittel, das nur in seltenen Notsituationen benötigt wird, kann hoffnungslos Verzweifelte wieder ansprechbar machen und bewirken, daß sie sich dem Leben wieder zuwenden. Damit schafft es die Voraussetzungen für einen neuen Anfang. Es muß oft genommen und eventuell in verschiedenen Potenzen versucht werden. Mögliche Ergänzungsmittel: *Larch, Mustard, Wild Rose, Willow.*

Nr. 13/37 Gorse – Wild Rose

Die totale Resignation

Für Menschen, die alle Hoffnung und jedes Interesse verloren haben. Sie verhalten sich völlig passiv, weil ihnen alles nichtssagend und von vornherein aussichtslos erscheint. Kommt man ihnen zu Hilfe, so lassen sie es unbeteiligt über sich ergehen.

Dieses Mittel kann wieder ihr Interesse am Leben wecken und eine positive Erwartungshaltung fördern. Es muß lange genommen werden und nach einiger Zeit durch Kombination mit anderen, ihrer Persönlichkeit entsprechenden Mitteln erweitert werden. Mögliche Ergänzungsmittel: *Centaury, Hornbeam, Gentian, Larch, Mustard, Olive, Star of Bethlehem.*

Nr. 14/16 Heather – Honeysuckle

Eitle Jugendlichkeit

Für Menschen, die aus Eitelkeit nicht alt werden können. Sie fürchten, die allgemeine Anerkennung oder ihre Beliebtheit zu verlieren, wenn sie nicht mehr so schön, stark oder fähig wie früher sind. Daher versuchen sie, sozusagen die Uhr anzuhalten und heute noch so zu sein wie früher.

Dieses Mittel hilft ihnen, dem Alter mit mehr Gelassenheit entgegenzusehen. Mögliche Ergänzungsmittel: *Larch, Mustard, Star of Bethlehem, Walnut, Wild Oat.*

Nr. 14/19 Heather – Larch

Angeberei aus Minderwertigkeitsgefühl

Für Menschen, die ständig in aufdringlicher oder angeberischer Weise ihre Vorteile oder Verdienste anpreisen, weil sie sich im Grunde nicht viel zutrauen und sich für minderwertig halten.

Dieses (oft benötigte) Mittel kann sie selbstbewußter und diskreter machen; sie brauchen sich nicht mehr aufzuspielen, werden im Umgang angenehmer und dadurch allgemein mehr geschätzt. Mögliche Ergänzungsmittel: *Agrimony, Vervain, Walnut.*

Nr. 14/20 Heather – Mimulus

Aufdringlichkeit aus Furcht vor Einsamkeit

Für Menschen, die sich vor Ablehnung und Einsamkeit fürchten und deshalb ständig in geschwätziger, aufdringlicher Weise auf sich aufmerksam machen. Gerade deshalb aber will man nichts mit ihnen zu tun haben.

Dieses Mittel kann sie unabhängiger von anderen Menschen machen, so daß sie auch einmal allein sein können. Mögliche Ergänzungsmittel: *Agrimony, Aspen, Cerato, Larch, Mustard, Walnut.*

Nr. 14/21 Heather – Mustard

Depression durch Ablehnung oder Einsamkeit

Für Menschen, die immer wieder depressiv werden, weil sie nicht die Anerkennung bekommen oder die Gesellschaft haben, die sie brauchen.

Dieses Mittel hilft ihnen, unabhängiger von anderen Menschen zu werden und das Leben positiver zu sehen. Mögliche Ergänzungsmittel: *Cerato, Larch, Walnut, Willow.*

Nr. 14/29 Heather – Star of Bethlehem

Psychisches Trauma durch Demütigung

Für Menschen, die an ihrem schwachen Punkt, nämlich dem Bedürfnis nach Anerkennung und Beliebtheit, schwer getroffen wurden. Vielleicht hat man sich über sie lustig gemacht, vielleicht sie aus der Gemeinschaft ausgeschlossen. Jedenfalls kommen sie nicht darüber hinweg und sind dabei, krank zu werden.

Dieses Mittel hilft ihnen, das Trauma zu überwinden und auch allgemein unabhängiger von Anerkennung zu werden. Mögliche Ergänzungsmittel: *Cerato, Chicory, Mustard, Walnut, Willow.*

Nr. 14/35 Heather – White Chestnut

Eitles Zwangsdenken

Für Menschen, deren Denken nur vom Wunsch nach Anerkennung oder Beliebtheit erfüllt ist, wobei sie entweder ständig darüber nachsinnen, wie sie sich bei ihren Mitmenschen in ein möglichst gutes Licht setzen können, oder befürchten, daß ihnen dies nicht gelingt.

Dieses Mittel kann ihre Egozentrik reduzieren, so daß sie auch an etwas anderes als nur an sich selbst denken können. Mögliche Ergänzungsmittel: *Agrimony, Cherry Plum, Impatiens, Mimulus, Walnut.*

Nr. 15/18 Holly – Impatiens

Ungeduldig und gereizt

Für Menschen, die gereizt oder aggressiv sind, weil es nicht so schnell geht, wie sie es in ihrer üblichen Ungeduld wünschen. Warten zu müssen oder aufgehalten zu werden, ist das reinste Gift für sie.

Dieses Mittel ist sowohl für aktuelle Situationen als auch zur konstitutionellen Behandlung geeignet. Es kann die Unruhe dämpfen und die Aggressionen abbauen. Natürlich kann es aus einem von Natur aus schnell denkenden und handelnden Menschen keinen bedächtigen, langsamen machen, aber es kann doch immerhin in den meisten Fällen die Zahl und Intensität der Temperamentsausbrüche wesentlich verringern beziehungsweise im akuten Fall das Schlimmste verhindern. Mögliche Ergänzungsmittel: *Oak, Scleranthus, Vervain, Wild Oat.*

Nr. 15/20 Holly – Mimulus

Ängstliche Gereiztheit

Für Menschen, die aufgrund irgendeiner Angst nervös und gereizt sind. Sie gehören zu dem Typ, der von Natur aus dazu neigt, auf Probleme aggressiv zu reagieren; wenn sie ängstlich angespannt sind, tun sie dies erst recht und verschaffen sich dadurch eine gewisse Erleichterung.

Dieses Mittel kann sie ruhiger und ausgeglichener machen, weil es ihre Angst und zugleich ihre Gereiztheit abbaut. Mögliche Ergänzungsmittel: *Aspen, Impatiens, Rock Rose, Scleranthus.*

Nr. 15/29 Holly – Star of Bethlehem

Aggression durch seelische Erschütterung

Für Menschen, die auf seelische Erschütterungen übertrieben aggressiv reagieren.

Dieses Mittel kann sie wieder besänftigen und ihn helfen, sich konstruktiv mit der Situation auseinanderzusetzen. Mögliche Ergänzungsmittel: *Aspen, Mimulus, Rock Rose.*

Nr. 15/31 Holly – Vervain

Reizbarer Weltverbesserer

Für Menschen, die gerne missionieren und wütend werden, wenn sie dabei auf Widerstand stoßen. Sie wollen für andere nur das Beste, können dabei aber ihr heftiges, leicht reizbares Temperament oft nur schwer zügeln.

Dieses Mittel kann sie nicht nur allgemein verträglicher machen, sondern auch ihren Drang, immer im Leben anderer herumzumanipulieren, dämpfen. Mögliche Ergänzungsmittel: *Beech, Chicory, Oak, Vine.*

Nr. 15/32 Holly – Vine

Wut bei Widerspruch oder Fehlern

Für Menschen, die sich ärgern oder wütend werden, wenn man ihnen widerspricht oder sich anders verhält, als sie es für richtig halten – zum Beispiel die engstirnigen Chefs oder die kleinlichen Haustyrannen. Oft haben sie ein Gallenleiden.

Dieses Mittel kann sie verträglicher, großzügiger und toleranter machen, so daß sie nicht nur andere nach ihrer eigenen Art leben lassen, sondern gelegentlich auch einmal über sich selbst lachen können. Mögliche Ergänzungsmittel: *Beech, Chicory, Impatiens, Vervain.*

Nr. 15/34 Holly – Water Violet

Der gereizte Misanthrop

Für Menschen, die keinen menschlichen Kontakt mehr ertragen können. Sie werden wütend, wenn man sie anspricht, und wollen nur eines: in Ruhe gelassen werden. Ihr Bedürfnis nach Sammlung und Selbstfindung ist durch zu viele ablenkende Kontakte zu kurz gekommen oder wegen einer beginnenden Krankheit stark reduziert.

Dieses Mittel kann sie wieder ausgeglichener und kontaktfreudiger machen. Es wirkt nicht nur bei akuten Problemen, sondern macht auch allgemein verträglicher. Es hilft oft, den Ausbruch einer Krankheit zu verhindern, wenn jemand ohne Grund auf einmal gereizt und unansprechbar wird. Mögliche Ergänzungsmittel: *Elm, Star of Bethlehem, Walnut.*

Nr. 15/35 Holly – White Chestnut

Aggressive Zwangsgedanken

Für Menschen, die so gereizt oder wütend sind, daß sie keinen vernünftigen Gedanken mehr fassen können. Das schadet ihnen selbst am meisten, weil sie nicht mehr gerecht denken und keine sinnvolle Lösung für das zugrundeliegende Problem finden können.

Dieses Mittel hat eine zweifach besänftigende Wirkung: es senkt ihren Reizpegel und klärt ihren Geist. Mögliche Ergänzungsmittel: *Chicory, Impatiens, Oak, Rock Water, Vine.*

Nr. 15/38 Holly – Willow

Verbitterung mit Wut oder Haß

Für Menschen, die Enttäuschungen nicht überwinden können und darauf mit Aggressionen reagieren. Sie können ihre Wut nicht einfach abreagieren und dann vergessen, sondern entwickeln Groll oder Verbitterung, die sie dann bei passender oder unpassender Gelegenheit in Ausfälligkeiten oder schlechter, gereizter Laune ablassen. Häufig haben sie eine Leberkrankheit.

Dieses Mittel kann sie versöhnlicher und genießbarer machen. Es hilft ihnen, das vermeintliche oder tatsächliche Unrecht, wenn nicht zu vergeben, so doch zu vergessen. Mögliche Ergänzungsmittel: *Chicory, Star of Bethlehem, Vine.*

Nr. 16/17 Honeysuckle – Hornbeam

Flucht in die Vergangenheit aus Überforderungsgefühl

Für Menschen, die sich den Belastungen ihres täglichen Lebens nicht gewachsen fühlen und deshalb in die Vergangenheit fliehen. Sie kompensieren die Unlust, die ihnen die harte Realität bereitet, mit Erinnerungen an die »gute, alte Zeit« und meinen, wenn es noch so wäre wie damals, dann wäre alles leichter. Das führt dazu, daß sie sich immer weniger aufraffen können, das zu tun, was nun einmal getan werden muß.

Dieses Mittel kann sie leistungsfähiger und realistischer machen: die Erinnerungen verblassen, das Leben erscheint ihnen leichter. Mögliche Ergänzungsmittel: *Centaury, Clematis, Gentian, Larch, Mustard, Star of Bethlehem, Wild Rose.*

Nr. 16/19 Honeysuckle – Larch

Flucht in die Vergangenheit aus Mangel an Selbstvertrauen

Für Menschen, die aus Schüchternheit und mangelndem Selbstvertrauen in die Vergangenheit fliehen und sich mit Erinnerungen an bessere, erfolgreichere Zeiten trösten, statt sich den Herausforderungen ihres Leben zu stellen.

Dieses Mittel kann ihr Selbstvertrauen und ihr Interesse am Leben stärken. Mögliche Ergänzungsmittel: *Clematis, Gentian, Hornbeam, Mustard, Star of Bethlehem, Wild Rose.*

Nr. 16/20 Honeysuckle – Mimulus

Flucht in die Vergangenheit aus Ängstlichkeit

Für Menschen, die sich in schöne Erinnerungen flüchten, weil sie sich vor der Gegenwart – das heißt, bestimmten Problemen oder Prüfungen – fürchten. Sie stecken den Kopf in den Sand.

Dieses Mittel kann sie mutiger und unternehmungslustiger machen. Es wird oft von Kindern benötigt. Mögliche Ergänzungsmittel: *Aspen, Larch, Mustard, Star of Bethlehem, Wild Rose.*

Nr. 16/21 Honeysuckle – Mustard

Depressionen durch Verlust

Für Menschen, die wegen eines schweren Verlustes keine richtige Freude mehr am Leben haben; sie werden von Zeit zu Zeit depressiv und verfallen in wehmütige Erinnerungen.

Dieses Mittel hilft ihnen, den Verlust zu überwinden und sich wieder ihres Lebens zu erfreuen. Mögliche Ergänzungsmittel: *Centaury, Gentian, Star of Bethlehem, Wild Rose.*

Nr. 16/23 Honeysuckle – Olive

Flucht in die Vergangenheit aus Erschöpfung

Für Menschen, die zu erschöpft sind, um sich der Lebensrealität zu stellen, und sich statt dessen nur noch Erinnerungen an (angeblich) leichtere und glücklichere Zeiten hingeben.

Dieses Mittel kann ihnen ihre verlorene Kraft zurückgeben und sie aus dem Sog schöner Erinnerungen befreien, so daß sie sich wieder ihrem Leben zuwenden können. Mögliche Ergänzungsmittel: *Centaury, Gentian, Hornbeam, Larch, Mustard, Star of Bethlehem, Wild Rose.*

Nr. 16/29 Honeysuckle – Star of Bethlehem

Unbewältigter Verlust

Für Menschen, die durch einen schweren Verlust so sehr erschüttert wurden, daß sie mit ihrem Leben nicht mehr zurechtkommen. Da es ihnen nicht gelingt, den Schock zu überwinden, verlieren sie die Beziehung zur Gegenwart.

Dieses Mittel hilft ihnen, die schmerzlichen Gefühle und Erinnerungen zu überwinden und das Geschehene zu akzeptieren. Mögliche Ergänzungsmittel: *Clematis, Mustard, Wild Rose, Willow.*

Nr. 16/35 Honeysuckle – White Chestnut

Zwanghafte Erinnerungen

Für Menschen, die bestimmte Erinnerungen – meist an bessere Zeiten – nicht abschütteln können. Sie sind außerstande, an etwas anderes zu denken, und interessieren sich nur wenig für die Gegenwart oder die Zukunft.

Dieses Mittel kann ihr Denken klar machen, so daß sie sich wieder der Realität zuwenden können. Mögliche Ergänzungsmittel: *Chicory, Rock Rose, Star of Bethlehem, Willow.*

Nr. 16/37 Honeysuckle – Wild Rose

Wehmütige Resignation

Für Menschen, die sich resigniert und interesselos durchs Leben treiben lassen, weil sie etwas verloren haben, woran ihr Herz hing und das sie in der Gegenwart nicht finden können.

Dieses Mittel kann ihre Erinnerungen verblassen lassen und sie wieder unternehmungslustiger machen. Mögliche Ergänzungsmittel: *Gentian, Gorse, Larch, Mustard, Star of Bethlehem.*

Nr. 16/38 Honeysuckle – Willow

Verbitterung durch Verlust

Für Menschen, die wegen eines Verlustes mit ihrem Schicksal hadern oder jemandem grollen.

Dieses Mittel kann sie versöhnlicher machen; es hilft ihnen, mit der Vergangenheit abzuschließen und ihr Schicksal zu akzeptieren. Mögliche Ergänzungsmittel: *Chicory, Holly, Star of Bethlehem.*

Nr. 17/19 Hornbeam – Larch

Überforderungsgefühl durch Mangel an Selbstvertrauen

Für Menschen, die ihre Leistungsfähigkeit unterschätzen und ihre Probleme überschätzen, weshalb sie sich ständig überfordert fühlen.

Dieses Mittel kann sie selbstbewußter und leistungsfähiger machen. Es baut Überforderungs-Gefühle ab. Mögliche Ergänzungsmittel: *Centaury, Gentian, Elm, Mimulus, Mustard, Olive, Star of Bethlehem.*

Nr. 17/20 Hornbeam – Mimulus

Versagensängste

Für ängstliche Menschen, die immer wieder Probleme sehen, obwohl diese objektiv nicht – oder jedenfalls nicht in diesem Ausmaß – existieren. Sie machen, wie das Sprichwort sagt, aus jeder Mücke einen Elefanten.

Dieses Mittel kann sie mutiger, realistischer und optimistischer machen. Mögliche Ergänzungsmittel: *Aspen, Cerato, Elm, Gentian, Larch, Mustard, Star of Bethlehem.*

Nr. 17/37 Hornbeam – Wild Rose

Antriebslosigkeit durch Überforderungsgefühl

Für Menschen, die sich durch den Tag treiben lassen, weil sie meinen, es sei alles zu schwer für sie. Wenn sie morgens daran denken, was sie alles leisten müssen, vergeht ihnen jede Unternehmungslust, so daß sie sich schließlich zu nichts aufraffen können und nur herumhängen.

Dieses Mittel kann ihr Interesse am Leben und ihren Leistungswillen wieder wecken. Mögliche Ergänzungsmittel: *Centaury, Gentian, Larch, Mustard, Olive, Star of Bethlehem, Wild Oat.*

Nr. 18/20 Impatiens – Mimulus

Ängstliche Unruhe

Für Menschen, die aus Angst unruhig und nervös geworden sind oder es zu werden pflegen.

Dieses Mittel kann sie mutiger und gelassener machen. Mögliche Ergänzungsmittel: *Aspen, Red Chestnut, Rock Rose.*

Nr. 18/25 Impatiens – Red Chestnut

Sorgenvolle Unruhe

Für Menschen, die aus Sorge um jemanden sehr unruhig und nervös sind (zum Beispiel bei Operationen oder gefährlichen Unternehmungen).

Dieses Mittel kann ihnen mehr Ruhe und Zuversicht geben. Es wird oft von besorgten Eltern benötigt. Mögliche Ergänzungsmittel: *Aspen, Chicory, Mimulus, Star of Bethlehem, Walnut.*

Nr. 18/26 Impatiens – Rock Rose

Panikartige Getriebenheit

Für Menschen, die sich in Panikstimmung befinden und daher nicht mehr ruhig und überlegt handeln können. Dies kann auch vorkommen, wenn man unter Zeitdruck steht, zum Beispiel bei einer schwierigen Arbeit, einer Prüfung, einer wichtigen Verabredung; dann macht man Fehler, die man sich gerade in dieser Situation nicht leisten kann.

Dieses Mittel kann Panikzuständen vorbeugen und die Nervosität abbauen. Es muß häufig genommen werden. Mögliche Ergänzungsmittel: *Cherry Plum, Elm, Larch, Mimulus, Star of Bethlehem, Vervain.*

Nr. 18/28 Impatiens – Scleranthus

Sprunghaft und ungeduldig

Für sehr unruhige, ungeduldige und sprunghafte Menschen. Oft wenden sie sich mit der gleichen Schnelligkeit, mit der sie sich heute für eine Sache engagieren, morgen wieder von ihr ab und beginnen sogleich etwas anderes.

Dieses Mittel kann sie ruhiger und besonnener machen, so daß sie sich für etwas klar entscheiden und es dann ohne Überstürzung konsequent durchführen können. Mögliche Ergänzungsmittel: *Cerato, Vervain, Wild Oat.*

Nr. 18/31 Impatiens – Vervain
Streß und Hetze
Für Menschen, die alles mit Volldampf betreiben. Schon bei der kleinsten Verzögerung geraten sie unter Streß, werden ungeduldig und nervös. Oder für Situationen, in denen man unruhig und gehetzt auf ein bestimmtes Ziel zufiebert.

Dieses Mittel hilft geduldiger, umsichtiger und flexibler beim Verfolgen von Plänen, Wünschen und Zielen machen. Es wird oft im Berufs- und Terminstreß benötigt. Mögliche Ergänzungsmittel: *Elm, Holly, Oak, Vine.*

Nr. 18/35 Impatiens – White Chestnut
Geistige Getriebenheit
Für Menschen, die dazu neigen, ihre Ideen allzu ungeduldig in die Tat umzusetzen. Oft sind sie von einem bestimmten Gedanken oder Wunsch geradezu besessen, und es kann ihnen nicht schnell genug gehen, bis sie ihn realisiert haben. Dabei werden sie nervös, unvorsichtig, hektisch oder aufdringlich und verlieren den Überblick über ihr Leben.

Dieses Mittel kann ihnen mehr Geduld, Ruhe und Umsicht verleihen. Mögliche Ergänzungsmittel: *Cherry Plum, Holly, Oak, Vine, Vervain.*

Nr. 19/20 Larch – Mimulus
Ängstlichkeit durch mangelndes Selbstvertrauen
Für Menschen, die bei allen möglichen Gelegenheiten Angst bekommen, da sie kein Vertrauen in ihre Kraft und Fähigkeiten haben.

Dieses Mittel kann sie selbstbewußter und mutiger machen. Mögliche Ergänzungsmittel: *Aspen, Centaury, Cerato, Gentian, Mustard, Star of Bethlehem, Walnut.*

Nr. 19/23 Larch – Olive

Selbstzweifel aus Erschöpfung

Für Menschen, die so erschöpft sind, daß sie sich nichts mehr zutrauen, oder für Menschen, die wegen eines zu geringen Selbstvertrauens schnell erschöpft sind.

Dieses Mittel kann sie leistungsfähiger und selbstbewußter machen. Mögliche Ergänzungsmittel: *Centaury, Elm, Gentian, Hornbeam, Mustard, Star of Bethlehem, Wild Rose.*

Nr. 19/24 Larch – Pine

Das Gefühl moralischer Minderwertigkeit

Für Menschen, die aufgrund von moralischen Bedenken oder Schuldgefühlen an ihrem eigenen Wert zweifeln oder aufgrund von Minderwertigkeitsgefühlen zur Selbstbeschuldigung neigen.

Dieses Mittel kann sie von erniedrigenden Schuldvorstellungen befreien und ihr Selbstwertgefühl heben. Mögliche Ergänzungsmittel: *Centaury, Crab Apple, Mustard, Star of Bethlehem.*

Nr. 19/27 Larch – Rock Water

Minderwertigkeitsgefühl aus idealistischer Selbstüberforderung

Für Menschen, die große Anforderungen an sich stellen und sich für minderwertig halten, weil sie diese nicht erfüllen können, oder die sich viel abverlangen, weil sie sich insgeheim für Versager halten. Sie können nicht mehr erkennen, daß Ideale nie der Wahrheit entsprechen.

Dieses Mittel kann sie mit sich aussöhnen, so daß sie sich weder übertriebene Disziplin noch Zwang auferlegen müssen, um ein gutes Selbstwertgefühl zu bekommen. Mögliche Ergänzungsmittel: *Crab Apple, Pine, Vine, Walnut.*

Nr. 19/29 Larch – Star of Bethlehem

Verlust des Selbstvertrauens durch seelisches Trauma

Für Menschen, die infolge eines Erlebnisses, das sie seelisch nicht verkraften konnten (meistens ist es eine Niederlage oder Blamage), ihr Selbstvertrauen verloren haben. Von Natur aus ohnehin schon etwas schüchtern, wagen sie jetzt gar nichts mehr.

Dieses Mittel kann ihr Selbstbewußtsein stärken und ihnen helfen, das traumatisierende Ereignis mit anderen Augen zu sehen. Mögliche Ergänzungsmittel: *Aspen, Centaury, Crab Apple, Gentian, Rock Water, Pine, Walnut.*

Nr. 19/33 Larch – Walnut

Beeinflußbarkeit durch Mangel an Selbstvertrauen

Für Menschen, die sich zu wenig zutrauen und sich deshalb zu stark von anderen beeinflussen lassen. Das führt dazu, daß sie ihre Pläne nicht in die Tat umsetzen oder Dinge tun, die sie eigentlich gar nicht wollen.

Dieses Mittel kann ihnen mehr inneren Rückhalt geben: sie entwickeln Vertrauen in die eigenen Fähigkeiten und können sich allen Einflüssen widersetzen, die sie von ihrem eigenen Wege abzubringen drohen. Mögliche Ergänzungsmittel: *Centaury, Cerato, Gentian, Larch, Wild Oat.*

Nr. 19/34 Larch – Water Violet

Kontaktprobleme durch Minderwertigkeitsgefühle

Für Menschen, die sich für weniger wert oder fähig als andere halten und deshalb Gesellschaft meiden. Manchmal machen sie dabei einen einzelgängerischen oder arroganten Eindruck.

Dieses Mittel kann sie selbstbewußter und kontaktfreudiger machen. Es ist besonders für Schulkinder oder für Geschäftsleute geeignet. Mögliche Ergänzungsmittel: *Agrimony, Mimulus, Mustard, Star of Bethlehem.*

Nr. 19/36 Larch – Wild Oat

Verfehlter Lebenssinn durch mangelndes Selbstvertrauen

Für Menschen, die außerstande sind, ihr Leben sinnvoll und befriedigend zu gestalten, weil sie sich zu wenig zutrauen. Viele ihrer Ideen scheitern unnötigerweise bereits im Stadium der Planung, und mancher Weg scheint ihnen grundlos von vornherein verschlossen.

Dieses Mittel kann ihnen mehr Selbstbewußtsein und Klarheit in der Lebensgestaltung geben. Es muß eventuell lange genommen werden, kann dann aber das ganze Leben positiv beeinflussen. Mögliche Ergänzungsmittel: *Aspen, Centaury, Gentian, Hornbeam, Mustard, Star of Bethlehem, Walnut.*

Nr. 19/37 Larch – Wild Rose

Antriebslosigkeit mit mangelndem Selbstvertrauen

Für Menschen, die das Interesse am aktiven Lebenskampf verloren haben, weil sie nicht an ihren Erfolg glauben können. Sie lassen viele Chancen nutzlos verstreichen oder treten anderen kampflos ihre Rechte und Ansprüche ab.

Dieses Mittel kann ihnen mehr Selbstbewußtsein und mehr Interesse an einer aktiven Lebensgestaltung geben. Mögliche Ergänzungsmittel: *Aspen, Gentian, Hornbeam, Mimulus, Mustard, Olive Star of Bethlehem, Wild Oat.*

Nr. 20/23 Mimulus – Olive

Verängstigt und erschöpft

Für Menschen, bei denen sich Angst und Erschöpfung gegenseitig steigern: einerseits hat große oder langdauernde Angst ihre Kraft verbraucht, und andererseits untergräbt die Erschöpfung ihren Mut.

Dieses Mittel kann ihnen mehr Mut durch mehr Kraft und mehr Kraft durch mehr Mut geben. Mögliche Ergänzungsmittel: *Aspen, Gentian, Hornbeam, Larch, Mustard, Star of Bethlehem.*

Nr. 20/24 Mimulus – Pine

Angst vor Schuld

Für Menschen, die es aus Angst vor Schuldgefühlen nicht wagen, so zu handeln oder zu leben, wie es ihnen eigentlich gefallen würde.

Dieses Mittel ist wichtig, denn es hilft dem Menschen, die durch Erziehung aufgezwungene, fremde Moral durch seine persönliche zu ersetzen. Es kann die Tendenz, sich selbst zu verurteilen, abbauen und Mut zu selbstverantwortlichem Handeln machen. Mögliche Ergänzungsmittel: *Centaury, Cerato, Gentian, Larch, Mustard, Star of Bethlehem, Walnut.*

Nr. 20/25 Mimulus – Red Chestnut

Ängstliche Überfürsorge

Für Menschen, die immer Angst haben, ihren Lieben könnte etwas Schlimmes geschehen.

Dieses Mittel hilft, Menschen, zu denen man eine gefühlsbetonte Beziehung hat, ohne zu viel Angst ihre eigenen Wege gehenzulassen. Es wird oft von Eltern benötigt. Mögliche Ergänzungsmittel: *Aspen, Chicory, Impatiens, Mustard, Star of Bethlehem, Vine.*

Nr. 20/26 Mimulus – Rock Rose

Ängstlichkeit mit Paniktendenz

Für Menschen, die allgemein furchtsam sind und zu Panikreaktionen neigen, wenn sie erschreckt werden, oder die von Panik erfaßt wurden, weil sie in eine Situation geraten sind, vor der sie sich immer gefürchtet haben.

Dieses Mittel kann sie wieder beruhigen oder allgemein ihre panikerzeugenden Ängste abbauen. Mögliche Ergänzungsmittel: *Aspen, Elm, Larch, Star of Bethlehem, Walnut.*

Nr. 20/28 Mimulus – Scleranthus

Angstbedingte Entscheidungsunfähigkeit

Für Menschen, die sich vor einer bestimmten Situation so sehr fürchten, daß sie nicht mehr wissen, was sie tun sollen. Sie sind wie gelähmt und können keine Entscheidung treffen.

Dieses Mittel kann ihnen nicht nur aus der Blockade helfen, sondern, prophylaktisch eingenommen, diese auch verhüten. Es baut die Angst ab und klärt gleichzeitig den Blick für die richtige Entscheidung. Mögliche Ergänzungsmittel: *Aspen, Cherry Plum, Gentian, Larch, Rock Rose, Star of Bethlehem, Wild Oat, Walnut.*

Nr. 20/29 Mimulus – Star of Bethlehem

Ängstlichkeit durch psychisches Trauma

Für Menschen, die etwas Schreckliches erlebt haben und seither unnormal ängstlich sind. Die Angst kann sich entweder auf bestimmte Umstände beziehen oder ganz allgemein ihr Verhalten bestimmen.

Dieses Mittel kann die innere Wunde heilen und ihnen ihren normalen Lebensmut zurückgeben. Mögliche Ergänzungsmittel: *Aspen, Centaury, Hornbeam, Larch, Mustard, Walnut.*

Nr. 20/33 Mimulus – Walnut

Beeinflußbarkeit aus Ängstlichkeit

Für Menschen, die fühlen, daß sie eine neue Lebensrichtung einschlagen müssen, sich aber aus Angst vor den Folgen immer wieder davon abbringen lassen.

Dieses Mittel ist wichtig für empfindliche, beeindruckbare Menschen, die sich in einer Lebensumstellung befinden. Es kann ihnen den Mut geben, sich von ihrem eigenen Weg weder durch anderslautende Meinungen noch durch Drohungen oder Erpressungsversuche abbringen zu lassen. Mögliche Ergänzungsmittel: *Centaury, Cerato, Gentian, Larch, Mustard, Wild Oat.*

Nr. 20/35 Mimulus – White Chestnut

Ängstliche Zwangsgedanken

Für Menschen, die aus Angst vor irgend etwas keinen klaren Gedanken mehr fassen können.

Dieses Mittel kann ihre Angst zurückdrängen und ihnen helfen, nicht nur die angsterregende Problematik in Ruhe zu durchdenken und dafür eine vernünftige Lösung zu finden, sondern sich auch wieder mit anderen Dingen zu beschäftigen. Es wird meistens nur vorübergehend benötigt, sollte dann aber häufig genommen werden. Mögliche Ergänzungsmittel: *Agrimony, Aspen, Cerato, Cherry Plum, Larch, Rock Rose, Star of Bethlehem.*

Nr. 21/23 Mustard – Olive

Depression durch Erschöpfung oder Erschöpfung mit Depression

Für Menschen, die durch eine schwere Belastung oder eine lange Krankheit so erschöpft sind, daß sie keine Lebensfreude mehr empfinden können.

Dieses Mittel kann ihnen wieder Kraft und eine positivere Lebenseinstellung geben. Es kann – vor allem bei Krankheiten – eine gefährliche Entwicklung stoppen oder auch, rechtzeitig genommen, die Entstehung von Krankheiten verhindern. Mögliche Ergänzungsmittel: *Centaury, Clematis, Gentian, Hornbeam, Larch, Star of Bethlehem, Wild Rose.*

Nr. 21/24 Mustard – Pine

Depression durch Schuldgefühle

Für Menschen, die aufgrund von verdrängten Schuldgefühlen immer wieder von depressiven Stimmungen überfallen werden. Da sie sich nicht bewußt mit ihrem Problem auseinandersetzen, beherrscht es sie untergründig und verhindert nicht nur, daß sie sich frei und unbeschwert ihres Lebens erfreuen können, sondern verdirbt ihnen auch immer wieder – scheinbar aus heiterem Himmel – die Laune.

Dieses Mittel kann sie lebensfroher machen, indem es nicht nur ihre Schuldgefühle, sondern auch allgemein die Tendenz, schwermütig zu werden, reduziert. Mögliche Ergänzungsmittel: *Centaury, Crab Apple, Larch, Rock Water, Walnut, Wild Oat, Walnut.*

Nr. 21/25 Mustard – Red Chestnut

Sorgenvolle Depression

Für Menschen, die sich zu oft und zu viel Sorgen um andere machen und dadurch in eine allgemeine, sich zeitweise verstärkende Niedergeschlagenheit geraten. Dabei fördert die depressive Grundstimmung ihrerseits die Tendenz zu sorgenvollem Pessimismus.

Dieses Mittel kann sie sorgloser und fröhlicher machen. Mögliche Ergänzungsmittel: *Aspen, Centaury, Gentian, Star of Bethlehem.*

Nr. 21/28 Mustard – Scleranthus

Häufige Stimmungsschwankungen

Für Menschen, die unter unberechenbaren Stimmungsschwankungen leiden und dabei immer wieder grundlos schwermütig werden.

Dieses Mittel hilft ihnen, ihre Stimmung bewußter zu steuern. Es kann sie ausgeglichener und insgesamt fröhlicher machen. Mögliche Ergänzungsmittel: *Cerato, Impatiens, Larch, Wild Oat.*

Nr. 21/29 Mustard – Star of Bethlehem

Depressionen durch psychisches Trauma

Für Menschen, die infolge eines schrecklichen Erlebnisses oder furchtbarer Lebensumstände immer wieder von Depressionen überfallen werden.

Dieses Mittel kann sie davon befreien, indem es die belastenden Umstände in ein anderes Licht rückt, der Psyche die Möglichkeit eröffnet, damit Frieden zu schließen, und die Stimmungslage insgesamt auf ein positiveres Niveau hebt. Mögliche Ergänzungsmittel: *Aspen, Centaury, Clematis, Gentian, Honeysuckle, Larch, Pine, Red Chestnut, Wild Rose.*

Nr. 21/34 Mustard – Water Violet

Schwere, depressive Kontaktstörungen

Für Menschen, die von Zeit zu Zeit scheinbar grundlos von Schwermut befallen werden und sich dann von der Welt zurückziehen.

Dieses Mittel kann sie wieder fröhlicher und kontaktfreudiger machen. Es sollte zur Langzeittherapie eingesetzt werden. Mögliche Ergänzungsmittel: *Agrimony, Clematis, Larch, Star of Bethlehem, Willow.*

Nr. 21/36 Mustard – Wild Oat

Depression aus Sinnlosigkeit

Für Menschen, die in ihrem Leben keinen richtigen Sinn finden können und deshalb immer wieder sehr depressiv werden.

Dieses Mittel kann ihre Stimmung verbessern und ihnen das Leben wieder sinnvoller erscheinen lassen. Mögliche Ergänzungsmittel: *Centaury, Cerato, Clematis, Gentian, Larch, Scleranthus, Star of Bethlehem.*

Nr. 21/37 Mustard – Wild Rose

Depressive Resignation

Für Menschen, die aus einer pessimistischen Grundhaltung heraus das Interesse an ihrem Leben verloren haben. Sie wissen schon längst nicht mehr, weshalb sie in diesen Zustand gekommen sind.

Dieses Mittel kann ihre negative Lebenshaltung abschwächen und ihr Lebensinteresse wieder wecken. Mögliche Ergänzungsmittel: *Centaury, Clematis, Gentian, Larch, Star of Bethlehem, Walnut.*

Nr. 21/38 Mustard – Willow

Depressionen durch Verbitterung

Für Menschen, die wegen eines erlittenen Unrechts oder einer schweren Enttäuschung in eine tiefe Verbitterung geraten sind; diese äußert sich bei ihnen nicht in extravertiertem Haß, sondern in introvertierter Lebensablehnung.

Dieses Mittel hilft ihnen, das Leben wieder etwas positiver und versöhnlicher zu sehen. Mögliche Ergänzungsmittel: *Clematis, Gentian, Chicory, Larch, Star of Bethlehem.*

Nr. 22/24 Oak – Pine

Unnachgiebiger Perfektionismus

Für Menschen, bei denen sich ein starkes Pflichtgefühl mit großem Ehrgeiz verbindet und sie zu perfekten Leistungen treibt. Daher verlieren sie oft den Überblick über ihre Möglichkeiten und geraten in krankmachenden Streß.

Dieses Mittel kann sie aus ihren Zwängen befreien, so daß sie sich auch einmal einen »Ausrutscher« zubilligen können und ihre Lebensfreude nicht mehr ihrem Ehrgeiz opfern müssen. Mögliche Ergänzungsmittel: *Crab Apple, Larch, Rock Water, Water Violet, Vervain, Vine.*

Nr. 22 /27 Oak – Rock Water

Selbstquälerischer Leistungszwang

Für ausgesprochen disziplinierte Menschen, die sich selbst zu sehr unter Zwang und Leistungsstreß setzen.

Dieses Mittel hilft ihnen, die Ansprüche, die sie an sich stellen, zu reduzieren, so daß sie es sich auch einmal gut gehen lassen können. Mögliche Ergänzungsmittel: *Crab Apple, Impatiens, Pine, Vine.*

Nr. 22/31 Oak – Vervain

Streß durch Leistungszwang

Für Menschen, bei denen sich ein unnachgiebiger Wille und große Einsatzfreudigkeit kombinieren und oft starken, nicht beherrschbaren Streß erzeugen.

Dieses Mittel kann sie besonnener, flexibler und nachgiebiger machen, so daß sie ihre Kräfte besser beherrschen und einteilen können. Mögliche Ergänzungsmittel: *Chicory, Impatiens, Holly, Red Chestnut, Rock Water, Vine.*

Nr. 22/32 Oak – Vine

Dogmatischer Leistungszwang

Für Menschen, die unter dem Zwang stehen, ihre Überzeugung um jeden Preis in die Tat umzusetzen. Sie sind von der Richtigkeit ihrer – oft kleinlichen, dogmatischen – Meinungen so überzeugt, daß ihnen nicht die Idee kommt, einmal »fünf gerade sein« zu lassen. Das macht sie humorlos, verbiestert und verkrampft.

Dieses Mittel kann sie toleranter, nachgiebiger und umgänglicher machen, so daß sie auch einmal eine andere Meinung gelten, ihre Meinung hinterfragen und den Dingen ihren Lauf lassen können. Mögliche Ergänzungsmittel: *Chicory, Impatiens, Holly, Red Chestnut, Rock Water, Vervain.*

Nr. 22/34 Oak – Water Violet

Einsamkeit durch Ehrgeiz

Für Menschen, die ganz für ihre Ziele oder Aufgaben leben und dabei keine menschlichen Kontakte brauchen können. Sie haben das Gefühl, daß sie, wenn sie sich anderen mitteilen oder sich in deren Gesellschaft aufhalten, Zeit und Kraft vergeuden und von dem, wofür sie leben, abgelenkt werden. Dadurch werden sie nicht nur einsam, sondern auch einseitig und verbissen.

Dieses Mittel kann sie umgänglicher, kontaktfreudiger, flexibler und nachgiebiger machen. Mögliche Ergänzungsmittel: *Elm, Holly, Impatiens, Rock Water.*

Nr. 22/35 Oak – White Chestnut

Erfolgsorientiertes Zwangsdenken

Für Menschen, in deren Denken für nichts anderes Platz ist als für ihre Ziele und Pläne; dabei befinden sie sich in einem ständigen gedanklichen und körperlichen Streß.

Dieses Mittel kann sie geistig vielseitiger und flexibler machen, so daß sie neben ihren Plänen noch an andere Dinge denken können. Mögliche Ergänzungsmittel: *Chicory, Red Chestnut, Rock Water, Vervain, Vine.*

Nr. 22/38 Oak – Willow

Unerbittliche Rachsucht

Für Menschen, die von Rachsucht beherrscht werden, weil sie sich ungerecht behandelt oder beleidigt fühlen. Selbst wenn sie es anders wollten, könnten sie nicht vergeben und vergessen.

Dieses Mittel kann sie versöhnlicher und entgegenkommender machen. Mögliche Ergänzungsmittel: *Chicory, Star of Bethlehem, Vine.*

Nr. 23/24 Olive – Pine

Zermürbende Schuldkomplexe

Für Menschen, die so sehr unter Schuldgefühlen leiden, daß sie keine Kraft mehr für ihr normales Leben haben.

Dieses Mittel kann ihnen ein besseres Gewissen und mehr Kraft geben. Mögliche Ergänzungsmittel: *Centaury, Crab Apple, Gentian, Larch, Mustard, Star of Bethlehem, Walnut.*

Nr. 23/25 Olive – Red Chestnut

Zermürbende Sorgen

Für Menschen, die am Ende ihrer Kraft sind, weil sie sich zu viele Sorgen um jemanden gemacht haben.

Dieses Mittel kann sie sorgloser und stärker machen. Mögliche Ergänzungsmittel: *Aspen, Hornbeam, Mimulus, Mustard, Star of Bethlehem, Walnut, White Chestnut.*

Nr. 23/29 Olive – Star of Bethlehem

Mangel an seelischer Widerstandskraft durch Erschöpfung

Für Menschen, die so schwach sind, daß sie keinerlei seelische Erschütterung mehr verkraften können, oder die durch schwere seelische Belastungen erschöpft sind.

Dieses Mittel kann sie wieder belastbar machen. Mögliche Ergänzungsmittel: *Aspen, Centaury, Gentian, Gorse, Larch, Mimulus, Hornbeam, Wild Rose.*

Nr. 23/33 Olive – Walnut

Beeinflußbarkeit durch Erschöpfung

Für Menschen, die so sehr erschöpft sind, daß sie sich Beeinflussungen durch andere Menschen nicht widersetzen können und dadurch in Lebensumstände geraten sind oder zu geraten drohen, die sie gar nicht wollen.

Dieses Mittel kann ihnen die Selbständigkeit und Kraft geben, ihr Leben selbst zu gestalten. Es ist auch nützlich, wenn einem bei schwierigen Verhandlungen die Kräfte ausgehen und man seine Position nicht mehr vertreten kann. Mögliche Ergänzungsmittel: *Centaury, Cerato, Gentian, Hornbeam, Larch, Mimulus, Wild Rose.*

Nr. 23/34 Olive – Water Violet

Ungeselligkeit aus Erschöpfung

Für Menschen, die zu erschöpft sind, um Kontakte zu pflegen oder an Gesellschaft Freude zu finden. Sie ziehen sich zurück, um sich in Ruhe erholen zu können.

Dieses Mittel kann sie wieder kräftiger und kontaktfreudiger machen. Es ist oft bei schweren Krankheiten nützlich. Mögliche Ergänzungsmittel: *Agrimony, Gentian, Larch, Mustard, Star of Bethlehem, Walnut, Wild Rose.*

Nr. 23/37 Olive – Wild Rose

Antriebslosigkeit aus Erschöpfung

Für Menschen, deren Kräfte so sehr erschöpft sind, daß sie sich nur noch hängen lassen oder resigniert und uninteressiert vor sich hin vegetieren können.

Dieses Mittel (das mit jenem kombiniert werden sollte, das für die Ursache der Erschöpfung zuständig ist) kann ihre Unternehmungslust und Lebenskraft stärken. Mögliche Ergänzungsmittel: *Gentian, Hornbeam, Mustard, Star of Bethlehem.*

Nr. 24/25 Pine – Red Chestnut

Sorgen durch schlechtes Gewissen

Für Menschen, die sich aus Schuldgefühl Sorgen um andere machen. Sie fühlen sich für alle verantwortlich und vernachlässigen sich selbst dabei.

Dieses Mittel hilft ihnen, sich mit gutem Gewissen auch um ihr eigenes Wohl zu kümmern. Mögliche Ergänzungsmittel: *Aspen, Chicory, Crab Apple, Mimulus, Mustard, Star of Bethlehem, Walnut.*

Nr. 24/27 Pine – Rock Water
Zwanghafter Perfektionismus
Für Menschen, die ein schlechtes Gewissen bekommen, wenn sie nicht perfekt sind oder handeln, und sich deshalb strenge Disziplin auferlegen. Dadurch werden sie freudlos und verkrampft.

Dieses Mittel kann die Tendenz, sich selbst zu verurteilen und sich zu quälen, verringern, so daß sie ihre Fehler leichter nehmen können. Mögliche Ergänzungsmittel: *Crab Apple, Larch, Star of Bethlehem, Vine, Walnut.*

Nr. 24/29 Pine – Star of Bethlehem
Unverarbeitetes Schuldtrauma
Für Menschen, die ein mit starken Schuldgefühlen einhergehendes, erschütterndes Erlebnis nicht verarbeiten können.

Dieses Mittel ist bei der psychotherapeutischen Aufarbeitung eines Schuld-Traumas nützlich. Es kann das Gewissen befreien und die innere Ordnung wiederherstellen. Mögliche Ergänzungsmittel: *Centaury, Crab Apple, Larch, Mustard, Rock Water, Walnut.*

Nr. 24/33 Pine – Walnut
Abwehrschwäche gegen Beschuldigungen
Für Menschen, die sich zu leicht von anderen ein schlechtes Gewissen machen lassen.

Dieses Mittel kann ihnen mehr Selbstsicherheit und die Kraft geben, sich durch bösgemeinte Beschuldigungen nicht verunsichern zu lassen. Mögliche Ergänzungsmittel: *Centaury, Cerato, Crab Apple, Gentian, Larch, Mustard, Rock Water, Star of Bethlehem.*

Nr. 24/35 Pine – White Chestnut
Schuldbetonte Zwangsgedanken
Für Menschen, die sich nicht mehr von ihrem schlechten Gewissen befreien können. Die Vorstellung von ihrer vermeintlichen oder tatsächlichen Schuld blockiert ihr ganzes Denken, raubt ihnen die Ruhe und die innere Klarheit.

Dieses Mittel kann sie von ihren quälenden Schuldgedanken befreien, so daß sie wieder normal denken können. Mögliche Ergänzungsmittel: *Centaury, Cherry Plum, Crab Apple, Elm, Larch, Mustard, Oak, Star of Bethlehem, Walnut.*

Nr. 25/26 Red Chestnut – Rock Rose
Panikartige Sorgen
Für Menschen, die aus übergroßer Sorge um jemanden in Panik mit Kopflosigkeit oder Gefühlsverwirrung zu geraten drohen oder geraten sind.

Dieses Mittel kann sie wieder sorgloser und gelassener machen. Mögliche Ergänzungsmittel: *Aspen, Chicory, Cherry Plum, Impatiens, Mimulus, Star of Bethlehem, Walnut.*

Nr. 25/29 Red Chestnut – Star of Bethlehem
Übertriebene Sorgen aufgrund von schlechten Erfahrungen
Für Menschen, die etwas Schreckliches erlebt haben und nun befürchten, daß etwas Ähnliches jemandem, der ihnen nahesteht, passieren könnte.

Dieses Mittel kann das Trauma heilen und ihre Sorgen vertreiben. Mögliche Ergänzungsmittel: *Aspen, Cherry Plum, Chicory, Gentian, Mimulus, Mustard, Rock Rose, White Chestnut.*

Nr. 25/35 Red Chestnut – White Chestnut
Sorgenvolle Gedanken
Für Menschen, deren Denken ganz von der Sorge um jemanden erfüllt ist. Ständig gehen ihnen angsterregende Vorstellungen durch den Kopf und verfolgen sie oft bis in die Träume.

Dieses Mittel hilft ihnen, wieder optimistischer zu denken. Mögliche Ergänzungsmittel: *Aspen, Honeysuckle, Impatiens, Mimulus, Rock Rose.*

Nr. 26/28 Rock Rose – Scleranthus
Handlungsunfähig durch Panik
Für Menschen, die durch plötzliche, panische Angst so blokkiert sind, daß sie nicht mehr wissen, was sie tun sollen.

Dieses Mittel hilft, in Notsituationen klare Entscheidungen zu treffen. Nervlich labile Menschen können es prophylaktisch nehmen, um mehr Geistesgegenwart zu bekommen. Mögliche Ergänzungsmittel: *Aspen, Cerato, Impatiens, Larch, Mimulus, Wild Oat.*

Nr. 26/29 Rock Rose – Star of Bethlehem
Psychische Erschütterung mit Panik
Für Menschen, die durch ein schreckliches Erlebnis in panische Angst geraten sind.

Dieses Mittel ist Bestandteil des Notfall-Mittels (*Rescue Remedy*). Es kann sie gelassener und geistesgegenwärtiger machen. Mögliche Ergänzungsmittel: *Aspen, Cherry Plum, Clematis, Gentian, Impatiens, Larch, Mimulus, Walnut.*

Nr. 26/30 Rock Rose – Sweet Chestnut
Verzweiflung aus panischer Angst
Für Menschen, die von so starker panischer Angst besessen sind, daß ihre Psyche blockiert wird und sie in eine ausweglose Verzweiflung verfallen. Sie sind weder zu klaren Gedanken noch Gefühlen imstande und wissen nicht mehr ein noch aus.

Dieses Mittel ist für seltene Notfälle bestimmt. Es kann die Blockade lösen und hilft, eine Perspektive zum Weiterleben zu finden. Mögliche Ergänzungsmittel: *Aspen, Elm, Wild Oat.*

Nr. 27/32 Rock Water – Vine
Die strenge Persönlichkeit
Für Menschen, die nicht nur anderen, sondern auch sich selbst gegenüber intolerant sind. Ausnahmen zu machen, fällt ihnen schwer; sie bemühen sich um eine strenge Selbstdisziplin und erwarten von ihren Mitmenschen, daß diese sich genau an ihre Vorschriften halten.

Dieses Mittel kann sie großzügiger, nachsichtiger und beweglicher machen. Mögliche Ergänzungsmittel: *Beech, Crab Apple, Holly, Mimulus, Oak, Pine, Star of Bethlehem, Willow.*

Nr. 27/34 Rock Water – Water Violet
Weltflucht und Selbstkasteiung
Für Menschen mit einem übertriebenen Hang zu Alleinsein und Disziplin. Sie meinen, wenn sie sich wenig gönnen und viel abverlangen – wozu auch der Verzicht auf menschliche Kontakte gehört –, würde ihr menschlicher Wert steigen. Dadurch werden sie ungenießbar und einsam.

Dieses Mittel kann sie kontaktfreudiger, lockerer und fröhlicher machen. Mögliche Ergänzungsmittel: *Crab Apple, Oak, Pine, Vine.*

Nr. 27/36 Rock Water – Wild Oat

Selbstkasteiung als Ersatz für Lebenssinn

Für Menschen, die die Frustration über die Sinnlosigkeit ihres Lebens durch Selbstdisziplin zu bekämpfen versuchen. Sie sind streng zu sich in der falschen Hoffnung, dadurch ihrem Leben mehr Wert geben oder ihre Berufung finden zu können.

Dieses Mittel kann ihre asketischen Zwänge abbauen und ihnen die Augen für ein sinnvolleres Leben öffnen. Es muß lange Zeit genommen werden. Mögliche Ergänzungsmittel: *Crab Apple, Pine, Vine, Walnut.*

Nr. 28/36 Scleranthus – Wild Oat

Innere Zerrissenheit und Lebenskrise

Für Menschen, die völlig »in der Luft hängen«. Weder wissen sie, wie es allgemein in ihrem Leben weitergehen soll, noch können sie in ihrem alltäglichen Leben klare Entscheidungen treffen. Das ist sehr quälend für sie, weil sie irgendwie weiterkommen wollen.

Dieses Mittel hilft ihnen, ein sinnvolles Ziel im Leben zu finden und es konsequent anzusteuern. Es wird oft von Jugendlichen benötigt, die sich für einen bestimmten Lebensweg entscheiden müssen und nicht wissen, worin ihre Bestimmung liegt, aber auch für Menschen in der »midlife-crisis«, die zwar fühlen, daß sie ein neues Leben beginnen müssen, aber nicht den richtigen Ansatzpunkt und Absprung aus ihren Gewohnheiten finden. Mögliche Ergänzungsmittel: *Cerato, Gentian, Larch, Mimulus, Star of Bethlehem, Walnut.*

Nr. 29/30 Star of Bethlehem – Sweet Chestnut

Verzweiflung durch seelische Erschütterung

Für Menschen, die durch ein erschütterndes Ereignis so sehr aus dem Gleis geworfen sind, daß das Leben für sie seinen Sinn verloren hat und sie nicht mehr weiter wissen.

Dieses Mittel kann ihre innere Erstarrung lösen und sie fähig machen, den Schicksalsschlag positiv zu verarbeiten. Es ist für extreme Notsituationen geeignet. Mögliche Ergänzungsmittel: *Aspen, Oak, Rock Rose, Walnut.*

Nr. 29/33 Star of Bethlehem – Walnut

Mangelnde Widerstandskraft durch unverarbeitetes Trauma

Für Menschen, die nicht genügend Abwehrkraft gegen seelische Belastungen haben oder die durch eine seelische Überbelastung so angeschlagen sind, daß sie negativen Einflüssen keinen Widerstand mehr bieten können.

Dieses Mittel kann ihnen auf zweierlei Weise helfen: einerseits durch Stärkung ihrer seelischen Widerstandskraft, andererseits durch Abbau der seelischen Belastung. Es ist von Nutzen, wenn jemand von einem traumatischen Erlebnis aus der Bahn geworfen wurde und einen neuen Anfang machen will. Mögliche Ergänzungsmittel: *Centaury, Cerato, Gentian, Hornbeam, Larch, Olive, Wild Oat.*

Nr. 29/34 Star of Bethlehem – Water Violet

Kontaktstörungen durch seelische Erschütterung

Für Menschen, die im menschlichen Umgang so viel Erschütterndes oder Unerfreuliches erlebt haben, daß sie keine Kontakte mehr wünschen. Sie machen wie geprügelte Hunde einen weiten Bogen um ihre Mitmenschen und werden dabei sehr einsam.

Dieses Mittel hilft ihnen, die negativen Erlebnisse zu verarbeiten und wieder kontaktfreudiger zu werden. Mögliche Ergänzungsmittel: *Aspen, Gentian, Larch, Mimulus, Walnut, Willow.*

Nr. 29/35 Star of Bethlehem – White Chestnut

Traumatische Zwangsgedanken

Für Menschen, deren Denken unaufhörlich um ein erschütterndes Erlebnis oder eine unglückliche Situation kreist. Sie sind daran gefesselt, weil sie keinen Sinn darin finden können.

Dieses Mittel kann ihnen mehr inneren Abstand zu ihrem Problem geben, so daß sie es entweder lösen oder beiseite schieben können. Mögliche Ergänzungsmittel: *Aspen, Crab Apple, Impatiens, Mimulus, Pine, Oak, Vine.*

Nr. 29/37 Star of Bethlehem – Wild Rose

Resignation durch seelische Erschütterung

Für Menschen, die von einem schrecklichen Ereignis so sehr erschüttert worden sind, daß sie das Interesse am Leben verloren haben. Sie gleichen einem beschädigten Gegenstand, der seinen Sinn verloren hat und nur noch in der Ecke herumliegt.

Dieses Mittel kann ihre innere Verletzung heilen und sie ins Leben zurückführen. Es muß lange genommen werden. Mögliche Ergänzungsmittel: *Centaury, Gentian, Honeysuckle, Larch, Wild Oat.*

Nr. 29/38 Star of Bethlehem – Willow

Verbitterung durch unverarbeitetes Trauma

Für Menschen, die aufgrund eines erschütternden Erlebnisses verbittert sind oder mit dem Schicksal hadern.

Dieses Mittel kann die seelische Wunde heilen und sie versöhnlich stimmen. Mögliche Ergänzungsmittel: *Clematis, Crab Apple, Holly, Honeysuckle, Vine, Wild Rose.*

Nr. 31/32 Vervain – Vine

Total intolerantes Verhalten

Für Menschen, die absolut von der Richtigkeit ihrer Meinung oder Erkenntnis überzeugt sind und es für unerläßlich halten, daß die Menschen, mit denen sie zu tun haben, sie übernehmen und sich danach verhalten. Dies auf irgendeine Weise durchzusetzen – sei es durch Überredung, sei es durch Zwang – halten sie für ihre Aufgabe und Pflicht. Mit ihrer aktiv praktizierten Intoleranz machen sie allen das Leben schwer.

Dieses Mittel macht es ihnen leichter, andere Meinungen gelten und die Menschen nach ihrer eigenen Art leben zu lassen. Mögliche Ergänzungsmittel: *Crab Apple, Oak, Rock Water, White Chestnut.*

Nr. 31/35 Vervain – White Chestnut

Fixe Ideen

Für Menschen, die nur ihre Überzeugungen oder Ideen im Kopf haben und diese anderen Menschen aufzudrängen versuchen. Ob in der Gestalt der fanatischen Weltverbesserer oder der verbohrten Philosophen – sie sind für sich und andere eine Last.

Dieses Mittel kann sie vom Zwang ihrer fixen Ideen befreien, so daß sie wieder ein normales Leben führen können. Mögliche Ergänzungsmittel: *Cherry Plum, Crab Apple, Holly, Impatiens, Oak, Rock Water, Vine.*

Nr. 32/35 Vine – White Chestnut

Zwanghafter Dogmatismus

Für Menschen, deren Denken ganz von einer bestimmten Idee oder Überzeugung besetzt ist. Dadurch werden sie einseitig, intolerant und oft fanatisch.

Dieses Mittel kann sie aus dem geistigen Zwang befreien, sie aufgeschlossener und toleranter machen. Mögliche Ergänzungsmittel: *Crab Apple, Oak, Pine, Rock Water, Vervain.*

Nr. 32/38 Vine – Willow

Der verbitterte Haustyrann

Für Menschen, die deswegen verbittert oder beleidigt sind, weil etwas nicht genauso getan wurde, wie sie es wollten.

Dieses Mittel kann sie flexibler und kompromißbereiter machen, so daß sie ihre beleidigte Haltung wieder aufgeben können. Mögliche Ergänzungsmittel: *Beech, Crab Apple, Impatiens, Oak, Vervain.*

Nr. 33/36 Walnut – Wild Oat

Verfehltes Lebensziel

Für Menschen, die nicht wissen, was sie wollen, und sich in Lebenssituationen drängen lassen, die ihnen nicht liegen. Weil sie den Einflüssen anderer Menschen nicht genügend Widerstand entgegensetzen können, geraten sie, ohne es zu wollen, zum Beispiel in eine schlechte Ehe, einen frustrierenden Beruf oder eine unerfreuliche Position, und werden dabei natürlich unglücklich. Dies um so mehr, als sie sich sehnlich ein sinnvolles, glückliches Leben wünschen.

Dieses Mittel kann ihnen nicht nur eine gewisse Klarheit für den eigenen Lebensweg geben, sondern auch die Überzeugung und Widerstandskraft, ihn zu gehen. Es wird benötigt, wenn man sich aus einer schlechten Lebenssituation befreien und ein neues Leben beginnen will. Es muß oft monatelang genommen werden, weil solche Veränderungen nur in kleinen Schritten erfolgen können. Mögliche Ergänzungsmittel: *Agrimony, Centaury, Cerato, Gentian, Hornbeam, Larch, Mimulus, Scleranthus, Star of Bethlehem.*

Nr. 34/38 Water Violet – Willow

Verbitterung wegen Freiheitsbeschränkung

Für Menschen, die ein sehr starkes Bedürfnis nach Unabhängigkeit haben und deswegen verbittert sind, weil sie darin beschnitten werden oder wurden. Ohne Freiheit sind sie zu keiner Versöhnung bereit.

Dieses Mittel kann entweder ein unrealistisches Freiheitsbedürfnis normalisieren oder helfen, sich mit unvermeidbaren Abhängigkeiten realistisch abzufinden. Mögliche Ergänzungsmittel: *Gentian, Holly, Honeysuckle, Star of Bethlehem, Walnut.*

Nr. 35/38 White Chestnut – Willow

Verbittertes Zwangsdenken

Für Menschen, deren Denken nur noch voll Verbitterung um ein erlittenes Unrecht kreist. Sie sind dadurch geistig ganz blockiert.

Dieses Mittel kann sie versöhnlich stimmen und ihre Aufmerksamkeit auf erfreulichere Dinge lenken. Mögliche Ergänzungsmittel: *Crab Apple, Chicory, Holly, Honeysuckle, Pine, Rock Water, Star of Bethlehem, Vine, Walnut.*

Nr. 36/37 Wild Rose – Wild Oat

Antriebslosigkeit aus Sinnlosigkeit

Für Menschen, die nicht wissen, was sie mit ihrem Leben anfangen sollen und sich deshalb resigniert treiben lassen. Zwar haben sie dieses und jenes versucht, aber da nichts geeignet war, um ihre Zukunft aufzubauen oder daraus einen Lebenssinn zu beziehen, haben sie schließlich die Lust und das Interesse daran verloren.

Dieses Mittel kann ihre Apathie oder Resignation abbauen und ihnen bei wiedererwachendem Lebensinteresse die Augen für den Weg öffnen, der für sie richtig ist. Es muß lange genommen werden. Mögliche Ergänzungsmittel: *Centaury, Gentian, Hornbeam, Honeysuckle, Larch, Olive.*

Kapitel III

Repertorium

Ein therapeutisches Lexikon

Abhängigkeit von anderen Menschen

Abhängigkeit ist dann behandlungsbedürftig, wenn sie Leiden oder negative Emotionen erzeugt. Diese zeigen, daß das persönliche und natürliche Bedürfnis nach Unabhängigkeit zu stark beschnitten wird.

– *aus Persönlichkeitsschwäche: Centaury,*
  C. stärkt die Persönlichkeit und verringert geistige Abhängigkeiten.
– *aus Sucht nach Zuwendung: Chicory,*
  C. hilft, ein krankhaftes Bedürfnis nach Gefühls-Beziehungen abzubauen: indem man andere Menschen freier lassen kann, wird man selbst unabhängiger.
– *aus Geltungssucht: Heather,*
  Man ist sich des eigenen Wertes nicht bewußt und braucht andere Menschen zur Selbstbestätigung.
– *aus Angst: Mimulus,*
  M. reduziert ein übertriebenes Schutzbedürfnis.
– *aus Schuldbewußtsein: Pine,*
  P. baut Schuldgefühle ab und befreit damit vom Abhängigkeit erzeugenden Wunsch nach Vergebung.
– *aus Beeinflußbarkeit: Walnut.*
  W. macht unabhängiger, indem es hilft, sich selbst treu zu bleiben.

Ablehnung anderer Menschen (→ Selbstablehnung)

Normalerweise ist die Ablehnung unangenehmer Menschen Ausdruck eines natürlichen Instinktes und dient dem Selbstschutz. Sie kann aber auch die Folge einer psychischen Störung oder krankhaften Unsicherheit sein; dann nützt sie nicht, sondern macht verkrampft oder einsam.

– *weil sie zu langsam sind: Impatiens,*

Aus dem Bedürfnis nach großer Geschwindigkeit empfindet man langsame Menschen als hinderlich oder lästig.

– *aus Angst: Mimulus,*
  Man lehnt jeden menschlichen Verkehr, der ein Risiko mit sich bringt, aus Übervorsicht ab.
– *aufgrund schlechter Erfahrungen: Star of Bethlehem,*
  »Gebranntes Kind scheut das Feuer«. Man lehnt jeden ab, der einen an die traumatisierende Situation erinnert.
– *aus Einzelgängerei: Water Violet,*
  Man lehnt in übertriebenem Umfang menschliche Kontakte ab, um nicht bei seinen Beschäftigungen gestört zu werden.
– *aus Enttäuschung oder Verbitterung: Willow.*
  W. hilft, zu verstehen und zu vergeben.

Ablenkbarkeit

Ablenkbarkeit bedeutet die Unfähigkeit, sich einer Lebenssituation, einem Gedanken oder einer Tätigkeit mit Herz und Seele hinzugeben; sie führt dazu, daß man nie »auf den Grund der Dinge« gelangt und nie ganz zufrieden ist.

– *aus Unaufmerksamkeit: Chestnut Bud,*
– *aus Unentschiedenheit: Scleranthus,*
  Man kann sich zwischen den vorhandenen Alternativen nicht entscheiden und rennt jeder neuen Anregung hinterher.
– *vom eigenen Ziel: Walnut,*
  Man kann sich gegen Beeinflussung nicht wehren und wird daher immer wieder vom eigenen Weg abgelenkt.
– *aus Interesse an allem möglichen: Wild Oat.*
  Weil man ständig auf der Suche und an allem interessiert ist, kann man sich nicht auf eine einzige Sache konzentrieren.

⁎ *Ablenkbarkeit führt zu Lernschwäche →Nr. 7/28*

Abneigungen, natürliche, werden unterdrückt: *Beech* (→Kapitel I, *Beech*)

Absencen: *Clematis*

C. ist immer zuständig, wenn die klare und bewußte Zuwendung zur Realität gestört ist.

Absicherungstendenz: *Cerato*
Man versucht krampfhaft, sich gegen Fehler abzusichern, indem man jeden nach seiner Meinung fragt. Dadurch wird man aber immer unsicherer.

Abwehrschwäche gegen Beschuldigungen →Nr. 24/33

Ängstlichkeit →*Angst*

Ärger → Aggression, → Verbitterung, → Wut

Aggression (→ Gefühlskälte, → Haß, → Wut)
Aggression ist ein gewalttätiges Instinktverhalten, das sich notwendig aus dem in der Welt herrschenden Konkurrenzprinzip ergibt und der individuellen Selbstverwirklichung oder Selbsterhaltung dient. Je nach Charakter und Situation äußert sie sich entweder versteckt und subtil oder offen und rücksichtslos.

– *allgemein: Holly,*
H. hilft sowohl gegen die banale, alltägliche Gereiztheit, Ärgerlichkeit oder Wut, also auch gegen die unkontrollierte, unüberlegte Aggression.

– *mit Ungeduld: Impatiens,*
Wer es sehr eilig hat, wird schnell aggressiv, wenn er durch Langsamere behindert wird.

– *mit Verbitterung: Willow.*
Wenn sich die Verbitterung extravertiert in aggressivem Verhalten äußert, zusätzlich *Holly* (→ Nr. 15/38); wenn sie unterdrückt und zu aggressivem, verhaltenem Groll wird, zusätzlich *Agrimony*.

* *Aggression durch seelische Erschütterung →Nr. 15/29*
* *Aggressive Zwangsgedanken →Nr. 15/35*
* *Aggressive Besserwisserei →Nr. 15/32*

Ahnungen, ängstliche: *Aspen*
Wissen, das nicht bewußt wird, erlebt man oft in Form von Ahnungen. Wenn man sich gegen sie sträubt, weil man sich den daraus resultierenden Konsequenzen nicht gewachsen fühlt, machen sie Angst.

Akne → Haut

Allein → Einsamkeit

Allergie (→ Intoleranz)

Allergie ist eine starke Abwehrreaktion, die durch bestimmte Substanzen ausgelöst wird, selbst wenn diese nur in kleinsten Mengen in den Körper gelangen. Der Organismus hat mit der Substanz (zum Beispiel Pollen, Tierhaare, Nahrungsmittel, Chemikalien) irgendwann einmal »schlechte Erfahrungen« gemacht (er ist »sensibilisiert« worden) und kann sie nun nicht mehr ertragen (tolerieren). Die Abwehrreaktion kann unter ungünstigen Umständen sehr stark sein und schwere Beschwerden verursachen. – Allergie kann auch psychischer Natur sein, wenn man zum Beispiel jemanden oder eine bestimmte Situation nicht mehr ausstehen oder ertragen kann. (Weitere Anmerkungen → Kapitel I: *Beech.*) Da der Allergie eine Unverträglichkeit (= körperliche oder psychische Intoleranz) zugrunde liegt, hat man mit jenen Mitteln, die den Menschen toleranter machen, oft gute Erfolge.

– *für Menschen mit verinnerlichter Intoleranz: Beech,*

B. sollte als Basismittel bei allen Intoleranzen, Unverträglichkeiten und Allergien gegeben werden, allein oder in Kombination mit anderen, passenden Mitteln.

– *zur allgemeinen Blutreinigung: Crab Apple,*

Bei vielen Allergien spielen chronische Entzündungen eine Rolle, die den Körper vergiften und überempfindlich machen. C.R. ist das wichtigste Entgiftungsmittel.

– *mit starker Abwehrreaktion: Holly.*

Zum Beispiel: bei schweren Niesanfällen, deutlicher Gereiztheit, allergischem Schock.

⁎ *Allergische Schockreaktion →Nr. 3/15*

Alpträume

Alpträume sind geträumte Angsterlebnisse, die durch seelische Belastungen oder körperliche Störungen (schweres Essen, Gifte u. a.) hervorgerufen werden. Meistens weisen sie auf Lebensumstände hin, die geändert werden müßten.

– *durch Angst: Aspen,*
  A. baut Ängste ab, die sich in Alpträumen ausdrücken, und verhindert gleichzeitig, daß Alpträume Angst erzeugen.
– *durch Schuldgefühle: Pine,*
  Das Schuldgefühl ist die moralische Verfremdung der Angst vor Strafe. Manchmal verfolgt es einen bis in die Träume. Die Psyche will einen dadurch zu besserem Handeln motivieren oder die Erkenntnis fördern, daß man eigentlich gar nicht schuldig ist.
– *durch schreckliche Erlebnisse: Star of Bethlehem,*
  Jedes Erlebnis – vor allem, wenn es erschütternd ist – hat eine tiefe und persönliche Bedeutung; solange man diese nicht erkannt hat, kann es von der Psyche nicht »abgelegt« werden und taucht in irgendeiner Form immer wieder auf.
– *durch geistige Überforderung: White Chestnut.*
  Wenn bestimmte Probleme oder Ängste das ganze Denken ausfüllen, können sie auch die Träume vergiften. W. C. kann dann den Geist klären und helfen, die angsterregenden Gedanken durch klares Denken zu ersetzen.

Altruismus (krankhafter) → Gutmütigkeit

Amok → Kurzschlußhandlung

Anämie
  Bei Anämie, das heißt Blutschwäche oder -mangel, ist der Organismus zu schwach, um genügend neues oder vollwertiges Blut zu bilden. Blässe und allgemeine Schwäche sind die auffälligsten Erscheinungen. Die eventuell erforderliche medizinische Therapie kann durch die folgenden Mittel unterstützt werden, die meist miteinander kombiniert werden müssen.
– *mit Hoffnungslosigkeit: Gorse,*
  Hoffnung ist ein Lebenselement. Fehlt sie, so kann der Körper weder heilen noch regenerieren.
– *mit großer Schwäche: Olive,*
– *mit fehlendem Antrieb: Wild Rose.*
  In dem Maße, in dem jemand resigniert, reduziert auch der Körper die Regeneration des Blutes. Andererseits fördert Blutarmut eine resignierende Lebenshaltung.

Angeberei → Minderwertigkeitsgefühl
* *Angeberei aus Minderwertigkeitsgefühl →Nr. 14/19*

Angst

Angst ist ein beengendes Körpergefühl, das vor allem in der Herzgegend und im Oberbauch empfunden wird. Es entsteht dadurch, daß man sich – mehr oder weniger unwillkürlich – gegen ein Ereignis sträubt, von dem man annimmt oder weiß, daß es Leiden mit sich bringt. Im Grunde bedeutet dies den Versuch, Schicksal nicht zuzulassen. Sobald es gelingt, eine andere Einstellung zu finden, die krampfhafte Abwehr aufzugeben und sich dem Schicksal anzuvertrauen, löst sich die innere Enge und verschwindet die Angst. Dies muß man allerdings rechtzeitig in kleinen Schritten und bei jeder sich bietenden Gelegenheit üben, wobei die folgenden Mittel behilflich sind. (Weitere Anmerkungen → Kapitel I: *Aspen* und *Mimulus*, → Leid.)

– *durchschaut zu werden: Agrimony,*
A. ist für Menschen, die es nicht wagen, ihre Gefühle zu zeigen oder die Wahrheit über sich zuzugeben.

– *unbestimmte Angst: Aspen* (→ Ahnungen),
A. ist hilfreich, wenn man unter unheimlichen, ängstlichen Gefühlen leidet, deren Grund man nicht genau nennen kann. Meist muß man A. mit *Mimulus* kombinieren.

– *vor falscher Entscheidung: Cerato,*
Man will immer alles richtig machen und fürchtet daher, Fehler zu machen.

– *vor Durchdrehen: Cherry Plum,*
Wenn starke Emotionen unterdrückt werden, besteht die Gefahr, daß sie sich in Kurzschlußhandlungen entladen.

– *vor Verlust: Chicory,*
Je mehr man sein Herz an etwas hängt, desto mehr fürchtet man, es zu verlieren. C. hilft loszulassen und freizuwerden.

– *vor Unreinheit, Sünde oder Ansteckung: Crab Apple,*
C. A. ist für Menschen, die sich übertrieben vor den Folgen einer »Sünde« oder einer Verunreinigung fürchten.

– *vor Blamage: Heather* (→ Anerkennung, → Minderwertigkeitsgefühl),

Menschen mit schwachem Selbstwertgefühl fürchten immer, sich zu blamieren. H. reduziert Eitelkeit und Geltungsbedürfnis.

– *vor Mißerfolg: Hornbeam,*
H. hilft, wenn einem eine Aufgabe oder Arbeit schon im voraus zu schwer erscheint.

– *vor Versagen: Larch + Hornbeam + Elm,*
Versagensangst hat verschiedene, zusammenwirkende Komponenten. L. ist gegen das unterentwickelte Selbstvertrauen, H. gegen das Überforderungsgefühl, E. gegen die akute Zusammenbruchs-Gefahr.

⁎ *Versagensangst, plötzliche →Nr. 11/20*

⁎ *Versagensängste →Nr. 17/20*

– *vor bestimmten Dingen: Mimulus,*
Mimulus ist nicht nur bei bestimmten Ängsten, sondern auch zur konstitutionellen Basisbehandlung ängstlicher Menschen geeignet.

– *vor Strafe: Pine* (→Schuldgefühl),
Schuldgefühle oder schlechtes Gewissen sind Angst vor Strafe. P. befreit vom Schulddenken.

– *um andere: Red Chestnut,*
Wer sich um andere Menschen sorgt, projiziert seine eigene Lebens-Angst auf sie.

– *mit Panikgefühl: Rock Rose, Aspen,*
R. R. ist angebracht bei plötzlichen Ausnahmesituationen, in denen man die Übersicht verliert. A. hilft, wenn untergründige Ängste plötzlich panikartige Stärke annehmen. Im Zweifelsfall sollte man beide Mittel kombinieren (→Nr. 2/26).

– *durch unverarbeiteten Schock: Star of Bethlehem,*
Angst ist Abwehr. Unverarbeitete Schockerlebnisse sind die Allergien der Psyche: sie machen labil und lösen schon bei kleinen Erinnerungen massive Abwehr aus.

– *vor zu nahem Kontakt: Water Violet.*
W. V. ist für Einzelgänger oder Menschen, denen die Gesellschaft anderer zuviel ist.

Angst vor Krebs →Krebs

⁎ *Angst beeinträchtigt Entscheidungsfähigkeit →Nr. 20/28*

⁎ *Angst durch mangelndes Selbstvertrauen →Nr. 19/20*

⁎ *Angst macht beeinflußbar →Nr. 20/33*

* *Angst mit Kurzschlußgefahr →Nr. 2/6*
* *Angst und Erschöpfung →Nr. 20/23*
* *Angst vor Einsamkeit macht aufdringlich →Nr. 14/20*
* *Angst vor Schuld →Nr. 20/24*
* *Angst vor Unsauberkeit →Nr. 10/20*
* *Angst vor der Zukunft bewirkt Flucht in die Vergangenheit →Nr. 16/20*
* *Angst wird überspielt oder geheimgehalten →Nr. 1/20*
* *Angstkonflikt, schwer →Nr. 6/20*
* *Angstpanik, absolut →Nr. 2/26*
* *Ängste führen zu Kontaktproblemen →Nr. 2/34*
* *Ängste werden überspielt oder verdrängt →Nr. 1/2*
* *Ängste, heimliche →Nr. 1/2*
* *Ängstliche Depressionen →Nr. 2/21*
* *Ängstliche Unterwürfigkeit →Nr. 4/20*
* *Ängstliche Unsicherheit →Nr. 5/20*
* *Ängstliches Anklammern →8/20*
* *Ängstliche Gereiztheit →Nr. 15/20*
* *Ängstliche Unruhe →Nr. 18/20*
* *Ängstliche Überfürsorge →Nr. 20/25*
* *Ängstliche Zwangsgedanken →Nr. 20/35*

Ängstlichkeit, allgemeine: Mimulus

* *Ängstlichkeit macht unnatürlich tolerant →Nr. 3/20*
* *Ängstlichkeit, total →Nr. 2/20*
* *Ängstlichkeit mit Paniktendenz →Nr. 20/26*
* *Ängstlichkeit durch psychisches Trauma →Nr. 20/29*

* **Anklammern** aus Angst →Nr. 8/20

Anpassung

Wenn man in einer schwachen Position ist, muß man sich anpassen, wenn man stark ist, darf man es nicht. Dies ist ein Natur-Prinzip. Instinktiv weiß man immer, wie man sich verhalten muß.

– *übertrieben aus Willenlosigkeit: Centaury,*
  C. reduziert unnötige Anpassungstendenzen.
– *ungenügend aus Eile: Impatiens,*
  Wenn man es zu eilig hat, wird man ungeschickt und kann sich der jeweiligen Situation nicht genügend anpassen.

- *ungenügend aus Idealismus: Vervain,*
  Ideale machen genau wie Vorurteile blind und verhindern ein realitätsgerechtes Verhalten.
- *ungenügend aus Sturheit: Vine,*
  Starre Meinungen und Haltungen machen unfähig, auf die Unberechenbarkeit des Lebens zu reagieren; es ist, als wenn man geradeaus fährt, obwohl die Straße eine Kurve macht.
- *übertrieben wegen starker Beeinflußbarkeit: Walnut.*
  W. hilft, sich treu zu bleiben und den eigenen Weg zu gehen.

Anspannung → Spannungszustände

Ansteckung (Schutz gegen ...) (→ Grippe)
Solange der Körper gegen schädigende Belastungen kämpft und sich im Streß befindet, ist er immun gegen Ansteckung, und die fast überall vorhandenen Krankheits-Erreger sind unwirksam. Eine Ansteckung, das heißt ein Aktivwerden der Erreger, bedeutet, daß sich der Organismus ihrer bedient, um Entgiftungs- und Reparaturarbeiten vorzunehmen. Wenn sie aktiv werden, befindet er sich also bereits in der (parasympathischen) Heilungsphase. – Der beste Schutz gegen Ansteckung sind übrigens seelische Gesundheit, innerer Frieden und Optimismus – nach dem Motto: »Ein gesunder Mensch wird nicht krank!«
- *durch Blutreinigung: Crab Apple,*
  Schädliche Stoffe werden vermehrt ausgeschieden. C. A. wirkt besonders gut bei Menschen, die sich verunreinigt oder vergiftet fühlen.
- *durch Stärkung der Abwehr gegen negative Einflüsse: Walnut.*
  W. hilft, das gesunde innere Gleichgewicht zu erhalten.

Antriebslosigkeit (→ Schwäche)
Wenn nach einem Streß oder einer Belastung Antriebslosigkeit auftritt, bedeutet das meistens den Übergang in die parasympathische Heilungsphase, die nicht durch gewaltsame Maßnahmen (aufputschende Mittel) gestört werden sollte. Langdauernde Antriebslosigkeit dagegen ist zeigt einen Schaden an (→ Anämie, → Krankheit).

– *wegen mangelnden Selbstvertrauens: Larch,*
– *mit Depressionen: Mustard,*
Depressionen sind unterdrückte Aggressionen. Der Antriebsmangel ist die Folge von Selbstunterdrückung.
– *aus Erschöpfung: Olive,*
– *allgemein: Wild Rose.*
W. R. ist erforderlich bei allgemeiner Resignation, die meist ein gefährliches Zeichen ist; am besten in Kombination mit *Olive* (→Nr. 23/37).

Apathie →Antriebslosigkeit

Arroganz: *Water Violet* (→Stolz)
Arroganz ist oft keine Menschenverachtung, sondern eine Schutzhaltung gegen aufdringliche Menschen. Manchmal entspringt sie auch persönlicher Unsicherheit. (+ *Larch* →Nr. 19/34).

Asket: *Rock Water* (→»Heilig«)
Gesunde Selbstdisziplin bedeutet eine Beschränkung auf das Wesentliche. Die strenge Selbstkasteiung der meisten Asketen aber ist neurotisch. Sie wollen damit einen Zuwachs an persönlicher Kraft, Weisheit und Gesundheit erzwingen oder eine Schuld abtragen (+ *Pine* →Nr. 24/27).

Asthma (bronchiale) →Lungenkrankheiten

Aufdringlichkeit (→Distanz, →Missionarismus)
– *aufdringliche Hilfeleistungen oder Fürsorge: Chicory,*
– *aus missionarischem Eifer: Vervain,*
– *mit Bevormundung: Vine.*
✻ *Aufdringlichkeit aus Furcht vor Einsamkeit →Nr. 14/20*
✻ *Aufdringlichkeit bei Fürsorge oder Liebe →Nr. 8/22*

Aufgeben (zu schnell)
– *mit akutem Überforderungsgefühl: Elm,*
– *zu geringes Durchhaltevermögen: Gentian,*
– *aus Ängstlichkeit: Mimulus,*
– *aus Erschöpfung: Olive.*

Aufopfern (sich selbst) →Selbstaufopferung, →Selbstlosigkeit

Augenkrankheiten

Die Augen werden von der Psyche stark beeinflußt. Die folgenden Mittel kommen für die Behandlung in Frage. – Es gibt auch Übungen, mit denen man die Augen gesund halten oder wieder gesünder machen kann: 1.) Immer wieder abwechselnd den Blick auf ein fernes und ein nahes Ziel richten, 2.) die Augäpfel so extrem wie möglich und abwechselnd in Rechts- und Linksrichtung kreisen lassen, 3.) vor einer starken Lichtquelle die geschlossenen Augen immer wieder mit der Hand auf- und zudekken.

– *Sehschwäche:*

Wie jedes Organ, verliert auch das Auge seine Kraft und Funktionsfähigkeit, wenn es nicht adäquat benützt wird. Wenn man nicht genau hinsieht, besteht die Gefahr, daß entweder das Auge selbst oder die zum Sehvorgang gehörigen Hirnbereiche »sich verabschieden«.

– *Aspen* bei allgemeiner Lebensangst; man verschließt die Augen vor der Realität.

– *Clematis* bei Träumereien und Phantasien; man hat wenig Interesse an dem, was um einen herum passiert und richtet den Blick nach innen, auf Zukunftsträume oder Illusionen.

– *Honeysuckle* bei Trauer oder Nostalgie; statt der Lebensrealität stehen Bilder aus der Vergangenheit vor dem inneren Auge.

– *Mimulus* bei Angst vor etwas Bestimmtem; man wagt nicht mehr, genau hinzusehen (muß meist mit *Aspen* kombiniert werden).

– *Katarakt (grauer Star): Oak,*

Bei geistiger Starre oder Unnachgiebigkeit.

– *Conjunktivitis (Bindehautentzündung): Crab Apple,*

Oft wird die Bindehautentzündung durch Entzündungsherde in den Nasen-Nebenhöhlen hervorgerufen, dann wirkt C. A., als Unterstützung einer gezielten medikamentösen Therapie, blutreinigend. Bei allergischer Ursache →Allergie.

– *Glaukom (grüner Star):*
Glaukom beruht auf einer Blockierung des Flüssigkeitsaustausches im Auge, die neben chronischen Entzündungen (*Crab Apple*) vor allem durch Spannungszustände hervorgerufen werden kann. Entspannende Meditation oder Autogenes Training hat nachweislich positiven Einfluß.
– *Agrimony* bei innerer Spannung, wenn man etwas verbergen will,
– *Elm* bei plötzlichem Streß,
– *Mimulus* oder *Aspen* bei angstbedingten Verkrampfungen,
– *Oak* bei Verbissenheit und Unnachgiebigkeit,
– *Holly* bei Wut,
– *Willow* bei Verbitterung,
– *Vervain* bei dauerndem, selbsterzeugtem Streß.

Ausnützen (sich ... lassen) → Gutmütigkeit

Außenseiter → Einzelgänger

Ausweglosigkeit: *Sweet Chestnut,*
S. C. hilft bei absoluter Verzweiflung – wenn man nicht mehr weiterkann. Bei begleitenden Panikgefühlen kann man mit *Rock Rose* → Nr. 26/30 und bei vorangegangenem starkem Streß mit *Elm* → Nr. 11/30 kombinieren.

Autoritäres Verhalten
– *aufgrund von missionarischer Überzeugung: Vervain,*
– *aufgrund von intoleranter Engstirnigkeit: Vine.*

Autoritätshörigkeit → Befehlsautomatismus, → Selbstbehauptung

Bangigkeit → Ahnungen, → Angst

Bechterew → Wirbelsäule

Beeindruckbarkeit → Beeinflußbarkeit
* *Beeindruckbarkeit aus Unsicherheit → Nr. 5/33*

Beeinflußbarkeit
– *bei unterentwickelter Persönlichkeit: Centaury,*
C. verhindert, daß man sich von anderen ausnützen läßt.
– *aufgrund von Unsicherheit: Cerato,*
C. gibt mehr Vertrauen in das eigene Gefühl und macht unabhängiger von der Meinung anderer.
– *obwohl man eigentlich weiß, was man will: Walnut.*
W. hilft, sich gegen Fremdeinflüsse abzugrenzen und seinen eigenen Weg zu gehen.
✻ Beeinflußbar und unselbständig →Nr. 4/33
✻ Beeinflußbarkeit durch Mangel an Selbstvertrauen →Nr. 19/33
✻ Beeinflußbarkeit aus Ängstlichkeit →Nr. 20/33
✻ Beeinflußbarkeit durch Erschöpfung →Nr. 23/33

Befehlsautomatismus: *Centaury*
C. ist hilfreich, wenn man aufgrund einer Persönlichkeitsschwäche alles tut, was einem befohlen wird.

Begeisterung, übertriebene: *Vervain*
V. verhindert, daß man durch allzu einseitige oder übertriebene Begeisterung für eine bestimmte Sache seine übrigen Bedürfnisse und Interessen vernachlässigt oder das richtige Maß verliert.

Bekehren → Besserwisser, → Missionieren

Beleidigtsein → Verbitterung
– *aus Gier nach Gefühlsbeziehung: Chicory,*
Wer zuviel will, hat immer das Gefühl, zu wenig zu bekommen, und ist deshalb schnell beleidigt. C. normalisiert das Bedürfnis nach Zuwendung (evtl. mit *Heather* kombinieren → Nr. 8/14).
– *aus verletzter Eitelkeit: Heather,*
H. reduziert Eitelkeit oder übertriebenes Geltungsbedürfnis, so daß man sich nicht so schnell »auf den Schlips getreten« fühlt (evtl. mit *Chicory* kombinieren → Nr. 8/14).
– *aufgrund von Kontaktproblemen: Water Violet,*
W. V. hilft Menschen, die nach einer Beleidigung den Kon-

takt abgebrochen oder sich von der Welt zurückgezogen haben, wieder offener und ansprechbar zu werden. Nur so lassen sich eventuelle Mißverständnisse klären. (Oft Kombination mit *Willow* erforderlich.)

– *mit Unversöhnlichkeit oder Groll: Willow.*
W. macht versöhnlicher gegenüber den Fehltritten anderer Menschen. Wer auf eine Beleidigung verbittert reagiert, leidet doppelt.

Berufung, nicht klar genug: *Wild Oat*
W. O. hilft, den Sinn des Lebens wiederzufinden – bewußt oder unbewußt, intellektuell oder praktisch. Nur wenn man seiner Bestimmung folgt, kann man man zufrieden sein.

Bescheidenheit (→ Selbstverleugnung)
Wahre Bescheidenheit bedeutet, nur das zu nehmen, was man braucht; dabei hat man nie das Gefühl, daß einem etwas fehlt. Unwahre Bescheidenheit dagegen wird als Verzicht empfunden; sie ist Heuchelei, weil man insgeheim begehrt.

– *aus Verzichtbereitschaft: Centaury,*
C. wirkt gegen jene »bescheidene« Verzichtbereitschaft, die nur Ausdruck einer Persönlichkeitsschwäche ist.

– *statt Unmäßigkeit: Chicory,*
C. fördert echte Bescheidenheit durch Reduktion von Gier – vor allem nach Zuwendung. Man kann sich mit dem zufriedengeben, was man bekommt.

– *aus Selbstunterschätzung: Larch,*
L. ist angebracht, wenn jemand aus mangelndem Selbstvertrauen bescheiden ist. Dieses Verhalten ist nur Taktik, keine echte Bescheidenheit.

– *statt Wahllosigkeit: Scleranthus.*
S. hilft, sich richtig zu entscheiden, das heißt, sich mit dem zu bescheiden, was für einen richtig ist. Diese Hilfe brauchen alle, die zu viele Auswahlmöglichkeiten haben.

Beschönigen : *Agrimony* + *Beech* (→ Nr. 1/3)
Manche Menschen haben wegen ihres heiteren, ausgeglichenen Gemütes keine großen Probleme; andere dagegen tun nur so, weil sie sich mit ihren Schwierigkeiten nicht ausein-

andersetzen wollen. Sie verlagern die Problematik nur nach innen, wo sie dann um so mehr darunter zu leiden haben. Die Seele läßt sich nicht betrügen, sie akzeptiert immer nur die Wahrheit.

Besessenheit (→ Kopflosigkeit, → Kurzschlußhandlung, → Psychose)

Wenn wichtige Emotionen unterdrückt oder aus dem Bewußtsein verdrängt werden, können sie, je nach Qualität und Intensität, die ganze Psyche beherrschen, das Denken terrorisieren (»Psychose«) oder unkontrollierte Handlungen provozieren.

– *durch unklare Ängste: Aspen,*

Emotionen, deren Inhalt und Bedeutung nicht genügend bewußt werden, rufen oft unklare Ängste oder Panikzustände hervor. A. kann dann die gesunde Urteilskraft fördern, die Gefühle klären und innerlich wieder Ordnung schaffen.

– *psychotisch: Cherry Plum,*

C. P. ist erforderlich, wenn aufgrund von starken, unterdrückten Emotionen »Verrücktheit« oder Kurzschlußhandlungen zu befürchten sind. Manchmal hilft es auch bei bereits ausgebrochenen Psychosen; zumindest aber verbessert es die Wirkung eventuell erforderlicher Psychopharmaka.

– *durch bestimmte Gedanken: White Chestnut.*

Bestimmte Gedanken können sich, vor allem wenn sie emotional aufgeladen sind, verselbständigen und das übrige Denken solange blockieren, bis die dahinterstehende Sinnfrage geklärt ist. Meist handelt es sich dabei um eine wichtige persönliche Problematik, gegen deren Lösung man sich – meist unbewußt – sträubt, weil dies die Konfrontation mit Peinlichkeiten bedeuten würde. Manchmal steckt aber nur eine Oberflächlichkeit des Denkens dahinter. Die Psyche reduziert dann den Zugang zu tieferen geistigen Schichten auf einen bestimmten Denkinhalt, der sozusagen das Nadelöhr darstellt, durch das man hindurch muß. W. C. löst diese Zwänge und gibt dem Denken seine natürliche Vielschichtigkeit zurück. (Oft ist Kombination mit *Cherry Plum* erforderlich → Nr. 6/35.)

⁂ *Besessenheit, gedanklich → Nr. 6/35*

Besserwisser

- *mit Missionierungsdrang: Vervain,*
  V. ist für Menschen, die besser zu wissen glauben, was für andere gut ist, als diese selbst, und deshalb in deren Leben eingreifen.
- *kleinlich und humorlos: Vine.*
  Wer immer alles bis aufs I-Tüpfelchen genau weiß und neben seiner eigenen keine andere Meinung gelten lassen kann, braucht V.

Betriebsamkeit: *Vervain*

V. ist nützlich, wenn jemand aus Begeisterung oder Überzeugung zu große oder viele Aktivitäten entwickelt.

Bettnässen

Manchmal hat Bettnässen organische Ursachen, meistens aber beruht es auf psychischen Problemen, vor allem der kindlichen Sexualität (zum Beispiel Inzestwünsche, Eifersucht). Es kann auch ein unbewußter Protest gegen einen zu starken Reinlichkeitszwang sein.

- *aus Mangel an Zuwendung: Chicory,*
  C. baut gefühlsmäßige Abhängigkeiten zu den Eltern ab, so daß das Kind seine erwachende Sexualität nicht so stark an die sich ihm versagende Mutter oder den zurückweisenden Vater fixiert. C. ist auch gut bei kindlicher Eifersucht.
- *gegen Verunreinigungsgefühle: Crab Apple,*
  C. A. beseitigt das anerzogene, peinliche Beschmutzungsgefühl, das den Konflikt des Bettnässers wesentlich verstärkt. Wenn er sich wegen seiner Schwäche vor sich selbst schämt, gelingt es ihm noch schwerer, sie zu überwinden.
- *gegen die Erwartungsangst: Mimulus,*
  Insgeheim fürchtet der Bettnässer jede Nacht, daß sich sein Malheur wiederholt. M. baut diese Angst ab und beseitigt den daraus entstehenden Vollzugszwang.
- *gegen Schuldgefühle: Pine,*
  Besonders schädlich ist es, dem Bettnässer wegen seiner Schwäche Vorwürfe zu machen; wenn sie für ihn mit Schuldgefühlen verbunden wird, bekommt er keinen Abstand dazu.

Eine humorvolle, verharmlosende Bemerkung ist heilsamer als ernste Ermahnungen!

– *aus Trotz, Groll oder Verbitterung: Willow.*
Zu starker erzieherischer Druck kann den Bettnässer trotzig machen, so daß »es« gerade deshalb passiert, weil es nicht sein darf. Auch Enttäuschung oder Verbitterung wegen mangelnder Zuwendung oder (natürlich üblicherweise diskreter) sexueller Zurückweisung können solche Trotzreaktionen hervorrufen. W. ist immer dann angebracht, wenn Bettnässer aufsässig oder ablehnend reagieren.

Bevormundung → Besserwisser

Beziehungslosigkeit → Kontaktprobleme

Beziehungswahn: *Aspen*
A. ist angezeigt, wenn jemand in unsinniger Weise »gewisse«, nicht genau erklärbare Beziehungen zwischen Tatsachen herstellt, die nichts miteinander zu tun haben – vor allem, wenn sie irgendwie angsterregend für ihn sind.

Bindungsangst: *Water Violet*
W. V. macht geselliger und beseitigt krankhafte Ängste vor menschlichen Beziehungen. Es macht zwar aus einem geborenen Einzelgänger keinen Gesellschaftsmenschen, kann ihn aber aus einer übertriebenen Isolation befreien.

Blutschwäche → Anämie

Blutdruck
Die Leistungsfähigkeit des Körpers hängt davon ab, wieviel Sauerstoff und Nährstoffe vom Blut in die Zellen transportiert werden. Hierzu ist, wie bei einer Wasserleitung, ein ausreichender Druck in den Adern, der sogenannte Blutdruck, erforderlich. Wenn der Körper viel leisten muß, erhöht er den Blutdruck; andererseits ist er leistungsunfähig, wenn dieser aus irgendwelchen Gründen zu niedrig ist.

– *Niedriger Blutdruck (Hypotonie)*
Oft bestehen Blässe, Schwäche, Schwindel oder Müdigkeit.

– *Clematis* bei Neigung zu Tagträumereien. Wer wenig an der aktiven Gestaltung seines realen Lebens interessiert ist, ist auch nicht auf Leistung eingestellt.
– *Clematis* bei Neigung zu Ohnmacht. C. kommt immer in Frage, wenn das Bewußtsein getrübt ist.
– *Larch* bei geringem Selbstvertrauen. Wenn man sich nichts zutraut, stellt sich der Körper auf geringe Leistung und niedrigen Blutdruck ein.
– *Olive* bei allgemeiner Erschöpfung.
– *Wild Rose* bei allgemeiner Interesselosigkeit. Wenn man sich resigniert durchs Leben treiben läßt, braucht man keine leistungsfähige Durchblutung.

– *Hoher Blutdruck (Hypertonie)*
Hypertonie geht oft mit Hautrötung und allgemeiner Aktivität einher. Sie kann zu Kopfschmerzen, Schwindel, Benommenheit, Schlaflosigkeit, bei langer Dauer auch zu Verkalkung, Schlaganfall oder Angina pectoris führen.
– *Aspen* bei untergründigen Ängsten; man steht ständig unter innerlichem Druck.
– *Cherry Plum* bei starkem emotionalem Druck.
– Holly bei Wut, Gereiztheit, Ärger. Der Volksmund sagt dazu: »Das Blut gerät in Wallung.«
– *Impatiens* bei starker Ungeduld, Eile oder Rastlosigkeit.
– *Oak* für Menschen, die nie auf- oder nachgeben können; sie setzen sich selbst unter Dauerdruck, weshalb bei ihnen die Gefahr von Arterienverkalkung besteht.
– *Vervain* bei übertriebener Aktivität und Einsatzbereitschaft.
– *Willow* bei Verbitterung oder Groll mit innerem Dauerdruck.

Darmkrankheiten

– Durchfall
– durch Angst: *Aspen* (unheimlich, allgemein), *Mimulus* (klarer Grund), *Rock Rose* (Panik),
– durch unglückliche Lebensbedingungen: *Star of Bethlehem.*
– Verstopfung
– durch Verkrampfung: *Agrimony*,

- durch Angst: *Aspen* (unheimlich, allgemein), *Mimulus* (klarer Grund),
- durch Zwangsmoral und Schuldgefühle: *Crab Apple + Mimulus*,
- durch Verbissenheit oder Verbohrtheit: *Oak*,
- aus Schwäche: *Olive + Wild Rose*,
- zur allgemeinen Reinigung: *Crab Apple*.

Dankbarkeit (→ Undankbarkeit)

Echte und natürliche Dankbarkeit besteht darin, sich über ein Geschenk oder eine Wohltat spontan und unbeschwert zu freuen, ohne sich dadurch zu Gegenleistungen verpflichtet zu fühlen. Dies ist schwieriger, als man glauben möchte, da in der sozialen Gemeinschaft die meisten Geschenke bezweckt sind, das heißt, den Beschenkten in eine Abhängigkeit bringen oder zu einer Gegenleistung verpflichten sollen. Aus diesem Geist entspringt die übliche, falsche Dankbarkeit; in ihr drückt sich einerseits das Gefühl aus, das Erfreuliche eigentlich nicht verdient zu haben, und andererseits die Angst, es wieder entzogen zu bekommen, wenn man sich nicht »dankbar« (und unterwürfig) zeigt.

- *geheuchelt: Agrimony,*

  Wer Dankbarkeit zu heucheln pflegt, weil er Angst hat oder sich davon Vorteile verspricht, braucht A. Es hilft, ehrlicher und offener zu werden.
- *falsche: Pine.*

  Der »christlich« erzogene Mensch mit seinen permanenten Schuldgefühlen fühlt sich immer zu irgendeinem »Dank« (Gegenleistung oder Unterwürfigkeit) verpflichtet; denn er fürchtet, daß ihm sein Gott sonst zürnt. Diese Haltung macht es ihm schwer, echte, freie Lebensfreude (die identisch mit natürlicher Dankbarkeit ist) zu empfinden. P. baut Schuldgefühle ab, die solch falsche Dankbarkeit erzwingen.

Demut, unechte (→ Dienen, → Unterwürfigkeit)

Echte Demut bedeutet, sich widerstandslos und freudig jener »göttlichen« Instanz, die alles erschafft und lenkt, anzuvertrauen, weil man weiß, daß sie es gut meint und weil man seine eigene Beschränktheit erkennt. Falsche Demut dagegen ist eine Unterwerfung, die man – sozusagen zähneknirschend – nur aufgrund der eigenen Schwäche vollzieht; man will sich damit das Wohlwollen dessen (zum Beispiel »Gott«) erkaufen, dem man sich »demütig« zu unterwerfen vorgibt.

– *aufgrund unentwickelter Persönlichkeit: Centaury,*
C. entwickelt ein Bewußtsein dafür, eigene Rechte und Bedürfnisse zu besitzen; erst dann ist echte, freiwillige Demut möglich.

– *aus Schuldgefühl: Pine,*
P. baut das Schuld-Denken ab, das unechte Demut hervorruft.

– *aus apathischer Schicksalsergebenheit: Wild Rose,*
W. R. wirkt gegen dumpfe, resignierte Ergebenheit, die manchmal als Demut mißverstanden wird.

– *wird von anderen verlangt: Vine.*
Religiöse Dogmatiker, die von anderen Demut verlangen, wollen im Grunde nur die Unterwerfung unter ihre eigenen Überzeugungen.

Demütigung, Folgen von: *Heather*
Wer eitel ist, kann leicht gedemütigt werden. H. reduziert Eitelkeit. Oft ist Kombination mit *Larch* erforderlich.

* *Demütigung hinterläßt psychisches Trauma →Nr. 14/29*

Denkzwänge (→Zwangsdenken)

Depression (→Kapitel I: *Mustard*)

– *Basisbehandlung: Mustard,*
Depressionen entstehen, wenn lebenswichtige Impulse oder Bedürfnisse, von denen die Lebensfreude abhängt, unterdrückt werden. Das Ausmaß der Depression entspricht der Stärke der Unterdrückung, so daß man sagen kann, daß gerade die depressivsten Menschen potentiell zur intensivsten Lebensfreude fähig sind. – Wenn die Gründe für die Depression bekannt und verständlich sind, spricht man von reaktiver Depression (= Reaktion auf unerfreuliche Lebensumstände), wenn sie nicht erklärlich ist, von endogener Depression (= aus dem Inneren der Seele stammend). Die re-

aktive Depression läßt sich oft durch Beseitigung der deprimierenden Umstände aufheben, die endogene aber verlangt eine grundlegende Sanierung des gesamten Weltbildes und Selbstverständnisses. Diese gelingt nicht, wenn der Depressive dem Therapeuten den Zugang zu seinem Seelen-Inneren verwehrt oder wenn er seelisch gebrochen ist. – Eine nicht zu unterschätzende Rolle spielt hier auch die körperliche Verfassung; vor allem Leberkrankheiten können eine depressive Grundstimmung erzeugen (Melancholie). – M. ist das Basismittel; es sollte bei Bedarf durch eines der folgenden Mittel ergänzt werden.

– *aus Angst: Aspen,*
A. hilft, wenn man aufgrund unklarer, untergründiger Ängste seine Lebensfreude verloren hat.

– *durch Ratlosigkeit: Cerato,*
C. ist für Menschen, die deswegen unzufrieden oder deprimiert sind, weil sie ihrer eigenen Meinung nicht trauen und nie wissen, wie sie sich verhalten sollen.

– *durch Selbstablehnung: Crab Apple,*
Wenn man sich unrein, vergiftet oder besudelt fühlt, wird man deprimiert.

– *durch Mißerfolg (»reaktiv«): Gentian,*
G. hilft bei jener Depression, die durch Mißerfolg oder »Pech« hervorgerufen wird, weil es eine optimistische Erwartungshaltung gibt.

– *durch mangelnde Anerkennung: Heather,*
H. hilft, wenn das Bedürfnis nach Anerkennung oder Beliebtheit so übersteigert ist, daß es nie richtig befriedigt werden kann und traurig macht.

– *durch unterdrückte Aggression: Holly,*
Wenn Aggressionen oder Wut unterdrückt werden, entwikkeln sich oft Depressionen. H. reduziert Aggressionen.

– *durch Versagensangst: Hornbeam,*
H. beseitigt das – oft schwermütig stimmende – Gefühl, den täglichen Aufgaben nicht gewachsen zu sein.

– *durch ungenügendes Selbstvertrauen: Larch,*
Wer sich selbst zu wenig zutraut und deshalb immer wieder Verzicht leistet, wird mit der Zeit verdrießlich, traurig oder depressiv. L. hebt das Selbstvertrauen.

- *ohne Grund (»endogen»): Mustard,*
  M. ist speziell für die endogenen, unerklärlichen und aus heiterem Himmel auftretenden Depressionen bestimmt.
- *aus Schwäche: Olive,*
  Erschöpfung (besonders Herzschwäche) fördert die Entwicklung von depressiven Stimmungen. O. verbessert die Stimmung, indem es mehr Kraft gibt.
- *aus Schuldgefühl: Pine,*
  Schuldgefühle vergiften das ganze Denken und Fühlen und machen deprimiert.
- *durch übertriebene Sorgen: Red Chestnut,*
- *durch einen unverarbeiteten Schock oder ein unerträgliches Lebensproblem: Star of Bethlehem,*
  Wer mit dem Leben nicht Frieden schließen, erschütternde Erlebnisse nicht sinnvoll verarbeiten oder belastende Lebensumstände nicht mit Optimismus ertragen kann, wird depressiv. Mit S. o. B. sieht man das Unangenehme positiver.
- *mit äußerster Verzweiflung: Sweet Chestnut,*
- *mit Resignation und Interesselosigkeit: Wild Rose,*
- *durch fehlenden Lebenssinn: Wild Oat.*
  Unsere Bewußtheit verlangt von uns, unser Leben in einen sinnvollen Zusammenhang zu setzen. Andernfalls fehlt es uns an positiver Motivation und Optimismus. W. O. hilft, einen Sinn im Leben zu finden.

✻ *Depressionen durch unerfüllte Liebe →Nr. 8/21*
✻ *Depressionen und Verstimmungen →Nr. 12/21*
✻ *Depressionen durch Hoffnungslosigkeit →Nr. 13/21*
✻ *Depression durch Ablehnung und Einsamkeit →Nr. 14/21*
✻ *Depressionen durch Verlust →Nr. 16/21*
✻ *Depression durch Erschöpfung →Nr. 21/23*
✻ *Depression durch Schuldgefühle Nr. 21/24*
✻ *Depression durch Sorgen →Nr. 21/25*
✻ *Depressionen durch psychisches Trauma →Nr. 21/29*
✻ *Depressionen machen ungesellig →Nr. 21/34*
✻ *Depression aus Sinnlosigkeit →Nr. 21/36*
✻ *Depressive Resignation →Nr. 21/37*
✻ *Depressionen durch Verbitterung →Nr. 21/38*

Dienen: *Centaury* (→ Demut, → Unterwürfigkeit)
Dienen ist nur aus einer positiven Motivation heraus wertvoll. Da die beste Motivation die eigene Lebensfreude ist, bedeutet dies, daß man sich in den Dienst einer als gut empfundenen Sache stellt oder durch eine hilfreiche Handlung Freude erzeugt. Dienen, richtig verstanden, bedeutet kraftvolles, positives Handeln um höherer Werte willen. Wer dagegen aus Persönlichkeitsschwäche in eine dienende oder unterwürfige Rolle geraten ist, gegen die er sich normalerweise wehren würde, braucht C., um das entwürdigende Spiel beenden zu können.

Distanz → Aufdringlichkeit, → Einsamkeit, → Einzelgänger, → Kontaktbedürfnis, → Kontaktprobleme

Disziplin (zu hart und lebensfremd)
Der Sinn der Disziplin besteht in Lebensverbesserung, -erhaltung und -freude. Sie sollte daher nicht um ihrer selbst praktiziert werden und stets eine angemessene Portion Gefühl und Flexibilität in sich tragen.
– *sich selbst gegenüber: Rock Water,*
Menschen, die sich selbst so stark unter Druck setzen, daß sie sich und anderen keine Lebensfreude mehr gönnen können, brauchen R.W.
– *gegenüber anderen: Vine.*
Wer zu streng zu anderen ist, braucht V. Es ist gut für Erzieher, die in den ihnen Anvertrauten nur Objekte statt Subjekte sehen können, und für Eltern, die ihren Kindern zuviel Ordnung oder Moral abverlangen.

Dogmatismus
Ein Dogma ist eine Idee, die zur allgemein verbindlichen Richtlinie erklärt wurde. Es übt dadurch oft einen starken (teilweise sogar verführerischen) Zwang aus, daß es dem Leben seine so überaus komplizierte Vielfältigkeit nimmt und dem, der es befolgt, die schwere Arbeit der Wahrheitsfindung erspart. Sein Effekt entspricht dem einer Scheuklappe. Ein Dogma blind anzuerkennen, ist oft leichter, als aus der verwirrenden Komplexität der Realität den richti-

gen Weg herauszuarbeiten und unabgesichert vorwärts zu gehen. Dieser Vorteil ist aber – bezogen auf die persönliche geistige Entwicklung – ein schwerer Nachteil, denn er führt zu einer Beeinträchtigung der Selbstverantwortlichkeit, der autonomen Lebensfähigkeit und der Gefühlsfähigkeit. Dogmen findet man immer im Gefolge von geistig-seelischen Störungen – sowohl bei denen, die sie befolgen, als auch bei denen, die sie anderen aufzwingen. Im ersten Fall besteht ein Mangel an persönlicher Reife, im zweiten Fall geistige Starre, Einseitigkeit und ungenügende Selbstkritik. Mit den folgenden Mitteln kann man dem Hang zum Dogmatismus entgegenwirken.

– *wird akzeptiert: Centaury, Pine,*
  – *Centaury* ist für Menschen, die keine eigene Lebenslinie haben und so ans Gehorchen gewöhnt sind, daß Dogmen in ihrem Leben einen wichtigen Ordnungsfaktor darstellen.
  – *Pine* hilft denjenigen, die Schuldgefühle bekommen, wenn sie sich gegen die Obrigkeit auflehnen. Das Dogma verlangt ja unbedingte Unterwerfung und ist meistens mit irgendwelchen Strafdrohungen bei Nichtbefolgung verknüpft. P. reduziert den Zwang, sich anderen gegenüber zu verantworten.

– *wird praktiziert: Rock Water, Vine.*
  – *Rock Water* befreit vom inneren Zwang, sich selbst mit Regeln und Dogmen zu disziplinieren. Man kann mehr entsprechend seinen wirklichen Bedürfnissen leben, statt nach theoretischen Vorstellungen oder Idealen.
  – *Vine* ist für sture, engstirnige Menschen, die ihre eigene Meinung für der Weisheit letzten Schluß halten und sie anderen aufzwingen. Sie werden flexibler, toleranter und pragmatischer.

✻ *Dogmatischer Leistungszwang →Nr. 22/32*
✻ *Dogmatisches Zwangsdenken →Nr. 32/35*

Drogenmißbrauch

Drogen haben den Zweck, außergewöhnliche Zustände oder Illusionen hervorzurufen. Sie werden daher von Menschen benützt, die mit ihrem Leben nicht zurechtkommen oder unzufrieden sind. Auch Alkohol und Psychopharmaka sind in diesem Sinne Drogen, wenn man ohne sie das Leben nicht ertragen kann.

- *zur Kompensation innerer Nöte: Agrimony,*
  A. hilft, persönliche Probleme auszudrücken oder auszuleben. Menschen, die dies nicht können, geraten oft unter qualvollen inneren Druck, den sie sich durch Drogen und vor allem Alkohol zu erleichtern versuchen. »Wer Sorgen hat, hat auch Likör», heißt es. Alkohol hilft, Probleme zu verdrängen und die Welt durch die rosarote Brille zu sehen.
- *bei Flucht in die Illusion: Clematis,*
  C. wirkt gegen die Versuchung, die nüchterne Gegenwart durch schöne Träume zu ersetzen, wofür oft Drogen eingesetzt werden.
- *um das Leben zu ertragen: Star of Bethlehem.*
  S.o.B. hilft, belastende Lebensbedingungen oder schreckliche Erlebnisse zu verkraften, die man sonst durch Drogen – vor allem Alkohol – überspielt oder verdrängt. Kombination mit *Agrimony* kann sinnvoll sein.

Durchdrehen, kurz vor dem: *Cherry Plum* (→Besessenheit, →Psychosen)

C.P. wird benötigt, wenn jemand aufgrund von unterdrückten Emotionen oder Trieben (zum Beispiel Sexualität) so unter innere Hochspannung geraten ist, daß die Gefahr einer Kurzschlußhandlung besteht.

✻ *Durchdrehen bei Panik →Nr. 6/26*

Durchhaltekraft

- *zu wenig: Gentian,*
  G. wirkt gegen Schwarzseherei und Mutlosigkeit und verhindert dadurch unnötiges oder vorzeitiges Aufgeben.
- *zuviel: Oak.*
  O. hilft, wenn die Fähigkeit, unter widrigen Umständen durchzuhalten, zum sinnlosen Zwang entartet. Man wird fähig, das Verhältnis zwischen Aufwand und Effekt vernünftiger einzuschätzen und, falls es zu ungünstig ist, auch einmal nach- oder aufzugeben.

Egoismus (→ Egozentrik, → Verzicht)

Der Begriff Egoismus hat eine positive und eine negative Bedeutung. Im positiven Sinne bedeutet er, daß man mit natürlicher Selbstverständlichkeit seine Lebensrechte und -bedürfnisse bejaht, befriedigt und notfalls verteidigt. Dabei nimmt man, soweit dadurch nicht die eigene Selbstverwirklichung gefährdet ist, auch auf die Rechte aller anderen Lebewesen Rücksicht. In seiner negativen Ausprägung dagegen führt Egoismus dazu, daß man das Recht anderer auf Selbstverwirklichung mißachtet und gefühllos für ihre Lebensfreude wird. Der typische Egoist denkt nur an sich selbst und beansprucht mehr, als ihm zusteht und als er braucht. Da diese Haltung unnatürlich, sinnlos und unwahrhaftig ist, erzeugt sie Leid. Sie macht nicht nur unzufrieden und gierig, sondern provoziert auch Haß und Neid. Daher sollte man darauf achten, im Nehmen – aber auch im Geben! – stets das richtige Maß einzuhalten.

– *zu wenig: Centaury, Larch, Star of Bethlehem,*

– *Centaury* ist gut für jene Menschen, die das Gefühl für ihr Recht auf Selbstverwirklichung verloren haben und ihr Leben in den Dienst anderer stellen, ohne selbst davon seelisch bereichert zu werden. Ihre Selbstlosigkeit entspringt überwiegend einer Persönlichkeitsschwäche und nicht einer bewußten, tatkräftigen Menschenfreundlichkeit; dadurch bekommt sie einen krankhaften Charakter und ruft bei anderen Menschen rücksichtslosen Egoismus hervor (→ Erpressung).

– *Larch* ist dann hilfreich, wenn man nicht genügend Selbstvertrauen besitzt, um sich mit gesundem Egoismus das vom Leben zu nehmen, was einem zusteht.

– *Star of Bethlehem* kann mit *Larch* oder *Centaury* kombiniert werden, wenn ein unverarbeitetes seelisches Trauma daran beteiligt ist.

– *zu viel: Chicory.*

C. wirkt jenem gierigen Egoismus entgegen, der Eifersucht, Neid und Mißgunst hervorruft. Jeder, der das Gefühl hat, nicht genug zu bekommen, braucht C. Besonders gilt dies für alle Gefühls-Bedürfnisse (»Liebe«). Eine Kombination mit *Holly* ist bei aggressiven Reaktionen erforderlich; bei Groll oder Verbitterung sollte *Willow* hinzugefügt werden.

Egozentrik (→Egoismus)

Egozentrische Menschen halten sich für den Mittelpunkt der Welt. Sie beziehen alles, was sie erleben oder tun, unmittelbar auf sich selbst und leben sozusagen um ihrer selbst willen. Zwar ist dies bis zu einem gewissen Grade natürlich – denn das Bewußtsein des Menschen entsteht aus dem, was er am eigenen Leibe erlebt, und in seinen Mitmenschen erkennt er nur das, was er in sich trägt –, doch hat sich bei ihnen der Schwerpunkt zwischen »Ich« und »Du« zu sehr ins eigene Zentrum verschoben. Ihr Seelenleben ist aufgrund mangelnder Kommunikation verarmt und ihre menschlichen Beziehungen durch ungenügende Anteilnahme kalt oder feindselig geworden.

– *zu sehr aufs eigene Image bedacht: Heather,*
  Wer seine Mitmenschen vor allem als Hintergrundskulisse für die eigene Person oder als applaudierendes Publikum betrachtet, braucht H.
– *zu starkes Interesse an sich selbst: Rock Water,*
  R.W. wird benötigt, wenn jemand sich zu sehr und zu einseitig um die eigene Vervollkommnung kümmert, denn er verliert dabei das Gefühl für die Relativität aller Werte.
– *zu sehr auf eigene Ideen fixiert: Vervain,*
  V. ist für Menschen, die ihre eigenen Erkenntnisse überbewerten und sie ständig anderen aufzudrängen versuchen.
– *zu selbstgerecht und selbstüberzeugt: Vine,*
  Wer neben seiner eigenen Meinung keine andere gelten lassen kann, braucht V.
– *zu selbstgenügsam und kontaktarm: Water Violet.*
  W.V. ist angebracht, wenn jemand sich so sehr in seine eigene Welt zurückgezogen hat, daß seine menschlichen Kontakte verarmen. Kombination mit *Rock Water* kann angebracht sein (Nr. 27/34).

Ehrgeiz (→Leistungszwang)

Ehrgeiz ist wie ein rassiges Pferd: solange man es beherrscht, bringt es einen schnell ans Ziel; kann man es aber nicht mehr zügeln, so geht es mit einem durch und bricht einem eventuell das Genick. Ohne einen gewissen Ehrgeiz kann man nicht in der konkurrierenden menschlichen Gemeinschaft bestehen; wenn ihm allerdings das spielerische Element fehlt, mit dessen Hilfe man auch Mißerfolge verkraften kann, wird er gefährlich.

– *hinsichtlich der gesellschaftlichen Position: Heather,*
H. reduziert die soziale Eitelkeit, so daß man sich mit der Position, die einem zusteht, zufriedengeben kann.

– *unbezähmbar und krankmachend: Oak.*
Menschen, die O. brauchen, können nicht nach- oder aufgeben, wenn sie einmal ein Ziel ins Auge gefaßt haben.

Eifersucht

Eifersucht findet man bei Mensch und Tier. Sie gehört zu den grundlegenden Reaktionen der lebendigen Natur und ist die instinktive Antwort auf eine existenzielle Bedrohung. Man reagiert eifersüchtig, wenn einem etwas genommen oder vorenthalten wird, das man zum Leben braucht. Für den Säugling ist es lebensgefährlich, die Liebe der Mutter und damit die Lebensgrundlage streitig gemacht zu bekommen, und für den erwachsenen Menschen ist es existenzbedrohend, das Wohlwollen und die Zuwendung jener zu verlieren, von denen er materiell, geistig oder emotional abhängt. Dann reagiert man aggressiv und versucht, seine Rechte zu verteidigen. Trotz dieser natürlichen Berechtigung verliert die Eifersucht aber dann ihren lebenssichernden Sinn, wenn sie übertrieben wird oder unbegründet ist. Unmäßige Besitzgier oder krankhafte Ängstlichkeit führen oft dazu, daß man sich stärker bedroht fühlt, als man es tatsächlich ist, und schärfer – das heißt eifersüchtiger – reagiert, als angemessen ist. »Eifersucht ist eine Leidenschaft, die mit Eifer sucht, was Leiden schafft!«

– *aufgrund übermäßigen Wunsches nach Zuwendung: Chicory,*
C. reduziert jenes krankhafte »Liebes«-Bedürfnis, das schon bei kleinen Einschränkungen unangemessene Eifersucht bewirkt. Kinder brauchen es oft. Kombination mit *Holly* (Nr. 8/15) oder *Willow* (Nr. 8/38) kann günstig sein.

– *aggressiv: Holly.*
  Wenn jemand seine Eifersucht auf aggressive Weise auslebt, braucht er H.

Eigenliebe → Egozentrik

Eile → Ungeduld

Einbildungen, ängstlich: *Aspen*
  Einbildungen sind schädlich, weil sie den klaren Blick auf die Wirklichkeit verlegen und die Lebenstüchtigkeit beeinträchtigen. Sie entstehen durch Erkrankungen des Gehirns oder durch starken emotionalen Streß.

Einsamkeit (→ Einzelgänger, → Kontaktprobleme)
  Einsamkeit entsteht aus einem Mangel an lebendigen Kontakten – zu Menschen, Tieren oder auch Pflanzen. Der Bedarf hieran ist sehr unterschiedlich: Introvertierte Menschen brauchen nur wenige Ansprechpartner, extrovertierte dagegen viele, und während dem einen sein Hund genügt, braucht der andere immer große Gesellschaft. Einsamkeit ist weniger eine Frage der Kontaktmöglichkeiten als vielmehr die Folge einer Kontaktunfähigkeit. Selbst in Gesellschaft vieler Menschen kann man sich vereinsamt und ausgestoßen fühlen, weil man die Kluft zu ihnen nicht überwinden, das heißt, sich selbst nicht einbringen kann. Wer einsam ist, sollte – anstatt sich darüber zu beklagen oder sich deswegen zu bemitleiden – zunächst den Kontakt zu sich selbst suchen. Nur wer sich selbst versteht, kann auch seine Mitmenschen verstehen und Gefühle oder Gedanken mit ihnen austauschen.
– *durch mangelnde Offenheit: Agrimony,*
  Wer es nicht wagt, sich so zu zeigen, wie er tatsächlich ist, und statt dessen immer nur eine künstliche Fassade präsentiert, bekommt keinen echten Kontakt zu anderen Menschen. Trotz oberflächlicher Beziehungen wird er einsam und unglücklich. A. macht ehrlicher und natürlicher. Oft ist Kombination mit *Water Violet* erforderlich.
– *durch Gier nach Gefühlsbeziehungen: Chicory,*

Ein übertriebener Wunsch nach Gefühlsbeziehungen wirkt abstoßend, weil er einengt und fesselt; dadurch werden gerade jene Menschen, zu denen man gerne einen innigen Kontakt hätte, vertrieben.

– *durch übertriebenes Sauberkeitsbedürfnis: Crab Apple,*
Das Leben ist keine »saubere« Angelegenheit. Sauberkeitsfanatismus erzeugt nicht nur eine Atmosphäre von Sterilität, sondern kann auch anderen Menschen so auf die Nerven gehen, daß sie sich zurückziehen.

– *durch Eitelkeit: Heather,*
Krankhafte Eitelkeit oder Wichtigtuerei stoßen andere Menschen ab und machen dadurch einsam.

– *durch Mißtrauen: Holly,*
Wer kein Vertrauen zu anderen hat, schließt sie aus seinem Leben aus und wird einsam.

– *durch Trauer: Honeysuckle,*
Wenn man Vergangenem oder Verlorenem nachtrauert, ist man von der Gegenwart, in der ja das Leben stattfindet, abgeschnitten und vereinsamt.

– *durch Ungeduld: Impatiens,*
Eile oder Ungeduld können einsam machen, weil sie den Kontakt zu langsameren Menschen stören.

– *durch Angst: Mimulus,*
Ängstliche Menschen fühlen sich schnell einsam, weil sie sich vom »riskanten« Leben oder von »gefährlichen« Menschen fernhalten. M. macht ihnen Mut, die Fühler wieder auszustrecken.

– *durch schlechte Laune: Mustard,*
Schlechte, depressive Stimmungen machen ungesellig und stoßen andere Menschen ab. Dadurch kann Einsamkeit entstehen.

– *durch Erschöpfung: Olive,*
Große Erschöpfung reduziert die Kontaktfähigkeit.

– *durch Schuldgefühl: Pine,*
Schuldgefühle beeinträchtigen die menschlichen Beziehungen; man fühlt sich ausgestoßen und wird einsam.

– *mit totaler Verzweiflung: Sweet Chestnut,*

– *durch Einzelgängerei oder Distanziertheit: Water Violet.*

* *Einsamkeit durch Ehrgeiz →Nr. 22/34*

Einseitigkeit

Einseitigkeit ist nützlich, um schnell ein bestimmtes Ziel zu erreichen, macht aber unfähig, auf die Veränderlichkeit des Lebens und die Vielseitigkeit der menschlichen Natur adäquat zu reagieren. Fehler und Ungerechtigkeit sind die unausweichliche Folge.

– *bei Zielstrebigkeit: Oak,*
  O. hilft, wenn man sich zu sehr in einen unausführbaren Plan verbissen hat und keine Alternative mehr sehen kann.
– *bei absoluter Überzeugung: Vervain,*
  V. ist nützlich, wenn jemand monoman anderen Menschen seine Erkenntnisse aufzudrängen versucht.
– *bei intoleranter Rechthaberei: Vine.*
  V. sollte man sturen Dogmatikern geben, die nur ihre eigene Meinung gelten lassen können.

Einzelgänger (→ Einsamkeit, → Kontaktprobleme)

Einzelgängerei ist eine natürliche Eigenschaft introvertierter Menschen. Da sie alles, was sie erfahren und erleben, verinnerlichen, brauchen sie viel Ruhe und Zeit für sich. Wenn sich dieses Verhalten aber infolge schwerer seelischer Belastungen so steigert, daß sie es nicht mehr kontrollieren können und ihre Kontaktfähigkeit verlieren, oder wenn ein von Natur aus geselliger Mensch auf einmal die Gesellschaft anderer meidet, ist es krankhaft und behandlungsbedürftig.

– *aus Ungeduld oder Eile: Impatiens,*
  I. ist für eilige Menschen, die sich durch die Langsamkeit anderer behindert fühlen und daher lieber alles alleine machen.
– *zum Zweck der persönlichen Vervollkommnung: Rock Water,*
  R.W. macht jene Menschen wieder geselliger, die sich in übertriebener Weise von allem, was sie für schädlich oder korrupt halten, distanzieren.
– *mit Kontaktstörung: Water Violet,*
  W.V. ist hilfreich, wenn man aus einer Unfähigkeit, auf andere Menschen zuzugehen, zum Außenseiter wird.
– *aus Verbitterung: Willow.*
  Menschen, die aus Enttäuschung oder Verbitterung zu Einzelgängern geworden sind, obwohl sie früher gesellig waren, finden mit W. wieder zu einem normalen, versöhnlichen Ver-

halten zurück. Oft ist Kombination mit *Water Violet* erforderlich.

Eitelkeit: *Heather* (→ Minderwertigkeitsgefühl)
Sich schön, beliebt oder bedeutend fühlen zu wollen, ist eine gesunde Funktion der Psyche; wir werden dadurch zu positivem, sozialem Verhalten motiviert. Erst wenn dieser Wunsch Leid erzeugt, weil er übertrieben und unrealistisch ist, aus Angst vor gesellschaftlicher Ablehnung zwanghaft wird oder das menschliche Zusammenleben gefährdet, kann man von Eitelkeit in ihrem üblichen, negativen Sinne sprechen. H. kann das Bedürfnis nach Geltung, Anerkennung oder Bewunderung auf ein normales, von der Umwelt geduldetes Maß abbauen und die Angst vor Blamage oder Demütigung reduzieren.
✻ *Eitle Jugendlichkeit →Nr. 14/16*
✻ *Eitles Zwangsdenken →Nr. 14/35*

Eiter → Hautkrankheiten

Ekel: *Crab Apple*
Ekel kann eine gesunde Instinktreaktion oder die Folge einer Überempfindlichkeit sein. In diesem Falle hilft C. R.
✻ *Ekel, krankhaft →Nr. 10/29*

Ekzem → Hautkrankheiten

✻ **Entmutigt** und erschöpft Nr. 12/23

Entscheidungsschwäche
Manchen Menschen fällt es von Natur aus schwer, sich für etwas definitiv zu entscheiden, weil sie die Gabe haben, die verschiedenen und widersprüchlichen Seiten einer Sache zu sehen; sie können sich immer erst in einem komplizierten Bewußtwerdungsprozeß zu einem definitiven Entschluß oder wenigstens einem Kompromiß durchringen. Sie repräsentieren das Prinzip der Justitia, der Gerechtigkeit, die vor einem Urteilsspruch erst das Für und Wider sorgfältig gegeneinander abwägt. Aber auch bei ihr muß sich schließlich

die Waagschale auf eine Seite senken, denn ohne Entscheidung ist kein Leben, kein Handeln möglich.

- *durch Unklarheit: Cerato,*
  C. ist für Menschen, deren Angst vor Fehlern so groß ist, daß sie ihrem eigenen Gefühl nicht trauen und sich überall abzusichern versuchen. Dabei werden sie meist mit so vielen gegensätzlichen Meinungen konfrontiert, daß sie erst recht nicht wissen, was sie tun sollen.
- *durch Pessimismus: Gentian,*
  G. verhindert, daß man sich durch Mißerfolge zu schnell entmutigen läßt und dadurch unfähig wird zu entscheiden, wie man weitermachen soll.
- *durch mangelndes Selbstvertrauen: Larch,*
  Ungenügendes Vertrauen in die eigene Kritik- und Handlungsfähigkeit führt oft dazu, daß man weder Entscheidungen noch Entschlüsse zu treffen wagt.
- *durch geistige Sprunghaftigkeit: Scleranthus,*
  S. ist das Basismittel bei Entscheidungsproblemen. Es hilft vor allem, wenn man sich nicht zwischen mehreren Alternativen entscheiden kann.
- *bei fehlendem innerem Konzept: Wild Oat.*
  Wem ein Lebenskonzept oder eine klare Perspektive fehlt, der weiß oft nicht, welchen Weg er einschlagen oder wie er sich entscheiden soll. W. O. bringt Klarheit ins Leben.

✻ *Entscheidungsschwäche durch allgemeine Ängste →Nr. 2/28*
✻ *Entscheidungsschwäche durch Unsicherheit →Nr. 5/28*
✻ *Entscheidungsschwäche durch Tagträumereien →Nr. 9/28*
✻ *Entscheidungsschwäche durch bestimmte Ängste →Nr. 20/28*

Entschlußlosigkeit → Entscheidungsschwäche

Entsetzen: → Ahnungen, → Angst, → Panik, → Schock

Enttäuschung

Wenn man erkennen kann, daß eine Enttäuschung von einer Täuschung befreit (daß sie also im Grunde ein positives Ereignis ist), kann man sie schneller überwinden und wird sich in Zukunft vielleicht nicht mehr so leicht täuschen.

- *durch Mißerfolge: Gentian,*

G. macht optimistischer, so daß man bei Mißerfolgen nicht gleich enttäuscht die Flinte ins Korn wirft.

– *mit Verbitterung: Willow.*
Wenn eine Enttäuschung verbittert hat, kann W. wieder versöhnlich stimmen.

Entwicklungsstörungen

Wenn sich Kinder nicht richtig entwickeln, so ist das ein Zeichen dafür, daß ihnen etwas fehlt oder daß sie durch etwas behindert oder niedergedrückt werden. Dabei spielen nicht nur ein Mangel an Aufbaustoffen oder ungünstige Umweltbedingungen eine Rolle, sondern auch die psychische Verfassung. Die Psyche wird durch das, was sie wahrnimmt und durchlebt, positiv oder negativ beeinflußt und überträgt alle eventuellen Schäden, die sie dabei erleidet, auf den Körper. Deshalb ist ohne seelisches Wohlbefinden keine gesunde Entwicklung möglich.

– *durch wiederholte Rückfälle in einer Krankheit: Gentian,*
G. fördert die Heilung oder Rekonvaleszenz, indem es dem Körper Durchhaltekraft gibt und Rückfällen vorbeugt.

– *durch Ängste: Aspen, Mimulus,*
Angst kann die natürliche Entwicklung behindern, weil sie zu Vorsicht und Zurückhaltung zwingt. A. ist für unklare, allgemeine Ängste, M. für genau benennbare Angst.

– *durch Minderwertigkeitsgefühle: Larch,*
Ein Kind, das sich minderwertig fühlt, tendiert dazu, sich zurückzuhalten oder sich zu verstecken, was sich auch in einer reduzierten körperlichen Entwicklung manifestiert. L. hilft ihm, die Haltung oder Position einzunehmen, die ihm angemessen ist; vor allem fördert es die Entwicklung einer aufrechten Körperhaltung.

– *durch Erschöpfung: Olive,*
Aufbau erfordert Kraft. O. ist gut bei chronischer Erschöpfung, die eine normale Entwicklung verhindert.

– *durch traumatisierende Erlebnisse: Star of Bethlehem.*
Erschütternde Erlebnisse können Lebensmut und Schicksalsvertrauen so untergraben, daß Psyche und Körper in ihrer Entwicklung gestört werden. Kombination mit *Mimulus* kann nützlich sein (Nr. 20/29).

Epilepsie: *Agrimony + Clematis + Rock Rose + Star of Bethlehem*

Der epileptische Anfall besteht meist in einer Bewußtseinsstörung mit Krämpfen infolge einer seelischen Überbelastung oder eines Schockerlebnisses. Neben der üblichen medizinischen Therapie empfiehlt sich zur Vorbeugung und Behandlung die genannte Kombination, die man beim Anfall oft geben sollte, das heißt: auf die Lippen träufeln oder auf der Stirn verreiben.

– *Agrimony* gegen die Verkrampfung,
– A*spen* gegen die Vorahnung (Aura),
– *Clematis* gegen die Bewußtlosigkeit,
– *Rock Rose* gegen die Panik,
– *Star of Bethlehem* gegen die psychische (oder eventuell körperliche) Traumatisierung.

Erinnerung

– *zu gut: Honeysuckle,*
Eine zu starke Erinnerung kann krank machen, wenn sie sich auf erschütternde, nicht zu verkraftende Erlebnisse bezieht. Normalerweise schützt sich die Psyche dagegen durch Vergessen und lagert alles, was sie nicht verarbeiten kann, im Unterbewußten ab, um es eventuell eines Tages, wenn man reif dafür ist, wieder herauszuholen. H. hilft, mit der Vergangenheit abzuschließen. Kombination mit *Star of Bethlehem* (Nr. 16/29) kann erforderlich sein.
– *zu schlecht: Chestnut Bud.*
* *Erinnerungszwänge →Nr. 16/35*

Ernst (zu großer) → Humorlosigkeit

Erpressung (→ Familienprobleme, → Partnerprobleme)
Für eine Erpressung sind zwei Partner erforderlich: der Erpresser und der Erpreßte. Beide tragen ihren Teil dazu bei, können also auch etwas dagegen tun, wenn sie sich ihrer Rolle bewußt sind. Meist suchen jene Menschen, die dazu neigen, sich erpressen zu lassen, unbewußt jemanden, der die Rolle des Erpressers übernimmt, und lösen bei ihm durch ihr ängstliches, schwächliches oder masochistisches

Verhalten den Erpressungs-Reflex aus. Andererseits sind Erpresser, das heißt Menschen, die ihren Willen durch psychischen Druck durchzusetzen pflegen, immer auf der Suche nach Opfern. Die meisten Erpressungen finden übrigens im familiären Umgang statt.

– *in der passiven Rolle: Centaury,*
C. gibt mehr Selbstbehauptungskraft, so daß man sich einerseits gegen Erpressung oder Ausnützung wehren kann, und andererseits niemanden durch unterwürfiges Verhalten dazu provoziert. *Pine* kann zusätzlich erforderlich sein, wenn Schuldgefühle im Spiel sind.

– *in der aktiven Rolle: Chicory.*
C. wirkt gegen die Gewohnheit, andere Menschen durch Gefühlsterror zu erpressen, das heißt, ihnen ein schlechtes Gewissen zu machen oder eine mitleiderregende Haltung einzunehmen. Kinder neigen oft dazu, wenn man nicht ehrlich mit ihnen umgeht.

Erregung (→ Besessenheit)
Erregungen können sich, wenn sie nicht in Form von Aktionen abgeleitet werden, im Organismus stauen und vielfältige Störungen nach sich ziehen.

– *unterdrückt und überspielt: Agrimony,*
A. hilft, Stimmungen und Gefühle auszudrücken, die sonst einen qualvollen inneren Druck hervorrufen würden.

– *stark, innerlich: Cherry Plum,*
C. P. ist das Basismittel bei intensiven, problematischen Gefühlen.

– *aggressiv: Holly,*
Wenn gestaute seelische Erregungen gereizt, wütend oder gewalttätig machen, kann H. »den Dampf ablassen«.

– *unruhig, ungeduldig: Impatiens,*
Wer unter seiner eigenen Unruhe, Ungeduld oder Hetze leidet, kann sich mit I. Erleichterung verschaffen. Dadurch kann er sein Geschwindigkeitspotential besser beherrschen.

– *durch Übereifer: Vervain.*
V. ist für Menschen, die sich selbst durch ein Übermaß an Einsatzfreude und Enthusiasmus unter Streß setzen.

Erschöpfung

Erschöpfung bedeutet, daß man mehr Kraft verbraucht hat, als man in derselben Zeit aufbauen konnte. Ideal wäre es, wenn man sensibel und vernünftig genug wäre, auszuruhen, sobald sich Ermüdung bemerkbar macht. Unser Organismus kann fast jeden Streß verkraften, wenn er immer wieder Erholungspausen bekommt. Erst der Dauerstreß, der die Kräfte-Regeneration verhindert, bewirkt Schäden.

– *aus Überstreß: Elm,*
  Wer seine Kraft durch selbsterzeugten Leistungs-Streß verausgabt hat, braucht E., um wieder auf die Beine zu kommen.
– *aus Hoffnungslosigkeit: Gorse,*
  Wenn keine Hoffnung mehr besteht, kann der Organismus keine Kraft mobilisieren. »Es ist doch alles sinnlos!« G. kann dann gelegentlich noch helfen.
– *aus Pessimismus: Hornbeam,*
  H. wirkt dem lähmenden Gefühl, seiner täglichen Arbeit nicht gewachsen zu sein, entgegen.
– *wegen Erschöpfung: Olive,*
  O. ist das große Kraftmittel, wenn man durch lange Krankheit oder harte Arbeit ausgepumpt ist.
– *aus resignierender Lebenshaltung: Wild Rose.*
  W. R. macht jene Menschen wieder unternehmungslustig, die sich müde und initiativelos durch den Tag treiben lassen.

* *Erschöpfung bewirkt Geistesabwesenheit oder Ohnmacht →Nr. 9/23*
* *Erschöpfung, schwere körperlich-seelische →Nr. 11/23*
* *Erschöpft und entmutigt →Nr. 12/23*
* *Erschöpfung macht hoffnungslos →Nr. 13/23*
* *Erschöpfung führt zur Flucht in die Vergangenheit →Nr. 16/23*
* *Erschöpfung untergräbt das Selbstvertrauen →Nr. 19/23*
* *Erschöpfung erzeugt Angst →Nr. 20/23*
* *Erschöpfung macht depressiv →Nr. 21/23*
* *Erschöpfung macht psychisch labil →Nr. 23/29*
* *Erschöpfung macht beeinflußbar →Nr. 23/33*
* *Erschöpfung macht ungesellig →Nr. 23/34*
* *Erschöpfung treibt in die Resignation →Nr. 23/38*

Erschütterung → Schock
* *Erschütterung macht aggressiv →Nr. 15/29*
* *Erschütterung, seelische, macht verzweifelt Nr. →29/30*

* **Erstarrung** in der Panik → Nr. 1/26

Fanatismus (→ Besessenheit, → Dogmatismus)
- *in bezug auf Sauberkeit: Crab Apple,*
  C. R. ist für Sauberkeitsfanatiker, die überall nur Schmutz oder Unsauberkeit sehen und verfolgen.
- *in der eigenen Lebensführung: Rock Water,*
  R.W. ist für Menschen, die sich verbohrt und gewalttätig strikten, einseitigen Lebensregeln unterwerfen.
- *bei Weltverbesserern: Vervain,*
- *bei Dogmatikern: Vine,*
- *bei geistiger Besessenheit: White Chestnut.*
  Fanatiker können nur noch an das von ihnen verfolgte Ziel denken. W. C. befreit sie aus dieser geistigen Einseitigkeit. Kombination mit *Vervain* (Nr. 31/35) oder *Vine* (Nr. 32/35) ist oft erforderlich.

Familienprobleme (→ Partnerprobleme)
Die Familie hat zwei grundlegende Bedeutungen und Funktionen: einerseits ist sie die auf Zuneigung beruhende, freiwillige Partnerschaft zweier erwachsener Menschen, und andererseits stellt sie den ihr entspringenden Kindern optimale Entwicklungsbedingungen zur Verfügung, die in Liebe, Nahrung, Schutz und Anleitung fürs Leben bestehen. Wenn diese Voraussetzungen nicht in idealer Weise erfüllt sind und die familiäre Gemeinschaft zur Zweck-, Macht- oder Zwangsinstitution entartet, wenn also unter den Eltern keine Liebe herrscht oder die Kinder vernachlässigt, gefühlsmäßig mißbraucht und – vor allem psychisch – vergewaltigt werden, entstehen die bekannten, vielfältigen Familienprobleme. Diese münden, da sie an die Existenzgrundlagen rühren, oft in tödliche Kämpfe oder rufen lebenslange Krankheiten hervor. Daher müßten bei den meisten chronischen – körperlichen wie seelischen – Krankheiten die familiären Ver-

hältnisse saniert werden, was äußerst schwierig ist und meistens die Auflösung der familiären Zwangsgemeinschaft bedeuten würde. Noch besser wäre, die »Familienpest« (W. Reich) dadurch zu verhindern, daß keine schlechten Ehen geschlossen und keine Kinder in unglücklichen Partnerschaften gezeugt werden.

– *durch Sich-ausnützen-lassen: Centaury,*
Menschen, die in ihrer Kindheit daran gehindert wurden, selbständig und selbstbewußt zu werden, entwickeln oft eine verzichtbereite, selbstaufopfernde oder unterwürfige Haltung. Sie lassen sich ausnützen und stellen zum Beispiel ihr Leben in den Dienst ihrer egoistischen Eltern. Da dieses Verhalten widernatürlich ist (der Pflegetrieb besteht in der Natur nur seitens der Eltern gegenüber den Kindern – nicht umgekehrt), erzeugt es Leid und Krankheit: das Kind verfehlt sein Leben, und den Eltern bleibt die Freude über das Wohlergehen ihres Kindes versagt. Ähnlich ist es bei jenen Ehepartnern, die aus moralischem Zwang für den anderen auf ihr eigenes Leben verzichten: letztlich vergiftet ihr liebloses (weil nicht der Liebe entspringendes) Verhalten die Beziehung und erzeugt untergründigen Haß. C. fördert das Bewußtsein, daß jeder ein Recht auf sein eigenes Leben hat und es keineswegs moralisch wertvoll ist, sich erpressen oder ausnützen zu lassen.

– *durch Besitzansprüche und Gefühlstyrannei: Chicory,*
C. ist bei zu starkem Bindungswunsch erforderlich: wenn Eltern ihre Kinder nicht freilassen können oder Kinder sich nicht von ihren Eltern lösen können. Natürlicherweise müßte der Mensch mit der Pubertät sein eigenes Leben beginnen, was vor allem bedeutet, daß er eine funktionierende Partnerschaft eingeht. Dies ist aber unmöglich, wenn Eltern ihr Kind (die Mutter den Sohn, der Vater die Tochter) nicht freigeben, wenn sie in Eifersucht verfallen, ihr Kind durch Krankheit an sich binden oder es durch gefühlsmäßige Kastration unfähig machen, eine normale sexuelle Beziehung einzugehen. Impotenz, Frigidität und Homosexualität (→ Sexualität) sind meist die Folge solch krankhafter Eltern-Kind-Bindungen, die obendrein die Kinder veranlassen, ihrerseits die elterliche Bezugsperson mit Liebesansprüchen

oder Eifersucht an sich zu binden. Diese weit verbreiteten, neurotischen Abhängigkeiten zwischen gegengeschlechtlichen Eltern und Kindern rufen, weil sie widernatürlich sind und nie wirklich befriedigt werden können, Haß hervor und zerstören oft das Leben aller Beteiligten. Meist übertragen sie sich später auch auf den Ehe- oder Lebenspartner. C. muß lange genommen werden, oft in Kombination mit *Holly* (Nr. 8/15), *Walnut* (Nr. 8/33) oder *Willow* (Nr. 8/38).

– *mit Eifersucht: Chicory, Holly,*
Angeblich ist starke Eifersucht ein Zeichen großer Liebe. Tatsächlich aber bedeutet sie nur Besitzgier. Echte Liebe will Glück, nicht Besitz.

– *mit Haß, Neid: Holly,*
Die vielfältigen, meist nicht zu befriedigenden Ansprüche innerhalb der Familie rufen oft negative Emotionen wie Haß, Neid, Mißtrauen oder Rachsucht hervor.

– *durch Schuldgefühl: Pine,*
Schuldgefühle erzeugen Haß und vergiften jede menschliche Beziehung. Sie werden oft im familiären Machtkampf eingesetzt. P. kann sie abbauen. Es fördert die Erkenntnis, daß letztlich weder die Eltern wegen des Unrechts, das sie ihren Kindern angetan haben, noch die Kinder wegen ihrer Unfähigkeit schuldig sind. Jeder Mensch handelt immer so gut, wie er es unter Berücksichtigung aller mitwirkenden Umstände kann. Menschliches Versagen ist menschlich. Ohne sich schuldig zu fühlen, kann man besser miteinander umgehen.

– *mit psychischer Traumatisierung: Star of Bethlehem,*
S. o. B. hilft, psychische Verletzungen, die im erwähnten familiären Machtkampf entstehen und schwerwiegende Verhaltensstörungen bewirken können, zu überwinden. Es ist das Grundmittel bei allen neurotischen Störungen im sozialen Verhalten.

– *durch mangelnde Distanz und Toleranz: Water Violet,*
Man meint oft, eine Blutsverwandtschaft bedinge auch eine Geistes- und Gefühlsverwandtschaft; tatsächlich aber können innerhalb einer Familie sehr unterschiedliche und gegensätzliche Charaktere auftreten, die sich fremd sind. Selbst zwischen Eltern und Kindern gibt es natürliche, anlage-

bedingte Fremdheit oder Unverträglichkeit. Wenn dies nicht akzeptiert wird, kann die familiäre Gemeinschaft zum Gefängnis werden. Grundsätzlich ist in jeder menschlichen Beziehung eine bestimmte, genau auf die Veranlagung der Partner zugeschnittene Distanz (→) erforderlich; sie darf weder zu eng noch zu weit sein. W. V. ist dann angebracht, wenn sich ein Familienmitglied – aus welchen Gründen auch immer – zu weit von seinen Angehörigen distanziert hat und dadurch vereinsamt ist. Es kann dann die Beziehungen wieder normalisieren. Oft ist *Agrimony* (Nr. 1/34), *Star of Bethlehem* (Nr. 29/34) oder *Willow* (Nr. 34/38) zusätzlich erforderlich.

– *durch Intoleranz oder Bevormundung: Vine.*
  Wenn jemand (meistens die Eltern) seinen Angehörigen seine persönlichen Ansichten in intoleranter Weise aufzuzwingen versucht und keine anderslautende Meinungen gelten läßt, braucht er V. Es wirkt gegen autoritäre, engstirnige Besserwisserei und Bevormundung, die oft die familiären Beziehungen verpesten.
– *durch zu schnelles Beleidigtsein: Willow.*

Fassade: *Agrimony*
A. macht Mut, die Fassade oder Maske, hinter der man seine Gefühle, Ängste oder Probleme versteckt, aufzugeben und sich so zu zeigen, wie man tatsächlich ist.

Fatalismus → Schicksalsergebenheit

Fehler: *Chestnut Bud* (→ Lernen)
C. B. hilft, aus seinen Fehlern nützliche Schlüsse und Erfahrungen zu ziehen.

Feigheit
Feigheit ist eine praktizierte Form der Angst. Dieser Begriff wird üblicherweise verwendet, um jemanden, der einer Gefahr ausweicht, abzuwerten. Dabei schließt man von sich auf andere (was immer falsch ist) und meint, andere müßten in der betreffenden Situation genauso »mutig« sein wie man selbst; dabei vergißt man, daß jeder Mensch unter bestimm-

ten Bedingungen »feige« ist. (Übrigens besteht Mut nicht darin, unüberlegt oder naiv Kopf und Kragen zu riskieren, sondern seine Angst bewußt zu überwinden. Nur wer Angst hat, kann mutig sein.) Man sollte sich davor hüten, jemanden als feige zu bezeichnen, wenn man nicht alle Hintergründe seines Verhaltens kennt; meistens ist es sinnvoll und sichert sein Überleben.

– *aus Angst: Aspen, Mimulus,*
  A. bei unklaren Ängsten, M. bei genau benennbarer Angst. Oft ist die Angst unbegründet und läßt sich durch bewußte Auseinandersetzung oder praktische Erfahrung beseitigen.
– *aus Persönlichkeitsschwäche: Centaury,*
  Menschen, die sich leicht ausnützen lassen, wirken oft feige, weil sie ohne ersichtlichen Grund auf ihre Rechte verzichten. C. gibt ihnen mehr Mut hierfür.
– *aus Überforderungsgefühl: Hornbeam,*
  H. hilft, wenn man sich überfordert fühlt und deswegen einer Aufgabe oder Belastung »feige« ausweicht.
– *aus Minderwertigkeitsgefühl: Larch,*
  Wer sich selbst zu wenig zutraut, neigt auch dazu, sich »feige« vor Herausforderung oder Verantwortung zu drücken. L. stärkt das Selbstvertrauen; Kinder brauchen es oft.
– *aus schlechter Erfahrung: Star of Bethlehem.*
  »Gebranntes Kind scheut das Feuer«, heißt es. Wer einmal schlechte Erfahrungen gemacht hat, wird nächstes Mal bei ähnlichen Situationen vorsichtiger sein oder gleich fliehen. S.o.B. hilft, wenn man nicht mehr genau differenzieren kann und in eine grundsätzliche, oft nicht berechtigte Abwehrhaltung geraten ist. Empfindliche Kinder neigen hierzu.

Fixe Ideen → Zwangsvorstellungen
⁜ *Fixe Ideen →Nr. 31/35*

Flexibilität

Wer zu flexibel und beweglich ist, bekommt keine klare Linie in sein Handeln, und wer zu starr ist, läuft Gefahr, an seinem Leben zu zerbrechen.

– *zu viel: Scleranthus,*
  S. reduziert zu große geistige Beweglichkeit, Sprunghaftigkeit und Scheu vor definitiven Entscheidungen.
– *zu wenig:*
  – *Oak* hilft, wenn man nicht auf- oder nachgeben kann,
  – *Rock Water* erweitert den geistigen Horizont, wenn man sich selbst mit starren Regeln diszipliniert,
  – *Vervain* ist für Menschen, die bestimmte Ideen zu einseitig verfolgen,
  – *Vine* wirkt gegen starren, unbeweglichen Dogmatismus.

Flucht (→Feigheit)
Angesichts einer Gefahr gibt es zwei Reaktionsmöglichkeiten: Angriff oder Flucht. Beide sind hinsichtlich ihres Zwekkes, nämlich des Überlebens, gleichwertig. Welches Verhalten das bessere ist, hängt jeweils von der Veranlagung und der Situation ab. Flucht wird erst dann zum Übel, wenn sie ohne echte Notwendigkeit erfolgt. Dann sollte man nach unbegründeten Ängsten suchen, die einen zu diesem Fehlverhalten verleiten.
– *vor sich selbst: Agrimony,*
  A. hilft, wenn man nicht zu sich mit all seinen Schwächen und Problemen stehen kann.
– *vor der Realität in Träumereien: Clematis, Honeysuckle,*
  Wer die Realität zu unerfreulich oder uninteressant findet, neigt dazu, in Träumereien von der schönen Vergangenheit (H.) oder einer besseren Zukunft (C.) zu fliehen. H. oder C. werden oft von Kindern benötigt.
– *in die Krankheit: Hornbeam.*
  Eine Krankheit bedeutet oft Ausweg und Rettung in einer Situation, der man sich nicht gewachsen fühlt. H. baut die Versagensangst ab.
* *Flucht in die Vergangenheit aus Überforderungsgefühl →Nr. 16/17*
* *Flucht in die Vergangenheit aus mangelndem Selbstvertrauen →Nr. 16/19*
* *Flucht in die Vergangenheit aus Angst vor Gegenwart oder Zukunft →Nr. 16/20*
* *Flucht in die Vergangenheit aus Erschöpfung →Nr. 16/23*

Freßsucht (→ Magersucht)

Freßsüchtige Menschen leiden unter schweren Frustrationen, die entweder einem unbefriedigten oder einem krankhaft übertriebenen Bedürfnis nach Liebe und Glück entspringen. Sie verschaffen sich »orale Befriedigung« und versuchen, sich wenigstens auf diese Weise etwas Gutes zu tun.

– *Aspen* + *Mimulus* bei Ängsten, die durch Fressen übertönt werden,

– *Chicory* bei starkem, unbefriedigtem Bedürfnis nach Zuwendung,

– *Holly* bei Trotz und Aggression,

– *Gentian* + *Hornbeam* + *Larch* bei Unzufriedenheit mit sich selbst,

– *Star of Bethlehem* bei starken Frustrationen oder nach unverarbeitetem psychischem Schock.

Freudlosigkeit → Depression

Freude ist Leben. Freudlosigkeit ist – in direkter oder übertragener Beziehung – auf Dauer lebensgefährlich.

– *schlechte Laune, Depression: Mustard,*
– *durch Schulddenken: Pine,*
– *durch Sorgen: Red Chestnut,*
– *durch zu strenge Selbstdisziplin: Rock Water,*
– *durch Sinnlosigkeit im Leben: Wild Oat.*

Frigidität → Sexualstörungen

Frustration → Unzufriedenheit

Fürsorge, übertriebene: *Chicory*

Wer sich zu sehr um andere kümmert, hat meistens den (natürlich unausgesprochenen) Wunsch, sie an sich zu binden. (→ Familienprobleme).

Gallenkrankheiten → Leber

Geburt (→ Schwangerschaft)

Die Geburt verläuft natürlicher und komplikationsloser, wenn die werdende Mutter froh, kräftig und entspannt ist, was man mit den folgenden Mitteln fördern kann. Die Natur schützt sie ohnehin während der Schwangerschaft, indem sie sie gegenüber Problemen und krankmachenden Einflüssen unempfindlich und widerstandsfähig macht.

- *zur allgemeinen Geburtserleichterung: Aspen + Agrimony + Chicory + Elm + Impatiens + Mimulus.*
  Diese Kombination erleichtert die Geburt und kann zur allgemeinen Vorbereitung eingesetzt werden. *Aspen* macht zuversichtlich, *Agrimony* entspannt, *Chicory* macht locker und dämpft die Empfindlichkeit, *Elm* macht stark, *Impatiens* macht ruhig, *Mimulus* macht mutig.
- *drohende Frühgeburt: Elm + Gentian + Mimulus + Olive + Water Violet,*
  Diese Kombination wirkt Abstoßungstendenzen entgegen und gibt Kraft für die Schwangerschaft.
- *zur Nachbehandlung: Star of Bethlehem,*
  S. o. B. hilft, um Verletzungen (zum Beispiel Dammriß) auszuheilen oder starke psychische Belastungen bei der Geburt zu überwinden.
- *bei Komplikationen: Rescue Remedy,*
  Bei Panik, Unruhe oder Komplikationen jeder Art hat sich Rescue Remedy bewährt (oft nehmen!).
- *bei Wehenschwäche: Gentian + Olive + Walnut + Wild Rose.*
  Diese Kombination gibt Kraft, Konsequenz und Durchhaltevermögen. Dadurch wird eine normale Wehentätigkeit gefördert.

* **Gedankenblockade** durch unbestimmte Befürchtungen →Nr. 2/35

Gedankenkarussell: *White Chestnut* (→Zwangsgedanken, Zwänge)

Gefallsucht →Eitelkeit

Gefühlskälte

Üblicherweise bezeichnet man jene Menschen als gefühlskalt, die anderen nicht freundlich und warm entgegenkommen. Genau genommen bedeutet Gefühlskälte aber die Unfähigkeit, überhaupt ein intensives Gefühl – sei es nun positiv oder negativ – zu entwickeln.

- *durch sture Verbohrtheit: Oak,*
  Wer sich zu ehrgeizig in irgendein abstraktes, lebensfremdes Ziel verbeißt, läuft Gefahr, zur seelen- und gefühllosen Maschine zu werden und den lebendigen Kontakt zur Welt zu verlieren.
- *durch Selbstverneinung: Rock Water,*
  Hinter Selbstkasteiung und übertriebener Selbstdisziplin steckt oft der Wunsch, ein zu schwieriges Gefühlsleben unter Kontrolle zu bekommen. Wird dies übertrieben, so verarmt die Seele, und der Betreffende wird zum blut- und gefühllosen Privatfanatiker oder Asketen.
- *durch psychisches Trauma: Star of Bethlehem,*
  Erschütternde Erlebnisse lösen manchmal eine Gefühlsstarre aus, die durch S. o. B. wieder gelöst werden kann.
- *durch zu große Distanziertheit: Water Violet,*
- *durch Resignation: Wild Rose.*
  Wenn man kein Interesse mehr am Leben hat, liegen auch die Gefühle brach.

Gefühlsterror → Gefühlstyrann

Gefühlstyrann: *Chicory*

In fast jeder Familie (→ Familienprobleme) gibt es ein Mitglied, das die anderen durch geschickten Einsatz von Gefühlen erpreßt und tyrannisiert. Meist geschieht dies durch zur Schau gestelltes Leiden, das Mitleid oder ein schlechtes Gewissen (→) (→ Schuldgefühle) auslöst und ihnen die gewünschte Zuwendung oder andere Vorteile verschafft. Dieses Verhalten findet sich oft bei verwöhnten, egoistischen und selbstmitleidigen Kindern, die ihre Eltern ununterbrochen drangsalieren, gelegentlich aber auch bei Eltern, die verhindern wollen, daß ihre Kinder ein eigenes Leben beginnen. C. fördert ihre gefühlsmäßige Selbständigkeit.

Gefühlsüberdruck → Besessenheit

Geheimhalten → Fassade

Geistesgegenwart zu gering →Panik

Geisteskrankheit →Absencen, →Besessenheit, →Verhaltensstörung

Geiz →Habsucht

Geltungssucht: *Larch* + *Heather* (→Eitelkeit, →Minderwertigkeitsgefühl)
Ein übertriebenes Geltungsbedürfnis ist die Folge eines Minderwertigkeitsgefühls (→), das mit großem Ehrgeiz (→) oder ausgeprägter Eitelkeit (→) kombiniert ist. Geltungsbedürftige Menschen versuchen, ihr Minderwertigkeitsgefühl dadurch zu überspielen, daß sie sehr darauf achten, anerkannt, bewundert oder geehrt zu werden. Dadurch geraten sie nicht nur unter Streß, weil sie insgeheim dauernd fürchten, bloßgestellt zu werden, sondern machen sich auch überall unbeliebt. Besser wäre es, wenn sie sich, statt dies von anderen zu verlangen, selbst mehr achten würden. Dazu dürften sie nicht nach ihren (meist nur eingebildeten) Schwächen suchen, sondern müßten sich vielmehr ihrer positiven Eigenschaften bewußt werden, die sie – wie jeder Mensch – in reichlichem Maße haben. Der Wert aller Dinge ist relativ – er hängt allein vom Standpunkt des Betrachters ab –, und die soziale Bedeutung eines Menschen bezieht sich immer auf die Gesellschaft, in der er sich aufhält. Wer sich minderwertig fühlt, befindet sich oft nur im falschen Milieu; er gleicht einer Pflanze, die am falschen Standort verkümmert. Er brauchte sich nur dorthin zu begeben, wo man seine Eigenschaften und Fähigkeiten schätzt, um sich auch selbst schätzen zu können. – Die angegebene Kombination macht nicht nur diskreter und bescheidener, sondern auch selbstbewußter. Eventuell kann noch *Walnut* hinzugefügt werden.

⁎ **Genesung** schleppend, mit Rückfällen →Nr. 12/28

⁎ **Gereizt** durch Angst →Nr. 15/20
⁎ *Gereizt und ungeduldig →Nr. 15/18*

Gesellschaft (→ Ablehnung, → Distanz, → Einsamkeit, → Geschwätzigkeit)
– *erforderlich:*
 – *Agrimony*, um sich von seinen Sorgen und Problemen abzulenken,
 – *Chicory*, aus einem starken Bedürfnis nach Zuwendung,
 – *Heather*, aus Geschwätzigkeit und Geltungsbedürfnis.
– *Abneigung gegen:*
 – *Impatiens*, wenn die anderen zu langsam sind,
 – *Water Violet*, um in Ruhe seinen Interessen nachgehen zu können.
✻ *Gesellschaft macht aggressiv →Nr. 15/34*

Geschwätzigkeit
– *um sich beliebt zu machen und von sich abzulenken: Agrimony,*
 A. hilft jenen Menschen, die ihre Probleme und Ängste hinter munterem Geplauder zu verbergen suchen.
– *aus Unsicherheit: Cerato,*
 C. ist gut, wenn jemand allen seine Probleme erzählt und gute Ratschläge will.
– *psychotisch: Cherry Plum,*
 C. P. ist erforderlich bei Menschen, die unter starkem Emotionsdruck stehen und – oft in etwas verwirrter Form – ihrem Herzen Luft machen müssen, um nicht durchzudrehen.
– *aus Geltungssucht: Heather,*
 H. ist für Menschen, die unter dem Zwang stehen, dauernd von ihren Vorzügen und Verdiensten zu erzählen.
– *aus missionarischem Drang: Vervain.*
 V. reduziert den Drang, überall die eigenen Erkenntnisse und Überzeugungen zu verbreiten.

Getriebenheit → Besessenheit, → Ungeduld
✻ *Getriebenheit, geistige →Nr. 18/35*

Gewalttätigkeit → Aggressivität

Gewissen, schlechtes → Schuldgefühl, → Selbstbeschuldigung
✻ *Gewissen, schlechtes, führt zu Unsicherheit →Nr. 5/24*

Gewohnheiten

Gewohnheiten sind nützlich, wenn sie eine gewisse Ordnung im Leben ermöglichen, und schädlich, wenn sie zur sinnentleerten Routine werden, die die immer wieder erforderliche Neuorientierung behindert.

- *persönliche: Chestnut Bud,*
  C. B. hilft jenen Menschen, die so gedankenlos in ihrer eigenen Routine leben, daß sie immer wieder dieselben Fehler machen.
- *Kollektivgewohnheiten: Walnut.*
  W. hilft, wenn jemand durch den Zwang von Traditionen dabei gehindert wird, seinen eigenen Lebensweg zu gehen.

Glaube

- *zu stark* (→ Dogmatismus, → Gutgläubigkeit):
  – *Vervain*, wenn jemand sich in eine Idee oder Überzeugung verrannt hat.
  – *Oak*, wenn jemand zu stark an seine Leistungsfähigkeit glaubt und sich deshalb übernimmt.
- *zu schwach:*
  – *Gentian*, wenn man nicht mehr an ein gutes Ende glauben kann (→ Aufgeben, → Mutlosigkeit),
  – *Gorse*, wenn man überhaupt keine Hoffnung mehr hat (→ Hoffnungslosigkeit),
  – *Sweet Chestnut*, wenn man völlig am Ende ist (→ Verzweiflung).

Glaukom → Augen

Gleichgültigkeit → Aufgeben, → Interesselosigkeit, → Resignation

Grippe (→ Ansteckung)

- *Vorbeugung: Clematis + Crab Apple + Olive + Walnut,*
  – *Clematis* stärkt den Willen, gesund zu bleiben,
  – *Crab Apple* dient der Blutreinigung und Ableitung der Infektions»gifte«,
  – *Olive* gibt Reserven,
  – *Walnut* stärkt die Abwehrkraft gegen krankhafte Einflüsse.

Diese Kombination gibt einen gewissen vorbeugenden Schutz. Sie muß bei den ersten Krankheitszeichen durch die entsprechenden Mittel ergänzt werden, zum Beispiel:
- *Chicory* bei auffallendem Liebes- oder Trostbedürfnis,
- *Elm* bei plötzlicher Erschöpfung,
- *Holly* bei unmotivierter Gereiztheit,
- *Mustard* bei unerklärlicher schlechter Laune,
- *Water Violet* bei Ruhe- und Einsamkeitsbedürfnis.

– *Behandlung:*
Von den oben angeführten Mitteln werden diejenigen verwendet, die der körperlichen und psychischen Verfassung entsprechen, und bei langwierigem Verlauf oder verzögerter Rekonvaleszenz *Gentian* dazugegeben.

Groll → Verbitterung

* **Großzügigkeit**, übertriebene, bei Strenge gegen sich selbst Nr. 3/27

Gutgläubigkeit → Beeinflußbarkeit

Gutmütigkeit, übertriebene: *Centaury* (→ Anpassung)
Gutmütigkeit verliert dann ihren Wert, wenn sie unfähig macht, die eigenen Interessen zu wahren. An sich selbst zu denken, ist ein natürlicher Instinkt; es bedeutet nicht, egoistisch oder hartherzig zu sein, sondern umsichtig das Wohl aller zu sichern. »Liebe deinen Nächsten wie dich selbst« – wer nicht dafür sorgt, daß es ihm selbst gut geht, kann auch anderen nicht dazu verhelfen. C. wirkt gegen krankhafte Gutmütigkeit.

* *Gutmütigkeit, krankhafte →Nr. 1/4*

Habsucht → Egoismus

Härte

– *gegen sich selbst:*
- *Oak* ist nötig, wenn jemand sich aus Leistungszwang oder Ehrgeiz zuviel zumutet,

– *Rock Water* ist für Menschen, die sich nichts gönnen oder sich strenge Selbstdisziplin auferlegen, um »besser«, gesünder oder vorbildlicher zu werden.
- *gegen andere:*
  – *Holly* hilft, wenn jemand durch Wut, Neid oder Rachsucht hart oder grausam geworden ist,
  – *Vine* macht Dogmatiker und Haustyrannen nachgiebiger und toleranter.

Haltung, schlechte → Wirbelsäule

* **Handlungsunfähig** durch Panik → Nr. 26/28

Haß: (→ Aggression, → Gefühlskälte, → Wut, → Kapitel I: *Holly*)
Aggressionen gehören zum natürlichen Instinktverhalten, sie haben den Sinn, Behinderungen der persönlichen Selbstverwirklichung zu überwinden. Werden sie über längere Zeit unterdrückt, so verwandeln sie sich in Haß, dem das sportlich-spielerische Element der Aggression fehlt und der immer etwas Zerstörerisches hat. Nicht umsonst spricht man vom »tödlichen« Haß. Dabei spielt die individuelle Veranlagung eine große Rolle: introvertierte, gefühlvolle Menschen neigen eher zum Haß als extrovertierte, verstandesbetonte, und je leidenschaftlicher jemand lieben kann, desto intensiver haßt er auch. Grundsätzlich ist es deshalb immer besser, sich gleich offen zu wehren, wenn man sich ungerecht behandelt oder unterdrückt fühlt, statt die unvermeidlich aufwallende Wut hinunterzuschlucken und mit dem Ferment der Bitternis zum Haß zu vergären. Ebenso sollte man sich davor hüten, jemanden ohne zwingenden Grund so schlecht zu behandeln, daß er zu hassen beginnt – eingedenk der Tatsache, daß sich jeder Mensch, wenn es um seine persönlichen Interessen geht, im Recht fühlt.
* *Haß mit Verbitterung → Nr. 15/38*
* *Haß-Liebe → Nr. 8/15*

Haustyrann: *Vine*
Menschen, die ihre Angehörigen mit ihren festgelegten, in-

toleranten Meinungen tyrannisieren und sich selbst als unfehlbares Vorbild hinstellen, brauchen V.

* *Haustyrann, aggressiv oder gereizt →Nr. 15/32*

* *Haustyrann, verbittert →Nr. 32/38*

Hautkrankheiten

Die Haut ist nicht nur eine schützende Hülle, sondern vor allem eines unserer größten Ausscheidungs-, Regulations- und Reaktionsorgane. Hautkrankheiten, zum Beispiel Ekzeme, Vereiterungen, Allergien, sind daher fast immer Reaktionen auf innere Störungen und stellen den Versuch des Körpers dar, innere Probleme nach außen abzuleiten und dadurch zu entschärfen. Eine Hautbehandlung muß in erster Linie von innen her erfolgen; wenn man nur das »Ventil Haut« schließt, indem man sie (zum Beispiel durch Cortison) reaktionsunfähig macht, verstärkt man die innere Störung und bringt – je nach Ausmaß – den ganzen Organismus in Gefahr.

– *mit Unreinheit: Crab Apple, Larch,*

C. A. ist das wichtigste Blutreinigungsmittel unter den Bach-Blüten. Es sollte bei jeder Hautkrankheit als Basismittel gegeben werden. L. stärkt das Selbstwertgefühl, besonders bei Pickeln.

– *Akne: Crab Apple + Larch + Walnut*

C. A. zur Blutreinigung, L. gegen Selbstablehnung, W. für die hormonelle Umstellung und zur Persönlichkeitsentwicklung.

– *mit Eiter: Crab Apple,*

Eiter dient der Blutreinigung. Er ist keine Krankheit, sondern eine Heilreaktion, zeigt aber an, daß der Organismus »vergiftet« ist. Man sollte Eiter nicht unterdrücken, sondern ihm Abfluß verschaffen und den Körper in seinem Bestreben unterstützen, zum Beispiel durch C. R., eventuell kombiniert mit *Star of Bethlehem.*

– *mit Jucken: Impatiens,*

Nervosität, Jucken oder Kribbeligkeit können durch I. gut beeinflußt werden – auch, indem man es verdünnt auf die Haut aufträgt.

– *Neurodermitis: Beech + Crab Apple + Holly + Impatiens + Larch + Willow.*

Bei der Neurodermitis und der Psoriasis spielen eine angeborene, eine ernährungs- und umweltbedingte und eine psychische Komponente zusammen. Je gesünder – körperlich und seelisch – man lebt, desto seltener wird die Krankheit manifest.

– *Beech* wirkt günstig auf die allergische Komponente.

– *Crab Apple* wirkt blutreinigend und baut die Bereitschaft zu Hautreaktionen ab.

– *Holly* dämpft überschießende Reaktionen und wirkt besänftigend auf das Gemüt.

– *Impatiens* macht ruhiger, ausgeglichener und wirkt gegen Juckreiz.

– *Larch* verbessert das Selbstwertgefühl bei Hautkrankheiten und verhindert, daß man sich zu sehr geniert.

– *Willow* baut negative Einstellungen ab, die sich über die Haut abreagieren.

– *Psoriasis →bei Neurodermitis.*

»Heilig«

Der gute Christ hält oft jene Menschen, deren Leben in Verzicht oder Entsagung besteht, für heilig. Meistens sind dies aber nur Schein-Heilige, die Theater spielen, ihre Eitelkeit, ihr Machtbedürfnis oder ihre Schuld-Neurose befriedigen. Diejenigen Menschen, deren anspruchsloser Lebensstil echt ist, würden sich nie als als heilig betrachten, da sie nur ihrer Veranlagung folgen.

– *aufgrund von klaglosem Ertragen ihres Leides: Agrimony,*
A. ist für Menschen, die ihre Probleme und Ängste nach außen verbergen und andere noch aufmuntern. Man könnte meinen, daß sie dies tun, um anderen zu helfen, tatsächlich aber haben sie nur Angst vor der eigenen Wahrheit.

– *aufgrund von selbstlosem Dienen: Centaury,*
Wer seine eigenen Ansprüche ans Leben unterdrückt und sich selbstlos in den Dienst anderer stellt, kommt dem Heiligkeits-Ideal sehr nahe. Solche Menschen sind gar nicht so selten. Im Gegensatz zu den »echten Heiligen«, die aus einer bewußten und lebensbejahenden Entscheidung heraus anderen helfen, handeln die Menschen, die C. brauchen, aus persönlicher Schwäche.

- *aufgrund von selbstloser Sorge um andere: Red Chestnut,* Menschen, die sich nur um das Wohl anderer sorgen und das eigene darüber vernachlässigen, werden zwar oft wegen ihrer Selbstlosigkeit bewundert, sind in Wirklichkeit aber keine Vorbilder, weil sie nur ihre eigene Lebensangst ungehemmt und unüberlegt nach außen projizieren. Ihr Verhalten nützt niemandem etwas und belastet im Gegenteil oft die Umsorgten.
- *aufgrund sehr starker Selbstdisziplin: Rock Water.* Selbstkasteiung wird fälschlicherweise oft als Zeichen von Heiligkeit betrachtet. In Wirklichkeit ist sie – außer in jenen Fällen, in denen jemand ganz bewußt seine persönlichen Grenzen erfahren will – ein Zeichen geistiger Beschränktheit, unreflektierter Gewalttätigkeit oder Lebensverneinung, weil sie gegen das Leben gerichtet ist, das nicht auf Verneinung, sondern auf Expansion und Freude ausgerichtet ist.

Heimweh: *Honeysuckle*

H. läßt die schönen Erinnerungen verblassen, die daran hindern, in der Realität Fuß zu fassen und auch in ihr etwas Erfreuliches zu finden.

Hektik (→ Nervosität)

- *durch Angst: Aspen, Mimulus,* A. hilft bei allgemeinem, nervös machendem Angstgefühl und M. bei konkreter Angst.
- *durch Ungeduld: Impatiens,* I. ist für Menschen, denen nichts schnell genug gehen kann oder die im Geiste der Gegenwart vorauszueilen pflegen.
- *durch Unentschiedenheit: Scleranthus,* Wenn man sich nicht entscheiden kann, was man nehmen oder tun soll, gerät man leicht – vor allem unter Zeitdruck – in Hektik. S. macht es leichter, sich zu entscheiden.

Hemmungen (→ Distanz)

- *aus Minderwertigkeitsgefühl: Larch,* Wenn man gehemmt ist, weil man sich für unfähiger oder minderwertiger als andere hält, ist L. hilfreich, weil es das Selbstvertrauen stärkt.

– *aus Kontaktschwäche: Water Violet.*
W. V. kann jenen Menschen helfen, die in Gesellschaft gehemmt sind, weil sie wegen ihrer introvertierten Natur nur schwer in Kontakt mit anderen kommen.

Herrschsucht → Gefühlstyrann, → Haustyrann

Herzkrankheiten
Alle schwereren oder wiederholten Herzbeschwerden sollten ärztlich abgeklärt werden. Die Therapie mit Bach-Blüten ist als unterstützende Zusatztherapie gedacht.
– *undefinierbare Angst in der Brust: Aspen,*
Diese Angst ist ein warnendes Symptom, sie kann einem Herzinfarkt vorausgehen. A. kann sie (und die zugrundeliegende Störung) bessern. Bei häufigem Auftreten ist spezielle Untersuchung dringend zu empfehlen. Falls sie plötzlich und in schwerer Form auftritt: → Infarkt.
– *Infarkt: Rescue Remedy + Elm; Holly, Willow,*
Ein Herzinfarkt kann leicht oder schwer ausfallen. Die leichten werden oft nicht bemerkt; sie verursachen einen gewissen Schmerz in der Herzgegend, der nach einiger Zeit wieder vergeht. Eine spezielle Untersuchung ist dann zu empfehlen, wenn die Schmerzen durch Belastung (körperlich oder seelisch) zunehmen; wenn sie unter körperlicher Belastung verschwinden, sind sie meistens harmlos. Ein schwerer Herzinfarkt verursacht schwere Schmerzen in der Brust, die oft vernichtenden Charakter haben. Man meint, man müsse sterben. Sofort den Notarzt rufen. Unbedingt Ruhe bewahren, bequem – halb sitzend – lagern, ruhig atmen, *Rescue Remedy* (Notfall-Mittel), möglichst zusammen mit *Elm*, alle 5 – 10 Minuten 3 Tropfen auf die Zunge oder die Lippen geben. Nach Abklingen der akuten Beschwerden sollten noch *Holly* und *Willow* dazugegeben werden, weil der Herzinfarkt meistens die Folge von Ärger, Beleidigungen oder Niederlagen ist.
– *Herzklopfen*
– *Agrimony* + *Impatiens* + *Oak* + *Vervain* bei Streß,
– *Aspen* + *Impatiens* + *Rock Rose* bei Panik.
– *Rhythmusstörung:*

Bei unregelmäßigem Puls sollte grundsätzlich eine ärztliche Untersuchung vorgenommen werden. Bei leichteren Fällen oder auch zur Unterstützung einer medikamentösem Therapie sind folgende Mittel zu empfehlen:
- *Crab Apple* zur Blutentgiftung, da viele Rythmusstörungen durch sogenannte Herde = chronische Entzündungen verursacht sind,
- *Olive*, um dem Herzen mehr Kraft zu geben,
- *Rescue Remedy* bei stärkeren Störungen, um eine Verschlechterung zu verhüten,
- *Scleranthus* zur Normalisierung.

- *Schwäche: Olive,*

  Allgemeine Schwächezustände, auch wenn sie vom Herzen ausgehen, sprechen gut auf Olive an. Eine Herzschwäche äußert sich vor allem durch Kurzatmigkeit bei Belastung, geschwollene Beine am Abend oder die Notwendigkeit, mit erhöhtem Oberkörper zu schlafen.

⁎ **Hetze** und Streß → Nr. 18/31

Heuchelei → Künstlichkeit

⁎ **Hilfsbereitschaft** aus Minderwertigkeitsgefühl → Nr. 4/19

Hochmut → Arroganz

Hochspannung, innere: *Cherry Plum*

C. P. wird benötigt, wenn jemand innerlich so unter Druck steht, daß die Gefahr von Kurzschlußhandlungen oder Psychosen besteht.

Hoffnungslosigkeit (→ Pessimistisch)

Zwar könnten wir, wenn es uns gelänge, bewußt auf jede Hoffnung zu verzichten und in innerer Freiheit vom Leben nichts zu erwarten, in eine ganz außergewöhnliche, zeitlose Dimension unseres Seins vorstoßen, in der die täglichen Ängste und Probleme bedeutungslos werden. Normalerweise aber sind wir dazu nicht in der Lage. So kriechen wir, statt wie die Adler über alles hinwegzuschweben, als kümmerliche Erdenwürmer mühsam durch unser Leben, von der Hoffnung auf bessere Zeiten vorwärtsgetrieben. Hoffnung ist unsere Lebensmotivation, sie bewirkt Fortschritt und Wachstum, sie macht uns optimistisch und gibt uns Kraft. Deshalb ist es normalerweise lebensgefährlich, sie zu verlieren. Besonders bei Krankheiten ist es wichtig, die Hoffnung stets lebendig zu halten. Ein hoffnungsloser Kranker wird selten wieder gesund.

– *durch Mißerfolge: Gentian,*
Mißerfolge und Rückschläge haben eigentlich den Sinn, Fähigkeiten und Kräfte zu trainieren. Richtig verstanden helfen sie, es in Zukunft besser zu machen. Wenn sie statt dessen entmutigen und die Hoffnung auf Erfolg rauben, ist G. erforderlich, das durchhaltewillig und optimistisch machen kann. Kombination mit *Chestnut Bud* kann nützlich sein, um den Lernprozeß zu fördern.

– *totale: Gorse,*
Menschen, die alle Hoffnung verloren haben und sozusagen nur noch ihren Angehörigen oder Freunden zuliebe weiterleben, brauchen G. Es ist vor allem bei schweren, hoffnungslosen Krankheiten erforderlich.

– *durch Depression: Mustard,*
Wenn sich die schwarzen Wolken der Depression über einen Menschen senken, verliert er auch die Hoffnung auf Besserung. Dann kann ihn M. wieder optimistischer und lebensfroher machen.

– *bei absoluter Verzweiflung: Sweet Chestnut,*
S.C. ist nötig bei jener hoffnungslosen Verzweiflung, in der alles und jedes seinen Sinn verloren hat und man nicht mehr weiß, wie es weitergehen soll.

– *bei Resignation: Wild Rose.*
Hoffnungslosigkeit kann Ausdruck einer allgemeinen Resignation sein: man läßt sich nur noch treiben und hofft auf nichts, weil man sich für nichts mehr interessiert. W.R. kann Interesse und Hoffnung wieder wecken.

✻ *Hoffnungslos und willensschwach Nr. 12/13*
✻ *Hoffnungslosigkeit macht willfährig →Nr. 4/13*
✻ *Hoffnungslosigkeit, plötzliche, bei Überforderung →Nr. 11/13*
✻ *Hoffnungslosigkeit macht depressiv →Nr. 13/21*

⁕ *Hoffnungslosigkeit durch Erschöpfung →Nr. 13/23*
⁕ *Hoffnungslosigkeit durch schweres Trauma →Nr. 13/29*

⁕ **Hörigkeit** durch Persönlichkeitsschwäche → Nr. 4/5
⁕ *Hörigkeit mit Selbstvergewaltigung →Nr. 5/27*

Humorlosigkeit

»Humor ist, wenn man trotzdem lacht«, heißt es. Bestimmte Menschen verlieren den Humor schnell; es fällt ihnen schwer – vor allem über sich selbst – zu lachen, weil sie entweder zu empfindlich oder zu stur sind. Gerade sie aber sollten bewußt darauf achten, daß ihr Hang zu Übelnehmerei oder Selbstmitleid nicht zur schlechten Gewohnheit wird.

– *aus Überempfindlichkeit: Chicory,*
Große Empfindlichkeit bedingt meist auch eine ausgeprägte Wehleidigkeit, die es unmöglich macht, über Schmerzen, Leid oder Unglück zu lachen. C. kann Selbstmitleid und Wehleidigkeit reduzieren und etwas mehr Distanz zum schmerzlichen Gefühl schaffen, so daß man nicht zu sehr in die Negativität verfällt.
– *mit Trübsinnigkeit: Mustard,*
– *bei Tendenz, sich das Leben schwer zu machen: Rock Water,*
R.W. ist für Menschen, die sich große Selbstdisziplin auferlegen und dabei die Fähigkeit verlieren, über ihre Fehler zu lachen.
– *dogmatisch: Vine,*
Menschen, die darauf Wert legen, daß immer alles genau nach ihren Vorstellungen geschieht, können nicht lachen, wenn etwas schiefgeht.
– *aus Beleidigtsein: Willow.*
W. kann verhindern, daß man sich zu schnell beleidigt fühlt und seinen Humor bei unangenehmen Überraschungen verliert.

Husten → Lungenkrankheiten

Hypertonie → (hoher) Blutdruck

Hypotonie → (niedriger) Blutdruck

Hysterie: *Cherry Plum* (→ Klimakterium)

Hysterie ist ein übertrieben emotionales, der Situation nicht angemessenes Verhalten, mit dessen Hilfe unterdrückte Gefühle, Emotionen oder Triebe ausgelebt werden. Man könnte sie mit einem aufgestauten Wildwasser vergleichen, das sich einen außerordentlichen, etwas chaotischen Abfluß sucht. Sehr oft stecken unterdrückte sexuelle Triebe dahinter (daher der Name: Hystera = Gebärmutter); auch Ängste spielen eine große Rolle. Natürlich können nicht nur Frauen, sondern auch Männer hysterisch reagieren.

Idealismus, übertrieben:
- *Beech*, wenn man alles durch die rosarote Brille sieht,
- *Rock Water*, wenn man sich um hoher Ideale willen kasteit,
- *Vervain*, wenn man anderen seine Ideale aufdrängen will.

Illusionen → Phantasie

Impotenz → Sexualstörungen

Infektion → Ansteckung, → Grippe

Initiative, mangelnde
- *durch Mißerfolge: Gentian,*
  G. weckt wieder die Unternehmungslust, wenn man durch Mißerfolge oder Schwierigkeiten mutlos geworden ist.
- *durch Überforderungsgefühl: Hornbeam,*
  H. beseitigt das lähmende Gefühl, den Anforderungen des täglichen Lebens nicht gewachsen zu sein.
- *durch mangelndes Selbstvertrauen: Larch,*
  L. macht durch mehr Vertrauen in die eigene Leistungsfähigkeit einsatzfreudiger.
- *durch depressive Verstimmungen: Mustard,*
- *durch allgemeine Resignation: Wild Rose.*
  W. R. weckt die Lebensgeister, wenn man jede Lust an einer aktiven Lebensgestaltung verloren hat und sich nur noch durchs Leben treiben läßt.

Interesselosigkeit

- *durch fehlende Wißbegier: Chestnut Bud,*
  C. B. macht aufmerksamer und fähig, aus seinen Erfahrungen sinnvolle Konsequenzen zu ziehen.
- *für die Gegenwart bei Zukunftsträumen: Clematis,*
  Wenn sich jemand so sehr in schönen Zukunfts-Phantasien verfängt, daß die Gegenwart für ihn uninteressant wird, richtet C. seinen Blick wieder auf die Realität.
- *durch häufige Gedanken an die Vergangenheit: Honeysuckle* (→ Heimweh, → Trauer, → Verlust),
  H. läßt Erinnerungen auf ein normales Maß verblassen, so daß sie nicht mehr den Blick auf die Gegenwart verlegen.

Inkonsequenz

- *Cerato*, wenn man keine eigene Meinung hat und jedem Ratschlag folgt,
- *Gentian*, wenn man bei Problemen nicht durchhält und zu schnell aufgibt,
- *Scleranthus*, wenn man unter verschiedenen Alternativen keine Entscheidung treffen kann,
- *Wild Oat*, wenn man kein klares Konzept hat und immer wieder etwas anderes beginnt.

Intoleranz (→ Allergie)

Intoleranz kann sinnvoll und nötig sein, wenn die Gefahr besteht, seine Eigenständigkeit durch Fremdbeeinflussung zu verlieren. Sobald sie aber zum Prinzip und zur gedankenlosen Gewohnheit wird, isoliert sie und schafft Feinde. Auch die Allergie ist eine Art Intoleranz: der Körper er- und verträgt bestimmte Substanzen nicht. Geistige Intoleranz kann angeboren oder auch die Folge eines psychischen Traumas sein, das die Einstellung krankhaft verändert hat. Zum Beispiel kann man bei überreizten Nerven intolerant gegen Lärm oder, wenn man durch Betrüger geschädigt wurde, gegen Unehrlichkeit werden.

- *verinnerlicht und überspielt: Beech,*
  B. hilft bei tief im Charakter sitzender, sozusagen eingefleischter Intoleranz, die allerdings meistens nicht bewußt

ist und durch eine betont tolerante Haltung überspielt wird. B. sollte grundsätzlich bei jeder Intoleranz oder Allergie allein oder in Kombination mit einem der folgenden Mittel gegeben werden.

– *sich selbst gegenüber: Rock Water,*
Menschen, die sich sehr große Disziplin auferlegen oder sich kasteien, können bestimmte Eigenschaften, die sie haben, nicht vertragen. Sie versuchen diese durch einseitige Einstellungen oder eine extreme Lebensweise zu unterdrücken oder überwinden. Dabei geht ihnen die Ganzheit ihres Wesen verloren.
– *aus missionarischem Eifer: Vervain,*
Menschen, die von ihrer Lebenssicht oder ihren Erkenntnissen so überzeugt sind, daß sie sie auch anderen zugute kommen – sprich: aufdrängen – wollen, brauchen V.
– *aus Engstirnigkeit und Besserwisserei: Vine.*
V. ist angebracht, wenn jemand außer seiner eigenen Meinung keine andere gelten lassen kann.

✻ *Intolerantes Verhalten →Nr. 31/32*
✻ *Intoleranz, total →Nr. 3/32*

Ischias (→ Hexenschuß, → Rheuma, → Wirbelsäule)
Hierunter versteht man eine schmerzhafte Reizung des Ischias-Nerven, der, von der Lendenwirbelsäule ausgehend, bis in die Zehen reicht. Oft sitzen die Schmerzen an der Rückseite des Oberschenkels. Ischias-Beschwerden können durch Bandscheibenschäden, Entzündungen oder ungeschickte Bewegungen ausgelöst werden. Meistens treten sie im Rahmen von Infekten oder Nieren- und Unterleibsstörungen auf. Psychische Einflüsse können insofern eine Rolle spielen, als sie zu Verkrampfungen der Wirbelsäulenmuskulatur führen, die den natürlichen, geschmeidigen Bewegungsablauf behindern und »Verrenkungen« bewirken können. Ein entspannter Körper und ein aufrechter Geist sind die beste Absicherung gegen Wirbelsäulenschäden.

– *durch Hektik: Impatiens,*
I. wird benötigt bei zu eiligen, hastigen oder ungeduldigen Bewegungen, die zu »Verrenkungen« der Wirbelsäule führen können.
– *durch Ärger oder Wut: Holly,*

Großer Ärger kann aufgrund der damit verbundenen gewalttätigen Bewegungen in die Wirbelsäule fahren, wobei der Ischiasnerv gereizt wird. H. kann die Verspannungen wieder lösen, so daß die Reizung abklingt.

– *bei zu starkem Leistungswillen: Oak,*

O. ist dann angebracht, wenn man aufgrund von zu großem, unbeugsamem Erfolgswillen oder Ehrgeiz den Körper unter zu starke Spannung setzt. Die Wirbelsäule leidet besonders darunter.

– *bei Verrenkung: Agrimony + Star of Bethlehem.*

Zur Beseitigung von Wirbelblockaden und zur Auflockerung der Wirbelsäulenmuskulatur.

Isolation: *Agrimony* + *Water Violet* (→Einsamkeit, →Einzelgänger, →Gesellschaft)

Jammern →Klagen

Juckreiz →Haut

»Keep smiling«-Syndrom →Künstlichkeit

Klagen

– *zu wenig:*

Sich über ein Mißgeschick zu beklagen, ist eine so verbreitete Verhaltensweise, daß es fast schon unnormal ist, wenn jemand trotz offensichtlichem Leiden den Mund hält. Meistens steckt eine gestörte Beziehung zum Leben oder den Menschen dahinter.

– *Agrimony*, wenn jemand so tut, als wäre alles bei ihm in Ordnung, obwohl er innerlich leidet.

– *Water Violet* für Menschen, die in einer so großen Distanz zu ihrer Umwelt leben, daß sie sich einfach nicht mitteilen können.

– *Wild Rose*, wenn jemand so »abgeschaltet« ist, daß er es nicht einmal mehr fertigbringt, sich über sein Unglück zu beklagen.

– *zu viel:*
»Lerne leiden, ohne zu klagen!«, heißt es. Wer sich über ein Mißgeschick oder Leid beklagt, will meist nicht wahrhaben, daß er selbst wesentlich dazu beigetragen hat und daß es bei ihm selbst liegt, es zu beenden. Statt dessen fallen viele Menschen in die Rolle von Kleinkindern, die so lange schreien, bis die Mutter ihren Wunsch erfüllt hat. Solches Gejammer hat zwar den Vorteil, den Überdruck negativer Emotionen abzubauen, führt aber letztlich zu keiner Besserung. Das Schicksal läßt sich ja nicht, wie die liebende Mutter, erpressen, sondern verlangt – in unserem eigenen Interesse – absolute Ehrlichkeit und totalen Einsatz.
– *Chicory* bei selbstmitleidigem Gejammer, hinter dem sich vor allem eine Gier nach Zuwendung versteckt.
– *Heather* bei Menschen, die sich immer – notfalls auch mit Jammern und Klagen – in den Vordergrund spielen müssen.
– *Willow*, um Verbitterung abzulassen, die ja meist die Grundlage der Klagen darstellt.

Kleinlich
– *in bezug auf Sauberkeit: Crab Apple,*
– *in Schuldfragen: Pine,*
– *in der persönlichen Überzeugung: Vine.*

Klimakterium
Im Klimakterium (Wechseljahre) verliert die Frau aufgrund einer Änderung der hormonellen Funktionen ihre Fortpflanzungsfähigkeit. Dieser einschneidende Verlust, der aber zugleich auch den Beginn einer neuen, individuell-menschlichen Lebensphase bedeutet, wird nicht von allen Frauen komplikationlos verkraftet. Oft treten Hitzewallungen, Herzklopfen, Nervosität und Schleimhautveränderungen auf, bei seelischer Labilität auch Depressionen oder Psychosen. Manche Frau wehrt sich damit mehr oder weniger unbewußt gegen ihre vermeintliche sexuelle und soziale Entwertung. Manchmal wird beim Beginn der Wechseljahre eine ungenügend ausgelebte Sexualität übertrieben nachgeholt.

– *durch Verdrängung: Agrimony,*
  A. hilft, die Realität zu akzeptieren. Es wird vor allem von jenen Frauen gebraucht, die ihr zunehmendes Alter durch künstliche und übertriebene Jugendlichkeit zu überspielen versuchen. Eventuell ist Kombination mit *Heather* (Nr. 14/16) erforderlich.
– *mit Hitzewallungen: Cherry Plum + Impatiens + Rock Rose + Walnut,*
  C. P. und R. R. für die unkontrollierbaren vegetativen Reaktionen, I. für die allgemeine Unruhe, W. zur hormonellen Umstellung.
– *mit Hysterie oder Psychosen: Cherry Plum,*
  Eine stark aufflackernde Sexualität, die aufgrund psychischer Sperren nicht ausgelebt wird, kann die Frau »besessen« oder »verrückt« machen. C. P. baut den emotional-triebhaften Überdruck ab.
– *durch Minderwertigkeitsgefühl: Larch,*
  L. hilft jenen Frauen, die sich entwertet fühlen, ein neues Selbstwertbewußtsein zu entwickeln, und beugt damit auch der → Osteoporose vor.
– *allgemeine Umstellungsprobleme: Walnut.*
  W. sollte grundsätzlich bei allen Problemen angewendet werden, die sich beim Eintritt in eine neue – körperliche oder psychische – Entwicklungsphase ergeben. Es fördert die innere Ordnung und hilft bei der Neuorientierung.

Knick in der Lebenskurve: *Star of Bethlehem*
Wenn erschütternde Erlebnisse nicht richtig verarbeitet werden, das heißt, zu einer Bewußtseinserweiterung und Neuorientierung im Leben führen, können sie die gesunde seelische Entwicklung blockieren. Oft kann man den Zeitpunkt, an dem das Leben des betreffenden Menschen durcheinandergeraten ist, genau bestimmen. S. o. B. beseitigt die innere Blockade. Vor allem bei Kindern, die aufgrund von falschen (anerzogenen!) Vorstellungen nicht mit der Lebensrealität zurechtkommen, muß es oft eingesetzt werden, eventuell in Kombination mit *Honeysuckle* (Nr. 16/29) oder *Willow* (Nr. 29/38).

Kompromißlosigkeit → Starre

Konflikte → Spannungszustände

Konkurrenzfähigkeit, ungenügend

Der Kampf aller gegen alle ist ein Grundprinzip der lebendigen Natur; durch ihn entwickelt sie Kraft und Höchstleistung. Auch wir sind in ihn einbezogen, ob wir nun wollen oder nicht, jeder in seiner Weise und an seinem Platz. Da die Erde ein begrenzter Lebensraum ist und eines vom anderen lebt, ist jeder Vorteil, den wir erringen, für jemand anderen von Nachteil und kann jede Handlung, die unserem Überleben dient, den Untergang eines anderen Lebewesens bedeuten. Lediglich in der geistigen Dimension sind wir frei vom irdischen Konkurrenzkampf; sie ist unendlich und unerschöpflich, denn jeder kann sich an demselben Gedanken erfreuen, ohne ihn dadurch einem anderen wegzunehmen. Zwar können wir bei überlegener Bewußtheit und großer persönlicher Kraft den Schaden, den wir anderen zufügen, auf ein erträgliches Maß reduzieren, dennoch bleibt für jeden von uns die Notwendigkeit, dafür zu sorgen, daß er nicht zu kurz kommt. Wenn wir uns diesem Konkurrenz- und Überlebenskampf nicht stellen oder dabei erfolglos sind, entsteht Leiden. Dieses wird sowohl von unserer animalischen Natur als auch von unserer transzendenten Seele hervorgerufen, um unsere Haltung zu korrigieren. Ob durch die Befriedigung von Hunger, Durst oder Sexualtrieb, durch Liebe, Erfolg, soziale Anerkennung oder Macht: jeder kennt das Wohlbehagen, das sich einstellt, wenn man das bekommt, was man braucht oder sich wünscht. Die Blüten-Therapie hat viele Mittel gegen die verschiedenen Formen von Lebensschwäche.

– *aus allgemeiner Ängstlichkeit: Aspen,*

Menschen, die aufgrund einer allgemeinen, unklaren Angst vor dem Leben zurückscheuen und immer irgendein nicht genau benennbares Mißgeschick fürchten, brauchen A.

– *bei Selbstaufgabe: Centaury,*

C. gibt mehr Selbstbehauptungskraft und Selbst-Bewußtsein; es wird benötigt, wenn jemand sich zu sehr ausnützen läßt.

– *bei Willensschwäche: Gentian,*
Nicht jedes Hindernis, das uns das Leben in den Weg legt, sollen wir überwinden; manchmal aber ist Beharrlichkeit angebracht. Diese wird durch G. gestärkt.
– *durch totale Hoffnungslosigkeit: Gorse,*
– *durch Überforderungsgefühl: Hornbeam,*
– *aus Mangel an Selbstvertrauen: Larch,*
– *aus Angst: Mimulus,*
»Dem Mutigen gehört die Welt«, heißt es. M. ist hilfreich, wenn man aus Angst einer Auseinandersetzung oder Bewährungsprobe aus dem Wege geht. Kombination mit *Agrimony* ist meist erforderlich.
– *aus Schwermütigkeit: Mustard,*
M. ist nützlich bei grundlos auftretenden, vorübergehenden Verstimmungen, die alles sinnlos erscheinen lassen.
– *aus Erschöpfung: Olive,*
– *bei resignierender Lebenshaltung: Wild Rose.*
W. R. wirkt gegen Antriebsarmut und verstärkt das Interesse an einem aktiven Leben.

Kontaktbedürfnis, übertriebenes (→ Aufdringlichkeit)
Jeder Mensch hat – je nach Veranlagung – ein mehr oder weniger großes, natürliches Bedürfnis nach Kontakt. Wenn dieses allerdings unter dem Einfluß von unbewußten Charakterschwächen zu groß und zu selbstbezogen wird, bewirkt es das Gegenteil dessen, was der kontaktfreudige Mensch will: es stößt ab und wirkt isolierend.
– *mit Gier nach Gefühlsbeziehungen: Chicory,*
C. ist erforderlich, wenn jemand seine Lieben zu eng an sich zu binden versucht, wodurch sie gerade abgestoßen werden.
– *aus Geltungsdrang: Heather.*
H. wirkt gegen die Gewohnheit, sich überall in den Vordergrund zu schieben und Kontakte vor allem zur Selbstdarstellung zu benützen.

Kontaktprobleme: (→ Einsamkeit, → Einzelgänger, → Hemmungen, → Partnerprobleme)
Das Geheimnis harmonischer menschlicher Beziehungen besteht in der richtigen Distanz, die sich aus dem Zusam-

menwirken von verbindenden Gemeinsamkeiten und trennenden Gegensätzen ergibt. Wenn man gezwungen ist, mit jemandem, der einem »nicht liegt», einen begrenzten Lebensraum zu teilen, erzeugt die individuelle Verschiedenheit unüberbrückbare Feindseligkeit; dagegen kann man ihm durchaus wohl gesonnen sein, wenn er weit genug entfernt ist. Auch das unterschiedliche Kontaktbedürfnis spielt dabei eine Rolle; während die einen ständig Gesellschaft brauchen, sind die anderen lieber mit sich allein.

– *durch Angst vor Offenheit: Agrimony,*
Wenn es einem schwerfällt zu zeigen, wie man ist und was man fühlt, kann man keine lebendige menschliche Beziehung eingehen. A. macht natürlicher, spontaner und offener.

– *durch Angst vor Schmutz: Crab Apple,*
Wenn ein übertriebenes Sauberkeitsbedürfnis menschliche Kontakte belastet oder unmöglich macht, ist C. A. erforderlich.

– *durch Minderwertigkeitskomplexe: Larch,*
Eine offene, bereichernde Kommunikation ist nur unter gleichberechtigten Menschen möglich. Dies ist aber keine Frage des sozialen Status, sondern des persönlichen Selbstwertgefühls. Wer sich für minderwertig hält, wagt es oft nicht, Kontakte anzuknüpfen.

– *durch depressive Verstimmungen: Mustard,*
Niemand ist gerne mit griesgrämigen oder schwermütigen Menschen zusammen. M. reduziert die Häufigkeit und die Stärke von Depressionen.

– *durch schlechte Erfahrungen: Star of Bethlehem,*
S. o. B. hilft, schlechte Erfahrungen zu vergessen und Frieden zu schließen, so daß man wieder Vertrauen zu seinen Mitmenschen bekommt. Oft ist Kombination mit *Willow* (Nr. 29/38) angebracht.

– *durch Unnahbarkeit: Water Violet,*
Es gibt menschliche Distanzen, in die man aus Angst, Mißverständnissen oder Überempfindlichkeit geraten ist und die einen einsam machen. Man möchte eigentlich gerne näheren Kontakt zu jemandem, ist aber unfähig, die Kluft zu überbrücken. (Dies passiert oft den schüchternen Liebenden.) W. V. hilft dann, die Hürden zu überwinden und

auf andere so weit zuzugehen, wie man es braucht. Es ist auch geeignet für spröde, kratzbürstige, schüchterne Menschen.

– *durch Verbitterung: Willow.*

Verbitterung schafft Distanz. Man will mit dem Menschen, der einen enttäuscht hat, nichts zu tun haben, leidet aber selbst darunter. W. kann versöhnlich stimmen und Kontakte wieder möglich machen. Kombination mit *Star of Bethlehem* (Nr. 29/38) kann erforderlich sein.

✻ *Kontaktprobleme durch Mangel an Offenheit →Nr. 1/34*

✻ *Kontaktprobleme bei Ängsten →Nr. 2/34*

✻ *Kontaktprobleme mit Aggression Nr. 15/34*

✻ *Kontaktprobleme durch Minderwertigkeitsgefühle →Nr. 19/34*

✻ *Kontaktstörungen durch Depressionen →Nr. 21/34*

✻ *Kontaktstörungen durch seelische Erschütterung →Nr. 29/34*

✻ *Kontaktängste, überspielt →Nr. 1/34*

Konzentrationsstörungen

– *beim Lernen: Chestnut Bud*

C. B. verbessert die Konzentration, indem es das Interesse für den Lehrstoff weckt. Kombination mit *Scleranthus* (Nr. 7/28), *Wild Oat* (Nr. 7/36) und eventuell *Clematis* (Nr. 7/9) oder *Honeysuckle* (Nr. 7/16) ist zu empfehlen.

– *durch Tagträumereien: Clematis, Honeysuckle,*

C. verbessert die Konzentration, wenn man seine Phantasie nicht zügeln kann, und H., wenn sich zu viele Erinnerungen aufdrängen. *White Chestnut* (Nr. 9/35 oder Nr. 16/35) ist oft zusätzlich erforderlich.

– *durch starke Emotionen: Cherry Plum,*

– *durch Unruhe oder Ungeduld: Impatiens,*

– *durch Depressionen: Mustard,*

– *durch Erschöpfung: Olive,*

– *durch Sprunghaftigkeit und Ablenkbarkeit: Scleranthus,*

– *aufgrund von Zwangsgedanken: White Chestnut,*

W. C. ist angebracht, wenn sich bestimmte Gedanken immer wieder ins Bewußtsein drängen und dadurch die Konzentration auf andere Themen verhindern.

– *durch Gedankenvielfalt: Wild Oat.*
W. O. ist für Menschen, die trotz vielen Ideen nicht recht wissen, was sie wollen, deren Denken unstet und nicht gründlich ist.

Kopflosigkeit (→ Panik, → Psychosen)
Wenn ein Mensch plötzlich von intensiven Emotionen überfallen wird, kann er die bewußte Kontrolle über seine Reaktionen verlieren; er verfällt dann entweder in totale Erstarrung oder unkoordinierte Überaktivität.
– *durch Unterdrückung von Trieben: Cherry Plum,*
– *mit Panik: Rescue Remedy, Rock Rose.*

Kopfschmerzen:
Die folgenden Mittel können bei Bedarf kombiniert werden.
– *White Chestnut bei zu angestrengtem Denken,*
– *Agrimony bei Verkrampfung,*
– *Clematis durch Konzentrationsstörungen,*
– *Elm bei Überforderung oder Versagensangst,*
– *Impatiens bei Nervosität oder ungeduldiger Getriebenheit,*
– *Oak bei Verbissenheit und streßbedingter Anspannung,*
– *Pine bei Schuldgefühlen,*
– *Vervain bei Überaktivität.*

Kraftlosigkeit → Erschöpfung, → Schwäche

Krankheiten
Um die Blüten-Therapie richtig einsetzen zu können, muß man stets zwei Faktoren berücksichtigen: 1.) den momentan vorherrschenden psychischen Zustand und 2.) die ihm zugrundeliegende Ursache.
– *mit Trostbedürfnis: Chicory,*
Manche Menschen (vor allem Kinder) werden krank, weil sie nicht genügend Zuwendung bekommen oder bemitleidet werden. Sie hoffen, dadurch die Liebe zu bekommen, die man ihnen als Gesunde vorenthalten hat.
– *mit Todeswunsch: Clematis,*
Menschen, denen der Lebenskampf zu schwer ist, erhoffen sich von einer tödlichen Krankheit die Erlösung.

- *durch zu großen Streß: Elm,*
  Psychischer Streß ist dann schädlich, wenn er die persönliche Leistungsfähigkeit übersteigt. Die Psyche pflegt dann, um das Schlimmste zu verhüten, den Überdruck in den Körper abzuleiten. E. baut einerseits krankmachenden Streß ab und gibt andererseits die Kraft, um der Belastung durch eine Krankheit besser gewachsen zu sein. Daher ist E. ein Basismittel bei jeder schweren, akuten Krankheit.
- *mit Hoffnungslosigkeit: Gorse,*
  Hoffnungslosigkeit blockiert das Immunsystem.
- *durch Demütigung: Heather,*
  Demütigung kann bestimmte Menschen so tief treffen, daß sie schwer – eventuell sogar tödlich – krank werden; besonders häufig sind dann →Herz- und →Lungenkrankheiten.
- *hitzig und aggressiv: Holly,*
  Die Krankheit tritt plötzlich und gewalttätig auf (zum Beispiel Fieber) oder/und der Kranke ist dabei auffallend gereizt, ungenießbar oder wütend.
- *durch Wut oder Ärger: Holly,*
  Starke Aggressionen pflegen sich, wenn sie nicht spontan abreagiert werden, über körperliche Symptome abzuleiten.
- *mit Angst oder Panik: Aspen, Mimulus, Rock Rose,*
  Angst weist auf emotionale Faktoren bei der Krankheitsentstehung oder eine Vergiftung hin.
- *durch Überanstrengung, bei Erschöpfung: Olive,*
  Eine Krankheit hat auch den Sinn, jemanden aus dem Verkehr zu ziehen, wenn er am Ende seiner Kräfte ist, damit er sich wieder erholen kann.
- *durch Schuldgefühl: Pine,*
  Ein schlechtes Gewissen kann die Abwehrkraft so schwächen, daß Krankheiten auftreten; diese werden manchmal als eine Art Buße betrachtet. Die Krankheit kann auch als Schutz gegen eine befürchtete Strafe dienen.
- *durch Sorge: Red Chestnut,*
  Daß Sorge krank macht, weiß auch der Volksmund. Besonders häufig sind dann Lungenerkrankungen.
- *Schockerlebnis: Star of Bethlehem.*
  Unverarbeitbare Schockerlebnisse können sich entweder sogleich in akute Krankheiten umsetzen oder zur bleiben-

den »inneren Wunde« werden, deren (Psycho-)Gift der Organismus durch die verschiedenartigsten körperlichen und psychischen Krankheitssymptome abzuleiten oder zu neutralisieren versucht.

– *mit Abkapselungstendenz: Water Violet,*
Bestimmte Menschentypen ziehen sich bei Problemen oder Krankheiten zurück, wollen ihre Ruhe haben und auch nicht bemitleidet werden. Für diese ist W. V. das Basismittel bei jeder Erkrankung.

– *mit Resignation: Wild Rose,*
Resignation bedeutet den Verlust des Gesundungswillens und verhindert die Heilung; sie spielt bei jeder lebensgefährlichen Krankheit eine Rolle und ist – meist getarnt – eine der eigentlichen Ursachen der Krebserkrankung (→).

– *durch Enttäuschung: Willow,*
Schwere Enttäuschungen können den Lebenswillen untergraben. Manchmal hat die Krankheit auch eine Rache-Funktion.

– *chronische Krankheiten.*
Wenn eine Krankheit chronisch wird, ist der Organismus in seiner Gesamtheit und Grundsubstanz angegriffen. Ein solcher Zustand kann sich jahrelang, oft sogar über das ganze Leben hinziehen und führt immer zu einer Minderung an Lebenskraft und -freude. Oft bedeutet er, daß man unfähig ist, mit seiner Lebensrealität sinnvoll umzugehen. Dann besteht Heilung nicht nur in der Wiederherstellung der körperlichen Intaktheit, sondern auch und zunächst in einer Zunahme an Bewußtheit, Weisheit und Schicksalseinsicht. Letztlich liegt der Sinn jeder Krankheit darin, den ganzen Menschen zu verändern und das in ihm steckende transzendente Wesen zu vervollkommnen.
– *Crab Apple* zur allgemeinen Blutreinigung. Es regt den Körper zur Ausscheidung von Krankheitsstoffen, Giften und Schlacken an, die sich bei chronischen Krankheiten ansammeln und auf Dauer die Situation verschlechtern. Bei chronischen Krankheiten sind immer auch die wichtigen Entgiftungsorgane gestört, so daß ein Teufelskreis aus gestörtem Entgiftungsorgan → verminderter Entgiftung → Zunahme der Krankheit → Verschlechterung des Entgiftungs-

organs entsteht. Oft versucht der Organismus über die Haut in Form von Ausschlägen, Ekzemen, Pickeln oder Eiter zu entgiften. C. A. muß zur Entgiftung lange genommen werden; besonders wirksam ist es, wenn die Kranken sich selbst als verschlackt oder verunreinigt empfinden.
– *Gentian, Gorse* + *Mustard* + *Olive* + *Wild Rose*, bei lange unverändert bestehenden, therapieresistenten Krankheiten. Diese Kombination kann unter günstigen Umständen verhindern, daß sich der Organismus mit seinem Zustand abfindet. Sie weckt den Lebenswillen und die Heilkräfte, besonders wenn die Kranken selbst keine Anstrengungen mehr zur Gesundung unternehmen.

Krebs

Durch unrichtige Informationen ist in der breiten Öffentlichkeit der Eindruck entstanden, jeder Mensch sei von Krebs bedroht und dieser sei eine fast immer tödliche Krankheit. Tatsächlich aber heilt der Körper den Krebs in den meisten Fällen selbst und ohne spezielle Therapie; dies ist allerdings der offiziellen Medizin nicht bekannt, weil fast nur die schwersten Fälle in ihre diagnostische und therapeutische Mühle geraten. Krebs ist eine Krankheit wie jede andere; er tritt normalerweise in der Form einer »normalen« Krankheit auf und verschwindet ebenso normal wieder, weil der Organismus ja ständig auf Heilung eingestellt ist. Da jede Krankheit ein schicksalhaftes Ereignis ist und einen individuellen Sinn hat, ist sie die Konsequenz bestimmter Lebensumstände und Bewußtseins-Zustände und kann nicht auftreten, wenn diese nicht vorliegen. Krebs ist die extreme Reaktion des Körpers auf einen den Lebensnerv treffenden, seelischen Konflikt und damit ein Musterbeispiel dafür, daß Körper und Seele eine untrennbare Einheit bilden. Wer keinen Krebs, das heißt: einen Neubildungs- beziehungsweise Zerstörungsprozeß »braucht», erkrankt auch nicht daran! Die allgemein vertretene These aber, daß jeder krebsgefährdet sei, die einer Unkenntnis vom Wesen der Krankheit entspringt, verunsichert jene Menschen, denen es an Lebenseinsicht fehlt. Schon der Verdacht oder die Diagnose »Krebs« kann sie so sehr treffen, daß ihre

Krankheit gerade dadurch tödlich wird, und die meisten tragisch verlaufenden Krebsfälle sind das Ergebnis einer törichten, gefühllosen und sinnentleerten Therapie. Die wichtigste Prophylaxe gegen Krebs besteht darin, sich stets seinen inneren Frieden zu erhalten, schwere seelische Konflikte zu meiden oder – falls sie dennoch auftreten – sofort zu lösen, damit sie das seelische Gleichgewicht nicht zerstören können. Übrigens gilt auch bei Krebs: »Ein gesunder Mensch wird nicht krank!«

- *Angst vor Krebs: Aspen + Mimulus,*
  Diese Kombination reduziert allgemein die Angst vor Krebs. In diesem Falle bedeutet dies gleichzeitig eine Stärkung der Heilkräfte, die durch die Angst verbraucht werden.
- *panische Angst: Rock Rose + Cherry Plum + White Chestnut.*
  Diese Kombination wird benötigt, wenn die Angst vor dem Krebs so stark wird, daß man von ihr überwältigt wird. R.R. ist für den Panikzustand an sich; C.P. ermöglicht es, sich mit der Angst gefühlsmäßig einzulassen und bewußt mit ihr umzugehen, so daß sie einen nicht überwältigen kann; W.C. hilft, wieder klar und sinnvoll zu denken.
- *Behandlung*
  Bei der Behandlung (nicht ohne ärztliche Basistherapie!) muß man jene Mittel einsetzen, die dem körperlichen und psychischen Zustand entsprechen (Weitere Informationen: →»Mit Blumen heilen«, Bauer Verlag).

Krisen: *Walnut*
In Lebenskrisen, bei Neuanfang oder Umstellung ist W. das Mittel, das einem hilft, sich selbst treu zu bleiben und damit auch zu sich selbst zu finden.

Kritik
- *an anderen →Besserwisser, →Dogmatismus, →Haustyrann,*
- *an sich selbst →Schuldgefühle.*

Kummer, geheimer: *Agrimony* (→Depression, →Sorgen)
A. hilft jenen Menschen, die ihre Sorgen, Nöte oder Schmerzen verbergen und im geheimen leiden. Es macht sie fähig, sich auszusprechen und sich damit nicht nur zu erleichtern,

sondern auch Wege zur Lösung des Problems zu finden. *Walnut* (Nr. 1/33) ist oft zusätzlich erforderlich.

Künstlichkeit: Agrimony (→Fassade)
A. hilft, natürlicher zu werden, wenn man die Gewohnheit hat, seine Probleme zu überspielen oder sich anders zu geben, als man ist.
* *Künstliche Freundlichkeit und Toleranz →Nr. 1/3*

Kurzschluß →Besessenheit, →Hochspannung
* *Kurzschlußgefahr bei Angst →Nr. 2/6*

Labilität
Labilität darf nicht mit Flexibilität oder Beweglichkeit verwechselt werden, denn während diese in der Fähigkeit bestehen, leicht und richtig auf veränderte Lebensbedingungen einzugehen, bedeutet Labilität, ihnen, wie ein steuerloses Boot im stürmischen Meer, ohne sinnvolle Kontrolle ausgeliefert zu sein. Dabei kann man in Situationen geraten, die man nicht (zumindest nicht bewußt) gewollt hat.
- *Cerato*, wenn man aus Unsicherheit dauernd die unterschiedlichsten Ratschläge befolgt,
- *Gentian*, wenn man kein Durchhaltevermögen besitzt und bei Schwierigkeiten zu schnell aufgibt,
- *Larch*, wenn man aufgrund mangelnden Selbstvertrauens seine Position nicht zu halten wagt,
- *Scleranthus*, wenn man zu unentschlossen und ablenkbar ist,
- *Star of Bethlehem*, wenn man durch ein erschütterndes Erlebnis seine psychische Stabilität verloren hat,
- *Walnut*, wenn man zu stark beeinflußbar ist,
- *Wild Oat*, wenn man nicht weiß, was man will, und deshalb ständig seine Pläne ändert.

Lampenfieber: *Cherry Plum + Gentian + Heather + Hornbeam + Impatiens + Larch + Mimulus (+ Star of Bethlehem)*
- *Cherry Plum* für innere Ruhe,

- *Gentian* für innere Sicherheit,
- *Heather* gegen Angst vor Blamage,
- *Hornbeam* gegen Unzulänglichkeitsgefühle,
- *Impatiens* gegen Nervosität,
- *Larch* für mehr Selbstvertrauen,
- *Mimulus* gegen Ängstlichkeit.
- *bei schlechten Erfahrungen: Star of Bethlehem.*

Laster, heimliche: *Agrimony* (→Drogenmißbrauch, →Fassade)

Launen

Man meint zwar oft, Launen seien disziplinlose Ungehörigkeiten, die man durch guten Willen überwinden könne, tatsächlich aber stecken dahinter sehr komplexe Gefühlsvorgänge, die sich nicht einfach unterdrücken lassen. Meist sind es gefühlsintensive oder wehleidige Menschen, die zu Launen neigen. Wenn sie sich darüber klar werden, daß ihre Probleme eigener Unzulänglichkeit entspringen, können sie an ihrer Überwindung arbeiten, zumindest aber versuchen, ihre Mitmenschen davon zu verschonen. Da Stimmungslabilität oft die Folge von Krankheiten (vor allem Leber, Herz, Darm, Hormonsystem) ist, sollte man auch hierauf achten. Eine besondere Rolle spielt die Wetterfühligkeit (→), die auf eine krankhafte Störung des vegetativen Nervensystems hinweist.

- *unbegründete schlechte Laune: Mustard,*
  M. wirkt gegen jene depressive Übellaunigkeit, die ohne erkennbaren Grund kommt und geht.
- *durch Wettereinflüsse →Wetterfühligkeit,*
- *häufig auftretend, sehr wechselhaft: Scleranthus + Wild Oat,*
  Diese Kombination wirkt bei ständig wechselnden, unberechenbaren Stimmungen ausgleichend, vor allem bei Menschen, die auch sonst nicht recht wissen, wie sie sich verhalten sollen und wozu sie auf der Welt sind.
- *schnell beleidigt: Willow.*
  Menschen, die dauernd auf eine Gelegenheit zu warten scheinen, um sich beleidigt fühlen zu können, brauchen W., das, eventuell in Kombination mit *Chicory* (Liebessucht) oder *Heather* (Eitelkeit), entsprechenden Verstimmungen vorbeugen kann.

Lebensangst: *Aspen + Gentian + Larch + Mustard* (→ Angst)
Diese Kombination macht lebensfähiger, indem sie ängstliche Ahnungen und negative Erwartungen reduziert. Sie muß lange genommen werden und wird oft von Kindern benötigt.

Lebensaufgabe, fehlend oder unerfüllbar
Um Freude, Kraft und Kreativität entwickeln zu können, braucht der Mensch einen Sinn oder ein Ziel im Leben. Daher wird er, wenn er sinn-, zweck- oder beziehungslos »in der Luft hängt«, körperlich und psychisch krank. Die Blüten-Therapie hat eine besondere Beziehung zu diesem Aspekt: sie hilft dem Menschen, seine transzendente Bestimmung zu finden und seine persönliche Aufgabe in der Welt zu erfüllen.

– *durch Unsicherheit: Cerato,*
Wenn man nicht weiß, was man tun soll, weil man seinem eigenen Instinkt nicht traut, ist man unfähig, seine persönliche Aufgabe im Leben zu erfüllen. C. hilft, den inneren Ratgeber besser zu verstehen und macht sicherer in der eigenen Meinung.

– *durch Willensschwäche: Gentian,*
Wer sich durch jede Schwierigkeit entmutigen und sich zu schnell von seinem Ziel abbringen läßt, braucht G., das Willenskraft und Beharrlichkeit gibt.

– *wegen mangelnden Selbstvertrauens: Larch,*
Manchmal traut man sich nicht, das Glück, das einem begegnet, zu ergreifen, weil man fürchtet, ihm nicht gewachsen zu sein oder es nicht verdient zu haben. Dann ist L. erforderlich, um das Selbstvertrauen zu stärken.

– *führt zu Depressionen: Mustard,*
Viele Menschen verfallen immer wieder scheinbar grundlos in Trübsinn oder Depressionen; in Wirklichkeit steckt ein unbewußter Mangel an Lebenssinn und -motivation dahinter.

– *durch krankhaftes Schulddenken: Pine,*
P. hilft jenen Menschen, die sich die Erfüllung ihres Lebenswunsches (in dem sich meist ihre persönliche Bestimmung ausdrückt) versagen, weil sie meinen, sie hätten ihn nicht verdient und ihr Leben müsse in Verzicht bestehen.

– *wegen Selbstverneinung: Rock Water,*
R.W. ist erforderlich, wenn jemand meint, er könne den Sinn seines Leben nur finden, wenn er sich selbst diszipliniert und seine »wertlosen« oder »oberflächlichen« Eigenschaften ausmerzt.
– *wegen zu starker Beeinflußbarkeit: Walnut,*
Jeder Mensch hat seine persönliche Bestimmung, seinen eigenen Lebensweg; je konsequenter er ihn gehen kann, desto glücklicher, je mehr er sich davon abbringen läßt, desto frustrierender und sinnloser wird sein Leben.
– *wegen Unklarheit: Wild Oat,*
W. O. ist auf der Suche nach dem eigenen Lebenskonzept oder Ziel behilflich. Es kann die Augen für die persönliche Bestimmung öffnen, muß aber über lange Zeit genommen werden.
– *aufgrund von Resignation: Wild Rose.*
W. R. wirkt gegen Interesselosigkeit und Resignation, die es einerseits verhindern, daß man seine Lebensaufgabe findet, andererseits aber auch der Grund dafür sein können.
* *Lebenskonzept fehlt wegen Unsicherheit →Nr. 5/36*
* *Lebenskonzept fehlt wegen Unaufmerksamkeit →Nr. 7/36*
* *Lebenssinn verfehlt wegen mangelnden Selbstvertrauens →Nr. 19/36*
* *Lebenssinn, falscher, durch Selbstkasteiung →Nr. 27/36*
* *Lebensziel verfehlt →Nr. 33/37*

* **Lebensinteresse** gering, mit Lernschwäche →Nr. 7/37

* **Lebenskrise** mit innerer Zerrissenheit →Nr. 28/36
(→Krise)

Lebensschwäche →Erschöpfung, →Schwäche
* *Lebensschwäche mit nostalgischen Tendenzen →Nr. 12/16*

Lebenssinn fehlt →Lebensaufgabe

* **Lebensänderung** verzögert durch Entmutigung →Nr. 12/33
(→Neubeginn)

Leberkrankheiten

Zwar ist die Blüten-Therapie primär auf die psychische Symptomatik ausgerichtet, hat aber – da Seele und Körper eine Einheit bilden – auch eine Wirkung auf den Körper. Um sie hierfür richtig einsetzen zu können, muß man sich fragen, welchen Sinn beziehungsweise welches seelische Äquivalent eine bestimmte körperliche Störung haben könnte. Die häufigsten Gründe für Leberkrankheiten sind negative Emotionen, Neid, Gier, Streß und Hetze (→ Krankheit).

– *durch Demütigung: Heather + Willow,*
Da die Leber etwas mit Stolz zu tun hat, löst Demütigung bei ihr eine intensive Gegen-Reaktion aus, die hauptsächlich in Entzündung oder Schwellung besteht. Die angegebene Kombination reduziert Geltungssucht und Beleidigtsein.

– *durch Hetze: Impatiens,*
Hetze führt zu einer übertriebenen Tätigkeit des Leber-Galle-Systems, die von Verkrampfungen, Stauungen und Entzündungen begleitet ist. I. wirkt vorbeugend dagegen, weil es ruhiger und geduldiger macht.

– *mit Reizbarkeit; durch Ärger, Wut oder Neid: Holly,*
Wenn einem das Leben etwas aufzwingt, was man nicht bewältigen (»verdauen«) kann, wird man wütend und könnte platzen; dies nennt der Volksmund »cholerisch« (gallig). Das Leber-Galle-System, das sich – erfolglos – darauf eingestellt hat, den »schweren Brocken« zu verdauen, entwickelt dabei Schwellungen, Stauungen oder Reizungen. Bei Neid und Gier ist es ähnlich; sie entsprechen der Freßgier, die eine starke, aber nutzlose Tätigkeit von Leber und Galle mit Stauungen, Entzündungen oder Steinbildung bewirkt. In ungünstigen Fällen kann dabei aufgrund einer Leberschädigung Gallenfarbstoff (Gelbsucht) ins Blut geraten, so daß man, wie der Volksmund treffend sagt, gelb vor Ärger oder Neid wird. H. ist das Basis-Mittel für negative Emotionen jeder Art.

– *mit Depressionen: Mustard,*
Leber-Galle-Störungen rufen oft traurige oder depressive Stimmungen hervor, weshalb man auch von Melancholie (= schwarze, gestaute Galle) spricht. M. kann sie lindern.

– *durch Streß:*
Nicht nur zu schwere Nahrung, sondern auch unverdaubare »seelische Kost« (wozu der Streß gehört) belastet die Leber. Deshalb sind die meisten Leber-Galle-Störungen streßbedingt.
– *Hornbeam*, wenn man sich den Belastungen seines täglichen Lebens nicht gewachsen fühlt,
– *Elm*, wenn man plötzlich – aus hoher Leistungsfähigkeit – zusammenzubrechen droht,
– *Oak*, wenn man zu verbissen und rücksichtslos gegen sich selbst arbeitet,
– *Vervain*, wenn man sich durch zu starke Aktivität selbst unter Streß setzt.
– *durch Groll oder Verbitterung: Willow,*
Verbitterung vergiftet nicht nur die Stimmung, sondern auch den Körper und erstreckt sich auf Leber und Galle. (Galle ist bekanntlich bitter!)
– *mit Erschöpfung: Olive + Wild Rose.*
Leberstörungen verursachen oft unnormale Müdigkeit, vor allem nach dem Essen. Diese Kombination gibt Kraft und verringert die Tendenz, sich antriebslos hängenzulassen.

Leid → Schicksal

* **Leistungskrise**, akute → Nr. 11/17

Leistungszwang (→ Ehrgeiz)
– *sich selbst gegenüber:*
– *Oak* ist angebracht, wenn man sich so sehr in eine Aufgabe verbissen hat, daß man sich nicht mehr entspannen kann.
– *Rock Water* macht lockerer und nachsichtiger; es wird benötigt, wenn jemand sich selbst gegenüber zu streng ist.
– *anderen gegenüber: Vine.*
Manchmal ist ein gewisser Druck erforderlich, um eine gute Leistung zu erzielen. Dieser muß sich allerdings im Rahmen der tatsächlich vorhandenen Leistungsfähigkeit bewegen. V. kann erforderlich sein, wenn jemand zu starre und selbstgerechte Forderungen an andere stellt.
* *Leistungszwang mit Dogmatismus → Nr. 22/32*

✲ *Leistungszwang mit Selbstvergewaltigung →Nr. 22/27*
✲ *Leistungszwang erzeugt Streß →Nr. 22/31*
✲ *Leistungszwang mit Kontaktstörung →Nr. 22/34*

Lernen, schlecht (→ Konzentrationsstörung, → Vergeßlichkeit)
✲ *Lernschwäche durch Drückebergerei →Nr. 1/7*
✲ *Lernschwäche durch Tagträumereien →Nr. 7/9*
✲ *Lernschwäche durch Nostalgie Nr. 7/16*
✲ *Lernschwäche durch Ablenkbarkeit →Nr. 7/28*
✲ *Lernschwäche aus Mangel an Lebensinteresse →Nr. 7/37*

✲ **Liebesgedanken**, zwanghaft Nr. 8/35

Liebeskummer (→ Partnerprobleme)
Es gibt zwei Formen der Liebe: die gegenseitige, bei der man liebt und geliebt wird, und die einseitige, bei der man liebt, ohne eine direkte Gegenliebe zu erwarten. Weil bei beiden Formen das Liebesgefühl in einem selbst entsteht und nicht von außen entfacht oder genährt werden muß, sind sie – jede auf ihre Weise – beglückend. Sobald man aber Liebe verlangt, statt sie selbst zu geben, bereitet sie Kummer, denn dann wird sie zum Begehren. Wer begehrt, will besitzen und wird unglücklich, wenn ihm dies nicht gelingt. »Liebeskummer« ist ein Zeichen dafür, daß man nicht liebt, sondern vergeblich begehrt. Man erwartet von jemandem ein Gefühl, das er nicht geben kann (Liebe läßt sich ja nicht beliebig einschalten) und die Enttäuschung darüber macht einen krank. Statt aus dem Leiden zu erkennen, daß man eine falsche Einstellung hat und sie so zu ändern, daß man seinen Seelenfrieden wiederbekommt, steigert man sich selbstquälerisch in die bekannten Leiden der »unerfüllten Liebe« hinein. (Die Lösung bestände darin, daß man entweder das »Objekt« seines Begehrens wieder freigibt oder daß man sich ohne Besitzwunsch am Wohlergehen des geliebten Wesen erfreut.)

– *wird verborgen und überspielt: Agrimony,*
A. hilft, wenn man wegen einer unerfüllten Liebe leidet, dies aber verbirgt und dadurch nicht nur die Qual verstärkt, sondern auch eine befreiende Lösung verhindert.

– *mit hysterischen Symptomen: Cherry Plum,*
Eine unterdrückte oder geheimgehaltene Liebesleidenschaft kann einen so starken emotionalen Druck aufbauen, daß man regelrecht besessen oder »verrückt«, zumindest aber stark hysterisch (→ Hysterie) werden kann.
– *mit Besitzanspruch und Selbstmitleid: Chicory,*
C. ist dann nützlich, wenn die Liebe vor allem aus einem überstarken Besitzanspruch bestand und in Selbstmitleid umgeschlagen ist.
– *mit deprimierter Mutlosigkeit: Gentian,*
Wenn man in seinem Liebeswerben (aufgrund von Mißverständnissen) zu schnell entmutigt ist, gibt G. Beharrlichkeit.
– *führt zu Hoffnungslosigkeit: Gorse,*
G. ist für Menschen, die aufgrund einer schweren Liebesenttäuschung die Hoffnung darauf verloren haben, je wieder Liebe zu erleben.
– *mit Zwangsgedanken: White Chestnut,*
Wer nur noch an seine problematische Liebe denken kann und für alles andere geistig blockiert ist, sollte W. C. nehmen, um wieder einen klareren Geist zu bekommen.
– *mit Groll oder Verbitterung: Willow,*
W. hilft, Liebesenttäuschungen ohne Bitterkeit zu verkraften.
⁕ *Liebeskummer macht depressiv →Nr. 8/21*

Lungenkrankheiten

Atmen ist ein ausgesprochen vitaler, lebensbejahender Vorgang – gehört doch der Sauerstoff zu unseren wichtigsten Nährstoffen. Ohne Lust am Atmen, an der Luft und am Leben kann die Lunge nicht gesund bleiben oder werden. Lungenkrankheiten sind weitgehend psychisch bedingt. Seelische Störungen können zu einer Schwächung beziehungsweise Schädigung der Lunge mit ihren vielen bekannten Komplikationen führen, vor allem Bronchitis, Lungenentzündung, Tuberkulose oder Lungenembolie. Die passenden Bach-Blüten – als Unterstützung der erforderlichen ärztlichen Therapie – beschleunigen die Heilung und schaffen manchmal überhaupt erst die Voraussetzungen für eine Heilung.

- *Asthma: Rescue Remedy,*
  Das Lungen-Asthma (es gibt auch noch das Herz-Asthma, das auf einer Herzschwäche beruht) hat meistens eine angeborene Grundlage, die sich in der Kindheit als Milchschorf oder Ekzem äußert, später als Allergie, vor allem Heuschnupfen. Oft kommt dazu noch eine ererbte Tuberkulose-Belastung. Oft wird das Asthma durch allopathische Unterdrückungstherapie (zum Beispiel Corticoide oder Antibiotika) ausgelöst, aber auch durch Chemikalien, Umweltgifte und vor allem psychische Probleme. Tierhaare können starke allergische Reaktionen auslösen (→Allergie). Die Therapie muß, wenn eine homöopathische Behandlung (nur für Könner!) nicht erfolgreich ist, im akuten Stadium meistens allopathisch erfolgen. Die Blüten-Essenzen können zusätzlich unterstützend verwendet werden und sind nützlich zum Abbau der beteiligten psychischen Probleme. Beim akuten Anfall mit Panik hat sich als Zusatztherapie das Notfallmittel, *Rescue Remedy*, bewährt. Es muß dann häufig genommen werden: alle 5 – 10 Minuten 3 Tropfen auf die Zunge oder Lippen bis zur Besserung. Die anschließende Basisbehandlung: →Atemstörung und →Allergie.
- *Atemstörungen: Agrimony + Aspen + Mimulus,*
  Wer Angst hat, kann nicht mehr durchatmen, weil das Zwerchfell krampfhaft blockiert ist. Diese Fehlhaltung beeinträchtigt auf Dauer nicht nur die gesamte Sauerstoffversorgung, sondern auch die Widerstandskraft der Lunge. Die angegebene Kombination lindert alle Arten von Angst.
- *chronischer Husten: Crab Apple + Gentian + Heather + Larch + Star of Bethlehem + Walnut*
  Chronischer Husten tritt oft im Anschluß an verlorene Revierkämpfe oder Demütigungen auf (→Konkurrenzfähigkeit). C. A. wirkt reinigend, G. gegen Entmutigung, H. gegen übertriebenes Geltungsbedürfnis, L. gegen Minderwertigkeitsgefühle, S. o. B. gegen unverarbeitetes Trauma, W. macht innerlich sicherer und stärker.
- *für die gefährdete Konstitution: Impatiens + Wild Oat.*
  Gehetzte, ungeduldige, unruhige oder abwechslungsbedürftige Menschen sind anfällig für Lungenkrankheiten, besonders Tuberkulose. Diese körperliche Grundlage (Konstitu-

tion), die durch Unruhe, Ungeduld und starkes Veränderungsbedürfnis gekennzeichnet ist, kann mit der angegebenen Kombination positiv beeinflußt werden.

– *Schwindsucht (Tuberkulose):*
Viele Lungenkrankheiten, vor allem die »Schwindsucht», entstehen durch Kummer. Menschen, die traurig, bekümmert, verängstigt oder hoffnungslos sind, können nicht richtig durchatmen. Folgende Mittel kommen, auch als Kombination, in Frage:
– *Clematis* + *Wild Rose* bei resignierender Abwendung vom Leben und latenter Todessehnsucht,
– *Gorse* bei totaler Hoffnungslosigkeit,
– *Honeysuckle* bei Traurigkeit durch einen Verlust (vor allem →Heimweh) mit mangelndem Interesse am gegenwärtigen Leben,
– *Red Chestnut* bei Sorge,
– *Mimulus* bei Angst,
– *Mustard* bei unerklärlicher, unbeeinflußbarer Traurigkeit oder Depression.

– *Lungenembolie: Heather + Larch + Star of Bethlehem + Willow; Rescue Remedy.*
Viele vermeintliche Lungenembolien sind in Wirklichkeit Thrombosen der Lungengefäße infolge eines demütigenden Erlebnisses. Diese Kombination wirkt (als Nachbehandlung) auf alle wichtigen Faktoren: H. gegen zu starke Geltungssucht, L. gegen das eingetretene Minderwertigkeitsgefühl durch die Niederlage oder Blamage, S.o.B. gegen den unverarbeiteten Schock, W. gegen die Verbitterung. Im akuten Stadium sollte immer das Notfallmittel, *Rescue Remedy*, (als Zusatz zur erforderlichen ärztlichen Behandlung) gegeben werden, am besten stündlich 2 – 3 Tropfen.

Magenkrankheiten

Beim Magen wird der Zusammenhang zwischen körperlicher und seelischer Symptomatik besonders deutlich. Er kann krank werden, wenn er entweder zu viel oder zu wenig oder die falsche Nahrung bekommt. Für ihn besteht die Welt aus Nahrung, die er verarbeiten und verdauen muß, wie auch die Psyche in Form von Lebensproblemen manch »schweren Brocken« verkraften muß.

– *Gastritis (Magenschleimhautentzündung) durch Leistungsstreß*
  Wenn man große Leistungen erbringen oder schwere Aufgaben zu bewältigen hat, so reagiert auch der Magen, als müsse er eine Menge Nahrung verarbeiten. Dazu produziert er viel Säure, die seine Schleimhaut angreift – er verdaut sich selbst, was Sodbrennen und Schmerzen hervorruft. In diesem Fall geht es darum, den Leistungsstreß zu reduzieren.
  – *Elm*, wenn man fühlt, daß man sich übernommen hat und zu versagen fürchtet,
  – *Impatiens*, wenn man sich zu sehr abhetzt,
  – *Mimulus*, wenn man Angst vor einer bevorstehenden Aufgabe oder Prüfung hat (eventuell mit *Larch* kombinieren),
  – *Oak*, wenn man sich in ein Ziel oder eine Aufgabe verbissen hat und trotz Überforderung nicht aufgeben kann.
– *Gastritis durch Neid oder Gier: Chicory + Holly,*
  Das Gefühl, zu wenig zu bekommen, entspricht dem Hungergefühl des Magens. Der leere Magen frißt sich sozusagen selber auf. In diesem Fall sollte man sich bemühen, mit dem zufrieden zu sein, was hat. Die angegebene Kombination dämpft die Gier und den Ärger.
– *Gastritis und Ulcus (Magengeschwür) bei Ärger:*
  Ärger, der hinuntergeschluckt wird, ist wie unverdauliche, schädliche Nahrung. Er verdirbt und zerfrißt den Magen; dabei kann sich die Gastritis mit der Zeit zum Magengeschwür – einer Wunde in der Schleimhaut – entwickeln. In sehr schweren Fällen kann daraus sogar Krebs werden. Besonders verheerend ist jener Ärger, der innerhalb der Familie entsteht, weil man ihm lange Zeit ausgesetzt ist und ihn »um des lieben Friedens willen« immer wieder in sich hineinfressen muß. Wenn man dem Ärgernis nicht ausweichen kann (indem man zum Beispiel die familiäre Gemeinschaft verläßt), muß man versuchen, eine andere Einstellung dazu zu bekommen.
  – *Holly* gegen dauernde Gereiztheit oder Wut,
  – *Star of Bethlehem*, wenn man die Dinge zu schwer nimmt,
  – *Willow*, um vergeben und vergessen zu können.

Magersucht

Magersüchtige Menschen haben eine ablehnende Haltung gegenüber dem Leben; sie verweigern sich, weil sie mit ihm nicht zurechtkommen, weil sie sich benachteiligt, unverstanden oder ungeliebt fühlen.

- *aus Ängstlichkeit: Agrimony + Aspen + Mimulus,*
- *aus Selbstmitleid oder Liebesbedürfnis: Chicory,*
- *aufgrund von Todeswünschen: Clematis,*
- *aus Trotz: Holly,*
- *aus schwerer Erschöpfung: Olive,*
- *aufgrund von Selbstablehnung: Rock Water,*
- *aufgrund einer unverarbeiteten seelischen Belastung: Star of Bethlehem,*
- *aus Verbitterung: Willow,*
- *aus Resignation: Wild Rose.*

Manische Zustände: *Cherry Plum + Impatiens + Mustard + Vervain + White Chestnut*

Man bezeichnet jemanden als manisch, wenn er übertrieben optimistisch, aktiv und unternehmungslustig ist. Die Manie ist das Gegenteil der Depression, bei der jede Aktivität zum Erliegen kommt, und wechselt sich oft mit dieser ab (manisch-depressive Zustände). Die angegebene Kombination kann normalisierend wirken, wobei C. P. die Emotionen dämpft, I. ruhiger, V. zurückhaltender, W. C. geistig freier macht und M. das Umschlagen in die Depression verhindert.

Menschenscheu (→ Anpassung, → Kontaktprobleme)

Jeder Mensch fühlt, ob man ihm wohlgesonnen ist oder nicht, und ordnet instinktiv jeden, mit dem er zu tun hat, in die Kategorie »Freund« oder »Feind« ein. Wenn er sich stark genug fühlt, leistet er Widerstand oder kämpft für seine Ziele; wenn er sich unterlegen fühlt, weicht er aus oder zieht sich zurück. Dieses Verhalten kann unter ungünstigen Umständen (das heißt: wenn jemand sehr empfindlich ist, mit den Menschen schlechte Erfahrungen gemacht hat oder in einer verständnislosen Gemeinschaft leben muß), in krankhafte Menschenscheu ausarten und die Kontaktfähigkeit stark einschränken. Dann ist – vor allem bei Kindern – eine Korrektur durch Bach-Blüten oder Psychotherapie angebracht.

- *aus Angst zu zeigen, wie man ist: Agrimony,*
- *durch Minderwertigkeitsgefühle: Larch,*
  Wer den Umgang mit Menschen deswegen meidet, weil er fürchtet, nicht genügend anerkannt zu werden, braucht L. Wenn das Minderwertigkeitsgefühl einem unverarbeiteten, demütigenden Erlebnis entspringt, ist zusätzlich *Star of Bethlehem* (Nr. 19/29) erforderlich.
- *aufgrund von Angst: Aspen, Mimulus,*
  Menschenscheu bedeutet Angst vor Menschen. Diese läßt sich mit A. abbauen, wenn sie nicht genau zu begründen ist, oder mit M., wenn sie einen klaren Grund hat. Zusätzlich ist *Star of Bethlehem* (Nr. 20/29) erforderlich, wenn ihr ein einschüchterndes Erlebnis zugrundeliegt.
- *bei krankhafter Einzelgängerei: Water Violet.*
  Manche Menschen sind von Natur aus zurückhaltend. Erst wenn ihre Menschenscheu ihnen Nachteile oder Leiden bereitet – zum Beispiel Vereinsamung –, brauchen sie W. V.

Minderwertigkeitsgefühl: *Larch* (→ Eitelkeit, → Geltungsbedürfnis, → Konkurrenzfähigkeit)
Im menschlichen Konkurrenz- und Überlebenskampf spielt die soziale Stellung eine wichtige Rolle, denn von ihr hängt es ab, welchen Anteil man an den vorhandenen »Lebens-Mitteln« zugestanden bekommt. Der Wunsch nach einer »gehobenen«, starken Position in der gesellschaftlichen Hierarchie ist Ausdruck natürlicher Vitalität. Um sie einnehmen und behaupten zu können, braucht man Selbstvertrauen. Ohne das Gefühl, stark oder überlegen zu sein, und ohne den Willen, sich durchzusetzen, kann man weder Kraft noch Mut aufbringen, um für seine Lebensrechte einzustehen. Menschen, die sich nichts zutrauen, sind gefährdet – vor allem in der Kindheit, in der die Grundlagen für das ganze Leben gelegt werden. Daher sollten sich Eltern davor hüten, das Selbstvertrauen ihrer Kinder durch Demütigungen oder starke Unterdrückung zu beschädigen. – L. ist das Basismittel für die Behandlung von mangelndem Selbstvertrauen oder Minderwertigkeitskomplexen.

– *ruft übertriebenes Geltungsbedürfnis hervor: Heather + Larch (→Nr. 14/19)*
* *Minderwertigkeitsgefühle werden überspielt oder verdrängt →Nr. 1/19*
* *Minderwertigkeitsgefühl macht unnatürlich tolerant →3/19*
* *Minderwertigkeitsgefühl führt zu unnatürlicher Hilfsbereitschaft →Nr. 4/19*
* *Minderwertigkeitsgefühl führt zu Unsicherheit →Nr. 5/19*
* *Minderwertigkeitsgefühl durch Unreinheitsgefühl →Nr. 10/19*
* *Minderwertigkeitsgefühl, überspielt durch Angeberei →Nr. 14/19*
* *Minderwertigkeitsgefühl mit Flucht in die Vergangenheit →Nr. 16/19*
* *Minderwertigkeitsgefühl führt zu Überforderungsgefühl →Nr. 17/19*
* *Minderwertigkeitsgefühl durch moralische Skrupel →Nr. 19/24*
* *Minderwertigkeitsgefühle führen zu Kontaktstörungen →Nr. 19/34*
* *Minderwertigkeitsgefühl aus idealistischer Selbstüberforderung →Nr. 19/27*

* **Misanthrop**, gereizt Nr. 15/34

Mißerfolg → Versagensangst
* *Mißerfolg durch Willensschwäche und Unaufmerksamkeit →Nr. 7/12*

Mißhandlung, Folgen von (→ Schock)
– *mit allgemeiner Verängstigung: Aspen,*
– *mit gebrochenem Willen: Centaury,*
– *mit Angst vor Wiederholung: Mimulus,*
– *mit Beeinträchtigung des Selbstwertgefühls: Larch,*
– *mit bleibenden Folgen: Star of Bethlehem,*
– *mit Haß- und Rachegefühlen: Holly + Willow.*

Mißtrauen
- *gegenüber dem Leben: Aspen,*
- *gegenüber den eigenen Instinkten und Gefühlen: Cerato,*
- *aus allgemeiner negativer Einstellung: Holly,*
- *aus mangelndem Selbstvertrauen: Larch,*
- *aus Angst: Mimulus,*
- *aufgrund von schlechten Erfahrungen: Star of Bethlehem.*

Missionieren: *Vervain*
V. ist für Menschen, die ihre Überzeugungen und Erkenntnisse für absolut richtig halten und dazu tendieren, sie anderen aufzudrängen.

Mitleid (→Selbstmitleid, →Aufopferung)
Mitleid ist, wie der Name besagt, eine besondere Form des Leidens. Leid aber ist ein Zeichen dafür, daß etwas nicht stimmt. Üblicherweise hält man zwar das Mitleid für eine besondere Tugend und meint, geteiltes Leid sei halbes Leid; tatsächlich aber verdoppelt es sich, wenn zwei leiden. Eigentlich ist etwas anderes gemeint, nämlich Mitgefühl: die Fähigkeit und Bereitschaft, am schweren Schicksal des Nächsten fühlend teilzunehmen und ihm, falls nötig und möglich, beizustehen. Im Mitgefühl bleibt jene Gemeinsamkeit lebendig, die die Menschen als soziale Wesen brauchen, und es ist die Brücke, die sie miteinander verbindet. Vor allem aber hilft es, das Leid in der Welt zu verringern, da man im Bestreben, *selbst nicht zu leiden*, auch den mitfühlend wahrgenommenen Schmerz seines Nächsten zu lindern versucht.
- *mit Selbstmitleid: Chicory,*
- *übertrieben: Red Chestnut.*

Moral, zwanghaft (→Gewissen)
Üblicherweise bezeichnet man jene anerzogenen oder aufgezwungenen Verhaltensregeln, die der Erhaltung der gesellschaftlichen Ordnung dienen, als Moral. Daneben gibt es aber noch eine persönlichere und deshalb wahrhaftigere Moral; sie besteht in jener inneren Stimme, die jedem sagt, was für ihn persönlich richtig ist, und ihm so zu handeln

oder denken hilft, daß er mit sich und seinem Leben zufrieden ist. Nur mit dieser Moral kann ein Mensch »gut« sein. Weil sie aber oft nicht mit der gesellschaftlichen Moral übereinstimmt, kann sie schwere Konflikte oder sogar Lebensgefahr verursachen. In diesem Fall muß man genau prüfen, ob man stark genug ist, um ihr zu folgen, oder ob es – zumindest im Moment – besser ist, »mit den Wölfen zu heulen« und erst mehr innere Kraft zu sammeln.

– *aus dem Wunsch nach Reinheit: Crab Apple,*
  C. R. kann jenes unnatürliche, moralisierte Bedürfnis nach seelischer Reinheit abbauen, das zur Selbstablehnung führt.
– *mit Schulddenken: Pine,*
  P. wird von Menschen benötigt, deren Moralkodex zu sehr vom Schulddenken beherrscht ist und die vor allem deshalb »moralisch« sind, weil sie Angst vor der (»göttlichen«) Strafe haben. Diese Moral macht den Menschen nicht besser; sie ist durch Erziehung und Strafe aufgezwungen und führt zu latenter Selbstablehnung.
– *mit Selbstverneinung: Rock Water.*
  R. W. hilft, zu sich selbst großzügiger und freundlicher zu sein und alle moralisierenden Regeln, mit denen man sich diszipliniert hat, in Frage zu stellen.

✳ *Moralische Zwänge machen unnatürlich tolerant →Nr. 3/24*
✳ *Moral mit Sauberkeitszwang →Nr. 10/24*
✳ *Moralisches Minderwertigkeitsgefühl →Nr. 19/24*

»Morgenmuffel«
– *durch Überforderungsgefühl: Hornbeam,*
– *durch trübe Stimmung: Mustard.*

Müdigkeit → Schwäche

Mutlosigkeit → Angst
✳ *Mutlosigkeit bei Überforderungsgefühl →Nr. 11/12*

Mutterprobleme
Die Schlüsselstellung der Mutter im Leben jedes Menschen bringt Gefahren mit sich, die sie nur durch eine klare, ehr-

liche Definition ihrer Aufgabe und Rolle vermeiden kann. Allzuviele Kinder, aber auch Mütter, sind durch geistige Unreife, ungezügelte Emotionen und selbstsüchtiges Verhalten unglücklich geworden.

- *Nachgiebigkeit: Centaury,*
  Wenn sich eine Mutter zu sehr von ihren Kindern ausnützen läßt, tut sie ihnen nichts Gutes, denn sie erzieht die Kinder zu Selbstsucht und Rücksichtslosigkeit.
- *Übermutter: Chicory,*
  Die sogenannte Übermutter, die ihre Kinder übertrieben umsorgt, sie dadurch zu sehr an sich fesselt und lebensunfähig macht, braucht C., um ihre Lieben freilassen zu können und auch selbst frei zu werden.
- *Sorgen: Red Chestnut.*
  Das sich ständig und qualvoll sorgende Mutterherz ist keine Tugend, sondern für alle Beteiligten eine Last. R. C. hilft der Mutter, die Kinder vertrauensvoller dem eigenen Schicksal zu überlassen, wodurch diese selbständiger werden.

Nachgiebigkeit → Anpassung, → Konkurrenzfähigkeit

Nachtragen: *Chicory + Willow*
Nachtragend sind vor allem gefühlsbetonte und anspruchsvolle Menschen. Weil sie viele Emotionen in ihre Erwartungen zu investieren pflegen, neigen sie, wenn diese nicht erfüllt werden, zu tiefer und langdauernder Enttäuschung, die manchmal auch eine rachsüchtige Komponente hat. C. wirkt gegen intensive Gefühlsansprüche und W. gegen die Tendenz, verbittert zu reagieren. Man kann sich leichter mit dem vermeintlichen Unrecht abfinden und wird versöhnlicher.

Neid → Egoismus, → Eifersucht

Nervenzusammenbruch

- *Cherry Plum* bei zu starken und eventuell unterdrückten Emotionen mit Gefahr von Kurzschlußhandlungen,
- *Elm* bei zu großer Verantwortung oder Belastung,

- *Sweet Chestnut* bei absoluter Verzweiflung oder Ausweglosigkeit,
- *Star of Bethlehem* nach starken seelischen Erschütterungen,
- *Rescue Remedy* grundsätzlich bei allen Notfällen mit Panik oder Schock.

Nervosität (→ Hektik)
- *durch zu großen Streß: Elm,*
- *aus Eile und Ungeduld: Impatiens,*
- *aus mangelndem Selbstvertrauen: Larch,*
- *aus Angst: Mimulus,*
- *aus Sorge: Red Chestnut,*
- *durch seelische Erschütterung: Star of Bethlehem,*
- *durch zu viele Menschen: Water Violet.*

  W. V. verbessert die Kommunikationsfähigkeit. Man kann die Gesellschaft anderer Menschen besser ertragen.

Neubeginn: *Agrimony + Chicory + Gentian + Honeysuckle + Larch + Mimulus + Wild Oat* (→ Krise)

Noch einmal von vorne anfangen zu müssen, ist für viele Menschen sehr schwer; aus Angst, Unbeweglichkeit oder Besitzgier bleiben sie lieber in ihrer unerfreulichen Lebenssituation und ertragen die tägliche, krankmachende Frustration, als daß sie es wagen, dem Ruf ihrer sich nach Glück sehnenden Seele zu folgen und mit Hilfe ihrer bisherigen Erfahrung ihr Leben neu zu ordnen. Diese Kombination kann dabei helfen und muß lange genommen werden.

- *Agrimony* macht ehrlicher sich selbst gegenüber,
- *Chicory* hilft loszulassen,
- *Gentian* stärkt den Willen und das Durchhaltevermögen; man gibt nicht gleich auf, wenn Probleme auftauchen,
- *Honeysuckle* befreit von sentimentalen Erinnerungen,
- *Larch* gibt Selbstvertrauen; man glaubt an den Erfolg,
- *Mimulus* beseitigt die verschiedenen Ängste,
- *Wild Oat* läßt das neue Lebensziel erkennen,
- *Willow* macht frei von negativen emotionalen Verknüpfungen.

Neurodermitis → Haut

Niedergeschlagenheit → Depression

Neurosen → Verhaltensstörungen

Nierenkrankheiten

Die Nieren bestehen zum größten Teil aus arteriellen Blutgefäßen. Daher übertragen sich alle Reaktionen des Gefäßsystems auch auf die Nieren. Dies ist besonders vom Bluthochdruck (→ Blutdruck) bekannt, der nicht nur Nierenstörungen nach sich zieht, sondern auch durch sie hervorgerufen werden kann. Auf den Zusammenhang zwischen Nieren und Blutkreislauf weist auch der Ausdruck: »jemanden auf Herz und Nieren prüfen« hin, denn wenn das eine Organ gestört ist, ist es das andere oft ebenfalls. Auch jene Nierenkrankheiten, die durch Erkältung entstehen, haben unter anderem mit den Blutgefäßen zu tun, weil der Krampf, in den diese bei Kälte geraten, sich auch auf die Nieren überträgt. Jede psychische Belastung, die mit vermehrter Urinproduktion einhergeht, hat eine Beziehung zur Niere; vor allem sind dies Streß und Angst, bei denen ja auch der Blutdruck zu steigen pflegt. Auffällig ist, daß dabei vor allem Wasser (heller Urin) produziert wird, nicht aber Giftstoffe ausgeschieden, sei es, um bei körperlicher Belastung Ballast loszuwerden, sei es, um (biologisch gesehen) Wasser zur Markierung des »Reviers« zur Verfügung zu haben. Der Kampf um das eigene Revier, den Herrschafts- und Einflußbereich, ist ja die Ursache des meisten Berufs-Stresses. Gelegentlich ist die streßbedingte Verkrampfung so stark, daß sie Koliken auslösen kann. Bei Nierenstörungen kommen also alle Bach-Blüten in Frage, die auch sonst bei (wassertreibendem) Streß gegeben würden. Wenn seelischer Streß so stark wird, daß der Organismus ihn nicht mehr verkraften kann, sagt man »Das geht mir an die Nieren!«. In der Regel handelt es sich dabei um schwere Verluste, was daran erinnert, daß der Körper über die Nieren ununterbrochen Stoffe »verliert«. Da in der Regel der schwerste und gefährlichste Verlust, den wir erleiden können, sich auf die menschliche Zuwendung oder Liebe bezieht, treten viele Nierenkrankheiten im Rahmen von menschlichen Konflikten auf. Besonders betroffen sind davon jene Menschen, die sehr von Zuwendung und Anerkennung abhängig sind. Daher sollte eine (zusätzliche) Behandlung von Nierenstörungen oder -krankheiten mit Bach-Blüten der Senkung von Streß (→Streß, →Blutdruck) und der Wiederherstellung des inneren Gleichgewichts, des Abbaus von Befürchtungen (→Angst, →Schock) jeder Art und der Sanierung der menschlichen Beziehungen (→Partnerprobleme, →Eitelkeit) dienen. Die einzelnen Mittel sind unter den entsprechenden Stichworten aufgeführt. Ganz allgemein unterstützt *Crab Apple* die Nierenfunktion, da es das spezielle Mittel zur Blutreinigung ist, und *Olive*, da es das Herz stärkt.

Nostalgie behindert realistisches Leben: *Honeysuckle*
✻ *Nostalgie macht unaufmerksam →Nr. 7/16*
✻ *Nostalgische Lebensschwäche →Nr. 12/16*

Notfälle: *Rescue Remedy* = »Notfallmittel« siehe Kapitel II, Seite 229

Oberflächlichkeit

– durch *gekünsteltes Verhalten: Agrimony,*
  A. hilft jenen Menschen, die sich nicht mit ihren Problemen und Ängsten auseinanderzusetzen wagen und deshalb zu oberflächlichem Getue und Gerede Zuflucht nehmen.
– *im gesellschaftlichen Umgang: Heather,*
  H. ist für Menschen, die keine tieferen zwischenmenschlichen Beziehungen suchen, sondern nur bedacht sind, sich bei anderen in rechte Licht zu setzen.
– *aus Eile und Ungeduld: Impatiens,*
  Wer I. braucht, ist immer so getrieben, daß er keine Zeit für tiefergehende Beziehungen oder gründliche Beschäftigungen findet.
– *aus Einzelgängerei: Water Violet.*
  W. V. hilft, menschliche Distanzen zu überbrücken und tiefere menschliche Beziehungen einzugehen.

Offenheit, zu groß (→ Beeinflußbarkeit)

Ein offenes Gemüt zu besitzen, macht zwar meistens beliebt, bringt aber auch die Gefahr mit sich, unter den Einfluß anderer Menschen zu geraten – besonders wenn man in persönlichen Problemen steckt und einen neuen Lebenskurs sucht. Aus Unsicherheit kann man sich dann oft nicht gegen die vielen guten Ratschläge und subtilen Erpressungen wehren, mit denen Freunde, Verwandte und Bekannte zu verhindern sucht, daß man den Weg in die Unabhängigkeit und Selbständigkeit einschlägt.

– *durch Unsicherheit: Cerato,*

C. hilft, mehr dem eigenen Instinkt und Wissen zu vertrauen, wodurch man immun gegen falsche Ratschläge wird.

– *durch schwache Abwehr: Walnut.*

Mit Hilfe von W. kann man Beeinflussungen besser abwehren und sich selbst treu bleiben.

Ohnmacht: *Clematis*

C. wirkt bei allgemeiner Ohnmachtstendenz vorbeugend. Bei Bewußtlosigkeit durch Unfall oder Schock sollte das Notfallmittel (→ Notfälle) *Rescue Remedy* vorgezogen werden, das auch C. enthält.

✻ *Ohnmacht bei Panik →Nr. 9/26*

✻ *Ohnmacht durch schockierendes Erlebnis →Nr. 9/29*

Ohrenkrankheiten

– *Jucken im Ohr (Ekzem): Crab Apple + Impatiens,*

– *Schwerhörigkeit: Agrimony + Clematis + Mimulus + Oak.*

Opfer → Aufopferung, → Ausnützen

Optimismus, kritiklos: *Clematis*

Nicht nur Pessimismus, sondern auch Optimismus kann nachteilig wirken, wenn er unbegründet ist. C. ist bei grundlosen, optimistischen Tagträumen angebracht.

Ordnungsfanatiker

Menschen, die unter Unsicherheiten und Ängsten leiden, neigen dazu, diese in Form von sinnloser, uneffektiver Ordnung auszuleben. Damit übertragen sie auch auf ihr äußeres Leben jenen Zwang, mit dessen Hilfe sie ihre innere Unordnung, das heißt Unsicherheit oder Angst, unter Kontrolle zu halten suchen.

- *mit Sauberkeitszwang: Crab Apple,*
  C. A. ist für jene Menschen, die innere Zwänge in Form von übertriebener Sauberkeit und Ordnung ausleben.
- *mit großer Selbstdisziplin: Rock Water,*
  Wenn Ordnung zur Zwangsmaßnahme und Selbstunterdrükkung entartet, ist R.W. erforderlich.
- *gegenüber anderen: Vine.*
  Menschen, für die nur dann Ordnung in der Welt herrscht, wenn sie ihre genau festgelegte Meinung durchgesetzt haben, brauchen V.

Osteoporose → Wirbelsäule.

Panik (→ Kopflosigkeit)
Je mehr man der bewußten Auseinandersetzung mit angstbesetzen Problemen ausweicht, desto weniger kann man mit ihnen umgehen und verliert, wenn man mit ihnen unerwartet und direkt konfrontiert wird, die bewußte Kontrolle über sein Denken und Handeln. Die stets vorhandene, untergründige Angst schwillt, wie ein Fluß bei einem Wolkenbruch, gewaltig an und erzeugt eine primitiv-animalische Fluchtreaktion, in der man – koste es, was es wolle – nur der momentanen Bedrohung zu entgegen versucht. Wenn diesem panischen, manchmal sehr aggressiven Fluchtimpuls eine ebenso starke, meist auf gesellschaftlichen Tabus beruhende Hemmung gegenübersteht, entwickelt sich ein schwerer innerer Konflikt, der alle Kraft bindet und völlig handlungsunfähig macht: Starr vor Angst oder Entsetzen, kann man das Unheil nur über sich ergehen lassen. Da solche katastrophalen Zustände aber selten gleich mit voller Wucht hereinbrechen, sondern sich immer wieder im kleinen ankündigen, kann man sie dadurch entschärfen oder vermeiden, daß man sie in den kleinen täglichen Überraschungen bewußt durchlebt und dabei seine persönlichen Schwächen kennen-

lernt. Bach-Blüten sind hierbei nützlich. Sie können aber auch oft dann noch helfen, wenn die Panik bereits ausgebrochen ist.

– *infolge von Verdrängungen: Agrimony,*
  Wer unangenehme oder angsterregende Erkenntnisse verdrängt, kann von ihnen eines Tages plötzlich überwältigt werden.
– *durch unklare Ängste: Aspen,*
  Wenn man seinen Ängsten ausweicht, liefert man sich ihnen aus. Sie bleiben unverständlich, führen ein Eigenleben in der Psyche, lösen oft aus heiterem Himmel schwere, irrationale Panikzustände aus. A. kann sowohl vorbeugend gegen unklare, ängstliche Ahnungen oder Gefühle verwendet, als auch bei plötzlicher Angstpanik eingesetzt werden.
– *durch erschütternde Ereignisse: Rock Rose,*
  Während Aspen bei jener Panik angebracht ist, die aus dem eigenen Inneren auftaucht, hilft R. R., wenn sie durch äußere Ereignisse, zum Beispiel Katastrophen, ausgelöst wird. Eine Kombination mit *Star of Bethlehem* kann günstig sein, um der Psyche mehr Widerstandskraft zu geben.

✳ *Panik mit Gefahr, durchzudrehen →Nr. 6/26*
✳ *Panik mit Ohnmacht →Nr. 9/26*
✳ *Panik durch Streß →Nr. 11/26*
✳ *Panik macht handlungsunfähig →Nr. 26/28*
✳ *Panik bei psychischer Erschütterung →Nr. 26/29*
✳ *Panikartige Getriebenheit →Nr. 18/26*
✳ *Panikgefahr durch Angst →Nr. 20/26*
✳ *Panikartige Sorgen →Nr. 25/26*
✳ *Panische Angst läßt verzweifeln →Nr. 26/30*

Partnerprobleme (→Distanz, →Kontaktprobleme, →Liebeskummer)

Die Bezeichnung »Partnerschaft« oder »Lebensgemeinschaft« ist dabei, die althergebrachten Begriffe für menschliche Zusammengehörigkeit: Liebe, Freundschaft, Ehe abzulösen. Damit wird verbal dem heute bestehenden Wunsch nach mehr persönlicher Freiheit und Gleichberechtigung entsprochen. Die bekannten Probleme im menschlichen Zusammenleben aber sind dadurch keineswegs beseitigt, weil auch der heutige Mensch – vielleicht etwas subtiler – ums Überleben kämpfen und im Konkurrenzkampf gegen seine Mitmenschen bestehen muß, wozu er im Prinzip keine größere geistige Reife besitzt als seine Vorfahren. Die zwischenmenschlichen Probleme haben sich kaum geändert, weil wir uns zu selten bewußt sind, daß wir in anderen Menschen immer nur uns selbst erkennen können, daß wir in ihnen das lieben oder bekämpfen, was wir an oder für uns selbst mögen oder ablehnen. So verstricken wir uns, ohne bewußt dahinterzustehen, immer wieder in Irrtümern, Mißverständnissen und Feindschaft und können sie nicht lösen, weil wir den Hebel nicht an der richtigen Stelle, nämlich bei uns selbst, ansetzen und weil wir nicht jene fein ausgewogene Distanz (→) einhalten, die die Grundlage harmonischen Zusammenlebens ist.

– *durch Unaufrichtigkeit: Agrimony (→Künstlichkeit),*
Das Wichtigste an einer guten Partnerschaft ist Ehrlichkeit. Nur sie kann jenes Vertrauen und jene Freiheit schaffen, die es uns möglich machen, unser »Herz zu öffnen«. Sie ist ein grundlegendes Element, das allem eine stabile Basis gibt, aber kein Gesetzestext, der wortgetreu befolgt werden muß. Man braucht seinen Partner nicht mit jeder unerfreulichen Kleinigkeit und jedem Problemchen zu belasten, braucht ihm auch nicht jede persönliche Schwäche, jeden kleinen Fehler zu offenbaren, denn bis in die letzten Einzelheiten unserer widersprüchlichen Seele kann uns doch niemand verstehen. In diesem Bewußtsein nicht immer alle Karten auf den Tisch zu legen, ist natürlich und auch für den Partner akzeptabel (er verhält sich instinktiv genauso). Etwas anderes sind jene unnötigen, kleinen Lügen und Heucheleien, unnatürlichen Höflichkeiten und Posen, die in die Partnerschaft ein dauerndes, künstliches Element bringen. Wenn sie oft auch nicht böse gemeint sind und alter Gewohnheit beziehungsweise kindlicher Angst entspringen, so verhindern sie doch jenen intimen und vertraulichen Kontakt, der das Wesen jeder liebevollen Partnerschaft ist. Die Partner werden zu Schauspielern, die Beziehung entartet zur Komödie, zum Drama oder zur Tragödie. Dann ist Agrimony erforderlich, das nicht nur den Wunsch nach mehr Ehrlich-

keit und Natürlichkeit weckt, sondern auch den Mut dazu verleihen kann.

– *durch Besitz- oder Gefühlsgier: Chicory (→Distanz),*
Zu starke »Liebe«, die in Wirklichkeit nur Begehrlichkeit oder Besitzgier ist, wirkt abstoßend. Wenn ein Partner den anderen durch intensive Zuwendung oder Fürsorge von sich abhängig machen will, löst er bei ihm mehr oder weniger unbewußt Ablehnung aus. Liebe kann nur aus der Freiwilligkeit bestehen.

– *durch Sauberkeitszwang: Crab Apple,*
An einem übertriebenen Sauberkeitsbedürfnis ist schon manche Partnerschaft gescheitert, denn das Leben ist keine »saubere« Angelegenheit. Besonders problematisch ist dies in Beziehung auf die Sexualität, die man, wenn man sich vor ihr ekelt, nicht befriedigend erleben kann.

– *durch übertriebenes Geltungsbedürfnis: Heather (→Egozentrik),*
Wer seinen Partner vor allem dazu braucht und mißbraucht, um sich von ihm bewundern zu lassen oder mit ihm in der Gesellschaft Bewunderung zu erregen, verhindert oder zerstört die menschliche Beziehung.

– *durch Tagträumereien: Clematis, Honeysuckle,*
Menschen die mehr in der Erinnerung an die Vergangenheit (Honeysuckle) oder in schönen Zukunftsträumen leben, können sich der Partnerschaft, die ja immer nur in der Gegenwart existiert, nicht genügend zuwenden, wodurch diese auf Dauer gefährdet ist.

– *durch Wut und Reizbarkeit: Holly,*
Wenn es auch ausgesprochene »Prügelbeziehungen« gibt, in denen die Partner aneinander ihre Aggressionen ausleben, so zerstört doch normalerweise ein unfreundliches, gereiztes Wesen auf Dauer jede Partnerschaft.

– *durch Ungeduld: Impatiens,*
Große Ungeduld oder Eile sind hinderlich dabei, auf den Partner einzugehen. Gehetzte Menschen werden oft einsam.

– *durch Minderwertigkeitsgefühle: Larch,*
In einer liebevollen Partnerschaft gibt es keine Wertungen. Man nimmt den anderen, wie er ist, und fühlt sich ebenfalls angenommen. Sich dem Partner gegenüber minderwertig zu

fühlen, bedeutet, dessen Achtung zu untergraben, und sich daran zu erfreuen, wenn der Partner sich unterlegen fühlt, ist ein Zeichen von menschlicher Unreife. L. kann das Selbstvertrauen stärken, so daß man trotz allen Schwächen und Unzulänglichkeiten auf seine persönlichen Werte und Fähigkeiten stolz sein kann.

– *durch Depressionen: Mustard,*
  Eine schlechte, niedergeschlagene Stimmung wirkt, genau wie eine Infektionskrankheit, ansteckend. Instinktiv versucht man aus Selbstschutz, depressive Menschen zu meiden. Gäbe es nicht die moralischen Zwänge, so würden viele Menschen vor ihren depressiven Partnern die Flucht ergreifen.
– *durch Erschöpfung: Olive,*
  Wer erschöpft ist, kann nicht auf seinen Partner eingehen. Auf Dauer wird dieser dadurch fortgetrieben, falls man sich nicht selbst abwendet, weil die Partnerschaft zu anstrengend ist.
– *durch Schuldgefühle: Pine,*
  Die meisten schlechten Partnerschaften werden durch die Angst vor dem schlechten Gewissen aufrechterhalten. Man meint, man mache sich schuldig, wenn man sich daraus befreit. Diese Denkgewohnheit wird von jenen ausgenützt, die davon profitieren: vom Partner, der den anderen erpressen, von der Gesellschaft, die ihre Ordnung aufrechterhalten will. Zwar werden auf diese Weise manche äußerlichen, gesellschaftlichen oder wirtschaftlichen Vorteile erreicht, der Mensch und die Liebesfähigkeit aber bleiben dabei auf der Strecke, ja: letztlich entstehen dadurch Schuldgefühle und Haß. So gibt es tatsächlich mehr Beziehungen, die durch Haß (→) und Schulddenken zusammengehalten werden, als durch Freundschaft oder Liebe.
– *durch Selbstkasteiung: Rock Water,*
  Menschen, die sehr stark an sich selbst arbeiten, sich disziplinieren oder gar kasteien, sind aufgrund ihrer übertriebenen Egozentrik weitgehend unfähig, auf andere einzugehen.
– *wegen schlechter Erfahrungen: Star of Bethlehem,*
  Daß wir im Umgang mit anderen Menschen nicht nur gute, sondern auch schlechte und erschütternde Erfahrungen machen, ist nur natürlich. Sie können uns zu mehr Lebens-

einsicht verhelfen, unter ungünstigen Umständen aber den Optimismus und das Vertrauen in die Menschen – und damit auch die Fähigkeit zu einer harmonischen Partnerschaft – zerstören. Dann ist S. o. B. erforderlich, damit die innere Welt wieder heil wird.

- *durch Missionieren: Vervain,*
  Die Gewohnheit, dem Partner ständig die eigenen Erkenntnisse oder das, was einem selbst gut tut, aufzudrängen, ist unangenehm und kann ihn vertreiben. Jeder Mensch verteidigt instinktiv seine Eigenart, da er nur durch sie – auch um den Preis von Leiden – zum Frieden mit sich selbst oder zu seinem persönlichen Glück finden kann.
- *durch Intoleranz: Vine,*
  Liebe ist ohne Toleranz nicht möglich. Diese besteht aber nicht darin, dem Partner gezwungenermaßen seine Fehler durchgehen zu lassen, sondern sie als dessen Teil zu verstehen – und wenn schon nicht zu verstehen, so doch liebevoll zu akzeptieren. Menschen, denen dies schwer fällt und die bei ihrem Partner nur das dulden können, was sie für sich selbst akzeptieren, brauchen V., damit sie nicht zu gefürchteten Haustyrannen werden.
- *durch Einzelgängerei: Water Violet,*
  Zu starke Einzelgängerei verhindert eine partnerschaftliche Beziehung. Man braucht zwar nicht den ganzen Tag aneinander zu hängen, aber eine gewisse Freude an der Gemeinsamkeit ist doch die Voraussetzung für eine Lebensgemeinschaft.
- *durch Lebensfrust: Wild Oat,*
  Wer keinen Sinn im Leben findet, wer nicht weiß, was er will und wohin sein Weg geht, ist meist frustriert und daher ein unangenehmer Zeitgenosse. Manche Partnerschaft ist an dieser Sinnlosigkeit gescheitert. W. O hilft ein, vielleicht sogar gemeinsames, Ziel zu finden.
- *durch Initiativelosigkeit oder Resignation: Wild Rose,*
  W. O. ist erforderlich, wenn eine Partnerschaft an mangelndem Lebensinteresse zu scheitern droht.
- *wegen Verbitterung: Willow,*
  Eine gute Partnerschaft steht und fällt mit der Bereitschaft zu Verständnis und Nachsicht für persönliche Schwächen.

W. verhindert, daß man bei Enttäuschung (man wird dabei ja von einer Täuschung befreit!) allzusehr grollt, schmollt, verbittert oder rachsüchtig wird.

– *bei Ende der Partnerschaft →Trennung.*

Pedant: *Vine* (→ Kleinlich)

Menschen, die immer total von der Richtigkeit ihrer Meinung überzeugt sind, können auch in Kleinigkeiten keine Kompromisse machen. Wenn nicht alles bis zum letzten Detail ihren Vorstellungen entspricht, werden sie entweder sehr frustriert oder tyrannisieren deswegen ihre Umgebung.

Perfektionismus

Im guten Sinne bedeutet Perfektionismus die Fähigkeit, etwas bis in die letzte Konsequenz richtig zu machen; solange er zweckbezogen ist, hat er seinen Sinn, vor allem in jenen Bereichen, die der Mensch sich geschaffen hat: Technik, Wissenschaft oder Logik. Dort allerdings, wo das Leben in seiner Irrationalität und Unwägbarkeit vorherrscht, ist menschlicher Perfektionismus deplaziert, weil wir aufgrund unseres beschränkten Begriffsvermögen außerstande sind, alles richtig zu machen. Perfekt im eigentlichen Sinne können nur die Natur und das Leben sein, und indem wir von ihnen lernen, können wir unsere Unvollkommenheit erkennen und etwas vollkommener werden. Wer seine Vorstellungen kompromißlos und bis in die letzte Konsequenz erzwingen will, bekommt Schwierigkeiten mit der Realität, die ihnen oft gar nicht entspricht, vor allem im Umgang mit sich selbst und anderen Menschen.

– *in Sauberkeitsfragen: Crab Apple,*

Menschen, die von einem übertriebenen Sauberkeits- oder Ordnungsbedürfnis beherrscht werden, brauchen C. R., damit sie nicht nur für ihre Umwelt erträglicher werden, sondern allgemein mit dem Leben, das ja keine »saubere« Angelegenheit ist, besser zurechtkommen.

– *aus Prinzip: Oak,*

Wer unter dem Zwang steht, immer perfekt zu handeln, selbst wenn dies seine Kräfte übersteigt, braucht O.

- *aus Schulddenken: Pine,*
  P. ist dann angebracht, wenn man sich nicht aus Freude an der Sache, sondern aus Furcht vor Kritik um »Vollkommenheit« bemüht. Ein schlechtes Gewissen kann niemals etwas wirklich Gutes bewirken.
- *aus Selbstverneinung: Rock Water,*
  R.W. hilft, sich selbst gegenüber großzügiger und nachsichtiger zu sein. Es wird benötigt, wenn jemand besser sein will, als er ist.
- *aus Rechthaberei: Vine.*
  Wer immer genau weiß, was richtig ist, und von anderen Menschen verlangt, daß sie seine Vorstellungen perfekt erfüllen, braucht V.

* *Perfektionismus, unnachgiebig →Nr. 22/24*
* *Perfektionismus, zwanghaft →Nr. 24/27*

Persönlichkeitsschwäche

Jeder Mensch trägt eine Fülle von Begabungen und Fähigkeiten in sich, die in Form seiner Persönlichkeit Gestalt annehmen wollen und sollen. Je umfassender und unverfälschter dies geschieht, desto stärker bildet sie sich heraus und desto konsequenter kann er seinen eigenen Weg gehen. Die Stärke einer Persönlichkeit besteht aus einem inneren und einem äußeren Aspekt; einerseits betrifft sie die Art, wie wir mit uns selbst umgehen (vor allem, ob wir ehrlich zu uns selbst sein können), und andererseits bezieht sie sich auf unsere menschlichen Beziehungen. Menschen mit starker Persönlichkeit sind mit sich selbst im Reinen, stehen zu ihrem Handeln und nehmen mit selbstverständlicher Sicherheit in der menschlichen Gemeinschaft jenen Platz ein, der ihnen zusteht. Ob sie nun auf einer niedrigen oder einer hohen Stufe der gesellschaftlichen Hierarchie stehen, stets hat man bei ihnen den Eindruck, daß alles an ihnen stimmt, daß sie eine geschlossene Einheit in der Vielfältigkeit unserer Welt darstellen. Schwache Persönlichkeiten aber kommen weder mit sich selbst noch mit den Menschen oder dem Leben zurecht. Man hat bei ihnen den Eindruck, daß irgendetwas an ihnen unterentwickelt ist oder fehlt. Dieses Defizit läßt sich mit Bach-Blüten abbauen.

– *mit Furcht vor der Wahrheit: Agrimony,*
A. weckt den Wunsch so zu sein, wie man ist. Denn wer es nicht wagt, sich die Wahrheit über sich selbst einzugestehen, wer sich aus Furcht vor den Menschen anders gibt, als er ist oder sich fühlt, gerät sich selbst und anderen gegenüber in eine schwache, labile Position, weil er sich ständig absichern und wichtige Teile der Lebensrealität ausblenden muß. Daß sich dabei keine starke, gesunde Persönlichkeit entwickeln kann, liegt auf der Hand.
– *aus mangelnder Selbst-Bewußtheit: Centaury (→Dienen),*
Nur psychisch angeschlagene, persönlichkeitsschwache Menschen lassen sich ausnützen und um ihr eigenes Leben betrügen. Sie brauchen C., damit ihnen ihr Recht und ihre Pflicht dazu bewußter werden, damit sie sich Erpressungen widersetzen und sich aus dem Dienerstand befreien können. Damit sind natürlich nicht jene Helfer gemeint, die sich in innerer Freiheit und aus seelischer Stärke freiwillig in den Dienst ihrer Mitmenschen stellen; sie werden ja nicht ausgenützt oder erpreßt, sondern handeln zu ihrer eigenen Freude so.
– *mit Unsicherheit und Instinktlosigkeit: Cerato,*
Damit wir im Leben bestehen können, hat uns die Natur unsere Instinkte und unseren kritischen Verstand gegeben. Wer andere immer um Rat fragen muß, statt die wichtigen Antworten in sich selbst zu finden, braucht C.
– *aus Eitelkeit: Heather,*
Eitelkeit besteht nicht nur in Putzsucht, sondern bezieht sich generell darauf, wie wir anderen Menschen gegenüber erscheinen möchten. Sie bedeutet im Grunde eine persönliche Schwäche, weil man dabei auf Anerkennung, Lob oder Bewunderung angewiesen und zu sehr vom Wohlwollen anderer abhängig ist. H. ist speziell für jene Form der Eitelkeit, die in Angeberei, aufdringlicher Selbstdarstellung und offener Gefallsucht besteht.
– *durch Minderwertigkeitsgefühle: Larch,*
L. verhilft zu mehr Selbstvertrauen; es wird benötigt, wenn jemand sich selbst nicht achtet oder sich zu wenig zutraut und deshalb auch nicht ernst genommen wird.
– *aus Schulddenken: Pine,*

Sich selbst zu verurteilen, heißt sich selbst zu schwächen. Ein wesentliches Merkmal einer starken Persönlichkeit ist die Übereinstimmung mit sich selbst. Wenn man sein schlechtes Gewissen genau überprüft, kann man feststellen, daß es einerseits nur aus Angst vor Strafe besteht und daß man andererseits – unter Berücksichtigung aller mitwirkenden Umstände – gar nicht besser hätte handeln können, als man gehandelt hat. Sich deswegen zu verurteilen, ist sinnlos, denn es bedeutet, freiwillig eine infantile, unterwürfige Haltung einzunehmen. Sinnvoller ist es, sich selbst kennenzulernen und von Tag zu Tag besser zu handeln.

– *aus Unentschiedenheit: Scleranthus,*
Die Fähigkeit, klare und richtige Entscheidungen zu treffen, ist ein wichtiges Merkmal starker Persönlichkeiten. S. hilft, wenn es einem nicht gelingt, die verschiedenen Tendenzen, die man in sich trägt, unter einen Hut zu bringen.

– *durch psychisches Trauma: Star of Bethlehem,*
Seelische Erschütterungen verkraften zu können, gehört zu den entscheidenden Fähigkeiten einer gesunden, starken Persönlichkeit. Es geht nicht darum, sich nicht aus der Bahn werfen zu lassen, sondern nach einem Salto wieder in sie zurückzufinden. S. o. B. verhilft zum inneren Gleichgewicht und fördert allgemein die seelische Belastbarkeit.

– *mit zu starker Beeinflußbarkeit: Walnut.*
Sich selbst treu zu bleiben, ist eine der wichtigsten Persönlichkeitsfunktionen. Von ihr hängt die Einheit zwischen Sein und Tun, zwischen innerem und äußerem Leben ab, ohne die es keine Zufriedenheit gibt.

⁕ *Persönlichkeits- und Willensschwäche →Nr. 4/12*
⁕ *Persönlichkeitsschwäche mit Hörigkeit →Nr. 4/5*

Pessimismus (→ Depression, → Hoffnungslosigkeit)
Pessimismus ist gefährlich. Er ist oft der Anfang vom Ende, denn wer nicht mehr mit positiven Erwartungen in die Zukunft sehen kann, ist auch außerstande, die dafür erforderlichen Kraftreserven zu mobilisieren. Jeder weiß, daß man, wenn man auf Erfolg eingestellt ist, größere Chancen hat, als wenn man nur Negatives voraussieht. Pessimismus ist nur ein äußeres Symptom mit vielen unterschiedlichen Grün-

den. Auf diese muß man achten, wenn man ihn überwinden will. Oft bestehen gleichzeitig Störungen am Herzen oder Leber-Gallesystem, deren Behandlung dann erforderlich ist.

– *durch Überforderungsgefühl: Elm,*
  E. hilft, wenn jemand aus voller Leistung und Zuversicht heraus plötzlich meint, er könne nicht mehr weiter.
– *mit Aufgebetendenzen: Gentian,*
  G. beugt jenem Pessimismus vor, der ständig im Hintergrund schlummert, schon bei kleinen Schwierigkeiten aktiv wird und einen zum Aufgeben bewegt.
– *mit Hoffnungslosigkeit: Gorse,*
  G. kann manchmal die ganz und gar Hoffnungslosen und Pessimistischen wieder aufleben lassen.
– *mit Schwarzseherei: Hornbeam,*
  Pessimismus, der schon am schon am Morgen auftritt und sich auf die täglichen Aufgaben bezieht, wird durch H. gebessert.
– *durch Mangel an Selbstvertrauen: Larch,*
  L. hilft, die eigenen Fähigkeiten und Erfolgsaussichten optimistischer zu sehen.
– *durch Angst: Aspen, Mimulus,*
  Angst ist eine typische Form des Pessimismus. A. hilft bei allgemeinen, M. bei speziellen Ängsten.
– *durch Erschöpfung: Olive,*
  Oft liegen nur Müdigkeit und Erschöpfung der pessimistischen Stimmung zugrunde. Dann ist O. hilfreich.
– *durch Verbitterung: Willow,*
  Verbitterte Menschen erwarten nur noch Negatives von der Zukunft, da ihre schlechten, unverarbeiteten Erfahrungen ihr ganzes Lebensgefühl vergiftet haben. W. kann sie mit der Welt aussöhnen.
– *blockiert das Denken: White Chestnut.*
  Wer nur noch an Unglück oder Katastrophen denken kann, kann sich mit W.C. wieder Ruhe verschaffen.

Pflichtbewußtsein, übertrieben → Perfektionismus

Phantasie, zu viel: *Clematis*
C. macht den Blick für die Realität wieder klar, wenn er von Phantasien zu sehr getrübt wird.

Pickel → Haut

Prinzipienreiter → Dogmatismus

Probleme

Mehr Probleme zu sehen, als tatsächlich existieren, ist ein Zeichen psychischer Labilität. Die dafür geeigneten Mittel stehen unter → Pessimismus.

– *werden gemieden: Agrimony + Gentian,*

Es ist grundsätzlich natürlich und richtig, Problemen aus dem Weg zu gehen. Manchmal aber muß man sich ihnen stellen und sie lösen, und zwar vor allem dann, wenn man dazu imstande ist und wenn sie schwerwiegende Bedeutung für das weitere Leben haben könnten. Sich dann vor ihnen zu drücken bedeutet, sich für einen kleinen Vorteil große Nachteile einzuhandeln.

– *werden gesucht: Oak.*

Menschen, die O. brauchen, neigen dazu, in jedem Problem eine persönliche Herausforderung zu sehen, die sie natürlich annehmen. Sie gehen immer den schwersten Weg, geraten oft an die Zerreißgrenze. O. kann sie bei unlösbaren Schwierigkeiten nachgiebiger und kompromißbereiter machen.

Psoriasis → Hautkrankheiten

Psychose → Besessenheit, → Kopflosigkeit

* *Psychose, drohende, durch Verdrängung Nr. 1/6*
* *Psychose, drohend mit Unruhe Nr. 6/18*
* *Psychose, drohend durch Leistungsstreß Nr. 6/22*
* *Psychose infolge starker Selbstunterdrückung 6/27*
* *Psychose durch seelische Verletzung Nr. 6/29*
* *Psychotische Wutanfälle Nr. 6/15*

Pubertät: *Agrimony + Larch + Pine + Walnut, evtl. + Water Violet* (→ Sexualität)

In der Pubertät erwacht der Mensch zu seiner wichtigsten biologischen Funktion. Diese lebensbestimmende Neuorientierung kann große Probleme mit sich bringen: er muß nicht nur ein gesundes Verhältnis zu seinen neuen körperlichen

Bedürfnissen finden, sondern auch seine Rolle in der sozialen Gemeinschaft neu definieren, die ihn jetzt als vollwertiges Mitglied anzuerkennen bereit ist.
– *Agrimony* hilft, sich natürlich zu geben; es wirkt jener gekünstelten Scham entgegen, die oft im Zusammenhang mit der Sexualität entwickelt wird,
– *Larch* stärkt das soziale Selbstwertgefühl, das jetzt unter Einbeziehung der sexuellen Potenz eine neue Dimension bekommen muß,
– *Pine* baut sexuelle Schuldgefühle ab, mit denen der heranwachsende Mensch auch heute noch unanständigerweise vergiftet wird,
– *Walnut* als das wichtigste Mittel für Umstellung und Neubeginn hilft, die individuelle, innere Ordnung auf die äußeren Funktionen zu übertragen, so daß der Jugendliche »er selbst« werden kann.
– *Water Violet* kann bei Jugendlichen mit Kontaktproblemen hinzugefügt werden.

Qual → Freudlosigkeit

Rachsucht → Haß
⁂ *Rachsucht, unerbittliche →Nr. 22/38*

Rastlosigkeit, innere: *Agrimony* + *Cherry Plum* + *Scleranthus* + *White Chestnut*
Diese Kombination macht gelassener, natürlicher und gibt innere Klarheit.

Ratlosigkeit: *Cerato*
⁂ *Ratlosigkeit aus Unaufmerksamkeit →Nr. 5/7*

Rechthaberei: *Vine* (→ Dogmatismus)
Wer die Wahrheit immer ganz genau zu kennen meint und verlangt, daß alle sie übernehmen, braucht V.

Rededrang → Geschwätzigkeit

Reizbarkeit (→ Aggression)
– *aus Ungeduld: Impatiens,*
– *allgemein: Holly*
⁜ *Reizbarer Weltverbesserer →Nr. 15/32*

Reserviert: *Water Violet* (→ Distanz)

Resignation: *Gorse + Wild Rose* (→ Aufgeben, → Interesselosigkeit, → Hoffnungslosigkeit, → Schicksalsergebenheit)
Wenn man keine Hoffnung und keinen Lebenswillen mehr hat, zieht sich das Leben aus dem Körper zurück. Deshalb bedeutet die Resignation eine ernstzunehmende Gefahr, vor allem bei Krankheiten. Die angegebene Kombination kann die Lebensgeister wieder wecken.
⁜ *Resignation durch Persönlichkeitsschwäche →Nr. 4/37*
⁜ *Resignation mit Todessehnsucht →Nr. 9/37*
⁜ *Resignierend und willensschwach →Nr. 12/37*
⁜ *Resignation, total →Nr. 13/37*
⁜ *Resignation mit wehmütigen Erinnerungen →Nr. 16/37*
⁜ *Resignation durch Überforderungsgefühl →Nr. 17/37*
⁜ *Resignation aus mangelndem Selbstvertrauen →Nr. 19/37*
⁜ *Resignation mit Depressionen →Nr. 21/37*
⁜ *Resignation aus Erschöpfung →Nr. 23/37*
⁜ *Resignation durch seelische Erschütterung →Nr. 29/37*

Reue, übertrieben → Schuldgefühl

Rheuma (→ Ischias)
Als »Rheuma« bezeichnet man alle krankhaften und schmerzhaften Veränderungen an Knochen, Gelenken, Muskeln und Sehnen. Mit Bach-Blüten kann man dann mit einer gewissen Aussicht auf Erfolg eingreifen, wenn die Krankheit mit einer auffälligen Charaktereigenschaft einhergeht oder wenn Zusammenhänge mit bestimmten Verhaltensweisen erkennbar sind.
– *allgemeine Blutreinigung: Crab Apple,*
Oft werden rheumatische Beschwerden durch chronische Entzündungen hervorgerufen, die irgendwo im Körper (vor allem Zähne, Nebenhöhlen, Galle, Unterleib, Darm) schwe-

len. C. A. fördert die Ausscheidung von Gift- und Entzündungsstoffen. Es sollte immer als Basismittel eingesetzt werden.

– *bei Ungeduld, Nervosität, Unruhe: Impatiens,*
I. kann als Konstitutionsmittel bei jenen rheumatischen Beschwerden eingesetzt werden, die im Rahmen einer tuberkulinischen Veranlagung (ererbte Schwäche oder ausgeheilte Erkrankung) auftreten. Auffällig ist dabei die Besserung durch Bewegung.
– *bei Leberkrankheiten: Holly, Mustard, Willow, Water Violet,*
In Frage kommen alle Mittel, die der schlechten Laune der Leberkranken entsprechen: Reizbarkeit = *Holly*, Schwermut = *Mustard*, Verbitterung = *Willow*, Ungeselligkeit = *Water Violet*.
– *bei Starre oder Unnachgiebigkeit: Oak, Rock Water, Vine.*
Einer starren Geisteshaltung entsprechen Verspannungen oder Steifheit im Bewegungsapparat. *Oak* ist für die Unnachgiebigen, *Rock Water* für diejenigen, die sehr streng zu sich sind, *Vine* für die geistig Unbeweglichen.

Rückfall
– *in alte, liebgewonnene Gewohnheiten: Honeysuckle,*
H. hilft, sich besser auf die Gegenwart einzustellen, statt Vergangenes und Überholtes zu wiederholen.
– *im Heilungsprozeß: Gentian.*
Wenn im Verlauf einer Krankheit immer wieder Rückfälle eintreten oder der Heilungsprozeß ins Stocken gerät, ist G. erforderlich, das dem Organismus mehr Durchhaltekraft gibt.
⁎ *Rückschläge in der Genesung →Nr. 12/28*

Rücksichtslos (→ Egoismus)
– *gegen andere: Holly, Impatiens,*
H. dämpft Aggressivität, I. wirkt gegen Ungeduld, die zu rücksichtslosem Verhalten treibt.
– *gegen sich selbst: Oak, Red Chestnut.*
O. ist für Menschen, die bei der Verfolgung ihrer Ziele keine Rücksicht auf sich selbst nehmen und stets bis an die äußer-

ste Zerreißgrenze gehen. R.C. ist gegen die wenig sinnvolle Gewohnheit, sich um andere schwere Sorgen zu machen und sich um sich selbst nicht zu kümmern.

Ruhelosigkeit →Unruhe

Sauberkeit, zwanghaft: *Crab Apple*
⁜ *Sauberkeit und Selbstdisziplin übertrieben →Nr. 10/27*
⁜ *Sauberkeitsbedürfnis aus moralischen Gründen →Nr. 10/24*
⁜ *Sauberkeitsfanatismus →Nr. 10/32*

Scham
– *zu wenig: Cherry Plum,*
Schamlosigkeit kann als Ventil für emotionalen Überdruck dienen.
– *zu viel:*
Scham ist der Ausdruck von Tabus, mit denen die Gesellschaft das Individuum zu einem bestimmten, allgemeinverbindlichen Verhalten zwingt. Das Tabu wird durch Drohung und Strafe tief in der emotionalen Struktur verankert und blockiert unter genau definierten Bedingungen das Handeln. Scham kann, wenn sie auf bewußtem Feingefühl beruht, die menschlichen Beziehungen positiv beeinflussen; dagegen verhindert sie, wenn sie zwanghaft, unreflektiert und unbegründet ist, die Entwicklung einer gesunden Persönlichkeit und bildet die Grundlage vieler psychischer Störungen.
– *Agrimony*, wenn man sich nicht so zu zeigen wagt, wie man ist, und sich gekünstelt benimmt,
– *Crab Apple* bei übertriebenem Reinheitsbedürfnis, besonders im Sexualverhalten,
– *Larch*, wenn die Scham einem Minderwertigkeitsgefühl entspringt,
– *Pine* bei Schamgefühl, das mit Schuldgefühlen assoziiert ist.

Schicksalsergebenheit
Fatalisten im guten Sinne sind wahre Lebenskünstler. Sie gehen mit ihrem Schicksal so um, daß sie nicht darunter lei-

den; das heißt: sie versuchen zwar, ihre Wünsche und Pläne mit aller Kraft zu realisieren, lassen aber bei unüberwindlichen Hindernissen bereitwillig davon ab. Denn sie erkennen in ihrem Leben das Walten einer übermenschlichen Ordnung, die es gut mit ihnen meint und sie jenem unbekannten Ziel entgegenführt, das wir mit dem Wort »Heil« umschreiben. So zerbrechen sie nicht an Verlusten, Niederlagen, Enttäuschungen, Unglück oder Krankheit, sondern beziehen gerade aus diesen außergewöhnlichen, unerwarteten Ereignissen die Einsicht und die Kraft zu ihrer persönlichen, über das oberflächliche Durchschnittsleben hinausreichenden Entwicklung. Wenn sie sich klaglos in ihr Schicksal fügen, so bedeutet das nicht, daß sie sich wie Blätter im Winde ziellos umhertreiben lassen, sondern daß sie willig den Zeichen folgen, die ihnen das Leben gibt.

– *mit Hoffnungslosigkeit: Gorse,*
  Hoffnungslosigkeit bedeutet nicht Ergebenheit, sondern eine Absage an das Schicksal.
– *mit Resignation: Wild Rose,*
  Menschen, die W. R. brauchen, lassen alles unbeteiligt und uninteressiert über sich ergehen.
– *zu wenig:*
  Sich aus unbedachtem Ehrgeiz oder Trotz gegen unaufhaltsame Entwicklungen oder unabänderliche Ereignisse zu stemmen, erzeugt Leiden.
  – *Oak* ist für jene Menschen, die auch dann nicht nach- oder aufgeben können, wenn die Belastung zu groß für sie ist.
  – *Sweet Chestnut* hilft, das Leben zu nehmen, wie es ist, und verhindert, daß man bei Schicksalsprüfungen oder Mißgeschick in Verzweiflung gerät.
  – *Willow* macht versöhnlich, lebensoffen, kompromißbereit.

Schilddrüsenkrankheiten

Die Schilddrüse setzt Emotionen in Körperfunktionen um. Sie wird krank, wenn ihr dies nicht gelingt.

– *Überfunktion mit glänzenden Augen, Nervosität, Unruhe, Zittern, Magerkeit:*
  – *Cherry Plum* bei zu starken, unterdrückten (auch sexuellen) Emotionen,

– *Impatiens* + *Vervain* bei starker Nervosität und Überaktivität,
– *Oak* bei verbissenem Sich-unter-Druck-setzen.

– *Unterfunktion mit Langsamkeit, Trägheit, Kropf, Leistungsschwäche:*
– *Clematis* + *Wild Rose* bei Antriebslosigkeit, Schläfrigkeit und mangelndem Lebensinteresse,
– *Hornbeam* + *Olive* bei Schwäche und permanentem Überforderungsgefühl.

Schizophrenie

Schizophrenie wird durch schwere, emotionale Konflikte (innere Zerrissenheit) hervorgerufen und besteht in einer Aufteilung des Bewußtseins in verschiedene Personen oder Realitäten. Einige Bach-Blüten kommen dem Wesen dieser Störung nahe und sind daher für eine gewisse Prophylaxe und Therapie geeignet.

– *durch »Doppelleben«: Agrimony,*
Menschen, die A. brauchen, geben sich nach außen anders, als es in ihrem Inneren aussieht. Sie sind dadurch gespalten und leben in einem dauernden Spannungszustand, weil sie ihren (mit großem Energiepotential geladenen) Gefühlen und Emotionen keine Ausdrucksmöglichkeit zubilligen.

– *mit Ahnungen und Ängsten: Aspen + Mimulus + Rock Rose,*
Angst erzeugt, wenn sie keinen Ausdruck findet, innere Konflikte und kann bei Menschen mit Neigung zur Schizophrenie krankheitsauslösend wirken. Die angegebene Kombination wirkt gegen Ängste jeder Art.

– *durch unterdrückte Emotionen: Cherry Plum,*
Emotionen tragen viel Energie in sich; wenn sie nicht ausgelebt und umgesetzt, sondern unterdrückt werden, erzeugen sie einen gefährlichen inneren Überdruck, der das Bewußtsein stören und aufsplittern kann.

– *durch unverarbeiteten Schock: Star of Bethlehem,*
Erschütternde Erlebnisse, die nicht bewußt verarbeitet werden, können zu permanenten emotionalen Störfaktoren werden. Man sollte S. o. B. immer einsetzen, wenn die geistigen Funktionen gestört sind, auch wenn kein Trauma bekannt ist.

– *mit Gedankenzwang: White Chestnut.*
Menschen, deren Geistestätigkeit durch sich stereotyp wiederholende Vorstellungen blockiert ist, brauchen W. C.

Schlaflosigkeit
Schlaflosigkeit kann viele Gründe haben. Neben organischen Krankheiten (Leber-Galle, Lunge, Darm, Schilddrüse) spielen vor allem psychische Faktoren eine wichtige Rolle. Der Geist kann nicht zur Ruhe kommen, solange er mit einem schwerwiegenden Problem beschäftigt ist, weshalb es besser ist, abends auf- oder anregende Dinge zu vermeiden. Wer oft zwischen 23 und 3 Uhr erwacht, sollte abends nur wenig essen, da dies ein Zeichen für eine Störung des Leber-Galle-Systems ist. Erwachen zwischen 3 und 5 Uhr weist auf Streß oder Sorgen hin.
– *wegen geheimgehaltener Probleme: Agrimony,*
– *aus Angst: Aspen, Mimulus,*
– *aus Überarbeitung: Elm,*
– *aus Wut und Ärger: Holly,*
– *aus allgemeinem Überforderungsgefühl: Hornbeam,*
– *aus allgemeiner Unruhe und Nervosität: Impatiens,*
– *durch Depressionen: Mustard,*
– *durch Herzschwäche: Olive,*
– *durch Schuldkomplexe: Pine,*
– *durch Sorgen um andere: Red Chestnut,*
– *durch geistige Überreizung: White Chestnut,*
– *durch Verbitterung und Groll: Willow.*

Schläfrigkeit → Apathie, → Müdigkeit, → Resignation

Schmerzen
– *Basismittel: Agrimony,*
Schmerz wird durch Verkrampfung erhöht und durch Entspannung verringert. A. wirkt entkrampfend; es sollte mit einem der folgenden Mittel kombiniert werden.
– *Cherry Plum + Elm + White Chestnut*, wenn der Schmerz unerträglich ist,
– bei Unruhe: *Impatiens*,
– bei Tendenz zu Selbstmitleid: *Chicory*,

– bei allen Notfällen: *Rescue Remedy*,
– nach Verletzung: *Star of Bethlehem*,
– bei trotziger Ablehnung von Anteilnahme: *Water Violet*.

Schock

Schocks und Erschütterungen bringen die bisherige Ordnung durcheinander und machen den Weg frei für eine bessere. Wer das schockierende Erlebnis in eine neue Erkenntnis umwandeln oder als wichtige Ergänzung in das Repertoire seiner Lebenserfahrung aufnehmen kann, ist anschließend sicherer, stärker und klüger; andernfalls muß er aus dem großen Kampfspiel des Lebens ausscheiden. Dies passiert ja (sofort oder mit Verzögerung), wenn Menschen einen Schock oder einen Schicksalsschlag nicht verkraften können. Man könnte den Schock mit dem Vorgang des Tieffrierens vergleichen, bei dem das Gefrorene seine Elastizität verliert, so daß es zerschnitten oder zerbrochen werden kann. Deshalb ist es gut, seine Lebensfähigkeit laufend an den kleinen schockierenden Erschütterungen des Alltags zu trainieren, um auch den großen gewachsen zu sein.

– *akut: Clematis + Cherry Plum + Rock Rose; Rescue Remedy.*
C. gegen Ohnmachtstendenz, C. P. gegen Durchdrehen, R. R. gegen Panik. Im Notfallmittel (*Rescue Remedy*) ist diese Kombination enthalten.
– *Folgen von: Star of Bethlehem.*
S. o. B. hilft, die durch den Schock hervorgerufene, psychische Erstarrung wieder zu lösen.

✻ *Schockerlebnis führt zu Verunsicherung →Nr. 5/29*
✻ *Schock mit Ohnmacht →Nr. 9/29*
✻ *Schockreaktion, allergisch →Nr. 3/15*

Schüchternheit → Menschenscheu

Schuldgefühle (→ Gewissen, → Kapitel I: *Pine*)

Schuld entsteht durch Nichterfüllung eines Gebotes oder Verbotes und ist mit Strafe bedroht. Da alle Ver- und Gebote (selbst die angeblich »göttlichen«) durch Menschen aufgestellt werden, die damit Rechte verteidigen oder Ansprüche durchsetzen wollen, ist die Schuld im Grunde nur ein Instrument im sozialen Machtkampf. Angesichts dieser Erkenntnis verliert sie ihren unheimlichen Tabu-Charakter, so daß man damit umgehen kann. Man bekommt einen klaren Blick für das, was man tun darf, und versucht, falls man zu weit gegangen ist, den Schaden wiedergutzumachen oder sich zu retten. Jene unaustilgbare, angeblich gottesfrevlerische Schuld aber, die das Lieblingsintrument der freudlosen, menschenhassenden Moralisten ist, gibt es nicht, denn jeder Mensch handelt immer so gut, wie er unter Berücksichtigung aller mitwirkenden Umstände kann. Alle Menschen sind unentrinnbar in jenes Gewebe aus Freude und Leid, Recht und Schuld integriert, aus dem unsere gut-böse Welt besteht. An dieser Tatsache läßt sich nichts ändern, aber es steht jedem frei, sie positiv oder negativ zu bewerten. Wer leiden will, verurteilt sich, wer Lebensfreude sucht, spricht allenfalls von Verhängnis, Schicksal oder Unglück und weist die Verantwortung für das Weltgeschehen von sich.

– *empfinden: Pine,*

  P. baut das schlechte Gewissen ab und macht immun gegen Schuldzuweisungen.

– *bereiten: Vine.*

  Wenn Menschen ihre eigene Meinung zum allgemeingültigen Maßstab erheben, machen sie oft jenen, die anders empfinden und nicht selbstbewußt sind, ein schlechtes Gewissen.

✻ *Schuldbetonte Zwangsgedanken →Nr. 24/35*
✻ *Schuldgefühl führt zu Selbstaufopferung →Nr. 4/24*
✻ *Schuldgefühl führt zu Unsicherheit →Nr. 5/24*
✻ *Schuldgefühle erzeugen Angst →Nr. 20/24*
✻ *Schuldgefühl macht depressiv →Nr. 21/24*
✻ *Schuldgefühl macht Sorgen →Nr. 24/25*
✻ *Schuldgefühle machen beeinflußbar →Nr. 24/33*
✻ *Schuldkomplexe, zermürbende →Nr. 23/24*

Schusseligkeit (→ Konzentrationsstörung, → Ungeduld)
– *durch Ungeduld: Impatiens,*
– *durch Unentschiedenheit: Scleranthus,*
– *durch Gedankenlosigkeit: Clematis,*
– *durch Zwangsgedanken: White Chestnut.*

W. C. ist dann angebracht, wenn bestimmte Gedanken oder Ideen nicht aus dem Kopf gehen und jede Konzentration verhindern.

Schwäche → Erschöpfung

Schwangerschaft (→ Geburt)
- *mit unklaren Zukunftsängsten: Aspen,*
- *bei Realitätsverlust und Tagträumereien: Clematis,*
- *bei Überforderungsgefühl: Elm,*
- *mit klaren Ängsten: Mimulus,*
- *mit Depressionen: Mustard,*
- *bei allgemeiner Erschöpfung: Olive,*
- *bei Anämie: Olive + Wild Rose,*
- *bei Sorge um das Kind: Red Chestnut,*
- *zur Umstellung und Selbstfindung: Walnut.*

Schwermut → Depression

Seelenqual
- *geheimgehaltene: Agrimony,*
- *absolute: Sweet Chestnut.*

Sehstörung → Augen

Selbstablehnung (→ Ablehnung)
- *aus Schuldgefühlen: Pine,*
- *mit strenger Moral: Rock Rose.*

Selbstaufopferung (→ Selbstlosigkeit)
- *bei Persönlichkeits- und Willensschwäche: Centaury,*
  Man stellt sich selbstlos anderen Menschen zur Verfügung, weil man keine Selbst-Behauptungskraft hat.
- *bezweckt: Chicory,*
  Man will sich andere damit verpflichten.
- *aus starkem Verantwortungsgefühl und Unnachgiebigkeit: Oak.*

⁎ *Selbst-Aufopferung, selbstlos und selbstsüchtig zugleich →Nr. 4/8*

⁎ *Selbst-Aufopferung aus Schuldgefühl →Nr. 4/24*
⁎ *Selbst-Aufopferung aufgrund von Resignation →Nr. 4/37*
⁎ *Selbst-Aufopferung, total →Nr. 8/25*

Selbstbehauptung, zu schwach → Konkurrenzfähigkeit

Selbstbeherrschung (zu stark)
- *Agrimony*, wenn man Ängste, Probleme und Leiden hinter scheinbarer Unbeschwertheit verbirgt,
- *Oak*, wenn man sich eisern in der Gewalt hat und niemals nachgibt,
- *Rock Water*, wenn man sich niemals einen Fehler erlaubt.

Selbstbeschuldigung: *Pine* (→ Gewissen, → Schuld)
Sich selbst zu beschuldigen, ist nicht nur widernatürlich, sondern auch gefährlich, weil man damit seine innere Einheit zerstört. Es bedeutet, fremde Wertmaßstäbe auf sich selbst zu übertragen und sozusagen dem Henker die Arbeit abzunehmen. In diese Haltung gerät man nur bei sehr tief verwurzelter Strafangst und ungenügender Selbst-Bewußtheit: man ist sich nicht mehr der Gründe seines Handelns bewußt, die im Augenblick der Tat zwingend und richtig waren. Natürlich macht jeder Mensch laufend »Fehler«; dies kann man aber erst erkennen, wenn man in seiner geistigen Entwicklung vorangeschritten ist. Sich nachträglich zu verurteilen, ist unsinnig, weil es bedeutet, den gegenwärtigen Bewußtseinsstand auf jene frühere Situation zu übertragen, als man ihn noch gar nicht haben konnte.

Selbstbewußtsein, ungenügend
Ein gesundes Selbstbewußtsein ist lebensnotwendig, weil es Mut und Kraft für den Überlebenskampf gibt, in den jeder Mensch gestellt ist. Selbstbewußtsein beruht auf Selbst-Bewußtheit. Es bedeutet, daß man sich selbst gut kennt, daß man seine persönlichen Schwächen und Stärken, Fähigkeiten und Unmöglichkeiten sowie seine Stellung in der menschlichen Gesellschaft richtig einschätzen und sich in seinem Leben so einrichten kann, daß man sich wohl fühlt.
- *mit Tendenz, sich zu unterwerfen: Centaury,*

- *mit Minderwertigkeitsgefühl: Larch,*
- *durch zu wenig Selbsterkenntnis: Walnut.*
  W. gibt mehr Klarheit über die eigenen Bedürfnisse und schirmt gegen Beeinflussungen von außen ab.

⁕ **Selbstdisziplin**, starke, mit Sauberkeitsbedürfnis → Nr. 10/27

Selbstentfremdung

Nur wenn man die tiefen und entscheidenden Motive seines Lebens und all die unterschiedlichen Anlagen, Fähigkeiten, Bedürfnisse und Eigenschaften, die man besitzt, kennt, kann man sie zu einer sinnvollen Einheit zusammenfügen und seinem Leben einen befriedigenden Sinn geben. Dies ist angesichts der vielfachen Einflüsse, die uns in die Selbstentfremdung treiben: Vorteil, Besitz, Vergnügung, Ehre, Macht, Angst, und aufgrund einer Erziehung, die nicht den eigentlichen Menschen, sondern vor allem seine nutzbringenden Funktionen fördert, so schwer, daß die meisten Menschen ihr Leben lang – bis zu ihrem gefürchteten, sinnentleerten Tode – von sich weg eilen. Wer aber eins mit sich selbst ist, sieht keinen Grund, sich vor dem Leben oder dem Tode zu fürchten, weil er die Gewißheit besitzt, daß in einem letzten, entscheidenden Sinn alles richtig und sinnvoll ist.

- *durch Verdrängung oder Heuchelei: Agrimony,*
  A. ist für Menschen, die es nicht wagen, zu sich zu stehen; sie tragen nach außen eine Maske, spielen Theater, bemühen sich, anders zu sein, als sie tatsächlich sind. Ihr inneres, eigentliches Wesen wagen sie kaum jemandem zu zeigen, oft nicht einmal sich selbst. A. verstärkt den Wunsch, so zu sein, wie man ist. So kann das äußere Leben dem inneren Ziel entsprechen. Da A. die unechten Schutzmechanismen und Tarnungen abbaut, sollte man zum Aufbau der eigentlichen Persönlichkeit *Walnut* hinzufügen.
- *Unklarheit: Wild Oat.*
  Wer nicht weiß, worin der Sinn seines Lebens liegt, wer unzufrieden ist, weil er fühlt, daß ihm die Zeit ungenützt unter den Fingern zerrinnt, kann mit W. O. wieder auf seine eigene Spur finden. Es muß lange genommen werden.

* *Selbstentfremdung, total →Nr. 1/33*
* *Selbsterkenntnis, mangelnde →Nr. 1/36*

Selbstgerechtigkeit → Verbitterung

Selbstkasteiung → Asket
* *Selbstkasteiung und Weltflucht →Nr. 27/34*
* *Selbstkasteiung als Ersatz für Lebenssinn →Nr. 27/36*

Selbstkritik → Selbstbeschuldigung

Selbstlosigkeit, krankhafte (→ Aufopferung, → Verzicht)
Normalerweise wehrt sich das Leben in uns gegen jeden Verzicht, denn es will ja leben. Wer nicht zuerst dafür sorgt, daß sein eigenes Feld bestellt ist, kann niemandem von seiner Ernte abgeben. Selbstzerstörerische Selbstlosigkeit bringt keine positiven Impulse in die Welt. Sie nährt allenfalls die Selbstsucht der Egoisten und das Laster der Erpresser. Im Grunde muß man, um selbstlos sein zu können, eine gesunde und stabile Psyche besitzen; nur dann kann man schwächeren Menschen wirklich helfen und dabei selbst seelisch bereichert werden.
– *aus Persönlichkeitsschwäche: Centaury,*
Wer sich aus Mangel an Selbstbehauptungskraft »selbstlos« ausnützen läßt und damit die Selbstsucht anderer unterstützt, braucht C.
– *mit Sorgen: Red Chestnut.*
R. C. hilft jenen Menschen, die sich ständig Sorgen um andere machen und dabei vergessen, auch an ihr eigenes Wohlergehen zu denken.
* *Selbstlosigkeit, sorgenvolle →Nr. 4/25*

Selbstmitleid: *Chicory* (→ Mitleid)
Wer sich selbst leid tut, möchte eigentlich Mitleid. Selbstmitleid tut zwar, wie eine Droge, gut, wenn man schwach ist, befreit aber niemanden aus seiner Misere. Wer sich selbst leid tut, stellt sich als armes, unschuldiges Opfer hin, das nichts für sein Leid kann. Diese Einstellung lähmt, abgesehen davon, daß sie meist unwahr ist, jede Initiative.

Wenn man sich aber sagt: »Es ist deine eigene Schuld, daß es dir so schlecht geht. Jammere nicht und sieh zu, daß du es in Zukunft besser machst!«, ist man fähig und motiviert, die Lage zu verbessern. Die Verantwortung für sich selbst zu übernehmen, macht frei und stark; sich bemitleiden zu lassen oder sich selbst leid zu tun, macht schwach und zum Sklaven des Unglücks. C. verhindert dies, indem es Selbständigkeit und gefühlsmäßige Unabhängigkeit fördert. Meist ist zusätzlich *Walnut* erforderlich.

Selbstmordgefahr

Bei allen Notfällen, auch bei akuter Suizidgefahr, sollte primär das Notfallmittel (*Rescue Remedy*) eingesetzt werden.

– *aus Seelenqual: Agrimony,*

Man verbirgt seine Probleme zu sehr vor der Umwelt und leidet dadurch doppelt unter ihnen.

– *aus emotionalem Überdruck: Cherry Plum,*

Man hat wichtige Triebe oder Emotionen so sehr und so lange unterdrückt, bis sie einem den klaren Verstand rauben und zu einer Kurzschlußhandlung treiben.

– *bei Todessehnsucht aus Lebensschwäche: Clematis,*

Man hat nicht viel Freude am Leben, weil man mit ihm nicht zurechtkommt. »Wenn nur schon alles vorüber wäre!« ist ein typischer Gedanke von Menschen, die C. brauchen.

– *aus totaler Hoffnungslosigkeit: Gorse,*

– *durch Depressionen: Mustard,*

Zustände, die M. erfordern, gleichen einer schwarzen Wolke, die sich über das ganze Leben senkt und ihm allen Sinn raubt.

– *aus Verzweiflung: Sweet Chestnut.*

Selbstquälerei → Asket

– *durch übertriebene Strenge gegen sich selbst: Rock Water,*

– *durch nutzlose Sorgen um andere: Red Chestnut.*

✻ *Selbstquälerischer Leistungszwang →Nr. 22/27*

Selbstsicherheit → Selbstvertrauen

✻ **Selbstsüchtige** Aufopferung → Nr. 4/8

∗ **Selbstunterdrückung** führt zur Psychose →Nr. 6/27

∗ **Selbstverachtung** durch Unreinheitsgefühl →Nr. 10/19

Selbstvergewaltigung → Asket
∗ *Selbstvergewaltigung aufgrund von geistiger Hörigkeit →Nr. 5/27*
∗ *Selbstvergewaltigung aus Angst →Nr. 2/27*

Selbstverleugnung (→ Bescheidenheit, → Heuchelei, → Lüge, → Minderwertigkeitsgefühl)
Wie schon das Wort besagt, ist Selbstverleugnung eine Lüge. Sie kommt zwar sogar in der Natur (in Form der verschiedenen Tarnungen) vor und ist legitim, solange man sie benützt, um sich zu schützen, hat aber dann negative Folgen, wenn man sie ohne dringenden Grund und ohne genaue Kontrolle betreibt. Sich selbst zu verleugnen bedeutet, sich selbst zu verneinen, und führt auf eine falsche Lebensbahn, weil man dabei von seiner Umwelt falsch eingeschätzt wird und sich selbst entfremdet wird.
– *durch unnötige Tarnung: Agrimony,*
A. ist angebracht, wenn man sich anders gibt, als man ist, wenn man sein wahres Wesen oder seine Gefühle gewohnheitsmäßig hinter einer Maske oder Rolle versteckt.
– *durch Unterwürfigkeit: Centaury,*
C. ist für Menschen, die sich, statt ihr eigenes Leben zu leben, von anderen ausnützen lassen.
– *aus mangelndem Selbstvertrauen: Larch,*
Wer sich unterlegen fühlt, neigt dazu, sich grundlos im Hintergrund zu halten und sein Licht unter den Scheffel zu stellen.
– *in Form von Beeinflußbarkeit: Walnut.*
Man läßt sich so sehr beeinflussen, daß man sein eigenes Wesen verleugnet und auf einen falschen Lebensweg gerät.

Selbstverneinung → Selbstverleugnung

Selbstvertrauen (→ Minderwertigkeitsgefühl)
– *zu gering: Larch + Walnut,*

– *zu groß: Oak, Water Violet.*
  – *Oak*, wenn man seine eigenen Grenzen nicht sehen oder wahrhaben will,
  – *Water Violet*, wenn man meint, man könne auf andere Menschen verzichten.

* *Selbstvertrauen geht plötzlich verloren →Nr. 11/19*
* *Selbstvertrauen zu gering, mit Willensschwäche →Nr. 12/19*
* *Selbstvertrauen zu gering, macht Angst →Nr. 19/20*
* *Selbstvertrauen zu gering aus Erschöpfung →Nr. 19/23*
* *Selbstvertrauen zu gering durch seelisches Trauma →Nr. 19/29*
* *Selbstvertrauen zu gering, deshalb leicht beeinflußbar →Nr. 19/33*
* *Selbstvertrauen zu gering, daher unfähig zu sinnvollem Leben →Nr. 19/36*
* *Selbstvertrauen zu gering, daher resignierte Lebenshaltung →Nr. 19/37*

* **Selbstüberforderung** führt zu Minderwertigkeitsgefühl →Nr. 19/27

Sentimentalität: *Clematis + Honeysuckle*
Wenn man sentimental wird, gibt man sich künstlich erzeugten oder willkürlich manipulierten Stimmungen hin. Dabei geht die Beziehung zur Wirklichkeit und die Möglichkeit, wirkliche Lebensfreude zu empfinden oder bestehendes Leid zu überwinden, verloren. C. hilft gegen sentimentale Zukunftsträume und H. gegen sentimentale Erinnerungen.

Sexualstörungen
Störungen der Sexualfunktion sind meistens psychisch bedingt. In der sexuellen Beziehung findet ein besonders intensiver, aber auch geheimnisvoller Kontakt mit dem anderen Menschen statt, in ihr erleben wir unmittelbar und auf ganz irrationale Weise die geheimnisvolle Polarität unserer Welt. Sexualität bedeutet nicht nur körperliche Fortpflanzung, sondern auch die Möglichkeit zu tiefstem Empfinden – kein Wunder, daß praktisch alle psychischen Störungen einen negativen Einfluß auf sie haben.

– *durch mangelnde Hingabefähigkeit: Agrimony,*
Je vertrauensvoller man sich dem Partner und je unmittelbarer man sich der Lebenslust hingeben kann, desto befriedigender wird das sexuelle Erlebnis. A. hilft, wenn jemand sich zu sehr zurückhält oder Theater spielt.
– *durch Ekel: Crab Apple,*
Da die sexuelle Vereinigung – äußerlich gesehen – eine primitiv-animalische Angelegenheit ist, wird sie von jenen Menschen, die in einer sterilen, künstlich sauberen Welt leben, als schmutzig oder ekelerregend empfunden. Das verhindert jeden Genuß. C. A. baut Sauberkeitszwänge ab.
– *führen zu Psychosen: Cherry Plum,*
Der Sexualtrieb gehört in bestimmten Zeiten zu den stärksten in uns wirkenden Kräften. Wenn er dann aufgrund bewußter – meist moralisch bedingter – Unterdrückung nicht ausgelebt wird, kann ein schwerer innerer Konflikt entstehen, der die geistige Ordnung zerstört und zu Kurzschlußhandlungen führt. Hysterie oder Psychosen sind die Folge. C. P. baut den inneren Überdruck ab und löst den Konflikt.
– *durch Angst: Mimulus,*
Das Sexualleben kann durch die verschiedenartigsten, teils berechtigten, teils unbegründeten Ängste gestört werden, zum Beispiel Furcht vor Schwangerschaft, vor Krankheit, vor Blamage, vor Verdammung. Mimulus kann unbegründete Bedenken abbauen helfen und die Fähigkeit zum großen Wagnis, das das Leben nun einmal ist, verbessern. Oft ist es »beim ersten Mal« hilfreich. Bei Angst vor Versagen zusätzlich *Larch.*
– *durch Erschöpfung: Olive,*
– *Frigidität:*
Sie kann durch mangelnde Hingabefähigkeit, Angst, Ekel, moralische Zwänge oder schlechte Erfahrungen bedingt sein. Näheres siehe unter diesen Stichworten.
– *Impotenz:*
Sie kann durch Übererregung (*Impatiens + Vervain*), Versagensangst (*Larch*), Erschöpfung (*Olive*) oder schlechte Erfahrungen (*Star of Bethlehem*) bedingt sein. Näheres siehe dort.
– *durch moralische Zwänge: Pine,*

Da die Sexualität in der christlichen Kultur seit vielen Jahrhunderten im wahrsten Sinne des Wortes verteufelt wurde, wird sie auch heute noch von vielen Menschen als »sündig« empfunden. Wenn man etwas mit schlechtem Gewissen tut, kann man es nicht genießen und ist unter Umständen sogar bereit, darauf zu verzichten.

– *durch schlechte Erfahrung: Star of Bethlehem,*
  Aufgrund der großen Erwartungen und mangelnden Erfahrung, der Ängste und Vorbehalte können sexuelle Erlebnisse psychische Erschütterungen mit sich bringen, die sich wegen der Schwierigkeit des Themas oft nicht richtig verarbeiten lassen. Ein solches Trauma kann unter ungünstigen Umständen das ganze spätere Sexualleben blockieren.
– *durch Übererregung: Impatiens + Vervain.*

Sinnestäuschung
– *ängstliche Einbildungen oder Ahnungen: Aspen,*
– *Illusionen und Phantasien: Clematis.*

Sorgen
– *werden nicht gezeigt: Agrimony,*
– *angsterfüllt: Aspen,*
– *aus Besitzwunsch: Chicory,*
– *um andere: Red Chestnut,*
– *besetzen das Denken: White Chestnut.*
✻ *Sorgen, heimliche →Nr. 1/25*
✻ *Sorgen, unklare und angstbetonte →Nr. 2/25*
✻ *Sorgen, rasendmachende →Nr. 6/25*
✻ *Sorgen mit Angst →Nr. 20/25*
✻ *Sorgen, zermürbende →Nr. 23/25*
✻ *Sorgen durch schlechtes Gewissen →Nr. 24/25*
✻ *Sorgen verursachen Panik →Nr. 25/26*
✻ *Sorgen aufgrund von schlechten Erfahrungen →Nr. 25/29*
✻ *Sorgenvolle Unruhe →Nr. 18/25*
✻ *Sorgenvolle Depression →Nr. 21/25*
✻ *Sorgenvolle Gedanken →Nr. 25/35*

Spannungszustände (→ Streß)
Krankhafte innere Spannung entsteht dadurch, daß man sich mehr oder etwas anderes abverlangt, als man leisten kann.

Anspannung kann zwar die Entwicklung bestimmter Fähigkeiten fördern, wirkt aber schädlich, wenn sie nicht mit ausreichenden Erholungsphasen kombiniert ist. In jedem Spannungs- oder Verkrampfungszustand steckt Gewalt, die sich gegen den richten kann, der sie hervorruft.

– *durch Künstlichkeit: Agrimony,*
Der Versuch, anders zu erscheinen, als man ist, erzeugt eine starke innere Spannung, weil dazu der eigentliche Mensch mit Gewalt beiseitegedrängt werden muß. Meist ist die innere Verkrampfung an den Bewegungen, der Körperhaltung oder am künstlichen Gesichtsausdruck zu erkennen.

– *durch Unnachgiebigkeit: Oak,*
Wenn man sich mehr abverlangt, als man eigentlich leisten kann, wenn man sozusagen ans Kapital geht, statt von den Zinsen zu leben, muß man den sich sträubenden Organismus wie ein ermüdetes Pferd zum Weitermachen zwingen. Da auf Dauer daraus nichts Gutes entstehen kann, sollte man lieber rechtzeitig O. nehmen.

– *durch Selbstunterdrückung: Rock Water,*
Hinter starker Selbstdisziplin steckt meistens der Wunsch, bestimmte Eigenschaften zu unterdrücken. Da diese aber auch Bestandteil der Persönlichkeit sind, wehren sie sich dagegen und erzeugen Gegendruck.

– *durch Übereifer: Vervain.*

⁎ **Sprunghaft** und ungeduldig → Nr. 18/28

⁎ **Stimmungsschwankungen** → Nr. 21/28

Starre (→ Dogmatismus, → Gewohnheiten, → Spannungszustände)
Geistige Starre oder Unbeweglichkeit verhindert schnelle und flexible Reaktionen. Dies ist deshalb bedenklich, weil das Leben als dynamisches, expansives Phänomen dauernd Veränderungen hervorbringt; auch Wachstum besteht ja darin, daß ein bestehender Zustand durch einen anderen, besseren ersetzt wird. Es ist wie bei den Traditionen; diese bieten zwar in ihrer Unveränderlichkeit eine gewisse Sicherheit, verhindern aber notwendige Neuerungen. Unbeweglich-

keit entspricht dem Tod, Beweglichkeit dem Leben. Menschen mit starrer Lebenshaltung neigen zu Verkrampfungen (→), Rheuma (→) und Degenerationen.

- *mit Unnachgiebigkeit: Oak,*
  O. ist nötig, wenn jemand in seinem Handeln zu kompromißlos und unnachgiebig ist.
- *sich selbst gegenüber: Rock Water,*
  R.W. wirkt gegen zu sture und unbedingte Selbstdisziplin.
- *anderen gegenüber: Vine.*
  V. hilft gegen unbewegliche, intolerante Ansichten.

Sterben → Tod

Stimmungslabilität → Launen

Stolz (→ Arroganz)

Stolz kann verschiedene Bedeutungen haben: 1.) Ausdruck unmittelbarer Freude über eine Leistung oder Eigenschaft und eines gesunden, bejahenden Selbstwertgefühls, 2.) Schutz gegen Menschen, die man aus irgendwelchen Gründe nicht akzeptieren kann, 3.) Überheblichkeit. Während Stolz in der ersten Erscheinungsform Freude und Freunde macht, weil man in dem stolzen Menschen das Schöne an sich bewundert, schafft er im zweiten auf eine mehr oder weniger diskrete Weise Distanz und verhindert Konflikte zwischen zu verschiedenartigen Menschen; in der dritten Form aber erzeugt er Feindschaft, weil er für andere Menschen eine Demütigung bedeutet. Von Menschen, die auf etwas stolz sind, das sie nicht selbst geleistet oder verdient haben (zum Beispiel ererbte Privilegien) sagt der Volksmund: »Dummheit und Stolz wachsen auf einem Holz«; denn es wäre weiser, wenn sie sich an dem unverdienten Glück still und dankbar erfreuen würden.

- *bei großem Geltungsbedürfnis: Heather,*
  H. ist für Menschen, die sich überall wichtig machen und Wert darauf legen, daß man sie wegen ihrer Vorteile oder Verdienste bewundert. Damit verärgern sie ihre Mitmenschen.
- *mit Distanziertheit: Water Violet* (→ Einzelgänger).

Menschen, die W. V. brauchen, sind von Natur aus einzelgängerisch. Sie halten Distanz, weshalb sie oft irrtümlich für stolz gehalten werden.

Stottern

Mit Bach-Blüten kann man gut auf stotternde Kinder einwirken, wenn man die Begleitumstände und psychischen Ursachen berücksichtigt. Oft müssen mehrere Mittel miteinander kombiniert werden.

– *für Beharrlichkeit: Gentian,*

G. verhindert, daß man zu schnell aufgibt, wenn sich das Wort nicht formen lassen will. Es hilft auch, beharrlich an der Überwindung der Störung zu arbeiten. Es sollte immer gegeben werden.

– *durch zu großes Geltungsbedürfnis: Heather,*

H. ist für die eitlen Kinder, die zeitweilig durch den dringenden Wunsch nach Anerkennung die Fähigkeit zum unbeschwert-automatischen Sprechen verlieren.

– *durch Nervosität: Impatiens,*

– *durch Angst: Mimulus,*

Wer einmal gestottert hat, fürchtet natürlich, daß ihm dies wieder passieren wird. M. ist gegen die Erwartungsangst.

– *aufgrund muskulärer Koordinationsstörung: Scleranthus,*

S. ermöglicht dem Körper, sich eindeutig zu entscheiden und dann zu handeln, das heißt: das Wort zu artikulieren. Es ist ein Basismittel gegen Stottern.

– *durch psychisches Trauma: Star of Bethlehem.*

S. o. B. kann helfen, wenn ein erschütterndes Erlebnis das Stottern ausgelöst hat.

⁜ **Straftrauma**, unverarbeitetes → Nr. 24/29

Strenge → Disziplin

⁜ *Strenge gegen sich selbst bei unnatürlicher Großzügigkeit gegen andere → Nr. 3/27*

⁜ *Strenge Persönlichkeit → Nr. 27/32*

Streß (→ Spannungszustände)

Im Prinzip verursacht man seinen Streß immer selbst durch Disziplinlosigkeit oder Gier. Er bedeutet, daß man dabei ist, jene natürliche Leistungsgrenze zu überschreiten, innerhalb derer man gesund sein kann. Vor allem Dauer-Streß ist schädlich, weil er den Organismus hindert, zu entgiften und zu regenerieren. Kurzer Streß macht krank, langer Streß bringt um.

– *durch Heimlichkeit oder Künstlichkeit: Agrimony,*
Wer sich immer verstellt und versteckt, kommt unter Streß, weil er damit nicht nur gegen sich selbst lebt, sondern auch ständig fürchtet, durchschaut zu werden.
– *durch Trieb- oder Emotionsunterdrückung: Cherry Plum,*
Wer wichtige natürliche Triebe oder Bedürfnisse unterdrückt, gerät in Streß, weil er dabei dauernd Gewalt anwenden muß.
– *mit akutem Überforderungsgefühl: Elm,*
E. wird benötigt, wenn jemand im Rahmen einer schweren Aufgabe oder großen Verantwortung unter so großen Streß gerät, daß er zusammenzubrechen droht.
– *durch Ungeduld: Impatiens,*
Eilige, ungeduldige Menschen geraten unter Streß, wenn sie aufgehalten werden.
– *durch Angst: Mimulus,*
– *durch Unnachgiebigkeit oder Ehrgeiz: Oak,*
O. ist für jene, die sich selbst zu sehr unter Druck setzen.
– *durch übertriebene Einsatzfreude: Vervain.*

✻ *Streß bringt an die emotionale Zerreißgrenze →Nr. 6/22*
✻ *Streß und Hetze →Nr. 18/31*
✻ *Streß durch Leistungszwang →Nr. 22/31*
✻ *Streß verursacht Panik →Nr. 11/26*
✻ *Streß, emotional, führt zu Psychose →Nr. 6/30*

✻ ***Süchtig*** nach Liebe und Beliebtheit →Nr. 8/14

Sturheit →Dogmatismus, →Starre

Tagträume →Sentimentalität
✻ *Tagträumerei, total →Nr. 9/16*
✻ *Tagträumereien machen unaufmerksam →Nr. 7/9*
✻ *Tagträumereien mit Willensschwäche →Nr. 9/12*
✻ *Tagträumereien untergraben Entscheidungsfähigkeit →Nr. 9/28*

Teilnahmslos → Antriebslosigkeit, → Resignation

Temperament
- zu sanft: *Centaury* bei Nachgiebigkeit, *Gentian* bei Willensschwäche, *Larch* bei übertriebener Zurückhaltung.
- zu hart: *Holly* bei Aggressivität, *Vervain* bei Hitzigkeit, *Vine* bei Unduldsamkeit.

Tod
- *Todessehnsucht: Clematis,*
  Menschen, die an der Gegenwart nur wenig Freude haben und hauptsächlich von einer besseren Zukunft träumen, erhoffen sich oft – vor allem bei Krankheiten – durch den Tod die Erlösung.
- *Erleichterung des Sterbens: Oak + Walnut,*
  O. verkürzt nutzlose Todeskämpfe, W. gibt inneren Frieden.
- *Angst: Aspen + Rock Rose reduzieren Todesangst.*

✻ *Todessehnsucht durch Erschöpfung →Nr. 9/23*
✻ *Todessehnsucht bei allgemeiner Resignation →Nr. 9/37*

Toleranz (→ Intoleranz, → Kapitel I: *Beech, Vine*)
Echte Toleranz beruht auf dem Wissen, daß alles, was existiert, eine Existenzberechtigung hat und daß Leben und Leben-lassen zusammengehören. Wer von anderen Menschen toleriert werden will, muß seinerseits zu Toleranz bereit sein. Das kann man allerdings nur, wenn man auch sich selbst in seiner ganzen Widersprüchlichkeit toleriert; denn jene Eigenschaften, die man an sich selbst – mehr oder weniger unbewußt – ablehnt oder bekämpft, verfolgt man auch bei anderen Menschen. Je ehrlicher man sich aber seine eigenen Fehler und Schwächen eingestehen und je großzügiger man sie tolerieren kann, desto toleranter und verständnisbereiter kann man auch nach außen sein. Nicht jeder besitzt allerdings die Veranlagung zur Toleranz. Es gibt Menschen, die von Natur aus unduldsam sind und alles, was sie nicht verstehen, bekämpfen müssen. Wenn sie ihre angeborene Intoleranz verleugnen und sich toleranter geben, als sie tatsächlich sind, entsteht Lüge und Verwirrung. Für sie ist es besser, sich zu ihrer Intoleranz zu bekennen. Dann hat ihr

ewiges Kritisieren und Kämpfen eine offene, faire Note und ist auch für andere Menschen tolerierbar.

- *geheuchelte: Agrimony,*
  A. ist für Menschen, die sich betont tolerant und positiv geben, um damit von sich selbst abzulenken oder sich beliebt zu machen.
- *scheinbare: Beech,*
  Wer sich zwar nach außen sehr tolerant gibt, in seinem Innersten aber intolerant ist, braucht B. Diese Großzügigkeit und Verständnisbereitschaft hat etwas Künstliches und verhindert die ehrliche Auseinandersetzung mit der Realität.
- *aus Interesselosigkeit: Wild Rose.*
  Wer am Leben kein besonderes Interesse hat, dem ist sowieso alles egal. Diese »Toleranz« ist Ausdruck einer seelischen Krankheit und keine menschliche Tugend.

* *Toleranz, gespielt oder übertrieben →Nr. 1/3*
* *Toleranz, opportunistisch →Nr. 3/14*
* *Toleranz aus mangelndem Selbstvertrauen →Nr. 3/19*
* *Toleranz aus Ängstlichkeit →Nr. 3/20*
* *Toleranz, unnatürlich aus moralischen Gründen →Nr. 3/24*
* *Toleranz, übertrieben, bei gleichzeitiger Unnahbarkeit →Nr. 3/34*

Trägheit → Apathie

Trauer (→ Trennungsschmerz, → Verlust)

Zu trauern heißt, die Lebensrealität nicht gutheißen zu können. Trauer ist das zu späte Innewerden von etwas Kostbarem und zugleich die negative Reaktion auf seinen Verlust, den man mangels seelischer Reife nicht verkraften kann. Statt sich sofort positiv auf das einzustellen, was an die Stelle des Verlorenen getreten ist (»Wer Augen hat, der sehe!«), starrt man mit Wehmut in die Vergangenheit. Die dynamisch fortschreitende Lebenswirklichkeit verliert dabei ihre Kontinuität und löst sich, wie die Bilder bei einem zu langsam laufenden Film, in einzelne, aus dem lebendigen Zusammenhang gerissene Aspekte und Gefühlszustände auf, wobei die Fähigkeit verlorengeht, das trotz allen Änderungen unverändert Schöne zu erkennen. Oft ist das übliche Trauerverhalten künstlich und neurotisch; es wird dem Heranwachsenden anerzogen, um ihn in geistig-emotionale Abhängigkeit zu bringen, so daß man sogar ein schlechtes Gewissen bekommen kann, wenn man keine Trauer beim Verlust nahestehender Menschen empfindet. Ein besonders deutliches Beispiel für die soziale Bedeutung der Trauer sind die Klageweiber in manchen Kulturen, die sozusagen professionell dafür sorgen, daß der Schein gewahrt bleibt – nicht nur gegenüber der Gesellschaft, sondern auch gegenüber den Toten, deren Rache man befürchtet (und die damit noch aus dem Grabe ihre Herrschaft ausüben). Die »ehrlichere« Form der Trauer besteht im Selbstmitleid (→), bei dem man im Grunde um sich selbst und um das Schöne, das man verloren hat, trauert. Da man dabei aber das Schicksal anklagt, muß man leiden. Nicht zu trauern ist nicht unbedingt ein Zeichen von Gefühlskälte, sondern kann entweder ein Zeichen dafür sein, daß man im Grunde nichts Wesentliches verloren hat oder daß man – und darin liegt die Kunst des Lebens – nichts wirklich verlieren kann.

– *mit Selbstmitleid: Chicory,*
Je mehr man verlangt, desto mehr kann man verlieren. C. ist für jene Menschen, die vor allem von den Gefühlen anderer leben; es macht sie unabhängiger und selbständiger, so daß sie den Verlust »aus den eigenen, seelischen Beständen« ausgleichen können.

– *durch Realitätsdefizit: Honeysuckle,*
H. hilft, wenn man einem Verlust nachtrauert und sich in der Gegenwart nicht mehr zurechtfindet. Es kann einen natürlichen Abstand zur Vergangenheit schaffen.

– *mit Verbitterung: Willow.*
Menschen, deren Trauer mit Verbitterung vermischt ist, sind nicht imstande, ihr Schicksal anzunehmen. Indem sie trauern, hadern sie mit ihm.

⁕ *Trauer bei Liebesverlust →Nr. 8/16*

Traurige Gedanken und Gefühle: *Cherry Plum + Mustard + White Chestnut*
Diese Kombination gibt inneren Abstand; sie muß eventuell durch *Honeysuckle* oder *Willow* ergänzt werden.

Traurigkeit → Depression

Trauma (psychisches) → Verletzung
⁂ *Trauma führt zu Hoffnungslosigkeit →Nr. 13/29*
⁂ *Trauma durch Demütigung →Nr. 14/29*
⁂ *Trauma durch Verlust →Nr. 16/29*
⁂ *Trauma untergräbt das Selbstvertrauen →Nr. 19/29*
⁂ *Trauma erzeugt Ängstlichkeit →Nr. 20/29*
⁂ *Trauma ruft Depressionen hervor →Nr. 21/29*
⁂ *Traumatische Erfahrungen machen übertrieben besorgt →Nr. 25/29*
⁂ *Trauma schwächt psychische Abwehrkraft →Nr. 29/33*
⁂ *Trauma führt zu Kontaktstörung →Nr. 29/34*
⁂ *Traumatische Zwangsgedanken →Nr. 29/35*
⁂ *Trauma führt zur Resignation →Nr. 29/37*
⁂ *Trauma macht verbittert →Nr. 29/38*

Träume → Alpträume, → Sentimentalität

Tuberkulose → Lungenkrankheiten

Trennung (→ Partnerprobleme, → Trauer → Verlust)

Im Grunde kann eine menschliche Beziehung niemals aufgelöst werden. Mag sie nun bereichernd oder verletzend sein – sie ist Ausdruck und Bestandteil der eigenen Seelenstruktur und verändert jeden der Partner. »Schluß!« gibt es höchstens im äußeren Leben; im Inneren aber dauert alles fort. Wenn eine Partnerschaft zu Ende geht, zeigt sich, ob sie auf Freundschaft und Liebe beruhte oder auf psychischer Schwäche und Vorteilsdenken. Wenn wir das Glück oder die menschliche Güte haben, jenes schöne Gefühl bewahren zu können, das am Anfang der Beziehung stand, dann bedeutet die Trennung keinen vernichtenden Verlust, sondern ist wie das erwartungsvolle Weiterblättern in einem guten Buch. Wir bewahren im Herzen, was uns die bisherigen Seiten gegeben haben, und nehmen es als Voraussetzung, um die neuen zu verstehen: Trennung als ein Weiterschreiten auf einen sich unablässig erweiternden Horizont zu.

– *durch Unehrlichkeit: Agrimony,*

A. hilft, sich selbst und dem Partner gegenüber ehrlich zu bleiben. Dadurch kann verhindert werden, daß sich ein falscher, schmerzender Ton in die Trennung mischt und sie zum schwarzen Punkt in der Biographie wird.

– *durch Besitzgier: Chicory,*
  Wenn die »Liebe« in Besitzgier oder Gefühlsabhängigkeit statt freiem, freudigem Fühlen bestand, ist es schwer, jemanden gehen zu lassen. C. hilft freizulassen, freizuwerden und Selbstmitleid zu verhüten.
– *durch Verlustgefühl: Honeysuckle,*
  H. hilft, mit dem, was vergangen ist, abzuschließen und sich dem, was ist und geschieht, zuzuwenden.
– *mit häßlicher Wut: Holly,*
  H. mildert negative Gefühle; es macht eventuell fähig, die einst vorhandene, liebevolle oder freundschaftliche Haltung zu bewahren oder wiederzufinden.
– *mit Verbitterung: Willow.*
  Wenn die Trennung Verbitterung, Groll oder Schicksalshader hervorruft, ist W. erforderlich.

Trost

– *Bedürftigkeit: Chicory,*
  Je abhängiger man von anderen Menschen ist, desto stärker braucht man im Unglück auch ihren Trost. Er ist gewissermaßen der Beweis, daß man nicht ganz verlassen ist. Wenn Trostbedürftigkeit zu schwach macht oder anderen lästig wird, braucht man C. Wenn das schmerzliche Ereignis sehr schockierend ist, sollte man *Star of Bethlehem* hinzufügen.
– *Ablehnung: Water Violet.*
  Sehr selbständige Menschen lehnen es normalerweise ab, sich im Unglück trösten zu lassen; sie wollen allein damit fertigwerden, weil sie nur so »etwas davon haben«. Diese Ablehnung kann allerdings so stark werden, daß sie die Brücke zu den mitfühlenden Freunden einreißt und einsam macht.

Überarbeitung
- *durch Hetze: Impatiens,*
- *durch übertriebenen Perfektionismus: Crab Apple + Rock Water,*
- *durch Übereinsatz: Vervain.*

Überempfindlichkeit, psychische (körperlich: → Allergie), Überempfindliche Reaktionen haben meistens einen schützenden Charakter (nach dem Motto: »Angriff ist die beste Verteidigung«). Sie weisen aber auch auf persönliche Schwächen hin.
- *gegen Lieblosigkeit: Chicory, Heather,*
  C. baut ein übertriebenes Bedürfnis nach Zuwendung ab; es wird von Menschen, vor allem Kindern, benötigt, die schon kleine, normale Unaufmerksamkeiten als Liebesverlust empfinden. H. ist für Menschen, die immer beliebt sein wollen.
- *gegen Mißerfolg: Gentian,*
  G. hilft, wenn man Mißerfolge oder Probleme zu ernst nimmt.
- *gegen Mißachtung: Heather,*
  Menschen, die unter krankhaftem Geltungsbedürfnis leiden, können es nicht vertragen, wenn man sie nicht beachtet.
- *gegen Herabsetzung: Larch,*
  Wer sich minderwertig fühlt, der wird durch herablassende oder abschätzige Behandlung besonders getroffen.
- *gegen Kritik: Pine,*
  P. baut die Neigung zu schlechtem Gewissen ab, die überempfindlich gegen Beschuldigungen jeder Art macht.
- *gegen negative Erlebnisse: Star of Bethlehem,*
  Wenn jemand durch unerfreuliche Erlebnisse zu leicht erschüttert wird, braucht er S. o. B.
- *gegen Beeinflussung: Walnut.*
  W. verhilft zu einem »dickeren Fell«.

Überdruck, seelisch: *Cherry Plum*
✻ *Überdruck, emotionaler durch Verdrängung →Nr. 1/6*

Überforderung
- *kurz vor dem Zusammenbruch: Elm,*
- *eingebildet: Hornbeam,*

H. ist für Menschen, die meinen, sie könnten ihre Aufgaben nicht bewältigen, obwohl sie leistungsfähig sind.
– *durch mangelndes Selbstvertrauen: Larch.*
Wer sich nichts zutraut, fühlt sich schnell überfordert.
✻ *Überforderung durch Leistungszwang →Nr. 11/22*
✻ *Überforderung mit Verzweiflung →Nr. 11/30*
✻ *Überforderungsgefühl durch Mangel an Selbstvertrauen →Nr. 17/19*
✻ *Überforderungsgefühl durch Unselbständigkeit →Nr. 4/17*
✻ *Überforderungsgefühl führt zu Flucht in die Vergangenheit →Nr. 16/17*
✻ *Überforderungsgefühl macht resigniert →Nr. 17/37*
✻ *Überforderungsgefühl mit Hoffnungslosigkeit →Nr. 11/13*
✻ *Überforderungsgefühl mit Mutlosigkeit →Nr. 11/12*

Überheblichkeit → Stolz

»Übermutter«: *Chicory*
Die Mutter sorgt zu sehr für ihr Kind, macht es dadurch unselbständig und wird zur dominierenden Person in seinem Leben. Ihre Stärke erzeugt beim Kind Schwäche.

Überzeugung → Dogmatismus, → Glaube

Unaufmerksamkeit → Lernschwäche, → Tagträumereien
✻ *Unaufmerksamkeit führt zu Ratlosigkeit →Nr. 5/7*
✻ *Unaufmerksamkeit mit Tagträumereien →Nr. 7/9*
✻ *Unaufmerksamkeit mit Willensschwäche →Nr. 7/12*
✻ *Unaufmerksamkeit durch nostalgische Träumereien →Nr. 7/16*
✻ *Unaufmerksamkeit durch Zwangsgedanken →Nr. 7/35*
✻ *Unaufmerksamkeit verhindert klares Lebenskonzept →Nr. 7/36*

Unausgeglichenheit
– *aus Entscheidungsschwäche: Scleranthus,*
– *durch zu große Beeinflußbarkeit: Walnut,*
– *durch fehlendes Lebenskonzept: Wild Oat.*

Unbescheidenheit : *Chicory* (→ Bescheidenheit)
Menschen, die C. brauchen, haben ein so großes Bedürfnis nach Zuwendung und Gefühlsbeziehung, daß sie in ihren Ansprüchen oft nicht das rechte Maß halten können.

Unbeschwertheit, scheinbare: *Agrimony*
So zu tun, als gäbe es keine Probleme, kann manchmal nützlich sein, verhindert auf Dauer aber ihre Lösung, beeinträchtigt die menschlichen Beziehungen und macht unglücklich.

Unbeständigkeit → Unzuverlässigkeit

Unbeugsamkeit → Starre

Unbeweglichkeit → Starre

Undankbarkeit
- *aus Unersättlichkeit: Chicory,*
  C. ist für Menschen, die nie genug bekommen können und deshalb immer das Gefühl haben, zu kurz zu kommen.
- *durch Verbitterung: Willow.*
  Wenn man aus Groll darüber, daß einem etwas verweigert oder genommen wurde, vergißt, was man alles bekommen hat, braucht man W.

Unentschlossenheit → Entscheidungsschwäche

Unerträgliche Lebenssituation
- *durch zu starke Selbstunterdrückung: Cherry Plum,*
  Je stärker man wichtige Bedürfnisse oder Triebe unterdrückt, desto größere Qualen bereiten sie. C. P. ist erforderlich, wenn man meint, man könne den seelischen Druck nicht mehr ertragen und müsse zur inneren Befreiung demnächst etwas Schreckliches tun.
- *durch ungenügende seelische Kraft: Star of Bethlehem,*
  S. o. B. hilft, niederdrückende oder erschütternde Situationen besser zu ertragen oder zu verarbeiten.
- *durch innere Unbeugsamkeit: Sweet Chestnut.*

Wenn man zu stark sein und sich dem Schicksal nicht beugen will, kann man einen unerträglichen inneren Konflikt erzeugen, aus dem es keinen Ausweg mehr zu geben scheint. S.C kann die Lage entschärfen oder bei rechtzeitiger Einnahme verhindern, daß es soweit kommt.

Unfall → Notfall

Unfehlbarkeit → Dogmatismus

Ungeduld: *Impatiens* (→ Unruhe)
⁎ *Ungeduldig und gereizt →Nr. 15/18*
⁎ *Ungeduldig und sprunghaft →Nr. 18/28*

⁎ **Ungeselligkeit** aus Erschöpfung → Nr. 23/34

Unglücklich → Depression

Unheimliche Gefühle: *Aspen*

Unklarheit: *Wild Oat*
W. O. ist nützlich, wenn man nicht weiß, was man tun und welchen Weg man einschlagen soll. Es hilft dabei, einen Sinn im Leben und seine persönliche Bestimmung zu finden.

Unkonzentriertheit → Konzentrationsschwäche

Unlust: *Mustard* (→ Depression)
Unlust ist eine milde Form der Depression. M. hilft sie zu überwinden, vor allem, wenn sie ohne besonderen Grund aufgetreten ist.
⁎ *Unlustig und entmutigt →Nr. 12/17*

Unmündigkeit: *Cerato*
C. ist für Menschen, die (noch) nicht wissen, was sie tun sollen und deshalb ständig jemanden suchen, der sie führt.

Unnachgiebigkeit → Starre
⁎ *Unnachgiebigkeit mit Perfektionismus →Nr. 22/24*

Unnahbarkeit →Stolz, →Distanz
* *Unnahbarkeit bei übertriebener Toleranz →3/34*

Unordnung
– *wird nicht vertragen:*
  – *Crab Apple* bei zwanghaftem Ordnungs- und Sauberkeitsbedürfnis,
  – *Rock Water* aus übertriebener Disziplin,
  – *Vine* aus geistiger Unbeweglichkeit.
– *wird verursacht:*
  – *Clematis*, weil man zu sehr irgendwelchen Tagträumereien nachhängt,
  – *Honeysuckle*, weil man sich aus Nostalgie oder Trauer um nichts kümmert,
  – *Scleranthus*, weil man sich nie eindeutig entscheiden kann,
  – *Wild Oat*, weil man nicht weiß, was man tun soll.

* **Unreinheitsgefühl** mit Selbstverachtung →Nr. 10/19

Unruhe (→Rastlosigkeit)
– *durch heimliche Sorgen: Agrimony,*
  A. ist für Menschen, die ihren inneren Zustand zu verbergen suchen. Da dies dauernde Anstrengung erfordert, sind sie, obwohl sie sich gelassen zu geben versuchen, immer irgendwie getrieben.
– *durch Unsicherheit: Cerato,*
  Wenn man es allen Menschen recht machen will und nicht weiß wie, verliert man seine innere Ruhe beziehungsweise findet sie nie.
– *mit Geschwätzigkeit und Angeberei: Heather,*
  H. ist für jene Menschen, die keine Ruhe haben, wenn sie nicht genügend beachtet und bewundert werden; deshalb machen sie unentwegt auf sich aufmerksam und versuchen, sich ins rechte Licht zu stellen.
– *mit Ungeduld und Nervosität: Impatiens,*
  I. ist das Basismittel für alle Störungen, die mit zu großer Geschwindigkeit oder Unruhe zu tun haben.
– *durch Schuldgefühl: Pine,*
  Mit einem schlechten Gewissen findet man keine Ruhe.

– *durch übertriebene Sorgen um andere Menschen: Red Chestnut.*
⁎ *Unruhe bei drohender Psychose →Nr. 6/18*
⁎ *Unruhe mit Angst →Nr. 18/20*
⁎ *Unruhe durch Sorgen →Nr. 18/25*
⁎ *Unruhe mit Paniktendenzen →Nr. 18/26*

⁎ **Unsauberkeit** macht Angst → Nr. 10/20 (→ Sauberkeit)

Unselbständigkeit → Unmündigkeit, → Unsicherheit
⁎ *Unselbständigkeit führt zu Überforderungsgefühl →Nr. 4/17*
⁎ *Unselbständig und beeinflußbar →Nr. 4/33*

Unsicherheit (→ Angst, → Labilität)
– *wird überspielt: Agrimony,*
Manchmal ist es nötig, Sicherheit vorzutäuschen, obwohl einem die Knie schlottern. Auf Dauer aber gerät man dadurch in einen schädlichen Streß, weil man ja nicht nur die eigene Angst, sondern auch den Argwohn seiner Mitmenschen bekämpfen muß. A. hilft, auch einmal seine Unsicherheit zu zeigen.
– *durch fehlendes Vertrauen in sich selbst: Cerato,*
C. hilft, wenn man seinem Gefühl oder Instinkt nicht traut und überall nach Rat fragt.
– *durch Geltungsbedürfnis: Heather,*
Hinter einen starken Geltungsbedürfnis steckt immer eine ebenso große Angst vor Mißachtung, die Unsicherheit hervorruft. H. hilft zu der Erkenntnis, daß man es gar nicht nötig hat, sich immer so aufzublasen.
– *durch Minderwertigkeitsgefühle: Larch,*
Nur das, was man sich auch zutraut, kann man gelassen und ruhig ausführen. L. fördert Selbstvertrauen und Selbstsicherheit.
– *durch Angst: Mimulus,*
– *durch Unentschlossenheit: Scleranthus,*
– *durch schlechte Erfahrung: Star of Bethlehem,*
Wenn man ein unerfreuliches oder erschütterndes Erlebnis nicht richtig verarbeiten kann, wirkt es im Inneren weiter und erzeugt Unsicherheit.

- *durch Beeinflußbarkeit: Walnut,*
  Menschen, die W. brauchen, lassen sich zu schnell verunsichern und von ihren Plänen oder Wünschen abbringen.
- *durch mangelndes Lebenskonzept: Wild Oat.*
  W. O. ist nützlich, um Sicherheit in bezug auf den weiteren Lebensweg zu bekommen.

✻ *Unsicherheit durch Minderwertigkeitsgefühl →Nr. 5/19*
✻ *Unsicherheit aus Angst →Nr. 5/20*
✻ *Unsicherheit aus Angst vor schlechtem Gewissen →Nr. 5/24*
✻ *Unsicherheit mit Entscheidungsschwäche →Nr. 5/28*
✻ *Unsicherheit aufgrund von Schockerlebnis →Nr. 5/29*
✻ *Unsicherheit wegen Beeindruckbarkeit →Nr. 5/33*
✻ *Unsicherheit durch mangelndes Lebenskonzept →Nr. 5/36*

Unterwürfigkeit → Demut, → Dienen
✻ *Unterwürfigkeit aus Angst →Nr. 4/20*

Unversöhnlichkeit → Verbitterung

Unvorsichtigkeit → Schusseligkeit

Unzufriedenheit (→ Depression, → Launen, → Selbstfindung, → Undankbarkeit, → Unlust)

- *aus Unersättlichkeit: Chicory,*
  C. ist für diejenigen, die nie genug (vor allem an Gefühlszuwendung) bekommen können.
- *durch Mißerfolg: Gentian,*
  Unzufrieden zu sein, wenn die Dinge nicht so laufen, wie man sie gerne hätte, ist in gewissen Grenzen normal. G. verhindert, daß die Unzufriedenheit zum lähmenden Dauerzustand wird, und motiviert, es besser zu machen oder seine Erwartungen zu korrigieren.
- *ohne erkennbaren Grund: Mustard,*
  Unklare, allgemeine Unzufriedenheit ist eine milde Form der Depression, die durch M. gebessert werden kann.
- *mit seinem Leben: Wild Oat* (→ Berufung).
  Ohne einen Sinn im Leben kann kein Mensch zufrieden sein. Dieser muß aber nicht gleich im großen philosophischen Entwurf oder moralischen Ideal bestehen; auch ein

erfreulicher Tagesplan oder eine aufmerksam ausgeführte Arbeit geben das Gefühl, nicht sinnlos durchs Leben zu treiben. Manche Menschen brauchen Langzeitprogramme oder große Lebensziele, manche dagegen leben einfach aufmerksam und bewußt von Tag zu Tag. Solange man dabei kein wichtiges Bedürfnis verdrängt oder unterdrückt, kann man zufrieden sein; andernfalls kommt man nicht zur Ruhe, und die damit verbundene Unzufriedenheit verhindert, daß man die Pflichten, die man sich selbst gegenüber hat, vernachlässigt. W. O. hilft, besser zu erkennen, was wichtig ist.

Unzuverlässigkeit

- *aufgrund von Entscheidungskonflikten: Scleranthus,* Menschen, die sich nur schwer entscheiden können, wechseln oft von einer Alternative zur anderen. Da sie sich deshalb oft gezwungen sehen, Entscheidungen zu widerrufen, kann man sich kaum auf sie verlassen. Auch sie selbst leiden darunter.
- *aufgrund von Beeinflußbarkeit: Walnut,* Wer sich leicht beeinflussen läßt, ist nicht sehr verläßlich und kann sich eigentlich auch selbst nicht trauen. W. hilft, sich treu zu bleiben und die eigene Linie zu halten.
- *durch Ablenkbarkeit: Wild Oat.* Wer nicht weiß, was er will, läßt sich leicht von einem Weg, den er eingeschlagen, oder einer Arbeit, die er begonnen hat, ablenken. W. O. hilft zu erkennen, was wichtig und richtig ist.

Untreue → Unzuverlässigkeit

Unwahrheit → Lüge

Verantwortung, zu groß (→ Schuldgefühl, → Unzuverlässigkeit)

Verantwortlich zu sein, heißt Antwort geben und Rechenschaft ablegen zu müssen, und zwar entweder sich selbst (dem psychologischen »Über-Ich«) oder einer höheren Instanz beziehungsweise einem mächtigeren Menschen. Verantwortung vermittelt Sicherheit, weil sie dem Handeln eine feste Ordnung gibt; sie kann einerseits unfrei machen, wenn sie einen verpflichtet, andererseits aber auch eine Auszeichnung darstellen. Manche Menschen übernehmen gerne Verantwortung, weil ihnen das Leben dadurch eindeutiger, übersichtlicher und moralisch hochwertiger erscheint; andere wehren sich dagegen, weil sie sich dadurch in ihrer persönlichen Freiheit beschnitten und geistig eingeengt fühlen. So hat Verantwortung (abgesehen von ihrer sozial ordnenden Funktion) vor allem eine subjektive Bedeutung: wem sie Freude macht, für den ist sie richtig, wer aber unter ihr leidet, für den ist sie es nicht.

– *zwanghaft: Oak,*
  Ein zu starkes Verantwortungsgefühl (Zwang aus dem Über-Ich) kann dazu führen, daß man seine eigenen Grenzen nicht berücksichtigt und sich im Dienste einer Aufgabe vergewaltigt. O. ist für jene Menschen, die ihre Ziele so unnachgiebig oder ehrgeizig verfolgen, daß sie sich dabei selbst schädigen.
– *aus Schulddenken: Pine,*
  P. kann von Verantwortungszwängen befreien, die latenten Schuldkomplexen entspringen; es ist angebracht, wenn man aus Verpflichtungsgefühl, nicht aber aus Freude handelt.
– *sich selbst gegenüber: Rock Water,*
  Die Begründung »Das bin ich mir schuldig!« weist darauf hin, daß man sich selbst gegenüber nicht frei ist. Eventuell ist Kombination mit *Pine* angebracht.
– *wird abgelehnt: Water Violet,*
  Da Verantwortung auch ein sozial ordnendes Element darstellt, kann man nicht ganz auf sie verzichten. Im Prinzip kommt es nur darauf an, daß jeder Mensch soviel davon übernimmt, wie ihm gut tut. Falls jemand so sehr davor zurückscheut, daß er zum Fremdkörper in der menschlichen Gemeinschaft wird, braucht er W. V.

Verbitterung: Willow (→ Aggressivität, → Beleidigtsein)
Das Wort Verbitterung erinnert an den bitteren Geschmack der Galle, die einem hochkommt, wenn man sich zu sehr ärgert, und weist darauf hin, daß man sich dabei selbst schä-

digt. Das kann auch nicht anders sein, weil man sich dabei ja auf einen von vornherein verlorenen Kampf gegen die Realität einläßt. Sich über etwas zu ärgern, was nun einmal geschehen ist und damit nicht mehr ungeschehen gemacht werden kann, ist töricht und ein Zeichen geistiger Unreife. Denn wer optimal zu leben versteht, zieht aus allem, was ihm begegnet und was er erlebt, eine positive Konsequenz oder Erkenntnis. Die Welt ist bunt und das Leben ist ein Abenteuer. Wer sich darüber ärgert, daß es seinen (sich hiermit als falsch erweisenden) Vorstellungen nicht entspricht oder sich sogar ungerecht behandelt, der hat nichts davon außer der Bitternis, die ihn ständig an seine Dummheit erinnert. W. kann davon befreien; es macht versöhnlicher, einsichtiger und baut Selbstgerechtigkeit ab.

* *Verbitterung bei Ablehnung oder Undank →Nr. 8/38*
* *Verbitterung mit Wut oder Haß →Nr. 15/38*
* *Verbitterung durch Verlust →Nr. 16/38*
* *Verbitterung macht depressiv →Nr. 21/38*
* *Verbitterung durch unverarbeitetes Trauma →Nr. 29/38*
* *Verbitterung durch Intoleranz →Nr. 32/38*
* *Verbittertes Zwangsdenken →Nr. 35/38*

Verdrängung: *Agrimony*

Unangenehmes zu verdrängen, ist eine natürliche und nützliche Fähigkeit der Psyche. Damit schützt sie sich vor jenen geistigen oder emotionalen Einflüssen, die ihre momentane Kraft übersteigen. Das verdrängte Material wird dann im Archiv des Unterbewußten abgelegt, um wieder hervorgeholt und verarbeitet zu werden, wenn man dafür reif ist. Dann wird es in Form von Problemen bewußt und läßt einem solange keine Ruhe, bis man sie gelöst hat. Der Versuch, bewußtwerdende Probleme zu ignorieren oder zu verdrängen, führt zu schweren inneren Konflikten. A. hilft, diese Flucht vor sich selbst zu beenden und die Maske abzulegen, mit der man auch gegenüber der Umwelt die Wahrheit vertuschen will. Je bereitwilliger und ehrlicher man sich jenen unangenehmen Fragen stellt, die aus der Seele kommen, desto größer wird die innere Zufriedenheit. Denn die Seele akzeptiert nur die Wahrheit.

⁕ *Verdrängung von Ängsten →Nr. 1/2*
⁕ *Verdrängung erzeugt psychischen Überdruck →Nr. 1/6*

Vergeßlichkeit
– *aus Verdrängung: Agrimony,*
Verdrängen bedeutet vorsätzliches Vergessen und kann erforderlich sein, um den inneren Frieden zu erhalten. Diese Fähigkeit ist nur nützlich, wenn man sie bewußt kontrollieren und einsetzen kann. Andernfalls kann sie zur üblen Gewohnheit werden.
– *aus Lernschwäche: Chestnut Bud,*
– *aus Tagträumerei: Clematis, Honeysuckle,*
C. hilft, wenn der Geist zu sehr von Phantasien und Spekulationen, und H., wenn er von Erinnerungen belegt ist.
– *aus Erschöpfung: Olive,*
– *bei Trauma: Star of Bethlehem,*
Manchmal schützt sich die Psyche durch Vergessen gegen ein zu erschütterndes Erlebnis. Solches Vergessen (Amnesie) kommt auch bei Gehirnerschütterungen vor.
– *durch Konzentrationsstörung: Scleranthus.*
S. fördert die Fähigkeit zu klarem, entschiedenem Denken.

Vergiftungswahn: *Aspen + Crab Apple*
Diese Kombination ist angebracht, wenn sich Sauberkeitszwänge mit allgemeinen Angstgefühlen zum Wahn, vergiftet zu werden oder zu sein, kombinieren.

Verhaltensstörungen (→ Neurosen)
Im Grunde beziehen sich alle Bach-Blüten-Essenzen auf Störungen der inneren und äußeren Haltung gegenüber dem sozialen Umfeld oder der Lebensrealität. Sie sind geeignet, die folgenden charakteristischen Auffälligkeiten zu beseitigen oder zu bessern.
– *Künstlichkeit, Unehrlichkeit: Agrimony,*
– *Unbegründete, wahnhafte Ängstlichkeit: Aspen,*
– *Übertoleranz, unnatürliche Großzügigkeit: Beech,*
– *selbstschädigende Gutmütigkeit: Centaury,*
– *Meinungslosigkeit, Unsicherheit: Cerato,*
– *Hysterie: Cherry Plum,*
– *Unaufmerksamkeit, Lernschwäche: Chestnut Bud,*

- *Eifersüchtige Überfürsorglichkeit: Chicory,*
- *unrealistische Phantasiererei: Clematis,*
- *Schmutzangst, Sauberkeitswahn: Crab Apple,*
- *plötzliches Überforderungsgefühl: Elm,*
- *Willensschwäche, schnelle Entmutigung: Gentian,*
- *Hoffnungslosigkeit: Gorse,*
- *Angeberei, Geltungssucht: Heather,*
- *Unfreundlichkeit, Aggressivität: Holly,*
- *Heimweh, Trauer: Honeysuckle,*
- *unbegründetes Überforderungsgefühl: Hornbeam,*
- *Ungeduld, Unruhe: Impatiens,*
- *Minderwertigskeitsgefühl: Larch,*
- *Überängstlichkeit: Mimulus,*
- *depressive Verstimmung: Mustard,*
- *Unnachgiebigkeit, übertriebener Ehrgeiz: Oak,*
- *allgemeine Erschöpfung: Olive,*
- *Schuldkomplexe: Pine,*
- *Überbesorgtheit: Red Chestnut,*
- *Panikreaktionen: Rock Rose,*
- *Selbstvergewaltigung, Asketentum: Rock Water,*
- *Unentschiedenheit, Sprunghaftigkeit: Scleranthus,*
- *Verletztheit, Überempfindlichkeit: Star of Bethlehem,*
- *Verzweiflung, Ausweglosigkeit: Sweet Chestnut,*
- *missionarische Aufdringlichkeit: Vervain,*
- *engstirniger Erziehungsdrang, Dogmatismus: Vine,*
- *Beeinflußbarkeit, Selbstentfremdung: Walnut,*
- *Kontaktstörung, Menschenscheu: Water Violet,*
- *Zwangsgedanken, Gedankenkarussell: White Chestnut,*
- *Unstetigkeit, Sinnverlust: Wild Oat,*
- *Verbitterung, Nachtragen: Willow,*
- *Resignation, Interesselosigkeit: Wild Rose.*

Verkrampfung → Spannungszustände

Verlegenheit
- *weil man etwas von sich verbergen möchte oder weil man anders erscheinen möchte, als man tatsächlich ist: Agrimony,*
- *weil man kein Selbstvertrauen hat: Larch,*
- *weil man ein schlechtes Gewissen hat: Pine.*

Verletzung: *Star of Bethlehem* (→ Notfälle)

S. o. B. hilft die Folgen von Verletzungen, seien sie nun körperlicher oder seelischer Natur, zu überwinden. Es sollte immer eingesetzt werden, wenn eine Störung im Zusammenhang mit einem schädigenden oder erschütternden Ereignis, Unfall oder Schock steht. Für akute Verletzungen ist das Notfall-Mittel (*Rescue-Remedy*) besser geeignet, das auch S. o. B. enthält.

* *Verletzlichkeit durch ängstliche Lebenshaltung →Nr. 2/29*

* *Verletzung, seelisch, führt zu Psychose →Nr. 6/29*

Verlust (→ Trauer, → Trennung)

Verluste müssen positiv verarbeitet werden, wenn man nicht an ihnen zugrundegehen will. Dazu muß man erkennen und fühlen können, daß es das Nichts nicht gibt, daß Leere immer von Fülle gefolgt wird, daß jeder Verlust vom Schicksal durch etwas ebenso Wertvolles ausgeglichen wird. Da wir selbst den Wert aller uns betreffenden Dinge bestimmen, hängt es – im Prinzip – nur von unserer eigenen Haltung ab, ob etwas uns erfreut oder nicht. Mag ein Ereignis »objektiv« auch schlimm erscheinen, so ist es doch, subjektiv gesehen, Bestandteil unseres, sozusagen uns auf den Leib geschnittenen und nur für uns allein »angefertigten« Schicksals und besitzt daher immer einen positiven Aspekt – selbst wenn es uns Schmerzen oder den Tod bringt. Etwas zu verlieren bedeutet, etwas Neues – und in diesem Augenblick Besseres – zu bekommen. Es liegt an uns, es zu erkennen – eine Kunst, die wir an den alltäglichen kleinen Verlusten üben können und müssen, wenn wir nicht eines Tages am großen Verlust zerbrechen wollen.

– *Neigung zu: Chicory,*

Menschen, die C. brauchen, sind ständig von Verlusten bedroht, weil ihr Bedürfnis nach Besitz sehr groß ist. Wer nicht besitzen will, kann nicht verlieren.

– *mit Trauer: Honeysuckle,*

Wer sich vom Verlorenen nicht trennen kann und ihm wehmütig nachtrauert, braucht H.

– *erzeugt psychisches Trauma: Star of Bethlehem,*

Wenn ein Verlust nicht verkraftet werden kann, bleibt er als schmerzende Wunde in der Seele bestehen. S. o. B. hilft, sie zu heilen.

– *erzeugt Verbitterung: Willow.*

✻ *Verlust des Selbstvertrauens durch seelisches Trauma →Nr. 19/29*

✻ *Verlust von Liebe macht traurig →Nr. 8/16*

✻ *Verlust macht depressiv →Nr. 16/21*

✻ *Verlust hinterläßt Trauma →Nr. 16/29*

✻ *Verlust verbittert →Nr. 16/38*

Verrücktwerden (Gefahr von ...): *Cherry Plum*

Verständnisbereitschaft, übertrieben: *Beech* (→ Toleranz)

Versagensangst → Angst

Verschlossenheit: *Water Violet*

W. V. ist angebracht, wenn Menschen auf einmal abweisend oder ungesellig werden oder wenn jemand beim Beginn oder während einer Krankheit auffallend verschlossen wird.

✻ *Verschlossenheit, geistige →Nr. 7/34*

Verstimmung → Depression, → Laune

✻ *Verstimmungen und Depressionen →Nr. 12/21*

✻ **Verunreinigungs**-Gedanken, quälend → Nr. 10/35

✻ **Verzagtheit** bei Lebensänderung → Nr. 12/33

Verzicht (→ Aufopferung, → Selbstlosigkeit)

Geben ist (wie es heißt) seliger denn Nehmen, allerdings – so müssen wir hinzufügen – nur, wenn das Geben freiwillig und aus einer positiven Motivation heraus geschieht. Verzicht ist ja grundsätzlich lebenswidrig, denn das Leben will immer expandieren und (zu)nehmen. Da das Leben aber nicht nur den Körper, sondern auch die Seele erschafft, kann ein Verzicht, wenn er zu einer seelischen Bereicherung führt, durchaus seliger machen als das Festhalten. Diesen Sinn hatten auch die klassischen, biblischen Opfer, bei denen mit relativ geringem Aufwand ein hoher Vorteil, nämlich der Segen Gottes, erzielt werden sollte. Verzicht darf nicht Ausdruck einer selbstverneinenden Haltung sein, sondern aus einer erhebenden Freude am Geben geschehen. Nur wenn man, indem man anderen etwas gibt, sich damit selbst eine Freude macht, gibt man richtig und verteilt mit seiner Gabe oder seinem Verzicht nicht zugleich das Gift von Schuldgefühlen, moralischer Erpressung oder persönlicher Schwäche. Übrigens braucht man, wenn man wahrhaft gibt, keinen Dank, denn man hat sich ja durch das Geben bereits selbst belohnt. Richtiges Geben und Verzichten erfordert eine sehr hohe persönliche Integrität und seelische Reife; normalerweise muß man lange und mit großer Ehrlichkeit an sich arbeiten, um die Fähigkeit dazu zu erwerben.

– *aus Persönlichkeitsschwäche: Centaury,*
  Menschen, die aus psychischer Unreife oder Schwäche zugunsten anderer auf ein eigenes Leben verzichten, fördern nur die Rücksichtslosigkeit jener, die sie ausnützen. Häufig sind dies persönlichkeitsschwache Kinder, die sich für ihre egoistischen Eltern aufopfern. Sie sind wie Sklaven und brauchen C., um erst einmal ihr eigenes Leben zu beginnen.
– *aus Mutlosigkeit: Gentian,*
  G. ist für die Willensschwachen, die gleich bei der ersten Schwierigkeit aufgeben und verzichten – wovon andere natürlich profitieren.
– *aus mangelndem Selbstvertrauen: Larch,*
  Wer sich nichts zutraut, neigt zu unnötigem oder vorzeitigem Verzicht.
– *aus Erschöpfung: Olive,*
– *aus Selbstkasteiung: Rock Water* (→ Asket).

Verzweiflung, absolute: *Sweet Chestnut*
S.C. wird dann benötigt, wenn man (meist durch zu großen inneren Widerstand gegen ein Schicksalsereignis) an jenen Punkt geraten ist, an dem »nichts mehr geht«, an dem man nicht mehr hoffen, nicht mehr jammern, nicht mehr denken kann. S.C. kann, häufig und in Kombination mit anderen,

zutreffenden Mitteln genommen, wieder aus dem schwarzen Loch heraushelfen.

⁎ *Verzweiflung durch Emotionsstreß →Nr. 6/30*
⁎ *Verzweiflung durch Überforderung →Nr. 11/30*
⁎ *Verzweiflung, absolut hoffnungslos →Nr. 13/20*
⁎ *Verzweiflung aus panischer Angst →Nr. 26/30*
⁎ *Verzweiflung durch seelische Erschütterung →Nr. 29/30*

⁎ **Verängstigt** und erschöpft → Nr. 20/23

⁎ **Vorahnungen**, heimliche → Nr. 1/2

Vorbild
- *man will ein Vorbild sein: Rock Water,*
- *man hält sich für ein Vorbild: Vine.*

Vorschriften machen: *Vine*
V. wirkt gegen die üble Gewohnheit, anderen zu sagen, was sie tun sollen; es ist für Menschen, die immer genau wissen, was richtig ist.

Vorstellungen
Vorstellungen sind Phantasien, die man als solche und mit Vorsicht behandeln muß. Sie mit der Wirklichkeit zu verwechseln, bringt Unheil.
- *Zukunftsphantasien: Clematis,*
C. wird benötigt, wenn jemand zu sehr in Luftschlössern lebt und über schönen Zukunftsphantasien den Kontakt zur Realität verliert.
- *erzeugen Angst: Mimulus.*
Wer sich immer schlimme Dinge oder Situationen vorstellt, bekommt Angst, die deswegen besonders quälend ist, weil das Problem nicht real lösbar ist.

Vorurteil (→ Dogmatismus, → Starre)
Vorurteile sind Hirngespinste und Phantasieprodukte, weil man erst urteilen kann, wenn man weiß, worum es geht. Vorurteile zu pflegen, zeugt von ungenügender geistiger Reife und ist oft auch Ausdruck von Angst. Indem man schon im

voraus alles zu wissen vorgibt, schafft man sich ein Alibi, um sich davor zu drücken.

- *durch zu starke, missionarische Überzeugung: Vervain,*
  Das Vorurteil jener Menschen, die V. brauchen, beruht auf ihrem dringenden Wunsch, anderen ihre eigenen Erkenntnisse zugutekommen zu lassen. Würden sie einräumen, daß andere genauso im Besitz der Wahrheit sein können, dann würde ihr Einsatz seine moralische Berechtigung verlieren.
- *durch engstirniges Denken: Vine.*
  V. ist für die Dogmatiker und Alleswisser, die nur ihre eigene Meinung gelten lassen können und sich berechtigt fühlen, schon im voraus und ohne genaue Betrachtung Urteile zu fällen.

Vorwürfe

- *man macht sie sich selbst:*
  - aus einem übertriebenen Reinheitsbedürfnis: *Crab Apple*,
  - aus Schuld-Moral: *Pine*,
  - aus einem übertriebenem Drang nach Selbstdisziplinierung: *Rock Water.*
- *man macht sie anderen Menschen:*
  - aus Unfreundlichkeit oder Gehässigkeit: *Holly*,
  - aus Rechthaberei: *Vine*,
  - aus Verbitterung: *Willow.*

Wehleidigkeit: *Agrimony + Mimulus + Walnut*

A. für die Unfähigkeit zur Konfrontation mit Unangenehmem; M. für Ängstlichkeit; W. für ungenügende innere Festigkeit.

Wählerisch (→ Entscheidungsschwäche)

- *Cerato*, wenn man nicht weiß, was richtig ist,
- *Scleranthus*, wenn man kann sich nicht entscheiden kann,
- *Wild Oat*, wenn man nicht weiß, was man will.

Wahnvorstellungen: (→ Vergiftungswahn)

- *ängstlich: Aspen,*
- *psychotisch: Cherry Plum.*

Waschzwang: *Crab Apple*

Wechsel, häufig
- *durch Ratlosigkeit: Cerato,*
  C. baut das Bedürfnis ab, es allen recht zu machen, was dazu führt, daß man laufend die unterschiedlichsten Ratschläge befolgt.
- *durch Entscheidungsschwäche: Scleranthus,*
  S. ist nützlich, wenn man sich zwischen mehreren Alternativen nicht entscheiden kann und deshalb ständig von der einen zur anderen wechselt.
- *durch persönliche Orientierungslosigkeit: Wild Oat.*
  W. O. hilft, seinen persönlichen Stil zu finden, so daß man nicht dauernd herumprobieren muß.

Wechseljahre → Klimakterium

Wehmut: *Honeysuckle*
⁜ *Wehmütige Resignation →Nr. 16/37*

Weinerlich → Überempfindlichkeit

⁜ **Weltflucht** und Selbstkasteiung → Nr. 27/34

Weltschmerz: *Mustard* (→ Depression)

Weltverbesserer
Wer die Welt verbessern will, meint, er sei im Besitz der Wahrheit oder er sei selbst besser als andere. Absolut gesehen ist das allerdings eine Torheit, denn wir alle sind nur Teile des großen Ganzen und ein Teil kann das Ganze von sich aus nicht verändern oder verbessern; es kann nur die ihm zugeteilte Funktion erfüllen. Subjektiv aber müssen wir so handeln, wie wir es richtig finden, das heißt: alles so gestalten, daß es mit unseren Gefühlen und Bedürfnissen übereinstimmt. Wenn also die äußeren Umstände ihnen nicht entsprechen, müssen wir sie entsprechend zu ändern versuchen. So leistet jeder von uns ständig seinen Beitrag zur Verbesserung der Welt. Solange dies uns und der Welt gut tut, ist

es in Ordnung; sobald daraus aber Leiden entsteht, ist eine Korrektur erforderlich – dann allerdings nicht an der Welt, sondern bei uns selbst.

– *durch Selbstvergewaltigung: Rock Water,*
Wenn jemand sich selbst quält oder zum Verzicht zwingt, um für andere ein mahnendes Vorbild zur Besserung zu werden, braucht er R. W., denn aus Zwang entsteht immer nur Zwang.
– *mit missionarischer Aufdringlichkeit: Vervain,*
V. ist für Menschen, die der Welt unbedingt ihre Erkenntnisse zugutekommen lassen wollen, weil sie sie für allgemeingültig halten, und die dabei intolerant oder aufdringlich werden.
– *aus dogmatischer Überzeugung: Vine,*
V. baut die Gewohnheit ab, von allen zu verlangen, daß sie es genauso machen wie man selbst.

⁎ *Weltverbesserer mit Aggressionen →Nr. 15/31*

Wetterfühligkeit

Wetterfühligkeit weist auf eine Labilität im vegetativen Nervensystem hin, die entweder durch eine vererbte Kränklichkeit oder durch chronische, meist untergründige Entzündungen (»Herde«) verursacht wird, oder ist der Vorbote einer sich anbahnenden akuten Krankheit. Mit Blüten-Essenzen kann man diese dann oft noch verhindern. (Die ererbten Schwächen können gut mit homöpathischer Konstitutionstherapie, vor allem mit »Nosoden«, behandelt werden.)

– *mit unheimlichen Gefühlen: Aspen,*
– *mit Müdigkeit: Elm + Olive,*
– *mit Gereiztheit: Holly,*
– *mit Unruhe oder Kribbeligkeit: Impatiens,*
– *mit Verstimmungen oder Depressionen: Mustard,*
– *mit dem Bedürfnis nach Ruhe und Distanz: Water Violet.*

⁎ **Widerspruch** macht wütend →Nr. 15/32

⁎ **Widerstandskraft** gegen psychische Erschütterung zu gering →Nr. 29/33

⁎ *Widerstandskraft, seelische, durch Erschöpfung herabgesetzt →Nr. 23/29*

Willensschwäche (→ Aufgeben)
- *man läßt sich zu sehr ausnützen: Centaury,*
- *man gibt bei Schwierigkeiten zu schnell auf: Gentian.*

⁕ *Willensschwäche mit Persönlichkeitsschwäche →Nr. 4/12*
⁕ *Willensschwäche mit Unaufmerksamkeit →Nr. 7/12*
⁕ *Willensschwach und hoffnungslos →Nr. 12/13*
⁕ *Willensschwäche und Tagträumereien →Nr. 12/16*
⁕ *Willensschwäche mit mangelndem Selbstvertrauen →Nr. 12/19*
⁕ *Willensschwäche durch psychisches Trauma →Nr. 12/29*
⁕ *Willfährigkeit aus Hoffnungslosigkeit →Nr. 4/13*

Willensstärke

Eine Stärke wird dann zur Schwäche, wenn sie nicht mehr beherrschbar ist oder ihrem Besitzer schadet.
- *macht unflexibel und stur: Oak,*
- *wird zur Selbstvergewaltigung mißbraucht: Rock Water,*
- *in Form von missionarischer Aufdringlichkeit: Vervain,*
- *mit sturer Rechthaberei: Vine.*

Wirbelsäulenbeschwerden

Die innere, psychische Haltung bestimmt, da Seele und Körper eine untrennbare Einheit bilden, auch die äußere, körperliche Haltung. Meist kann man daher schon von ferne erkennen, in welcher Stimmung sich jemand befindet und welche Einstellung er hat. Dauernde Verkrampfung deformiert die Wirbelsäule ebenso wie Unterwürfigkeit, Minderwertigkeitskomplexe oder Überforderung. Eine aufrechte Haltung ist ohne eine gerade Wirbelsäule unmöglich.
- *Osteoporose (Bechterew, Scheuermann): Centaury + Larch, (Mimulus, Mustard)*

Unter Osteoporose versteht man einen unnormalen, manchmal schmerzhaften Abbau der Knochensubstanz, der zu Knochen- oder Wirbelbrüchen führen kann. Die Medizinwissenschaft hat viele interessante Details hierzu entdeckt, läßt aber die psychische Ursache unbeachtet. Daher besteht ihre Therapie vor allem in der Gabe von knochenaufbauenden Substanzen, die zwar gewisse Besserungen bringen, aber auch schädliche Nebenwirkungen haben können; vor allem aber ist eine wirkliche Heilung nicht möglich, da die Einheit von Seele und Körper unberücksichtigt bleibt. Daher sollte die allopathische Therapie nur in schweren Fällen, und wenn andere naturgemäßere Therapien erfolglos bleiben, eingesetzt werden. Der wichtigste Ausgangspunkt der Osteoporose-Therapie besteht in der Frage, warum der Organismus seine Knochen abbaut. Sie beantwortet sich aus deren Funktion: sie sind das Gerüst, mit dessen Hilfe der Mensch aufrecht und selbstbewußt durchs Leben geht. Mit weichen Knochen oder Wirbeln kann er sich nicht gegen die Schwerkraft aufrichten, mit anderen Menschen nicht auf gleichem Niveau umgehen oder sich gar über sie erheben. Knochenabbau macht den Menschen gewissermaßen zu einem Kriechtier, und in der Tat tritt er immer dann ein, wenn es an jener aufrichtenden, erhebenden Kraft fehlt, die aus einem gesunden Selbstvertrauen entspringt. Wer sich für minderwertiger, unfähiger oder schwächer als seine Mitmenschen hält oder sich fürchtet, kann ihnen einfach nicht aufrecht entgegentreten; seine Körperhaltung, sein krummer Rücken zeigen seine Angst und Unterwerfungsbereitschaft. Da aber der Körper jeden seelischen Zustand auf seine Weise nachvollziehen muß, verändert er sein – normalerweise gerades, widerstandsfähiges – Knochengerüst so, daß die äußere Haltung der inneren entspricht. Bei Jugendlichen kann dabei »Scheuermann«, bei jugendlichen Erwachsenen »Bechterew«, beim alternden Erwachsenen die Osteoporose entstehen, die vor allem bei Frauen im Klimakterium (→) auftritt. Das ist nicht weiter verwunderlich, denn viele Frauen fühlen sich, wenn sie in den Wechseljahren ihre Fortpflanzungsfähigkeit verlieren, sozial und sexuell minderwertig. Als unbewußte Folge dieses Selbstwertverlustes wagen sie nicht mehr, aufrecht und selbstbewußt aufzutreten, was nicht nur zu einer schlechten, gebeugten Haltung führt, sondern auch einen entsprechenden Abbau der Wirbelsubstanz nach sich zieht. Ein Beispiel hierfür ist der sogenannte Witwenbuckel, der in früheren Zeiten, als der Witwenstand fast immer den sozialen Abstieg bedeutete, nicht selten war. Auch in der Osteoporose der Oberschenkel zeigt sich die Tendenz, »zu Boden zu gehen« – nicht nur in herabgesetzter Gehfähigkeit, sondern vor allem in den häufigen und gefährlichen Oberschenkelhalsbrüchen alter Menschen, wenn sie dem Leben nicht mehr herausfordernd entgegentreten können. Eine sinnvolle Therapie – vor allem die Prophylaxe – muß dafür sorgen, daß das Selbstwertgefühl wieder hergestellt beziehungsweise erhalten bleibt. Es ist ja eine alte Erfahrung, daß man verloren ist, wenn man sich selbst aufgibt. Die angegebene Kombination kann das Selbstvertrauen stärken und das Selbstwertgefühl heben; daher ist sie auch gut für jene alternden Menschen, die den natürlichen Abbau ihrer körperlichen Kräfte und Fähigkeiten nicht sinnvoll verarbeiten und durch einen Zuwachs an geistigem, seelischem oder menschlichem Wert ausgleichen können. Bei Ängstlichkeit sollte man noch *Mimulus* und bei depressiven Stimmungen *Mustard* dazugeben.

* **Wunde**, seelische hinter der fröhlichen Maske → Nr. 1/29

Wut (→ Aggression, → Gefühlskälte, → Haß, Verbitterung)
– *unmittelbar empfunden: Holly,*
– *verinnerlicht, mit Verbitterung: Willow.*
* *Wut bei Widerspruch oder Fehlern → Nr. 15/32*
* *Wut mit Verbitterung → Nr. 15/38*
* *Wutanfälle, psychotisch → Nr. 6/15*

Zaghaftigkeit → Schüchternheit

Zahnkrankheiten
– *Kieferanomalien*

Die Form der Kiefer beziehungsweise des Gebisses läßt sich in zwei Kategorien einteilen: den sogenannten Unter- und den Überbiß. Am Gebiß kann man erkennen, welche Haltung der betreffende Mensch im Verhältnis zu seiner Umwelt einnimmt: ob er bei Schwierigkeiten eher zum Nachgeben oder zum trotzigem Widerstand tendiert. Beim Unterbiß ist der Unterkiefer kleiner als der Oberkiefer, und das Kinn tritt zurück. Dieses Gebiß macht keinen so gefährlichen oder »brutalen« Eindruck wie jenes mit Überbiß, bei dem der Unterkiefer nach vorne über den Oberkiefer ragt. Dazwischen steht jene Gebißform, bei der die Zähne gut aufeinanderpassen. Natürlich kann man mit Bach-Blüten die Kieferform nicht beliebig ändern, man kann mit ihnen aber – aus der Gebißform die Veranlagung oder Lebenseinstellung erkennend – positiv auf den Charakter (vor allem bei Kindern) einwirken.

– *Unterbiß:*
  Einen Unterbiß mit kleinem Unterkiefer und eventuell rückwärts gerichteten Zähnen findet man bei Menschen, die sich wegen ausgeprägter Empfindlichkeit nicht direkt durchsetzen können. Sie gehören hauptsächlich zum introvertierten Typ, was bedeutet, daß bei ihnen alles erst einmal nach innen gehen und dort verdaut werden muß, bevor sie richtig reagieren können. Bei Schwierigkeiten neigen sie dazu, nachzugeben und sich unterzuordnen oder sich unter inneren Kämpfen langsam, aber beharrlich durchzubeißen. Wenn diese Veranlagung sehr ausgeprägt ist, können jene Mittel nützlich sein, die Mut und persönliche Kraft fördern:
  – *Centaury* bei übertriebener Gutmütigkeit und Sich-Ausnützen-Lassen,
  – *Gentian* bei ungenügender Willenskraft,
  – *Hornbeam* bei Überforderungsgefühl oder Versagensangst,
  – *Larch* bei unterentwickeltem Selbstvertrauen.
– *Überbiß:*
  Der Überbiß ist seltener. Bei ihm springt das Kinn vor, weil der Unterkiefer nicht auf oder in den Oberkiefer paßt. Das gibt dem Gesicht einen energischen Ausdruck. Diese Menschen sind meistens leicht zu provozieren; sie weichen bei Problemen nicht aus, sondern gehen direkt darauf los. Sie brauchen eher jene Mittel, die Nachgiebigkeit, Freundlichkeit und Flexibilität fördern.
  – *Holly* bei Neigung zu Wut oder Jähzorn,
  – *Oak* bei Unnachgiebigkeit und Kompromißlosigkeit,
  – *Vervain* bei zu großer Begeisterungsfähigkeit und Einsatzfreude,
  – *Vine* bei Neigung zu Rechthaberei.

– *Zahnverfall durch Karies und Parodontose*
Karies und Parodontose haben viele, bis heute nicht restlos geklärte Gründe. Daß schlechte Zahnpflege, Bakterien, angeborene Schwäche, innere Krankheiten oder Vergiftungen dabei eine wesentliche Rolle spielen können, ist bekannt; daß aber auch psychische Probleme dazu beitragen können, wird nur selten beachtet. Unter emotionalem Streß nehmen nämlich die Kräfte, die beim Beißen und Kauen auf die Zähne und ihre Verankerung wirken, zerstörerisches Ausmaß an. Viele Zähne werden regelrecht kaputtgebissen.
– bei verinnerlichten Spannungen: *Agrimony*,
– bei zu großem Streß: *Elm*,
– bei wütender Verbitterung: *Holly* + *Willow*,
– bei Tendenz, sich »durchzubeißen«: *Oak*.
– *Zahnen der Kinder: Walnut*
W. hilft Körper und Seele, sich auf neue Lebensphasen einzustellen. Es sorgt dafür, daß alles ungestört und »planmäßig« verläuft.
– *Zähneknirschen: Agrimony + Holly + Oak + Vervain*
Diese Kombination wirkt entspannend auf die Kaumuskulatur: A. allgemein gegen Verkrampfung, H. gegen Aggressionen, O. gegen Sich-in-etwas-verbeißen, V. gegen Überaktivität. Bei Groll sollte *Willow* hinzugefügt werden und bei starkem Gefühlsstau *Cherry Plum*.

⁎ **Zermürbende** Schuldkomplexe → Nr. 23/24

⁎ **Zermürbende** Sorgen → Nr. 23/25

Zappelphilipp: *Impatiens + Scleranthus + Wild Oat*

Zerrissenheit, innere
– *durch Unsicherheit: Cerato,*
Aus übertriebener Angst vor Fehlern fragt man alle Leute um Rat und ist schließlich genauso klug wie vorher, weil man ja nicht weiß, welcher Ratgeber recht hat. C. verbessert die Fähigkeit, aus eigener Erkenntnis zu handeln.
– *durch Entscheidungsschwäche: Scleranthus,*

Man pendelt zwischen mehreren Alternativen hin und her und kann sich für keine entscheiden.
- *aus mangelndem Lebenssinn: Wild Oat.*
  Man möchte gerne etwas Sinnvolles tun, weiß aber nicht, worin es besteht, und unternimmt deshalb viele halbherzige, unvollendete Versuche.

✻ *Zerrissenheit, innere, und Lebenskrise →Nr. 28/36*

Zerstreutheit → Konzentrationsschwäche

Ziellosigkeit
- *Gentian*, wenn man zu schnell aufgibt,
- *Scleranthus*, wenn man sich nicht entscheiden kann,
- *Wild Oat*,wenn man nicht weiß, was man will.

Zielstrebigkeit, zu stark
- *Impatiens*, wenn man alles so schnell wie möglich erledigen will und dabei in Hetze verfällt,
- *Oak*, wenn man sich zu sehr in sein Ziel verbeißt und dabei bis an die Zerreißgrenze gerät,
- *Vervain*, wenn man von einer Idee besessen ist.

Zögern
- *aus Unsicherheit: Cerato,*
- *aus Entscheidungsschwäche: Scleranthus,*
- *aus Ängstlichkeit: Mimulus.*

Zurückhaltung → Distanz

✻ *Zukunftsträume, zwanghaft →Nr. 9/35*

Zusammenbruch → Nervenzusammenbruch

✻ *Zusammenbruch droht, psychisch und physisch →Nr. 6/11*

✻ *Zusammenbruch durch seelische Erschütterung →Nr. 11/29*

Zwänge
- *Zwangsdenken: White Chestnut (→ Vorstellungen)*
  W. C. hilft, wenn man sich nicht von unerwünschten Gedanken trennen kann, die einen ununterbrochen tyrannisieren und jede klare Denktätigkeit verhindern.

* *Zwangsdenken, erfolgsorientiert →Nr. 22/35*
* *Zwangsdenken durch Verbitterung →Nr. 35/38*
* *Zwangsgedanken machen unaufmerksam →Nr. 7/35*
* *Zwangsgedanken aus Eitelkeit →Nr. 14/35*
* *Zwangsgedanken mit aggressivem Inhalt →Nr. 15/35*
* *Zwangsgedanken voller Angst →Nr. 20/35*
* *Zwangsgedanken durch Schuldgefühle →Nr. 24/35*
* *Zwangsgedanken mit traumatischem Inhalt →Nr. 29/35*
* *Zwangsideen von Verunreinigung →Nr. 10/35*
* *Zwanghafte Erinnerungen →Nr. 16/35*
* *Zwanghafte Liebesgedanken →8/35*
* *Zwanghafte Zukunftsträume →Nr. 9/35*
* *Zwanghafte, sorgenvolle Gedanken →Nr. 25/33*
* *Zwanghafter Dogmatismus →Nr. 32/35*
* *Zwanghafter Perfektionismus →Nr. 24/27*

Zwangscharakter
- *Crab Apple*, wenn man sich keinerlei Unordnung oder Unsauberkeit zugestehen kann,
- *Pine*, wenn man aus Angst vor Schuld oder Sünde nicht so zu handeln wagt, wie man eigentlich möchte,
- *Rock Water*, wenn man sehr strenge Anforderungen an sich stellt und sich keinerlei Freiheit zugesteht.

Zweifel → Unsicherheit, → Zerrissenheit

Zwölffingerdarmgeschwür → Magenkrankheiten

Register

Literaturverzeichnis

Edward Bach: *Blumen, die durch die Seele heilen.* Hugendubel Verlag

Edward Bach: *Gesammelte Werke.* Aquamarin Verlag

Edward Bach / Jens-Erik R. Petersen: *Heile dich selbst mit den Bach-Blüten.* Droemersche Verlagsanstalt

Julian Barnard: *Blumen für die Seele.* Integral Verlag

J. und M. Barnard: *Das Bach-Blüten-Wunder,* Heyne Verlag

Dr. Götz Blome: *Mit Blumen heilen.* Verlag Hermann Bauer

Philipp M. Chancellor: *Handbuch der Bach-Blüten.* Aquamarin Verlag

Peter Damian: *Astrologie und Bach-Blütentherapie.* Aquamarin Verlag

Dietmar Krämer / Helmut Wild: *Neue Therapien mit Bach-Blüten.* Bd. 1–3, Ansata Verlag

Joanna Salajan / Sita Cornellissen: *Bach-Blütentherapie: Zubereitungen und Anwendungen.* Aurum Verlag

Mechtild Scheffer: *Bach-Blütentherapie.* Hugendubel Verlag

Mechtild Scheffer: *Erfahrungen mit der Bach-Blütentherapie.* Hugendubel Verlag

Mechtild Scheffer: *Selbsthilfe durch Bach-Blütentherapie.* Heyne Verlag

Mechtild Scheffer: *Original Bachblütentherapie.* Jungjohann Verlag

Gregory Vlamis: *Die heilenden Energien der Bach-Blüten.* Aquamarin Verlag

Nora Weeks: *Edward Bach.* Hugendubel Verlag

Dr. med. Götz Blome

Mit Blumen heilen

Die Blütentherapie nach Dr. Bach

7. Auflage, 384 Seiten, geb. ISBN 3-7626-0289-1

Vor mehr als fünfzig Jahren entwickelte der englische Arzt Dr. Edward Bach seine »Blütentherapie«, da ihm im Laufe seiner langjährigen praktischen Tätigkeit klar geworden war, daß jede Krankheit ihren Ursprung letztlich in der Seele hat. Diese so überaus einfache, ungefährliche und angenehme Heilweise wird in diesem Buch unter besonderer Berücksichtigung ihrer Wirkungsweise und ihres geistigen Hintergrundes ausführlich erläutert. Es stellt eine wichtige Ergänzung zum »Neuen Bach-Blüten-Buch« dar, weil es die wesentlichen Basisinformationen über die Bach-Blüten-Therapie enthält.

Im ersten Teil lernt der Leser jedes einzelne Mittel auf lebendige Weise in Form von persönlichen, psychotherapeutisch fundierten Ansprachen kennen und findet dabei eine Fülle von Anregungen und Lösungsmöglichkeiten für seine Probleme.

Der zweite Teil bietet fortgeschrittenen und professionellen Therapeuten eine Fülle von praktischen Hinweisen und Tips für eine seriöse und fundierte Therapie. In ihnen hat sich die jahrelange Erfahrung, die der Verfasser in der eigenen ärztlichen Praxis gewonnen hat, niedergeschlagen.

Im dritten Teil wird erstmalig die hochinteressante Möglichkeit erläutert, astrologische Gesetzmäßigkeiten zur Therapie einzusetzen. Die aus dem persönlichen Horoskop erkennbaren psychologischen Grundmerkmale erleichtern oft erheblich die Auswahl der richtigen Blüten-Essenzen für eine grundlegende Charaktertherapie.

Verlag Hermann Bauer · Freiburg im Breisgau

Dr. med. Götz Blome

Wirf ab, was dich krank macht

4. Auflage, 213 Seiten, geb. ISBN 3-7626-0358-8

Dieses Buch ist keine theoretische Abhandlung, sondern die Frucht täglicher Lebenserfahrung und jahrelanger Beobachtung. Ihm liegt die Erkenntnis zugrunde, daß nicht das Leid, sondern die Freude der Sinn des Lebens ist, und daß jeder, obwohl er seinem Schicksal ausgeliefert ist, in seiner Bewußtwerdung, seiner Suche nach der Wahrheit und Klarheit eine gewisse Chance hat, sie zu finden. Dazu muß alles, was dieser Freude im Wege steht und den Menschen leiden läßt, unbestechlich auf seinen Wahrheitsgehalt überprüft und entweder aus dem Leben entfernt oder in einem anderen, freudvolleren Licht gesehen werden.

Bewährung in der Krankheit

2. Auflage, 189 Seiten, kart. ISBN 3-7626-0296-4

Dr. Blome darf zu Recht ein esoterischer Arzt genannt werden. In diesem Buch geht es in erster Linie um die Schmerz- und Leidverdrängung durch routinemäßige Symptomkuriererei, das Verkennen und Nichtwahrnehmen der schicksalhaften Botschaft, die sich in der Krankheit für den Betroffenen einkleidet und ihn zu einer Lebensänderung bewegen will. Dieses Buch ist Kranken- und Gesundenlektüre zugleich, weil es die wohlabgewogene Balance hält zwischen tiefem esoterischem Lebensverständnis und realistisch erlebbaren Verhaltensweisen, die in der inneren Vorsorge für Geist und Seele gipfeln.